Kohlhammer

Heide Göttner-Abendroth

Geschichte matriarchaler Gesellschaften und Entstehung des Patriarchats

Band III: Westasien und Europa

Verlag W. Kohlhammer

Dieses Werk einschließlich aller seiner Teile ist urheberrechtlich geschützt. Jede Verwendung außerhalb der engen Grenzen des Urheberrechts ist ohne Zustimmung des Verlags unzulässig und strafbar. Das gilt insbesondere für Vervielfältigungen, Übersetzungen, Mikroverfilmungen und für die Einspeicherung und Verarbeitung in elektronischen Systemen.

Umschlagbild: Göttin auf einem Berg, von Löwen flankiert, einem Jüngling einen Stab reichend (Siegelring aus Kreta, Rechte unbekannt).

1. Auflage 2019

Alle Rechte vorbehalten
© W. Kohlhammer GmbH, Stuttgart
Gesamtherstellung: W. Kohlhammer GmbH, Stuttgart

Print:
ISBN 978-3-17-029630-5

E-Book-Format:
pdf: ISBN 978-3-17-029631-2

Für den Inhalt abgedruckter oder verlinkter Websites ist ausschließlich der jeweilige Betreiber verantwortlich. Die W. Kohlhammer GmbH hat keinen Einfluss auf die verknüpften Seiten und übernimmt hierfür keinerlei Haftung.

Inhaltsverzeichnis

Danksagung 9
Vorwort 10

Einleitung:
Die Entwicklung der modernen Matriarchatsforschung und ihre
Relevanz für die Kulturgeschichte 11

Eine Begriffsklärung 11
Die Definition und ihre Logik 13
Moderne Matriarchatsforschung und ihre Bedeutung für die Kulturgeschichte   17

Kapitel 1:
Die neue Ideologie vom „ewigen Krieg". Kritische Überlegungen zur
frühen Geschichte 23

Vorbemerkungen zum Geschichtsbegriff 23
Die Rede vom „ewigen Krieg" bei Theoretikern 24
Die Rede vom „ewigen Krieg" bei Archäologen 28
Die Rede von „friedlichen Gesellschaften" 36

Kapitel 2:
Altsteinzeit in Westasien, dem Mittelmeerraum und Europa. Die Bildung
mutterzentrierter Gesellschaften 39

Herkunft aus Afrika und die Abenteuer der Ausbreitung 39
Ökonomie der Altsteinzeit: mehr als nur die Jagd 43
Sozialordnung der Altsteinzeit: mehr als nur die Horde 51
Kultur und Religion der Altsteinzeit: mehr als nur „Jagdmagie" 60
   Mittlere Altsteinzeit: Religiosität der Neandertaler-Menschen 60
   Jüngere Altsteinzeit: Höhlenkunst und tragbare Kunst 64
      Das Thema „Frauen" 65
      Das Thema „Tiere" 73
      Die abstrakten Zeichen und der Kalender 78

Kapitel 3:
Jungsteinzeit in Westasien. Die Erfindung des Feldbaus und die Entstehung matriarchaler Gesellschaften 87

Mittelsteinzeit: das große Tauen. 87
Ökonomie der Jungsteinzeit in Westasien: revolutionäre Erfindungen 90
    Vor-jungsteinzeitliche Epoche: die ersten Siedlungen 90
    Ältere vorkeramische Jungsteinzeit: die ersten Tempel und Getreidefelder   92
    Jüngere vorkeramische Jungsteinzeit:
    Pflanzenbau, Haustierzucht und rätselhafte Mauern. 96
    Späte Jungsteinzeit: Kupfer, Keramik und neue Künste 99
Sozialordnung der Jungsteinzeit in Westasien: neue Komplexität 102
    Eliten oder Egalität? 102
    Die Entwicklung der weiblichen Genealogie 108
Kultur und Religion der Jungsteinzeit in Westasien:
früher religiöser Reichtum. 118
    Symbolik von Tod und Leben 118
    Die Weiblich-Männlich-Polarität 122
    Die Ahninnen und Ahnen. 128
    Göttinnen: ja oder nein? 133

Kapitel 4:
Jungsteinzeit im Mittelmeerraum und Europa. Die Entfaltung matriarchaler Gesellschaften 145

Begegnungen aus Mittelsteinzeit und Jungsteinzeit 145
Ökonomie der Jungsteinzeit in Europa:
Einheit von Ökonomie und Kultur 150
    Südosteuropa: erste europäische Hochkultur 150
    Mitteleuropa: Langhäuser und riesige Kreise 154
    Südeuropa: Tempel und „Feenhäuser" 164
    Atlantisches und kontinentales Westeuropa: Megalithen in allen Formen.. 169
    Nordeuropa: Langhäuser für die Toten 182
Sozialordnung der Jungsteinzeit in Europa:
patrilokale Kleinfamilien oder matriarchale Sippen?. 185
    Die Jagd nach „Eliten und Hierarchie", „Handel und Besitz" 185
    Auf der Suche nach „Kleinfamilie" und „Vaterlinie" 188
    Nachweise für die Mutterlinie. 191
    Egalitäre Gräberkultur 195
Kultur und Religion der Jungsteinzeit in Europa:
Ahnmütter und Göttinnen 199
    Die Symbolik von Gräbern, Tempeln und Megalithsteinen 199
    Die sakrale Landschaft 205
    Häusliche Ahninnenverehrung. 210
    Die Frage nach den Göttinnen 212
        Ahnfrauen, Erde, Mond und Sonne 212
        Figurinen und die Dreifache Göttin 215

Kapitel 5:
Bronzezeit in der eurasischen Steppe. Die Entstehung frühpatriarchaler Gesellschaften und weiblichen Widerstands 223

5.1. Gesellschaften der eurasischen Steppe.
Die Entstehung von Nomadentum und früher Herrschaft 223
    Jungsteinzeitliche Kulturen in der Steppe 223
    Neue Ökonomie: Herden und Pferde 227
    Immer unterwegs: Wagen und Zelte 235
    Sozialordnung: Herrschaft über Frauen 242
    Weltbild und Religion: Reinheits-Ideologie und „Gott Vater" 247
5.2. Die Situation in Kleinasien und die Amazonen-Frage 252
    Kritische Vorbemerkungen 252
    Die Geschichte der Amazonen 255
        Erste Auswanderung: von Lemnos zum Thermodon 258
        Zweite Auswanderung: vom Thermodon zum Kaukasus und zu den Skythen 267

Kapitel 6:
Bronzezeit und Eisenzeit in Westasien. Die Entstehung von Staat und Reich 277

Ökonomie und Politik der Bronzezeit in Westasien:
Organisation des kostbaren Wassers 277
    Neuer Raum: die Erstbesiedelung der mesopotamischen Ebenen 277
    Gedränge im „Paradies": die Bildung von Stadtstaaten 283
    Die Macht der Waffen: Regionalstaaten und das erste Reich 288
    Zentralisierung auf die Spitze getrieben: der Weg zum „Weltreich" 292
Sozialordnung und Religion der Bronzezeit in Westasien:
von der Thea-kratie zur Abschaffung der Göttin 297
    Die spätmatriarchale Thea-kratie 297
    Der Bruch mit der matriarchalen Religion 301
    Die Gesellschaft aus sozialen Schichten und der sinkende Status der Frau.. 304
    Das Schicksal der Göttinnen 310
    Im Land Kanaan: Handelsstädte, „Demokratie" und die Ein-Gott-Religion.. 313

Kapitel 7:
Bronzezeit und Eisenzeit in Südeuropa. Spätmatriarchale Kulturen und wachsende Patriarchalisierung 319

Erste Patriarchalisierungswellen aus den Steppen 319
    Begrenzte Zerstörung, weitreichende Folgen und immer bessere Waffen .. 319
    Die Indoeuropäisierung Europas und die nackten Tatsachen von DNA-Analysen 324
Spätmatriarchale Kulturen und Patriarchalisierung in Südeuropa 331
    Die Minoische Kultur Kretas: Seefahrer und Priesterinnen 332

Die Sozialordnung auf Kreta: Konsenspolitik und matriarchale Sippen	344
Mykene und Sparta: Krieg als Maß aller Dinge	352
Athen und Ionien: Seehandel, Geld und die ambivalente Situation von Frauen	359
Die Etrusker: Lebensfreude im Diesseits und Jenseits	363
Räter, Sarden, Basken: vergessene Völker bis heute	372

Kapitel 8:
Bronzezeit und Eisenzeit im Europa nördlich der Alpen. Matriarchale Elemente in patriarchaler Umgebung............................... 387

Unsichere Herrschaft in der Bronzezeit	387
Die Kelten und die Matriarchatsfrage	391
Die eisenzeitlichen Reiche der Kelten	391
Matriarchale Pikten und patriarchale Kelten: die problematische Stellung der Frau	396
Keltische Götter und Göttinnen: zweigespaltene Religion	401
Die Germanen und die Matriarchatsfrage.................................	404
Die Wanderungszüge der Germanen	404
Zur Sozialordnung der Germanen: tapfere, doch rechtlose Frauen	410
Matriarchale „Nerthus-Kultur" und germanische Götter.................	413
Eine abschließende Begriffskritik..	420

Literatur	423
Abbildungsverzeichnis...	441

Danksagung

Für die umfangreiche Recherche zu diesem Buch, das heißt, für das Auffinden und Zusammentragen von zum Teil spezieller Literatur zu den hier vorkommenden Themenbereichen, habe ich zu danken:

- in erster Linie Christina Schlatter, der Gründerin des „MatriArchivs" in der Schweiz, der ersten und bisher einzigen öffentlichen Bibliothek zum Thema „Matriarchat",
- ebenso Anette Limam und Michael Machleb, die mir kontinuierlich wichtige Artikel zuschickten,
- nicht zuletzt den an meiner Arbeit interessierten Frauen und Männern, die mir immer wieder Hinweise zukommen ließen.

Ohne ihre Aufmerksamkeit und Unterstützung hätte die Ausführung dieses Buches erheblich länger gedauert.

Ich danke auch Gudrun Frank-Wissmann, die einige Zeichnungen für dieses Buch angefertigt und mir als Geschenk überlassen hat.

Ganz besonders danke ich den vielen Frauen für ihre finanzielle Unterstützung durch kleine und große Spenden in den „Fonds für Matriarchatsforschung". Sie haben mich ermutigt trotz der erheblichen Schwierigkeiten, als „freie Wissenschaftlerin" eine derart umfangreiche Forschung auszuführen, das lange gehegte Vorhaben dieses Buches endlich zu realisieren. Meine jahrzehntelange Vorarbeit dafür mit dem Sichten der relevanten Literatur, mit den Reisen zu den archäologischen Stätten in ganz Westeuropa und etlichen in Westasien, mit dem beständigen Nachdenken und Theoretisieren, um Klarheit zu gewinnen, hat damit ihr Ziel erreicht.

Mein Dank gebührt ebenso dem Kohlhammer Verlag, der mir durch die Weiterführung der Reihe zum Thema „Matriarchat" wieder die Möglichkeit gibt, die enorme Reichweite dieses neuen Wissensgebietes der modernen Matriarchatsforschung zu entfalten. Hier sei insbesondere Herrn Jürgen Schneider für die jahrelange, geduldige Förderung meines Werkes im Verlag gedankt, ebenso Herrn Dr. Weigert für seine Unterstützung meiner Arbeit und Frau Julia Zubcic für ihre sorgfältige Betreuung bei der Herstellung dieses Buches.

Weghof, im August 2018

Vorwort

Die übliche Geschichtsschreibung ist Kriegsgeschichte, es geht darin um Herrschaft, um Kaiser, Könige und andere Potentaten und ihre Machtausweitung. Als solche ist sie Männergeschichte, wenn auch nicht die von allen Männern. Frauen kommen darin nicht vor oder höchstens als einzelne Ausnahmeerscheinungen, die jedoch an der patriarchalen Verfasstheit dieser Geschichte nichts ändern. Aber Frauen als die Hälfte der Menschheit sind keine Nebensächlichkeit. Denn an ihrem Schicksal zeigt sich der jeweilige Zustand der verschiedenen Gesellschaften insgesamt, das heißt, an ihrer Freiheit misst sich das Niveau an Freiheit in der ganzen Gesellschaft.

Auch in der konventionellen Archäologie werden Frauen und ihre Leistungen als nicht-existent oder nebensächlich behandelt, was den Eindruck erweckt, als hätte es ihre weitreichenden praktischen Erfindungen und ihre Schöpfung sozialer und kultureller Muster nicht gegeben. Einige gegenwärtige Archäologinnen und Kulturforscherinnen, ebenso vereinzelte Archäologen haben dieser genormten Sichtweise deutliche Kritik und fachliche Argumente entgegengesetzt. Diese finden jedoch kaum einen Niederschlag im gängigen Betrieb der Archäologie, der an dem patriarchal geprägten Geschichtsbild festhält.

Mein Werk soll dazu beitragen, diesem einseitigen Zustand abzuhelfen, indem ich die menschliche Kulturgeschichte integrierend und in diesem Sinne neu schreibe. Damit können wir sie auch neu erkennen, denn wir sehen sie nicht nur von „oben", sondern auch von „unten" und können sie differenzierter, vielseitiger und dadurch erst vollständig erfassen. Vor allem geht es nicht einfach um eine frühe Geschichte der Frau oder des „Weiblichen", auch nicht nur um Frauen und Männer, sondern um die Geschichte einer ganz anderen Gesellschaftsform, der matriarchalen, mit ihren sozialen, ökonomischen und politischen Institutionen und ihrem andersartigen Weltbild. Diese Gesellschaftsform wurde allerdings wesentlich von Frauen geprägt und von mütterlichen Werten getragen, wie Achtung vor Verschiedenheit bei gleichzeitig allgemeiner Gegenseitigkeit, was sie grundsätzlich egalitär machte. Darin lebten Frauen und Männer, ebenso die Generationen auf sehr verschiedene Weise miteinander, als wir es gewohnt sind.

Zugleich wird die Entstehung von patriarchalen Mustern erklärt, und zwar nicht durch theoretische Spekulation, sondern auf dem Boden archäologischer Ergebnisse. Diese Entstehungsgeschichte ist in den verschiedenen Kulturzonen der Welt sehr unterschiedlich verlaufen, weshalb es kein einfaches, allgemein gültiges Erklärungsschema gibt. Hier geht es um die Entstehung patriarchaler Muster in den großen Kulturgebieten Westasiens und Europas und um die Bedingungen ihrer nachfolgenden Ausbreitung. Doch wie immer diese Muster sich entwickelten, es wird daran deutlich, dass sie keineswegs naturgegeben, sondern historisch sind und damit auch überwunden werden können.

Einleitung:
Die Entwicklung der modernen Matriarchatsforschung und ihre Relevanz für die Kulturgeschichte

Eine Begriffsklärung

Das Verständnis des Begriffs „Matriarchat" ist in der allgemeinen Öffentlichkeit wie in der herrschenden Wissenschaft problematisch, denn statt einer Begriffsklärung grassieren dort Vorurteile und Polemik. In der modernen Matriarchatsforschung ist dieser Begriff geklärt worden und wird allgemein verwendet. Das hat mehrere Gründe:

Der Begriff „Matriarchat" war in seiner Bedeutung bis heute ungenau und verschwommen, denn er wurde schlecht oder gar nicht definiert. Darum blieb er der am häufigsten missverstandene und falsch interpretierte Begriff. Entgegen dem Anschein ist er nicht die Parallele zum Begriff „Patriarchat", was „Väterherrschaft" bedeutet. Ihn deshalb mit „Mütterherrschaft" zu übersetzen, ist weder sprachlich noch sachlich richtig. Denn das griechische Wort *archē (ἡ αρχή)* heißt sowohl „Herrschaft" als auch „Anfang, Beginn, Ursprung".[1]

Diese Bedeutung des Wortes *archē* als „Anfang, Beginn" geht aus solchen Begriffsbildungen wie „Archetyp", „Arche Noah" oder „Archäologie" hervor. Denn man würde „Archetyp" kaum als „Herrschaftstyp" oder „Archäologie" als „Lehre von der Herrschaft" übersetzen wollen, ebenso wenig bedeutet „Arche Noah" etwa „Noahs Herrschaft". Sondern Archäologie bezeichnet klar die „Lehre von den Anfängen (der Kultur)", Archetyp meint einen „uranfänglichen Typus", und die Arche Noah bezieht sich gemäß der Bibel auf den neuen Anfang der Menschheit nach der Sintflut.

Wir übersetzen deshalb das Wort „Matriarchat" korrekt mit „Am Anfang die Mütter". Erst später, als im Rahmen patriarchaler Ideologie behauptet wurde, dass es Herrschaft seit dem Beginn der menschlichen Geschichte gegeben hätte, nahm das Wort *archē* auch die zweite Bedeutung von „Herrschaft" an. Deshalb übersetzt man „Patriarchat" korrekt mit „Herrschaft der Väter" bzw. „Männerherrschaft". Matriarchale Gesellschaften sind hingegen nicht das Spiegelbild patriarchaler Gesellschaften, sondern eine Gesellschaftsform mit völlig anderen Mustern und sehr langer Dauer in der frühen Kulturgeschichte. Deshalb ist es falsch, „Matriarchat" mit „Herrschaft der Mütter" bzw. „Frauenherrschaft" zu übersetzen. Die Übersetzung „Am Anfang die Mütter" trifft hingegen die Sache.

Die Fehldeutung des Begriffs „Matriarchat" als „Mütter- oder Frauenherrschaft" hat dazu geführt, dass zahlreiche durchaus ernst zu nehmende Wissenschaftler dieser Fiktion in ihren Zitaten folgen; es scheint sogar zum guten Ton zu gehören, den

---

[1] Siehe Hermann Menge: *Langenscheidts Taschenwörterbuch Griechisch - Deutsch,* Berlin-Schöneberg 1961 (28. Auflage), Langenscheidt KG, S. 70, Spalte 1, und S. 178, Spalte 1.

falschen Begriff wie ein Mantra permanent herzubeten. Auch haben Wissenschaftler ironisch-süffisant in der Kulturgeschichte und in der Ethnologie nach Gesellschaften dieser Art gesucht und sie natürlich nicht gefunden. Es ist, als ob man sich ein Gespenst erschafft und dann nach diesem auf die Suche geht, um es, weil es nicht gefunden werden kann, zuletzt zu einem „Gespenst" zu erklären. Das ist nichts anderes als ein unlogischer Zirkelschluss und eine beschämende Verschwendung von Wissenschaftlichkeit.

Dies zeigt, dass die Definition von „Matriarchat" als „Mütterherrschaft" leer ist, weshalb man sie weder gebrauchen noch zitieren kann. Zugleich verlangt die Situation eine Re-Definition dieses Begriffs von der Sache her und nicht durch eine Ideologie. Dafür spricht erstens: Philosophische und wissenschaftliche Definitionen greifen meist allgemein bekannte Wörter der Umgangssprache auf und definieren sie neu. Danach kann damit wissenschaftlich gearbeitet werden, wobei man nicht den Kontakt zur Umgangssprache verliert. Bei diesem Vorgehen gewinnen solche Begriffe eine neue, klare und umfassendere Bedeutung als in der Umgangssprache. Der Begriff „Matriarchat" ist allgemein gut bekannt, denn seit dem 19. Jh. gibt es dazu eine lebhafte Diskussion. Er hat mittlerweile eine lange Tradition und ist ein Begriff der Umgangssprache geworden.

Sehr oft wird die Umgangssprache von den re-definierten Begriffen wieder beeinflusst, was im Fall des allgemein unsachlich gebrauchten Begriffs „Matriarchat" ein großer Vorteil wäre. Denn es würde bedeuten, das Wissen über mutter-zentrierte Kulturen, das weitestgehend verdrängt wurde, zurückzugewinnen.

Zweitens: In der Forschung zum Thema Matriarchat ist es nicht hilfreich, Ersatzbegriffe wie „matrilinear", „matrifokal", „matrizentrisch", „matristisch", „gynaikostatisch", „gylanisch" usw. zu gebrauchen. Sie sind künstlich und haben keine Verbindung zur Umgangssprache, das heißt, sie sind allgemein nicht verständlich. Statt eine klare Definition von „Matriarchat" – die bisher in der Forschungsgeschichte zu diesem Thema fehlt – zu formulieren, werden lediglich schwächere Ersatzbegriffe eingeführt, die ziemlich beliebig sind. Mit ihnen werden zwar einzelne Elemente dieser Gesellschaftsform benannt, wie beispielsweise mit „matrilinear", was sich nur auf die Verwandtschaftslinie bezieht, doch es fehlt der größere Zusammenhang. Außerdem suggerieren Begriffe wie „matrifokal", „matrizentrisch" und „matristisch", dass in nicht-patriarchalen Gesellschaften alles um die Frauen und Mütter kreise, womöglich in einer Art „Mutterkult". Nun ist aber jeder Mutterkult eine Blüte des Patriarchats und hat mit Matriarchat nichts zu tun. Ein derart reduzierter Blick auf diese Gesellschaftsform vernachlässigt die Vielfalt der Beziehungen zwischen Frauen und Männern, Schwestern und Brüdern, Älteren und Jungen usw. in dem komplexen gesellschaftlichen Gefüge. Die Begriffe „gynaikostatisch" und „gylanisch" sind so fremd, dass sie niemand versteht, der nicht Griechisch kann, abgesehen davon sind sie auch inhaltlich unrichtig.

Drittens: Den Begriff „Matriarchat" in seiner re-definierten, geklärten Bedeutung zu verwenden, ist außerdem eine politische Angelegenheit. Es wird damit der dringend nötigen Diskussion mit Fachleuten und dem interessierten Publikum nicht ausgewichen, was bei den anderen Begriffen, die eine verbergende und verkleinernde Tendenz haben, leicht geschieht. Die politische Relevanz reicht aber viel weiter, wie an der modernen Matriarchatsforschung, die mit einer wissenschaftlichen Re-Definition des Begriffs „Matriarchat" arbeitet, zu sehen ist. Denn sie besitzt Überschneidungen mit den politischen Intentionen verschiedener alternativer Bewegungen: So besteht eine wichtige Überschneidung mit den verschiedenen feministischen Strömungen in allen Kontinenten, soweit sie Gesellschaftskritik an der internen Kolonisierung von Frauen durch die verschiedenen Formen des globalen Patriarchats üben, die ihnen nur den Status von Objekten zuweist. In der feministischen Perspektive werden Frauen hingegen als handelnde Subjekte in Gesellschaft und Geschichte gesehen.

Doch nicht nur Frauen und Kinder, sondern auch die meisten Männer sind von den repressiven Strukturen der verschiedenen Formen des Patriarchats betroffen, wenn auch in unterschiedlicher Weise. In zahlreichen internationalen Bewegungen kämpfen deshalb auch sie für eine grundsätzliche Veränderung dieser Situation und für eine bessere Gesellschaft. Nicht wenige von ihnen sehen mittlerweile in der modernen Matriarchatsforschung einen Weg, ihrem Kampf eine größere gesellschaftliche und geschichtliche Tiefe zu geben.

Ebenso ist die moderne Matriarchatsforschung eine wichtige Unterstützung für indigene Völker im Kampf um ihre kulturelle Identität. Diese Völker kritisieren und bekämpfen den externen Kolonialismus als einen Teil des Patriarchats. Besonders krass ist die Situation, wenn es sich um die letzten, noch existierenden nicht-patriarchalen Kulturen handelt, von denen manche ihre Gesellschaftsordnung selbst ausdrücklich als „matriarchal" bezeichnen – womit sie keineswegs „Mütter- oder Frauenherrschaft" meinen.[2] Hier besteht weitreichende Übereinstimmung der ethnologischen Forschung von Indigenen über ihre je eigene Gesellschaft mit der modernen Matriarchatsforschung und ihrer adäquaten Matriarchats-Definition. Sie bestärkt die Traditionen einzelner matriarchaler Gesellschaften, indem sie diese in einem neuen und bedeutenden Licht erscheinen lässt und gleichzeitig die weltweite Vernetzung von Menschen aus matriarchalen Gesellschaften untereinander fördert.[3]

Die Definition und ihre Logik

Die grundsätzliche Frage hier lautet, wie man etwas Sicheres über das Matriarchat wissen und diese Gesellschaftsform überhaupt definieren kann, wenn dieses Thema doch an den Rand gedrängt und mit Vorurteilen zugeschüttet wurde und wird. Dabei

---

[2] Diese Selbstbezeichnung gebrauchen heute die Irokesen in Nordamerika, die Minangkabau auf Sumatra, die Mosuo in Südwest-China; siehe Barbara Mann, Peggy Reeves Sanday und Lamu Gatusa, in: Heide Goettner-Abendroth (Hg.): *Societies of Peace. Matriarchies Past, Present and Future (Selected papers of the First and Second World Congresses on Matriarchal Studies 2003 and 2005)*, Toronto 2009, Inanna Press, York Universität; dieselbe (Hg.): *Gesellschaft in Balance. Dokumentation des Weltkongresses für Matriarchatsforschung 2003 in Luxemburg*, Stuttgart-Winzer 2006, Kohlhammer Verlag und Edition HAGIA.

[3] Da geschah auf den drei „Weltkongressen für Matriarchatsforschung" 2003 in Luxemburg, 2005 in Texas/USA und 2011 in der Schweiz; der letztere war zusätzlich der „Matriarchatspolitik" gewidmet. Publikationen a.a.O.

existiert die traditionelle Matriarchatsforschung im deutschsprachigen Raum schon seit langem. Sie begann 1861 mit dem Werk *Das Mutterrecht* von Johann Jakob Bachofen.[4] Kurz davor setzte durch Henry Lewis Morgan die ethnologische Richtung der Matriarchatsforschung ein (1851).[5] Über ein Jahrhundert ging die Diskussion zu „Mutterrecht" und „Matriarchat" dann weiter, sowohl in bürgerlich-konservativen wie in links-progressiven Kreisen, doch ausschließlich aus der Perspektive von Männern. Dabei wurde dieses Thema unter den verschiedensten Gesichtspunkten von philosophischen Schulen und politischen Strömungen gebraucht und auch missbraucht.[6]

Was an diesen verschiedenen Werken zum Thema Mutterrecht oder Matriarchat erstaunt, ist – trotz guter Materialsammlungen – der Mangel an einer klaren Definition und einer wissenschaftlichen Begründung dieses Wissensbereiches. Der Begriff „Matriarchat" blieb derart verschwommen, dass nahezu jeder etwas anderes darunter verstehen konnte. Wie aber will man wissenschaftlich arbeiten, wenn man nicht einmal den Bereich definiert, über den man redet? Das öffnete Tür und Tor für Emotionen und Ideologien, mit denen diese Diskussion von Anfang an beladen war. Immer spielten dabei gängige Klischees vom „Wesen der Frau" eine Rolle, die lediglich zeigen, dass die eigene patriarchatskritische Selbstreflexion beim Umgang mit dem Thema „Matriarchat" nicht geleistet wurde. So fanden und finden massive Rückprojektionen bürgerlich-patriarchaler Verhältnisse auf diese Gesellschaften in der frühen Kulturgeschichte statt, beginnend mit Bachofen, ebenso in der Ethnologie auf nicht-westliche, indigene Gesellschaften, beginnend mit Morgan – eine Situation, die viele sogenannten „Forschungsergebnisse" wertlos macht. Darum steht die gesamte traditionelle, bürgerlich-patriarchale Matriarchatsforschung auf schwankendem Boden.

Hinzu kommt, dass die kulturhistorisch ausgerichtete Matriarchatsforschung bald an Grenzen stößt. Denn die frühen matriarchalen Kulturen wurden zerstört, es sind nur noch Fragmente und Überreste vorhanden, und diese wurden und werden durch dicke Schichten von patriarchaler Interpretation verzerrt. Auf diese Weise kann man kein vollständiges Bild matriarchaler Gesellschaften gewinnen. Man kann aus der Kulturgeschichte allein nicht mehr herausfinden, wie die Menschen in frühen matriarchalen Gesellschaften lebten, wie sie handelten und feierten, wie sie ihre ökonomische und soziale Ordnung herstellten und wie sie Politik machten. Wenn man nicht Gefahr laufen will, Wissen durch Phantasie zu ersetzen, kann man deshalb nicht die Kulturgeschichte an den Anfang der Erforschung matriarchaler Gesellschaften setzen, sondern muss sich den lebenden Gesellschaften dieses Typs zuwenden, das heißt, es ist notwendig mit der ethnologischen Forschung zu beginnen. Auch wenn die Ethnologie mit kolonialistischen und sexistischen Vorurteilen belastet ist, beschreibt und beschrieb sie dennoch diese Art von Gesellschaften durch direkten

---

[4] Johann Jakob Bachofen: *Das Mutterrecht*, Stuttgart 1861, Neuausgabe in Auswahl durch H. J. Heinrichs, Frankfurt 1975, Suhrkamp Verlag.
[5] Lewis Henry Morgan/William N. Fenton: *League of the Iroquois: a classic study of an American Indian tribe with the original illutsrations* (original 1851, 1871, 1877), Neuausgabe: Secaucus/New York 1996, Carol Publishing.
[6] Siehe Heide Göttner-Abendroth: *Das Matriarchat I. Geschichte seiner Erforschung*, Stuttgart 1988-2010 (4 Auflagen), Kohlhammer Verlag.

Kontakt in Augenzeugenberichten.[7] Deren Bild wurde in jüngster Zeit zunehmend klarer durch die feministische Forschung, welche die Bedeutung der Frauen in diesen Gesellschaften wahrnehmen kann, und insbesondere durch die Stimmen indigener Forscherinnen und Forscher, die am besten in der Lage sind, ihre eigenen Kulturen von innen darzustellen. Auf diese Weise ist es am ehesten möglich, sich einem vollständigen Bild dieser Gesellschaftsform anzunähern.

Diesen Quellen ist meine Arbeit zuerst gefolgt, indem ich so viele gegenwärtige, nicht-patriarchale Gesellschaften wie möglich vergleichend studierte, um sie zu verstehen und trotz ihrer großen Verschiedenheiten ihren gemeinsamen Nenner zu finden. Das wurde auf den vier Ebenen von Gesellschaft unternommen: der ökonomischen, sozialen, politischen und kulturellen. Das heißt, die neue Definition von „Matriarchat" wurde nicht abstrakt vorausgesetzt und dann – wie bisher üblich – in dieses Forschungsfeld hineinprojiziert, sondern sie wurde Schritt für Schritt induktiv aus dem analysierenden Studium dieser Gesellschaften nacheinander gewonnen. In diesem Prozess entwickelte sie sich allmählich zu einer expliziten und systematischen Definition von „Matriarchat", wie sie es bisher noch nicht gab. Sie gibt die Tiefenstruktur der matriarchalen Gesellschaftsform auf den genannten vier Ebenen wieder, die allen konkreten Gesellschaften dieses Typs gemeinsam ist. Ich nenne sie deshalb eine „strukturelle Definition".

Hier in äußerster, begrifflicher Kürze als Ergebnis dieses Vorgangs zusammengefasst, besagt diese strukturelle Definition, dass die matriarchale Gesellschaftsform

- ökonomisch eine *Ausgleichsgesellschaft* ist, in der Frauen die lebensnotwendigen Güter wie Land, Häuser und Nahrungsmittel verwalten und durch Verteilung ständig für ökonomischen Ausgleich sorgen. Diese Ökonomie ist nicht akkumulierend, sondern verteilend im Sinne einer „Ökonomie des Schenkens".[8]
- sozial auf einer *matrilinearen Verwandtschaftsgesellschaft* beruht, deren Hauptzüge ein Clan- oder Sippenwesen mit Matrilinearität (Verwandtschaft in der Mutterlinie) und mit Matrilokalität (Wohnsitz bei der Mutter) sind. Gleichzeitig gilt die *Gleichwertigkeit der Geschlechter* (Gender-Egalität).
- politisch eine *Konsensgesellschaft* darstellt, mit den Clanhäusern als realpolitischer Basis und einem Delegiertenwesen der Männer als Sprecher ihrer Sippen bei größeren, auswärtigen Versammlungen; diese haben darin ihren eigenen Aktionsbereich und ihre Würden. In den meisten Fällen bringt dies nicht nur eine genderegalitäre, sondern eine insgesamt *egalitäre Gesellschaft* hervor.
- kulturell auf einer *sakralen Kultur* beruht, die komplexe, religiöse und weltanschauliche Systeme besitzt, wobei eine grundlegende Vorstellung vom Leben auf der Erde und vom Kosmos der *Wiedergeburtsglaube* ist. Es gibt keine abgehobenen, abstrakten männlichen Götter, sondern *das Weiblich-Göttliche* in vielen Erschei-

---

[7] Das heißt, es werden auch matriarchale Gesellschaften einbezogen, die heute zerstört sind, falls sie in ethnologischen Augenzeugenberichten erfasst worden sind (wie z.B. die Gesellschaft der Irokesen).

[8] Genevieve Vaughan: *For-Giving. Schenken und Vergeben*, Königstein/Taunus 2008, Ulrike Helmer Verlag; dieselbe (Hg.): *Women and the Gift Economy*, Toronto/Kanada 2007, Inanna Publications, York Universität.

nungen prägt das Weltbild; es wird als immanent in der Welt wirkend verstanden.[9]

Kurz gefasst sind bei dieser Definition die notwendigen, unverzichtbaren Bestandteile, um überhaupt von einer matriarchalen Gesellschaft sprechen zu können: die Matrilinearität und die ökonomische Verteilungsmacht der Frauen; gleichzeitig die Egalität ihrer Mitglieder, die sich im Konsensprinzip bei der Entscheidungsfindung, bei der niemand ausgeschlossen wird, ausdrückt.

Wenn diese Merkmale bei einer konkreten Gesellschaft erfüllt sind, kann man von einem „Matriarchat" sprechen. Die Matrilinearität ist unverzichtbar, weil sie nicht nur die gesamte Gesellschaft strukturiert und durch die weibliche Genealogie sogar die Ahninnen und Ahnen bis hin zur ersten Stammesmutter einbezieht. Die Gender-Egalität ist unverzichtbar, denn sie gibt an, dass trotz der zentralen Stellung der Frauen matriarchale Gesellschaften keine Geschlechter-Hierarchie kennen, sondern beide Geschlechter als gleichwertig gelten und ihre je eigene Aktionssphäre haben. So sind die Frauen sozial die Mitte der Gesellschaft, während die Männer als die politischen Vertreter der Clans und Gesellschaften nach außen wirken.[10] Beide Aktionssphären sind verschieden, gelten aber als gleichwertig und sind aufeinander bezogen. Matriarchale Gesellschaften sind eben kein Spiegelbild des Patriarchats.

Dennoch wären Matrilinearität und Gender-Egalität nicht genug, um eine Gesellschaft als „Matriarchat" zu kennzeichnen, es muss die ökonomische Verteilungsmacht der Frauen hinzukommen. Auch das ist unverzichtbar, denn genau dadurch wird die matriarchale Ausgleichsökonomie hergestellt. Es widerspricht sehr unserem Denken, dass ökonomische Verteilungsmacht in eine ausgeglichene Ökonomie mündet, in der es keine Reichen und Armen gibt, sondern ein allgemeiner Wohlstand besteht. Das geht jedoch auf das Wertesystem matriarchaler Gesellschaften zurück, das grundsätzlich von mütterlichem Verhalten als prototypischem Handeln abgeleitet wird. Daher enthält es den mütterlichen Wert des Pflegens und Nährens von allen Mitgliedern der Gesellschaft, wie verschieden sie auch sein mögen, das heißt, die Achtung vor Verschiedenheit; den Wert des Ausgleichs und der Balance zwischen den Teilen der Gesellschaft durch perfekte Gegenseitigkeit; den Wert der Mitsprache von allen Mitgliedern durch das Konsens-Prinzip, was die Egalität der Geschlechter und Generationen bewirkt; den Wert der Friedenssicherung durch Kommunikation miteinander und Verhandeln bei Krisen, unter Vermeiden von Gewalt; und nicht zuletzt den Wert der Achtung vor den verschiedenen Lebensformen und den Kreisläufen der Natur.[11] Das Resultat ist eine Gesellschaft mit gegliederter, komplementärer

---

[9] Für eine ausführlichere Darstellung der Merkmale dieser Definition siehe Heide Göttner-Abendroth: „Moderne Matriarchatsforschung. Definitionen, Reichweite, Aktualität", in: dieselbe (Hg.): *Gesellschaft in Balance*, S. 22–25.

[10] Vgl. dazu auch Peggy Reeves Sanday: *Female Power and Male Dominance*, New York 1981, Cambridge University Press. – Sanday zeigt hier, dass weibliche Autorität auf der ökonomisch und sozial zentralen Rolle der Frauen beruht, während männliche Führung im Politischen besteht, die aber keine Dominanz bedeutet.

[11] Vgl. zu den mütterlichen Werten in matriarchalen Gesellschaften: Heide Goettner-Abendroth: „Matriarchy", in: Andrea O'Reilly (Hg.): *Encyclopedia on Motherhood*, Toronto/Kanada 2008, Demeter Press, York Universität.

Egalität, ohne Hierarchie einerseits und ohne falsche „Gleichmacherei" andererseits, die sich in ihre natürliche Umwelt bestmöglich einbettet.

Es ist jedoch sinnvoll, nicht nur die notwendigen, sondern auch einige hinreichende Merkmale in die Definition aufzunehmen, das heißt, nicht-notwendige Eigenschaften, die nicht unbedingt erfüllt sein müssen, aber dennoch zu diesem Typus von Gesellschaft passen. Sie machen die Definition durch ihre Vielfalt reicher, und ihre Variabilität zeigt die Verschiedenartigkeit der konkreten matriarchalen Gesellschaften. Zum Beispiel ist die Matrilokalität, der Wohnsitz bei der Mutter, nur ein hinreichendes Merkmal, das heißt, Matrilokalität kann vorhanden sein, muss aber nicht. So gibt es bei konkreten matriarchalen Gesellschaften sehr unterschiedliche Wohnformen, die jedoch nichts an ihrem matriarchalen Charakter ändern.

Durch die Kombination von notwendigen und hinreichenden Merkmalen entsteht die strukturelle Definition von „Matriarchat", die ich oben skizziert habe. Sie erfasst das Untersuchungsgebiet, hier die matriarchale Gesellschaftsform, in ihrem tieferen Zusammenhang, das heißt, mit den inneren Beziehungen, die alle ihre Teile widerspruchsfrei (konsistent) miteinander verbinden. Genau diese stimmigen, inneren Beziehungen ergeben ihre Tiefenstruktur. Es geht dabei um die Entwicklung eines differenzierten, angemessenen Werkzeugs für die wissenschaftliche Erforschung eines äußerst komplexen Untersuchungsgebiets, nämlich einer ganzen Gesellschaftsform (operativer Ansatz). Aber es geht nicht um einen fixen, unveränderlichen „Idealtypus", der abstrakt zementiert wird und unter den nun alles subsumiert wird.[12] Denn die Weiterentwicklung dieser strukturellen Definition ist bei der Entfaltung der modernen Matriarchatsforschung ein offener, kreativer Prozess, in den Erkenntnisse von anderen Forschenden einfließen können. Der Prüfstein für ihre Stimmigkeit ist jedoch das genaue und sensible Erfassen der konkreten matriarchalen Gesellschaften in ihrer Vielfalt, ohne sich in tausend Einzelheiten zu verlieren.[13]

Moderne Matriarchatsforschung und ihre Bedeutung für die Kulturgeschichte

Die moderne Matriarchatsforschung ist in den letzten Jahrzehnten entstanden und entwickelt sich rasch weiter. Durch meine Pionierarbeit (seit 1978) hat sie ein wis-

---

[12] Die Meinung, hier handle es sich um einen „Idealtypus" beruht auf traditioneller Gesellschaftsphilosophie. Die moderne Wissenschaftstheorie und analytische Philosophie kritisiert solche traditionellen Positionen; sie geht weder von idealtypischen Festsetzungen noch von irgendwelchen Universalien aus, sondern ihre Aufgabe ist, wissenschaftliche Werkzeuge bereitzustellen.

[13] Siehe ausführlicher zur Logik des Definierens in: Heide Goettner-Abendroth: *Matriarchal Societies. Studies on Indigenous Cultures across the Globe*, New York 2012, 2013, Peter Lang Publications, Einleitung; dieselbe: „Die philosophischen Grundlagen der Modernen Matriarchatsforschung", in: Mathias Behmann et al. (Hg.): *Verantwortung, Anteilnahme, Dissidenz: Patriarchatskritik als Verteidigung des Lebendigen: Festschrift zum 70. Geburtstag von Claudia von Werlhof*, Frankfurt/Main 2013, Peter Lang Edition.

senschaftliches Fundament erhalten, ohne das sie ihre weitgespannte Aufgabe nicht bewältigen könnte. Diese Aufgabe besteht darin, die matriarchale Gesellschaftsform in ihrer enormen geschichtlichen Tiefe und großen geographischen Reichweite angemessen darzustellen. Ein wissenschaftliches Fundament zu geben heißt:

- *erstens* die Formulierung einer *adäquaten Definition* von „Matriarchat", welche knapp die notwendigen Merkmale und ausführlich die Tiefenstruktur dieser Gesellschaftsform wiedergibt;
- *zweitens* die Entwicklung einer *expliziten Methodologie*, die alle Phänomene dieses Untersuchungsgebiets: matriarchale Gesellschaften, auffinden und analysieren kann;
- *drittens* die Entwicklung eines *theoretischen Rahmens,* der ein riesiges Maß an Material widerspruchsfrei integrieren kann und damit die große Reichweite der matriarchalen Gesellschaftsform systematisch umfasst.

Die erste Forderung für eine wissenschaftliche Fundierung wurde erfüllt mit der oben genannten, strukturellen Definition mit den notwendigen und hinreichenden Merkmalen für „Matriarchat".

Die zweite Forderung wurde erfüllt durch die ausdrückliche Angabe der Methodologie, die für diese Forschung gültig ist. In der traditionellen Matriarchatsforschung wurde eine eigene Methodologie nirgends explizit formuliert. Für die moderne Matriarchatsforschung habe ich schon sehr früh gezeigt, dass eine solche Methodologie auf zwei Säulen beruht: einer weitgespannten Interdisziplinarität und einer tiefgreifenden Ideologiekritik.

Was die Interdisziplinarität betrifft, so ist sie, um eine ganze Gesellschaftsform und ihre Geschichte erfassen zu können, schlicht notwendig. Die Fragmentierung des Wissens, die wesentlich durch die Zerteilung in die traditionellen Disziplinen zustande kommt und größere Zusammenhänge unsichtbar macht, wird auf diese Weise aufgehoben. Im Gegensatz zum Vorgehen in diesen Disziplinen kommt es nicht auf noch mehr Spezialisierung an, sondern auf das Erkennen und Integrieren von gesellschaftlichen und geschichtlichen Zusammenhängen aus den verschiedenen, relevanten Forschungszweigen.[14] Die hier notwendige Interdisziplinarität umfasst nicht weniger als sämtliche Geistes- und Kulturwissenschaften, und gelegentlich braucht es auch Resultate aus einzelnen Naturwissenschaften.

Auch die Ideologiekritik braucht eine Methode, um sich nicht selbst wieder in undurchschauter Ideologie zu verfangen. Eine solche Methode wurde schon 1978 von mir skizziert und 1988 ausgearbeitet.[15] In ihr kommt ein Negativ-Verfahren und ein Positiv-Verfahren zur Anwendung. Im Negativ-Verfahren werden die typischen Vorurteile herausgearbeitet, die zum Thema Matriarchat in der Forschungsliteratur auf

---

[14] Ich habe anhand einer kritischen Forschungsgeschichte zum Thema Matriarchat gezeigt, welche verschiedenen Forschungszweige herangezogen werden müssen, um diesem Thema gerecht zu werden. Dabei müssen diese Forschungszweige für die Entwicklung der Theorie systematisch aufeinander bezogen werden. Vgl. Göttner-Abendroth: *Das Matriarchat I*.

[15] A.a.O., 1. Kapitel; Heide Goettner-Abendroth: „Zur Methodologie der Frauenforschung am Beispiel einer Theorie des Matriarchats", in: *Dokumentation der Tagung „Frauenforschung in den Sozialwissenschaften"*, München 1978, Deutsches Jugendinstitut (DJI).

Schritt und Tritt vorkommen, bis hin zum Selbstwiderspruch. Dazu ist die Interdisziplinarität von großem Vorteil, denn beim Vergleich von Forschungsmeinungen aus verschiedenen Disziplinen – aber auch schon in einer einzigen Disziplin – enthüllen sich die unvollständigen, einseitigen und verzerrten Darstellungen.

Im Positiv-Verfahren werden die sachlichen Ergebnisse der traditionellen Matriarchatsforschung kritisch gewürdigt, nachdem sie von diesen Vorurteilen befreit wurden. Obwohl diese Ergebnisse in der herkömmlichen Forschung zusammenhanglos bleiben, können sie in den theoretischen Rahmen der modernen Matriarchatsforschung eingegliedert werden, wo sie ihren richtigen Ort erhalten.

Die *dritte Forderung* ist die Entwicklung eben dieses theoretischen Rahmens für die moderne Matriarchatsforschung. Er muss tragfähig genug sein, um alle Phänomene des Untersuchungsgebietes: matriarchale Gesellschaften, widerspruchsfrei zu integrieren, indem er dafür empirisch bestätigte Erklärungen zu liefern in der Lage ist. Eine solche Theorie zu schaffen heißt keineswegs, ein geschlossenes System zu formulieren – dies ist eine traditionelle und überholte philosophische Haltung. Stattdessen heißt es, einen zwar systematischen, aber offenen Rahmen zu geben, der klärend und helfend für konkrete Einzelforschung angewandt werden kann.

Diese Theorie begann als Forschungsprogramm und wurde Teil für Teil erfüllt:

Im ersten Teil der Entwicklung der Matriarchatstheorie habe ich einen Überblick über die bisherige, traditionelle Matriarchatsforschung bis zur Gegenwart gegeben. Ich folgte darin dem Gang der Forschungsgeschichte anhand von exemplarischen Beispielen, die sowohl aus der wissenschaftlichen wie aus der politischen Diskussion stammen. Was dabei offensichtlich wurde, ist der Mangel an einer klaren und vollständigen Definition von „Matriarchat" und der massive Anteil an patriarchaler Ideologie.[16]

Im zweiten Teil der Entwicklung der Matriarchatstheorie habe ich deshalb die dringend benötigte, vollständige strukturelle Definition von „Matriarchat" entwickelt, welche die notwendigen und hinreichenden Merkmale für diese Gesellschaftsform angibt. Sie wurde nicht abstrakt ausgedacht, sondern Schritt für Schritt allmählich aus der Analyse möglichst vieler, noch existierender Gesellschaften dieses Typs im „Versuch-und-Irrtum"-Verfahren aus der Ethnologie gewonnen. Dabei wurden diese Gesellschaften, die ich in Asien, Afrika und Amerika auffinden konnte, erstmals weltweit im Zusammenhang dargestellt.[17] Hinzu traten eine Forschungsreise zu einer dieser Gesellschaften[18] und zahlreiche Kontakte mit Forscherinnen und Forschern aus diesen indigenen Gesellschaften, deren Wissen ich viel verdanke. So kamen die gegenwärtigen matriarchalen Gesellschaften, sonst von Vorurteilen und Theorien aus der patriarchal geprägten Wissenschaft verdeckt, wieder ans Licht, und für uns das vollständige Bild, was „Matriarchat" denn ist.

Im dritten Teil der Entwicklung der Matriarchatstheorie geht es jetzt darum, die so gewonnene, vollständige Definition von „Matriarchat" als wissenschaftliches

---

[16] Göttner-Abendroth: *Das Matriarchat I*, insgesamt.
[17] Heide Göttner-Abendroth: *Das Matriarchat II,1. Stammesgesellschaften in Ostasien, Indonesien, Ozeanien*, Stuttgart 1999, (2. Auflage), Kohlhammer Verlag; dieselbe: *Das Matriarchat II,2. Stammesgesellschaften in Amerika, Indien, Afrika*, Stuttgart 2000, Kohlhammer Verlag.
[18] Heide Göttner-Abendroth, Heide: *Matriarchat in Südchina. Eine Forschungsreise zu den Mosuo*, Stuttgart 1998, Kohlhammer Verlag.

Werkzeug auf die Kulturgeschichte anzuwenden und auszuprobieren, wie weit sie trägt – was ich mit diesem Buch für die Kulturzonen Westasiens und Europas unternommen habe. Dabei wird das vertiefte Verständnis und detaillierte Wissen über die matriarchale Gesellschaftsform, das anhand der Ethnologie gewonnen wurde und hier den Hintergrund bildet, nicht einfach auf die Kulturgeschichte projiziert. Stattdessen es wird begleitend mit den archäologischen Funden verglichen, ob diese dadurch nicht mehr oder anderes aussagen könnten als bisher angenommen. Die Basis bleiben dabei genau diese archäologischen Funde, aber es geht darum, sie „zum Sprechen zu bringen", das heißt: zu interpretieren. Die Problematik der bisherigen archäologischen Interpretationsweise liegt darin, dass es, wenn man keine andere Gesellschaftsform als die patriarchale kennt, immer wieder zu unbewussten oder auch bewussten Rückprojektionen von patriarchalen Mustern auf die Kulturgeschichte kommt.[19] So aber wird jedes tiefere Verständnis blockiert, weil man sich im bekannten Immergleichen bewegt.

In der neueren Archäologie werden durchaus gelegentlich Erkenntnisse aus der Ethnologie einbezogen, um frühgeschichtliche Muster besser zu verstehen. Jedoch ist die Auswahl beliebig und willkürlich, so dass auch patriarchalisierte, indigene Gesellschaften herangezogen werden, um Erscheinungen begreiflich zu machen, die sich auf diese Weise aber nicht begreifen lassen. Der große Unterschied zu matriarchalen, indigenen Gesellschaften ist nicht bekannt, und so verbleibt es wieder im patriarchalen Gedankenkreislauf. Da ich in meiner Forschung hier die *Kulturgeschichte der matriarchalen Gesellschaftsform* erarbeite und sichtbar mache, ziehe ich deshalb ausschließlich jene lebenden, indigenen Gesellschaften matriarchaler Prägung als Vergleichsbeispiele heran, die ich erforscht und im zweiten Teil dieser Theorie dargestellt habe. Das wird nicht jedes Mal ausdrücklich benannt, ist aber logischerweise vorausgesetzt und hiermit grundsätzlich gesagt. Vor diesem Hintergrund lassen sich viele archäologische Funde und Ergebnisse ganz anders interpretieren als bisher geschehen. Dabei bleiben genau diese archäologischen Belege und Indizien, neben frühesten schriftlichen Zeugnissen, der feste Boden, auf dem allein die matriarchale Kulturgeschichte jenseits von phantasievollen Spekulationen wiedergewonnen werden kann.

Wie bei der ethnologischen Seite der modernen Matriarchatsforschung gibt es auch bei ihrer kulturhistorischen Seite bereits geleistete, hervorragende Einzelforschung und kritische Stimmen von Archäologinnen, auf die ich mich hier stütze. Zudem habe ich fast alle in diesem Buch erwähnten archäologischen Stätten in Westeuropa, ebenso einige in Westasien, selbst besucht und sie unvoreingenommen von den üblichen Theorien genau betrachtet. So hoffe ich, dass dies alles im „Lichte der Theorie" an Tiefe, Bedeutung und Zusammenhang gewinnt und sich insgesamt eine völlig neue Perspektive auftut, die schließlich auf eine Revision der menschlichen Kulturgeschichte hinausläuft. Diese neue Interpretation der Kulturgeschichte steht heute an, denn die patriarchale Interpretation stellt sich zunehmend als einseitig

---

[19] Das gilt sowohl für die Lebenswelt der Frauen wie die der Männer, denn auch die Rolle des Mannes in nicht-patriarchalen Gesellschaften ist in der patriarchalen Archäologie und Kulturgeschichtsschreibung keineswegs verstanden worden. Siehe dazu: „Lisbeth Skogstrand: Is Androcentric Archaeology Really About Men?", in: *Archaeologies: Journal of the World Archaeological Congress 2010*, Bd. 7, Nr. 1, April 2011, Museum of Cultural History, Universität Oslo/Norwegen.

und falsch heraus, außerdem ist sie meist auf die vier bis fünf Jahrtausende patriarchaler Geschichte verkürzt. So eröffnet sich im „Lichte der Theorie" heute die Möglichkeit, die menschliche Kulturgeschichte erstmals adäquat und nicht durch patriarchale Vorurteile verzerrt zu erkennen.

Im vierten Teil der Entwicklung der Matriarchatstheorie geht es um die Beantwortung der Frage nach der Entstehung des Patriarchats. Die Antwort muss dabei zwei Fragestellungen berücksichtigen: Erstens, wie und wo konnten patriarchale Muster zuerst entstehen? Zweitens, wie konnten sich patriarchale Gesellschaften danach weltweit ausbreiten? Das Letztere ist, nachdem die ersten patriarchalen Gruppen entstanden waren, nicht selbstverständlich, und diese Ausbreitungsgeschichte dauerte sehr lange, nämlich durch die patriarchalen Jahrtausende bis heute – wovon die noch lebenden, matriarchalen Gesellschaften zeugen.

Nach meiner Auffassung sind diese beiden Fragen noch nicht angemessen beantwortet worden, stattdessen wurden viele Pseudo-Erklärungen oder unvollständige Erklärungen angeboten. Wenn man nämlich die Entstehung des Patriarchats erklären will, dann braucht es dazu ein genaues Wissen über die vorausgegangene Gesellschaftsform: die matriarchale. Dieses Wissen ist die Voraussetzung dafür, die Entstehung des Patriarchats überhaupt erklären zu können, sonst beginnt man von vornherein mit falschen Annahmen, die aus dem eigenen patriarchalen Kontext stammen.

Wesentlich dabei ist, dass eine Theorie der Entstehung des Patriarchats erklärt, warum patriarchale Muster an verschiedenen Orten, in verschiedenen Kontinenten, zu verschiedenen Zeiten und unter verschiedenen Bedingungen entstanden sind. Dabei wird sich herausstellen, dass die Einbettung menschlicher Gesellschaften in die Welt der Natur, heute verkürzend „Ökologie" genannt, eine entscheidende Rolle spielte, sei es im Gelingen oder Nicht-Gelingen. Letzteres kann durch Störungen dieser Gesellschaften vonseiten der Natur oder umgekehrt durch Störungen der Natur vonseiten der Menschen geschehen sein. Die Antworten werden für verschiedene Weltgegenden sehr verschieden ausfallen, da die Landschaften der Erde und ihre Bedingungen für die Existenz menschlicher Gesellschaften äußerst vielfältig und obendrein wandelbar sind. Soweit ich sehen kann, ist diese Aufgabe bisher noch nirgends bewältigt worden. Stattdessen wurden monokausale Erklärungen angeboten, die aus einer einzigen Ursache heraus derart komplizierte Vorgänge über Jahrtausend hinweg in der ganzen Welt erklären sollen – sie sind aus diesem Grund untauglich. Um solche Spekulationen auszuschließen, ist deshalb auch hier der feste Boden der archäologischen Funde und Ergebnisse und früher schriftlicher Zeugnisse niemals zu verlassen. Hinzu treten klimatische und geophysikalische Untersuchungen vergangener Jahrtausende, die aus der Naturwissenschaft stammen, die äußerst wichtige Aufschlüsse geben können.

Im vorliegenden Buch habe ich es mit diesen Methoden unternommen, die Erstentstehung von patriarchalen Mustern in den großen Kulturregionen Westasiens und Europas zu erklären. Zweitens habe ich die weitere Entwicklung des Patriarchats in den genannten Weltgegenden nachgezeichnet, um zu zeigen, in welchen Schüben über Jahrtausende es sich als „Geschichte von oben" durchsetzte. Denn Patriarchalisierungsprozesse dauerten lange und waren nie abgeschlossen. Dies heißt, dass auch zu zeigen ist, wie die gleichzeitige „Geschichte von unten" als fortlaufender

Widerstand gegen verschiedene Patriarchalisierungen ausgesehen hat, was ein völlig anderes Bild der Entwicklung ergibt. Es ist die Geschichte der Frauen, der unteren Schichten, der Subkulturen und der an den Rand gedrängten Kulturen. Das habe ich hier für die Kulturregionen Westasiens und Europas nur schlaglichtartig an einigen Beispielen tun können, um den vorgegebenen Rahmen nicht zu überschreiten.

Alle diese Teile umfasst eine Theorie des Matriarchats. Damit enthält sie einen vollständigen Wechsel der Perspektive auf Gesellschaft und Geschichte, was einen Paradigmenwechsel bedeutet. Als ein neues Paradigma stellt sie – trotz ihres logischen Aufbaus – kein geschlossenes System dar, und sie macht – trotz ihrer weitreichenden Erklärungen – keine inhaltlich universellen Aussagen. Stattdessen stellt sie einen umfassenden Rahmen bereit, der von anderen Forschern und Forscherinnen für ihre eigenen Untersuchungen aufgenommen und weiterentwickelt werden kann. Allerdings ist sie, soweit sie hier in Teilen ausgearbeitet wurde, eine empirisch gesättigte Theorie, und dadurch sind ihre Aussagen tragfähig. Jede weitere, wissenschaftlich gestützte Untersuchung in diesem Rahmen wird ihren empirischen Gehalt erhöhen. Dieses Vorgehen ist typisch für ein neues Paradigma, das nicht von einer Einzelperson erfüllt werden kann. Schon die gebotene Kürze, in der die gesellschaftlichen und kulturhistorischen Analysen in einem solchen theoretischen Rahmen vorkommen, zeigt, dass sie in erster Linie paradigmatische Beispiele sind. Damit eröffnet sich eine Vielzahl neuer Aufgaben. Ein Paradigma muss in seinem Anfangsstadium solche Lücken lassen, denn es ist ja nicht seine Aufgabe, ein Lexikon zu sein. Seine Leistung liegt darin, einen weitergreifenden Erklärungszusammenhang aus ganz anderer Perspektive herzustellen als bisher bekannt.

Aus den oben genannten Teilen der Matriarchatstheorie geht ihre enorme Reichweite hervor. Dieses neue Paradigma umfasst inhaltlich nicht nur die gesamte bisher bekannte Kulturgeschichte, sondern betrifft – gerade mit der Patriarchatsanalyse – auch die verschiedenen Gesellschaftsformen der Gegenwart. Methodisch berührt und verändert es außerdem sämtliche Kultur- und Sozialwissenschaften, wie ich an verschiedenen Stellen aufgezeigt habe.[20] So hoffe ich, dass künftige Forscherinnen und Forscher mit dem matriarchalen Paradigma kreativ weiterarbeiten werden, so lange, bis diese neue Weltsicht ein Teil des allgemeinen Bewusstseins geworden ist.

---

[20] Goettner-Abendroth: „Zur Methodologie der Frauenforschung"; dieselbe: „Matriarchal Society: Definition and Theory", in: Genevieve Vaughan (Hg.), *The Gift*, Rome, 2004, Meltemi, (Athanor Books).

Kapitel 1:
Die neue Ideologie vom „ewigen Krieg".
Kritische Überlegungen zur frühen Geschichte

Vorbemerkungen zum Geschichtsbegriff

Wenn ich hier von „Geschichte" spreche, steht ein anderes als das übliche Verständnis von Geschichte dahinter. Wir betrachten alles, was Menschen sozial und kulturell geschaffen haben, als Geschichte, eben die Kulturgeschichte der Menschheit. Der abwertende Begriff „Prähistorie" oder „Vorgeschichte", der noch immer von vielen Archäologen und Historikern verwendet wird, grenzt aus und verweist alle Kulturen vor der offiziell zugelassenen „Geschichte" in den Bereich des Vorläufigen und Primitiven. Damit wird den kulturellen Schöpfungen der Menschen in den frühen und längsten Epochen genauso Unrecht getan, wie wir dies aus dem herrschenden Eurozentrismus der westlichen Zivilisation gegenüber den nicht-westlichen indigenen Kulturen kennen, die ebenfalls als „primitiv" oder „exotisch" betitelt werden.

Es wird meist erklärt, dass solche Kulturen, die keine Schrift besitzen, „prähistorisch" seien. Jedoch ist dies ein sehr unklares und zweifelhaftes Kriterium, denn welche Art von Schrift ist gemeint? Bezieht es sich nur auf die phonetische Schrift, wie wir sie heute kennen? Dann wären alle Kulturen mit Bilderschrift „prähistorisch", das heißt, die alten, jahrtausendelang blühenden Kulturen von Ägypten und China wären von der „richtigen" Geschichte ausgeschlossen. Das vertritt jedoch niemand, denn sowohl Ägypten wie China zählen zur Geschichte, und ihre Bilderschrift gilt als „Schrift". Damit erweitert sich der Kreis der Kulturen mit Schrift beträchtlich: Es gehören auch solche Kulturen zur Geschichte, die nur eine einfache Bilderschrift besitzen. Solche frühen oder einfachen Schriftarten haben in der Regel religiösen Inhalt, sie dienen für Gebete, Votivgaben und häufig als Gedächtnisstütze für komplizierte Rituale.[21]

Außerdem verkürzt es die geistigen Leistungen der frühen Menschheit auf unzulässige Weise. So wurden die abstrakten Zeichen, die auf Tausenden von Kunstgegenständen aus der Jungsteinzeit im gesamten Bereich Westasiens und Europas stereotyp vorkommen, erforscht und ihre religiöse Bedeutung entziffert.[22] Gleiches

---

[21] Ein ethnologisches Beispiel für diese Willkür: Bei den indigenen Naxi in Südwestchina haben die Schamanen Bildzeichen, die als „Schrift" gelten. Fatal dabei ist, dass sie als „Schriftkultur" von den benachbarten, schriftlosen Mosuo abgegrenzt werden, wobei die Schamanen-Priester der Mosuo bewusst das Niederschreiben ihrer heiligsten Inhalte verweigern, um ihre Verfälschung durch schriftliches Fixieren zu vermeiden. Sind die Mosuo deshalb „geschichtslos und primitiv" im Vergleich mit den Naxi? Vgl. Heide Göttner-Abendroth: *Matriarchat in Südchina. Eine Forschungsreise zu den Mosuo*, Stuttgart 1998, Kohlhammer Verlag.

[22] Marija Gimbutas: *Die Sprache der Göttin. Das verschüttete Symbolsystem der westlichen Zivilisation*, Frankfurt 1995, Zweitausendeins Verlag; ebenso Harald Haarmann: *Geschichte der Schrift. Von den Hieroglyphen bis heute*, München 2002, 2009, Beck Verlag, S. 8–10, 23 ff.

wurde für die abstrakten Zeichen geleistet, die sich in den altsteinzeitlichen Höhlen Frankreichs befinden; auch sie sind Chiffren des damaligen Weltbildes und wurden in der Jungsteinzeit weitergeführt.[23] Diese abstrakten Zeichen sind die älteste Schrift, die wir kennen. Sie dokumentieren, dass die Menschen schon immer geschrieben haben. Das erweist das Kriterium der Schriftlichkeit als Abgrenzung der „Geschichte" von allem Früheren und Anderen als willkürlich und damit unbrauchbar.

Es geht bei dieser begrifflichen Abgrenzung jedoch um etwas anderes. Denn es fällt auf, dass „Geschichte" damit erst dann beginnt, wenn sich jene Muster etabliert haben, die klassisch patriarchal sind: hierarchische Gesellschaftsstrukturen mit herrschenden Männern an der Spitze, untergeordnete Stellung der Frauen und anderer Völker, territoriale Staatsbildungen mit dogmatischen Staatsreligionen. Das Kriterium der Schriftlichkeit wird dabei so verstanden, dass als wahre „Schrift" die ersten Urkunden gelten, auf denen Herrscher und Könige ihre kriegerischen Taten und gnadenlosen Gesetze in Stein meißeln ließen. Solche Strukturen werden als große Leistungen und der Beginn von Zivilisation gerühmt, denen gegenüber alles andere das Etikett „prä-" mit dem Unterton „vorläufig" und „wertlos" erhält. Es zeigt jedoch, dass dieser Begriff von Geschichte in höchstem Maß tendenziös ist, nämlich von patriarchaler Herrschaftsideologie geprägt.

Wir folgen dem nicht, sondern schließen alle kulturellen Leistungen von Frauen und Männern von Anfang an in die Geschichte der Menschheit ein. Dabei ist die Benennung „Ur- und Frühgeschichte", die ebenfalls von Archäologen gebraucht wird, hilfreich, weil sie nur eine zeitliche Zuordnung und keine Wertung enthält.

Die Rede vom „ewigen Krieg" bei Theoretikern

Kriegsvokabeln beherrschen heute die Alltagssprache und Gewalt und Kriegsgeschehen die Medien. Über Internetspiele werden Gewalt und Krieg bis in die Wohnstube und sogar ins Kinderzimmer getragen, so dass nicht nur die Welt, sondern auch die Gehirne mit allgegenwärtigem Krieg besetzt sind. Findet gerade kein akuter Krieg statt, so herrscht der „Kalte Krieg", das heißt, es wird prinzipiell von Krieg gesprochen, ohne den Frieden einzubeziehen. Diese Denkweise, in welcher Krieg primär ist, versteht Frieden nur als Abwesenheit von Krieg und sieht ihn aus den Regeln des Kampfes als Ergebnis hervorgehen, zum Beispiel wenn die Sieger die „Friedhofsruhe" einkehren lassen oder Waffenstillstand und Verträge diktieren – geradeso als ob Frieden und Friedenssicherung nicht eigenen Regeln folgen würden. Damit wird Frieden extrem abgewertet, als ob er nichts anderes sei als das Resultat von Schwäche und Niederlagen. Auf diese Weise wird eine Mentalität geprägt, die noch immer den Krieg als „Vater aller Dinge" sieht und Gewalt und Krieg als etwas Großartiges verherrlicht.[24] Sogar unter Wissenschaftlern ist es heute Mode geworden, überall nach

---

[23] Marie E. P. König: *Am Anfang der Kultur. Die Zeichensprache des frühen Menschen*, Berlin 1973, Gebr. Mann Verlag.
[24] Patriarchales Sprichwort von Heraklit, Fragmente, B 53.

Gewalt und Krieg zu suchen. Das betrifft sowohl indigene Gesellschaften, als auch die frühen Epochen der menschlichen Geschichte wie Altsteinzeit und Jungsteinzeit, die bis vor kurzem als friedlich galten.

Für diese Sicht der Dinge setzte der Kriegstheoretiker Lawrence Keeley die Orientierungsmarke.[25] Denn er sieht überall und zu allen Zeiten „Krieg" unter den Menschen wüten, auch bei indigenen Nicht-Staaten-Gesellschaften, die sich geografisch außerhalb der auf hierarchischen Staaten beruhenden Zivilisationen befinden, und bei ur- und frühgeschichtlichen Gesellschaften, die zeitlich weit vor diesen liegen. Bisher wurde Krieg nur mit diesen auf Herrschaft und Militär gegründeten Staaten verknüpft, bei denen das Gewaltmonopol bei den Herrschenden liegt, doch Keeley sieht nun ewiges Kriegsgemenge. Frieden betrachtet er als prekäre Ausnahme, den zwar alle Menschen lieben – insbesondere Frauen, welche die Hauptlast von Kriegen tragen müssen –, der aber ziemlich selten vorkommt und besondere Verträge braucht.[26] Er versucht damit die Auffassung vieler Archäologen und Ethnologen zu widerlegen, die davon ausgehen, dass Krieg in der frühen Geschichte und bei indigenen Völkern eher selten und unbedeutend war, die Friedfertigkeit hingegen allgemein galt. Diese Wissenschaftler erhalten dafür in Keeleys Buch fortwährend Schelte und Seitenhiebe.

Um zu seinem Ziel zu gelangen, interpretiert er jeden Wall und Graben um ein jungsteinzeitliches Dorf als „Befestigung" militärischer Art[27] – wobei diese auch Umfriedungen gegen wilde Tiere und anderes sein konnten. Jedes Grab, das Pfeilspitzen aus Feuerstein enthält, zeigt nun keine Grabbeigaben für den Toten mehr, sondern die Pfeile bei den Knochen gelten als „Mordwerkzeuge"[28] – so dass kaum jemand eines natürlichen Todes gestorben sein kann. Auch der bekannte Mann aus dem Eis, populär „Ötzi" genannt, soll nun mit Pfeil und Bogen, Dolch und Axt ausdrücklich „Kriegswaffen" bei sich getragen haben[29] – wobei Pfeil und Bogen sich bestens für die Jagd auf Gämsen eignen und der Dolch zum Zerlegen des Fleisches, die Axt wiederum zum Bäumefällen für jungsteinzeitliche Häuser, falls sie, da aus Kupfer, nicht ein reines Prestigeobjekt war. Keeleys Thesen haben die heutige Archäologie stark beeinflusst. Durch seine Brille gesehen sind nun Gräber, die auffällige Ansammlungen von menschlichen Knochen enthalten, zum Teil geordnet, zum Teil wirr durcheinander, ausnahmslos Zeugen von „Massakern" und damit für „Krieg". So wird der „Krieg" schon in der Altsteinzeit gesichtet (z.B. das Gräberfeld von Jebel Sahaba im nubischen Ägypten, 14.000–12.000 v.u.Z.).[30] In Mitteleuropa tobt er spätestens seit der Mittelsteinzeit (z.B. die Toten in der Großen Ofnethöhle, um 7700), und die ganze

---

[25] Lawrence H. Keeley: *War before Civilization. The Myth of the Peaceful Savage*, Oxford-New York 1996, Oxford University Press. Kriegstheoretiker in deutscher Sprache: Harald Meller/Michael Schefzik (Hg.): *Krieg. Eine archäologische Spurensuche*, Ausstellungskatalog im Landesmuseum für Vorgeschichte, Halle/Salle 2015.
[26] Keeley, S. 27–29, 144–145, 151.
[27] A.a.O., Einleitung, S. VII-X.
[28] Ebd.
[29] A.a.O., S. 19–20.
[30] Der Ausdruck „v.u.Z." heißt „vor unserer Zeitrechnung" und ersetzt als eine neutrale Benennung den Ausdruck „v.Chr." (vor Christi Geburt im Jahre 0). Um das absolute Alter zu errechnen, muss man also 2000 Jahre hinzuzählen. Alle weiteren Angaben sind als Zeitangaben v.u.Z. zu verstehen, nur da wo sie das nicht sind, wird n.u.Z. (nach unserer Zeitrechnung) ergänzt.

Jungsteinzeit ist von „Krieg" erfüllt (z.B. das Massengrab von Talheim in Deutschland, um 5100). Es folgen nahtlos die „kriegerische" Kupfer- und Bronzezeit (z.B. das Grab von Roaix in Frankreich, um 2000).[31] So zitiert man den „Krieg" in der Frühgeschichte buchstäblich herbei, und weil er fortwährend gewesen sein soll, dürfte es die Menschheit eigentlich nicht mehr geben.

Indigenen Völkern ergeht es nicht besser, sie sollen nach Keeley sogar den „totalen Krieg" führen. Denn die Kriegerei bei diesen Gesellschaften sei äußerst effektiv, verglichen mit der kleinen Anzahl ihrer Mitglieder und der Anzahl jener, die dabei getötet werden. Auch sollen sie sich dauernd im Krieg befinden, wie an den brasilianischen Yanomami, den nordamerikanischen Irokesen und den südindischen Nayar zu sehen sei.[32] – Abgesehen davon, dass hier sehr verschiedenartige Gesellschaften zusammengewürfelt werden, sind auch die verschiedenen Gründe für angeblich „dauernden Krieg" nicht klar: Liegen sie vielleicht gar nicht in internen Konflikten, sondern im relativ späten Druck von außen, wie Invasionen und Kolonisierung, eingeschleppte Krankheiten oder Auszug ganzer Völker sie mit sich brachten?[33] Ferner sind die Totschlagsraten, die dabei genannt werden, zweifelhaft, denn sie werden pro Jahr und Bevölkerungszahl hochgerechnet, wobei die vielen friedlichen Jahre unter den Tisch fallen.

Ebenso unklar wie diese Behauptungen ist auch Keeleys Definition von „Krieg". Dieser sei „bewaffneter Konflikt zwischen Gesellschaften",[34] wobei zwischen Krieg und irgendeinem Gebrauch von Waffen nicht unterschieden wird. Erheblich genauer ist die Definition von Harry H. Turney-High, der „primitiven Krieg" von „zivilisierten Krieg" unterscheidet.[35] Nach ihm zeige „primitiver Krieg" nur eine *schwache Mobilisierung von Kriegern,* weil er auf Freiwilligkeit beruht; *Vorräte und Logistik seien unangemessen,* weshalb nur auf wenige Tage begrenzte Kampagnen geführt werden können; die Krieger hätten *kein organisiertes Training,* seien unprofessionell und ihre Motivation flüchtig, weshalb die *Befehlsgewalt gering* sei; *Kriegswaffen und Befestigungen seien schwach,* die *Taktik ineffektiv,* Kriegsprinzipien würden vernachlässigt. –

Diese Kriterien beschreiben jedoch keinen „Krieg", auch keinen „primitiven", sondern charakterisieren ethnische Konflikte, die als „Fehden" ausgetragen werden. Fehden zeigen genau diese Willkürlichkeit und Kürze, sie flammen rasch auf und vergehen rasch wieder. Sie sind persönlich motivierte Auseinandersetzungen in kleinem Maßstab, wie Vergeltung als Durchsetzung von ungeschriebenem Recht.[36] Es handelt sich also um eine Art Selbsthilfe, weil es formelle juristische Instanzen, welche die Interessen ausgleichen könnten, in Stammesgesellschaften nicht gibt.[37] Ursachen für Fehden sind beispielsweise Beleidigung, Raub, Streitigkeiten um Ressourcen wie

---

[31] Keeley, S. 37–38.
[32] A.a.O., S. 12, 38–39, 59–60.
[33] Siehe zu den Gesellschaften der Irokesen und der Nayar Heide Göttner-Abendroth: *Das Matriarchat II,2,* Kapitel 4 und 5.
[34] Keeley, Einleitung, S. X.
[35] Harry Holbert Turney-High: *Primitive War: Its Practice and Concepts,* Columbia 1949, University of South Carolina Press.
[36] Frank Robert Vivelo bringt eine genaue Unterscheidung von „Krieg" und „Fehde", in: *Handbuch der Kulturanthropologie. Eine grundlegende Einführung,* München 1988, Klett-Cotta, DTV, S. 19 ff.
[37] P. J. Steward/ A. Strathern: *Violence: Theory and Ethnography,* London-New York 2002, A&C Black, S. 110.

Wasser, Jagdgebiete und Weidegründe. Kommt es bei indigenen Völkern zu Fehden, ziehen außerdem nie alle kampffähigen Männer aus, sondern nur ein Anführer mit freiwilligen Gefolgsleuten, eine kleine Gruppe also, die alle anderen Stammesmitglieder vertritt. Es geht dabei niemals um die Vernichtung des Feindes, sondern es werden eher Stellvertreterkämpfe zwischen den Anführern ausgetragen, wobei der Kampf mit dem Tod eines Anführers meist vorbei ist. Denn das hatte symbolische Wirkung, was zeigt, dass es bei dieser Art von ritualisiertem Sieg um den Tod von möglichst wenigen geht.[38]

Solche Fehden um Ressourcen oder Personen hat es durchaus auch bei den Gruppen und Stammes-Gesellschaften in der Frühgeschichte gegeben, als vereinzelte Gewalt aus Schwäche, weil man keine andere Lösung fand. Aber sie machen noch keinen „Krieg" aus, auch keine „kriegerische" Gesellschaft oder gar Epoche. Denn „Krieg", von Zivilisationen in der Form von hierarchischen Staaten geführt, ist etwas anderes: Er ist eine Institution, das heißt, ein *organisiertes Unternehmen in großem Maßstab*, das einen *ständigen Militärapparat* mit strenger Disziplin und *Befehlsgewalt von oben* voraussetzt. Er kann *langfristig geführt* werden und *verheerende Zerstörungen* mit sich bringen, anders als eine spontane Fehde. Krieg als Organisation dient der *Eroberung von Territorien*, der Vernichtung der Feinde und der *Sicherung von Herrschaft*, wozu eine Fehde nicht in der Lage ist. Diese Herrschaft heißt bei Staaten-Gesellschaften immer Patriarchat.

Damit haben wir eine genaue und angemessene Definition von „Krieg" einerseits und von „Fehde" andererseits gewonnen. Möglichst exakte und adäquate Definitionen des Bereichs, über den man forscht und schreibt, sind eben die Grundlage für jede ernstzunehmende wissenschaftliche Tätigkeit. Unterbleibt dies, weiß man nicht genau, worüber eigentlich geredet wird.

So ist es unstatthaft, jeden ethnischen Konflikt, ob aktuell oder vergangen, als „primitiven Krieg" zu bezeichnen und ihn mit „staatlichem Krieg" gleichzusetzen. Ein derartiges Vorgehen ist unwissenschaftlich, es öffnet lediglich Tür und Tor für vermeidbare, weil ideologische Probleme. Wie massiv hier Ideologie hereinspielt, sieht man daran, dass so getan wird, als ob Gewalt und Krieg naturgegeben seien und aus dem menschlichen, sprich: männlichen Wesen entspringen. Doch solche Wesensdefinition sind grundsätzlich falsch, weil sie auf keine Weise bestätigt werden können. Das „menschliche Wesen" ist nun einmal vielfältig, auch das „männliche Wesen" ist nicht von Natur aus kriegerisch, wie Männer in friedfertigen Gesellschaften in Geschichte und Gegenwart, auch noch in unserer Gesellschaft zeigen. Krieg ist nicht naturgegeben, sondern eine Erfindung.[39] Mit der Ideologie vom „ewigen Krieg" ent-

---

[38] Vgl. A. Gingrich: „Fremder Friede? Wie anderswo mit kriegerischer Gewalt oder deren friedlicher Beilegung umgegangen wird, nebst Randbemerkungen zu dem, was man hierzulande darüber erfährt oder auch nicht.", in: F. Daim/T. Kühtreiber (Hg.): *Sinn und Sein/Burg und Mensch*, St. Pölten 2001, Katalog Niederösterreichisches Landesmuseum 434, S. 162 ff.

[39] Margret Mead: „Warfare is only an Invention – Not a biological Necessity", in: L. Bramson/ G. W. Goethals (Hg.): *War. Studies from Psychology, Sociology, Anthropology*, New York-London 1964, S. 269–274 (Nachdruck aus: Asia XL, 1940).

zieht man sich lediglich der ethischen Verantwortung, sich hier und heute mit aller Kraft für das Ende von Kriegen und für Frieden einzusetzen.[40] –

Die Rede vom „ewigen Krieg" bei Archäologen

Nun wollen wir uns den Fachleuten zuwenden, welche die konkreten Funde aus jenen Epochen machen und genauer hinschauen, den Archäologen. Sie halten sich an ihre Entdeckungen bei den Ausgrabungen: menschliche Skelettreste, Ruinen von Bauten, kulturelle Artefakte, mit denen sie ihre Thesen belegen und zu weit gehende Interpretationen vermeiden. Wenigstens geben sie dies vor. Jedoch sehen wir bald, dass durchaus kühn interpretiert wird, denn dieses aufgefundene, uralte Material ist zu lückenhaft, um sich selbst zu erklären. Manche Interpretationen sind vorsichtig, andere recht gewagt, doch stets stammen sie aus dem Bereich des sozialen Umfeldes, das man selbst kennt, eben die eigene patriarchale Gesellschaftsform. So kommt es, dass auch von etlichen Archäologen „ewiges Patriarchat" mit seinen Erscheinungsformen, insbesondere mit „ewigem Krieg", in die Menschheitsgeschichte hineingelegt wird. Dabei folgen sie eher ihren theoretischen Vorannahmen und Vorurteilen als ihrem Material, das häufig nur als Bestätigung für ihre auf anderem Weg gewonnenen Thesen dient. Sehr willkommen ist heute gerade die Kriegstheorie von Keeley, weil mit seiner zu einfachen Definition von „Krieg" dieser nun als allgemeines, seit der frühesten Zeit vorherrschendes Phänomen behauptet werden kann.[41]

Bevor wir uns der Idee vom „ewigen Krieg" zuwenden, dieser Säule des Patriarchats, schauen wir uns zuerst an, wie „ewiges Patriarchat" konstruiert wird. Dazu dient uns ein neues Standardwerk für alle Lehrenden und Lernenden der Archäologie, das im Jahr 2011 herauskam: der mit Fotos und Karten schön ausgestatteten „Atlas der Vorgeschichte".[42] Geschrieben von fachkundigen Autoren und Autorinnen erstaunt das Werk aber dadurch, dass es sich gänzlich unberührt von aller längst vorgebrachten Kritik präsentiert, denn es enthält trotz seines verdienstvollen Wissensreichtums massive patriarchale Ideologie. So wird die Jungsteinzeit sofort mit „sozialer Ungleichheit" in Verbindung gebracht, weil die neue Wirtschaftsweise mit Feldbau und Viehzucht ein „immenses Bevölkerungswachstum" bewirkt habe, das zugleich mit „Privatbesitz an Land und Häusern" einhergehe. Daraus ergäben sich „soziale Unterschiede und soziale Probleme", was zu „ungesteuerten Umbrüchen" und „Auswanderung" führen müsse.[43] –

---

[40] Siehe dazu die Diskussion von Heidi Peter-Röcher: *Gewalt und Krieg im prähistorischen Europa. Beiträge zur Konfliktforschung auf der Grundlage archäologischer, anthropologischer und ethnologischer Quellen*, Reihe: Universitätsforschungen zur Prähistorischen Archäologie, Band 143, Bonn 2007, Rudolf Habelt Verlag, S. 14–24.

[41] A.a.O., S. 11–12 und 103.

[42] Siegmar von Schnurbein (Hg.): *Atlas der Vorgeschichte. Europa von den ersten Menschen bis Christi Geburt*, Stuttgart 2009, Konrad Theiss Verlag; darin: Bernhard Hänsel, Carola Metzner-Nebelsick, Rosemarie Müller, Johannes Müller, Thomas Terberger, Susanne Sievers.

[43] A.a.O., S. 59–61.

Diese Beschreibung jungsteinzeitlicher Verhältnisse verblüfft, denn es mangelt ihr nicht an Phantasie, jedoch an konkreten, archäologischen Belegen. Das Bevölkerungswachstum war kaum „immens", verglichen mit den wenigen Leuten im weiten Land, weshalb man auch nicht aus „ungesteuerten Umbrüchen" – was wohl „Streit" heißen soll – auswanderte und sich verbreitete. Hingegen gibt es auch friedliche Auswanderung, etwa wenn eine Tochter-Linie sich vom Mutter-Clan trennte, um ein neues Dorf auf frischen Boden zu gründen. Es ist ein natürlicher Vorgang der Ausbreitung, der sich noch in unseren Begriffen „Mutterstadt" und „Tochterstadt" spiegelt. Durch nichts ist bewiesen, dass der Motor jeder Auswanderung „soziale Probleme" nebst Streit und Kampf sind, es handelt sich um reine Projektionen.

Nicht besser steht es um den „Privatbesitz", doch dieser Begriff dient einem bestimmten Menschenbild, wie wir gleich sehen werden. Denn es heißt, mithilfe des angeblichen Privatbesitzes käme es zur „Betonung des Individuums" mit „Dominanz bestimmter Personen". Unter deren Leitung wären dann die großen Megalithbauwerke geschaffen worden, „um die Landschaft in Besitz zu nehmen". Ferner führten die Abholzung von Wald und die Viehhaltung zu „Umweltzerstörung größeren Ausmaßes", was der „Ursprung des globalen Klimawandels" sei.[44] –

Hier begegnen wir der merkwürdigen Idee von der Jungsteinzeit als dem Ursprung aller Übel.[45] Und schon so früh ist er in der Welt, der „Große Mann", der sogar die Landschaft in Besitz nimmt, weil er nicht anders als in Besitz denken kann! Auch die Megalitharchitektur schafft er – völlig unbewiesen – nur für sich, statt dass sie ein gemeinschaftliches Werk zum gemeinschaftlichen Gebrauch ganzer Sippen gewesen ist. Jedoch müssen wir ihn in Schutz nehmen, denn wie er mit den kleinen Siedlungsinseln im weiten Wald und den wenigen Haustieren, verglichen mit den viel größeren Herden von Wildtieren, den globalen Klimawandel ausgelöst haben soll, bleibt rätselhaft. Solche Vorstellungen können allerdings für viele Leute psychisch entlastend sein –, denn die Umweltzerstörung war ja schon in der Jungsteinzeit da und man kann dem „Großen Mann" und seinen Leuten die Schuld am Desaster der Gegenwart zuschieben.

In diesem Stil geht es hinsichtlich der Jungsteinzeit weiter, denn nun entstehen die ersten Städte, die „auf ihren Siedlungshügeln sichtbar die Landschaft beherrschen". Herrschen müssen sie unbedingt, denn sie sind wegen ihrer Differenzierung der verschiedenen Tätigkeiten, die darin ausgeübt werden, „hierarchisch geplante und geordnete Machtzentren". Dazu brauchen sie natürlich „Befestigungsanlagen" aus Wällen und Gräben, denn ihre Herrscher „kontrollieren" die wichtigen Handelswege der Gegend.[46] –

Es ist ein beliebtes Vorurteil, dass größere Arbeitsteilung und gesellschaftliche Differenzierung automatisch zu Hierarchie und Herrschaft führt – was nicht erwiesen ist. Eine solche Hierarchisierung tritt auch bei weitgehender Arbeitsteilung nicht ein, so lange die verschiedenen Tätigkeiten als gleichwertig betrachtet werden, wofür es

---

[44] A.a.O., S. 61–62.
[45] Vgl. dazu auch das unsägliche Buch eines Genetikers, der sich in die Kulturgeschichte verirrt hat: Spencer Wells: *Pandora's Seed. Why the Hunter-Gatherers Hold the Key to Our Survival*, New York 2011, Random House Trade Paperbacks.
[46] v. Schnurbein, S. 63–66.

genügend Belege aus indigenen matriarchalen Gesellschaften gibt.[47] Diese plötzliche „Hierarchisierung" samt den „Machtzentren" wird einfach erfunden, weil man sich Handel nicht anders als durch Herrschende monopolisiert und kontrolliert vorstellen kann – genauso wie es sich heute mit den weltweiten Handelsmonopolen in der kapitalistischen Geldwirtschaft verhält. Doch vielleicht hatten die Menschen in der Jungsteinzeit gar keine akkumulierende Wirtschaft, die auf Geld und Zinsen beruht, so dass es nichts zu kontrollieren gab? Vielleicht waren die sogenannten „Handelsrouten" eher Kommunikationswege, teils zum Besuchen und Beschenken von Freunden und zum Tauschen von Gegenständen, teils zum Pilgern zu heiligen Orten?

Nicht besser steht es um die Gräben und Wälle, die sämtlich „Befestigungsanlagen" sein sollen, als lauere der „kriegerische" Feind überall vor der Tür, um diese erfundene „Macht" an sich zu reißen. Aber sie können auch Gräben zur Trockenlegung des Siedlungsareals in feuchten Gebieten oder Wälle zum Schutz gegen Hochwasser und Schlamm von nahen Flüssen gewesen sein, ebenso boten sie den Einwohnern Schutz vor wilden Tieren. Gleichzeitig können die Gräben religiöse Funktionen als Begräbnisplätze gehabt haben und die Wälle als Abgrenzung von den Geistern der Außenwelt. Für diese Funktionen gibt es Belege, so dass angesichts der vielfältigen Möglichkeiten ein Satz wie: „Gewalt zwischen Dörfern nimmt genauso zu wie die Grabenwerke"[48] völlig unverständlich ist. Was haben die schönen, ovalen oder kreisrunden Erdwerke aus der jungsteinzeitlichen Epoche mit „Gewalt" zu tun, es sei denn man will hier Gewalt um jeden Preis sehen? Mittlerweile setzt sich die Ansicht durch, dass diese Grabenanlagen zeremonielle, astronomische und soziale Funktionen als Versammlungsorte hatten, das heißt, eine offene Art von Tempeln waren. Doch nun mutiert der „Große Mann" sofort zum Priester, der hier das religiöse Monopol besitzt und die „Zugangsrechte zu den rituellen Plätzen kontrolliert".[49] –

Das ist eine pure Behauptung, denn für diese Annahme wird keinerlei Begründung gegeben. Sie passt jedoch ins Bild der Rückprojektion der bekannten patriarchalen Verhältnisse in die Jungsteinzeit. Was nun folgt, ist die Wiederholung des immer Gleichen, über Kupferzeit und Bronzezeit zur Eisenzeit geht die Geschichte eindimensional weiter, mit sich stetig steigernder Potenz der Machtzentren und Herrschertümer. Was die Bronze- und Eisenzeit betrifft, so fällt hier die Verharmlosung der kriegerischen Gewalttaten auf, als ob sich die bronzenen und eisernen Waffen nur über das Prinzip Import – Nachahmung – Eigenfertigung so schnell in Europa verbreitet hätten, das heißt, lediglich mittels freundlicher Weitergabe und nicht durch Invasionen fremder Völker.[50] Zuletzt gipfelt alles im Staat, von den griechischen Stadtstaaten bis zum römischen Militärreich, womit die gesamte Frühgeschichte, geführt vom zusehends wachsenden „Großen Mann", endlich ihr Ziel, nämlich die Zivilisation mit ihren herrschenden Eliten, erreicht hat. An keiner Stelle kommt der Autorengruppe die Idee, dass Gesellschaften in der Frühgeschichte ganz anders ausgesehen haben könnten als das „ewige Patriarchat". Doch dieses galt es zu beweisen, was aber nicht gelingen kann, wenn es von Anfang an vorausgesetzt wird. –

---

[47] Siehe Heide Göttner-Abendroth: *Das Matriarchat II,1* und *das Matriarchat II,2*.
[48] v. Schnurbein, S. 69.
[49] A.a.O., S. 82–83 und 103–105.
[50] A. a.O., S. 153.

Mit der These vom „ewigen Krieg" verhält es sich nicht besser, sie ist bei etlichen Archäologen sehr beliebt. Dabei werden zweifelhafte ethnologische Darstellungen unkritisch für Interpretationen von Funden, vor allem von menschlichen Skeletten, übernommen. Statt der angemessen sorgfältigen Analyse dieser Funde werden Glaubensbekenntnisse formuliert, denn die archäologischen Funde selbst geben den Beweis für „ewigen Krieg" nicht her.

Es lohnt sich, dies näher anzuschauen, und ich folge hier der kritischen Diskussion der Archäologie-Professorin Heidi Peter-Röcher:[51]

So soll schon in der Mittleren Altsteinzeit der „Krieg" notorisch gewesen sein, wie der Fall Krapina im Norden Kroatiens angeblich zeigt: Unter einem Felsüberhang des Hügels Hušnjak in dieser Gegend fand man die Überreste von etwa 70 Neandertalern, das Alter des Fundes wurde mit 130.000 Jahren datiert. Die Knochen zeigen Schnitt- und Schabespuren sowie weitere Gewalteinwirkung, so dass sogleich die Hypothese entstand, hier wären Leute des modernen Menschentypus auf Neandertaler gestoßen, hätten sie besiegt und hernach verspeist. Es ist die gruselige, aber publikumswirksame „Kannibalismus"-These, welche frühe Menschen, die angeblich „primitiv" waren, zu Menschenfressern herabwürdigt. Diese These geisterte lange durch die archäologische Fachwelt. – Das Szenario kann jedoch eine ganz andere Bedeutung haben, denn es weist auf ein in der Altsteinzeit und noch Jahrtausende danach übliches Totenritual hin: die Sitte der „Sekundärbestattung". Dabei werden die Gestorbenen zunächst einzeln bestattet, und nach der Verwesung der Weichteile werden ihre Knochen wieder ausgegraben, gesäubert und zerteilt, um die Gebeine hernach gesammelt in einer eigenen Zeremonie an einem heiligen Ort zum zweitenmal in die Erde zu legen. Diese Sitte ist aus der Ethnologie reichlich belegt, und sie drückt liebevolle Sorgfalt für die Verstorbenen vonseiten ihrer Angehörigen aus. Die restliche „Gewalteinwirkung" geht auf das Dynamit zurück, mit dem die Knochen damals (1899) aus dem harten Boden gesprengt wurden – eine sehr spezielle Bergungsmethode![52]

Weitere Kriegsindizien aus der Jüngeren Altsteinzeit (ab 38.000) sollen die „Massaker" von Grimaldi in Norditalien und Dolní Věstonice in Mähren, Tschechien, und andere Beispiele sein, jedoch liegen in jedem dieser Fälle nur mehrfache Bestattungen zur gleichen Zeit vor (Mehrfachbestattungen). Bei Grimaldi und Dolní Věstonice behauptet man sogar „Massen-Opferungen", eine dramatische Vorstellung, die aber aus den Funden nicht hervorgeht. Es ist immer möglich, dass mehrere Menschen durch eine Hungersnot oder Epidemie gleichzeitig gestorben sind und zusammen

---

[51] Die hier in Kürze referierten Ergebnisse von Heidi Peter-Röcher stammen aus naturwissenschaftlich-anthropologischen Untersuchungen an den aus allen jenen Epochen ausgegrabenen, menschlichen Skeletten. Diese Funde werden von ihr mit der wissenschaftlich notwendigen Genauigkeit aufgelistet, statistisch ausgewertet und sorgfältig interpretiert; siehe: *Gewalt und Krieg*, Katalog-Teil und insgesamt. Ihre profunde Arbeit ließ sie, zusammen mit anderen Archäologen, zu einer klaren Gegnerin der gängigen Kriegs-These für die Frühgeschichte werden. – Notiz zum Begriff „Anthropologie": In den USA ist „Anthropologie" meist gleichbedeutend mit „Ethnologie" oder „Völkerkunde"; in Europa ist mit „somatischer Anthropologie" die Untersuchung an menschlichen Skeletten aus allen Epochen der Frühgeschichte und späteren Geschichte gemeint, die eine mit der Archäologie verknüpfte, naturwissenschaftliche Disziplin darstellt.

[52] Heidi Peter-Röcher, S. 45, und in einem Interview vom 14. August 2014, Universität Würzburg, an ihrem Lehrstuhl für Vor- und Frühgeschichtliche Archäologie.

bestattet wurden. Außerdem kann es sich ebenfalls um die nachträgliche Deponierung von Knochen an bestimmten Plätzen, also Sekundärbestattungen, handeln, wie durch kritische Analysen gezeigt wurde.[53]

Auch für die Mittelsteinzeit, die in Europa zwischen Altsteinzeit und Jungsteinzeit liegt (ab 9500 v.u.Z.), wurden „Menschenopfer und Kannibalismus" behauptet, wie beispielsweise für die *Große Ofnethöhle in Bayern* (um 7700). Hier fand man eine Bestattung von 34 Schädeln, die kollektiv zusammenlagen wie in einem Nest. Sie sollen Schnitt- und Kratzspuren haben, die aber bei neuerer Nachforschung nicht aufzufinden waren. Es handelt sich hingegen um eine Sekundärbestattung der sauber gereinigten und sorgsam zusammengelegten Schädel, die in der Ofnethöhle als einem besonders sakralen Platz niedergelegt wurden.[54]

Besonders schauerlich soll sich dieses angebliche Szenario auch in der frühen Jungsteinzeit in der Jungfernhöhle von Tiefenellern, bei Bamberg in Bayern, zugetragen haben (ca. 5000). Hier fand man Teile der Skelette von 49 Menschen, meist jungen Frauen und Mädchen. Wieder sollen es Schabe- und Schnittspuren an den Knochen sowie zertrümmerte Schädel sein, welche die These von grausigen Festmählern aufkommen ließen. Als „Kannibalenhöhle" war die Jungfernhöhle noch 1990 in der Fachwelt berüchtigt. Hinzu trat eine merkwürdige Sage von drei kopflosen Jungfrauen, die nachts im Wald spuken würden, weil sie einst in der Höhle enthauptet worden wären.[55] Diese Sage wie auch der Name der Höhle sind denkwürdig, denn sie zeigen, wie unvorstellbar lange sich frühgeschichtliche Ereignisse, wenn auch verzerrt, im mythologischen Gewand erhalten können. – Mittlerweile wird die Jungfernhöhle ebenfalls als jungsteinzeitliche Kulthöhle betrachtet, worin keine Spuren von Kannibalismus zu sehen sind. Auch hier wurden feierliche Sekundärbestattungen der weiblichen Gebeine zelebriert, was die Höhle als einen Kultplatz von überragender Bedeutung über Jahrtausende ausweist.[56] Es finden sich außerdem keine Hinweise auf menschliche Gewaltanwendung, sondern die Schädel wurden durch herabfallende Steine lange nach der Bestattung beschädigt.[57] –

Heute gilt die These von der angeblich weiten Verbreitung von „Menschenopfer und Kannibalismus", welche die frühen Menschen als blutrünstige Wilde erscheinen ließ, als überholt. Dafür wird sie durch die These von „Krieg und Massaker" ersetzt, womit eine andere Art von Schlächterei bis in die frühesten Epochen der Menschheit zurückverlegt wird. Da die Kriegsthese für die Altsteinzeit wegen der Abwesenheit entsprechender Funde nicht zu halten ist, soll es nun die Jungsteinzeit sein, die für „Krieg und Massaker" verantwortlich zeichnet.

Schauen wir genauer nach, wie es damit aussieht:

Wir hörten schon, dass es mit dem Feldbau und der Sesshaftigkeit angeblich zum „Privatbesitz an Land und Häusern" kam. Daher musste er „verteidigt" und seinetwegen „Krieg" geführt werden. Dieser Zustand soll schon mit dem steinernen Mau-

---

[53] A.a.O., S. 117–118 und 150, Fußnote 94.
[54] A.a.O., S. 121, Fußnote 30.
[55] „Die Sage von den kopflosen Jungfrauen", Zeitungsnotiz aus den *Nürnberger Nachrichten* vom 16. Januar 2015.
[56] Aussage des Wissenschaftlers Timo Seregély, in Peter-Röcher: *Gewalt und Krieg*, S. 121, Fußnote 50.
[57] Heidi Peter-Röcher, S. 52 und Fußnote 41.

erring von Jericho in Alt-Palästina (ab 9000) begonnen haben, der als „Befestigungsanlage" interpretiert wird, woraus man auf kriegerische Zeiten schließt. Dieselbe kriegerische Funktion wird stereotyp von allen Erdwerken mit Wällen und Gräben durch die gesamte Jungsteinzeit behauptet. – Es gibt jedoch vielerlei Gründe etwas zu befestigen, ohne dass gleich eine militärische Festung errichtet wird. Die frühjungsteinzeitliche Stadt Jericho im Tal des Jordan besaß lange Zeit keine Mauern, danach nur einen geringen Mauerring, der im schlammigen Gelände eher zum Schutz vor zu viel Wasser diente. Erst später wurde er zu einer mächtigen drei Meter dicken Mauer mit Turm ausgebaut. Andere Wall- und Grabenanlagen konnten Einhegungen von Mensch und Vieh gegen Raubtiere gewesen sein oder zum Schutz der Gärten vor Wildfraß dienen; in diesem Sinne waren sie buchstäblich „Umfriedungen". Ebenso spielten diese Erdwerke eine kultische Rolle als Grenze zur Außenwelt, um übernatürliche, gefährliche Wesen vom Eindringen in die Innenwelt der Menschen abzuhalten. Denn es wurden häufig menschliche Knochen in solchen Gräben gefunden, was zeigt, dass man nicht nur an entfernten, heiligen Plätzen, sondern auch direkt bei den Siedlungen Tote bestattete. So blieben sie als Ahnen den Lebenden nahe, aber ihre Geister gehörten nun zur Außenwelt im Sinne von Jenseitswelt.

Beispielsweise wurde das Erdwerk von Herxheim an der Weinstraße in Deutschland (um 5000) lange als Platz eines „Massakers" missdeutet, weil sich hier Hunderte von Skeletten fanden. Heute hat sich dagegen die Ansicht durchgesetzt, dass diese große Anlage als bedeutender, überregionaler Bestattungsplatz gedient hat, mit nacheinander ausgehobenen Gräben, die aus sich überschneidenden Längsgruben entstanden sind. Sie stellten nie ein kriegerisches „Befestigungswerk" dar.[58] Zuvor musste das Herxheimer Erdwerk noch für die These von „Menschenopfer und Kannibalismus" herhalten, man sah hier Menschenfresserei am Werk, weil die Knochen von mindestens 500 Menschen zerteilt, die Schädel gesäubert und bearbeitet worden waren. Es fehlt aber der Nachweis eines gewaltsamen, gleichzeitigen Todes, und die besonders schönen Keramikgefäße, die zwischen die Skelette deponiert worden waren, sprechen für Bestattungen. Auch diesmal war die Sitte der Sekundärbestattung am Werk, die häufig ist in diesen frühen Epochen.

Ein weiteres Beispiel für „Krieg und Massaker" in der Jungsteinzeit soll Schletz-Asparn in Österreich sein (um 5000). Denn bei dieser Dorfanlage fand man in den Gräben etliche Skelette und Bruchstücke von steinernen Keulenköpfen. Jedoch waren die Gräben sonst ohne Waffen, und ob die steinernen Keulenköpfe „Waffen" darstellen, ist fraglich. Sie konnten auch als Grabstockbeschwerer oder als Schwunggewichte für Drillbohrer für ein besonderes Handwerk gedient haben, sogar als Nussknacker waren sie zu gebrauchen.[59] Zusätzlich fand man bei den Toten Keramik, Fragmente von Figuren und verkohlte Kulturpflanzen, was auch hier eine Bestattung wahrscheinlich macht. Auch bei dieser Anlage sind die Gräben – wie bei Herxheim – nicht gleichzeitig, sondern kurz nacheinander ausgehoben worden, das heißt, auch hier gab es keine durchgehende „Befestigungsanlage". Die Toten wurden nicht gemeinsam bestattet, sondern kurz nacheinander, und zwar mit Grabbeigaben. Danach wurde der

---

[58] A.a.O., S. 144; siehe dasselbe auch für das Erdwerk von Rosheim (Bas-Rhin) und das mittelbronzezeitliche Velim, ebd., Fußnote 74.
[59] Eric Biermann: „Krieg in der Vorgeschichte", in: Ralf Gleser/Valeksa Becker (Hg.): *Mitteleuropa im 5. Jahrtausend vor Christus*, Berlin 2012, LIT Verlag, S. 331.

Brunnen mit Erde verfüllt und das Dorf verlassen. Diese Situation lässt sich kaum als „Massaker" interpretieren, sondern eher als eine sukzessive Bestattung von Menschen, die vermutlich durch eine rasch um sich greifende Krankheit gestorben sind.[60]

Dasselbe gilt für Vaihingen an der Enz in Deutschland (um 5000), wo sich ebenfalls kein Ort von „Krieg und Massaker" befindet, sondern eine Siedlung mit Bestattungsplatz. Auch hier, wie sonst bei jungsteinzeitlicher Siedlungen, dienten die Gräben der Erdwerke für Begräbnisse der Angehörigen möglichst nahe bei den Lebenden, weshalb sich auch an dieser Stelle menschliche Überreste gefunden haben.[61]

Auch die spätere, neolithische Wallanlage von Altheim in Bayern (um 3500) fiel unter die „Massaker"-These, denn man fand in den Gräben dieser Hofstätte Pfeile mit abgebrochener Spitze, ein wirres Durcheinander von fragmentarischen Menschenknochen und viele Tonscherben. Das führte zu der eigenartigen Behauptung, dass hier bei verzweifelter Verteidigung sogar Tongefäße auf den anstürmenden Feind geworfen worden waren – vielleicht von den tapferen Bäuerinnen? Später korrigierte man diese Behauptung und betrachtet die Wallanlage nun als ein Massengrab infolge einer Seuche. Die Angehörigen hatten die Toten in die Gräben geworfen, doch sie gaben ihnen nicht mehr benutzbare Pfeile als Beigaben mit und reichlich Totenspeisung in den vielen Gefäßen.[62]

Diese Beispiele zeigen, dass die Erdwerke als Umfriedungen in erster Linie religiös-rituelle Funktion hatten und keine profan-kriegerische, eine Erkenntnis, die natürlich untergeht, wenn jeder Wall und Graben als militärische „Befestigung" gilt und man überall „Gewalt zwischen den Dörfern" sieht. Es gab außer diesen Sonderbestattungen auch regelrechte jungsteinzeitliche Friedhöfe, wobei die verschiedenen Begräbnisformen nebeneinander bestanden haben.

Aus der spätneolithischen Kupfersteinzeit sind solche Kollektivbestattungen ebenfalls dokumentiert, die als „Massaker" gedeutet werden, wie beim in den Felsen gehauenen Grab von Roaix in Frankreich und dem Platz von San Juan Ante Portam Latinam in Spanien (Belegung von 3800–2800). Aus der Frühbronzezeit (ab 2200) kommt noch Sund in Norwegen hinzu. Trotz unterschiedlicher Forschermeinungen gibt es hier keine „Kriegsschicht", denn die Schussverletzungen durch Pfeile sind auf wenige Individuen beschränkt. Diese spärlichen tödlichen Verletzungen gehen eher auf Auseinandersetzungen zwischen einzelnen Personen zurück und nicht auf kollektiv durchgeführten „Krieg".[63]

Damit wird die angegebene Menge der „Massaker", welche die ständige Kriegerei in der Jungsteinzeit belegen sollen, sehr gering. Es bleiben für Mitteleuropa nur zwei eindeutige Beispiele übrig, nämlich die Überfälle auf ein Dorf bei Talheim und auf ein anderes bei Eulau, beide in Deutschland. Im Fall von Talheim bei Heilbronn lagen die Skelette von 34 Menschen kreuz und quer übereinander wie in die Grube geworfen (um 5100). Bei Eulau bei Naumburg waren es 13 Tote, die erschlagen und nach dem Überfall sehr sorgfältig von ihren trauernden Angehörigen bestattet worden waren

---

[60] Heidi Peter-Röcher, S. 144.
[61] A.a.O., S. 150.
[62] A.a.O., S. 105–106.
[63] A.a.O., S. 150–151.

(um 2500). Beide Male handelte es sich tatsächlich um Massaker, bei denen die Opfer hinterrücks erschlagen worden waren, wie die Schädelfrakturen zeigen.[64]

Was haben wir davon zu halten, das heißt, wie steht es hier mit den Beweisen für „Krieg"? Zuerst ist es wichtig, die automatisch gemachte Koppelung von „Massaker" und „Krieg" zu trennen. Zwar kommen bei hierarchischen Staaten-Gesellschaften unentwegt Massaker im Rahmen von organisiertem Krieg vor, aber wir haben es in der Frühgeschichte – nach der oben gegebenen, genauen Definition – gar nicht mit „Krieg" zu tun. Es handelt sich hier um bewaffnete Auseinandersetzungen in kleinem Maßstab, die kurz und willkürlich waren und keine institutionelle, militärische Organisation im Hintergrund hatten. Sie geschahen aus persönlichen Motiven wie Rache aus gekränkter Ehre oder Vergeltung wegen Raub oder Streit über Ressourcen. Nur wenige Männer führten den Überfall durch, es war keineswegs der ganze Clan oder Stamm beteiligt. Kurz gesagt: Es handelt sich um „Fehden". Selbst wenn diese zahlenmäßig mehr wären, als hier tatsächlich als Belege noch übrig sind, machen diese Fehden keinen Krieg aus. Beachten wir zudem den immensen zeitlichen Abstand zwischen diesen beiden Beispielen, nämlich der Überfall von Talheim um 5100 und derjenige von Eulau um 2500, dann wirken sie eher wie Ausnahmen in einer riesigen Zeitspanne von Jahrtausenden.

Es ist außerdem zu beachten, dass sie zu zwei verschiedenen Kulturen gehören: Das Dorf bei Talheim war ein Teil der bandkeramischen Kultur, dasjenige bei Eulau ein Teil der schnurkeramischen Kultur. Das heißt, hier bestanden sehr unterschiedliche, gesellschaftliche Situationen (wir kommen später darauf zurück). Aus dem ersten Beispiel von Talheim zu folgern, dass die früh-neolithische bandkeramische Kultur an ihrem Ende „durch Kriege blutig unterging", ist schlicht Unsinn. Das ändert sich auch nicht, wenn noch ein oder zwei weitere Beispiele gefunden würden. Bei dem Überfall von Eulau mit den Schnurkeramikern liegt es etwas anders, denn diese gehören zu den indoeuropäischen Invasionswellen nach Mitteleuropa, die sich durch Raubüberfälle und Zerstörung einheimischer Kulturen Platz schafften. Aber zu Krieg im Sinne von organisierten Angriffen waren sie gar nicht fähig, denn sie kamen in losen, ungeordneten Gruppen, so dass man auch hier nicht von „allgemeinem Krieg" reden kann. Das Massaker von Eulau trägt außerdem die Züge einer Fehde zwischen ähnlichen Gruppen.[65] So ist es auch hier gewagt, es die „Spitze eines Eisbergs" zu nennen. Dieser „Eisberg" entsteht nur durch die zweifelhaften Hochrechnungen von Totschlagsraten, bei denen so getan wird, als ob solche Ereignisse in jedem Jahr und Jahrzehnt vorgekommen wären – eine rein fiktive Annahme.[66] Für die Jungsteinzeit ist der Begriff „kriegerische" Zeiten daher sehr problematisch.[67] Es wird nicht angegeben, für welches bestimmte Gebiet er gelten soll, denn weiträumig handelt es sich

---

[64] A.a.O., S. 144; zu Talheim: J. Wahl/H. G. König: *Anthropologisch-traumatologische Untersuchung der menschlichen Skelettreste aus dem bandkeramischen Massengrab bei Talheim, Kreis Heilbronn,* Fundberichte aus Baden-Württemberg 12, Stuttgart 1987, Theiss Verlag, S. 65–193; zu Eulau: A. Muhl/H. Meller/K. Heckenhahn: *Tatort Eulau. Ein 4500 Jahre altes Verbrechen wird aufgeklärt,* Stuttgart 2010, Konrad Theiss Verlag.
[65] Muhl/Meller/Heckenhahn, ebd.
[66] Peter-Röcher, S. 185–186.
[67] Dass die Schnurkeramiker noch zur „Jungsteinzeit" gerechnet werden, liegt an der Primitivität ihrer Waffen aus Stein, die sie noch sehr spät besaßen, während woanders längst Bronze gebraucht wurde (Bronzezeit). Hier zeigt sich das Problem, Kulturepochen nach Werkzeugen/

um massakerfreie Jahrzehntausende und Jahrtausende. Für die Altsteinzeit wird er völlig hinfällig, hier liegen Jahrhunderttausende ohne Überfälle und Massaker vor. Offensichtlich lebten die Menschen in diesen sehr langen Epochen meist friedlich – was besonders klar hervortritt, wenn man es mit heutigen Verhältnissen vergleicht!

Im Gegensatz dazu zeigt sich anhand der archäologischen Funde deutlich, dass organisierter Krieg mit häufigen Massakern erst ab der Eisenzeit auftritt, in östlichen Kulturregionen ab der späten Bronzezeit. In Mitteleuropa ist nicht einmal die Epoche der Bronzezeit derart auffällig von kriegerischen Angriffen durchzogen. Schwere Schwerthiebverletzungen sind erst ab der keltischen Hallstattzeit eindeutig zu erkennen, und seit der Zeit des Römischen Reiches und des christlichen Mittelalters sind die Verletzungen der Männer wegen der unaufhörlichen Kriegsführung sehr hoch. Gewalt und Krieg nehmen sichtlich mit wachsender sozialer Hierarchisierung in Staats- und Reichsbildungen zu statt sich zu vermindern. Das erweist die These vom Staat, der die aggressiven, menschlichen Triebe angeblich befriedet, schlicht als Unwahrheit.[68]

Die Rede von „friedlichen Gesellschaften"

Die Vorstellung von „friedlichen" Gesellschaften ist ebenso ungenau wie diejenige von „kriegerischen" Gesellschaften, und sie ist genauso ideologiebesetzt. Dass es dabei um Emotionen statt um Wissen geht, kann man erleben, wenn manche Zeitgenossen regelrecht aggressiv werden, sobald die Rede von frühen „friedlichen" Gesellschaften ist. Was steht dahinter: Reißt man sie vielleicht aus der Selbstgewissheit, dass früher alles noch viel schlimmer gewesen sei? Passt es nicht in ihr Weltbild, dass die Entwicklung der Menschheit nicht immer linear aufwärts zu stets edlerem, vernünftigerem, gewaltloserem Verhalten führte? In den westlichen Zivilisationen wird das allgemein so gesehen, doch indigene Völker und insbesondere Frauen sehen diese Entwicklung eher umgekehrt. Denn sie gehören nicht zu den Siegern und schreiben keine Siegergeschichte. Bei genauem Hinsehen kann man sehr schnell feststellen, dass sich die Menschheitsgeschichte in dramatischen Brüchen und Untergängen ganzer Kulturregionen vollzog, ohne Garantie für das „Je später, desto höher und besser".

Hier und anderswo zeigt sich die stillschweigende, ideologische Tendenz, an „friedliche" Gesellschaften zu hohe Ansprüche zu stellen, die in Bezug auf menschliches Zusammenleben unrealistisch sind. Genau das spiegelt der Versuch einer Definition des Ethnologen Thomas Gregor. Nach ihm sollen „friedliche" Gesellschaften Werte und Sanktionen haben, die keine zwischenmenschliche Gewalt oder interne kollektive Gewalt aufkommen lassen; alle ihre Konflikte sollen sie gewaltfrei lösen; sie sollen keine speziellen Rollen für Krieger haben und keine Kriege führen – woraus

---

Waffen zu benennen, was sich 1. zeitlich von einer Kulturregion zur nächsten sehr verschiebt, 2. nichts über die Sozialordnung aussagt, die doch viel wichtiger sind.

[68] Peter-Röcher, S. 187–190.

man folgern kann, dass sie sich nicht verteidigen dürfen, sondern stets besiegen und unterwerfen lassen sollen.[69]

Zu diesem Definitionsversuch treten weit verbreitete, diffuse Vorstellungen hinzu, die sich besonders auf matriarchale „friedliche" Gesellschaften beziehen: Hier sollen sämtliche Mitglieder einander stets bemuttern und „lieb haben", weshalb keine Gebote nötig seien; ebenso sollen auf Brüche sozialer Regeln keine Strafen folgen, seien diese auch noch so milde; auch Tiere sollen nicht verzehrt werden, sondern auf vegetarische Art nur Pflanzen; aber auch kein Baum darf gefällt und keine Furche in die Erde gezogen werden, um der Natur nicht weh zu tun usw. – eine insgesamt illusionäre Vorstellung, die persönlichem Wunschdenken entspringt. Sie beruht diesmal auf positiven statt auf negativen Projektionen, was die Sache aber nicht besser macht. Dazu ist anzumerken, dass weder in matriarchalen noch sonstigen „friedlichen" Gesellschaften Engel leben, sondern Menschen mit ihren Stärken und Schwächen. Wie sich das mögliche Spektrum menschlicher Eigenschaften jedoch auswirkt, liegt in den kulturellen Werten und gesellschaftlichen Strukturen begründet, in denen Menschen leben. Diese Werte und gesellschaftlichen Muster sind es, die eine friedliche oder unfriedliche Gesellschaft ausmachen.

So kann es auch in matriarchalen Gesellschaften spontane, zwischenmenschliche Gewalt aus persönlichem Zorn geben, ebenso interne, kollektive Gewalt wegen ungelöster Probleme. Aber diese Gesellschaften haben eine Reihe von Strategien zur Konfliktlösung und Friedenssicherung entwickelt, die patriarchale Gesellschaften nicht kennen, denn Gewalt wird in matriarchalen Gesellschaften geächtet statt verherrlicht.[70] Es gibt hier durchaus auch Fehden, die Männer aus den schon genannten Gründen führen, wobei es zu Totschlag an Personen aus anderen Stämmen kommt. Dies kann jedoch zu Stammesbündnissen führen, um solche Fehden zu unterbinden, oder es wird Heiratspolitik zwischen verschiedenen Stämmen praktiziert, die es gar nicht dazu kommen lässt.[71] Es gibt in einigen matriarchalen Gesellschaften, besonders wenn sie unter patriarchalen Druck geraten, auch spezielle Rollen für Krieger, aber sie dienen der Verteidigung und nicht der Eroberung. Denn nicht alle diese Gesellschaften waren bei patriarchalen Invasionen sogleich bereit, sich zu unterwerfen, sondern sie haben sich gewehrt.[72] Außerdem kennen sie wie jede Gesellschaft soziale Regeln und Gebote und belegen Verstöße mit Sanktionen, wobei diese Sanktionen aber nie mit Justiz, Gefängnissen und Strafen an Leib und Leben verbunden sind.[73]

Was matriarchale Gesellschaften so andersartig macht, sind die kulturellen Werte und das gesellschaftliche Regelwerk, die grundsätzlich auf Friedenssicherung abzielen. Es handelt sich dabei um *maternale Werte,* die von prototypischem mütterlichen Verhalten und mütterlicher Arbeit abgeleitet sind, zum Beispiel: Nähren und Pflegen

---

[69] Vgl. Thomas Gregor: „Uneasy Peace. Intertribal relations in Brazil's Upper Xingu", in: J. Haas (Hg.): *The Anthropology of War,* New York 1990, Cambridge University Press, S. 106.
[70] Vgl. für ein Beispiel für interne, kollektive Gewalt mit nachfolgender, ritueller Lösung des Konflikts bei den Hopi: Göttner-Abendroth: *Das Matriarchat II,2,* Kapitel 3.
[71] Vgl. dafür die Irokesen mit der Gründung ihrer Liga aus fünf Stämmen, ferner die Geschichte der Akan-Völker, a.a.O., Kapitel 4 und 7.
[72] Vgl. als Beispiel die Irokesen mit ihrem Verteidigungskampf gegen die Invasion der Weißen, a.a.O., Kap. 4.
[73] Vgl. ein Beispiel dafür bei den Hopi mit ihrer Sanktion gegen einen verräterischen Häuptling, a.a.O., Kap. 3.

des Kleinen und Schwachen, damit es groß wird; Gleichwertigkeit der Geschlechter und Generationen nicht im Sinne von Gleichmacherei, sondern von komplementärer Egalität; vollkommene Gegenseitigkeit als Hilfssystem, aus dem niemand herausfällt; Konfliktlösung durch Verhandeln, wechselseitige Heirat oder rituelle Arrangements. Diese Werte gelten für alle, für Mütter und Nicht-Mütter, für Frauen und Männer gleichermaßen. Daraus ergibt sich eine Lebensweise, die in jeden Fall lebensfreundlicher ist als jene in patriarchalen Gesellschaften.

Für unsere Arbeit hier ist es von größter Bedeutung, diese Werte, Sitten und Regeln, welche die matriarchalen Lebensweisen prägen, im Detail zu kennen. Sie wurden anhand von heute noch lebenden Gesellschaften dieses Typus gewonnen.[74] Nur so können wir die Ur- und Frühgeschichte unter einer anderen Perspektive als der üblichen betrachten und verstehen lernen. Fehlt diese Kenntnis von solchen nicht-patriarchalen Gesellschaftsformen, dann kommt es zu fortgesetzten, patriarchalen Rückprojektionen, weil man nichts anderes wahrnehmen kann als das immer gleiche Eigene. In den folgenden Kapiteln wird uns diese detaillierte Kenntnis aus lebenden matriarchalen Gesellschaften helfen, die menschliche Kulturgeschichte differenzierter, vielseitiger und dadurch angemessener zu verstehen, als es bisher geschah.

---

[74] Siehe Heide Göttner-Abendroth: *Das Matriarchat II,1* und *Das Matriarchat II,2*.

Kapitel 2:
Altsteinzeit in Westasien, dem Mittelmeerraum und Europa. Die Bildung mutterzentrierter Gesellschaften

Zeittafel Altsteinzeit (Paläolithikum)
4 Mio. Jahre: „Hominiden", d.h. Menschenähnliche mit aufrechtem Gang
3,2 Mio. Jahre: „Lucy"
2,7 Mio. Jahre – 300.000: Ältere Altsteinzeit, „Homo habilis", „Homo erectus" u.a.
300.000–38.000: Mittlere Altsteinzeit, „Homo sapiens neanderthalensis"
200.000–10.000 v.u.Z.: Jüngere Altsteinzeit, „Homo sapiens sapiens"

(Die Überschneidungen der Zahlen geben Gleichzeitigkeit der Menschenformen und kulturellen Escheinungen an.)

Herkunft aus Afrika und die Abenteuer der Ausbreitung

Die Menschheit stammt aus Afrika. Das gilt bereits für die ersten menschenähnlichen Wesen mit aufrechtem Gang, die sich vor ca. 4 Millionen Jahren entwickelten. So fand man in Ostafrika (nördliches Tansania) die versteinerten Fußspuren von zwei Erwachsenen und einem Kind, die den aufrechten Gang beweisen. Schädel-Fragmente von verschiedenen Typen der Menschenähnlichen wurden entlang des ostafrikanischen Grabens bis Kenia entdeckt, ebenso in südafrikanischen Höhlen (ca. 4–3 Mio. Jahre alt), bis schließlich das vollständige, grazile Skelett der weiblichen „Lucy" (ca. 3,2 Mio. Jahre alt) in Äthiopien gefunden wurde. Alle diese Menschenähnlichen sind untereinander eng verwandt.[75]

Auch die ältesten Fossilien der ersten Menschen männlichen und weiblichen Geschlechts (2,7 Mio. Jahre) stammen aus denselben Gegenden, besonders der Olduwai-Schlucht, die zum ostafrikanischen Grabensystem gehört.[76] Sie bewohnten hier einst die Ufer eines Sees, bis alles für Jahrmillionen unter dicken Sedimenten begraben wurde. Ein Fluss räumte schließlich die Ablagerungen weg, so dass die Reste wieder

---

[75] Vgl. Christoper Scarre (Hg.): *Weltatlas der Archäologie,* München 1990, Südwest-Verlag, S. 54–55; Paul G. Bahn: *Atlas of World Archaeology,* New York 2000, Checkmark Books.
[76] Trotz jahrzehntelanger Sprachkritik reden die meisten Archäologen noch immer undifferenziert von „der Mensch". Man liest also, dass „der Mensch" jagte und sammelte, Werkzeuge gebrauchte und Lager baute. Wenn man überlegt, ob vielleicht „der Mensch", also Er, auch Kleidung nähte, Speisen zubereitete und die Kinder zur Welt brachte, dann wird klar, dass dieser Begriff keineswegs neutral ist, sondern nur Männer meint.

ans Tageslicht traten und gefunden wurden. Solche Überreste entdeckte man ebenso an anderen Stellen in Ostafrika und in Südafrika.[77]

Die ersten Frauen und Männer dieses „Oldowan" genannten Zeitalters benutzten gezielt ausgearbeitete Steinwerkzeuge wie Faustkeile und Spalter (ab 2,7 Mio. Jahre) und bauten sich Unterstände und Lager, was Planungsvermögen beweist. Neuere Funde belegen, dass sie sich schon so früh über ganz Afrika verbreiteten, wobei sie heiße Wüsten und Urwälder mieden und die offene Grassteppe mit einzelnen Bäumen bevorzugten. Die häufigen Funde in der heutigen Wüste Sahara zeigen, dass diese in jenen langen Zeiträumen ebenfalls offenes Grasland war. Allmählich nahmen die Steinwerkzeuge der ersten Menschen immer vielfältigere Formen an. Holz wurde für Grabstöcke und Keulen verwendet, und das Sammeln von Pflanzen sowie der Gebrauch des Feuers sind aus jener Zeit bewiesen (Fundstelle Kalambo Falls).[78] Jagd gab es noch nicht, so dass die Sammeltätigkeit die Lebensbasis war, und dafür wurden die verschiedenen Stein- und Holzgeräte erfunden. All dies zusammen sind Fähigkeiten, die weder den Menschenaffen noch den Menschenähnlichen eigen waren, es sind die Anfänge von „Kultur".

Mit dieser Epoche beginnt die *Ältere Altsteinzeit,* und bis ca. 1,8 Mio. Jahre waren die anderen Kontinente noch menschenleer. Ab diesem Zeitpunkt wanderten die ersten Menschen aus Afrika auch in andere Kontinente ein. Wegen der vor ca. 2 Mio. Jahren beginnenden Eiszeiten lag der Meeresspiegel erheblich tiefer als in den Warmzeiten, denn die wachsenden Eisschilde banden große Mengen von Wasser. So waren weite Teile, die heute als flache Schelfmeere unter Wasser liegen, damals fruchtbare Tiefebenen. Landbrücken verbanden Afrika und Europa, so hingen Nordafrika und Spanien zusammen, denn die Meeresenge von Gibraltar gab es nicht oder war sehr schmal. Auch Kleinasien und Griechenland waren über Landbrücken verbunden. Die ersten Frauen und Männer erreichten von Nordostafrika aus zunächst Westasien, wo man in Palästina/Israel ihre Faustkeile fand (1,5 Mio. Jahre) und in Georgien ihre Fossilien (Dmanissi, 1,8 Mio. Jahre). In diesen warmen Zonen hielten sie sich lange auf, wie spätere Funde aus Palästina/Israel und Syrien zeigen, ebenso im östlichen Anatolien und am oberen Euphrat.[79] Über Kleinasien und Griechenland betraten sie dann Südosteuropa und blieben in der Zone um das Mittelmeer.

Der Weg führte sie auch von Nordwestafrika nach Europa. Sie überquerten die Meeresenge von Gibraltar, denn man machte frühe Funde in Südspanien (Orce, 1,3 Mio. Jahre) und in Nordspanien (Atapuerca, 1,2 Mio. Jahre).[80] Europa nördlich der Alpen fanden diese ersten Männer und Frauen nicht attraktiv, denn dort herrschten Eis und Kälte. Überhaupt war Europa nicht gerade ihr Ziel, denn es erwies sich, rings von Meer umgeben, als „Sackgasse" für die weitere Ausbreitung. Von Westasien hingegen konnten sie sich ungehindert nach Osten in riesige, warme Landräume ausbreiten,

---

[77] *Weltatlas der Archäologie,* S. 54–55.
[78] A.a.O., S. 12 und 56–57.
[79] A.a.O., S. 62.
[80] *Atlas der Vorgeschichte,* S. 13–15. – Hier ist anzumerken, dass man die Datierung altsteinzeitlicher Epochen anhand neuer Funde erheblich zurückverlegen musste, wie in diesem Atlas von 2011 angegeben.

so dass ihre Überreste ebenso in Ostasien (Yuanmou, Westchina, 1,7 Mio. Jahre) und Südasien (Sangiran, Java, 1,3 Mio. Jahre) entdeckt wurden.[81]

Doch in den langen Zeiträumen der Älteren Altsteinzeit änderte sich die klimatische Situation mehrmals. Eine Wärmeperiode brachte die ersten Frauen und Männer auch in die vorherigen Kältezonen Nordchinas und Europas nördlich der Alpen. Als es wieder abkühlte, zogen sie sich nicht zurück, sondern vollbrachten bedeutende Anpassungsleistungen an Landschaften, die nun zur Tundra mit dürftigem Kältewald wurden. Sie lebten jetzt auch in diesen Gebieten, so bei Peking (Zhoukoudian, 450.000–350.000) und in Frankreich, Südengland, Belgien und Westdeutschland (700.000–300.000).[82]

Aus diesen ersten Frauen und Männern entwickelten sich in Europa und Westasien die Neandertaler-Menschen der *Mittleren Altsteinzeit* (300.000–38.000). Sie kamen nicht mehr aus Afrika. Sie bewohnten das westliche Eurasien bis an den Rand der gewaltigen, nördlichen Eisschilde, die in mehreren Phasen von Eiszeiten und Zwischeneiszeiten vorrückten, zurückwichen und wiederkehrten. Die Neandertaler-Männer und -Frauen hatten sich an diese Bedingungen bestens angepasst, ihr robuster Körperbau machte sie widerstandsfähig, und sie hielten sich in Höhlen, unter Felsüberhängen („Abris") und in zahlreichen Freilandstationen auf. Ihr Verbreitungsgebiet reichte von Spanien über gesamt Süd- und Mitteleuropa bis zum Kaukasus, zum Zāgros-Gebirge und im Süden bis Palästina/Israel. In Afrika und im östlichen Asien sind Neandertaler-Menschen unbekannt.[83]

Danach wurde Afrika auch die Wiege der anatomisch modernen Menschen (Cro-Magnon-Menschen).[84] Sie erschienen dort schon in der Mittleren Altsteinzeit (ab 200.000) und gleichen uns vollkommen in den körperlichen Merkmalen. Ihre ältesten Knochenreste und Werkzeuge stammen aus Südafrika (Florisbad, 250.000–200.000, Klasies River Mouth, 150.000, Blombos-Höhle, 100.000) und Äthiopien (Herto, 160.000).[85] Diese Frauen und Männer erfanden Werkzeuge mit Holzgriff, legten mit Trockenfleisch Vorrat an und schufen in afrikanischen Felsmalereien die früheste Kunst. Danach verbreiteten sie sich über ganz Afrika, einschließlich der vorher unbewohnten Zonen, wie dem tropischen Urwald. Schon bald wanderten einzelne Gruppen dieser modernen Menschen in Arabien und Westasien ein, wo man ihre Reste in Palästina/Israel fand (Höhle von Qafzeh, 115.000).[86] Sie bewohnten diese warmen Regionen lange Zeit, wobei einige von ihnen sich bis zu den Mittelmeerinseln Zypern und Kreta vorwagten, was zeigt, dass Menschen schon sehr früh das Meer befahren

---

[81] *Weltatlas der Archäologie*, S. 60–61. – Die bewaldeten Gebiete Süd- und Ostasiens sind erst wenig erforscht.
[82] A.a.O., S. 60–61 und 62.
[83] A.a.O., S. 64–65, *Atlas der Vorgeschichte*, S. 17.
[84] Mit dem heute üblichen Begriff „modern" ist nur die Anatomie dieser frühen Menschen gemeint, nicht jedoch ihre Kultur. Ein gebräuchlicher Begriff war auch „Cro-Magnon-Menschen".
[85] *Weltatlas der Archäologie*, S. 66–67; ebenso Friedemann Schrenk: „Vom aufrechten Gang zur Kunst", in: *Eiszeit. Kunst und Kultur*, Archäologisches Landesmuseum Baden-Württemberg und Universität Tübingen (Hg.), Stuttgart-Ostfildern 2009, Thorbecke Verlag, Grafiken auf S. 54 und S. 59; die Datierung von Florisbad bei Hermann Parzinger: *Die Kinder des Prometheus. Eine Geschichte der Menschheit vor der Erfindung der Schrift*, München 2015 (2. Auflage), Beck Verlag, S. 57.
[86] *Atlas der Vorgeschichte*, S. 25.

konnten.⁸⁷ Erst als sie um 40.000 das unwirtliche, mittlere Europa betraten, spricht man ab diesem relativ späten Zeitpunkt von der *Jüngeren Altsteinzeit*.

Wesentlich früher breiteten sich die modernen Menschen auf dem Landweg nach Zentralasien, Südasien und Ostasien aus; so weisen China und Südostasien etliche Fundstellen mit ihren Resten auf, ihre Ankunft wird ab 70.000 datiert. Wegen des ca. 170 m abgesunkenen Meeresspiegels während der Eiszeiten konnten sie auch die heutigen, großen indonesischen Inseln Borneo, Philippinen und Java über Land erreichen, denn diese waren durch breite Schelf-Tiefebenen mit dem asiatischen Festland verbunden (Sundaland).⁸⁸

In dieser Epoche betraten die modernen Menschen auch bisher unbewohnte Länder und Kontinente: Japan, das auch über Land erreicht wurde, und Australien. Australien bildete zusammen mit Neuguinea und Tasmanien eine eigene große Landmasse (Sahulland), war jedoch durch das Meer von der ostasiatischen Landmasse getrennt. Da man aber auch in Australien Funde der modernen Menschen gemacht hat, von denen Archäologen annehmen, dass dieser Kontinent bereits um 50.000 besiedelt wurde,⁸⁹ müssen diese Männer und Frauen schon so früh fähig gewesen sein, eine derart weite Distanz auf dem Wasser zu überqueren. Dazu haben ihnen Flöße oder Einbaum-Boote gedient, was eine außerordentliche Pioniertat bedeutet.⁹⁰

Die Erstbesiedelung des amerikanischen Doppelkontinents durch die modernen Menschen fand ca. vor 40.000–34.000 statt, wobei die ältesten Funde aus Südamerika stammen (Monte Verde, Chile, um 33.000; Pedra Furada, Brasilien, um 32.000; Pikimachay und Guitarrero-Höhlen, Peru), ebenso Plätze in Argentinien und Kolumbien um 22.000. Das Merkwürdige daran ist, dass die frühesten Funde aus Nordwest-Amerika um 16.000 oder noch später datieren.⁹¹ Das gibt den Archäologen Rätsel auf, denn die gängige These, dass die modernen Menschen zuerst über die damals breite, trockene Bering-Landbrücke zwischen Sibirien und Alaska den Kontinent Amerika betraten, gerät dadurch ins Wanken. Außerdem war dieser Nordteil des Kontinents mit einem großen Eisschild bedeckt, während Südamerika warmes, fruchtbares Gelände bot.

Die Lösung des Rätsels besteht darin, dass man zwei Einwanderungsrouten annehmen muss: eine erheblich spätere über die Bering-Landbrücke und eine frühere zur See über den Pazifischen Ozean. Das scheint unwahrscheinlich, aber wir müssen bedenken, dass auch die Wasserweite des Pazifik durch den damals abgesunkenen Meeresspiegel von Inseln unterbrochen wurde, die keineswegs nur kleine Punkte im Meer, sondern größere Landflächen waren. Sie reichten aneinandergereiht von Neu-

---

⁸⁷ Es gibt neueste Funde von altsteinzeitlichem Faustkeilen auf Kreta und Zypern, die zeigen, dass Menschen bereits vor 130.000 Jahren oder noch früher die Inseln erreichten. Sie kamen vermutlich von Libyen oder Kleinasien und benutzten den Seeweg auf Flößen und Einbaumbooten. Vgl. C. Runnels und Th. Strasser in *Antiquity*; Notiz in der *Süddeutschen Zeitung online*, vom 28. 4. 2016, in Druck am 29. 4., Nr. 99, S. 16.
⁸⁸ *Weltatlas der Archäologie*, S. 68–69.
⁸⁹ Ebd.
⁹⁰ Einbaumboote erweisen sich als sehr geeignet, was die Ethnologie an dem Volk der Trobriander von den melanesischen Trobriand-Inseln gezeigt hat, die mit großen, hochseetüchtigen Ausleger-Einbaumbooten den Ozean über Tausende von Seemeilen befahren. Vgl. Bronislaw Malinowksi: *Argonauten des westlichen Pazifik*, Frankfurt 1979, Syndikat Verlag.
⁹¹ *Weltatlas der Archäologie*, S. 70–71.

Ökonomie der Altsteinzeit: mehr als nur die Jagd

Wovon hat sich „Lucy", die menschenähnliche Frau, die weit vor der Altsteinzeit in Afrika lebte, ernährt? Sie aß Gras und Blätter und andere Pflanzen, was allgemein die Nahrung der Hominiden, der menschenähnlichen Wesen, war.[92]

Pflanzennahrung war und blieb die Basis der Ernährung der Menschen auch in der *Älteren Altsteinzeit* in Afrika, diesem an Vegetation reichen Kontinent. Denn die Eisschilde, die Nordeuropa bedeckten, verschoben die gemäßigte Klimazone weit nach Süden, so dass die heutigen Wüsten und Halbwüsten damals genügend Regen erhielten. Die Pflanzennahrung bestand aus Blättern, Stängeln und Sprossen, Wurzeln und Zwiebeln, Früchten, Beeren und Wildgemüse, Samen und Nüssen und war damit äußerst vielfältig. Hinzu kamen sammelbare Kleintiere wie Insekten, Frösche, Eidechsen, Schildkröten, auch Vogeleier und Honig, und Frauen wie Männer dieser frühen Menschengruppen sammelten sie gemeinsam. Sie gebrauchten dazu überwiegend Werkzeuge aus Holz wie Grabstöcke und Keulen, wie der Fundort Kalambo Falls belegt, dort fand man auch die ersten Steinwerkzeuge, die scharfkantige Abschläge waren (Äthiopien, 2,5 Mio. Jahre). Diese dienten zum Bearbeiten von Holz und Zerteilen der Nahrung, aber nicht zur Jagd.[93] Denn mit der artenreichen Mischung nahmen die Menschen zu jenen Zeiten genügend proteinreiche Nahrung zu sich; Jagd auf große Tiere war nicht nötig und gab es nicht. Die Ökonomie dieser Zeit ist also reine *Sammelwirtschaft*.

Frauen dürften dabei intensiver gesammelt haben als Männer, denn sie ernährten außer sich selbst auch ihre Kinder. Aus Pflanzenfasern stellten sie Schlingen und Riemen her, um die kleinsten Kinder mit sich zu tragen, ebenso Netze und Körbe, um das Sammelgut zu transportieren. Diese Sammelgeräte sind weibliche Erfindungen, und die Trageschlinge für Kleinkinder wie der Korb mit Stirnriemen werden bis heute von Frauen bei indigenen Völkern benutzt. Aus Zweigen flochten die Frauen Matten und Windschirme, ebenso ein Dach für Unterstände, eine erste Behausung, damit sie bei Hitze oder Regen ihren kleinen Kindern Schutz bieten konnten. Solche Unterstände, die vor ca. 1,8 Mio. Jahren erfunden wurden, entdeckte man in der Olduwai-Schlucht.[94] Auf diese Weise waren in der frühen Evolution der Menschheit Frauen als Mütter die treibende Kraft, denn sie hatten das Fortleben der Spezies zu gewährleisten.[95]

---

[92] Man hat dies durch Analysen der Knochen und des robusten Gebisses herausgefunden.
[93] *Weltatlas der Archäologie*, S. 56–57.
[94] Ebd.
[95] Sally Slocum: „Woman the Gatherer", in: Rayna R. Reiter (Hg.): *Toward an Anthropology of Women*, New York-London 1975, Monthly Review Press, S. 36–50, bes. S. 45–46; Nancy M. Tanner/

Zum Fleischessen kam es eher durch Zufall, die Menschen fanden die Überreste von Raubtiermahlzeiten und ergötzten sich am Aas. Aber das dürfte kaum ihre täglich Nahrung geworden sein, auch nicht durch einen so glücklichen Umstand wie dem Fund eines Elefanten, der im Schlamm stecken geblieben und verendet war. Er wurde mit schweren Haugeräten und scharfen, messerartigen Abschlägen aus Stein zerlegt (Olduwai-Schlucht, vor 1,6 Mio. Jahren), was bei einer größeren Gruppe aus Männern und Frauen nicht allzu lange dauerte.[96] Steinwerkzeuge standen Männern und Frauen zur Verfügung, denn jedes Geschlecht produzierte die Werkzeuge, die es benutzte, selbst. So waren es auch die Frauen, welche die steinernen Messerchen und Schaber zum Verarbeiten von Nahrung herstellten, sie konnten damit Fleisch zerlegen und Häute und Knochen bearbeiten. Die Vorstellung, dass Frauen nur weiche Materialien, wie Holz, und Männer nur harte Materialien, wie Stein, bearbeiteten, ist ein Klischee und hat sich als überholt erwiesen.[97]

Offenbar regte das Essen von Aas die menschliche Genuss-Sucht an, denn diese Speise war weder gesund noch leicht zu erreichen. Auch konnte es dabei gefährlich werden, wenn ein Raubtier die Reste seiner Beute verteidigte. Dann wurden die Menschen leicht selbst zur Beute, nicht nur des Raubtieres, sondern auch ihrer neuen Obsession. Die Lösung war, dass sie sich mit Stöcken zu wehren begannen, und noch besser war es, wenn sie die Stöcke aus etwas Entfernung nach dem Raubtier warfen. So entstanden die ersten Wurfhölzer und Speere.[98] Auf diese Weise wurden die Menschen von Gejagten zu Jägern und taten es nun den Raubtieren nach, um durch dieselben Beutetiere in den Genuss von frischem Fleisch zu kommen. Das war der Beginn der Jagd in Afrika, ebenso in Westasien und Europa und überall dort, wohin die Menschen der Älteren Altsteinzeit gezogen waren.

Die Bedeutung dieser Jagdtätigkeit wurde und wird in der konservativen Archäologie gewaltig überschätzt. Das Bild vom „Mann, dem Jäger", der die erste Ökonomie und Kultur erfand, geistert noch immer durch die Fachliteratur, denn er ist, von Abenteuer und Heldenmut umwittert, der Vorläufer vom „Großen Mann". So werden die Steinwerkzeuge allein den Männern zugeschrieben, sie werden detailliert untersucht und klassifiziert, ganze Epochen und Regionen werden danach eingeteilt – als ob es nicht auch andere Kulturgüter gäbe. Sie werden unverblümt als „Waffen" deklariert, obwohl es sich doch um Jagdgeräte handelt. Aber es ging keineswegs immer heldenhaft bei der Jagd zu, denn man machte Treibjagden mit Feuer und trieb Elefanten in sumpfiges Gelände (Torralba-Ambrona, Spanien) oder stürzte Büffel und Nashörner über die Klippen (Kanalinseln, England).[99] Auch Fallgruben und Hinterhalte waren willkommen.

Adrienne Zihlmann: „Women in Evolution. Part I: Innovation and Selection in Human Origins", in: *Signs* 1 (3), S.585–608; Nancy M. Tanner: *Wie wir Menschen wurden. Der Anteil der Frauen an der Entstehung des Menschen*, Frankfurt 1994, Campus Verlag.

[96] *Weltatlas der Archäologie*, S. 56–57.
[97] Vgl. Linda R. Owen, in: *Eiszeit*, S. 161.
[98] Drei perfekt gearbeitete Wurfspeere wurden in Schöningen/Deutschland gefunden, Alter 300.000–270.000 Jahre: *Atlas der Vorgeschichte*, S. 16. Vgl. Hannes Napierala/Hans-Peter Uerpmann, in: *Eiszeit*, S. 186.
[99] *Weltatlas der Archäologie*, S. 62–63.

Es dauerte noch sehr lange, bis die Jagdgeräte derart verbessert worden waren, dass man damit gezielt zu töten verstand. So gebrauchten die Neandertaler-Jäger in der *Mittleren Altsteinzeit* eine Reihe spezialisierter Steinwerkzeuge, dazu perfekte Holzspeere (Schöningen, 300.000). Erst damit wagten sie es, in Gruppen Großwild wie Wisente, Wollnashörner, Rentiere und das gewaltige Mammut zu jagen.[100] Bei den modernen Menschen in der *Jüngeren Altsteinzeit* wurde die Jagd noch effektiver, denn sie entwickelten verbesserte Speere und erfanden die Speerschleuder, ebenso Pfeil und Bogen (13.000–12.000). Das führte allerdings dazu, dass gegen Ende der Jüngeren Altsteinzeit große Tiere wie Mammut, Wollnashorn und Wisent fast ausgerottet waren. Nun mussten sich die Menschen aufs Fischen verlegen, was sie mit Harpunen und Netzen besorgten.[101]

Man könnte jetzt meinen, dass auf diese Weise der Mann als Jäger immer bedeutender wurde, insbesondere im eiszeitlichen nördlichen Europa, aber auch im vergletscherten Bergland Anatoliens und im Zāgros-Gebirge (Nord-Irak und Nordwest-Iran). Auch hier hielten sich die Neandertaler-Menschen auf, meist in Höhlen, und später bewohnten die modernen Menschen diese Gegenden.[102] Sie alle waren den beträchtlichen Klimaschwankungen der verschiedenen Eiszeiten und Zwischeneiszeiten ausgesetzt. Da scheint es nun wegen der Kälte keine andere Ernährungsgrundlage als die Großwildjagd gegeben zu haben, und sogleich wird behauptet, dass der Mann als Jäger sämtliche Nahrung herbeischaffte.

Das ist in mehrfacher Hinsicht falsch, denn erstens hingen die Jagderfolge in allen Epochen der Altsteinzeit vom Zufall ab und waren nie sicher. Wenn ein Mammut, ein Wisent oder Rentier erbeutet worden waren, stellte dies einen Luxus dar und führte wohl zu einem reichen Festmahl, aber es konnte nicht die tägliche Nahrung ausmachen. Zweitens gab es im Sommer trotz Eiszeiten eine Menge Pflanzen, denn diese recht südlichen Breiten Europas und Westasiens sind nicht die Arktis mit ihrem Mangel an Sonneneinstrahlung. In der günstigen Jahreszeit wurde fleißig gesammelt, deshalb nimmt man an, dass der Anteil dieser Kost erheblich größer war als die Jagderfolge. Er dürfte 60–70% betragen haben. Die Frauen sammelten nicht nur für sich, sondern auch für ihre Kinder, und sie teilten mit den Männern, so dass sie es waren, welche die gesicherte Grundnahrung bereitstellten. Außerdem bringt Pflanzenkost als tägliche Ernährung die Vielfalt an Vitaminen und Spurenelementen in den Stoffwechsel ein, ohne die der Körper nicht gesund bleiben kann.[103] In allen verschiedenen Klimazonen und Weltgegenden besaßen die Sammlerinnen ein gut entwickeltes, reiches Wissen über die Pflanzenwelt, das Teil ihrer Kultur war – wie man anhand von heutigen Sammlerinnen-Gesellschaften noch sehen kann.[104]

Drittens erfanden die Frauen die wichtige Kunst des Haltbarmachens von Pflanzen durch Trocken, Räuchern, Rösten und Einfrieren und das Anlegen von Vorräten

---

[100] A.a.O., S. 64; Napierala/Uerpmann, S. 186.
[101] *Atlas der Vorgeschichte*, S. 36; Ulrich Stodiek, in: *Eiszeit*, S. 192–199; Napierala/Uerpmann, a.a.O., Abb. auf S. 186.
[102] Vgl. zu Westasien Seton Lloyd: *Die Archäologie Mesopotamiens*, München 1981, Beck Verlag, S. 22–26.
[103] Simone Riehl/Linda R. Owen, in: *Eiszeit*, S. 200–203.
[104] Sally Slocum, S. 47.

für den Winter. Auf diese Weise war stets reichlich pflanzliche Kost vorhanden.[105] Bei extremen Kältephasen, wenn nichts mehr wuchs, pflegten die Menschen in südlichere Gegenden auszuweichen, wozu sie damals genügend Raum hatten. Dort fanden sie wieder für ihre Bedürfnisse genügend Vegetation vor.

Viertens beruht die Vorstellung von der ausschließlichen Jägerei des Mannes, wodurch er alles bewirkt haben soll, was in der Altsteinzeit nennenswert ist, auf männlichem Wunschdenken. Es gilt mittlerweile als erwiesen, dass auch Frauen zur Jagd gingen, wenn sie es wollten. Sie waren körperlich gleich groß und stark wie Männer – was heutige, indigene Gesellschaften noch zeigen.[106] Selbst ihre Kinder hinderten sie nicht, sie banden die Säuglinge auf den Rücken und nahmen sie mit, Kleinkinder blieben hingegen bei anderen Gruppenmitgliedern im Lager. Es gibt etliche indigene Gesellschaften der Gegenwart, die eine lange, gemeinschaftliche Jagdtradition der Frauen kennen. Auch in der Altsteinzeit pflegten Frauen Kleinwild wie Schneehasen, Schneehühner, Wildgänse, Enten und Fasane zu jagen, die sie in Schlingen und Fallen fingen. Ebenso verstanden sie es Wurfspeere zu gebrauchen, und sie konnten Meisterinnen mit Pfeil und Bogen sein, auch an Treibjagden auf Großwild nahmen sie teil.[107] Nicht zufällig sind noch in der europäischen Mythologie Jagdgöttinnen wie Artemis und Diana bekannt. Die Frauen waren damit Selbstversorgerinnen und praktisch unabhängig von den Männern, wie am Beispiel der nordamerikanischen Prärie-Indianerinnen noch beobachtet werden konnte. Die durch Kinderpflege ans Heim gefesselte und vom Mann als „Ernährer" abhängige Frau ist lediglich eine Rückprojektion aus der heutigen Zeit mit ihrer spätbürgerlichen Kleinfamilie.

Eine solche Ökonomie „Jäger und Sammler" zu nennen ist schlicht falsch. Die Benennung „Jäger und Sammlerinnen" ist besser, denn sie zeigt die Schwerpunkte der Tätigkeit der Geschlechter. Aber sie setzt feste Rollen voraus, die es in dieser Form sicherlich noch nicht gab. Deshalb bezeichnen wir ohne solche Festlegungen die entwickelte, altsteinzeitliche Wirtschaftsform am besten als *Sammel- und Jagd-Ökonomie*.

Wenn wir die ökonomische Situation nicht mit der üblichen Einseitigkeit betrachten, dann ist leicht zu erkennen, dass eher die Männer auf die Künste der Frauen angewiesen waren als umgekehrt. So bestand eine erste lebensnotwendige Kunst der Frauen darin, in den Höhlen und in den Zelten und Hütten der Freilandlager das Feuer zu hüten. Es ist nicht mehr herauszufinden, wer sich vor mehr als 1 Mio. Jahren zuerst des Feuers bemächtigte, das sich durch Blitzschlag oder als Steppenbrand selbst entfachte. Doch vermutlich waren es Frauen, die es zähmten, indem sie kleine Glutstücke in Behältern mitnahmen, um es im Lager durch Anblasen wieder zu erwecken.[108]

---

[105] Linda Owen, S. 161, Harald Floss, in: *Eiszeit*, S. 204.
[106] Z.B. die Tibeterinnen, Mosuo-Frauen und andere, vgl.: Robert Briffault: *The Mothers. A Study of the Origins of Sentiments and Institutions*, 3 Bde., New York 1996, Johnson Reprint Corporation (zuerst: New York-London 1927).
[107] Sibylle Kästner: *Jagende Sammlerinnen und sammelnde Jägerinnen. Wie australische Aborigines-Frauen Tiere erbeuten*, Berlin-Münster 2012, LIT Verlag; Hettie Jo Brumbach/Robert Jarvenpa: „Gender Dynamics in Hunter-Gatherer Society: Archaeological Methods and Perspectives", in: Sarah Milledge Nelson (Hg.): *Handbook of Gender in Archaeology*, Lanham MD 2006, Rowen/Alta Mira.
[108] Das ist von den Frauen der Sami (Lappländer) noch bekannt, ebenso von den indigenen Frauen der Andamanen-Inseln, vgl. Richard Fester: „Das Protokoll der Sprache", in: Fester, R./König, M. E. P./Jonas, D. F./Jonas. A. D.: *Weib und Macht*, Frankfurt/Main 1979, Fischer Verlag, S. 96.

In den Hütten brauchten sie Wärme, die während der Eiszeiten lebensnotwendig für alle war, besonders für die kleinen Kinder, die den Fortbestand der Art garantierten. Wohnplätze mit Feuerstellen sind aus der Altsteinzeit überall belegt.[109] Frauen als Feuerhüterinnen sind aus sämtlichen indigenen Gesellschaften bekannt, ob sie nun in kalten nördlichen oder heißen südlichen Zonen wohnen.[110] Bei mongolischen und tibetischen Völkern wird an der Feuerstelle eine Feuergöttin verehrt, es ist ein heiliger Platz.[111] Auch in der europäischen Antike gibt es die Göttin des heiligen Herdfeuers mit dem Namen Hestia.

An der Feuerstelle sind von den Frauen die Künste der Nahrungszubereitung erfunden worden, das Braten, Grillen, Garen und das Herstellen von Vorräten. Hierher gehört auch das Sammeln und Kochen von Heilkräutern, ein uraltes Wissen, das von Frauen erworben wurde und in ihren Händen lag. Auch das hatte mit ihren Aufgaben als Müttern zu tun, dem Erhalt der Gesundheit der Kinder sowie ihrer eigenen während Schwangerschaft und Geburt. So wurden sie zu den ersten Heilerinnen.

Eine weitere lebensnotwendige Erfindung während der Eiszeiten ist Kleidung. Frauen stellten sie aus Fellen, Häuten und Pflanzenfasern her und entwickelten die Werkzeuge dafür: Messer, Schaber und Bohrer zur Bearbeitung der Felle, zum Nähen Stichel und Nadeln aus Knochen, die im Lauf der Zeit zunehmend feiner wurden. Schon die Neandertaler-Frauen in der Mittleren Altsteinzeit wussten Felle zu gerben und zu Kleidung zu verarbeiten (um 100.000).[112] Erst durch diese Erfindungen war es überhaupt möglich, dass die Menschen sich aus den wärmeren Gebieten bis ins Europa der Eiszeiten vorwagen konnten. Ab der Jüngeren Altsteinzeit wurde die Kleidung immer kunstvoller und schöner, sie war mit farbige Fasern verziert und gelegentlich reich mit Perlen aus durchbohrten Schneckenhäusern geschmückt.[113] Es ist daher eine grobe Verfälschung, Frauen und Männer der Altsteinzeit als struppige Wilde, halbnackt oder mit zottigen Fellen behängt, abzubilden. Sie waren keine „Primitiven", sondern ebenso begabt und intelligent wie wir. Nur standen sie am Anfang der Menschheitsgeschichte und mussten alle jene grundlegenden Erfindungen erst machen, die für uns späte Menschen so selbstverständlich sind.

Eine weitere entscheidende Kunst der Frauen war der Bau von Behausungen, die Schutz vor Hitze und Kälte, Regen und Wind boten. In den eiszeitlichen Zonen Europas bis nach Russland hinein, ebenso in den Gebirgen Westasiens hing das Überleben der Menschen, insbesondere der Kinder, davon ab. In Europa entdeckte man die Reste einfacher Hütten bereits aus der Älteren Altsteinzeit (Küste von Terra Amata, Südfrankreich, 400.000).[114] Auch die Neandertaler-Menschen hielten sich keineswegs nur in Höhlen auf, sondern bauten sich Freilandlager in Gegenden ohne Gebirge und Höhlen. Der Bau von Behausungen nimmt in der Jüngeren Altsteinzeit beträchtlich zu (Karte 1 von Kap.2).

---

[109] *Weltatlas der Archäologie*, S. 56, 62.
[110] Siehe die Völker der Mongolei und Tibets, ebenso die Tuareg-Frauen in der Sahara.
[111] Z.B. die Ainu in Nordjapan und die Mosuo in Südwestchina nahe Tibet; vgl. Heide Göttner-Abendroth: *Das Matriarchat II,1*, Kap. 6; dieselbe: *Matriarchat in Südchina. Eine Forschungsreise zu den Mosuo*, Stuttgart 1998, Kohlhammer Verlag.
[112] Rudolf Walter, in: *Eiszeit*, S. 176–179, zur Datierung S. 176.
[113] Vgl. beispielsweise die Bestattung von Sunghir/Russland um 24.000, *Eiszeit*, Abb. S. 171 und 178.
[114] *Weltatlas der Archäologie*, S. 56 und 62.

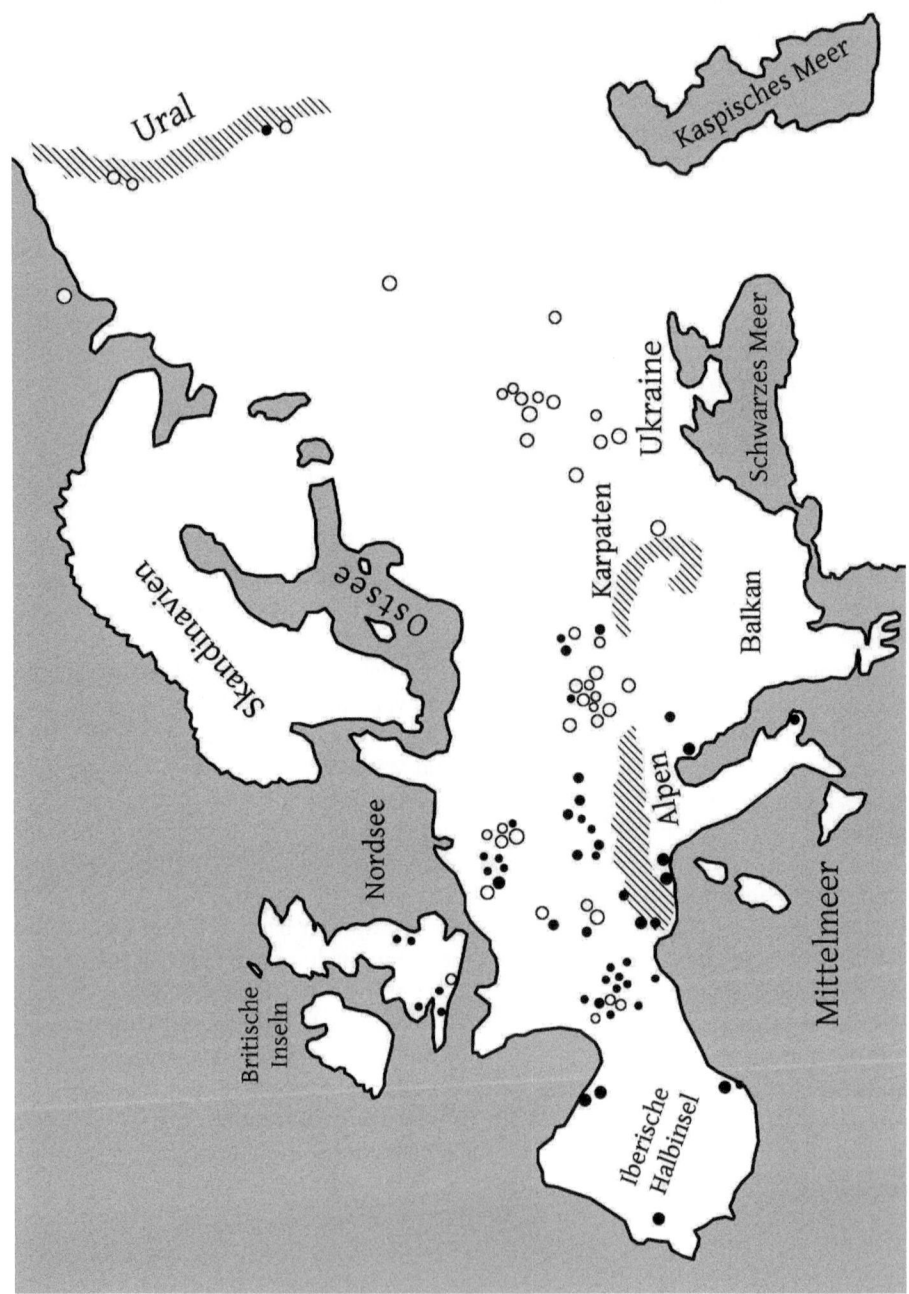

Karte 1: Plätze der Jüngeren Altsteinzeit in Europa (35.000 v.u.Z.) (schwarze Punkte: Höhle und Abri, weiße Punkte: Freilandstationen)

Es wurden Spuren von jurtenartigen Rundhütten und Zelten gefunden, und aus der Ukraine und Südrussland sind entlang des Stromes Dnjepr besondere Konstruktionen bekannt. Hier baute man, wohl mangels Holzvorkommen, runde Hütten aus den Knochen und Schädeln von Mammuts, und dieses stabile Gerüst wurde zuletzt mit Tierhäuten überzogen.[115] Auch die hölzernen Stangen der Zelte und Hütten wurden zuletzt mit bearbeiteten Tierhäuten gedeckt, und diese herzustellen war allgemein Sache der Frauen. In heißen Zonen wurde das Flechtwerk für Windschirme und luftige Dächer von frühester Zeit an ebenfalls von Frauen gefertigt.

Da Frauen diese Behausungen bauen, gehören sie ihnen auch. So ist von den Völkern der Mongolei bekannt, dass die Jurten den Frauen gehören; sie nehmen sie auf Tragtieren zu neuen Standorten mit und errichten sie dort. Dasselbe gilt von den Zelten der nomadisierenden Tuareg in der Sahara, die von den Frauen aus Ziegenhaar gewebt werden und ihnen gehören. Auch der Bau von festen Häusern aus Lehm und ihre Bemalung ist bei indigenen Völkern in Afrika und Amerika ausschließlich Sache der Frauen. Sie haben diese Künste erfunden, und die Häuser gehören ihnen. Das Haus selbst gilt als weiblich und wird mit weiblichen Attributen wie Brüsten und einem Vulva-Symbol am Eingang geschmückt.[116] Auch sprachlich sind „Frau" und „Haus" identisch, wie Beispiele aus Afrika zeigen: Das Wort „axxam" heißt in der Sprache der Berber gleichzeitig „Frau" und „Haus",[117] und der Name der ägyptischen Göttin Hathor bedeutet „Haus des Horus". Solche Beispiele sind derart zahlreich, dass wir annehmen können, dass es sich in den frühesten Epochen nicht anders verhielt.

Aus alledem geht die große ökonomische Bedeutung der Frauen der Altsteinzeit hervor, die zugunsten des Phantasiebildes vom „Mann, dem großen Jäger" völlig verdunkelt wurde.

Es bleibt noch ein wirtschaftlicher Zweig zu betrachten übrig, von dem behauptet wird, dass er die Rolle des Mannes gehoben hätte: der sogenannte „Handel". Man ist der Meinung, dass weitverbreitete Funde von Rohstoffen und exotischen Gegenständen, die nicht an den betreffenden Orten vorkommen, auf Handel hinweisen.[118] Um ein Beispiel zu nennen: In den großen, lange genutzten Lagern von Gönnersdorf und Andernach-Martinsberg in Deutschland (ca. 13.500) entdeckten Archäologen baltischen Feuerstein von der Ostsee, Maasfeuerstein aus der Gegend um Aachen, Chalcedon aus Bonn, ebenso Opal aus dem Süden, ferner Fossilien, die als Schmuck verwendet wurden: Muscheln und ein Haifischzahn von der Adria und Schneckengehäuse von Mittelmeer und Atlantik. Es handelt sich um Gegenstände, die aus beträchtlichen

---

[115] Z.B. in Mezhirich und Mezin/Ukraine und an anderen Orten, siehe *Weltatlas der Archäologie*, S. 73. Ferner soll es am Don in Südrussland bereits in der Altsteinzeit große Langhäuser gegeben haben (Kostenki I), eine Hypothese, die jedoch bezweifelt wird. Kritiker fragen, woher in der Eiszeit das Holzmaterial zu Bauten von 20 m Länge gekommen sein soll, und nehmen an, dass es sich hier um eine Fehlinterpretation handelt, vgl. Claus-Joachim Kind: „Gruben und Steinkreise", in: *Eiszeit*, S. 220–221.

[116] Siehe dazu Heide Göttner-Abendroth: *Das Matriarchat II,2*, Kap. 6, und die dort angegebene Literatur.

[117] Persönliche Information von der Kabylen-Berberin Makilam. Vgl. zu den zahlreichen weiteren sprachlichen Entsprechungen zwischen „Frau" und „Haus" den Paläolinguisten Richard Fester, S. 100.

[118] *Weltatlas der Archäologie*, S. 73.

Entfernungen von 300–1000 km herangebracht wurden.[119] Daraus schließt man auf weitverzweigte Kommunikationsnetze – was überzeugend ist, denn die umherziehenden Gruppen der altsteinzeitlichen Menschen begegneten einander und tauschten Erfahrungen aus. Aber nun taucht die Hypothese von zentralen Lagern auf, die wie Umschlagplätze funktionierten, wobei Männer den „Handel" in der Hand gehabt haben sollen und ihn angeblich „kontrollierten". Diese Vorstellung wird schon für die Altsteinzeit angenommen und dann in die Epochen der Mittelsteinzeit und Jungsteinzeit hineinprojiziert, wodurch man Männern eine gewisse „Macht" zuschreibt.[120]

Diese Hypothese ist nicht unwidersprochen geblieben, es gab dazu deutliche Kritik. Denn die altsteinzeitlichen Menschen waren immer mobil, sie saßen nicht wegen der Überwachung von Gütern in „Umschlagplätzen" fest, sondern wechselten die Orte teils nach Jahreszeiten, teils für neue Jagd- und Sammelgründe. Dabei nahmen sie alle Gegenstände mit, auch besondere Steine und Objekte, die sie zufällig gefunden hatten; das erklärt ihre Streuung über weite Gebiete. Aber sie machten nicht extra für diese Gegenstände weite Wege, um damit zu handeln. In der Jüngeren Altsteinzeit nehmen diese Distanzen zu, was zeigt, dass die mobilen Gruppen mehr wurden und ihre Kommunikationsnetze weiter. Dabei wurden interessante Gegenstände von einer Gruppe zur nächsten weitergegeben, d.h. nicht die Personen, sondern die Sachen machten weite Wege. An einem zentral gelegenen Lager kamen viele solcher Gegenstände zusammen, ohne dass „systematischer Handel" bestanden hätte.[121]

„Handel" ist ohnehin eine unpassende Beschreibung dieses Vorgangs, denn Handel setzt gezielte Gewinnung der begehrten Güter voraus, ferner eine spezielle Gruppe von Händlern, die nur ihretwegen weite Strecken zurücklegen, und nicht zuletzt Geld als Motor des Handels. Von alledem kann in der Altsteinzeit keine Rede sein. Deshalb wird manchmal von geldlosem „Tauschhandel" geredet, was es aber nicht besser macht. Auch hier wird nämlich vorausgesetzt, dass es um eine primitive Art des Handels mit der entsprechenden Händler-Mentalität ging. Die Sache könnte jedoch ganz anders liegen. Es fällt nämlich auf, dass die Güter, die weite Wege machen, allesamt Luxusgüter sind, die nicht für den täglichen Bedarf benötigt werden. Ihren Lebensunterhalt gewinnen die altsteinzeitlichen Menschengruppen unabhängig voneinander aus ihrer jeweiligen Umgebung. Bei einer solchen Situation kann niemand durch Zentralisierung von lebenswichtigen Gütern „Macht" über andere gewinnen.

Auch die Vorstellung von „Tausch" trifft diesen Vorgang nicht, sondern es handelt sich am ehesten um Geschenke, die man sich bei den zufälligen oder regelmäßigen Zusammentreffen gegenseitig machte. Dafür gibt es interessante ethnologische Parallelen, z.B. den berühmten „Kula-Ring" der Bewohner der Trobriand-Inseln in Melanesien. Mit ihren Hochsee-Kanus unternahmen Gruppen von Trobriandern gefährliche Reisen zu weit entfernten Inseln im westlichen Pazifik. Auf ihren Fahrten nahmen sie Ketten von Korallen und Armreifen aus Muschelschalen mit, ebenfalls Luxusgüter, die beim Ankommen als Geschenke überreicht wurden, denn „kula" heißt „Geschenk". Diese Gaben wurden von den Beschenkten mit Stolz getragen, doch so-

---

[119] *Atlas der Vorgeschichte*, S. 36–37; Harald Floss, in: *Eiszeit*, S. 181.
[120] *Atlas der Vorgeschichte*, S. 45, 49 ff.
[121] Harald Floss, S. 180–182.

bald diese nun ihrerseits eine Expedition in die Weite des Pazifik zur nächsten Inselgruppe unternahmen, wurden sie wieder als Geschenke weitergereicht. So ging die Reise der Geschenke weiter von einer Inselgruppe zur nächsten, die alle im Umkreis von 2000 km liegen. Das ist der „Kula-Ring". Die Geschenke sollten die friedliche Absicht der Reisenden zeigen und die freundschaftliche Verbindung der Volksgruppen auf den verschiedenen Inseln bekräftigen. So wurden Streit und Kampf vermieden.[122] Es handelt sich also um eine Methode der Friedenssicherung, die ausgezeichnet funktionierte. Ähnliche Motive können wir für die Menschen der Altsteinzeit annehmen, denen es durch Geschenke als einer Geste des Friedens ebenfalls gelang, bei Begegnungen Konflikte zu vermeiden und freundschaftlich zu kommunizieren. So gesehen hatten sie tatsächlich weitreichende Kommunikationsnetze, von denen die seltenen Gegenstände als Geschenke eine Begleiterscheinung waren. Hier ist für „Kampf und Krieg" bei jedem Zusammentreffen – wie früher angenommen wurde[123] – ebenso wenig Platz wie für Männer, welche diese Netze für ihre „Machtausübung kontrollierten". Dies spiegelt lediglich das eingefleischte Denken in Aggression und Dominanz, das zwar für unsere Zeiten typisch ist, aber nicht für die Männer und Frauen der Altsteinzeit.

Zusammenfassend können wir zur altsteinzeitlichen Ökonomie sagen, dass weder die oft gefährliche Jagdtätigkeit der Männer zu einem sozialen Übergewicht führte, noch die äußerst vielfältige Subsistenz-Ökonomie der Frauen. Zudem überschnitten sich die Tätigkeitsbereiche von Frauen und Männern, wenn es nötig war, so dass die Aktivitäten nicht zu einem rigiden Rollenmuster für die Geschlechter führten. Es gab keine Bewertung von Arbeiten als „höher" oder „niedriger", weil hierarchische Vorstellungen den Menschen grundsätzlich fremd waren. Sicherlich traten einzelne Frauen oder Männer gelegentlich als führende Persönlichkeiten auf, aber jegliche soziale Institution, die eine Dominanz anzeigen würde, fehlt. Ganz analoge Verhältnisse wurden bei einem der ältesten Völker, den San im Süden Afrikas, ethnologisch erforscht, soweit sie noch ihrer uralten Sammel- und Jagdökonomie in der Wüste Kalahari nachgingen.[124]

Sozialordnung der Altsteinzeit: mehr als nur die Horde

Auch hinsichtlich der Sozialordnung der Altsteinzeit gilt es, viele Klischees und Vorurteile zu überwinden, die sich als reine Projektionen aus unseren späten gesellschaftlichen Zuständen entpuppen. Aus den Beobachtungen zur Ökonomie der Altsteinzeit geht hervor, dass die Menschen in den extrem langen Kulturepochen jener Zeit grundsätzlich egalitär gelebt haben. Anhand der Funde kann weder ein do-

---

[122] Malinowski: *Argonauten des westlichen Pazifik*.
[123] Siehe Siegmund Freuds Theorie von der „Urhorde".
[124] Vgl. Patricia Draper: „!Kung Women", in: Rayna R. Reiter (Hg): *Toward an Anthropology of Women*, S. 77–109. – Die Bezeichnung „San", was „Menschen" heißt, ist gegenüber dem kolonialistisch abwertenden Begriff „Buschmänner" die bessere und heute allgemein anerkannt.

minantes Geschlecht noch die Dominanz von Einzelpersonen angenommen werden. Stattdessen arbeiteten die Menschen Hand in Hand, was bei den kleinen Gruppen aus ein paar Dutzend Personen notwendig war, um unter eiszeitlichen Bedingungen zu überleben.[125]

Die deutlichsten Belege für die Egalität der Geschlechter liefern die Gräber aus der Altsteinzeit (z.B. La Ferrassie in Frankreich und Es-Skhul im Karmel-Gebirge in Palästina/Israel). Die Toten wurden gleichmäßig mit Schmuck aus Muscheln, Schneckenhäusern und Tierzähnen ausgestattet. Die Zierde bei Männern übertrifft die von Frauen ein wenig, aber bei Kopfbestattungen ist das Verhältnis umgekehrt: Die weiblichen Köpfe sind mit Zierketten geschmückt, die männlichen hingegen nicht. Bei der Spärlichkeit der Funde besagt dies jedoch nicht viel. Besonders liebevoll wurden Kindergräber geschmückt, was darauf hinweist, dass der Tod von Kindern als besonders schmerzlich empfunden wurde.[126]

Dennoch gab es ein Zentrum des sozialen Lebens. Es war die wärmende, schützende, heilige Feuerstelle in den Behausungen, die von den Frauen gehütet wurde. Dort kamen die Mitglieder der Gruppe zusammen, und die Frauen versorgten sie mit zubereiteter Nahrung, mit Kleidung und Medizin und schützten hier die kleinen Kinder. Damit wurden sie selbst das Zentrum des sozialen Lebens. Aber „Zentrum" meint hier nicht „Spitze einer Hierarchie" – wie es meist missverstanden wird –, dies zeigt sich an der egalitären Wohnweise in den Behausungen. Es gibt aus der Altsteinzeit ein Beispiel von mehreren Zeltstellplätzen, wobei das Innere der Zelte in zwei völlig gleiche Seiten, die weibliche und männliche, aufgeteilt war. In der einen Hälfte fand man männliche Gerätschaften und in der anderen weibliche Gerätschaften einschließlich Frauenstatuetten.[127] Frauen und Männer saßen also bei den gemeinsamen Zusammenkünften in getrennten Hälften, was man auch für paläolithische Lager in anderen Gebieten annimmt. Diese Sitzordnung stimmt mit den heutigen Gebräuchen in mongolischen Jurten und in den Zelten der Tuareg überein; sie hat sich bis in die großen Clanhäuser erhalten, wie bei gegenwärtigen, matriarchalen Ackerbaugesellschaften, z. B. den Mosuo in Südwestchina, zu sehen ist.[128]

Trotz dieser nachweisbaren Egalität gibt es über die Sozialordnung der Menschen in der Altsteinzeit wilde Spekulationen. Sie hängen insbesondere von der Fiktion vom „Mann, dem Jäger" ab, der alles erfunden und geleistet haben soll. Als Folge davon hört man die gebetsmühlenartig wiederholte These, die Menschen hätten innerhalb der Gruppe in „Kleinfamilien" gelebt. Dabei wird stillschweigend vorausgesetzt, dass der Jäger-Mann als „Vater" auftrat, der seine in der Hütte festsitzende Frau mit seinen Kindern ernährte, weil sie das selbst nicht konnte. Als Beleg wird lediglich die Größe der Hütten angegeben, die zu einer Kleinfamilie passen soll.[129]

---

[125] Auf die Gruppengröße von 20 bis höchstens 100 Personen wird aus der Größe der Lagerplätze geschlossen; vgl. Parzinger, S. 73.
[126] Hermann Müller-Karpe: *Grundzüge früher Menschheitsgeschichte*, Darmstadt 1998, Wissenschaftliche Buchgesellschaft, Bd. 1, S. 66.
[127] Es handelt sich um einen paläolithischen Zeltplatz in Mal'ta nahe dem Baikalsee in Sibirien, vgl. André Leroi-Gourhan: *Die Religionen der Vorgeschichte*, Frankfurt/Main 1981, Suhrkamp Verlag, S. 151–152. – Die Frauenstatuetten in der weiblichen Hälfte des Zeltes machen deutlich, dass diese Figuren von Frauen hergestellt wurden.
[128] Vgl. Göttner-Abendroth: *Matriarchat in Südchina*.
[129] Z.B. *Weltatlas der Archäologie*, S. 73.

Dies ist jedoch nichts anderes als spätbürgerliches Wunschdenken, bei dem man die „Heilige Familie" aus Vater, Mutter, Kind an allen Orten und zu allen Zeiten sehen möchte. Damit wird verdunkelt, dass Frauen mit ihren Kindern – die sie im Abstand von 4–5 Jahren gebaren – die erste und elementare soziale Einheit bildeten, wozu die Größe der Hütten gut passt, ob nun Männer anwesend waren oder nicht. Männliche Personen können als ältere Söhne oder als Liebespartner in den Hütten der Frauen gewohnt haben, aber sie sind hier Helfer oder Gäste statt Besitzer. Mit ihren Kindern und diesen Gästen teilten Frauen die gesammelte Nahrung, während jene ihre Anteile der Jagd mitbrachten. Das Teilen von Nahrung und Behausung entwickelte sich elementar aus der Mutter-Kind-Beziehung und wurde als prototypische mütterliche Haltung auf die ganze Gemeinschaft übertragen.[130]

Die gängige Vaterschafts-Ideologie setzt jedoch voraus, dass die Frauen in den altsteinzeitlichen Gruppen sich sexuell ausschließlich einem Mann hingegeben hätten – was bei ihrer großen Bedeutung und Freiheit höchst unwahrscheinlich ist. Dieser Einzige ist aber die Voraussetzung dafür, um eine biologische Vaterschaft überhaupt erkennen zu können, und dafür muss er die Frau lebenslang einsperren, so dass sie keine anderen Liebhaber finden kann. Diese Konstruktion, die sehr künstlich und gewaltsam ist, kam jedoch erst mit den frühpatriarchalen Gesellschaften auf, als die Frauen unterworfen und zum Objekt für männliche Wünsche gemacht wurden. Zuerst waren es die Herrscher, denen es darum ging, ihre wahren Söhne zu erkennen, um diesen ihre von den Besiegten geraubten Schätze und territorialen Eroberungen zu vererben – und das ist geschichtlich spät. In den langen Kulturepochen davor gab es die Einsperrung der Frau nicht und als Folge davon auch keine erkennbare „Vaterschaft" oder „Vaterlinie". Die Idee der Vaterschaft sowie der Begriff waren unbekannt. Die Mutterschaft hingegen war immer bekannt, denn sie beruhte auf dem Ereignis der Geburt, daher wurden die Kinder als *ihre* Kindern betrachtet. Bei den völlig offenen, häufig wechselnden Liebesbeziehungen zwischen Frauen und Männern konnte der Zusammenhang zwischen Zeugung und Geburt nicht erkannt werden. Man sah es wohl so, dass Frauen das Leben aus sich selbst hervorbrachten – genauso wie es die Urmutter Erde tat. Insbesondere galt die Auffassung, dass die Kinder aus der Ahnenwelt kamen und nicht vom Mann, das heißt, die Perspektive war eine völlig andere.

Bei dem Volk der Trobriander konnte diese Auffassung von einem der ersten Ethnologen noch beobachtet werden, dass man die Kinder nicht vom Mann, sondern von den Ahnengeistern kommen sah, die durch eine junge Frau derselben Sippe ins Leben zurückkehren wollten. Die Angelegenheit der Zeugung war bei ihnen unbekannt. Dasselbe ist durch den ersten Erforscher der Mosuo überliefert, bei denen die Kinder auf die Frage nach dem „Vater" ihren Mutterbruder nannten, weil ein Begriff für „Vater" und die biologische Vaterschaft bei ihnen unbekannt waren.[131] Die welt-

---

[130] Sally Slocum, S. 45–46.
[131] Bronislaw Malinowski: *Das Geschlechtsleben der Wilden in Nordwest-Melanesien*, Frankfurt 1979, Syndikat Verlag; J. F. Rock: *The Ancient Na-khi Kingdom of Southwest China*, 2 Bde., Cambridge (Mass.) 1947, Harvard University Press. – Dass bei diesen und anderen matriarchalen Völkern die biologische Vaterschaft unbekannt war, hat nichts mit ihren mangelnden kognitiven Fähigkeiten zu tun, sondern mit ihrer spirituellen Auffassung von Schwangerschaft und Geburt. Unsere Auffassung von der biologischen Vaterschaft würden sie als Sakrileg empfunden haben.

weit verbreiteten Rituale des Ahnenseelen-Holens aus Teichen, Steinen, Gräbern, die Frauen praktizierten, belegen dasselbe Auffassung: Die Kinder kamen von den Ahnen, nicht von biologischen „Vätern", und wurden durch die Frauen ins Leben wiedergeboren.[132]

Ein anderes beliebtes Gebiet, um das Rätsel der frühesten Sozialordnung zu lösen, ist die Soziobiologie, das heißt, der Vergleich von Gruppen höherer Tiere mit den frühen Menschengruppen. Damit wurde der Spekulation Tür und Tor geöffnet, denn die Auswahl der betreffenden Tiergruppen war völlig beliebig. Zuerst mussten die Hirsche mit mehreren Hirschkühen und die Hengste mit der Stutenherde herhalten, um die polygamen Haremswünsche autoritärer Männer als „natürlich" auf die frühen Menschen zu projizieren. Das ging so lange gut, bis sich herausstellte, dass nicht die einzelnen männlichen Tiere, sondern die weiblichen Leittiere die Herden führen. Danach waren die Affen an der Reihe, zuerst die Paviane und die Gorillas, bei denen die Männchen mit ihrer Weibchengruppe zu Paschas hochstilisiert wurden, was nun als „angeborenes" männliches Verhalten galt. Auch die Gibbons wurden herbei zitiert, weil sie in Paaren leben, was nun monogame Ehe und Treue als Urgrund des menschlichen Verhaltens beweisen sollte. Über die Schimpansen gibt es sehr konträre Ansichten, die in kaum einem Punkt übereinstimmen, doch dessen ungeachtet mussten auch sie für ähnliche Erklärungen dienen. Jüngst wurden dann die Bonobos, die Zwergschimpansen, durch die Kritikerinnen an den patriarchalen Projektionen auf die Tierwelt bekannt; nun sollten diese, geschart um die führenden Weibchen, matriarchale Muster bei den frühen Menschen beweisen.

Bei alledem wird übersehen, dass gesellschaftliche Muster zunehmend bewusste Entwicklungen von Menschen sind und nicht aus purem Instinkt entstehen. Deshalb sind menschliche Gesellschaften und Tierpopulationen nicht vergleichbar. Solche soziobiologischen Argumente sind grundsätzlich nicht zu brauchen, denn sie können nichts erklären. Dies liegt einerseits an der außerordentlichen Vielfalt tierischer Verhaltensformen, andererseits an der Vielfalt der Interpretationen, die aus persönlicher Willkür und den jeweils vorherrschenden Ideologien stammen.

Statt die Tierwelt als unpassenden Vergleich heranzuziehen, ist es angemessener, Völker mit Sammel- und Jagdwirtschaft, die ethnologisch erforscht worden sind, für das Verständnis der Menschen in der Altsteinzeit zu betrachten. Doch auch hier sind Willkür und patriarchale Ideologie dominant, wie wir an der Auswahl sehen können. Lange galten die australischen Aborigines wegen ihrer sogenannten „Primitivität" als gutes Beispiel, wobei sie – durch die westliche Brille betrachtet – extrem patriarchal und somit falsch interpretiert wurden. Das ergibt jedoch nichts als zirkuläre Argumentation, denn die erwünschten Ergebnisse wurden bereits vorausgesetzt. Andere Beispiele von Urvölkern wie die Papua Neuguineas und die Eskimo oder „Inuit" des nördlichen Polarkreises sollten dann beweisen, dass diese Völker die monogame Ehe mit männlicher Dominanz haben, weil die wirtschaftlichen Bereiche beider Geschlechter sich notwendig ergänzen. Auch diese Interpretation mit rigiden Rollen

---

Sie hatten einen anderen Verwandtschaftsbegriff von „Vater", denn diese Rolle hatte gemäß der Matrilinearität der Bruder der Mutter inne, der die Fürsorge für die Kinder der Schwester teilte.

[132] Solche Rituale des Ahnenseelen-Holens gab es allgemein auch in Europa; vgl. Heide Göttner-Abendroth: *Matriarchale Landschaftsmythologie*, Stuttgart 2014, Kohlhammer Verlag.

wurde auf die Altsteinzeit übertragen.¹³³ Man blendet dabei aus, dass es sowohl in der Altsteinzeit wie auch bei heutigen indigenen Sammel- und Jagd-Gesellschaften keine individuelle Wirtschaftsweise, sondern Gemeinschaftsökonomie gibt, das heißt, es war für die herbeigewünschte Paarehe und die behauptete universelle männliche Dominanz kein Anlass vorhanden.¹³⁴ Wenn einige heutige Sammel- und Jagd-Gesellschaften dieses Muster zeigen, so liegt es daran, dass sie durch Eingriffe des Kolonialismus teilweise sesshaft gemacht wurden und der christlichen Missionierung ausgesetzt waren.¹³⁵ Als neuestes, sehr beliebtes Beispiel einer Sammel- und Jagd-Gesellschaft mit untergeordnetem Status der Frauen dienen die Yanomami in Brasilien, weil hier die Männer sehr aggressiv sind und als „kriegerisch" gelten. Mit Hilfe dieser Gesellschaft soll nun Dominanz der Männer und „Krieg" seit Urzeiten bewiesen werden – eine Argumentation, die ebenso auf Krücken daherkommt wie die vorigen.¹³⁶

Um auch bei der Wahl der Ethnien die grassierende Willkür einzudämmen, ist es nötig, jene indigenen Völker einzugrenzen, die überhaupt als relevante Beispiele herangezogen werden können. Sowohl die australischen Aborigines wie die brasilianischen Yanomami leben weit von dem Ursprungskontinent Afrika entfernt und haben eine lange und schwierige Reise hinter sich gebracht. Diese ethno-historisch wichtige Überlegung wird allgemein nicht berücksichtigt. Die Eingrenzung muss sich daher auf Afrika beziehen, woher die Menschheit stammt und wo die ältesten Völker anzutreffen sind. Sie spiegeln am ehesten die Muster ihrer altsteinzeitlichen Vorfahren. Solche Urvölker sind die schon erwähnten San im südlichen Afrika, das heißt, diejenigen Gruppen von ihnen, die in die Halbwüste Kalahari abgedrängt wurden und noch ihre Sprache Khoe und die traditionelle Lebensweise als Wildbeuter beibehalten haben.¹³⁷ Dasselbe gilt für die Pygmäen, die kleinen Menschen, die in den Urwald Zentralafrikas geflohen sind, der ihnen Schutz bietet. Pygmäen und San haben dieselbe Blutgruppe, und ihre Haut ist gelblich hell bis sanft hellbraun, beide Urvölker gehören anatomisch nicht zu den Schwarzafrikanern.¹³⁸ Einst haben diese Urvölker weite Gebiet Ostafrikas (Pygmäen) und gesamt Südafrika (San) bewohnt, das heißt, genau jene Gegenden, in denen man die Überreste der ersten modernen Menschen gefunden hat.

Die Khoe-Sprache ist uralt, denn sie enthält Klicklaute, die sonst in keiner Sprache mehr vorkommen. Genauso alt ist die traditionelle Lebensweise der San mit ihrer be-

---

¹³³ Siehe als Beispiel G. P. Murdock: *Our Primitive Contemporaries*, New York 1934, Macmillan; derselbe: *Ethnographic Atlas: A Summary*, New York 1967, Macmillan.
¹³⁴ Vgl. die Kritik an der Auffassung von der universellen männlichen Dominanz bei Peggy Reeves Sanday: *Female Power and Male Dominance*.
¹³⁵ Vgl. das Beispiel der sesshaft gemachten Kung San, bei Patricia Draper, S. 95–109.
¹³⁶ Siehe dazu die Kritik in Kapitel 1 dieses Buches.
¹³⁷ Der wissenschaftliche Sammelbegriff „San" (früher: „Buschmänner") bezeichnet verschiedene Menschengruppen in Namibia, Angola, Botswana und Südafrika mit unterschiedlicher Wirtschafts- und Lebensweise; teils sprechen sie ihre ursprüngliche Khoe-Sprache noch („Khoe-San"), teils haben sie diese verloren (z.B. die !Kung). Mit ihnen verwandt, wenn auch von größerer Statur, sind die viehzüchtenden, Khoe sprechenden Khoekhoe in Namibia und Südafrika; sie wurden von den kolonisierenden Holländern zurückgedrängt, welche sie abschätzig als „Hottentotten" bezeichneten. Vgl. Alan Barnard: *Anthropolgy and the Bushman*, Oxford 2007, Berg; in: https://nbn-resolving.org/urn:nbn:de:0168-ssoar-270777
¹³⁸ Colin Turnbull: „Die Pygmäen im Kongobecken", in: *Bild der Völker*, Band 2, Wiesbaden 1974, Europa Verlag, S. 98.

scheidenen Sammel- und Jagd-Ökonomie, die wohl reichlicher ausfiel, bevor sie sich in die Halbwüste zurückziehen mussten. Daher sind sie, wie die Pygmäen, am besten geeignet, das Rätsel der Sozialordnung in der Altsteinzeit zu enträtseln:

Die San in der Kalahari leben in Gruppen von ein paar Dutzend Personen zusammen.[139] Sie tragen Schurze aus gegerbten Leder, ebenso Schmuckperlen aus Schalen von Straußeneiern. Auch Körperbemalung und Tätowierung mit Mustern ist gebräuchlich, und sie lieben Musik, Tanz und Gesang. Die Gruppen haben kein Oberhaupt, auch wenn die ältesten Männer und Frauen wegen ihrer Erfahrung oft anführen. Auch die einzelnen Gruppen eines Stammes sind untereinander völlig gleichgestellt, das heißt, sie haben eine *egalitäre Gesellschaft*. Die Individuen wechseln leicht zwischen den Gruppen, die durchlässig sind, hin und her, insbesondere schließt sich ein Mann, wenn eine Frau ihn gewählt hat, gewöhnlich ihrer Gruppe an und hilft dort mit. Die Frauen bauen die halbkreisförmigen Hütten, die sie aus Zweigen errichten und mit Gras decken, dorthin lädt die Frau den Mann ein.[140] Ihre sozialen Werte sichern die Autonomie der Frauen, so die strikte Ethik des Teilens, wenn ein Jäger die begehrte, aber nicht häufige Fleischbeute bringt. Ferner wird jegliche Angeberei und Gewalt zwischen Personen abgelehnt, sowie jedes Konkurrenzgehabe unter Männern. Ebenso verpönt sind offen gezeigter Ärger oder Versuche, höheren Status und materiellen Besitz zu erlangen. All dies fällt in den kleinen Gruppen ohne Privatheit sofort auf und führt im unverbesserlichen Fall zum Ausschluss aus der Gruppe.[141]

Auch bei den Pygmäen mit ihrer knappen Bekleidung aus Rindenstoffen wechseln die Mitglieder der einzelnen Gruppen ständig. Zur Gruppe gehört, wer gerade anwesend ist und beim Sammeln und Jagen hilft. Diese Gruppe gilt als die „Familie", was aber nichts mit Blutsverwandtschaft zu tun hat. Durch diesen ständigen Wechsel gibt es weder eine dominierende Altersgruppe noch einen „Großen Mann", das heißt, auch diese Gesellschaft ist egalitär.[142]

Die Offenheit der Gruppen lässt keine wirkliche Genealogie entstehen, weder bei den San noch bei den Pygmäen. Zwar kennen die Frauen ihre Kinder durch Geburt, was eine elementare Mutterlinie ausmacht, aber diese reicht gerade bis zur Generation der Kinder, nicht darüber hinaus. Hinzu treten die sogenannten „Großmütter", ältere Frauen, die den jüngeren Frauen mit Kindern helfen und deren Überleben sichern.[143] Die Frage ist hier, ob das wirkliche Verwandtschaft meint oder nur die ent-

---

[139] Vgl. für dies und das Folgende: J. P. Haarhoff: „Die Buschmänner im südlichen Afrika", in: *Bild der Völker*, Band 2, Wiesbaden 1974, Europa Verlag, S. 238–245. – Um die traditionelle Lebensweise der San, wie auch anderer Urvölker, noch zu erfassen, dafür sind ältere ethnologische Werke am interessantesten. Denn sie konnten noch vieles beschreiben, was unterdessen weitgehend verloren gegangen ist.

[140] A.a.O., S. 241 f. – Dass die San in „monogamen Familien" leben und an einen „Schöpfergott" glauben, wie hier behauptet wird, sind typische, kleinbürgerlich-christliche Projektionen.

[141] Patricia Draper, S. 104–106.

[142] Turnbull, S. 98–104.

[143] Diese interessante „Großmutter-Hypothese" ist neu, denn zuvor war man der Meinung, dass die Frau mit kleinen Kindern sich an den Mann als ihren „Versorger" wenden musste. Es kommen damit erstmals Frauengruppen in den Blick der paläoanthropologischen Forschung, die sich gemeinsam um den Nachwuchs und seine Versorgung kümmern. Siehe J. F. O'Connell/K. Hawkes/N. G. Blurton Jones: „Grandmothering and the Evolution of Homo erectus", in: *Journal of Human Evolution*, Nr. 36, 1999, S. 461–485; ebenso Kit Poie/Camilla Power: „Grandmothering and Female Coalitions. A Basis for Matrilineal Priority?", in: Nicholas Allen/Hilary Callan/Ro-

sprechende Altersgruppe bezeichnet. In jeder Altersgruppe benennen sich die Personen untereinander als „Schwestern" und „Brüder", was aber keine Blutsverwandtschaft bedeutet, sondern Zugehörigkeit zu Personen ähnlichen Alters. Auf dieselbe Weise sind alle Frauen mit Kindern kollektiv „Mütter", und die Gruppe der älteren Frauen, die den Müttern hilft, heißt kollektiv „Großmütter" – oder sie wird von den Forschern so genannt, weil wir so sehr daran gewöhnt sind. Wenn wir diese Terminologie hören, assoziieren wir sofort Blutsverwandtschaft, aber die offene Situation dieser Gesellschaften erlaubt keine etablierte Genealogie. Stattdessen bedeutet die Zugehörigkeit zur jeweiligen Altersgruppe für sie „Verwandtschaft".

Was die Männer betrifft, so gibt es bei diesen Völkern keinesfalls schon „Väter" – im Gegensatz zu den landläufigen Behauptungen von patriarchal geprägten Ethnologen. Wo sollen bei der Autonomie der Frauen in der Partnerwahl und bei der sich ständig ändernden Zusammensetzung der Gruppen die „Monogamie" und „Vaterschaft" auch herkommen?[144] Keine Frau kann bei egalitären Gesellschaften „monogam" eingesperrt und beaufsichtigt werden. Aber auch eine entwickelte matrilineare Genealogie über mehrere Generationen kann nicht entstehen, weil Sohn oder Tochter als junge Erwachsene in andere Gruppen wechseln können und dies auch tun. Die Gruppen der San und Pygmäen gliedern sich deshalb in Altersklassen: die Kinder, die Jugendlichen, die Erwachsenen und die Ältesten. Eine Vorstellung von Blutsverwandtschaft fehlt, deshalb ist nicht die Genealogie, sondern die Mitgliedschaft zur Gruppe und dort zur jeweiligen Altersklasse das ordnende Prinzip der Gesellschaft. Da diese Mitgliedschaft individuell gewählt werden kann, gehören diejenigen zur Gruppe, die gerade mit ihr ziehen.[145]

Eine weitere Folge davon ist, dass Männer und Frauen nicht unbedingt ihre Gruppe verlassen müssen, um Liebespartner zu finden. Sie wählen sie auch in ihrer je eigenen Altersklasse innerhalb ihrer Gruppe. Denn erstens sind hier nicht alle Personen blutsverwandt, und zweitens ist das den Liebespartnern egal, wenn es so wäre. Ohne

---

bin Dunbar/Wendy James: *Early Human Kinship*, Malden MA/USA und Oxford/U.K. 2011, Wiley-Blackwell, S. 168–186.

[144] Es gibt eine Tradition unter Ethnologen, Patrilinie und Patrilokalität von Anfang an zu behaupten, als seien diese ewig. Es geht dabei um die ideologische Ablehnung der Möglichkeit der freien Partnerwahl und gemeinsamen Mutterschaft von Frauen. Damit verbunden ist eine Ablehnung der Evolution von einer frühen Matrilinie zu einer späteren Patrilinie. Der ideologische Gehalt dieser Auffassung wurde eingehend kritisiert von: Chris Knight: „Early Human Kinship was Matrilineal", in: Nicholas Allen/Hilary Callan/Robin Dunbar/Wendy James, a.a.O., S. 61–82.

[145] Claude Meillassoux: *Die wilden Früchte der Frau*, Frankfurt/Main 1976, Syndikat Verlag, S. 25–31. –Meillassoux verbindet seine Darstellung mit einer scharfsinnigen Kritik an der Verwandtschaftstheorie von Claude Lévi-Strauss, nach dem alle Gesellschaften auf Filiation (Genealogie) beruhen sollen, einschließlich des patriarchalen Musters vom „Frauentausch". Das heißt, bei Lévi-Strauss gibt es nur patriarchale Gesellschaften, die Frauen zum Tauschobjekt zwischen Männern machen – ein großer Irrtum! Meillassoux zeigt hingegen, dass es auch andere Formen von Verwandtschaft ohne Filiation (in männlicher oder weiblicher Linie) gibt, eben die symbolische Verwandtschaft bei Altersklassen-Gesellschaften, die von diesen Menschen aber als reale verstanden wird. Er weist auf eine wichtige Tatsache hin, dass nämlich in der Anthropologie Regeln für Paarbildung sehr oft mit Filiation (Genealogie) verwechselt werden: Erstere bezeichnen mögliche Sexualpartner, letztere die Beziehung von Individuum und Generationen, wobei nur die Filiation zur Blutsverwandtschaft in unserem Sinne führt. Wildbeutergesellschaften kennen die Paarungsregeln, Sippengesellschaften die Filiationsregeln, d.h. das Hervortreten der einen oder anderen Regel macht unterschiedliche Gesellschaftsformen aus.

die Vorstellung von Blutsverwandtschaft kennen sie nämlich auch kein sogenanntes „Inzest-Tabu" – wobei dieses angeblich „universelle Inzest-Verbot" zwar eine vielbeschworene, aber unbewiesene Hypothese ist. Bei diesen kleinen Gesellschaften wäre es völlig sinnlos. Außerdem stellt der „Inzest" bei einer problemfreien genetischen Ausstattung kein gesundheitliches Problem dar. Vielmehr handelt es sich bei diesem Tabu, wie bei anderen sexuellen Verboten, um eine späte, patriarchale Erfindung, um durch Moral und Zwang die Kontrolle über das erotische Leben der Frauen auszuüben.[146]

Damit haben wir die Form der *Altersklassen-Gesellschaft* beschrieben, die es bei den Urvölkern der San und Pygmäen noch gibt. Bei dieser Gesellschaftsform ist eine über mehrere Generationen reichende Genealogie, wie wir sie gewöhnt sind, noch nicht bekannt.[147] Für das Verständnis der Sozialordnung in der Altsteinzeit ist der Vergleich mit diesen Urvölkern Afrikas äußerst relevant. Deshalb können wir annehmen, dass die Lebensweise auch damals die kleinere oder größere egalitäre Gruppe war, eingebettet in die Form der Altersklassen-Gesellschaft. Zugleich zeigt sich, dass die Mutterlinie oder Matrilinearität – die lange vor der schwer feststellbaren Vaterlinie entstand – keine Selbstverständlichkeit darstellt, sondern eine bedeutende menschliche Erkenntnis einer späteren Epoche ist, die aus der elementaren Mutter-Kind-Gruppe hervorging: die Erfindung der Genealogie. Sie konnte erst später als soziales Ordnungsprinzip entdeckt werden, als die Menschen begannen, in großen Gruppen dauerhaft zusammen zu leben (Jungsteinzeit). Erst dann wurde sie von den Frauen entwickelt und führte zur Bildung der großen, in der Mutterlinie verwandten Sippen oder Clans, die für matriarchale Gesellschaften charakteristisch sind.

Das wohl wichtigste Mittel zur Kommunikation und damit zur Bildung sozialer Gruppen ist die *Sprache*. Deshalb wenden wir uns hier der Frage zu, wann und wie es zur Entstehung der menschlichen Sprache kam. Bereits die Neandertaler-Frauen und -Männer der Mittleren Altsteinzeit hatten eine gut entwickelte Sprache, was man an ihrem Sprechorgan feststellen konnte.[148] Das heißt, die Entstehung von Sprache muss noch früher gewesen sein, nämlich bei den ersten Menschen der Älteren Altsteinzeit. Die gängige Theorie behauptet, dass es abermals die Jägerei war, die dazu führte, denn die Männer mussten sich bei der Großwildjagd koordinieren. Also konstruierten sie die Sprache.[149]

---

[146] Meillassoux, S. 21–25. Siehe zur Kritik an Begriff und Vorstellung von „Inzest", Herbert Maisch: *Inzest*, Hamburg 1968, Rowohlt Verlag.

[147] Es wird auch behauptet, dass diese Gesellschaften matrilineal, patrilineal oder bilineal seien, d.h. man ist sich über ihre Genealogie sehr unsicher. Hier muss beachtet werden, dass sie lange Zeit kolonialem Druck unterworfen waren, z.B. wurden Teile der San zur Sesshaftigkeit gezwungen und christlich missioniert. Dies hat ihre Gesellschaftsform sehr verändert (siehe Draper). Daher ist es eine wichtige Frage, welche Gruppe von ihnen ethnologisch erforscht wurde. Außerdem haben wir mit der von Meillassoux genannten, häufigen Verwechslung von Paarungsregeln mit Filiationsregeln zu rechnen, da es westlichen Ethnologen sehr schwer fällt, sich Verwandtschaft ohne Genealogie vorzustellen.

[148] Schrenk, S. 58. – Der Fund einer Neandertaler-Frau (Palästina/Israel) weist ein gut erhaltenes Zungenbein auf, was auf Sprachfähigkeit hinweist. Vgl. Yoel Rak: „Konnte der Neandertaler sprechen?", in: *Bild der Wissenschaft*, Nr. 3, 1990.

[149] Diese Theorie wurde zuerst kritisiert von Doris F. Jonas: *Das erste Wort. Wie die Menschen sprechen lernten*, Berlin-Wien 1982, Ullstein Verlag.

Diese Theorie, obwohl sie noch immer verfochten wird, ist absurd, denn jeder Jäger weiß, dass man bei der Jagd sich äußerst still verhalten muss, um das Wild nicht zu verscheuchen. Auch am Lagerfeuer nach der Jagd wird die Sprache zum Erzählen der großen Taten kaum entstanden sein, ebenso nicht bei der Herstellung immer besserer Jagdgeräte. Denn die männliche Organisation für die Großwildjagd ist nicht die elementare soziale Gruppe, sondern sekundär. Stattdessen begann das Sammeln lange vor der Großwildjagd, und es waren Frauen, welche das gemeinsame Sammeln koordinierten und anführten. Vielleicht verständigten sie sich durch Zurufe über gute Sammelplätze oder über im Gebüsch lauernde Gefahren, und dabei konnten sie sicher sein, dass ihnen die Pflanzen nicht davonliefen. Aber auch diese Sammeltrupps stellen nicht die erste und elementare soziale Gruppe dar.

Die elementare soziale Form ist in allen Gesellschaften die Mutter-Kind-Gruppe. Sie entsteht durch Geburt und durch eine jahrelange Pflegephase. Denn das menschliche Neugeborene kommt nicht nur recht unentwickelt zu Welt, sondern braucht – verglichen mit Tierkindern – eine erheblich verlängerte Zeit des Reifens, um in die jeweiligen gesellschaftlichen Verhältnisse hineinzuwachsen. So ist die Mutter-Kind-Gruppe als hochentwickelte Form der Pflege und Sozialisierung die Grundlage aller weiteren sozialen Gruppierungen. Sämtliche sozialen Formen hängen davon ab und beziehen sich in der einen oder anderen Weise darauf:[150] zuerst Organisationsformen von Frauen, die um die Geburtshilfe und Mitbetreuung von Kindern ranken, ebenso um weitere wichtige Stadien im Leben der Frau. Solche Frauenbünde stellen eine dauerhafte, weibliche Sozialform dar, die durch besonderes Wissen eine starke Solidarität unter Frauen bewirkte. Erst in zweiter Linie kamen Männer hinzu, die der Wohnstätte der Frauen angegliedert waren. Sogar die jägerische Organisation der Männer war nicht unabhängig von der Frauengruppe, wie wir noch sehen werden.

Dies weist nochmals auf die zentrale Stellung der Frauen in der sozialen Organisation hin, die über das Behausen, Beköstigen und Bekleiden weit hinausreichte. Sie waren der Kern der gesamten Gesellschaft und garantierten durch ihre soziale Intelligenz, die aus der Mutter-Kind-Gruppe hervorging, deren Zusammenhalt. Daraus entwickelte sich die früheste Sprache, sie ging aus der vertrauten Intimität zwischen Mutter und Kind hervor: das zärtliche Lallen, das einlullende Singen, der warnende Zuruf bei Gefahr für das Kind, und zunehmend bildeten sich auf diese Weise artikulierte Silben und Wörter. Die Kinder ahmten es nach, wodurch die Sprachfähigkeit sich in jeder Generation steigerte. Es ist die „Muttersprache", die auf diese Weise entstand, denn jedes Kind lernt zu allen Zeiten die Sprache von der Mutter. Diese Entwicklung setzte vermutlich nicht erst mit den Neandertaler-Frauen ein, sondern mit den ersten, aufrecht gehenden Menschen vor über 2 Mio. Jahren.

Die große Bedeutung der Mutter für die Entstehung der Sprache spiegelt sich ebenfalls in den Ursilben „Ma", „Ba", „An", „Na", die das Mütterliche in allen Sprachen der Welt bezeichnen. Diese Silben sagen Babies noch vor der Entfaltung ihrer Sprachfähigkeit. Ferner benennen die ersten Urwörter, die von der Paläolinguistik ermittelt wurden, mit ihren Varianten in allen Sprachen Weibliches, und zwar un-

---

[150] Ebd.; Roger Lewin/Richard E. Leakey: *Origins: What New Discoveries Reveal About The Emergence Of Our Species And Its Possible Future*, London 1977, McDonald; Sarah Blaffer Hrdy: *Mütter und Andere. Wie die Evolution uns zu sozialen Wesen gemacht hat*, Berlin 2010, Berlin Verlag (original in Englisch 2009).

mittelbar („Frau, Vulva, Geburt" usw.) oder mittelbar („Milch, Kind, Sippe" usw.), während es Vergleichbares für das Männliche nicht gibt. Diese Urwörter zeigen nicht nur die Sprachentstehung durch Frauen an, sondern weisen auch ihrerseits auf die zentrale Bedeutung der Frau in der Sozialordnung der Altsteinzeit hin.[151]

Kultur und Religion der Altsteinzeit: mehr als nur „Jagdmagie"

Mittlere Altsteinzeit: Religiosität der Neandertaler-Menschen

Wann Kultur und Religiosität beginnen, dafür sind ebenfalls Bestattungen aus diesen frühen Epochen entscheidend. Bereits aus der Mittleren Altsteinzeit fanden sich in Höhlen und Abris Grabstätten, die zeigen, dass die Neandertaler-Menschen ihre Toten mit Ehrfurcht begruben. Solche Bestattungen sind aus dem gesamten großen Verbreitungsgebiet der Neandertaler bekannt, das von der Küste Portugals im Westen bis zum Schwarzen Meer, dem Kaukasus und dem Zāgros-Gebirge (Nord-Irak) im Osten reicht. Sogar östlich des Kaspischen Meeres in Zentralasien lebten Neandertaler-Frauen und -Männer und im Süden entlang der Mittelmeerküste bis Syrien und Palästina/Israel. Am dichtesten wohnten sie in den Höhlen Südwest-Frankreichs und Palästina/Israels. Letztere Gegend bot ihnen eine warme Mittelmeerzone, wo sie sich ca. 50.000 Jahre lang friedlich Seite an Seite mit den modernen Menschen (Cro-Magnon-Menschen) aufhielten. Sie waren sehr erfolgreich, sich den verschiedenen Klimazonen und den wechselnden Kalt- und Warmzeiten anzupassen.[152]

Bestattungen der Neandertaler (ab 100.000) fand man über dieses weite Gebiet verstreut, im Westen in Frankreich (La-Chapelle-aux-Saints, La Ferrassie), im Nahen Osten in Palästina/Israel (Es-Skhul, Qafzeh), im Zāgros-Gebirge (Shanidar) sowie in Turkestan in Zentralasien (Teschik-Tasch). In der Höhle bei La Ferrassie entdeckte man acht Personen, Erwachsene und Kinder, die in der eingerollten Embryo-Haltung lagen. Diese Haltung wird ziemlich banal und falsch als „Hockerstellung" umschrieben – denn warum sollten Tote hocken statt zu liegen? Die Gräber waren klar voneinander abgegrenzt, darüber kleine Hügel aufgeschüttet, und über einem von ihnen lag eine Steinplatte mit eingearbeiteten Grübchen. In der Shanidar-Höhle im Irak fand man das Grab eines alten, stark behinderten Mannes, der mit Blumen bedeckt worden war (Pollenanalyse). Dies zeugt von großem Mitgefühl, das er auch im Leben von seiner Gruppe erfahren haben musste, denn sonst wäre er kaum so alt geworden. Alle diese Gräber enthielten Beigaben: die Kindergräber in La Ferrassie ausnehmend schöne Steinwerkzeuge; ein Grab in der Höhle von Qafzeh ein Damhirsch-Geweih, das auf den Händen des Leichnams lag; die auffallendste Gabe waren jedoch die fünf Steinbockschädel mit Hörnern, die man rings um das Kindergrab von Teschik-Tasch entdeckte. Das weist auf zum Teil aufwändige und bedeutungsvolle Totenrituale

---

[151] Vgl. Fester, S. 79–106. – Durch eine Reihe von Untersuchungen ist außerdem bewiesen, dass Frauen allgemein eine höhere Sprachfähigkeit haben als Männer.
[152] *Weltatlas der Archäologie*, S. 64–65; Friedemann Schrenk, in *Eiszeit*, S. 58.

hin.¹⁵³ Sie zeigen, dass die Neandertaler-Menschen keineswegs „roh und primitiv" waren, sondern sich religiöse Gedanken über den Tod gemacht hatten.

Dazu besaßen sie bereits symbolisches Denken, das eine Erklärung für die unfassbare Tatsache des Todes sucht. Schon die häufige Bestattung in Höhlen ist symbolisch gemeint, denn die frühen Menschen mussten jede Höhle als einen Schoß der Urmutter Erde betrachtet haben – eine Anschauung, die es in späteren Kulturen noch gibt.¹⁵⁴ Darauf weist die Embryo-Haltung der Toten hin, die hier liegen wie ungeborene Kinder im Mutterleib. Vermutlich glaubten die Menschen, die Gestorbenen würden einst von der Erdmutter wiedergeboren werden, so wie jedes Kind von einer Frau zur Welt gebracht wird. Solche Gedanken legen auch die Grabbeigaben nahe, denn es sind meistens Geräte zum Gebrauch, so dass ein neues Leben der Toten angenommen wurde, für das sie die Dinge benötigten. Man betrachtete sie als im Leib der Erdmutter wohl nur schlafend, bis zu ihrer Wiederkehr. Das heißt, bereits die Frauen und Männer der Neandertaler besaßen einen *Wiedergeburtsglauben*, wie einfach auch immer er gewesen sein mag.

Dieser Glaube wird durch den Gebrauch von Ocker bestätigt, der ersten Farbe, die Menschen verwendeten. Ockerklumpen, aus denen man Pulver machen kann, sind eisenhaltig und haben eine rötliche Färbung, die an lebendiges Fleisch und Blut erinnert. So steht die Farbe Ocker in allen Schattierungen symbolisch für das Leben. Ocker, auf die Gestorbenen gestreut, findet sich in Spuren bereits in Neandertaler-Gräbern und sollte den Gestorbenen sicherlich Lebensenergie und Hoffnung auf die Wiedergeburt geben. Durch die gesamte weitere Altsteinzeit zieht sich die Verwendung von Ocker in diesem Sinne: Die Toten wurden immer reichlicher damit gepudert, die Gräber und große Flächen in den Höhlen wurden damit bemalt (z.B. Gargas und Saint-Marcel, Frankreich). Ebenso strich man Höhlennischen, die wie Vulven aussehen, rot an, wie um den weiblichen Charakter der Höhle nochmals zu betonen. Es wurde auch ein kurzer, mit Ocker gefärbter Gang gefunden, der von der Nase und dem Mund eines Toten nach draußen führt; zweifelsohne bedeutete er Atem und Lebenshauch (Grimaldi, Italien). In manchen Wohnstätten ist der Boden intensiv mit Ocker gefärbt (z.B. Pincevent, Frankreich), was zeigt, dass Ocker schließlich auch im Alltag verwendet wurde, vielleicht für Körperbemalung und Färben von Häuten und Gegenständen, um Lebensenergie darauf zu übertragen. Selbst die Farben der großartigen Felsmalereien der Jüngeren dwAltsteinzeit wurden durch Brennen aus Ocker gewonnen: Rot, Gelb, Braun und aus Magnesiumoxid Violett und Schwarz.¹⁵⁵

Auch spezielle Fossilien wie kugelförmige Seetiere, Schneckenhäuser, Muscheln, besonders Kaurimuscheln, welche Neandertaler-Frauen und -Männer sammelten, weisen auf religiöse Gedanken hin. Am Körper getragen oder in der Behausung deponiert, waren sie nicht nur „Schmuck". Für die Kaurimuschel ist die symbolische Bedeutung seit ältester Zeit bis heute klar: Sie symbolisiert die Vulva der Frau.¹⁵⁶ Schneckenhäuser mit ihrer spiraligen Form und andere Fossilien, die rundlich sind oder von Natur aus wie eine kleine, dicke Gestalt aussehen, haben ähnlichen Sym-

---

153 Ebd.; *Atlas der Vorgeschichte*, S. 21; Leroi-Gourhan, S. 66–67.
154 Da die Neandertaler-Menschen auch in Gebieten ohne Höhlen lebten, gibt es ebenso Freilandbestattungen. Sie sind aber weniger gut erhalten.
155 Leroi-Gourhan, S. 76–78.
156 A.a.O., S. 79–83, bes. die Abbildungen.

bolgehalt: Sie bedeuteten für die Menschen den weiblichen Schoß oder das Ei oder sogar eine weibliche Gestalt, denn sie sehen aus wie Vorformen der späteren Frauenstatuetten. Sogar bearbeitete Steine, wie kleine Frauengestalten geformt, wurden in diesen frühen Wohnstätten gefunden.[157]

Sie sind insgesamt weibliche Symbole und ergänzen die Gedanken der altsteinzeitlichen Menschen um den Tod. Sie glaubten, dass jede Geburt zugleich eine Wiederkehr des Lebens als Wiedergeburt von Verstorbenen ist. Der Zusammenhang mit der Zeugung war nicht bekannt (siehe oben). Unter diesen Bedingungen galt die Auffassung, dass die Frau – genauso wie die Urmutter Erde – aus sich allein das neue Leben erschafft. Sie wurde als die Garantin der Wiedergeburt gesehen, das heißt, begabt mit der wunderbaren Fähigkeit, Tod wieder in Leben zu verwandeln und Verstorbene erneut auf die Welt zu bringen. Diese Gedanken galten für Jahrhunderttausende, wie die Mythen von Urgöttinnen zeigen, die ihre Kinder „parthenogen" aus sich selbst hervorbrachten.[158] Nach dieser noch bei indigenen Völkern vorkommenden Auffassung formt die Frau das Kind aus ihrem Blut, das während der Schwangerschaft neun Monate ausbleibt,[159] was noch der Begriff „Bluts-Verwandtschaft" zeigt. Dieser Wiedergeburtsglaube ist uralt und reicht in einigen Weltgegenden bis in die Gegenwart, und er galt auch die längste Zeit in Europa bis zu seiner Ausmerzung durch das Christentum. In der Jüngeren Altsteinzeit suchten die Menschen diese für sie hochbedeutsamen Symbole für die Wiedergeburt nicht mehr am Strand, sondern stellten sie selbst her, wie die zahllosen Vulva-Zeichen und Frauenstatuetten belegen.

Auch der sogenannte „Schädelkult", der seit den Neandertaler-Menschen die gesamte Altsteinzeit und noch spätere Epochen durchzieht, ist in diesem Kontext zu verstehen. Man hat bearbeitete und gesondert bestattete Schädel gefunden, manchmal in geordneten Gruppen wie in der Ofnethöhle, gelegentlich mit Ocker bestreut, was auf eine religiöse Bedeutung hinweist.[160] Nun tritt der Kopf des Kindes zuerst bei der Geburt hervor, und wenn er durch den Geburtskanal hindurch gelangt ist, hat sich die Geburt nahezu vollendet. So mag der Gedanke den in Höhlen bestatteten Schädeln zugrunde liegen, dass sie als das erste bei der Wiedergeburt aus dem Schoß der Erdmutter hervortreten mögen. Sie stehen damit als symbolischer Teil für den ganzen Menschen, weshalb man die Köpfe vom Körper trennte und an besonders heiligen Plätzen bestattete.

Diese symbolische Denkweise setzt abstraktes Denkvermögen voraus, auch das ist bereits bei den Neandertaler-Menschen zu erkennen. Sie schufen die ersten ab-

---

[157] Zum Beispiel die kleinen Figuren von Tan-Tan (Marokko, Wadi Draa) und von Berekhat-Ram (Palästina, Golanhöhen), in: www.visual-arts-cork.com und in: www.utexas.edu/courses/classicalarch/readings/Berekhat_Ram.pdf

[158] Zum Beispiel die Urgöttin Nut von Ägypten und andere Himmelsgöttinnen, ebenso die Urgöttin Erde in vielen Religionen. Noch in vorpatriarchalen Griechenland galt dasselbe von der Urgöttin Eurynome und von Hera, der Göttermutter; vgl. Robert von Ranke-Graves: *Griechische Mythologie. Quellen und Deutung*, Reinbek bei Hamburg 1994, Rowohlt Verlag, S. 22, 42.

[159] Z.B. die Trobriander, vgl. Malinowski: *Das Geschlechtsleben der Wilden*; gleiches ist von den Berberfrauen überliefert, vgl. Makilam: *Die Magie kabylischer Frauen und die Einheit einer traditionellen Berbergesellschaft*, Bremen 2007, Kleio Humanities.

[160] Leroi-Gourhan, S. 49–56.

strakten Zeichen, zum Beispiel das Linienkreuz[161] (Abb. 1). Das Linienkreuz entsteht aus der Beobachtung der Himmelsrichtungen, in die seine vier Enden weisen. Die elementare Linie ist dabei die Ost-West-Richtung, die aus der Beobachtung des täglichen Aufgangs und Untergangs der Gestirne gewonnen wird. Schon die Neandertaler-Menschen hatten sie erkannt, denn ihre Grablegungen waren nach Ost-West geortet. In einem nächsten Abstraktionsschritt fügten sie im rechten Winkel die Nord-Süd-Richtung hinzu. Damit hatten sie die erste Raumordnung geschaffen – eine große, geistige Leistung, auf der noch heute unser Kompass beruht. Diese Raumordnung aus vier Enden wurde ebenfalls durch ein in Stein und Knochen eingeritztes Ideogramm ausgedrückt, das vier Ecken hat: das Viereck, in einfacher oder vielfacher Form.

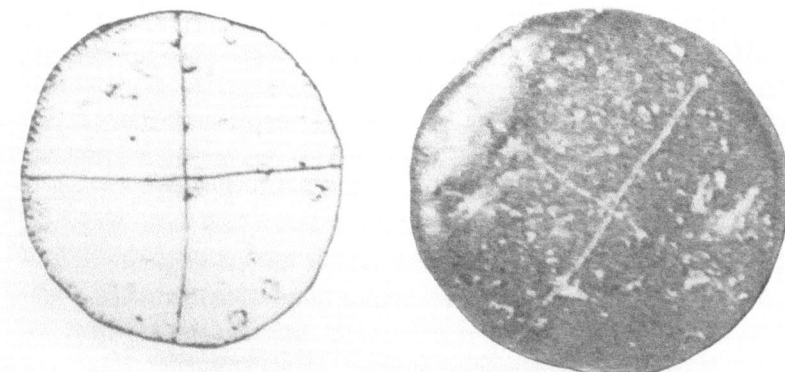

Abb. 1: Das Linienkreuz, auf einem schwach geschliffenen Stein, Mittlere Altsteinzeit (aus: Marie König: Unsere Vergangenheit ist älter, S. 41)

Das Linienkreuz mit Ring, das Ringkreuz, ist sogar dreidimensional gedacht. Der obere Bogen bezieht sich auf die Gestirne, die bei Tag und bei Nacht über das Himmelsgewölbe von Ost nach West ziehen. Doch es blieb für die Menschen die Frage offen, weshalb sie stets wieder im Osten aufgehen – wie kommen sie dorthin? Als Antwort stellten sie sich vor, dass sie auch einen unteren Bogen machen, unsichtbar in der Unterwelt, der sie wieder von West nach Ost zurückbringt. Das bedeutet der untere Bogen des Ringkreuzes.

Diese Dreidimensionalität der Welt drückten sie nicht nur im Ringkreuz, sondern auch in der Kugelform aus, die in zwei Hälften geteilt wurde, einer oberen und einer unteren Halbkugel. Sie fanden diese Form in der Natur vor oder stellten sie selbst her, was zeigt, wie bedeutsam diese für sie war. Denn sie war eine Darstellung des Raumes, zweigeteilt als Himmelsgewölbe und unteres Gewölbe, mit der Erde in der Mitte.[162]

---

[161] Das Linienkreuz wurde als Zeichnung auf einen geschliffenen Nummulites perforatus von 2 cm Durchmesser gefunden (Travertin-Siedlung von Tata, Ungarn); vgl. L. Vertés: *Eine mittelpaläolithische Travertin-Sielding,* Budapest 1964, Akadémiai Kiadó.
[162] Vgl. Marie E. P. König: *Am Anfang der Kultur. Die Zeichensprache des frühen Menschen,* Berlin 1973, Gebr. Mann Verlag, S. 31–44, 75–128.

Aus der Beobachtung des Himmels schufen die Neandertaler-Menschen als weitere geistige Leistung auch die erste Zeitordnung. Sie beruht auf den drei sichtbaren Phasen des Mondes, die in allen Breitengraden der Erde regelmäßig wiederkehren und damit den Fluss der Zeit gleichmäßig unterteilen. Diese Dreiheit der Zeit stellten sie ebenfalls durch Ideogramme, auf Knochen und in Stein geritzt, dar: drei parallele Einkerbungen oder das abstrakte Zeichen des Dreiecks.[163] Aus der Dreiheit wurde die Neun entwickelt, denn drei mal drei Nächte, also neun Nächte, umfasst jede sichtbare Mondphase. So war er 27 Nächte lang zu sehen. Zusammen mit der Nacht der unsichtbaren Mondphase ergibt sich daraus der Mondmonat von 28 Nächten. Diese Zählweise wurde von den Neandertaler-Menschen gefunden und von ihnen zum Mondkalender weiterentwickelt. Regelmäßige Gruppen von drei Rillen in Knochen könnten daher Aufzeichnungen dieser Zählweise und damit des ersten Mondkalenders sein.[164] Alle diese abstrakten Zeichen sind überreich in den Höhlen der Île-de-France in Stein geschlagen. Sie sind viel älter als die großartigen Höhlenmalereien der Menschen der Jüngeren Altsteinzeit.[165]

Dies ist das Wenige, aber Grundsätzliche, was wir mit Sicherheit zur Religiosität der Neandertaler-Frauen und -Männer sagen können. Sie haben diese elementaren Erkenntnisse den modernen Menschen der Jüngeren Altsteinzeit weitergegeben, denn diese Grundgedanken sind niemals erloschen.[166]

Jüngere Altsteinzeit: Höhlenkunst und tragbare Kunst

Die Jüngere Altsteinzeit zeigt die rasante Entwicklung der Kultur der modernen Menschen gleich von Anfang an. Die Zeugnisse ihrer religiösen Kunst – denn Kunst und Religion waren seit jenen frühen Epochen bis in unser Mittelalter hinein nicht getrennt – reichen vom Atlantik bis zum Ural und noch weiter bis zum Baikalsee in Sibirien. Dabei kommen zwei Arten von Kunst vor: erstens die festen Wandbilder in Höhlen und Abris aus Ritzzeichnungen, Malereien und Flachreliefs. Sie sind auf gebirgige Gegenden beschränkt und erscheinen am dichtesten in den Höhlen Spaniens und Frankreichs, doch auch in Italien und in einer Höhle im Ural.[167] Zweitens

---

[163] A.a.O., S. 146–159.
[164] Marie E. P. König: *Unsere Vergangenheit ist älter. Höhlenkult Alteuropas,* Zürich 1980, Buchclub Ex Libris, S. 37–42, 95, 173; *Weltatlas der Archäologie,* S. 74.
[165] König: *Am Anfang der Kultur,* insgesamt.
[166] In der Jüngeren Altsteinzeit starben die Neandertaler-Menschen aus. Die gängige Hypothese, dass sie durch die modernen Menschen verdrängt wurden, wird zunehmend kritisiert, denn sie setzt „Krieg" zwischen diesen beiden Menschenarten voraus, wofür es keine Indizien gibt. In vielen Gegenden lebten Neandertaler und moderne Menschen lange Zeit unmittelbar nebeneinander, z.B. in Westasien (Höhlen von Yabrud, Syrien), und in anderen Gegenden nacheinander. Eine neuere Hypothese besagt, dass eine plötzliche, scharfe Kälteperiode durch den Ausbruch eines Mega-Vulkans (bei Italien) zu ihrem Untergang in Europa beigetragen haben könnte, während sie noch in wärmeren Zonen aufhielten. Genetiker haben festgestellt, dass Neandertaler-Gruppen außerdem in den modernen Menschen aufgegangen sind, so im Nahen Osten, wo sie vor 50.000–60.000 Jahren in denselben Gebieten wohnten, ebenso in Europa und Asien; siehe *The Guardian, Science,* vom 28. Januar 2015, Bericht in der Süddeutschen Zeitung vom 11. Januar 2016. Vgl. zusammenfassend dazu Parzinger, S. 52–53.
[167] *Weltatlas der Archäologie,* S. 74; Leroi-Gourhan, S. 94.

gibt es die bewegliche Kunst aus geschnitzten Statuetten und Skulpturen, ebenso aus Ritzzeichnungen und Malereien auf Knochen, Geweihen und Tausenden von Steinen. Beide Kunstformen datieren seit Beginn der Jüngeren Altsteinzeit, doch die bewegliche Kunst dauerte länger an und ist erheblich weiter verbreitet, nämlich auch in Gebieten, wo es keine Höhlen gibt. Zusätzlich kommen abstrakte Zeichen wie Linien, Punkte und Linienkombinationen, ebenso Gitternetze und Schraffuren sowohl bei den Höhlenmalereien als auch auf den beweglichen Gegenständen vor.

In diesem riesigen geographischen Raum und durch Zehntausende von Jahren zeigen diese Kunstformen ein einheitliches symbolisches System, das die Grundideen aus der Mittleren Altsteinzeit weiterführt. Es gibt zwei Hauptthemen, einerseits Tiere und andererseits Frauen oder Vulven. Sie erscheinen in der monumentalen Höhlenkunst genauso wie in den kleinen Skulpturen der beweglichen Kunst. In den Höhlen befinden sich die Zeichnungen und Malereien meist im hintersten, verborgenen Teil, was sie als nicht zum Alltag gehörend zeigt, sondern ihren sakralen Charakter betont. Denn diese Höhlen sind symbolisch geschmückte „Naturtempel" gewesen und wurden als feste, zentrale Heiligtümer gebraucht. Überhaupt blieb die Höhle auch in späteren Kulturepochen der sakrale Raum, allerdings wurde sie nun in Pyramiden und Tempeln bis hin zu den gotischen Kathedralen künstlich nachgebaut. Die beweglichen Skulpturen stellten dagegen tragbare Heiligtümer dar, die überallhin mitgenommen wurden. Die Menschen konnten die Figuren in rituellen Anordnungen aufbauen, um damit Zeremonien zu feiern; sie waren deshalb nicht weniger sakral als die Höhlen.

Die zwei Hauptthemen: Tiere sowie Frauen oder Vulven, haben lange Zeit keine bessere Deutung erfahren als „Jagdmagie" und „Fruchtbarkeitskult" – was beides falsch ist. Ihre künstlerische Darstellung hat sich in der Jüngeren Altsteinzeit auch nicht stufenweise entwickelt, sondern war gleich zu Anfang in voller Ausprägung da. Das Thema „Tiere" zeigt sich schon in der ersten Phase der Jüngeren Altsteinzeit (Aurignacien, 40.000–32.000) mit den Zeichnungen von Tierherden in atemberaubender Perspektive und Dynamik in der Grotte Chauvet (Ardèche-Schlucht, Frankreich), es handelt sich hier um bewusste, äußerst spektakuläre Kompositionen (Abb. 2). Das Thema „Frauen" wird aus derselben frühen Zeit durch die kürzlich entdeckte, üppige Frauenstatuette vom Hohle Fels (Schwäbische Alb, Deutschland) dokumentiert, die vermutlich älteste Frauendarstellung der Welt (Abb. 3). Auch das Vulva-Symbol ist gleich zu Anfang da, sogar dreifach als tiefe Gravierung vom Abri Castanet (Dordogne, Frankreich).[168] Das erstaunt allerdings nur, wenn man außer Acht lässt, dass ihnen Jahrzehntausende von Kunstausübung der modernen Menschen in Afrika vorausgingen, woher sie ihr Können nach Europa mitbrachten.

Das Thema „Frauen"

Betrachten wir zuerst das Thema „Frauen und Vulven" genauer. Dabei ist das abstrakte Zeichen der Vulva älter als die Figuren, es ist eins der ältesten und zugleich der häufigsten Zeichen überhaupt.[169] Bereits die Neandertaler-Menschen ritzten es

---

[168] Harald Floss, in: *Eiszeit*, S. 248–257; Nicholas J. Conard, a.a.O., S. 268–271. Die Frauenfigur vom Hohle Fels ist ca. 5000 Jahre älter als die berühmte Venus von Willendorf (Österreich).

[169] Gegenüber den zahlreichen Vulva-Darstellungen durch die ganze Altsteinzeit und noch in späteren Epochen sind Phallus-Darstellungen extrem selten. Bei den wenigen phallusartigen Ge-

66   Kapitel 2: Altsteinzeit in Westasien, dem Mittelmeerraum und Europa

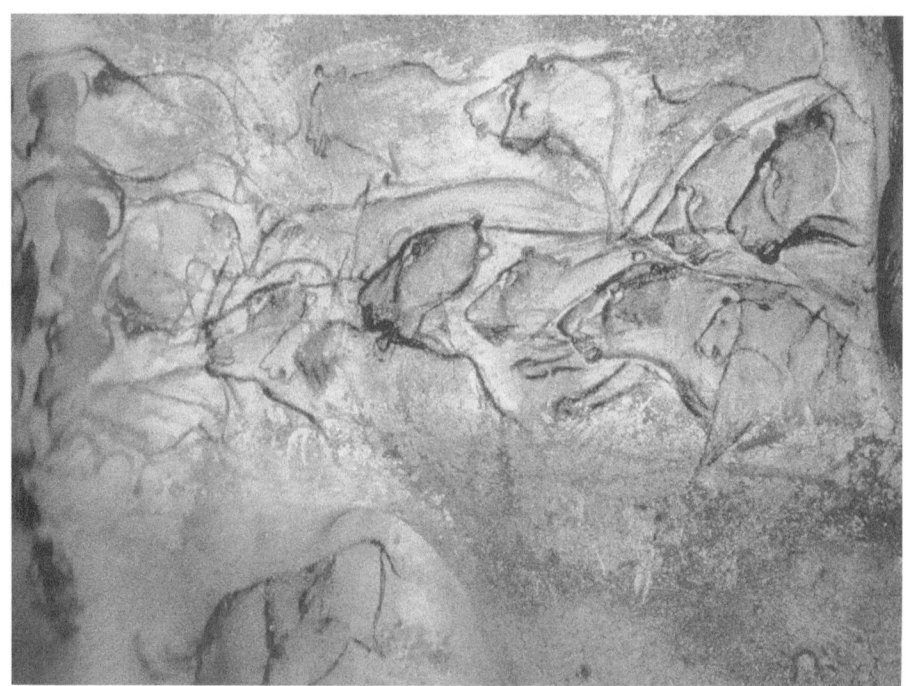

Abb. 2: Löwen in dynamischer Bewegung, Grotte Chauvet, Jüngere Altsteinzeit, Aurignacien (aus Katalog: Eiszeit, S. 255)

Abb. 3: Frauenfigur vom Hohle Fels, Jüngere Altsteinzeit, Aurignacien (aus Katalog: Eiszeit, S. 270)

als Dreieck mit einem mittigen Strich („Schlitz") oder Schälchen („Loch") in die Felswände (z.B. Grotte bei Larchant, Frankreich) (Abb. 4). Das Dreieck ist jedoch zugleich ein Ideogramm des Mondes und der Zeitordnung, was zeigt, dass von frühester Zeit an eine symbolische Verbindung zwischen Mond und Frau gesehen wurde. So erscheinen die Frauenstatuetten der Jüngeren Altsteinzeit – und durch alle weiteren Epochen, sogar bei manchen indigenen Völkern bis heute – mit dem ausgeprägten Schoßdreieck. Das Schoßdreieck wird immer dargestellt, während die Brüste in üppiger oder kleiner Form je nach Stil wiedergegeben werden oder sogar fehlen können. Die Betonung dieser weiblichen Merkmale hat den Figuren solche missverständlichen Namen eingetragen wie den schmeichelhaften „Venus" oder den verächtlichen „dirty dolls" („Schmutzige Puppen"). Sie stammen aus der männlich-sexistischen Perspektive von heute, wobei manche Wissenschaftler sich in beschämender Weise soweit verirren, die Statuetten als Lustobjekte für die Sexualität steinzeitlicher Männer auszugeben – was lediglich die patriarchalen Zustände der Gegenwart spiegelt.

Abb. 4: Dreiecke als Vulva, Höhle im Felsmassiv „Dame Jouante" bei Larchant, Mittlere Altsteinzeit (aus Marie König: Am Anfang der Kultur, S. 158)

Im Gegensatz dazu hatte für die altsteinzeitlichen Menschen die Verbindung von Frau und Mond sakrale Bedeutung: Wie der Mond besaß die Frau eine Zeitordnung, denn ihr Menstruationszyklus entspricht dem Zyklus des Mondes, sie hatte sozusagen eine innere Mond-Uhr. Am schönsten kommt dies zum Ausdruck im berühmten Relief der Frau von Laussel (Frankreich, Gravettien, 32.000–24.000), aus jener Phase also, die mit

---

genständen handelt es sich außerdem meist um Werkzeuge. Die Interpretationen dazu wurden jedoch maßlos übertrieben; man sah sie in Verbindung mit „Sexualmagie". Aber zu Ritualen können sie nicht gebraucht worden sein, denn zu diesem Zweck müssten Phallus-Darstellungen so allgemein verbreitet sein wie Vulva-Darstellungen.

200 Frauenfigurinen in ganz Europa bis Sibirien die Blütezeit dieser Kunst darstellt (Abb 5). Die Frau von Laussel hält erhoben in der rechten Hand ein Horn, das genau 13 Ein-kerbungen zeigt. Dieses Horn stellt den Mond dar, der wegen seiner zunehmenden und abnehmenden Form allgemein als Horn symbolisiert wird. Die 13 Einkerbungen entsprechen den 13 Mondmonaten eines Jahres. Mit der linken Hand weist die Frau von Laussel auf ihren Schoß, wie um zu zeigen, dass sie die Zeitordnung des Mondes am Himmel als Menstruationszyklus auch in ihrem Leib trägt. Zudem war das Relief mit Ocker bemalt, wovon Farbspuren noch heute zu sehen sind. Ocker symbolisiert die Farbe des Lebens, denn das Menstruationsblut galt als „Blut des Lebens". Diese kosmisch-irdischen Übereinstimmungen waren das Wissen der Frauen, so dass ver-mutlich sie es waren, die den altsteinzeitlichen Mondkalender entwickelten und ihn auf verschiedene Weise darstellten: in Dreiecken, Vulven und Figuren.

Abb. 5: Frau von Laussel, Jüngere Altsteinzeit, Gravettien (aus Katalog: Eiszeit, S. 276)

Die Zahl Drei, die für den Mond und die Zeitordnung stand, führte schon sehr früh zu der Vorstellung von der Trinität des Mondes, einem dreifachen Wesen, das doch nur Eins ist. Dieser Gedanke wurde auch auf die Frau übertragen, denn bereits in der Altsteinzeit sehen wir die Entwicklung einer weiblichen Trinität, welche noch die späteren Epochen prägt. So steht die Frau von Laussel auf ihrem Felsblock unter einem Abri nicht allein da, sondern wird von zwei kleineren Figuren in ähnlicher Haltung auf benachbarten Steinen begleitet.[170] Eindeutig tritt die Frauen-Trinität auf dem Felsrelief des Abri Bourdois (Angles-sur-l'Anglin, Vienne, Frankreich) in Er-scheinung, wo drei Frauenkörper in fast natürlicher Größe nebeneinander zu sehen

---

[170] Gerhard Bosinski, in: *Eiszeit*, S. 277; König: *Unsere Vergangenheit ist älter*, S. 205.

sind (Abb. 6). Das Schoßdreieck mit Vulvaschlitz ist dreimal deutlich ausgeprägt, und darüber sieht man den Bauch mit Nabel in drei verschiedenen Stadien der Schwangerschaft. Hier ist klar ein zeitlicher Verlauf abgebildet, der wiederum die Zeitordnung meint, die zwischen Mond und Frau besteht. Denn eine Schwangerschaft dauert drei mal drei, nämlich neun Mondmonate bis zur Geburt.[171]

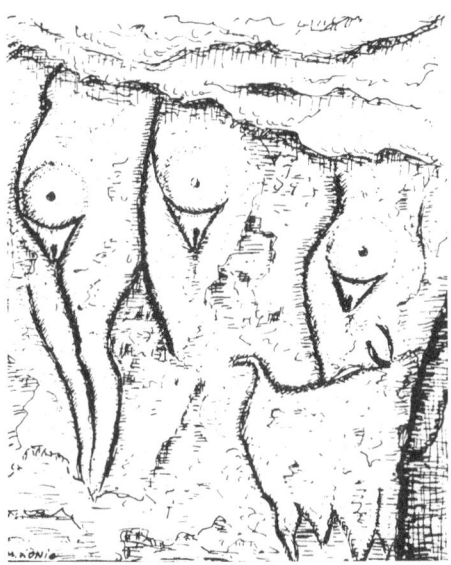

Abb. 6: Drei Frauenkörper über einem Stierbild, Jüngere Altsteinzeit, Magdalénien (aus: Marie König: Unsere Vergangenheit ist älter, S. 206)

Ebenso sind die vielen Frauenstatuetten mit ihren üppigen Körperformen, wie die Frau vom Hohle Fels, die Frau von Willendorf und die Frau von Lespugue – um aus der großen Zahl nur die berühmtesten zu nennen – keine sogenannten „fettleibigen Damen". Sie bilden mit ihren runden Bäuchen und vollen Brüsten stattdessen die Schwangerschaft ab. Bei diesen Darstellungen der Schwangerschaft geht es auch nicht um einen „Fruchtbarkeitskult", sondern um die Wiederkehr des Lebens durch die Frau. Sie ist – wie der Mond – die Herrin über die Zeit, die vom Leben in den Tod und durch die Wiedergeburt vom Tod wieder ins Leben führt. Beim Mond am Himmel sahen die altsteinzeitlichen Menschen im symbolischen Sinne dasselbe Geschehen: Die Mondsichel wächst und wird voll, dann nimmt sie ab und verschwindet, „stirbt" also, um bald darauf als eine neue Sichel „wiedergeboren" zu werden. Die Schwangerschaft ist deshalb unmittelbar mit der Hoffnung auf Wiedergeburt durch die Frau verknüpft und stellt, wie die Symbole Vulva und Frau, die zentrale Chiffre in einer Religion der Wiedergeburt dar. Wir sehen damit, dass die religiöse Denkweise der altsteinzeitlichen Frauen und Männer tiefsinnig und reich war und weit entfernt von einem primitiven „Fruchtbarkeitskult". Wir müssen dabei annehmen, dass die Frauen führend waren in der Entwicklung dieser Religion.

---

[171] Gerechnet wurde vom ersten Ausbleiben der Menstruation bis zur Geburt, weil der Zeitpunkt der Zeugung unbekannt blieb.

Die angemessene Benennung dieser Figuren, ob groß an den Felswänden oder klein in der beweglichen Kunst, wäre daher „Urmutter". Dieser Name kommt dem Verständnis der altsteinzeitlichen Menschen, die das Wunder der Geburt und Wiedergeburt verehrt haben, wohl am nächsten. Dabei weist der Gedanke der Urmutter in zwei Richtungen, einmal zur „Großmutter Mond" – wie das Gestirn bei vielen indigenen Völkern genannt wird[172] – zum anderen zur Urmutter Erde. Die sehr rundliche Form der Frauenfiguren kann daher ebenso als Nachbildung der runden Erdmutter wie der vollen Mondmutter verstanden worden sein. Denn es gab in dieser frühesten Religion ein symbolisches Kontinuum zwischen den Konzepten von Erde – Frau – Mond – Zeitordnung von Leben, Tod und Wiedergeburt.

Die kulturell reiche Zeit des Gravettien endet mit der extremen Kältezeit des Solutréen (23.000–20.000), auf welche mit dem (Magdalénien, 20.000–12.000) wieder eine mildere Periode folgte. Jetzt entstanden die bedeutenden Höhlenheiligtümer mit reicher, mehrfarbiger Malerei. Auch die Frauenfiguren der beweglichen Kunst traten wieder dominierend auf, doch nun in einem ganz anderen Stil. Sie wurden auf Schieferplatten graviert und in Tanzszenen dargestellt (z.B. Gönnersdorf, Rheinland-Pfalz) oder zahlreich als Miniaturplastiken, nur so groß wie ein Anhänger, produziert. Die rundliche Kugelform für Kopf, Brüste, Bauch, Hüften wurde nun verlassen, die Tendenz ging zur Abstraktion. Die Frauenkörper sind nahezu auf eine Linie ohne Kopf und Arme reduziert, wobei sie winzige Auswölbungen für die Brüste und eine große, dreieckige für das Gesäß zeigen (Abb. 7a/b). Die bedeutungsvolle Chiffre des Dreiecks wird damit vom Schoßdreieck auf den betonten Unterleib übertragen, doch gemeint ist dasselbe: der innere Schoß der Frau, wo neues Leben entsteht.

Das ist eine bemerkenswerte Wandlung von der ausgestalteten Einzelfigur zum symbolhaften Zeichen. Die Wiedergeburtsreligion, für welche dieses Zeichen stand, scheint nun allgemein verbreitet und standardisiert zu sein, so dass ein Zeichen für ihre Inhalte genügte. Zugleich bedeutet es „Schutz", so wie die Höhle und der Mutterleib Schutz gewähren. Das Zeichen wurde deshalb als Amulett getragen – genauso wie Christen das Kreuz als Zeichen des Schutzes und der Hoffnung auf ihre Auferstehung um den Hals zu tragen pflegen. Dasselbe gilt für die Gravierungen auf dem Boden des großen Rundbaus von Gönnersdorf: Die symbolischen Zeichen bedeuten Schutz für alle, die hier wohnten oder ein und aus gingen. Diese Schutzfunktion im Sinne von Abwehr gefährlicher Kräfte gilt ebenso für das Vulva-Zeichen, vermutlich von frühester Zeit an, und ist noch Jahrtausende später bekannt. Dies dokumentieren die Sheela-na-gig-Figuren, welche, die Vulva präsentierend, an Portalen irischer Kirchen angebracht wurden, um böse Kräfte fernzuhalten.[173] Oder es zeigt sich in dem uralten Brauch, dass Frauen durch das Heben der Röcke und Zeigen der Vulva solche Schutzmacht ausstrahlen, dass sie feindliche Krieger in die Flucht schlagen konnten.[174]

Ein anderer wichtiger Gedanke schließt sich an: Die Reduktion eines bedeutungsvollen Inhalts vom Bild auf das symbolische Zeichen führt zur Bilderschrift. Das ist

---

[172] Beispielsweise bei den südamerikanischen und nordamerikanischen indigenen Völkern.
[173] Vgl. Starr Goode: *Sheela na gig: the dark goddess of sacred power*, Rochester, Vermont/USA 2016, Inner Traditions.
[174] Vgl. Miriam Robbins Dexter/Victor H. Mair: *Sacred Display*, Amherst N.Y. 2010, Cambria Press.

Kultur und Religion der Altsteinzeit: mehr als nur „Jagdmagie" 71

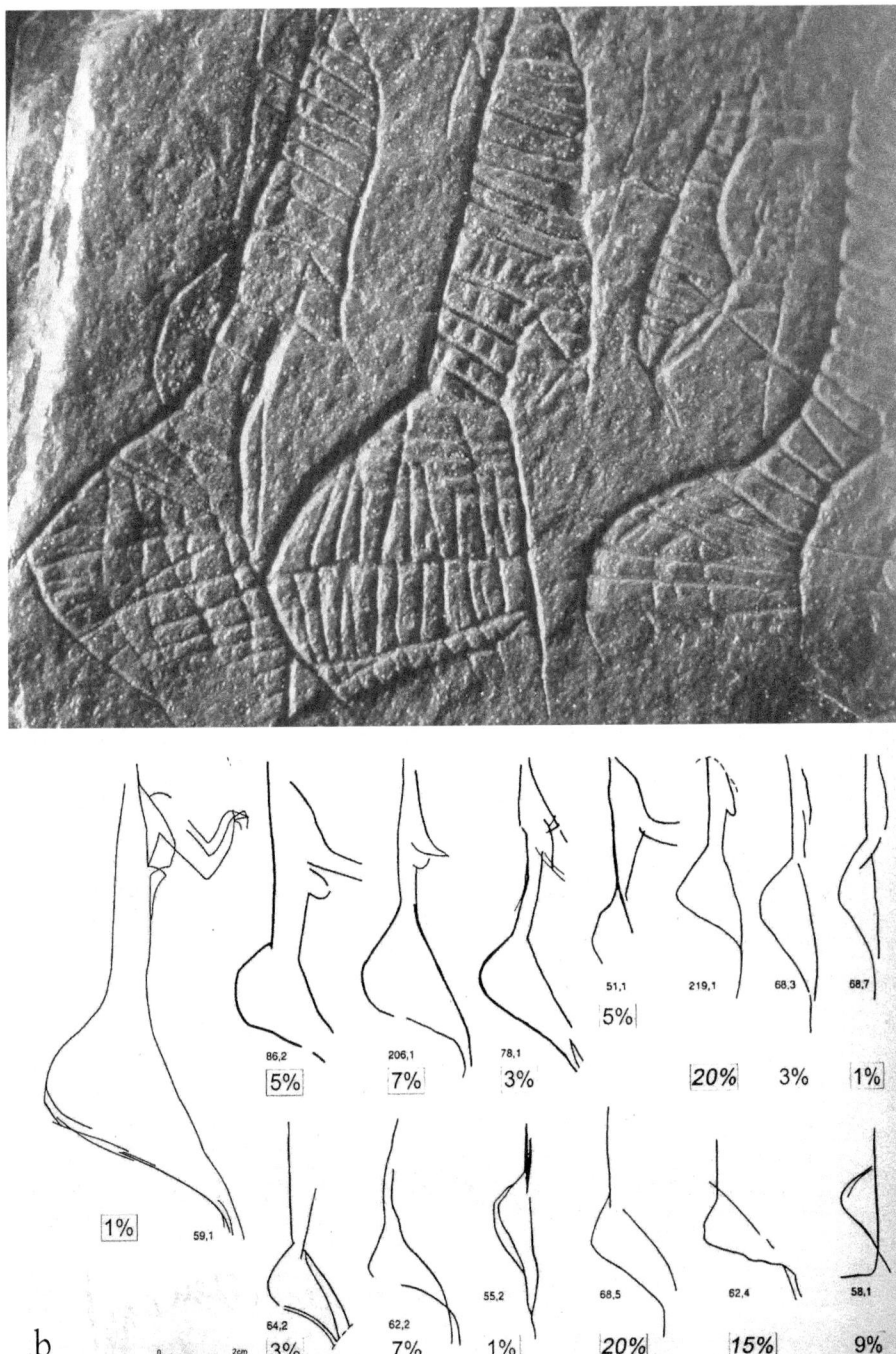

Abb. 7 a: Frauenfiguren, auf Schieferplatten graviert, Jüngere Altsteinzeit, Magdalénien.
7 b: Der Abstraktionsvorgang, der von der schematischen Gestalt zur Chiffre führt (beide aus Katalog: Eiszeit, S. 300)

72 Kapitel 2: Altsteinzeit in Westasien, dem Mittelmeerraum und Europa

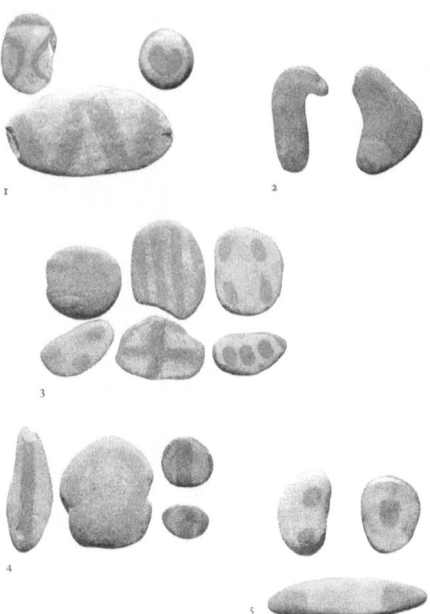

Abb. 8: Kieselsteine mit Zeichen, Jüngere Altsteinzeit, Azilien (aus: Marie König: Unsere Vergangenheit ist älter, S. 114)

der Vorgang, den wir hier sehen können. Seit der Mittleren Altsteinzeit benutzten die Menschen kontinuierlich abstrakte Linien und Punkte oder Schälchen, Linienkreuze, Vierecke, Dreiecke, Gittermuster und viele andere Chiffren, um komplexe Inhalte ihres Weltbildes auszudrücken. Das heißt, es gibt in diesem Sinne keine schriftlosen Kulturen, denn die Menschen schrieben von Anfang an.[175] Man kann Kulturen in enorm langen Epochen der Menschheitsgeschichte nicht als „schriftlos" erklären, nur weil heutige Forscher ihre Chiffren und Zeichen nicht lesen können! Ebenso kann man „Schrift" nicht nur auf phonetische Zeichen reduzieren. Interessant ist in diesem Zusammenhang, dass es im Azilien, der letzten Phase der Eiszeitkulturen (12.000–10.700), zwar nicht mehr zu bildnerischen und malerischen Gestaltungen kam, dass aber das alte Zeichen- und Zählsystem beibehalten wurde. Man fand eine Menge bemalter Kieselsteine (z.B. in der Höhle Mas d'Azil, Ariège, Frankreich), welche Striche und Punkte in roter Farbe zeigen, die so oft wiederholt wurden, dass es kein Zufall sein kann (Abb. 8). Das zeigt, dass mit diesen „bemalten Kieseln" ganz konkret die Zeichenschrift, die schon die Neandertaler-Menschen zu entwickeln begannen und die durch die gesamte Jüngere Altsteinzeit beibehalten wurde, ausdrücklich fortgesetzt wurde.[176]

---

[175] Vgl. auch Harald Haarmann: *Geschichte der Schrift. Von den Hieroglyphen bis heute,* München 2009, Beck Verlag, S. 23. – Haarmann verweist auf den Reichtum paläolithischer abstrakter Symbole und bestätigt, dass der Homo sapiens von Anfang an die Fähigkeit hatte, abstrakte Zeichen mit Sinngehalt zu schreiben.

[176] Vgl. König: *Unsere Vergangenheit ist älter,* S. 113-116: ebenso: Marthe Chollot-Varagnac: *Les Origines du Graphisme Symbolique,* Paris 1980, Édition de la Fondation Singer-Polignac. – In diesem

Das Thema „Tiere"

Im Magdalénien (20.000–12.000) schufen die Menschen die großartigen Malereien von Tieren in den vielen Höhlenheiligtümern Frankreichs, Spaniens, Portugals und Italiens.[177] Diese Kunst beginnt bereits voll ausgeprägt im Aurignacien und erreicht im Magdalénien ihre Blütezeit, um im Azilien abrupt zu enden.

Auf den Zeichnungen und Malereien in den Höhlen – doch ebenso bei den kleinen Skulpturen der beweglichen Kunst – findet man alle landlebenden Säugetiere, die größer als ein Reh sind; sie sind es, welche die Welt der altsteinzeitlichen Menschen bevölkern. Einige dieser Tierbilder in den Höhlen sind mit Zeichnungen von Speer und Pfeil verbunden, deshalb herrschte die längste Zeit die Interpretation vor, es handle sich hier um „Jagdmagie". Wissenschaftler stellten sich vor, dass diese Bilder in einem Ritual ausgeführt wurden, um danach den Jagderfolg in der Außenwelt zu sichern. Dahinter steht der Gedanke, dass Menschen durch Magie Kontrolle über die Tierwelt ausüben wollten, weil sie vom Töten und Schlachten abhingen.

Einmal abgesehen davon, dass „Kontrolle" und „Töten", um „Macht über die Natur" zu gewinnen, nicht unbedingt altsteinzeitliches, sondern eher patriarchales Denken spiegelt, sprechen etliche Fakten gegen diese Interpretation. Denn längst nicht alle Tierbilder zeigen jagdbares Wild, es kommen auch Löwen und Bären vor. Zudem variiert die dargestellte Tierwelt je nach der regionalen Umgebung: So gibt es in den Kältezonen nördlich der Alpen Bilder von Mammut, Wollnashorn und Rentier; südlich der Alpen sehen wir dagegen Bilder von wärmeliebenden Tieren wie Wildesel und Wildschwein und in Gebirgsregionen von Steinbock, Gämse und Riesenhirsch.[178] Die absolute Mehrheit der Tierbilder zeigen jedoch Wisente und Wildpferde, die am meisten gejagten Tiere.

Aber auch das spricht nicht für „Jagdmagie", weil sonst alle diese Tiere mit Tötungswerkzeugen abgebildet sein müssten, was aber nicht der Fall ist. Die meisten Tiere stehen oder gehen in großer Friedlichkeit, sie ruhen zusammengekauert oder springen lebhaft, aber nie sind sie aggressiv dargestellt. Selbst Raubtiere reißen auf den Bildern kein Tier und bedrohen keinen Menschen.[179] Das weist darauf hin, dass es bei den Abbildungen nicht um praktische Zwecke wie die Jagd geht, sondern dass durch die Tiere Themen dargestellt werden, welche für die altsteinzeitlichen Menschen allgemeine Gültigkeit hatten.

Wir haben diese Themen bereits anhand der Frauen- und Vulva-Darstellungen herausgefunden: Sie kreisen um die Wiedergeburtsreligion. In ihrem Denken seit der Altsteinzeit bis zu jener Epoche, als sich der Mensch als „die Krone der Schöpfung"

Zusammenhang sei auf die Tifinar-Schrift der Tuareg hingewiesen. Sie besteht nur aus Punkten und Strichen, die genauso auf den archaischen Felszeichnungen in der Wüste Sahara vorkommen. Diese Zeichenschrift ist uralt, sie wird mit dem Finger in den Sand geschrieben und gehört ausschließlich zum Kulturrepertoire der Frauen, die sie nur in weiblicher Linie weitergeben. Vgl. Göttner-Abendroth: *Das Matriarchat II,2*, Kap. 8, S. 273, und die dort angegebene Literatur.

[177] Um einige der berühmtesten Höhlenheiligtümer zu nennen: Niaux und Tuc d'Audoubert in den Pyrenäen, Altamira, Ekain und Tito Bustillo in Nordspanien, Grotte de Chauvet, Les Combarelles und insbesondere Lascaux in Zentralfrankreich.

[178] Jordi Serangeli, in: *Eiszeit*, S. 247.

[179] A.a.O., S. 244, 247. Zwei Ausnahmen sind hier angegeben, bei denen Raubtiere ihre Zähne und Krallen zeigen.

Abb. 9 a/b: Bilder im Großen Saal der Höhle von Lascaux, Jüngere Altsteinzeit, Magdalénien (aus: Georges Bataille: Die Höhlenbilder von Lascaux, S. 46/47)

aus der gesamten Lebenswelt herausnahm, sahen sich die Menschen darin eingebettet, nicht höher und nicht geringer als alle anderen Lebewesen. Ihre religiösen Themen galten deshalb nicht nur für sie allein, sondern auch für Pflanzen und Tiere. Sie erlebten das Erwachen der Vegetation im kurzen Sommer, ihr Verschwinden im Winter, bis sie im nächsten Sommer aus der Erde wiederkehrte. Das betrachteten sie auch als einen Zyklus von Wachsen, Sterben und Wiedergeburt – wie es die späteren, bäuerlich geprägten Religionen ausführlich zeigen. Dasselbe galt für die Tierwelt: Die Tiere starben, doch auch sie kehrten durch Wiedergeburt als junge Tiere zurück.

Der heilige Ort der Wiedergeburt war seit Urzeiten die Höhle als Schoß der Erde. Nach diesem Glauben würden die Tiere von dort ins Leben zurückkehren, wiedergeboren von der Erdmutter, genauso wie die Menschen. Das galt für alle Tiergattungen, doch besonders für jene, die am intensivsten bejagt wurden. Umso mehr wünschten die Menschen, dass gerade diese Tiere, die für ihr Leben wichtig waren, zahlreich zurückkehren mögen. So malten sie Wisente und Wildpferde am häufigsten an die Höhlenwände. Dabei finden sich die meisten Tierbilder nicht im Eingangsteil der Höhlen, sondern oft nach langen Gängen im hintersten Teil, so als ob die Menschen sicher sein wollten, dass die Tiere wirklich im tiefen Schoß der Erdmutter wohnten.

Sie werden diese Bilder nicht nach künstlerischen Kriterien gemalt und betrachtet haben – wie wir es heute tun –, sondern verbanden damit religiöse Gedanken. Die Tierbilder dürften für sie beseelt gewesen sein, genauso wie indigene Völker noch heute Tierbilder als beseelt betrachten. In diesem Sinne brachten die altsteinzeitlichen Menschen mit den Malereien die Seelen der Tiere in den Schoß der Erdmutter, mit dem Wunsch, sie möge sie in Fleisch und Blut wieder lebendig zur Welt bringen. Die Fleischkörper und Knochen der toten Tiere konnten sie nicht zu ihr tragen, sie wurden in der Regel zur Nahrung und für Werkzeuge gebraucht. Aber es sind auch eine Reihe Tierbestattungen, teils ganze Körper, meist jedoch Knochen, gefunden

Kultur und Religion der Altsteinzeit: mehr als nur „Jagdmagie" 75

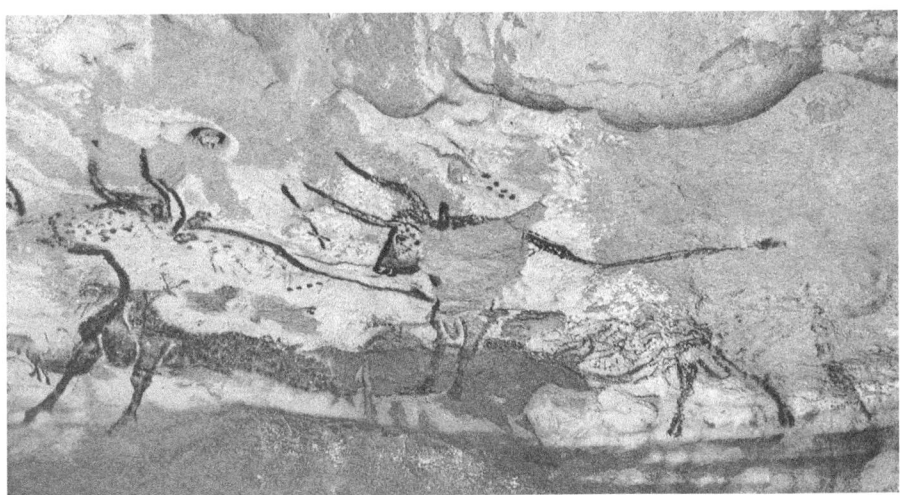

worden, welche denselben religiösen Gedanken zeigen.[180] Für die Höhlenmalereien brachten sie vielleicht das Blut der Tiere hierher und malten zuerst damit ihre „Seelen" an die Wände, bis sie es durch Ocker dauerhaft ersetzten. Das Seelenhafte zeigt sich nach unserer Ansicht in der Friedlichkeit der abgebildeten Tiere, die im Schoß der Erde von den Gefahren des Lebens für eine gewisse Zeit befreit waren.[181]

Es gibt direkte Hinweise auf das Thema „Tod und Wiedergeburt" der Tiere. So zeigt der Große Saal der berühmten Höhle von Lascaux (Frankreich) im hinteren Teil zwei ältere Bilder ganz in Ocker, die später von den Umrissen der großen Stiere überdeckt wurden: Zur Linken sieht man einen zusammenbrechenden Stier, es ist das Thema „Tod"; zur Rechten erblickt man eine Kuh mit Kalb, was das Thema „Wiedergeburt" abbildet (Abb. 9 a/b). Der Platz dieser beiden symbolträchtigen Bilder ist zentral, denn sie befinden sich am hinteren Ausgang, so dass jede Person sie beim Hindurchgehen sieht. Analog stellen die Bilder, auf denen Tiere von Speeren und Pfeilen getroffen werden oder Wunden haben oder gar senkrecht abstürzen, das Thema „Tod" dar.[182] Demgegenüber bedeuten Bilder von schwangeren Kühen oder von

---

[180] Beispiele solcher Tierbestattungen oder „kultischen Deponierungen" sind: zwei Rentiere, Stellmoor und Meiendorf, bei Hamburg, und ein vollständiges Mammutskelett auf rot gefärbter Stelle, Mauern in Bayern (beides in Deutschland); aufgestapelte Hirschschädel, Achenheim, Elsass (Frankreich); Mammutknochen mit weiblicher Elfenbeinfigur, Jelisejeviči (Ukraine); Rentierskelette, Mal'ta (Sibirien); Tausende von Wisentknochen, Ambroziewskaia (nahe dem Asowschen Meer, Russland). Vgl. Müller-Karpe: Bd. 1, S. 20–21.
[181] Für diese Deutung spricht auch, dass noch Mammuts an Höhlenwänden abgebildet wurden, als sie schon ausgerottet waren. Hier steht kein „starrer künstlerischer Kanon" dahinter, sondern der religiöse Wunsch, dass diese Tiere durch die Erdmutter wiedergeboren werden mögen und wiederkehren.
[182] Einige Beispiele dafür sind: der vom Speer durchbohrte Stier im „Schacht", Höhle von Lascaux; die von Pfeilen getroffenen Stiere, Höhle Gabillou (Dordogne) und Höhle von Niaux (Pyrenäen);

Tieren in Zusammenhang mit dem Vulva-Zeichen, weiblichen Brüsten und sogar ausgearbeiteten Frauenfiguren das Thema „Wiedergeburt".[183] Besonders deutlich wird dies auf einer Felszeichnung aus dem Ural, aus der hintersten Kammer einer Höhle, wo in roter Farbe eine große, liegende Frauengestalt zu sehen ist, die einen wilden Stier gebiert (Abb. 10a).[184]

Für diese Interpretation, dass auch die Tierwelt in die Wiedergeburtsreligion einbezogen wurde, gibt es zahlreiche Belege bei indigenen Jägervölkern. Sie kennen den Brauch, nach der Jagd die Ahnmütter der getöteten Tiere durch Gesang, Tanz und andere kulturelle Gaben zu versöhnen, damit sie ihnen durch Wiedergeburt neue Tiere schicken mögen. Die Hüterinnen der Wiedergeburtsreligion sind natürlicherweise die Frauen. Deshalb sind es bei diesen indigenen Völkern die Frauen, welche die Männer in die Rituale der Jagd einführen und ihre Ausübung überwachen. So gab es bei den nordamerikanischen Irokesen zwei jägerische Frauenbünde, deren Aufgabe es war, den spirituellen Kontakt zu den Tieren zu pflegen und die Jäger und Fischer das richtige und ehrfurchtsvolle Verhalten gegenüber den Tieren zu lehren, denn sonst würden die Tier-Ahninnen keine jungen Tiere mehr aus der Jenseitswelt ins Leben zurücksenden. Als die Hüterinnen von Tod und Wiedergeburt galten allein die Frauen als Mittlerinnen zwischen den Tieren und den Jägern.[185]

Bei dem Urvolk der Ainu in Nordjapan und auf den Kurilen-Inseln sind es gemäß ihrer Mythologie die Erdmutter, als deren Töchter und Söhne die Landtiere betrachtet werden, und die Wassermutter, welche die Wassertiere schenkt. Diese Göttinnen haben einst die Männer in die Jagd- und Fischfangrituale eingeführt, damit sie ihre Tätigkeit respektvoll ausüben – das heißt, dass es früher die Frauen waren, die den Männern die Rituale lehrten. Nur dann, wenn eine Tierseele mit Gaben der Menschen wie Gesänge und Holzschnitzereien zu seinen Tier-Ahninnen heimkommt, senden diese weitere Nachkommen für die Jagd. Dieser Glaube wird von allen Jägervölkern Nordasiens geteilt, und er reicht bis in die Altsteinzeit zurück.[186]

Besonders aussagekräftig ist in diesem Zusammenhang eine altsteinzeitliche Felszeichnung aus der Oase Tiout im Sahara-Atlasgebirge (Algerien), deren Motiv mehrfach in Afrika vorkommt. Es zeigt eine erhöhte Frauengestalt mit erhobenen Armen, vielleicht im Ritualgewand oder mit Flügeln, die zu einem Jäger mit Pfeil und Bogen blickt. Dieser ist im Begriff, den Pfeil auf einen Vogel Strauß abzuschießen (Abb. 10b). Vom Schoß der Frau geht eine Linie zum Genital oder Nabel des Mannes, was jedoch nichts mit Sexualität zu tun hat, sondern ihn als ihren Sohn kennzeichnet. Mit dem Symbol Pfeil und Bogen steht der Mann eindeutig für das Thema „Tod". Die mütterliche Frau hingegen, aus deren Vulva er hervorkam, steht für das Thema „Leben"

---

das Pferd mit zwei Pfeilen und das senkrecht abstürzendes Pferd im „Diverticule axiale", Höhle von Lascaux.

[183] Einige Beispiele dafür sind: die schwarze, schwangere Kuh, linke Wand des „Schiffes", Höhle von Lascaux; Vulven gibt es überall, z.B. gleich dreifach in der Höhle El Castillo (Spanien); Reliefs von den zwei halbliegenden Frauen aus La Magdaleine-des-Albi, Tarn, und von der schon genannten Frauen-Trinität in der Höhle Angles-sur-l'Anglin, Vienne; ein Stein mit übereinander gezeichneten Positionen einer gebärenden Frau in der Höhle Trois-Frères (alle in Frankreich).

[184] Es handelt sich um die Ignatievka-Höhle (Ural, Russland), Alter der Zeichnungen 14.000–13.000 Jahre.

[185] Göttner-Abendroth: *Das Matriarchat II,2*, Kap. 4.3, S. 124, und die dort angegebene Literatur.

[186] Göttner-Abendroth: *Das Matriarchat II,1*, Kap. 6.4, S. 135, 139, und die dort angegebene Literatur.

und „Wiedergeburt", und zwar nicht nur des Menschen, sondern auch aller Tiere, die sie umgeben. Zugleich wird durch ihre erhobenen Arme ersichtlich, dass er nur mit ihrer Erlaubnis und ihrem Segen jagen und töten darf, eben „respektvoll", wie die indigenen Jägervölker sagen.

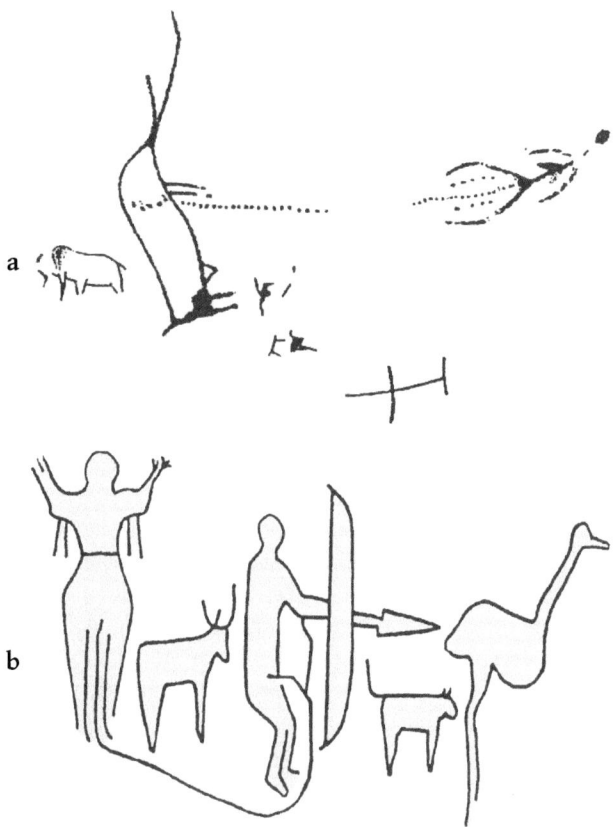

Abb. 10 a: Felszeichnung, Ignatievka Höhle, Süd-Ural (Zeichnung von Gudrun Frank-Wissmann, nach Ščelinskij/Širokov). **10 b:** Felszeichnung, Oase Tiout, Algerien/Sahara (Zeichnung von Gudrun Frank-Wissmann, nach Leo Frobenius)

Auch die altsteinzeitlichen Menschen in Europa und Westasien besaßen dieses Ethos, das aus dem Zusammenwirken der Geschlechter hervorgegangen ist. So war die Handlung des Malens der Tiere eine hochbedeutsame Zeremonie, denn die Seelen der Tiere wurden damit in den Schoß der Erdmutter gebracht, verbunden mit der Bitte um ihre Wiederkehr. Diese religiöse Feier wurde begleitet von Flötenmusik und Tanz.[187] Alle Mitglieder der Gruppe nahmen daran teil, Männer, Frauen und Kinder – was versteinerte Fußspuren und gemalte Handabdrücke an den Wänden zeigen. Sie sprühten mit Farbe die Umrisse ihrer Hände an die Wände, wie um ihr Gebet zu be-

---

[187] Es wurden Knochenflöten aus der Altsteinzeit gefunden, vgl. Nicholas J. Conard, in: *Eiszeit*, S. 324–326.

kräftigen.[188] Denn es ging hier um Religion und nicht um „Kunst" in unserem Sinne, so dass die Handabdrücke keine Bildunterschrift der „Künstler" und „Künstlerinnen" sind, wie fälschlich angenommen wird. Solche Handabdrücke wurden in allen Größen in den Höhlen gefunden. Die dabei manchmal fehlenden Fingerglieder zeigen keine „Verstümmelungen", sondern wurden absichtlich abgeknickt, wie um durch die ausgestreckten Finger Zahlenwerte wiederzugeben, die auch symbolische Werte und zugleich Gebetsgesten an die Erdmutter waren.

Auf keinen Fall gab es geheime Männerbünde mit speziellen „Initiationsriten", was die Vorstellung von der „Jagdmagie" der Männer suggeriert. Stattdessen waren stets alle Personen der jeweiligen Gemeinschaften anwesend, und die Kinder wuchsen ganz selbstverständlich mit diesem Weltbild auf. Bei den Zeremonien wurden sicherlich auch Tänze in Tiermasken getanzt, was durch die sogenannten „Mischwesen" aus Mensch und Tier in den Höhlen dokumentiert ist.[189] Diese Tänze galten ebenfalls den Tier-Ahninnen, die auf diese Weise intensiv angesprochen wurden. Schamanen und Schamaninnen führten die Tänze aus, denn die Abbildungen zeigen männliche und weibliche „Mischwesen". Schamanische Trancen gehören zu jeder frühen Religion und stellen keinen besonderen „Schamanimus" dar. Es ist die allgemein übliche Art, in der die Menschen aller frühgeschichtlichen Epochen mit den Erscheinungen der Natur sowie menschlichen und tierischen Ahnen kommunizierten. Dabei kam Frauen wegen ihrer Verbindung mit Geburt, Tod und Wiedergeburt eine besondere Bedeutung zu.[190]

Dies alles zeigt die Komplexität altsteinzeitlicher Religion. Sie wurde durch „Jagdmagie" und „Fruchtbarkeitskult" gründlich missdeutet, denn eine Magie oder ein Kult machen keine Religion aus. Auch die Etikette „Ahnenkult" und „Schamanimus" werden ihr nicht gerecht. Diese Deutungsansätze geben nur isolierte Phänomene wieder und sprechen den altsteinzeitlichen Menschen ab, eine vollständige Religion entwickelt zu haben. Alle Erscheinungen der altsteinzeitlichen Religiosität lassen sich jedoch von der Wiedergeburtsreligion her verstehen und zwanglos in ein sinnvolles Ganzes integrieren.

Die abstrakten Zeichen und der Kalender

Das Vorkommen abstrakter Zeichen in den Höhlen hat ebenfalls Beachtung gefunden. Sie sind überall zwischen den Tierbildern zu sehen, und manchmal erscheinen

---

[188] Zu den Handabdrücken von Männern, Frauen und Kindern, vgl. Bosinski, S. 273–274. Zu den Fußspuren vgl. Leroi-Gourhan, S. 153.

[189] Zum Beispiel das „Mischwesen" aus der Grotta di Fumane (Italien); der „Schamane" mit Vogelgesicht im „Schacht", Höhle von Lascaux; die „Vogelfrau" aus der Grotte von Peche Merle (Frankreich); die zwei stierköpfigen Jäger und die große „Mischfigur" mit Vogelgesicht, Hirschgeweih und Bart, alle drei aus der Höhle der Trois Frère (Frankreich); vgl. diese und weitere bei Georges Bataille: *Die Höhlenbilder von Lascaux,* Stuttgart 1983, Skira-Klett-Cotta (original in Französisch, Genf 1955, Éditions d'Art Albert Skira), S. 133–136. Hierher gehört auch die kleine Skulptur des „Löwenmenschen" aus dem Aurignacien, Hohlenstein-Stadel, (Deutschland); vgl. Kurt Wehrberger, in: *Eiszeit,* S. 258.

[190] Aus der späteren Epoche der Mittelsteinzeit wurde das besonders reich geschmückte Grab einer Frau gefunden (Bad Dürrenberg, Deutschland), die man als eine Schamanin betrachtet, vgl. *Atlas der Vorgeschichte,* S. 49.

sie als lange Punktlinien und rechteckige Gitterzeichen auch ohne Bilder.[191] Doch sie gelten den meisten Wissenschaftlern als „unverständliche Zeichen", eine Einstellung, die natürlich keine Motivation weckt sie zu entziffern. Dabei wird hier durch die gesamte Jüngere Altsteinzeit fortgeführt, was uns schon aus der Mittleren Altsteinzeit bekannt ist, nämlich die älteste Zeichenschrift, die aus Strichen, Punkten, Gittermustern, abstrakten Vulven und anderen bedeutsamen Chiffren besteht.

Neu ist, dass sie nun häufig in Verbindung mit Tierbildern auftritt, und daraus sind interessante Schlüsse gezogen worden. Denn damit haben wir „beschriftete" Tierbilder, was für diese eine erweiterte Deutung möglich macht, die auf den symbolischen Zahlenwerten der Zeichen beruht. Mit ihrer Hilfe ist eine kalendarische Interpretation vorgeschlagen worden, die eine gewisse Plausibilität für sich beanspruchen kann.[192] Aus ihrer Fülle können hier nur ein paar Beispiele gegeben werden:

Unmittelbar vor den Kopf des ersten großen Stieres auf der linken Wand im „Großen Saal" der Höhle von Lascaux ist ein abstraktes Zeichen gemalt; es besteht aus drei klaren, senkrechten Strichen, ergänzt durch Punkte und kurze Striche, je drei rechts und drei links daneben (Abb. 11). Nun bedeutet die Zahl Drei seit der Mittleren Altsteinzeit die Zeitordnung, die durch die drei sichtbaren Phasen des Mondes gegeben ist. Sie wurde hier zur Zahl Neun erweitert, die für die Zählung des Mondmonats wichtig ist. Das Stierbild gewinnt damit eine zusätzliche Bedeutung, denn es wird mit dem Mond als Zeitgeber verbunden. Dabei handelt es sich weder um einen Zufall

Abb. 11: Kopf des ersten Stieres aus der Höhle von Lascaux mit abstraktem Zeichen (aus: Georges Bataille: Die Höhlenbilder von Lascaux, S. 54)

---

[191] Ohne Tierbilder beispielsweise in der Höhle El Castillo (Nordspanien).
[192] Diese kalendarische Interpretation stammt von Marie König: *Unsere Vergangenheit ist älter*, S. 45–112.

noch einen Einzelfall. Das zeigen die Stierbilder, bei denen die Hörner „gedreht" sind, so dass sie trotz der Seitenansicht des Tieres von vorn gesehen erscheinen, z.B. bei der Ritzzeichnung aus der Höhle La Mouthe (Dordogne) (Abb. 12). Aus dieser Perspektive stellen die beiden Hörner die zunehmende und die abnehmende Mondsichel dar und verknüpfen das Bild des Stieres symbolisch mit dem Mond. Solche Beispiele kommen häufig vor, so dass eine allgemeine Gültigkeit angenommen werden muss. Die Stierbilder können damit nicht nur naturalistisch aufgefasst werden, sondern werden selbst zu einem Symbol, einem Kalendersymbol. In der Bedeutung „Mondstier" oder „Himmelsstier" erscheinen sie an der Decke altsteinzeitlicher Höhlen zuerst, jedoch hat diese Symbolik danach eine sehr lange Kulturgeschichte.[193]

Abb. 12: Stier mit „gedrehten" Hörnern in der Form von Mondsicheln, Jüngere Altsteinzeit, Magdalénien (aus: Marie König: Unsere Vergangenheit ist älter, S. 55)

Nun ist es keineswegs so, wie lange behauptet wurde, dass die Wisente in den Bilderhöhlen nur durch Stiere repräsentiert würden, denn es gibt ebenfalls Kühe. Zum Beispiel sind sie in der Höhle von Lascaux gut vertreten, und im Gegensatz zu den monumentalen, schweren und manchmal steifen Stieren erscheinen sie recht lebendig.[194] Sie recken ihre Hälse nach vorn und unten, sie setzen mit einem gewagten Sprung über andere Tiere hinweg, drei von ihnen stecken die Köpfe zusammen, wobei ihre zierlichen Hörner genauso beweglich gemalt sind wie ihre Beine. Breit und schwer ist nur eine schwangere, schwarze Kuh, die jedoch eine Besonderheit hat: Sie steht mit den Hinterbeinen auf zwei großen Vierecken, von denen jedes in neun Felder unterteilt ist, und ein drittes solches Viereck befindet sich unmittelbar hinter ihr (Abb. 13). Die Felder der drei Vierecke sind in Gelb, Rot und Schwarz farbig ausgemalt. Diese bemerkenswerten Zeichen gelten als „Wappen" – eine hilflose Zuschreibung, die sie gerade erst „unverständlich" macht. Denn hier zeigt sich die Mondsymbolik besonders klar: Sie wird nicht nur in der Dreiheit der Zeichen dargestellt, sondern auch in den drei Farben, mit denen sie ausgemalt sind und die wohl als „Mondfarben" galten. Ebenso auffällig ist die konstante Neunzahl der Felder in jedem Zeichen. Zusammen ergeben die Felder drei mal neun, eben den Mondmonat, und damit stellen diese Zeichen den kompletten Mondkalender dar. Zugleich sind darin auch die neun Mondmonate der Schwangerschaft enthalten, ein Zustand, in dem sich die Kuh ge-

---

[193] Siehe die Belege dazu ebd.
[194] Bataille, S. 79, 82.

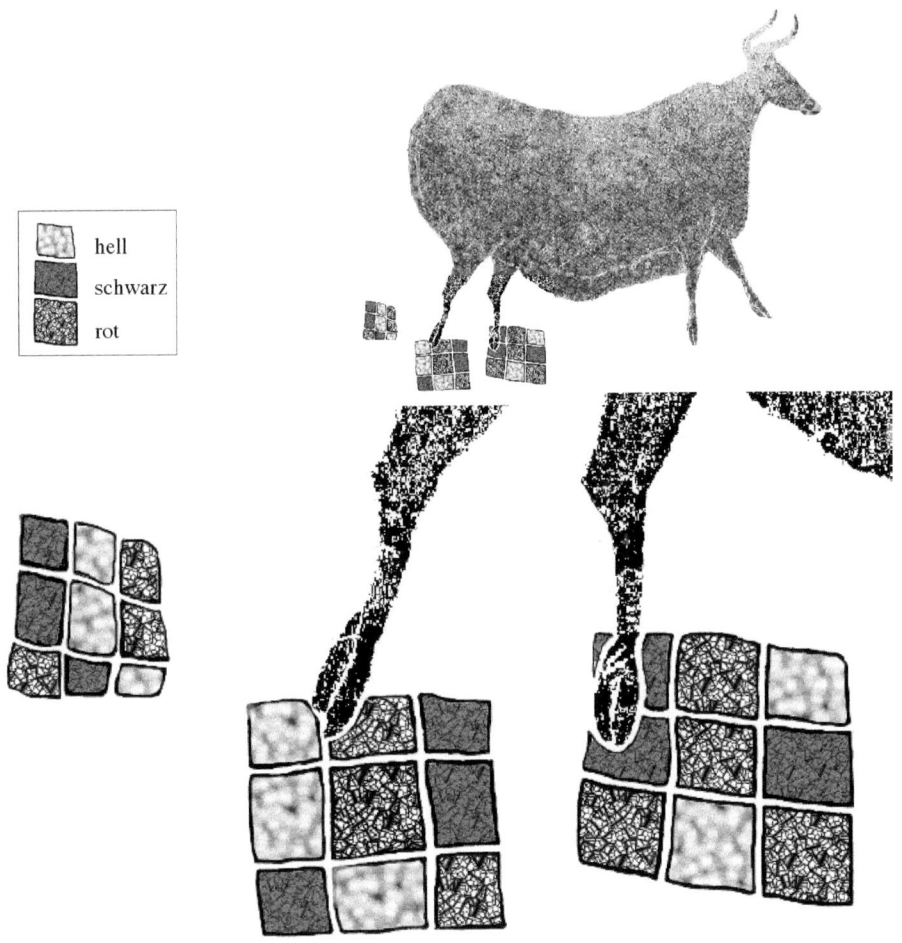

Kuh, Höhle von Lascaux (Zeichnung von Gudrun Frank-Wissmann, nach Georges Bataille)

rade befindet. Auf diese Weise ist sie als „Mondkuh" gekennzeichnet und durch ihre Verbindung mit dem Mondkalender bedeutungsvoller ausgestattet als die Stiere. Sie ist ein uraltes Abbild der „Himmelskuh", die noch in erheblich späteren Kulturepochen mythologisch auftritt – wie die ägyptischen Göttinnen Nut und Hathor zeigen.

Diese kalendarische Bedeutung, die vom Mond abgeleitet ist, wird auch in einem anderen Ensemble dargestellt: Es ist das schon erwähnte Relief einer Frauen-Trinität in verschiedenen Stadien der Schwangerschaft. Die Dreiheit bildet eine Zeitordnung ab, die Frau und Mond unmittelbar verbindet. Die drei Frauenkörper stehen direkt über einem Bild von Stier oder Kuh, womit die symbolische Verbindung von Mond – Frau – Stier/Kuh überaus deutlich wiedergegeben ist (vgl. Abb. 6, S. 69).

Diese kalendarische Interpretation wurde noch erweitert, indem die zahlreichen Abbildungen von Pferden einbezogen wurden: Sie sollen nicht – wie die Stier- oder Kuhbilder – die Mondzyklen darstellen, sondern mit der Sonne verknüpft sein. Denn

Pferde haben keine Hörner, dafür aber eine Mähne, die im schnellen Lauf der Tiere wie Sonnenstrahlen glänzt. Es wurde bemerkt, dass die vielen kleinen, bunten Pferde, z.B. in der Höhle von Lascaux, alle in rascher Bewegung abgebildet sind, ihre Gestalt aber völlig gleichartig bleibt. Das heißt, sie sind so wenig wandelbar, wie es die Sonne im Gegensatz zum Mond ist. Mit ihnen sind die Tage gemeint, die zwischen den Nächten des Mondkalenders liegen. Dabei sind die Pferde umso größer abgebildet, wenn die Sonnentage lang sind, und umso kleiner, wenn sie kurz sind. In dieser Sichtweise wurde das Höhlendach mit den Malereien symbolisch als der Himmel aufgefasst, in dem sich Mond und Sonne gemäß ihren Rhythmen bewegen.[195]

Diese kalendarische Deutung der Tierbilder fügt sich nahtlos in die Wiedergeburtsreligion ein. Denn die Ereignisse von Wachsen, Sterben und Wiedergeburt finden nach Auffassung der altsteinzeitlichen Menschen nicht nur auf der Erde, sondern auch am Himmel statt: Durch seine Zyklen zeigt der Mond sie vor aller Augen, und die Sonne zeigt sie durch das Wachsen ihres Bogens im Sommerhalbjahr und durch sein Schwinden im Winterhalbjahr. Da die Gestirne sich bewegen, lag es für die altsteinzeitlichen Menschen wohl nahe, sie mit dem Thema der beweglichen Tiere symbolisch darzustellen. Damit leistet die kalendarische Interpretation der Höhlenmalereien einen wichtigen Beitrag, um den Gedankenreichtum der altsteinzeitlichen Religiosität zu verstehen. Die Fülle an religiösen Bedeutungen wurde mit Sicherheit in Geschichten und Mythen mündlich weitergegeben, jedoch sind diese Erzählungen uns nicht überliefert.

Es ist noch die Frage offen, weshalb trotz der großen wirtschaftlichen Bedeutung des Sammelns und Verarbeitens von Pflanzen zu Nahrung und Medizin durch die Frauen sich in den Höhlenmalereien keine Motive der Vegetation finden? Diese Lücke hat jedoch weniger mit den altsteinzeitlichen Menschen zu tun als mit dem einseitigen Blick der traditionellen Forschung, die wegen der fragwürdigen „Jagdmagie" wie gebannt auf die Tiere starrt.

Pflanzenmotive kommen durchaus vor, wenn auch nicht oft. So finden sich zwei Arten von Pflanzenmotiven, die aufsteigenden und die absteigenden. Bei aufsteigenden Pflanzenmotiven zeigen die Zweige nach oben, wie z.B. beim Pflänzchen vor dem schwarzen Stier in Lascaux („Diverticule axiale", rechte Wand) und etwas reicher verzweigt auf dem bemalten Kalkstein aus Riparo Dalmeri (Italien).[196] Kein Blatt und keine Blüte ist an den als Striche gezeichneten Zweiglein zu sehen, so dass es nicht wie eine naturalistische Darstellung wirkt, sondern wie eine Chiffre. Die Pflanzen haben abstrakte Form und ähneln den Zeichen, was ihnen nicht weniger, sondern eher mehr Bedeutung verleiht. Wenn wir nach der Bedeutung der aufsteigenden Pflanzenmotive suchen, so zeigt sie sich bei der schlanken Pflanze, die zwischen fünf große, glockenförmige Vulven, jede in roter Farbe, an die Wand gemalt ist (Höhle „El Castillo" bei Santander) (Abb. 14). Vulven bedeuten Geburt, Leben und Wiedergeburt, was die rote Farbe betont; insofern bedeuten die aufsteigenden Pflanzenmotive dasselbe. Dieses Motiv bezieht sich daher auf die wiederkehrende, aufsteigende Vegetation des Frühlings und Sommers, jene Zeit der „Wiedergeburt" auch der Pflanzen.

---

[195] Marie König: *Unsere Vergangenheit ist älter*, S. 45–112.
[196] Bataille, S. 21; Abb. in: *Eiszeit*, S. 203.

Abb. 14: Drei der fünf Vulven mit dem Pflanzenmotiv, Höhle „El Castillo" (aus: Marie König: Unsere Vergangenheit ist älter, S. 203)

Die absteigenden Pflanzenmotive sind schwerer zu finden, weil ihre strichartige Darstellung missdeutet wurde. Bei ihnen zeigen die Zweiglein nach unten, was Abstieg und Sterben bedeutet, eben den Tod der Vegetation in Herbst und Winter. Man hat diese Zeichen als „Fischgrätenmuster" oder „Harpunen" bezeichnet, was völlig in die Irre führt, weil die Fischerei in der Jüngeren Altsteinzeit, falls sie überhaupt vorkam, höchst unbedeutend war.[197] Dieses sogenannte „Fischgrätenmuster" findet sich an den Wänden von Höhlen angebracht und auf Knochen- und Steinobjekte geritzt, es ist also wichtig. Es kommt auch mehrfach nebeneinander vor und zeigt damit seinen reichen Sinngehalt: Zum Beispiel liegen in einer Höhle im Felsmassiv von Nanteau (Frankreich) zwei absteigende „Fischgrätenmuster" nebeneinander, die ein Zeichen für die sterbende Vegetation sind (Abb. 15, vgl. Spalte 1-4). Blickt man jedoch genauer hin, dann sieht man gleichzeitig zwei aufsteigende „Fischgrätenmuster", welche die aufsteigende Vegetation im Frühling meinen (Abb. 15, vgl. Spalte 2-5).[198] Insgesamt stellt dieses Muster das Auf- und Absteigen der Pflanzenwelt dar, die ebenso den Zyklus von Leben, Tod und Wiederkehr durchläuft. Dabei ist am Grad der Abstraktion deutlich zu sehen, dass auch die Pflanzenmotive zur Zeichenschrift gehören, die das Weltbild der altsteinzeitlichen Menschen ausdrückt.

Die Große Mutter und Wiedergebärerin war für sie die Erde. Nicht nur die Pflanzenwelt kommt immer wieder aus ihrem Schoß hervor, sondern auch die Tierwelt und die Menschheit – wie der symbolische Gebrauch der Höhlen zeigt. Das wurde gleichermaßen auf die Gestirne übertragen, denn für das beobachtende Auge erscheint ihr Aufgang am östlichen Horizont wie eine „Geburt" aus der Erde und ihr Untergang am westlichen Horizont wie ein Versinken und „Sterben" in der Erde. In der Unterwelt, im „Tod", führten sie dann ihren rückwärtigen Bogen von West nach

---

[197] Kritiker dieser Fehlinterpretation sind: Alexander Marshack: *The Roots of Civilization*, New York 1972, McGraw-Hill Book Company, S. 219; Peter Ucko/André Rosenfeld: *Palaeolithic Cave Art*, New York 1967, McGraw-Hill Book Company, S. 174–195, 229. Diese Autoren wiesen bereits darauf hin, dass es sich um Pflanzenmotive handelt. Zitiert bei Riane Eisler: *Kelch und Schwert*, München 1993, Bertelsmann, S. 37–38.

[198] Vgl. Marie König, *Unsere Vergangenheit ist älter*, S. 242.

84 Kapitel 2: Altsteinzeit in Westasien, dem Mittelmeerraum und Europa

Abb. 15: Auf- und absteigende Pflanzenmotive, Höhle im Felsmassiv von Nanteau (aus: Marie König: Unsere Vergangenheit ist älter, S. 242)

Ost aus.[199] Um auch ihre „Wiedergeburt" zu sichern, wurden sie im Mutterleib der Erde im Symbol der Tiere mitgedacht und mitgemalt. Dieser Gedanke bestätigt die Auffassung, dass die Tiere zugleich Symbole für die Gestirne sind, und er fügt sich problemlos in die umfassende Wiedergeburtsreligion ein.

In alledem erkennen wir das komplexe Weltbild der altsteinzeitlichen Frauen und Männer, dem bis heute keine angemessene Beachtung zuteilwurde. Zugleich zeigt es, dass die Religion der Altsteinzeit wegen des Themas der Wiedergeburt frauen- oder mutterzentriert war. In ihrem Mittelpunkt steht die Erde als Große Mutter, die alles aus sich selbst hervorbringt, und jede Frau galt als ihr Abbild.

Wir fassen zuletzt die Ergebnisse dieses Kapitels zusammen:

- Grundsätzlich war die altsteinzeitliche Gesellschaft durch die langen Zeiträume ihrer Existenz egalitär, wobei es sich, was die Tätigkeiten von Frauen und Männern betrifft, um eine überlappende Egalität handelt.[200]
- Auf der ökonomischen Ebene entwickelte sie eine Sammel- und Jagd-Ökonomie und auf der sozialen Ebene eine Altersklassen-Gesellschaft noch ohne Genealogie, aber mit großem Respekt vor der Mutterschaft.

---

[199] Diese Auffassung ist noch in den Mythologien viel späterer Epochen erhalten geblieben.
[200] Dieser Begriff stammt von Louise Lamphere: „Gender models in the Southwest: a sociocultural perspective", in: Patricia L. Crown (Hg.): *Women and Men in the Prespanic Southwest*, Santa Fe 2000, School of American Research Press.

– Auf der Ebene von Kultur und Religion besaß sie eine umfassende Wiedergeburtsreligion, in der die Verehrung der Erde als Urmutter und der Frau als ihr Abbild im Zentrum standen. Diese Verehrung rankt um das Mysterium des immer wiederkehrenden Lebens von Pflanzen, Tieren und Menschen, ebenso von Mond, Sonne und allen Gestirnen.

Definition: Mit den oben genannten Eigenschaften bezeichnen wir die altsteinzeitliche Gesellschaft als mutterzentriert, doch nicht wegen der Mutterschaft als solcher, sondern wegen ihres Wiedergeburtsglaubens. Die Mutterzentriertheit hebt grundsätzliche Egalität der Gesellschaft nicht auf, denn trotz der Verehrung des mütterlichen Prinzips waren Frauen und Männer gemeinsam an der Entfaltung dieser Gesellschaftsform beteiligt, wenn auch mit verschiedenen Schwerpunkten.

Eine klärende Notiz: Wir nennen die altsteinzeitliche Gesellschaft nicht „matriarchal", weil matriarchale Gesellschaften andere gesellschaftliche Muster aufweisen, wie zum Beispiel die großen Sippenverbände, die auf der weiblichen Genealogie beruhen. Obwohl verschieden von „matriarchal", wird der Begriff „mutterzentriert" hier nicht abwertend gebraucht. Beide Begriffe beschreiben zwei verschiedene Ausprägungen von Kultur, bei denen die Frauen im Zentrum, aber nicht an der „Spitze" einer wie immer gearteten Hierarchie standen. Diese frühen Gesellschaften waren frei von Machthabern und Hierarchie.

Kapitel 3:
Jungsteinzeit in Westasien.
Die Erfindung des Feldbaus und die Entstehung matriarchaler Gesellschaften

Zeittafel Jungsteinzeit (Neolithikum) für Westasien

12.500–10.200 v.u.Z.:	Vor-jungsteinzeitliche Epoche (Epipaläolithikum)
10.200–8.200 v.u.Z.:	Ältere vorkeramische Jungsteinzeit (Neolithikum PPN A)
8.200–7.000 v.u.Z.:	Jüngere vorkeramische Jungsteinzeit (Neolithikum PPN B)
7.000–6.000 v.u.Z.:	Keramische Jungsteinzeit (Spätneolithikum)
6.000–5.500 v.u.Z.:	Kupfersteinzeit (Chalkolithikum)

Mittelsteinzeit: das große Tauen

Nach der letzten Kältephase der Eiszeit setzte im 13. Jahrtausend v.u.Z. das große Tauen ein. Wärme und Feuchtigkeit nahmen zu, und der gewaltige Kontinental-Eisschild, der Nordeuropa und Nordasien bedeckt hatte, schmolz allmählich ab. Es bildeten sich riesige Urstromtäler, welche die Wassermassen ins Meer beförderten, so dass der Meeresspiegel um 170 m anstieg und die flachen Niederungen am Rand der Kontinente überflutet wurden (Schelfmeere). Wo kein Abfluss möglich war, entstanden große Seen und Binnenmeere wie das Kaspische Meer, der Aralsee und der Euxinos-See in Westasien. Aus dem damaligen Binnenmeer Euxinos wurde später das Schwarze Meer.[201] Ausgedehnte Seen, die heute verschwunden sind, bildeten sich auch an Dnjepr, Wolga und anderen Flüssen. In Innerasien sammelten sich durch das Abschmelzen der Gletscher von den Gebirgsketten der breite Balchaschsee und der tiefe Baikalsee in ihren Becken. Die weltweit enorm vergrößerte Wasserfläche führte zu mehr Regenfällen, was das Pflanzenwachstum förderte und die großen nördlichen Tundraflächen in Waldgebiete verwandelte.

Die Erwärmung wurde zwischen ca. 11.000 bis 10.200 jäh unterbrochen. Innerhalb nur eines Jahrzehnts kam es zu einem scharfen Kälterückfall, der lange anhielt. Die Gletscher wuchsen wieder, erreichten jedoch nicht mehr den Stand der letzten

---

[201] Vgl. William Ryan/Walter Pitman: *Noah's Flood*, New York 1998, 2000, Simon&Schuster Inc., S. 152–161. Diese Autoren gehen von einer plötzlichen, katastrophischen Entstehung des Schwarzen Meeres aus, verursacht vom Durchbruch des Bosporus infolge eines Erdbebens. Andere Autoren sehen diesen Vorgang weniger als Katasprophe, vgl. Liviu Goisan/Florin Filip/Stefan Konstantinescu: „Was the Black Sea catastrophically flooded in the early Holocene?" In: *Quaternary Science Reviews*, Band 28, Heft 1–2, 2009, S. 1–6.

Eiszeit.[202] Im 10. Jahrtausend kam es dann ebenso jäh zu einer rasanten Erwärmung innerhalb von wenigen Jahrzehnten, die den Kontinental-Eisschild weit nach Norden zurückweichen ließ und die Periode der Eiszeiten definitiv beendete. Die Urströme konnten nun nach Norden abfließen und bildeten dort Seen wie den Ladoga-See, den Onega-See und die Ostsee, die damals ebenfalls ein großes Binnenmeer war.[203] Erst um 9.500 hatten sich die klimatischen Verhältnisse mit Wärme und reichlichem Regen stabilisiert.

Diese klimatischen Turbulenzen veränderten die Pflanzen- und Tierwelt in starkem Maß. In Europa und Nordasien wurde die eiszeitliche Kältesteppe von Wacholder und Birken überwachsen, bis lichter Kiefernwald folgte, was allerdings sehr langsam vor sich ging. Allmählich entstanden dichte Mischwälder. Die Tiere der Kältesteppe, die Wildpferd- und Rentierherden, zogen sich weit nach Norden zurück, wo es noch Tundra gab, während solche, die an den Wald angepasst waren wie Rothirsch, Reh, Elch, Auerochse und Wildschwein nun das Land bevölkerten. Als die Fluten des großen Tauens abebbten, blieb Wasser in Europa und Nordasien noch immer reichlich zurück, sie gehörten nun dauerhaft zur gemäßigten Klimazone.

Ganz anders gestalteten sich die Klimaverhältnisse in Westasien und als Folge davon die kulturelle Entwicklung der Menschen. Während der Eiszeiten im Norden Europas und Asiens war es auch in den gebirgigen Höhenlagen Westasiens kalt. Es gab große Gletscher auf den Bergketten und in den Hochtälern des Taurus und des Pontischen Gebirges (Türkei), ebenso im Kaukasus, im ostanatolischen Bergland (Osttürkei) und im Zāgros-Gebirge (Nord-Irak und West-Iran), deren höchste Gipfel über 4000 und 5000 m aufragen. Die Hochebenen zwischen den Gebirgen waren Kältesteppen, die jedoch durch die sommerliche Eisschmelze von den Bergen herab Wasser erhielten. Es bildeten sich dort riesige Seen, deren Wasser nicht verdunstete.[204] So war die Konja-Ebene in Zentralanatolien damals ein flaches Binnenmeer, ebenso die heutige Große Salzwüste und die Wüste Lut in Persien (Iran).

Die westasiatische Eiszeitkultur sah der europäischen ähnlich, doch bald änderten sich die Verhältnisse. Im sogenannten „Fruchtbaren Halbmond" kam es am frühesten zu einschneidenden Neuerungen, die eine völlig neue Kultur hervorbrachten. Der Fruchtbare Halbmond umfasst das Hügelgebiet am südlichen Rand der Gebirgsketten und biegt sich sichelförmig von der westasiatischen Mittelmeerküste (Levante) an den Flanken des Östlichen Taurus entlang bis zu den Ausläufern des Zāgros. Er ist nur ein schmaler Streifen zwischen der kalten Bergregion im Norden und dem heißen, sumpfigen Tiefland des Zweistromlandes (Mesopotamien) im Süden (Karte 1 von Kap. 3). In dieser zarten, prekären Zone wurden über Jahrtausende hinweg die bahnbrechenden Erfindungen der Jungsteinzeit gemacht, welche die damalige Welt vollständig veränderten und die Grundlagen unserer Lebensweise schufen. Daher spricht man von der „Neolithischen Revolution", deren Weg wir nun verfolgen.

---

[202] Über die Ursachen besteht unter Wissenschaftern keine Einigkeit. Manche betrachten es als Folge eines großen Vulkanausbruch (Eifel-Vulkane), der die Atmosphäre verdunkelte, andere sehen darin den letzten Abschnitt des Pleistozäns (Eiszeitalters).
[203] *Atlas der Vorgeschichte*, S. 41, 42.
[204] Trevor Watkins, in: *Die ältesten Monumente der Menschheit. Vor 12.000 Jahren in Anatolien*, Hg. Badisches Landesmuseum Karlsruhe, Stuttgart 2007, Konrad Theiss Verlag, vgl. für dies und das Folgende S. 39–44.

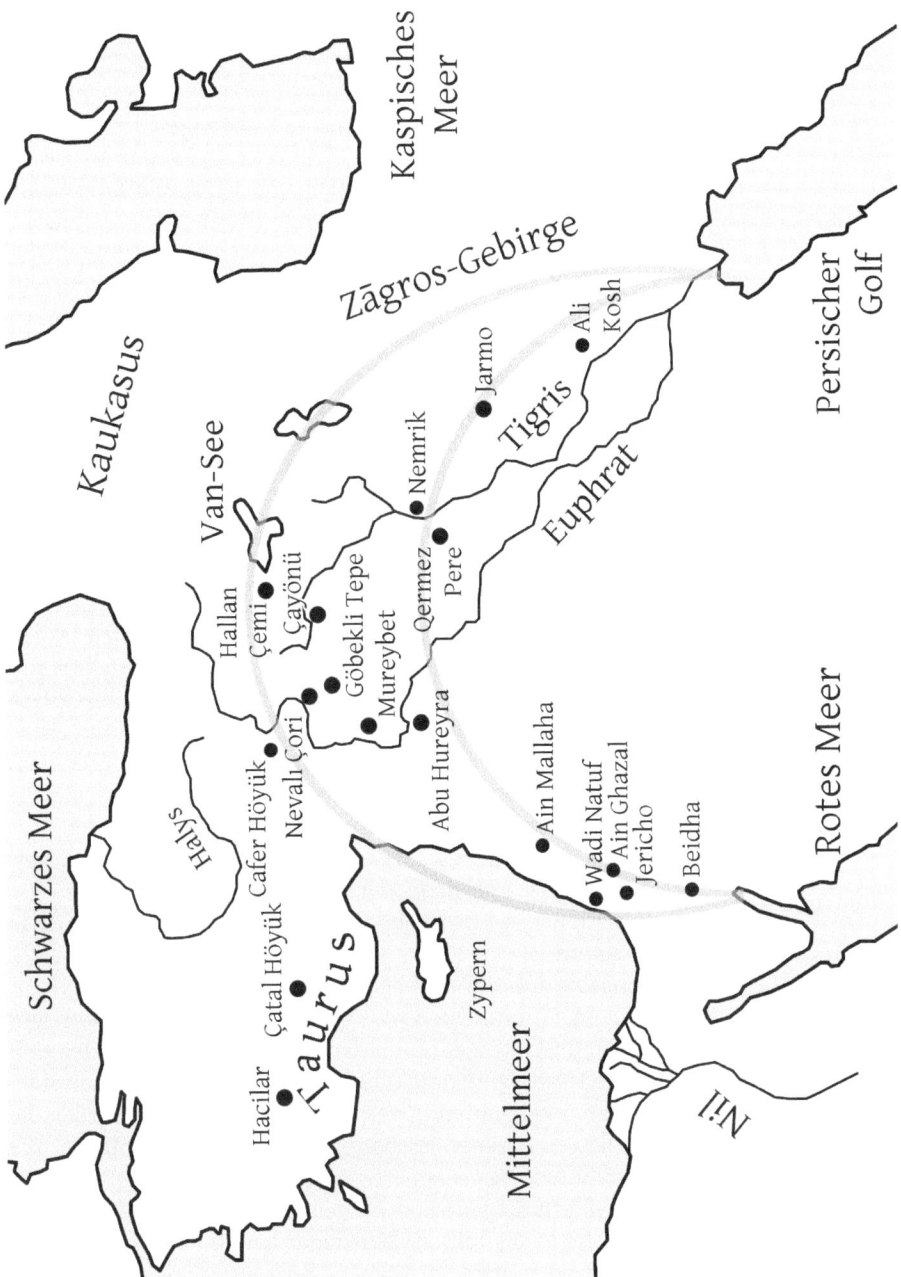

Karte 1: Jungsteinzeitliche Siedlungen im „Fruchtbaren Halbmond" (ab 10.000 v.u.Z.)

Ökonomie der Jungsteinzeit in Westasien: revolutionäre Erfindungen

Vor-jungsteinzeitliche Epoche: die ersten Siedlungen

Am Ende der Eiszeiten-Periode (13. Jt.) breiteten sich mit der Erwärmung lichte Wälder aus Eichen, Pistazien- und Mandelbäumen auf den Hügeln des Fruchtbaren Halbmonds aus. Wasser floss reichlich von den tauenden Gletschern herab, auch der Regen kam zuverlässig. In dem Waldland gedieh eine Vielfalt von Büschen und wilden Hülsenfrüchten, und Auerochse, Hirsch und Wildschwein lebten hier. Das offene Gelände etwas weiter südlich war von zahlreichen Grasarten und wildem Getreide bedeckt, wo sich Wildschaf und Wildziege, Wildesel und Gazelle tummelten.

In dieser Zeit, die als die vor-jungsteinzeitliche Epoche bezeichnet wird (Epipaläolithikum, 13. bis 11. Jt.), fanden die Menschen reichliche Jagdbeute, die sich durch die Erfindung von Pfeil und Bogen noch erhöhte. Darauf weisen Funde von Mikrolithen hin, die messerscharf zu Pfeilspitzen geschliffen waren. Damit konnten die Jäger auch schnelles Wild wie Reh und Gazelle erlegen, was mit dem Jagdgerät der Altsteinzeit nicht möglich gewesen war.[205] Sammelpflanzen, nämlich Hülsenfrüchte wie wilde Linsen, Erbsen, Bohnen und Wicken, ebenso wilde Getreidearten, wie Gerste, Emmer, Einkorn, Roggen und Weizen, waren in Fülle vorhanden und trugen zum wachsenden Nahrungsangebot bei. Alle diese Pflanzen waren im Fruchtbaren Halbmond heimisch und bildeten dichte Bestände. Obwohl sich verderbliche Pflanzennahrung archäologisch nur selten belegen lässt, im Gegensatz zu den Knochenfunden der Fleischmahlzeiten, geht ihre Bedeutung für diese Zeit daraus hervor, dass Werkzeuge für ihre Verarbeitung sehr häufig gefunden wurden: Mahlsteine, Mörser und Stößel, ebenso Sicheln mit eingelegten, scharfen Steinchen.[206] Da in der Hauptsache Frauen die Sammlerinnen waren, dürften diese Werkzeuge von ihnen entwickelt worden sein und ihnen gehören. Das Auffinden von Mahlsteinen und Sicheln beweist also nicht sofort Feldbau, denn noch immer haben wir es in dieser Epoche mit einer *Sammel- und Jagd-Ökonomie* zu tun.

Das reiche Nahrungsangebot machte es möglich, dass die Menschen länger an einem Platz verweilen konnten. Sie brauchten jetzt nicht mehr weit zu wandern, um eine genügende Menge zusammenzutragen, denn die essbaren Pflanzen fanden sich überall in der Nähe. Auch die Tiere waren durch die üppigen Futterquellen nun stärker an eine Gegend gebunden und konnten in der Nachbarschaft gejagt werden. So kam es an manchen Wohnplätzen zu einer Sesshaftigkeit von begrenzter Dauer. Die Menschen bauten sich Rundhütten, die grubenartig in den Boden eingesenkt waren; solche Grubenhäuser sind typisch für jene Epoche. Sie erwiesen sich allerdings als nicht sehr widerstandsfähig, denn sie stellten nicht mehr dar als eine feste Version der jurtenartigen Schutzhütten der altsteinzeitlichen Freilandstationen. Im Inneren befand sich eine Herdstelle, auch Mahlsteine und Mörser, ebenso gepflasterte Vor-

---

[205] Hermann Parzinger: *Die Kinder des Prometheus. Eine Geschichte der Menschheit vor der Erfindung der Schrift*, München 2015 (2. Auflage), Beck Verlag, S. 115.
[206] *Die ältesten Monumente*, darin: Watkins, S. 40, Harald Hauptmann/Mehmet Özdoğan, S. 28.

ratsgruben für das Sammelgut. Getreide zu sammeln und zu mahlen war eine Tätigkeit der Frauen, was über Jahrtausende so blieb. In der Forschung stellte man dies an typischen Knochendeformationen an weiblichen Skeletten fest.[207] Daher waren die Rundhütten die meiste Zeit die Domizile der Frauen, deren Radius als Sammlerinnen nicht mehr großräumig sein musste. Demgegenüber verlangte die Jagdtätigkeit der Männer noch immer längere Wege, auch wenn die Schweifgebiete kleiner wurden. Das heißt, es setzte eine gewisse Differenzierung im Leben der Geschlechter ein. Dies untergrub jedoch nicht die Gemeinsamkeit.[208] Denn die Rundhütten wurden um einen zentralen Platz angeordnet, wo sich Frauen und Männer versammeln konnten, um ihre Angelegenheiten miteinander zu beraten.[209]

Diese ersten Beispiele von Sesshaftigkeit fanden Archäologen keineswegs überall, sondern nur an bevorzugten Plätzen. Denn gleichzeitig wohnten die Menschen noch unter Felsdächern (Abris) und in Höhlen, und die Lagerplätze wurden je nach Jahreszeit gewechselt. Eine solche früheste Siedlung war Jericho im Jordantal in der südlichen Levante, der westlichen Spitze des Fruchtbaren Halbmonds (vgl. Karte 1 von Kap. 3, S. 89). Es lag am Ende eines abflusslosen Wadis, der in ein Sumpfgebiet mündet, das eine große Vielfalt an Pflanzen und Tieren barg.[210] Einem anderen Fundplatz im nahe gelegenen Wadi an-Natuf verdankt diese Kulturepoche in der Levante ihren Namen „Natufien".[211] Plätze des Natufien erstreckten sich über Israel/Palästina, Jordanien und den Libanon bis nach Syrien. In Abu Hureyra am syrischen nördlichen Euphrat ist bereits im Natufien (noch vor 11.000) Wildgetreide angepflanzt, aber noch nicht gezüchtet worden,[212] und dieses Experiment wird nicht das einzige gewesen sein. Die neue Handlungsweise war eine Folge der wachsenden Sesshaftigkeit der Frauen, die beobachteten, wie aus weggeworfenen Resten ihres Sammelgutes neue Saaten sprossen. Da begannen sie Körner absichtlich auszusäen, um neues Wildgetreide zu ernten – womit sie einen fundamentalen Schritt taten. Dieser hatte in jener Zeit aber noch keine Auswirkungen auf die Kultur.

Auch unterhalb des Taurus gab es bevorzugte Plätze mit frühesten Siedlungen wie z.B. Hallan Çemi (Südost-Anatolien, Türkei). Hier machten die Menschen eine andere wichtige Entdeckung. Da sesshafte Gemeinschaften nicht wie die altsteinzeitlichen Gruppen weiterwandern konnten, wenn die lokal verfügbaren Nahrungsressourcen knapp wurden, suchte man diese auf verschiedene Weise zu erhalten. Eine Strategie ist, Tiere als „lebende Nahrung" in der Nähe zu halten, was hier mit Schweinen ge-

---

[207] Vgl. Theya I. Molleson: „Bones of Work at the Origins of Labour", in: Hamilton/Whitehouse/Wright (Hg.): *Archaeology of Women: Ancient and Modern Issues*, Walnut Creek 2007, CA: Left Coast; Jane Peterson: „Domesticating Gender: Neolithic patterns from the southern Levant", in: *Journal of Anthropological Archaeology*, Bd. 29,1, September 2010, Elsevier, S. 252 ff.
[208] Siehe die gute Kritik von Peterson an solchen Vorstellungen, dass die nun stärker innerhäusliche Tätigkeit die Frauen ins „Private" verweisen und ihre Arbeit abwerten würde (a.a.O., S. 255). Dies ist völlig untypisch für die Epochen der Jungsteinzeit und erweist sich als Rückprojektion aus bürgerlich-patriarchalen Verhältnissen.
[209] *Die ältesten Monumente*, darin: Olivier Aurenche, S. 53, Michael Rosenberg zu „Hallan Çemi", S. 54.
[210] O. Bar-Yosef: „The Walls of Jericho: An Alternative Interpretation", in: *Current Anthropology* 27, Nr. 2, 1986, S. 158.
[211] Hauptmann/Özdoğan, in: *Die ältesten Monumente*, S. 28; James Mellaart: *Çatal Hüyük. Stadt aus der Steinzeit*, Bergisch Gladbach 1967, Gustav Lübbe Verlag, S. 26, 27.
[212] Jane Peterson, S. 251; Parzinger, S. 114, 115.

lang.[213] Es erfordert viel Geduld wilde Tiere zu zähmen, doch manche nähern sich den Menschen von selbst. Vermutlich sind die Abfallhaufen aus den häuslichen Küchen einigen Wildschweinen sehr willkommen gewesen, die sie auf Futtersuche durchwühlten und dabei ihre Scheu vor den Menschen verloren. Auch diesmal dürften es die Frauen gewesen sein, welche die Tiere beobachteten und anlockten, bis es ihnen gelang sie einzuzäunen. Eine regelrechte Tierzucht folgte auch daraus noch nicht. Den Männern hatte sich unterdessen ein anderes Tier beigesellt, um von den Jagdabfällen einen Teil zu erhalten, der Hund, der für sie ein wichtiger Jagdgefährte wurde.

Auf einem anderen bevorzugten Platz in Südost-Anatolien lag die früheste Siedlung Çayönü. Sie weist eine außerordentliche Dauer durch alle jungsteinzeitlichen Epochen auf, was an den Bodenschätzen in der Nähe liegt. Hier gab es begehrte Rohstoffe wie Basalt, Marmor, Silex und Kalkstein.[214] Sowohl Hallan Çemi als auch Çayönü befanden sich in der Mitte des Fruchtbaren Halbmonds (vgl. Karte 1 von Kap. 3, S. 89). Aber auch dessen östliche Spitze unterhalb des Zāgros besaß früheste Siedlungen wie Jarmo und Ali Kosh.[215]

Diese fast paradiesisch zu nennende Warmzeit wurde schlagartig durch die letzte Kaltzeit im 11. Jt. unterbrochen, die teilweise eiszeitliche Verhältnisse zurückbrachte. In höheren Gebieten kehrte die Kältesteppe zurück, was den tierreichen Wald zurückweichen ließ. Er hielt sich nur noch an der Levante, die vom milden Mittelmeerklima begünstigt ist. Auch der Bestand an Wildpflanzen schrumpfte erheblich. Diese Veränderungen hatten verheerende Auswirkungen für die Menschen und beendeten die vor-jungsteinzeitliche Kultur. Einige Gruppen wichen an die Küste des Mittelmeeres aus, wo der Fischfang sie ernährte und sie begannen, Boote zu bauen und das Meer zu befahren. Andere nahmen die altsteinzeitliche Mobilität beim Jagen und Sammeln wieder auf.

Ältere vorkeramische Jungsteinzeit: die ersten Tempel und Getreidefelder

Diese Erfahrung der Unsicherheit der Lebensbasis wurde noch verstärkt durch die nächste Klimaphase Ende des 11. Jts., in der es rasant wärmer und schließlich heiß wurde. Der Regen kam wieder und brachte den Eichenwald ins Gebirgsland zurück, doch im Fruchtbaren Halbmond wurde es für den Wald zu trocken. Hier bildete sich stattdessen ein lockerer, mediterraner Baumbestand. Die Seen in den Gebirgsbecken und Hochebenen verdunsteten jetzt fast völlig und ließen bis heute nichts als ausgedörrte, salzige Steppen und Wüsten zurück. Im südlich gelegenen Tiefland von Mesopotamien stiegen die Temperaturen rapide an, so dass die beiden großen Ströme Euphrat und Tigris die längste Strecke durch heiße Steppen und Wüsten flossen, um sich weiter abwärts zur Mündung hin in weiten Sümpfen zu ergießen – wahrlich kein gutes Land zum Wohnen! Die angenehmste Wohngegend Westasiens blieb zu jener Zeit der Fruchtbare Halbmond, auch wenn die klimatischen Turbulenzen die Men-

---

[213] Rosenberg, in: *Die ältesten Monumente*, S. 54.
[214] Aslı Özdoğan, a.a.O., S. 58.
[215] A.a.O., darin: Hauptmann/Özdoğan, S. 27, Aurenche, S. 52–53, Rosenberg, S. 54, A. Özdoğan, S. 58.

Ökonomie der Jungsteinzeit in Westasien: revolutionäre Erfindungen   93

schen nun zu einer neuen Verhaltensweise brachten, worin die Religion außerordentlich wichtig wurde.

So begann die Ältere vorkeramische Jungsteinzeit (Neolithikum PPN A) mit einem archäologischen Paukenschlag.[216]

Aus dem Hügel Göbekli Tepe im zentralen Fruchtbaren Halbmond (vgl. Karte 1 von Kap. 3, S. 89) kamen die ersten Sakralbauten ans Licht, die Menschen je errichtet hatten, und sie traten sofort in monumentaler Größe auf – ihr Fund war eine Sensation! Denn diese gewaltigen Bauwerke fallen in die Zeit nicht dauerhafter Sesshaftigkeit, das heißt, sie wurden von Menschen einer Jagd- und Sammel-Ökonomie errichtet. Daher befinden sie sich nicht in einer Siedlung oder Stadt, sondern liegen für sich allein an einem auffallenden Höhenzug, dessen höchste Erhebungen zwei sanfte Busenhügel bilden. Bei diesen sind sie buchstäblich in den Leib der Erde eingegraben worden.[217] Die ältesten Bauten vom Göbekli Tepe (10. Jt.) bilden Kreise oder Ovale mit einem Durchmesser zwischen 10 und 30 m. Die Mauern haben innen umlaufende Bänke, und in bestimmten Abständen werden sie von vorzüglich geglätteten, das Dach tragenden, T-förmigen Pfeilern unterbrochen. Diese sind bis 5 m hoch und mit Reliefs von Tieren geschmückt. In der Mitte stehen zwei nicht tragende T-Pfeiler, die noch höher sind und reicher dekoriert (Abb. 1). Man grub bisher vier dieser großen

Abb. 1: Tempelanlage D vom Göbekli Tepe (aus: Die ältesten Monumente der Menschheit, S. 82)

---

[216] „Vorkeramisch" heißt hier, dass man noch keine Gefäße aus Keramik kannte, sondern die Behälter wie Körbe, Töpfe und Schalen aus Flechtwerk, Holz und Stein waren. Die Abkürzung PPN bedeutet: Pre-Pottery Neolithic.
[217] „Göbekli Tepe" heißt übersetzt „Bauch-Hügel".

Bauwerke unmittelbar nebeneinander aus. Doch geophysikalische Untersuchungen zeigen, dass noch 16 weitere solcher Anlagen, teils rund, teils rechteckig, mit ca. 200 Pfeilern hier in der Erde ruhen.[218] Das sind ungeheure Ausmaße, die alles aus jener frühen Zeit Bekannte in den Schatten stellen. Nicht nur die Anzahl und die Dichte der Kultgebäude sind ohne Vergleich, sondern auch die monumentale Architektur mit den Megalith-Pfeilern, welche der europäischen Megalith-Architektur um 6000 Jahre vorausgeht. Auch ist keine allmähliche Entwicklung zu sehen, die zu diesen gewaltigen Anlagen geführt hätte, sondern diese sind mit einem Schlag da.

Was könnte die Menschen zu derartigen Leistungen bewogen haben? Nach der traumatischen Erfahrung mit der Kälte im 11. Jt., welche die vor-jungsteinzeitliche Kultur zusammenbrechen ließ, versetzte diese bedrohlich schnelle Erwärmung die Menschen erneut in existenzielle Unsicherheit. So taten sich in dieser Region die Gruppen halbsesshafter Sammlerinnen und Jäger zusammen, um die Bedrohung zu bewältigen, indem sie sich gemeinsam an höhere Mächte wandten. Ihre intensive Religiosität manifestiert sich in diesen riesigen Anlagen, die sie über zwei Jahrtausende hinweg errichteten. Hier feierten sie Rituale und Feste, durch die sie sich auch untereinander verbanden. So entstanden die ersten Tempelbauten in der Geschichte der Menschheit.

Allerdings hatte die komplexe Technologie des megalithischen Bauens, das die Menschen hier erfanden, Folgen für ihre Lebensweise. Die anhaltende Bautätigkeit und die Versorgung der Bauleute veranlasste sie zu Sesshaftigkeit von zunehmender Dauer, so dass sich allmählich Gemeinschaften im weiteren Umkreis des Kultplatzes ansiedelten und sich für das Bauen untereinander organisierten. Obwohl die Gegend reiche Bestände von Wildgetreide hatte, das hier heimisch war, wurde zugleich ein enormer Wandel der Wirtschaftsweise eingeleitet. Der Anbau von Pflanzen, der vorher mancherorts nur ein Experiment gewesen war, wurde nun zu einer gezielten Strategie. Die Frauen, mit den Pflanzen vertraut, entwickelten jetzt den Feldbau mit der Hacke (Hackbau). Das taten sie sofort in großem Stil, was auch bei ihnen organisierte Kooperation voraussetzte. Dass Frauen nur mit Hackbau große Areale bestellen und ganze Stämme ernähren können, ist durch ethnologische Berichte von der traditionellen Kultur der Irokesen-Gesellschaften in Nordost-Amerika bekannt. Die Felderwirtschaft wurde hier allein von den Frauen getätigt, weshalb sie auch die alleinigen Hüterinnen des Bodens waren.[219] Zum ausgedehnten Hackbau um den Göbekli Tepe dürfte bald das Einhegen von Tieren als „lebende Nahrung" hinzugekommen sein, was zuverlässiger war als die Jagd der Männer. Zuerst wurden Schafe und Ziegen gehalten, denn die Berge, Hügel und Täler dieser Gegend waren ihre natürliche Heimat.[220] Das Rind wurde erst später gezähmt. Auch diese Tiere haben sich den Menschen wohl zuerst von selbst genähert, insbesondere den neu entstandenen Getreidefeldern der Frauen als einem willkommenen Fressplatz. Dadurch waren diese gezwungen, ihre Saaten vor Wildfraß zu schützen. Allmählich werden sich die Frauen und das gutmütige Schaf sowie die neugierige Ziege aneinander gewöhnt haben, bis

---

[218] Parzinger, S. 132.
[219] „Hüterinnen des Bodens" heißt, dass es kein Besitzrecht an Boden gab, sondern nur das Nutzungsrecht; siehe Barbara A. Mann: *Iroquoian Women: The Gantowisas*, New York 2002, 2004, Peter Lang Publishing; Göttner-Abendroth: *Das Matriarchat II,2*.
[220] Hans J. Nissen: *Geschichte Alt-Vorderasiens*, München 2012 (2. Auflage), Oldenbourg Verlag, S. 23.

sie diese Tiere in Gehegen halten konnten. Wenn die Jäger verlassene, wilde Jungtiere mitbrachten, waren es wohl auch die Frauen, die sie fütterten und zähmten, denn die Jagd- und Bautätigkeit der Männer ließ es nicht zu. So haben die Frauen diese neue Wirtschaftsweise entscheidend geschaffen. Das bezeugen auch die vielen Gefäße, wie Töpfe, Krüge und Kornspeicher, die frauengestaltig geformt sind und die man aus der Jungsteinzeit überall findet. Sie manifestieren, besonders durch das Merkmal der weiblichen, nährenden Brüste, dass in erster Linie Frauen die Ernährerinnen der Gemeinschaften waren.[221] Auf diese Weise hatten sich die Arbeitssphären von Frauen und Männern differenziert, sie waren sehr verschieden geworden, doch innerhalb jeder Sphäre blieben die Tätigkeiten vielfältig. Beide Arbeitssphären waren aufeinander bezogen, man arbeitete ergänzend miteinander. Hinweise auf eine hierarchische Bewertung dieser Arbeitssphären in eine „höhere" oder „niedere" gibt es nicht.[222]

So war es insbesondere die religiöse Bautätigkeit, die dazu führte, dass sich hier sehr früh eine *gemischte Wirtschaftsform aus Jagd, Sammeln und Anpflanzen* herausbildete. Hinzu kommt eine *einfache Tierhaltung*, denn die systematische Züchtung von Haustieren war noch nicht bekannt.[223] Diese frühen Schritte zu einer neuen Architektur und Kultur strahlten in den gesamten zentralen Fruchtbaren Halbmond aus. Die seit der Altsteinzeit bekannten Kommunikationsnetze, verbunden mit der Weitergabe von Geschenken und Gütern, dienten auch jetzt zum Transfer von Informationen und damit von neuer Technik und Kultur.

Der systematische Getreideanbau wurde jedoch nicht allein um den Göbekli Tepe entwickelt, sondern es gibt mehrere Orte, wo die neue Wirtschaftsweise original auftrat. Auch in der Levante fanden die Archäologen Getreidereste und vor allem Sichelklingen in beträchtlicher Anzahl, so dass auch hier die gemischte Wirtschaft entstand.[224] Während dieser Epoche nahmen die Wohnplätze allgemein an Größe und Anzahl zu, die Menschen schlossen sich stärker zusammen, um die neuen Aufgaben zu bewältigen. Die Siedlungen zeigen noch die alte Rundbauweise, doch die Hütten wurden nun zu stabilen Rundhäusern mit Steinfundamenten, Wänden aus Lehmziegeln und Kuppeldächern verbessert.[225] Man begann auch Speicherbauten zu errichten, die erheblich größer als die Wohnhäuser waren, so dass sie zusätzlich als Gemeinschaftshäuser dienen konnten. Hier versammelten sich die Menschen für Beratungen und religiöse Zeremonien, wobei die eingelagerten Vorräte als Gemeinschaftseigentum galten und bei den Treffen gemeinschaftlich konsumiert wurden. Solche halb in die Erde vertieften, runden Speicherbauten, die zugleich Versamm-

---

[221] Siehe einige Bildbeispiele bei Svend Hansen, in: *Die ältesten Monumente*, S. 202, 203. – Es gibt keine männlichen Beispiele dieser Art.
[222] Eine Bewertung von Arbeiten in „höhere" und „niedere" kommt erst im Patriarchat durch seine diversen Formen von Ausnutzung der Arbeitenden vor. Dabei wird das, was Frauen tun – ganz gleich, was es ist – stets als weniger wert betrachtet und entsprechend schlechter belohnt.
[223] Parzinger, S. 138.
[224] So liegen beispielsweise die Fundplätze des Aswadien in der Levante (Ebene von Damaskus) außerhalb des Verbreitungsgebietes von Wildgetreide, dennoch fand man hier Getreidereste. Getreidekörner waren durch Weitergabe aus anderen Gebieten hierher gekommen, und wegen ihrer Seltenheit wurden sie ausgesät und sogar kultiviert. A.a.O., S. 119–120.
[225] Solche Siedlungen der PPN A sind außer den schon erwähnten z.B. Mureybet, Qaramel, Nemrik, Jerf el Ahmar, Tell Abr, Qermez Dere; siehe Aurenche, in: *Die ältesten Monumente*, S. 51.

lungs- und Kulthäuser waren, sind noch heute in der Ethnologie bekannt, beispielsweise die „Kivas" der Hopi in Arizona.

Jüngere vorkeramische Jungsteinzeit: Pflanzenbau, Haustierzucht und rätselhafte Mauern

In dieser Zeit (Neolithikum PPN B) kam es überall zu weiteren, wichtigen Neuerungen. Im Pflanzenanbau brachten es die Frauen jetzt zu gezüchteten Formen von Getreide und von Hülsenfrüchten. Die Körner und Samen wurden dadurch erheblich vergrößert und brachten höhere Erträge. Auch die Züchtung von Haustieren setzte ein, ebenfalls eine Kunst, denn als Folge der Gefangenschaft wurden die Tiere stets kleiner, so dass Wildtiere eingekreuzt werden mussten.[226] Durch diese entscheidenden Veränderungen verlor die Jagd der Männer immer mehr an Bedeutung, obwohl sie nicht ganz aufgegeben wurde. Es entstand die typisch jungsteinzeitliche *produzierende Ökonomie von Pflanzenbau und Haustierhaltung*.

Abermals wuchsen die Orte an, in einigen von ihnen wohnten Hunderte bis Tausende von Menschen, insbesondere wenn Siedlungen die Größe von 10 Hektar überschritten. Das trifft in der Levante bei den stadtartigen Orten Basta und 'Ain Ghazal (15 Hektar Fläche) zu.[227] Auch die Häuser vergrößerten sich, sie hatten jetzt rechteckige Form und bestanden aus behauenen Steinen oder gegossenen Lehmziegeln mit tragenden Holzbalken im Inneren. Sie wurden zweigeschossig errichtet, wobei das untere Geschoss als Speicher diente, ebenso als Belüftung für das darüber stehende Wohnhaus.[228] Bis auf die Teile, die aus Flechtwerk und Lehm bestanden, sind die Bauleute in erster Linie wohl die Männer gewesen, die auf diese Weise ein neues Betätigungsfeld fanden.

Dabei tritt der sakrale Charakter der Gemeinschaftshäuser immer deutlicher hervor, die nun nicht mehr zugleich als Speicherhäuser dienten. Sie gleichen den früher runden, später rechteckigen Wohnbauten, doch liegen sie am Rand der Siedlungen und wurden noch immer, gemäß der Tradition, ganz oder halb in den Boden eingegraben. Der innere, große Raum war mit religiöser Symbolik ausgestattet. Interessant ist, dass diese Gebäude streng geometrische Grundrisse mit immer gleichen Achsen besaßen und die Öffnungen nach Osten und Süden gingen. Diese Regelmäßigkeit weist darauf hin, dass sie auch astronomischer Beobachtung dienten, die für die neue Pflanzenbaukultur für Aussaat- und Erntedaten wichtig war. Als Kulthäuser waren sie den Menschen derart heilig, dass sie zugeschüttet oder verbrannt wurden, wenn man auf den alten Grundrissen eine neue Siedlung erbaute oder gar den Ort verließ.[229]

Im zentralen Fruchtbaren Halbmond wurden die Tempelbauten vom Göbekli Tepe zu Vorbildern für die Tempel von Çayönü, Nevalı Çori und anderen Orten, doch diese Gebäude liegen nun in festen Siedlungen (vgl. Karte 1 von Kap. 3, S. 89).

---

[226] Parzinger, S. 139.
[227] Nissen, S. 28.
[228] Aurenche, in: *Die ältesten Monumente*, S. 53, 55; das Verzeichnis der Siedlungen der PPN B auf S. 51.
[229] A.a.O., S. 55, 56.

Die Kultbauten – stets nur einer in jeder Epoche – wurden fortlaufend erneuert, indem man den neuen Bau auf den Fundamenten des alten errichtete. Das geschah in Çayönü mindestens sechsmal, was auf eine dauerhafte religiöse Praxis hinweist. Man kleidete die Tempel nun schön mit Kalksteinplatten aus, und wie beim Göbekli Tepe hatten sie dasselbe Arrangement von großen T-Pfeilern.[230]

In der Levante im westlichen Fruchtbaren Halbmond kam es ebenfalls zu monumentaler Architektur, doch von ganz anderer Art, wie die Mauern und der Turm von Jericho zeigen. Der Steinturm von Jericho war extrem dick und schwer und über 8 m hoch, im Inneren besaß er eine Treppe.[231] Er und die gewaltigen, dreifach übereinander gebauten Mauern machten einen so tiefen Eindruck auf die damaligen Menschen, dass sich noch eine späte, biblische Legende darauf bezieht: So sollen diese Bauwerke trotz ihrer Monumentalität allein durch den Posaunenschall der israelitischen Truppen Josuas eingestürzt sein – was die Größe des neuen Gottes beweisen sollte. Dabei unterstellt die Legende, dass es sich um eine Befestigungsanlage gehandelt hätte. Als „Befestigung" mit „Wachtturm" wurden diese Baustrukturen auch sofort interpretiert, als sie archäologisch ausgegraben wurden.[232] Damit glaubt man heute, die These vom Krieg schon in der Jungsteinzeit belegen zu können.

Mehrere Forscher haben dieser Ansicht widersprochen: Erstens fragt man sich, woher die Menge an Feinden in dem damals äußerst dünn besiedelten Land gekommen sein soll, die eine derart riesige Festung gerechtfertigt hätte? Außerdem bleibt Jericho der einzige Ort mit einer Mauer während der gesamten Epoche. Zweitens hat man darauf hingewiesen, dass der angebliche „Wachtturm" innerhalb der mächtigen Mauern steht und nicht außerhalb – was für einen Turm zur Bewachung doch sinnvoller wäre! Zudem weist dieser Rundturm dieselbe Bauweise auf wie die runden, sakralen Gemeinschaftshäuser an etlichen anderen Orten, was eher für einen religiösen statt militärischen Gebrauch spricht. Er trug auch ein überdachtes Gebäude, und an seinem Fuß wurden mehrere sorgsame Bestattungen gefunden.[233] Drittens, was die mächtigen Mauern betrifft, so wuchsen sie nur langsam zu ihrer Größe, denn sie wurden in verschiedenen Phasen von Jericho immer wieder erhöht. Das spricht nicht für eine geplante Festung gegen den Ansturm von Feinden, sondern eher für eine Reaktion auf die wiederholten Überschwemmungen aus dem sehr nahen Wadi el-Mafjar. Solche Wasserfluten traten nach starken Regenfällen plötzlich auf und bedrohten den Ort, weshalb man ihn mit einer ersten Mauer schützte. Als diese von den wiederkehrenden Naturgewalten unterspült wurde, erhöhte man sie zweimal, machte sie an den gefährdeten Stellen dicker und grub einen Ablaufgraben.[234]

---

[230] Das monumentale Kultgebäude von Nevalı Çori war zusätzlich mit einem Terrazzo-Fußboden ausgestattet. Terrazzoböden sind fugenlose Flächen aus farbigen Natursteinkörnern. Ihre Herstellung setzt eine entwickelte Technik voraus, die erst um Jahrtausende später in der römischen Zeit wieder auftaucht.
[231] Das Gewicht des Turmes betrug ca. 1000 Tonnen, weshalb er auf dem Mergeluntergrund öfter repariert werden musste; vgl. Bar-Yosef, S. 157.
[232] Siehe z.B. Mellaart: Çatal Hüyük, S. 27.
[233] Bar-Yosef, S. 158, 161; Nissen, S. 27; Aurenche, in: Die ältesten Monumente, S. 63, 64.
[234] Im Norden war die ältere Umfassungsmauer von Jericho durch Überschwemmung vom Wadi el-Mafjar stark beschädigt, was bei der Ausgrabung noch zu sehen war; die spätere Mauer war hier dicker als an anderen Stellen; vgl. Bar-Yosef, S. 157, 161.

Damit stellen auch Turm und Mauern von Jericho eine eindrückliche Gemeinschaftsleistung der damaligen Menschen dar, wodurch sie sich selbst und ihre hart erarbeiteten Vorräte schützten.[235] Denn ein Ausweichen war nicht mehr möglich, so dass sich auch hier wie anderswo ein starker, gemeinschaftlicher Zusammenhalt bildete.

Bevor sich diese kreative Kulturepoche der PPN B weiterentwickeln konnte, kam es abrupt zu ihrem Ende. Erneut waren es einschneidende klimatische Schwankungen, die nicht nur dieses Gebiet, sondern die gesamte nördliche Hemisphäre erfassten. Um 6.200 v.u.Z. kam es zu einer raschen, starken Abkühlung, die ca. 400 Jahre andauerte, und danach wurde es sehr heiß. Die ohnehin schon trockenen Zonen des gesamten Gürtels von der Sahara über West- und Zentralasien bis zum Gobi-Becken erhielten keinen Regen mehr und verwandelten sich in Wüsten.

Auch der Fruchtbare Halbmond, jener schmale Streifen, wo die Menschen Regenfeldbau betrieben, trocknete aus und wurde unfruchtbar, und die Siedlungen wurden verlassen.[236] Dazu hatte auch die übermäßige Beanspruchung der Böden durch die neue Weidewirtschaft beigetragen. Denn nach der Domestikation von Schaf, Ziege und Rind setzte in den Siedlungen eine Entwicklung zur Haltung immer größerer Herden ein, welche die Hügel mit dem empfindlichen Pflanzenwuchs kahl fraßen.[237] Im Gegensatz zum Hegen, Füttern und Zähmen von wenigen Haustieren durch Frauen war die Haltung großer Herden eher eine Angelegenheit der Männer gewesen. Doch dabei hatte man die ökologischen Grenzen überschritten, was in der Phase des Niedergangs sichtbar wurde. Schon vorher war wegen der über Jahrtausende dauernden Errichtung der monumentalen Bauwerke Raubbau in den Wäldern an den Bergflanken betrieben worden. Denn die megalithischen T-Pfeiler und Steinblöcke wurden auf Holzrollen bewegt, wofür man verschwenderisch viele Stämme brauchte. Die Konsequenz ihres Handelns war den Menschen damals nicht bewusst, doch die strapazierte Landschaft konnte sich während der neuen, heftigen Klimaschwankung nicht mehr erholen.

Große, stadtartige Siedlungen, wie zum Beispiel 'Ain Ghazal, litten jetzt unter Bevölkerungsdruck und zerfielen, indem sich bäuerliche Gruppen ablösten und Hirten mit ihren Herden in die Steppen fortzogen.[238] Die bäuerlichen Gruppen, ob sie nun aus Dörfern oder Städten kamen, waren gezwungen, in Zonen auszuwandern, wo sie Wasser hatten, deshalb zogen sie in die tiefer gelegenen Gebiete an Euphrat und Tigris. Auf diese Weise zerfiel die Ökonomie in zwei Teile: Die einen blieben beim Pflanzenbau entlang der Flüsse, die anderen wurden zu Hirtennomaden in den Steppen und Wüsten, wo sie von spärlichen Quellen und Wasserlöchern abhingen. Doch die Menschen wichen nicht nur nach Süden aus, sondern in alle Richtungen, so auch nach Norden in die Täler des Kaukasus und in dessen nördliches Tiefland bis zum Kaspischen Meer.

---

[235] Parzinger, S. 122–124.
[236] A.a.O., S. 139, 140.
[237] Mehmet Özdoğan, in: Die ältesten Monumente, S. 153; vgl. zur Umweltzerstörung durch Überjagen und Überweiden auch Braidwood, zitiert in Seton Lloyd, S. 39, 42.
[238] Vgl. H. K. Gebel/Z. Kafafi/G. O. Rollefson (Hg.): The Prehistory of Jordan II, Berlin 1997, Ex oriente e.V., c/o Seminar für Vorderasiatische Altertumskunde, S. 301–305.

Späte Jungsteinzeit: Kupfer, Keramik und neue Künste

Noch bevor es zu diesem allgemeinen Niedergang kam, entwickelte sich in bestimmten Gebieten außerhalb des Fruchtbaren Halbmonds die Keramische Jungsteinzeit (Spätneolithikum).[239] Verglichen mit den anderen jungsteinzeitlichen Epochen entstand sie in Westasien relativ spät, doch sie hatte Zukunft in der nach Westen gerichteten Auswanderungsbewegung.[240]

Der Übergang zur Keramischen Jungsteinzeit vollzog sich am deutlichsten in dem Ort Çatal Höyük in der Konja-Ebene im Süden des zentralanatolischen Hochlands (Zentral-Türkei) (vgl. Karte 1 von Kap. 3, S. 89). Die Gegend ist heute äußerst trocken und nicht sehr wohnlich, doch Çatal Höyük lag am Ufer eines einstigen, ausgedehnten Sees, wo eine vielfältige Pflanzen- und Tierwelt gedieh.[241] Hier entstand eine stadtartige Großsiedlung, deren Anfang um 7.400 noch in der Jüngeren vorkeramischen Jungsteinzeit (PPN B) liegt und deren Ende um 6.000 in jene Zeit der dramatischen Klimaschwankung fällt, die auch den Fruchtbaren Halbmond entvölkerte. Sie verdankt ihre Dauer und Größe dem Obsidian, einem Ergussgestein aus den Vulkanen in dieser Gegend, das beim Erstarren glashart und messerscharf wird. Obsidian war in jener Zeit ein äußerst begehrtes Gut, so dass Çatal Höyük einen weitreichenden Austausch mit Obsidian betrieb, was viele Menschen hierher zog. Dadurch hatte es Kontakt mit den damaligen Zentren des Fruchtbaren Halbmonds, dennoch nahm es eine eigenständige Entwicklung, die auf den Traditionen in diesem Gebiet beruhte, wie an seinem Vorläufer Aşıklı Höyük zu sehen ist.[242] Aşıklı Höyük ist die älteste, feste Siedlung in Zentralanatolien (ca. 8.500–7.400, PPN A), und ihre relative Größe verdankt sie ebenfalls dem Obsidian-Abbau. Schon hier zeigt die Architektur die Eigentümlichkeit von einräumigen, rechteckigen, dicht aneinander gesetzten Wohnhäusern aus Lehmziegeln mit dem Zugang über die Flachdächer. Die Dächer boten nicht nur verschiedenen Tätigkeiten Platz, sondern über sie gingen auch die Fußwege im ganzen Ort. Das spätere Çatal Höyük weist dieselbe Bauweise auf, nur verfeinert und im großen Maßstab.

So ist Çatal Höyük nicht aus dem Nichts entstanden, doch was diese stadtartige Siedlung einzigartig macht, ist die Kreativität ihrer Bewohner und Bewohnerinnen in Handwerk und Kunst. Sie besaßen eine reiche Palette handwerklicher Fähigkeiten, wozu die Herstellung von Luxusgegenständen wie Obsidianspiegel und Zeremonialdolche gehört. Besonders interessant sind Metallschmuckstücke aus geschmolzenem Blei und Kupfer – was eine fortgeschrittene Metallverarbeitung zeigt.[243] Bereits in der vorkeramischen Jungsteinzeit verarbeiteten die Menschen Kupfer, z.B. in Çayönü und Aşıklı Höyük (9. Jt.), aber sie behandelten es wie Steine, bevor sie anfingen

---

[239] Keramik ist keineswegs die wichtigste Neuerung jener Zeit, doch weil sie den Archäologen zur Einteilung von Kulturen und Epochen dient, nennt man diese Zeit nun die „Keramische Jungsteinzeit".
[240] Laurence C. Thissen, in: *Die ältesten Monumente,* S. 218–229.
[241] *Weltatlas der Archäologie,* S. 83.
[242] Siehe *Die ältesten Monumente,* darin: Mihriban Özbaşaran/Marion Cutting, S. 112–113, 115–116, Ufuk Esin, S. 114. Parzinger, S. 140.
[243] James Mellaart: *Çatal Hüyük,* S. 30.

das Metall zu gießen.[244] Ganz besonders aber pflegten die Leute von Çatal Höyük die Skulptur und Malerei, womit sie jede nur erreichbare Fläche schmückten. Ihre Kunstwerke, zu deren Häufigkeit und Qualität es in jener Zeit keine Parallele gibt, machten diesen Ort weltberühmt. Auch Tier- und Menschenfiguren aus Ton wurden angefertigt, und bald entstanden neben den herkömmlichen Behältern aus Flechtwerk, Holz, Leder und Stein die ersten Keramikgefäße. Sie waren viel weniger schwer als Steingefäße und besser zum Aufbewahren und Kochen geeignet, doch sie zerbrachen leicht. Über lange Zeit waren sie nur von untergeordneter Bedeutung für die Haushalte.[245] Jedoch beginnt mit ihnen die Keramische Jungsteinzeit.

Die Keramikherstellung und Töpferei sind – außer der weit entwickelten Weberei, die auch von Çatal Höyük bezeugt ist[246] – großartige Zeugnisse für die Handwerkskunst von Frauen. Sie erfanden die Keramik, zunächst in ungebranntem, später in gebranntem Zustand, und schließlich bemalten sie die Gefäße. Über Jahrtausende übten sie diese Künste aus, und beide, die Weberei wie die Töpferei, galten als Magie – was ethnologisch bei indigenen Gesellschaften erforscht worden ist, z.B. bei den traditionellen Berberinnen in der Kabylei (Nordafrika).[247] Der Weg zur Keramikkunst war allerdings lang: Er begann in der Altsteinzeit mit dem Modellieren von weiblichen Figurinen aus Elfenbein und Stein – nicht durch Männer, wie behauptet wird – sondern in den Händen von Frauen. Die Figurinen hatten religiöse Bedeutung und wurden in Ritualen gebraucht. Ein Fund in einer altsteinzeitlichen Behausung in Mal'ta beim Baikalsee (Sibirien) brachte in der Hälfte, wo die Frauen saßen, Schmuck, Nadeln, Steingeräte und weibliche Figuren hervor, in der Hälfte, wo die Männer saßen, fanden sich Jagdgeräte und Vogelfiguren.[248] Da den Menschen damals die persönlichen Gegenstände zu gehören pflegten, die sie selbst herstellten, ist offensichtlich, dass Frauen die kleinen, weiblichen Figuren modellierten und Männer die Tierfiguren. Deren natürliche Vorbilder kannten die Männer bestens durch die Jagd, und die Frauen kannten ihren Leib und seine als sakral betrachteten Fähigkeiten. Auch Tonerde diente den Frauen dazu weibliche Figuren zu formen. Dabei werden sie das Brennen von Ton zufällig entdeckt haben, als eine der Figuren ins Feuer fiel und danach gehärtet wiedergefunden wurde. Das geschah sehr früh, denn man fand auf dem berühmten, altsteinzeitlichen Fundplatz Dolní Věstonice in Mähren (27.000–22.000) zahlreiche Frauenfiguren aus gebranntem Ton. Wie so oft begann auch diese Technik im religiösen Bereich, bis Frauen ihr gesammeltes Wissen auf die Töpferei anzuwenden begannen, was die Geburtsstunde der Keramik war.

---

[244] Ufuk Esin, in: *Die ältesten Monumente*, S. 214–217.
[245] Özbaşaran/Cutting, a.a. O., S. 120.
[246] Man fand Wandgemälde, die vielfältige Webmuster wiedergeben, wie sie noch heute in türkischen Kelims vorkommen; vgl. Mellaart: *Çatal Hüyük*, S. 30 und 116–122. Die Webkunst beruhte auf Verarbeitung von Pflanzenfasern, die aus der Levante (Abu Hureyra) belegt ist, erst später kam die Wollverarbeitung hinzu; vgl. Jane Peterson, S. 252.
[247] Zur Magie bei Töpferei und Weberei vgl. Makilam: *Die Magie kabylischer Frauen und die Einheit einer traditionellen Berbergesellschaft*, Bremen 2007, Kleio Humanities. Siehe auch die Hopi, bei denen ausschließlich Frauen die Töpferei ausübten; unter ihnen gab es berühmte Künstlerinnen. Vgl. Alfred E. Dittert Jr./Fred Plog: *Generations in Clay. Pueblo Pottery of the American Southwest*, Flagstaff/Arizona 1980, Northland Press.
[248] Müller-Karpe, S. 67.

Çatal Höyük mit seinen vielfältigen Künsten hatte große Bedeutung für die Ausbreitung der jungsteinzeitlichen Lebensweise nach Westen. Diese strahlte zunächst in das Seengebiet von Südwestanatolien aus.[249] Dort verbesserten Frauen die Qualität der Keramik erheblich, sie begannen sie mit roter Farbe zu überziehen oder mit roten Streifen und Mustern zu bemalen. Es entstanden sogar Kunstwerke daraus, wie die Gefäße mit reliefartigen Tier- und Menschendarstellungen oder mit Tierköpfen als Griffen zeigen, auch ganze Gefäße wurden als Frauen oder Tiere geformt.[250] Eine große Anzahl ausschließlich weiblicher Figurinen kamen ans Licht: in Hacılar 40 Exemplare und in Höyücek 80 Exemplare. Sie waren sehr sorgfältig und ausdrucksvoll gearbeitet, und ihre Fundsituation an besonderen Plätzen im Haus zeigt, dass sie rituell gebraucht worden waren.[251]

Die westlich gerichtete Ausbreitung erreichte über die Flussläufe schließlich die Küsten Süd- und West-Anatoliens, wo die bäuerliche Bevölkerung dort neben den alteingesessenen Jägern, Fischern und Sammlerinnen wohnte. Die weitere Besiedelung erfolgte entlang dieser Küsten per Boot. Dabei wurden die Menschen im Seefahren immer sicherer, so dass sie schließlich Zypern übers Meer erreichten. Im 8. Jt. setzte auf Zypern dauerhafte Besiedelung ein und eine eigene Kultur entwickelte sich; dasselbe gilt für Kreta ab 7.000. In jedes Neuland brachten die Menschen ihre jungsteinzeitliche Ökonomie und Kultur mit, die sich auf diese Weise immer rascher ausbreitete.[252]

Ob überhaupt und auf welche Weise die nun voll entwickelte jungsteinzeitliche Lebensweise auf Südosteuropa (Balkan) übergriff, war lange Zeit strittig, denn es fehlten die archäologischen Plätze dieses Überganges. In den letzten zehn Jahren änderte sich die Forschungssituation gründlich, so dass die Bevölkerungsbewegung nach Westen nachvollzogen werden kann. Siedlungen an den östlichen Küsten der Ägäis und des Marmarameeres wurden gefunden, ebenso diesseits und jenseits des Bosporus bis nach Thessalien (Griechenland).[253] Die jungsteinzeitliche Kultur tritt dort ca. ab 6.300–5.500 ohne Vorläufer auf, das heißt, sie wurde importiert.

Das kulturelle Niveau war jetzt in mancher Hinsicht einfacher als vorher, was darauf zurückgeht, dass diese Menschen sich bei ihrer Westwanderung von den alten kulturellen Zentren entfernten. Eine neue Entwicklung stellen jedoch die großen Holzhäuser mit Wänden aus Flechtwerk dar, die man nun statt der Lehmziegelgebäude errichtete. Sie wurden sowohl in Westanatolien wie auf dem Balkan (Südosteuropa) von Archäologen gefunden, ebenso die rote, polierte und bemalte Keramik. Diese tritt bereits bei der Gründung der südosteuropäischen Siedlungen voll entwickelt auf. Die Funde von West-Anatolien, auf dem Balkan bis hinein in den Donauraum

---

[249] Belegt durch die Siedlungen Bademağacı, Höyücek, Kuruçay, Hacılar und andere, die von ca. 7.000 bis 6.200 existierten; vgl. *Die ältesten Monumente*, darin: Gülsün Umurtak, S. 139–141, Refik Duru, S. 143, 144, 147, 148.
[250] A.a.O., darin: Umurtak, S. 142–145, Hansen, S. 202–203 und Katalog S. 347–349.
[251] Umurtak, a.a.O., S. 146.
[252] Jean Guilaine, a.a.O., S. 166–171; James Mellaart: *The Neolithic of the Near East*, New York 1975, Charles Scribner's Sons, S. 275.
[253] An der ägäischen Ostküste z.B. Ulucak Höyük und Coşkuntepe, am Marmarameer z.B. Ilıpınar und Menteşe, am Bosporus z.B. Fikirtepe und Yarımburgas, in Thessalien z.B. Aşağı Pınar. Vgl. *Die ältesten Monumente*, darin: M. Özdoğan, S. 150–151, 153, 156–160, Altan Çilingiroğlu, S. 161, Jacob Roodenberg/Songül Alpaslan-Roodenberg, S. 154–155.

weisen trotz Verschiedenheiten viele gemeinsame Züge auf, was die westlich gerichtete Kulturwanderung dokumentiert.[254]

Sozialordnung der Jungsteinzeit in Westasien: neue Komplexität

Eliten oder Egalität?

Die Frage, ob jungsteinzeitliche Großsiedlungen mit neuer Komplexität als „Städte" anzusprechen sind – wie zum Beispiel im Fall von Çatal Höyük – betrifft die jungsteinzeitliche Sozialordnung. Sie hat die Gemüter lange bewegt, und die Antworten sind unklar bis widersprüchlich. Schon der erste Ausgräber nannte Çatal Höyük eine „Stadt" und gab dafür Gründe an.[255] Nach seiner Auffassung ist das Kriterium der Größe nicht allein ausschlaggebend, obwohl die Siedlung eine Fläche von 13,5 ha einnimmt und die Schätzungen für die gesamte Fläche des Areals bei 8000 Einwohnern liegen.[256] Das ist für diese frühe Epoche sehr groß und entspricht anderen Großsiedlungen wie z.B. Basta, Tell Aswad und ’Ain Ghazal in der Levante. Das zweite Kriterium sei das Maß an Differenzierung von Handwerk und Kultur, eben die Komplexität, die zur Hochkultur führt. Dies setze eine arbeitsteilige Spezialisierung voraus, die nicht allein in einzelnen Haushalten geleistet werden kann.[257] Bei Çatal Höyük, ’Ain Ghazal und anderen großen Orten ist dieses Kriterium erfüllt. Damit sind sie als *Städte mit Hochkultur* zu betrachten, und zwar die frühesten der Menschheit.

Hier scheiden sich nun die Geister: Gemäß einem alten, eingefleischten Vorurteil führt arbeitsteilige Spezialisierung automatisch zu hierarchischen Gesellschaftsformen mit männerbündischer „Elite". Für diese Verknüpfung gibt es jedoch keinerlei Beweise. Darum kommt es zu jener seltsamen Argumentation, dass man für kleinere Siedlungen, auch aus sehr früher Zeit, die spezielle Werkstätten und größere „Sondergebäude" haben – womit die Gemeinschaftsgebäude gemeint sind –, sogleich hierarchische Organisation mit „Eliten" annimmt, was einen Fortschritt darstellen soll.[258] Çatal Höyük hingegen zeigt trotz der Größe und hohen arbeitsteiligen Differenzierung keine hierarchischen Muster, weshalb es keine Stadt sein soll.[259] Auf diese Weise wird das Bild von den jungsteinzeitlichen Gesellschaftsformen erheblich verwirrt.

Bei etwas weniger Voreingenommenheit wäre hier jedoch der richtige Schluss zu ziehen, dass nämlich größere Komplexität keineswegs sofort hierarchische Organisation bedeutet. Genauer: Ökonomische Differenzierung und Spezialisierung sind nicht

---

[254] M. Özdoğan, a.a.O., S. 156–157.
[255] Mellaart: *Çatal Hüyük*, S. 278; derselbe: *The Neolithic of the Near East*.
[256] Von dem Siedlungshügel Çatal Höyük ist bisher nur ein Bruchteil der Fläche und der insgesamt 18 Schichten ausgegraben worden.
[257] Zu Hochkultur gehört nach allgemeiner Auffassung das Kriterium der Schriftlichkeit. Dies war ebenso gegeben, siehe unten zum Thema „Zeichentäfelchen".
[258] Diese Argumentation beginnt schon bei Hallan Çemi, Göbekli Tepe, Jericho und setzt sich bei jeder derartigen Siedlung fort; vgl. *Die ältesten Monumente*.
[259] A.a.O., darin: Özbaşaran/Cutting, S. 119, Ian Hodder, S. 125.

gleichzusetzen mit sozialer Differenzierung, Ungleichheit und politischer Zentralisierung.[260] Diese falsche Gleichsetzung hat mit der falschen Auffassung zu tun, dass Hochkultur, gar Zivilisation nur mit Hierarchie möglich ist – ein fixes patriarchales Modell. Was keine Hierarchie zeigt, wird als „niedriger", „primitiv" oder „rückständig" abgewertet. So kommt es, dass man Çatal Höyük, entgegen den offensichtlich innovativen Schritten dieser Siedlung, wegen der egalitären Anordnung eine „retardierende Entwicklung", d.h. einen Rückschritt bescheinigt, verglichen mit den früheren, angeblich hierarchischen Zentren Südostanatoliens wie z.B. Göbekli Tepe.[261] Bei dieser Denkweise wird vorausgesetzt, dass es durch das Erwirtschaften von Überschüssen in den frühen Gesellschaften sofort zur Aneignung dieser Überschüsse durch bestimmte Personen kam. Diese sollen nun, angetrieben von Selbstinteresse und gierig nach Status und Macht, die anderen ausgebeutet haben, indem sie den Zugang zu diesen Ressourcen kontrollierten und anderen verwehrten. Es sind die sog. „Sondergebäude", die als Räume des Hortens dabei eine wichtige Rolle gespielt haben sollen – was deren Gemeinschaftscharakter und sakralen Gebrauch vollständig verkennt. Auf diese Weise wird der Beginn von Individualismus, Privatbesitz und Männermacht schon für die Jungsteinzeit behauptet. Doch es handelt sich hier um eine simple, patriarchale Rückprojektion, die in der Archäologie allerdings weit verbreitet ist. Sie stammt offensichtlich aus dem heutigen, neoliberalen Denken und wird auch im marxistischen Denken, trotz Kritik am Neoliberalismus, wiederholt.[262] Bei solchen ungeklärten Vorannahmen muss die soziale Ordnung der frühesten Siedlungen, ob Dörfer oder Städte, natürlich ein Rätsel bleiben.

Was sagen nun die archäologischen Indizien über die jungsteinzeitliche Gesellschaftsordnung in Westasien aus? Zunächst ist klar zu stellen, dass es in jener Epoche für das Konstrukt vom „Großen Mann", der mittels früher Hierarchie mit organisiertem Zentralismus und erbberechtigten Eliten dominiert, keine überzeugende archäologische Evidenz gibt. Solche Muster werden von späteren Zuständen in diese frühen Epochen hineingelegt, um zu zeigen, dass es von den inneren Verhältnissen der frühen Gesellschaften dann linear weiterging zu hierarchisch organisierten Staaten. Dahinter steht die eindimensionale Stufentheorie der Geschichte, gemäß der es bruchlos zum immer Größeren und Besseren aufwärts ging – was völlig unbewiesen und im höchsten Grad ideologisch ist.[263] Stattdessen ist auch ein anderes Modell denkbar, dass nämlich für die Menschen der soziale Zusammenhalt ihrer Gemeinschaften entscheidend wichtig war, den sie durch Kooperation miteinander und durch Schaffung einer kollektiven Identität herstellten. Dieses Modell steht in direktem Gegen-

---

[260] Siehe dazu Stella Souvatzi: „Social complexity is not the same as hierarchy", in: S. E. Kohring/S. Wynne-Jones (Hg.): *Socialising Complexity. Structure, Interaction, and Power in Archaeological Discourse*, Oxford 2007, Oxbow Books, S. 37–59.

[261] Parzinger, S. 148.

[262] Vgl. die Kritik bei Stella Souvatzi: „Land Tenure, Social Relations and Social Landscapes", in: Maria Relaki/Despina Catapoti (Hg.): *An Archaeology of Land Ownership*, New York, London 2013, Routledge, Taylor&Francis, S. 21–23. – Im marxistischen Kontext stammt dieses Vorurteil von Friedrich Engels, der sich die Entstehung von Hierarchie und Patriarchat durch „Arbeitsteilung" erklärte, was stereotyp wiederholt wird; vgl. die Kritik dazu in Göttner-Abendroth: *Das Matriarchat I*.

[263] Vgl. die Kritik zu diesem verkürzenden, ökonomistischen Denken auf dem Boden eines eindimensionalen, sozialen Evolutionismus bei Souvatzi: „Social Complexity", S. 37–38.

satz zu dem Modell von sozialem Wettbewerb und Konkurrenz für die Entstehung der jungsteinzeitlichen Lebensweise, denn dieser Zusammenhalt beruhte auf einer immer wieder erneuerten, sozialen und rituellen Egalität.[264]

Lässt sich dieses Modell aus den archäologischen Funden belegen? Betrachten wir zunächst die Levante: Für die jungsteinzeitlichen Dörfer und Städte in diesem Gebiet sind in der vorkeramischen Zeit keine bedeutenden Unterschiede in der Architektur festgestellt worden. Die Wohnhäuser gleichen sich, nur die Gemeinschaftshäuser weichen davon ab. Auch die Begräbnissitten zeigen keine Rangordnung an, weder zwischen den Geschlechtern noch zwischen Personen ein und desselben Geschlechts. Die Toten wurden in der frühesten Zeit ohne Grabbeigaben oder Ornamente bestattet, und auch bei besonderer Behandlung, z.B. durch Schädelbestattung oder die Beisetzung in speziellen Grabstätten, ist Gleichheit zu sehen.[265] Was die Tätigkeitsbereiche betrifft, so zeigen Analysen der Skelette allerdings eine erheblich größere Arbeitsbelastung als in der Altsteinzeit. Aus typischen Abnutzungserscheinungen an den Knochen konnte man erschließen, dass Frauen allgemein die Feldarbeit mit der Hacke und das Getreidemahlen ausübten, auch die Faserherstellung und Weberei – wobei noch viele andere Tätigkeiten hinzu kamen, die aber nur indirekt feststellbar sind. Männer waren allgemein mit schweren Erdarbeiten wie Roden und Graben und dem Bauen mit Holzstämmen und Steinen beschäftigt, außerdem mit der Jagd und teilweise mit dem Hüten des Viehs. Es gibt keinerlei Anzeichen, dass trotz der Verschiedenheit der Tätigkeitsbereiche ein Bereich weniger wert war als der andere, auch nicht, dass ein Geschlecht die Hauptlast der Arbeit trug und von dem anderen kontrolliert wurde.[266] So ist in der Arbeitswelt von *komplementärer Gleichheit* auszugehen.[267]

Besonders interessant ist, dass in der Levante jegliche Indizien aus der Architektur und der Skelettanalyse fehlen, die Aggression und Konflikte zwischen Personengruppen anzeigen. Auch auf feindliche Handlungen zwischen verschiedenen Siedlungen gibt es keine Hinweise, was bei dem raschen Anwachsen mancher Orte zu Stadtgröße in jener Zeit erstaunlich ist. Doch auch diese stellen keine „Hauptstädte" dar, die sich kleinere Orte untergeordnet und tributpflichtig gemacht hätten, denn es fehlen ebenfalls Indizien für extensive Kontrolle von einigen Siedlungen über andere, zum Beispiel durch Waffengewalt.[268] Das heißt, es gab keine „Erzwingungsstäbe" wie Krieger und Militär, die eine Grundbedingung für Herrschaft einiger Menschen über andere sind, und so kam es auch nicht zu Krieg.[269] Für die Levante muss deshalb

---

[264] Vgl. die Kritik bei Ian Kuijt/Nigel Goring-Morris: „Foraging, Farming, and Social Complexity in the Pre-Pottery Neolithic of the Southern Levant: A Review and Synthesis", in: *Journal of World Prehistory*, Bd. 16, Nr. 4, Dezember 2002, S. 418–431.
[265] Kuijt/Goring-Morris, S. 421; Jane Peterson, S. 254; Clemens Lichter, in: *Die ältesten Monumente*, S. 253.
[266] Vgl. die Daten bei Peterson, S. 252, 260; Başak Boz, in: *Die ältesten Monumente*, S. 241.
[267] Begriff von Louise Lamphere: „Gender models".
[268] Kuijt/Goring-Morris, S. 421, 422 und insgesamt.
[269] Existierende Herrschaftsstrukturen erkennt man an solchen „Erzwingungsstäben", wie Krieger, Militär, Polizei, Bürokratie, Justiz, Gefängnisse u.a.; Begriff von Christian Sigrist: *Regulierte Anarchie. Untersuchungen zum Fehlen und zur Entstehung politischer Herrschaft in segmentären Gesellschaften Afrikas*, Frankfurt/Main 1979, Syndikat Verlag.

das Modell von sozialem Wettbewerb und Konkurrenz für die Entstehung der jungsteinzeitlichen Lebensweise fallen gelassen werden.

Aber ist das auch gültig für die keramische Jungsteinzeit z.B. in Zentralanatolien? Kehren wir wieder zum Beispiel der Stadt Çatal Höyük zurück, deren soziale Muster recht genau untersucht wurden. Schon die gleiche Größe der Häuser weist auf eine egalitäre Gesellschaft hin, und auch hier zeigen die Begräbnissitten keine sozialen Unterschiede oder solche zwischen den Geschlechtern.[270] Die Knochenanalyse bewies, dass es auch keine Unterschiede in der Ernährung und Lebensweise gab.[271] Es ist nicht so, dass die Männer mit dem Jagen und Viehhüten eher draußen beschäftigt waren, während die Frauen überwiegend in den oft rauchigen Häusern arbeiteten, sozusagen eingesperrt im „Privaten". Man hat den Nachweis erbracht, dass sich Frauen und Männer gleichermaßen lang in den unzureichend belüfteten Häusern am Herdfeuer aufhielten und dort ihre verschiedenen handwerklichen Tätigkeiten ausübten.[272] Gleichermaßen waren Männer und Frauen im Freien tätig, wenn auch auf verschiedene Weise, z.B. die Frauen in den Gärten und auf den Feldern, die Männer auf der Jagd. Außerdem gab es in jenen frühen Zeiten grundsätzlich keine Trennung von „privat" und „öffentlich" – auch das ist ein späteres, patriarchales Konstrukt, das mit der monogamen Einsperrung der Frau einherging. In der Jungsteinzeit bewegten sich Männer und Frauen frei, zudem ersetzten die Hausdächer von Çatal Höyük die öffentlichen Wege und Plätze. Sie waren die soziale Arena, wo beide Geschlechter mit ihren Tätigkeiten sichtbar waren.[273]

Schließlich wurde noch vermutet, dass die enge Bauweise der Häuser von Çatal Höyük mit dem Eingang nur übers Dach zur Verteidigung gedient hätte. Diese Anordnung hätte es jedem Feind schwer gemacht die Stadt einzunehmen, weil er sich in einen Nahkampf von Haus zu Haus einlassen müsste. Es gib allerdings keinerlei Hinweise auf einen Angriff, auf Massaker oder Plünderung, und zwar während der langen Dauer von 1.400 Jahren des Bestehens der Stadt – das heißt, es war eine vergleichsweise friedliche Zeit.[274]

Nun könnte man aber meinen, dass so große Bauwerke wie z.B. die Tempel vom Göbekli Tepe in Südostanatolien auch „Große Männer" voraussetzen würden, welche diese Bauten planten und das riesige Arbeitsaufkommen mit den vielfältigen handwerklichen Tätigkeiten organisierten. Mit solchen „Eliten" und hierarchischer Gesellschaftsordnung wird hier auch sofort argumentiert, und das einzige Indiz dafür

---

[270] Ian Hodder: „Çatal Hüyük – Stadt der Frauen?" in: *Spektrum der Wissenschaft*, Heidelberg, September 2004, S. 37–43; derselbe: „Women and Men at Çatalhöyük", in: *Scientific American*, January 2004, S. 79–82; siehe auch Diane Bolger: „The Dynamics of Gender in Early Agricultural Societies of the Near East", in: *Signs*, Bd. 32, Nr. 2, Winter 2010, S. 503–531. – Bolger gibt auch ein Beispiel, dass die Begräbnissitten soziale Gleichheit bis in die späte Jungsteinzeit/Kupferzeit in Westasien belegen: Domuztepe in Südost-Anatolien (6.500–5.500), vgl. S. 515.
[271] Dies wurde anhand der Skelettanalyse auch für Çayönü und Aşıklı Höyük festgestellt, vgl. Başak Boz, in: *Die ältesten Monumente*, S. 240.
[272] Es hatten sich Rußpartikel vom Herdrauch auf den Knochen abgelagert, und die Untersuchungen ergaben, dass diese Ablagerung bei beiden Geschlechtern gleich war; vgl. Başak Boz, a.a.O., S. 245.
[273] Hodder: „Women and Men", S. 79–82; Peterson, S. 255.
[274] Hodder, a.a.O., S. 80.

sind eben diese großen Bauwerke. Wie zweifelhaft das ist, geht aus einer interessanten, archäologischen Untersuchung hervor, die im jungsteinzeitlichen Griechenland gemacht wurde. Doch ihre Schlussfolgerungen gelten gleichermaßen für die jungsteinzeitlichen Gebiete Westasiens, von denen diese griechischen Kulturen abstammen.[275] Es wird gezeigt, dass die jungsteinzeitlichen Siedlungen in Thessalien und an der griechischen Ostküste eine große Komplexität besaßen, was die Intensivierung und Differenzierung der landwirtschaftlichen Produktion betrifft, ebenso die handwerkliche Spezialisierung bei der Herstellung von Steinwerkzeugen, bemalter Keramik und Schmuck und bei den weitgespannten Fernnetzen zur Weitergabe von Gütern.[276] Es gab spezielle Werkstätten, Speicherbauten und ebenfalls große Bauwerke als ausgedehnte Anlage von Steinwällen. Das sind die üblichen Kennzeichen, bei denen die meisten Archäologen sofort eine „Elite" mit „Hierarchisierung" sehen, die sich der Überschüsse und spezialisierten Produkte für ihre Zwecke bedient.

Aber es gibt in diesen Orten für soziale Ungleichheit keine Anzeichen. Die Bauweise besteht aus annähernd gleichen Häusern, keine Häuser fallen durch besondere Größe auf. Sie sind in Gruppen angeordnet, und die einzelnen Häusergruppen haben ungefähr gleiche Segmente der Siedlung inne. Das wichtigste Indiz ist jedoch, dass trotz handwerklicher Spezialisierung sich in allen Häusern eine *gleiche Verteilung der materiellen Güter* fand. Das heißt, die Menschen praktizierten eine hohe Arbeitsteilung, sicherlich mit verschiedenem Können und wohl auch verschiedenem Erfolg, aber alle Güter wurden stets gleich verteilt (Fallstudie Dimini, Ostgriechenland).[277] Es ist niemand zu sehen, der aus der Arbeitsteilung seinen Vorteil gezogen oder bei der Spezialisierung auf bestimmte Erfindungen ein Monopol besessen hätte und dies auf Kosten der Gemeinschaft ausnutzte. Auch Luxus-Güter wie die ausnehmend schöne, bemalte Keramik und der exquisite Muschelschmuck wurden weithin exportiert, doch in diesen Fernnetzen ist ebenfalls keine Hierarchie zu erkennen. Stattdessen dienten die Luxusgüter zur friedenssichernden Kommunikation zwischen den Siedlungen in den benachbarten und weiter entfernten Kulturregionen.[278]

Die großen Speicherbauten wurden an zentralen Plätzen in den Orten errichtet wie z.B. auf der obersten Kuppe des Wohnhügels. Hier sammelten die Menschen die Überschüsse aus ihrer Felderwirtschaft. Aber auch hier gibt es keinen Hinweis, dass ein „Großer Mann" diese Überschüsse allein besessen und damit Macht ausgeübt hätte. Stattdessen gehörten sie der Gemeinschaft, die diese Vorräte für ihre Versammlungen und religiösen Feste und für die gemeinsamen Unternehmen verwendete.[279] Solche Unternehmungen waren eben die großen Bauwerke. Große Bauten müssen nicht nur vertikal in die Höhe gerichtet sein, sondern können auch horizontal im Gelände liegen, wie man an den sechsfachen, ovalen Steinwällen sehen kann, die den gesamten Siedlungshügel von Dimini symmetrisch überziehen. Dabei handelt es sich nicht um eine „Befestigungsanlage", die von einem Oberkommando zu militärischen Zwecken errichtet wurde – wie man voreilig annahm. Die Wälle befestigten eher die steilen Hänge und bewahrten sie vor dem Abrutschen. Zugleich teilten sie die gesam-

---

[275] Stella Souvatzi: „Social complexity".
[276] A.a.O., S. 38, 40–43.
[277] Fallstudie Dimini, a.a.O., S. 40 ff.
[278] A.a.O., S. 43, 44.
[279] A.a.O., S. 49.

te Siedlung in die erwähnten, gleichen Segmente von Häusergruppen ein, womit sie auch der Ordnung des komplexen, sozialen Lebens, die jahrhundertelang beibehalten wurde, dienten. Außerdem haben sie vier durchgehende Öffnungen in den vier kardinalen Himmelsrichtungen, was auf eine kosmologische Bedeutung hinweist.[280]

Was ist der tiefere Grund, weshalb die Menschen die Mühe solcher Bauwerke auf sich nahmen – wie es schon beim Göbekli Tepe in gigantischem Ausmaß zu sehen war? Die Erklärung ist, dass diese Bauten dem sozialen Zusammenhalt dienten, denn sie konnten nur in Kooperation statt in Konkurrenz errichtet werden. Trotz aller Verschiedenheit der einzelnen Haushalte und dezentralen Gruppen in den Siedlungen bestand ein System der Gegenseitigkeit und der Integration, das durch solche Gemeinschaftsbauten enorm verstärkt wurde. Diese Unternehmungen hielten die soziale Dynamik zusammen und stellten damit immer wieder den Konsens der Gemeinschaft her. Das heißt, die Großarchitektur diente gerade der egalitären Gemeinschaftsbildung und -stärkung und nicht dem Gegenteil. Auch die Planung und komplexe Organisation für diese Bauwerke beweist keine Eliten, sondern vielmehr soziale und religiöse Ideen, die alle teilten und denen sie mit den Bauten in gemeinschaftlicher Organisation Ausdruck verliehen. In diesem Sinne waren solche Bauwerke für die Menschen identitätsstiftend und deshalb von größter Bedeutung.[281]

Im Göbekli Tepe brachten die Megalithbauten die nicht-sesshaften Menschen in der gesamten Region zusammen, ähnlich wie die bemalten Höhlenheiligtümer in der Altsteinzeit. Der Unterschied ist, dass die Menschen nun ihre Kulträume nicht mehr in der Natur vorfanden, sondern selbst erbauten, was erheblich aufwändiger ist. Das hatte für ihre Lebensgewohnheiten einschneidende Folgen, wie wir schon gesehen haben, denn es führte sie auf Dauer zu großflächigem Feldbau und längerer Sesshaftigkeit. Aber „Eliten" brachte es nicht hervor. Woher sollten diese auch so plötzlich gekommen sein, nachdem es in der Altsteinzeit im Allgemeinen und im westasiatischen Epipaläolithikum im Besonderen keine gegeben hatte?

Diese frühen Gesellschaften waren also in der Lage, ihre wachsende Komplexität horizontal vernetzt, d.h. nicht-hierarchisch zu organisieren – wie es noch heute bei komplexen, matriarchalen Gesellschaften beobachtet worden ist.[282] Sie hatten dafür verschiedene Methoden, von denen die Methode der Selbstorganisation für große Bauwerke eine neue und sehr wirksame war. Andere Faktoren trugen zur horizontalen Vernetzung auch in der Region bei wie z.B. die Auslagerung von Teilen der Siedlungen. Dies geschah, wenn ein Ort für die natürlichen Ressourcen seiner Umgebung zu groß wurde, was häufiger vorkam; dann zog ein Teil der Sippen fort, um in der Nähe eine „Tochterstadt" zu gründen. Oder es geschah, um Konflikte zu lösen, was seltener der Fall war; dann zog die Gruppe, die mit der gegebenen Lebensweise nicht einverstanden war, aus und gründete ihre eigene Siedlung. In jedem Fall pflegte man wenig später freundschaftliche Kontakte zur „Mutterstadt" aufzuneh-

---

[280] Ebd.; Stella Souvatzi: „Land Tenure", S. 29–30.
[281] Souvatzi: „Social complexity", S. 45, 46.
[282] Siehe dazu die komplexe, horizontale Organisation von matriarchalen Stammesgesellschaften und sogar von fünf großen Stammesgesellschaften untereinander in einer Liga (Irokesen, Nordamerika); dasselbe bei den matriarchalen Minangkabau (Sumatra), die gleichzeitig auf dem Land und in der Stadt wohnen; vgl. diese und weitere Beispiele in Göttner-Abendroth: *Das Matriarchat II,1* und *II,2*.

men. Durch diese und andere Motive wurden immer neue Orte gegründet, bis eine Region besiedelt war. War eine Gegend schon relativ dicht besiedelt und eine solche Expansion nicht mehr möglich, hatten sie Mittel, das Bevölkerungswachstum durch Geburtenkontrolle einzuschränken, um die egalitäre Verbindung mit anderen Orten nicht zu beeinträchtigen. Es ist bemerkenswert, dass auch in einem solchen Fall keine Hierarchie nach innen oder eine Hierarchie nach außen über andere Siedlungen entstand, wie die Fallstudien von Thessalien zeigen.[283] Denn Hierarchie im Sinne von Herrschaft war kein gesellschaftliches Ideal, Egalität aber durchaus.

Die Entwicklung der weiblichen Genealogie

Die jungsteinzeitlichen Gemeinschaften in Dörfern und Städten bestanden aus einzelnen Haushalten, doch wer wohnte darin? Bei den kleinen Rundhäusern der Älteren vorkeramischen Jungsteinzeit wird oft angenommen, dass darin eine „Familie" im Sinne unserer Kleinfamilie aus Vater-Mutter-Kind lebte. Ihr plötzliches Erscheinen ist jedoch der üblichen, stereotypen Rückprojektion unserer spätbürgerlichen Lebensweise zu verdanken, in der die Kleinfamilie erst mit der Industrialisierung vor ca. 200 Jahren aufkam und damit weder alt noch „naturgegeben" ist. Bei den größeren Häusern aus den späteren jungsteinzeitlichen Epochen spricht man hingegen von „Sippen", doch eine Auskunft darüber, wie diese strukturiert waren, wird nicht gegeben.

Die Frage ist hier also, wie es überhaupt zu „Sippen" oder „Clans" kam, die ja eine ganz andere soziale Ordnung darstellen als die Altersklassen-Gruppierungen der Altsteinzeit. Sie erscheinen so selbstverständlich, dass man nicht darüber nachdenkt, ob sie nicht selbst eine längere Entwicklungsgeschichte gehabt haben könnten. Wir hatten festgestellt, dass schon in der Altsteinzeit die Mutter-Kind-Gruppe die elementare soziale Einheit war, und das gilt auch für die Jungsteinzeit. Hier wie dort waren „Väter" im Sinne von biologischer Vaterschaft wegen der freien Wahlmöglichkeiten der Frauen und dem freien Liebesleben beider Geschlechter unbekannt, denn unter diesen Bedingungen lässt sich Vaterschaft nicht identifizieren. Der Unterschied ist jedoch, dass in der Altsteinzeit jede Mutter-Kind-Gruppe sich wieder auflöste, weil die einzelnen Personen in den Altersklassen agierten und nicht in einem Familienverband. In der Jungsteinzeit hingegen blieben mit der wachsenden Sesshaftigkeit die Kinder immer länger bei der Mutter in deren Haus, insbesondere die Töchter, die ihre Mütter bei den landwirtschaftlichen Tätigkeiten und häuslichen Künsten unterstützten. Das Haus und die gemeinsame Arbeit verbanden sie, so dass sich die Gruppe erweiterte, bis sie über drei bis vier Generationen reichte. Sie wohnten entweder im selben Haus oder gleich nebenan, wodurch sich die Häusergruppen bildeten. Diese neue Lebensweise führte zur Identifikation einer Linie von einer Tochtergeneration zur nächsten, d.h. zur weiblichen Genealogie; es ist die stets klare Linie der Geburten. Sie durchschnitt vertikal die früheren Altersklassen, die nun ihre Bedeutung verloren. Man gab dieser Linie einen Namen, den Sippen- oder Clannamen der Gründungsmutter, der Ahnfrau. Er war meist von Tieren oder Pflanzen, die man wegen ihrer

---

[283] Vgl. Souvatzi: „Social complexity", S. 50, 51.

besonderen Qualitäten verehrte, abgeleitet. Das war die Erfindung der *Genealogie in der Mutterlinie oder Matrilinearität*. Doch sie galt nicht nur für die Töchter, sondern auch für die Söhne, die ebenfalls im Mutterhaus, ihrem Geburtsort, wohnen blieben. Ihre Tätigkeiten ergänzten die der Frauen komplementär und waren notwendig für die Sippe. So wohnte die älteste Mutter mit ihren Töchtern und Söhnen, Enkeln und Enkelinnen zusammen im selben Haus oder derselben Häusergruppe: Aus der Matrilinearität ergab sich die *Matrilokalität als Wohnsitz im oder beim Mutterhaus.* Nicht verwandte Männer kamen als Liebhaber, doch sie hielten sich nur zeitlich begrenzt im Haus der geliebten Frauen auf, wo sie Gäste waren und deshalb keine Pflichten, aber auch keine Rechte hatten. Sie waren in ihrem eigenen Mutterhaus daheim, trugen den mütterlichen Clannamen und hatten dort Aufgaben und Rechte.

Ethnologische Beispiele von matriarchalen Gesellschaften weltweit zeigen genau diese Muster und schärfen unseren Blick dafür, dass es sie auch in der Jungsteinzeit gegeben haben könnte.[284] Darauf weist eine Reihe von archäologische Indizien hin: In der jungsteinzeitlichen Siedlung Kfar HaHoresh (Jüngere vorkeramische Jungsteinzeit, 8.200–7.000) in der Levante (Israel/Palästina) stellten Forscher und Forscherinnen durch Skelettanalysen fest, dass dort die biologischen Merkmale von Frauen und Kindern übereinstimmen, während die Merkmale von Männern keine Gemeinsamkeiten mit Frauen und Kindern zeigen. Das heißt, Frauen und Kinder sind miteinander verwandt, die Kinder lebten in der Gemeinschaft oder Sippe ihrer Mütter. Die Männer hingegen zogen kurzzeitig zu den Frauen und verließen die Gruppe bald wieder. Das Forschungsteam schloss daraus, dass die Beziehungen der Geschlechter „gleichberechtigt" waren und es „keine klassischen Familienverbindungen" gab.[285] – Man fragt sich, welche klassischen Familienverbindungen hier gemeint sind, die es nicht gab. Zu vermuten ist wieder die spätbürgerlich-patriarchale Kleinfamilie, die stets als Maßstab gilt, womit indirekt gesagt wird, dass die Beziehungen darin keineswegs gleichberechtigt sind. Immerhin zeigt der Befund „gleichberechtigte", besser: *freie und egalitäre* Geschlechterbeziehungen, aber noch mehr, nämlich den Beginn von mütterlichen Gemeinschaften oder Sippen.

Eine stärkere Integration der Männer in diese neue Sozialordnung zeigt die Fundsituation von Çatal Höyük (Keramische Jungsteinzeit): Es gab dort verschiedene Formen von Bestattungen, und eine davon war, die Skelette von einzelnen Verstorbenen unter dem Fußboden der Häuser beizusetzen. Diese Bestattungen waren eher Ausnahmen, denn ihre Anzahl entspricht nicht der Bevölkerungszahl in den Siedlungen; es musste also auch Friedhöfe gegeben haben, die jedoch noch nicht aufgefunden worden sind. Vermutlich galten die Ausnahmebestattungen besonderen Ahninnen und Ahnen, die man damit ehrte und wünschte, dass ihr Segen im Haus blieb. Bereits der erste Ausgräber stellte fest, dass die Skelette sich nicht regellos unter den Fußböden befanden, sondern unter den erhöhten Plattformen lagen, die an den Wänden

---

[284] Vgl. Göttner-Abendroth: *Das Matriarchat II. 1* und *II. 2* und die dort angegebene ethnologischen Beispiele.
[285] Dies wurde herausgefunden von einer Forschungsgruppe der Universität Freiburg/Deutschland und der Danube Private University Krems/Österreich, Projekt SIGN; vgl. K.W. Alt/M. Benz/W. Vach/T. L. Simmons/A. N. Goring-Morris: „Insights into the social structure of the PPNB site of Kfar HaHoresh, Israel, based on dental remains." PLOS/One, 16. 9. 2015, Online-Veröffentlichung der Universität Freiburg vom 18. 9. 2015.

als Sitzbänke oder Schlaflager dienten. Dabei gab es stets eine größere Plattform, die nach Osten ausgerichtet war und sich in der Nähe des Herdes befand, während eine kleinere meist an der Ecke der Nordwand angebracht war. Unter diesen Plattformen fand man die Knochen der Toten, wobei unter der kleineren Eckplattform das Grab eines Ahnen war und unter der größeren Hauptplattform das Grab einer Ahnin.[286] Einzelne Kindergräber wurden bei der Ahnin oder direkt unter dem Herd entdeckt, jedoch nie beim Mann. Es ehrt den Archäologen, der zuerst diese Funde machte, dass er ohne Umschweife erklärte, „die soziologischen Folgerungen, die daraus zu ziehen sind, liegen auf der Hand".[287]

Auch hier zeigt sich: Das Haus gehörte der Frau und wurde als Mutterhaus betrachtet, die Kinder waren eindeutig der Frau zugeordnet, was die Matrilinearität belegt. Ihre Plattform liegt in der Nähe des Herdes, so weilte sie im Leben wie im Tode an ihrem Platz, der für die Hausgemeinschaft zentral war. Außerdem wurde die Ruhestätte der Ahnin besonders hervorgehoben, sie war sorgfältig verputzt und trug oft rote Bemalung. Rot wurde als Lebensfarbe betrachtet, und die Ausrichtung nach Osten galt der Himmelsrichtung von Licht und Leben. Diese Symbolik bezieht sich auf sie als die Lebensgeberin der Sippe. Der Mann weilte nun dauerhaft bei ihr, auch im Leben wie im Tode, denn in Çatal Höyük waren die Männer gänzlich ins häusliche Leben eingebunden. Er konnte jedoch nicht der Gatte der Ahnin gewesen sein als angeblicher „Stammvater" der Nachfahren, denn ein solcher pflegt in ihrer Mutterlinie und ihrem Mutterhaus nicht vorzukommen. Stattdessen dürfte es sich um ihren angesehensten Bruder gehandelt haben, einen ihrer nächsten männlichen Verwandten, denn ihre Brüder gehören zu ihrer Mutterlinie.

In matriarchalen Gesellschaften trägt der Mann als Mutterbruder Mitverantwortung für die Schwesterkinder und ist deren „sozialer Vater" (nach unserer Terminologie der „Onkel mütterlicherseits", Fachbegriff „Avunkulat"). Als Bruder bringt er den komplementären Teil der Ökonomie in den Haushalt ein, und meist ist es der älteste Mutterbruder, der den Haushalt und die Sippe nach außen vertritt.[288] Es war wohl ein solcher hochgeachteter Mann, der in Çatal Höyük mit der Bestattung im Haus als Ahn geehrt wurde. Insofern gab es hier kein „Familienoberhaupt", auch keine „Hausherrin", sondern das Schwester-Bruder-Paar, das in matriarchalen Gesellschaften auf der sozialen Ebene als das Ideal für gegenseitige Unterstützung und egalitäre Kooperation gilt.[289]

Außerdem gibt es in gegenwärtigen matriarchalen Gesellschaften neben anderem auch das Muster der sog. „Besuchsehe". Die jeweiligen Liebhaber oder Gatten kommen zu den Frauen nur über Nacht zu Besuch, gleichzeitig weilen die Brüder der Frauen über Nacht in einem anderen Haus bei ihren jeweiligen Geliebten, das heißt: nicht

---

[286] Es waren im Haus nicht nur diese Einzelpersonen bestattet, sondern oft mehrere Personen.
[287] Mellaart: *Çatal Hüyük*, S. 73–75. – Mellaart war der Erstausgräber (1967), er fand die Skelette noch „in situ" vor.
[288] Siehe dieses Muster des „Avunkulats" bei lebenden matriarchalen Gesellschaften, vgl. Göttner-Abendroth: *Das Matriarchat II. 1 und II. 2*.
[289] Zur großen Bedeutung des Schwester-Bruder-Paares in matriarchalen Gesellschaften siehe Taimalieutu Kiwi Tamasese: „Restoring Liberative Elements of our Cultural Gender Arrangements", in: Goettner-Abendroth (Hg): *Societies of Peace*.

blutsverwandte Männer leben nicht dauerhaft bei den Frauen.[290] Vielleicht traf auch dies für die Gesellschaft von Çatal Höyük zu. Wie auch immer die Liebesformen dort gewesen waren, es gab in dieser egalitären Gesellschaft grundsätzlich niemand, der den beiden Geschlechtern die freie Liebeswahl nehmen konnte. Diese war zugleich, anders als die Verwandtschaftsbeziehungen, flüchtig, was nach wie vor eine „Vaterschaft" in unserer Art unbekannt bleiben ließ. Es gab auch keinerlei Bedarf danach, weil die „väterlichen" Aufgaben in matriarchalen Gesellschaften beim Mutterbruder liegen, der auch als der nächste männliche Verwandte der Schwesterkinder gilt. Denn er trägt denselben Sippennamen wie diese.[291] Es handelt sich eben um ein anderes Konzept von „Vater", als wir es kennen, so dass Rückprojektionen unseres Begriffs von biologischen Vaterschaft hier unzulässig sind.

Das gilt auch für die Behauptung eines neueren Ausgräbers von Çatal Höyük, der in diesen Bestatteten die ehrwürdigsten Mitglieder, die „Oberhäupter" der Verwandtschaftslinie, sieht. Da diese Sitte für Männer wie für Frauen gleichermaßen üblich war, schließt er, dass die Verwandtschaft sowohl durch die weibliche wie die männliche Linie gerechnet wurde.[292] – Nun gab es erstens solche „Oberhäupter" im Sinne von Hierarchie nicht, und eine doppelte Verwandtschaftslinie lässt sich zweitens auch nicht aus dem Befund ableiten. Männliche Älteste belegen keine „männliche Linie" im Sinne von Vaterlinie, und die Ehrung dieser Personen spricht auch nicht dafür. Hier wird erneut die Rolle des Mannes als Mutterbruder innerhalb der matrilinearen Sippe nicht verstanden und mit der Rolle des Mannes als Vater in patrilinearen Gesellschaften verwechselt, was das Bild erheblich verzerrt.[293] Es ist in matriarchalen Gesellschaften normal, dass die älteste Frau als Mutter der Sippe und ihr Bruder, der älteste Mann als Sprecher der Sippe, sehr geachtet werden. Es ist der Respekt der Jüngeren gegenüber den Ältesten als beratender und integrierender Instanz, den man bei gegenwärtigen Gesellschaften dieser Art allgemein beobachten kann. Dies hebt jedoch die Egalität nicht auf, denn die Ältesten beiderlei Geschlechts sind keine befehlende Instanz, niemand kann Gehorsam erzwingen und herrschen.

Die besondere Achtung, die ältesten Frauen zuteil wurde, ist in Çatal Höyük deutlich zu sehen, insbesondere wenn sie Clangründerinnen und Priesterinnen gewesen waren. Denn man fand mit Ocker bemalte Frauen auch unter dem Boden von Kulthäusern, speziell dort, wo Wandgemälde angebracht waren. Unterm Boden des größten Kulthauses mit dem Gemälde der Stadt selbst wurde das symbolisch reich ausge-

---

[290] Siehe zu diesen Mustern von „Besuchsehe" die Mosuo und andere, vgl. Göttner-Abendroth, a.a.O. – In Çatal Höyük gab es auch häusliche Begräbnisse von Personen, die nicht verwandt waren, d.h. sie kamen von außerhalb des Mutterclans. Das könnte ein Hinweis auf die in matriarchalen Gesellschaften übliche Sitte der Adoption sein.
[291] Ebd.
[292] Hodder: „Women and Men", S. 81. Er bezieht sich auf die Sitte der Schädelbestattungen in Çatal Höyük, siehe dazu weiter unten.
[293] Siehe die Kritik zu Hodder („Stadt der Frauen"/"Women and Men") von Heide Göttner-Abendroth: „Gab es eine matriarchale Gesellschaftsordnung in Chatal Hüyük? Eine kritische Analyse der jüngsten Argumentation zu diesem Thema", in: Heide Göttner-Abendroth: *Am Anfang die Mütter. Matriarchale Gesellschaft und Politik als Alternative*, Stuttgart 2011, Kohlhammer Verlag, S. 47–52.

statte Grab einer Frau gefunden, die für die Menschen eine große Bedeutung gehabt haben musste – ohne dass damit ein „Oberhaupt" bewiesen wäre.[294]

Es gibt noch weitere Hinweise auf die Entwicklung der Mutterlinie in den jungsteinzeitlichen Gesellschaften Westasiens, sie stammen aus der Ikonografie. So sind im gesamten Gebiet des Fruchtbaren Halbmonds und Anatoliens weibliche Doppelfiguren verbreitet, eine eigenartige Darstellungsweise, die sich später in Europa fortsetzt.[295] Es beginnt mit Doppelköpfigkeit, bei der zwei weibliche Köpfe aus einem Block ragen, dass es aussieht, als stammen sie aus einer einzigen Wurzel, zum Beispiel:

- mehrere große und kleine Exemplare doppelköpfiger Darstellung aus der Stadt 'Ain Ghazal (7. Jt., Jordanien) (Serie A, Abb. a);
- eine marmorne, doppelköpfige Figur mit zwei Brüstepaaren, aber aus einem Block aus Çatal Höyük (7. Jt., Zentralanatolien) (Serie A, Abb. b);
- eine doppelköpfige Scheibenfigur aus Alabaster, Fundort Kültepe (3. Jt., Zentralanatolien) (Serie A, Abb. c);
- eine doppelköpfige Figur mit nur einem Brüstepaar aus der Vinča-Kultur (5. Jt., Südrumänien) (Serie A, Abb. d).
- Weibliche Doppelfiguren treten auch nebeneinander gestellt auf, nicht als Doppelköpfigkeit, aber völlig gleich, zum Beispiel:
- fünf Miniaturen aus gehämmerten Gold von je zwei gleichen Frauen, Fundort Alaca Höyük (3. Jt., Zentralanatolien) (Serie A, Abb. e).

Die weite Verbreitung und der enorm lange Zeitraum dieses Motivs zeigen an, dass es sich dabei um etwas Wichtiges handelt, das trotz der Varianten eine feste Bedeutung hat. Über diese Bedeutung der Figuren hat man gerätselt und dabei den genauen kulturellen Kontext außer Acht gelassen. Wenn wir sie in den Kontext der jungsteinzeitlichen Sozialordnung zurückstellen, klärt es sich: Sie bilden am ehesten das Mutter-Tochter-Paar ab, denn dieses Paar ist das entscheidend wichtige für die Bildung der Mutterlinie, die auf der Mutter-Tochter-Folge beruht.

Doch befragen wir die jungsteinzeitliche Ikonografie weiter, ob sich diese Deutung erhärten lässt. In ihrem Bildrepertoire finden sich weibliche Doppelfiguren auch ineinander, untereinander oder übereinander, zum Beispiel:

- Doppelfiguren in Gebärhaltung gleich dreimal nebeneinander, wobei je eine aus der anderen hervorgeht wie die Tochter, die aus der Mutter geboren wird; in der untersten Reihe findet sich dieselbe schematische Figur in Gebärhaltung sechsmal nebeneinander, so als ob sich die Tochtergeneration selbst verdoppelt hat; Fresko aus Çatal Höyük (Serie A, Abb. f);
- eine erhabene Frau mit zwei Leoparden, unter ihr ebenfalls zwei Frauen als Töchter, welche so angeordnet sind, dass sie die Fortsetzung der mütterlichen Gestalt bilden; Fresko aus Çatal Höyük (Serie A, Abb. g);

---

[294] Marija Gimbutas: *Die Zivilisation der Göttin. Die Welt des Alten Europa*, Frankfurt 1996, Zweitausendeins Verlag, S. 9.
[295] Vgl. die Zusammenstellung der vielfältigen Aspekte von weiblichen Doppelfiguren in Vicki Noble: *The Double Goddess*, Rochester, Vermont 2003, Bear & Company.

Sozialordnung der Jungsteinzeit in Westasien: neue Komplexität 113

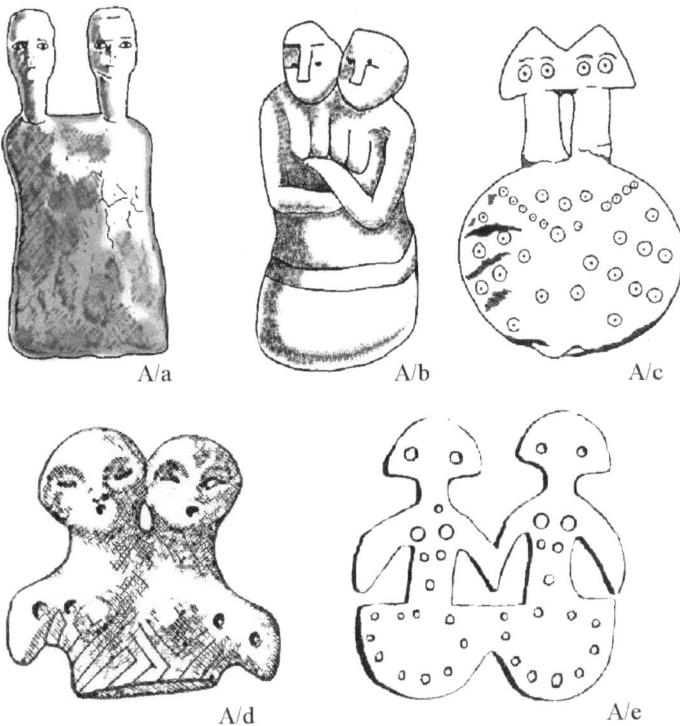

Serie A:
Abb. a: Große und kleine Exemplare doppelköpfiger Frauenfiguren ('Ain Ghazal)
Abb. b: Doppelköpfige Frauenfigur mit zwei Brüstepaaren (Çatal Höyük)
Abb. c: Doppelköpfige weibliche Scheibenfigur (Kültepe)
(a–c: Zeichnungen von Gudrun Frank-Wissmann, nach Vicki Noble/Eve Kimberley)
Abb. d: Doppelköpfige Frauenfigur mit nur einem Brüstepaar (Vinça-Kultur) (Zeichnung von Gudrun Frank-Wissmann, nach Gimbutas)
Abb. e: Miniatur von zwei gleichen Frauen (Alaca Höyük) (Zeichnung von der Autorin, nach Gimbutas)

- dasselbe Motiv, wenn auch vereinfacht und stark schematisiert bei einigen Augen-Figurinen aus Tell Brak (3. Jt., Nord-Syrien); man sieht hier zweimal eine Tochter-Figur innerhalb der Mutterfigur, und beim dritten Mal ist sie aus dieser hervorgekommen wie nach oben herausgewachsen (Serie A, Abb. h);
- derselbe Gedanke sehr klar verbildlicht in einer Figur aus Marmor von den Kykladen-Inseln (3. Jt., griechische Ägäis); die kleinere, weibliche Figur steht auf dem Kopf der größeren, weiblichen Figur und bildet mit dieser eine Linie: die Mutterlinie (Serie A, Abb. i).

So wurde dieses Motiv in den verschiedenen jungsteinzeitlichen Kulturregionen künstlerisch vielfältig gestaltet. Diese Bilddokumente setzen sich zahlreich durch die Jahrtausende in Westasien und Europa fort, und es gibt sie in diesen frühen Epo-

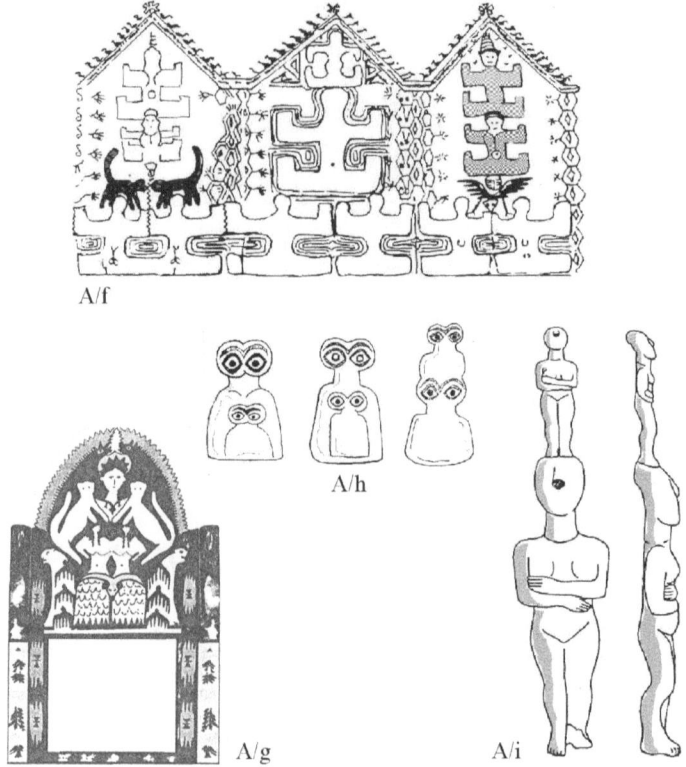

Serie A:
Abb. f: Fresko mit drei Doppelfiguren von Frauen in Gebärhaltung (Çatal Höyük)
Abb. g: Fresko mit großer Frau, zwei Töchtern und zwei Leoparden (Çatal Höyük)
Abb. h: Drei Augen-Figurinen (Tell Brak)
Abb. i: Frauenfigur mit kleiner weiblicher Figur, Seitenansicht und Vorderansicht (Kykladen-Inseln)
(Zeichnungen von Gudrun Frank-Wissmann, nach Vicki Noble/Eve Kimberley)

chen auf der ganzen Welt.[296] Es besagt überall dasselbe: die Erkenntnis und Entwicklung der Mutterlinie, eine sozial und kulturell überaus bedeutsame Tatsache. Es gibt nichts Vergleichbares mit männlichen Figuren.

In Europa wurde das Motiv sowohl in personaler Form (Vinča-Kultur, siehe oben) als auch in abstrakter Form fortgesetzt, zum Beispiel:

- auf mehreren Megalithsteinen des großen Ganggrabes von Gavrinis (4. Jt., Bretagne Frankreich); hier stellen die bogenförmigen Wachstumsmotive, die nach oben hin auseinander hervorgehen und von denen jedes unten eine kleine, vulvaartige Öffnung hat, das Wachsen der Mutterlinie dar; die seitlichen Bogenformen zeigen die Seitenzweige derselben Linie; an den Rändern wird die aus sich herauswachsende, weibliche Linie graphisch wiederholt (Serie A, Abb. j);

---

[296] Zur weltweiten Verbreitung vgl. Vicki Noble, ebd.

Sozialordnung der Jungsteinzeit in Westasien: neue Komplexität 115

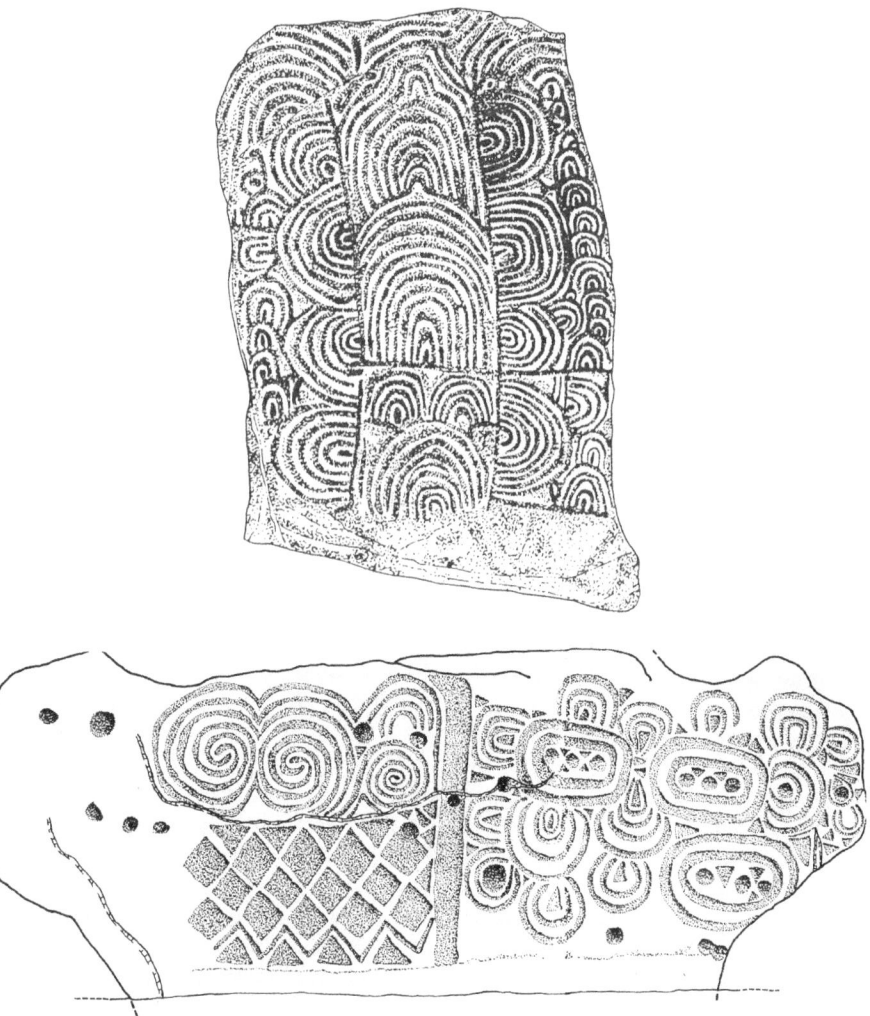

Serie A:
Abb. j: Gravuren auf Megalithstein aus Grab von Gavrinis (Bretagne/Frankreich)
Abb. k: Gravuren auf Megalithstein aus Grab von New Grange (Irland)
(aus: Marija Gimbutas: Die Sprache der Göttin, S. 225, 238)

- auf der rechten Seite eines Megalithsteines aus der Grabkammer von New Grange (4. Jt., Irland); hier kehrt dasselbe abstrakte Motiv abgewandelt wieder, wenn auch nicht so klar; aber man kann noch sehen, wie aus zentralen Kartuschen in alle Richtungen weibliche Bogenformen herauswachsen (Serie A, Abb. k).

Das Motiv des Mutter-Tochter-Paares als Ausdruck der weiblichen Genealogie überdauerte noch weitere Jahrtausende, wie an dem berühmten, mythischen Paar von Demeter und Kore im antiken Griechenland zu sehen ist. Die Religion der Göttin Demeter schöpfte aus sehr alten Wurzeln und weist deutlich auf die im vor-patriarchalen Griechenland geltende Mutterlinie hin.

Die weibliche Genealogie oder Matrilinearität herausgefunden und entwickelt zu haben gehört zu den wichtigsten Kulturleistungen der Frauen in der jungsteinzeitlichen Epoche. Sie haben damit zum ersten Mal die Idee von Verwandtschaft, hier als Blutsverwandtschaft, konzipiert. „Blutsverwandtschaft" heißt es, weil die Menschen glaubten, ein Kind würde allein aus dem Menstruationsblut der Frau gebildet, das während der Schwangerschaft neun Monate lang ausbleibt.[297] Mit der Matrilinearität, die beide Geschlechter in blutsverwandter Mutterlinie umfasste, gaben die Frauen den jungsteinzeitlichen Gemeinschaften und der Gesellschaft insgesamt eine neue Struktur. Außerdem hielten sie alle Gruppierungen über diese Verwandtschaftslinien egalitär zusammen. Denn jedes Mitglied wusste, welche Pflichten und Rechte es innerhalb des eigenen Clans hatte, ebenso den anderen Clans gegenüber, mit denen die eigene Sippe in einem Netz von Beziehungen verflochten war.

Auch darauf weisen die archäologischen Funde hin. So zeigen die dauerhaft bewohnten Siedlungen bestimmte Häusergruppen, die zusammengehören und Segmente bilden. Ein Ort kann vier oder mehr solcher Segmente enthalten, von denen die Archäologen annehmen, dass diese Haushalte zu einer einzigen Verwandtschaftsgruppe, eben einer Sippe, gehörten. Charakteristisch dabei ist, dass diese Segmente annähernd gleichgroß sind und der gesamte Ort nach einem symmetrischen Muster angelegt wurde. Sehr deutlich wird das bei Çatal Höyük, wo diese Häusergruppen gleiche Segmente bilden und die gesamte Stadt zusätzlich in eine nördliche und eine südliche Hälfte eingeteilt ist, die sich die Waage halten.[298] Das heißt, die Verwandtschaftsverhältnisse strukturierten jedes Dorf und jede Stadt durch horizontale, komplexe Vernetzung. Auf diese Weise wurde eine *matrilineare Verwandtschaftsgesellschaft* geschaffen, die ein System der gegenseitigen Hilfeleistung war und das Aufkommen einer Zentralmacht verhinderte – wie es anhand der Vernetzung von matrilinearen Clans bei lebenden matriarchalen Gesellschaften beobachtet wurde. Diese Verwandtschaftsnetze stellen eine weitaus komplexere und dynamischere soziale Organisationsform dar, als von oben nach unten organisierte, hierarchische Gesellschaften sie haben. Die Dynamik entsteht durch intensive Interaktion und Kooperation, weil bei Veränderungen die Balance zwischen allen Teilen der Gesellschaft immer wieder hergestellt werden muss. Das heißt, sie ist nicht einfach da und schon gar nicht „primitiv", sondern setzt eine hohe soziale Kompetenz voraus.

Zugleich zeigen die archäologischen Funde, dass die Menschen über Generationen ihre Häuser aufeinander zu errichten pflegten. Wenn ein Haus aufgegeben wurde, riss man die oberen Wände ab und füllte den unteren Teil sorgfältig mit Erde auf, um das neue Haus auf den Mauern des alten zu errichten. Dies geschah über Jahrhunderte, so dass die Siedlungshügel („Tells") immer höher wuchsen, wie z.B. der 21 m hohe Siedlungshügel von Çatal Höyük.[299] Warum taten sie das in jener Zeit, in der doch genügend Boden zum Bebauen zur Verfügung stand? Es zeigt sich darin

---

[297] Vgl. dazu die Trobriander, in: Malinowski: *Das Geschlechtsleben*, ebenso die traditionelle Sicht der Berberfrauen, in: Makilam: *Die Magie kabylischer Frauen*.
[298] Souvatzi: „Social complexity", S. 47; Hodder in: *Die ältesten Monumente*, S. 124.
[299] *Die ältesten Monumente*, darin: Özbaşaran/Cutting, S. 118–121, Hodder, S. 124–125.

ein „soziales Gedächtnis", ein Festhalten an der Lebensform der Vorfahren, das den Nachkommen soziale Kontinuität garantierte. So wurde auf dem Mutterhaus, wenn nötig ein gleiches Tochterhaus errichtet, womit die Stätte der Vorfahrin respektiert wurde. Es ruhten ja die Gebeine der Verstorbenen unter den alten Häusern, die damit zugleich sakrale Plätze waren, die man nicht aufgab. Tochterhäuser wuchsen auf diese Weise aus den älteren Mutterhäusern nach oben hervor wie die abstrakten Wachstumsformen auf den Megalithsteinen von Gavrinis (vgl. Serie A, Abb. j, S. 115). Das dokumentiert, dass in die Entwicklung der matrilinearen Verwandtschaft nun auch die *Reihe der Ahninnen* einbezogen wurde, die lange Gliederkette, die aus der Vergangenheit in die jeweilige Gegenwart führt. Damit entstand durch die Geschichte des jeweiligen Clans ein neues Bewusstsein von Vergangenheit, das mit der ersten Ahnfrau beginnt.

Bei dieser Bauweise wurde die Struktur der Siedlung insgesamt nicht verändert, weil sie ja das komplexe Gefüge der Sippen manifestiert. Sie wurde als die Struktur der gesamten Verwandtschaftsgesellschaft strikt beibehalten. Das heißt aber nicht, dass im Inneren der Häuser immer alles gleichbleiben musste. Man sieht es an den Veränderungen der Hausgrundrisse durch die verschiedenen archäologischen Schichten hindurch. So konnte die innere Aufteilung variieren oder völlig neu arrangiert werden, Eingänge wurden verändert, Räume neu aufgeteilt, manche Häuser wurden kleiner, andere größer. Darin zeigt sich im Einzelnen ein stetes erneutes Ordnen, womit die Häuser an die sich verändernden Verhältnisse der Clans angepasst wurden, die wachsen oder schrumpfen konnten. Manchmal wurden alte Häuser auch verlassen und neue gebaut. Dies war wohl der Fall, wenn das Haus zerfiel, weil eine Sippe erlosch, oder wenn man innere Konflikte durch eine Re-Lokalisation löste. Auf diese Weise entstanden auch neue Häusergruppierungen.[300] Die einzelnen Clans richteten sich damit flexibel innerhalb der festen Struktur der Gemeinschaft ein.[301]

Ein anderer Anlass, um neue Häuser zu bauen, war ein Brand, was öfter vorkam. Dann wurden die zerstörten Häuser oder Häusergruppen auf den alten Fundamenten wieder errichtet. Besonders interessant ist, dass es keine Beispiele für durch Krieg niedergebrannte, total zerstörte Orte gibt, denn der Neubau betraf nie die gesamte Ortschaft. Eine archäologische Evidenz für Massaker, Kriege und Festungsanlagen zur Verteidigung ist für jene Epochen nicht vorhanden.[302]

---

[300] Souvatzi: „Land Tenure", S. 31–33.
[301] In den Häusern fand man Tonstempel mit Mustern, die als „Siegel für Privateigentum" interpretiert wurden (Nissen, S. 32; *Die ältesten Monumente*, Katalog S. 370–371). Das ist höchst zweifelhaft, denn diese Tonstempel können auch dazu gedient haben, um Stoffe, Leder und anderes zu bedrucken. Sollten sie wirklich Siegel gewesen sein, dann eher, um das Sippeneigentum zu kennzeichnen, denn Privateigentum von Einzelpersonen gab es nicht. Aber auch das Sippeneigentum war nicht „privat", was man daran sehen kann, dass materielle Güter immer wieder ausgleichend verteilt wurden. Es gab kein Festhalten an Besitztümern, wohl aber an der Tradition, zu deren Regeln die gleiche Verteilung der Güter an alle Mitglieder der Gemeinschaft gehörte. Vgl. Souvatzi: „Social complexity", S. 40 ff.
[302] Bar-Yosef, S. 159–160.

Kultur und Religion der Jungsteinzeit in Westasien: früher religiöser Reichtum

Symbolik von Tod und Leben

Die megalithischen Tempel und die Gemeinschaftshäuser dienten außer zu Beratungen insbesondere der Religion – was eigentlich nicht zu trennen ist. Dies zeigt ihre oft reiche, symbolische Ausstattung. Von Anfang an waren öffentliche, religiöse Feste, bei denen die Jagdbeute oder die agrarischen Überschüsse gemeinsam konsumiert wurden, ebenso besondere materielle Güter als Geschenke an alle verteilt wurden, der Motor für die soziale Bindung der Mitglieder an die Gemeinschaft.[303] Das wurde bereits für Hallan Çemi nachgewiesen, wo die Menschen meist noch vom Jagen und Sammeln lebten (11. Jt.). Der zentrale Platz war hier von Tierknochen übersät, wobei die Skelette zum Teil noch zusammenhingen und einige Schädel aufgereiht waren, was darauf hinweist, dass die Jagdbeute zur Schau gestellt wurde, bevor man sie gemeinsam verspeiste. Außerdem fanden die Archäologen verzierte Steinschalen und Stößel, die zeigen, dass eine solche Festmahlzeit nicht nur aus Fleisch, sondern auch aus Pflanzenprodukten bestand.[304] Nicht anders hat es sich in den späteren Gemeinschaftshäusern zugetragen, wo man ebenfalls Tierknochendepots fand.[305] Man nimmt an, dass es insbesondere die Totenfeiern waren, für welche die Gemeinschaft zusammenkam.

Bei diesen Feiern ging es nicht nur um eine würdige Begleitung von Verstorbenen, sondern auch um die Bekräftigung ihrer Wiedergeburt aus dem Tod, eben den Wiedergeburtsglauben. Es ist die religiöse Grundidee, um das Problem des Todes zu lösen, die bereits in der Altsteinzeit zentral war und in der Jungsteinzeit weitergeführt und entfaltet wurde. Dafür spricht die Symbolik bereits in Hallan Çemi: Hier fand man den Schädel eines Auerochsen mit ausladenden Hörnern in einem öffentlichen Gebäude, der dort wohl an der Wand gehangen hatte.[306] Auch in etlichen anderen frühen Siedlungen war Stiergehörn präsent. Die Hörner stellten jedoch kein Symbol für „männliche Fruchtbarkeit" dar – eine beliebte, aber ideologische Interpretation –, sondern sie setzten die altsteinzeitliche, symbolische Verknüpfung des Stieres mit dem Mond fort, die Jahrhunderttausende hindurch Gültigkeit hatte. Der Mond selbst gibt mit seinen Phasen den Zeitverlauf an, auf ihm beruhte der erste Kalender. Nicht zufällig dienten die frühesten, in die Erde vertieften Gemeinschaftsgebäude auch der

---

[303] Diese Methode, durch öffentliche Feste für eine gleiche Verteilung der Güter zu sorgen, ist von indigenen matriarchalen Gesellschaften bekannt, z.B. aus der Stadt Juchitán in Mexiko. Das wurde hier ausdrücklich untersucht, siehe Veronika Bennholdt-Thomsen: „Gegenseitigkeit statt sozialer Gerechtigkeit. Zur Kritik der kulturellen Ahnungslosigkeit im modernen Patriarchat", in: Brigitta Hauser-Schäublin (Hg.): *Ethnologische Frauenforschung*, Berlin 1991, Reimer Verlag; dieselbe: *Juchitán, Stadt der Frauen. Vom Leben im Matriarchat*, Reinbek bei Hamburg 1994, Rowohlt Verlag.
[304] Rosenberg, in: *Die ältesten Monumente*, S. 54–55.
[305] Aurenche, a.a.O., S. 63.
[306] Rosenberg, a.a.O., S. 54.

astronomischen Beobachtung.³⁰⁷ Zugleich steht er für die ewige Wandlung von Wachsen, Vollwerden, Verschwinden und Wiederkehr und ist damit ein uraltes Symbol des Wiedergeburtsglaubens.

Zwei andere Symboltiere treten in Reliefs auf den Steinplatten von Gemeinschaftshäusern auf: Raubvögel, sogar zweimal vollplastisch (Jerf el Ahmar, Nemrik), und Panther oder Leoparden (Tell Abr).³⁰⁸ Sie sind in der Ikonografie der westasiatischen Jungsteinzeit häufig und dominant, so dass sie eine tiefe und allgemeine Bedeutung gehabt haben müssen. Dabei war der Raubvogel, insbesondere in der Darstellung als Geier, ein Symbol des Todes. Denn zwischen den Geierdarstellungen sind schematische menschliche Figuren ohne Kopf abgebildet (Jerf el Ahmar, Çatal Höyük), was auf die Sitte hinweist, die Toten zuerst im Freien auszusetzen, damit die Geier sie entfleischen konnten (Exkarnation) (Abb. 2). Die Köpfe hatte man vorher abgetrennt, sie wurden gesondert bestattet. Die Leichen lagen dabei nicht einfach im offenen Gelände, sondern an besonderen Plätzen, wie die Abbildung eines luftigen Schilfhauses ohne Dach mit Totengebeinen zeigt, das als „Entfleischungshaus" anzusehen ist (Çatal Höyük).³⁰⁹ Zuletzt wurden die nackten Skelette sorgfältig gereinigt, oft verziert und ehrenvoll begraben.

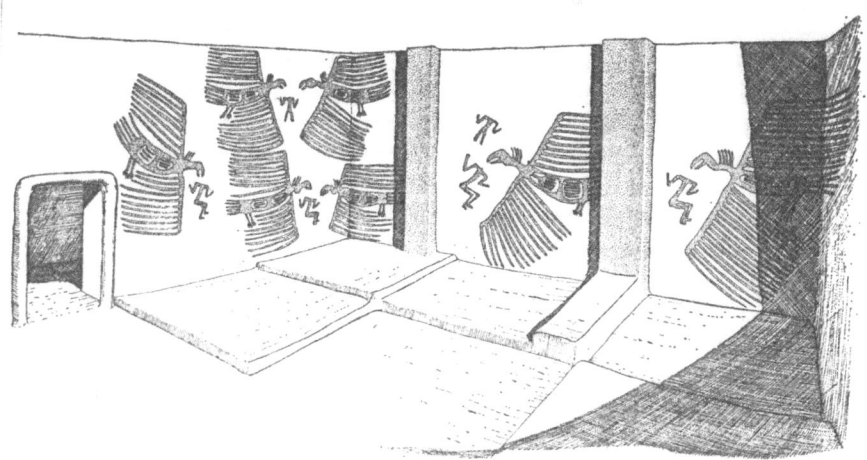

Abb. 2: Kultraum mit Geierdarstellungen aus Çatal Höyük (Nord- und Ostwand, Haus VII, 8) (aus: James Mellaart: Çatal Hüyük, S. 198)

Im Gegensatz zum Geier galt der Panther oder Leopard offenbar als ein Symbol des Lebens. Dafür spricht nicht nur die katzenartige Geschmeidigkeit, die Widerstandskraft und die große Fruchtbarkeit dieser Tiere, sondern Panther oder Leopard wurden in der Regel in Verbindung mit Frauen abgebildet.

Als Beispiele seien drei weibliche Figuren allein aus Çatal Höyük genannt:

- eine Sitzende, die zwei Leopardenjunge in den Armen hält (Serie B, Abb. a);

---

³⁰⁷ Aurenche, a.a.O., S. 56.
³⁰⁸ A.a.O., S. 61, 63.
³⁰⁹ Mellaart: Çatal Hüyük, S. 53.

 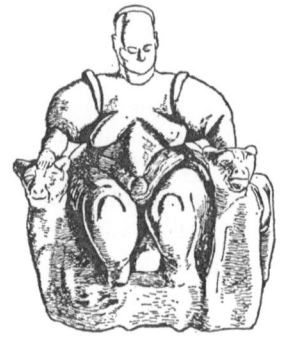 

Serie B:
Abb. a: Sitzende Frauenfigur mit zwei Leopardenjungen (Çatal Höyük)
Abb. b: Frauenfigur auf einem Leopardenthron (Çatal Höyük)
Abb. c: Meditierende Frauenfigur in Leopardenfell (Çatal Höyük)
(aus: James Mellaart: Çatal Hüyük, S. 216, 234, 233)

- eine zweite, sehr berühmte Figur, die eine Gebärende auf einem Leopardenthron darstellt (Serie B, Abb. b);
- eine dritte, in eine Leopardenhaut gehüllt, die im Schneidersitz meditiert (Serie B, Abb. c).

Andere aussagekräftige weibliche Figuren stammen aus Hacılar:

- zwei halten ein Kind in den Armen (Serie B, Abb. d, e);
- zwei andere sitzen auf Leoparden, von denen die eine ihre Brüste präsentiert (Serie B, Abb. f),
- während die andere ein Leopardenjunges wie ein Kind an sich drückt (Serie B, Abb. g).

Dass reale Frauen dies nicht vermögen, liegt auf der Hand, weshalb diese Figuren hochgradig symbolisch zu verstehen sind: Sie drücken die weibliche, lebensgebende Kraft aus, wofür die Leoparden als Symbol stehen.

Diese Symbolik beginnt sehr früh (Nemrik, 11. Jt., Jerf el Ahmar und Tell Abr, 10. Jt.) und zeigt sich voll entfaltet in der späten, keramischen Jungsteinzeit (Çatal Höyük und Hacılar, 8. bis 7. Jt.). Sie hat damit eine beträchtliche Dauer, was ihre hohe Bedeutung dokumentiert, die sie für die Menschen damals gehabt hatte.

Bei den frühesten megalithischen Tempeln vom Hügel Göbekli Tepe (10. bis 9. Jt.) und aus dem Ort Nevalı Çori (9. bis 8. Jt.), die durch ihre Großartigkeit beeindrucken, stellt sich die Symbolik in mancher Hinsicht ähnlich dar. Beim Göbekli Tepe sind tierreiche Bildmotive als Reliefs auf den T-Pfeilern angebracht worden, und dabei kommen Geier und Panther/Leopard prominent vor. So ist z.B. ein Geier, der größer und aktiver ist als alle anderen Tiere, auf dem reich geschmückten Pfeiler 43 abgebildet. Er scheint das Geschehen zu dirigieren, und nicht zufällig befindet sich auf der

Kultur und Religion der Jungsteinzeit in Westasien: früher religiöser Reichtum   121

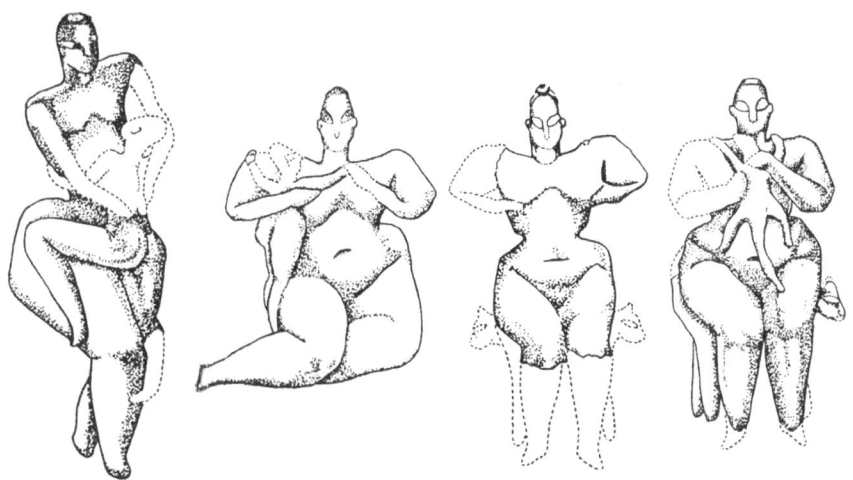

Serie B:
Abb. d: Frauenfigur mit Kind (Hacılar)
Abb. e: Sitzende Frauenfigur mit Kind (Hacılar)
Abb. f: Frauenfigur auf zwei Leoparden, ihre Brüste präsentierend (Hacılar)
Abb. g: Frauenfigur auf einem Leoparden, mit Leopardenjungem
(aus: James Mellaart, The Neolithic of the Near East, S. 115)

rechten, unteren Ecke des Pfeilers ein kleiner, schematischer Mann ohne Kopf.[310] Im sogenannten „Löwenpfeilergebäude" beherrschen zwei zähnefletschende Panther die beiden zentralen Pfeiler, es sind die einzigen Reliefs aus der jüngeren Bauphase.[311]

Deutlicher wird die Symbolik von Tod und Leben in Nevalı Çori, in dessen Tempel man eine metergroße Vollplastik fand, bei der nach Art eines Totempfahles die Motive übereinander angeordnet sind (Abb. 3): Ein großer Raubvogel, sehr wahrscheinlich ein Geier, nimmt den obersten Platz ein. Er sitzt auf den Köpfen von zwei Frauen, deren lange Haare durch Schraffur angedeutet sind und von einem Netz gehalten werden. Die Frauen verschränken ihre Körper Rücken an Rücken miteinander, ihre Hände fassen nach vorn zur Vulva, die durch eine Spalte angedeutet ist. Ihre Haltung erinnert an spätere Sheela-na-gig-Figuren, die ihre Vulva präsentieren. Mit dieser Plastik wird die Symbolik von Tod und Leben eindeutig ausgedrückt: Der Tod, symbolisiert durch den Geier, wird überwunden durch die Wiedergeburt aus der Frau, deren Vulva das Tor zu neuem Leben ist. Damit knüpft dieses Kunstwerk direkt an die Bedeutung der häufigen Vulva-Zeichen aus der Altsteinzeit an und setzt sie fort, denn die uralte Wiedergeburtsreligion ist nach wie vor gültig. Dasselbe Arrangement kehrt in einer anderen Vollplastik aus Nevalı Çori wieder: Sie zeigt einen schön modellierten Frauenkopf mit Netzfrisur, auf dem abermals ein Raubvogel mit ausgeprägten Geierkrallen sitzt.[312] Obwohl die Bildsäule nur bruchstückhaft vorhanden

---

[310] Abb. in: *Die ältesten Monumente*, S. 93.
[311] Abb. a.a.O., S. 84.
[312] A.a.O., S. 288.

122 Kapitel 3: Jungsteinzeit in Westasien

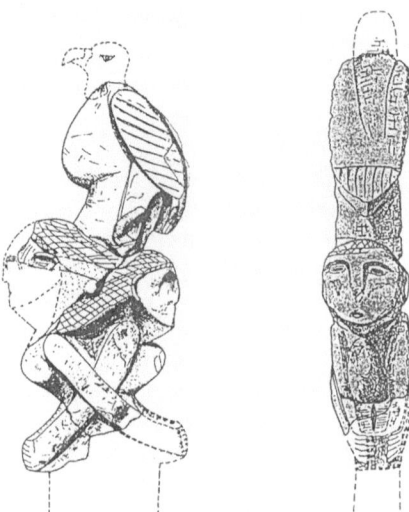

Abb. 3: Vollplastik mit Geier und zwei Frauen, sog. „Totempfahl", aus Nevalı Çori, Seitenansicht und Vorderansicht (aus: Die ältesten Monumente, S. 68)

ist, lässt dieselbe Anordnung von Geier und Frau kaum eine andere Deutung zu als wieder das Thema von Tod und Wiedergeburt. Diese kunstvollen Plastiken waren mit ihrem Bedeutungsgehalt keineswegs etwas Nebensächliches, sondern standen vermutlich als Kultbilder im Zentrum des Heiligtums dieses Ortes.

Die Weiblich-Männlich-Polarität

Aus derselben Epoche wurde in Urfa in der Nähe von Nevalı Çori eine 2 m große Vollplastik geborgen, die in einfachen Formen einen Mann darstellt. Die Gestalt ist nackt und das Gesicht schematisch schlicht, ohne individuelle Züge. Um den Hals trägt er einen doppelten, V-förmigen Schmuck, der den Blick nach unten lenkt, wo er mit beiden auf den Leib gelegten Händen seinen Phallus präsentiert (Abb. 4). Solche phallischen Figuren, wenn auch kleiner, kamen ebenfalls im Göbekli Tepe ans Licht, außerdem phallusartige Gegenstände.[313] Daraus kann man aber weder auf eine beginnende Dominanz der Männer noch auf den einzelnen „Großen Mann" schließen, der plötzlich auf die geschichtliche Bühne tritt, und schon gar nicht auf eine „Phallokratie". Solche phallusartigen Gegenstände hat man schon aus der Altsteinzeit mit ihrer egalitären Lebensform gefunden, sie sind aber im Vergleich mit den zahlreichen Vulva-Darstellungen äußerst selten.[314] In den kommenden Jahrtausenden waren diese

---

[313] Harald Hauptmann/Klaus Schmidt, in: *Die ältesten Monumente*, S. 70–72.
[314] *Eiszeit. Kunst und Kultur*, Archäologisches Landesmuseum Baden-Württemberg und Universität Tübingen (Hg.), Stuttgart-Ostfildern 2009, Thorbecke Verlag, darin: Nicholas J. Conard/Petra Kieselbach, S. 282–286. – Bei den meisten aufgezählten Gegenständen dieser Art hat man durch Narben und Kratzer bewiesen, dass sie nicht um ihrer selbst willen gemacht wurden, sondern als Werkzeug dienten, als Schlagstein, Retuscheur und Schleifstein. Das legt eher nahe, dass

Kultur und Religion der Jungsteinzeit in Westasien: früher religiöser Reichtum 123

Abb. 4: Männliche Skulptur aus Urfa (aus: Die ältesten Monumente, S. 288)

„ithyphallisch" genannten Figuren ebenfalls beliebt, sie kommen noch im antiken Griechenland z.B. als Hermes-Stelen vor.

Die Bedeutung dieser Funde wurde schon für die Altsteinzeit maßlos übertrieben. Anhand der wenigen Phallus-Darstellungen behauptet man, dass „die biologische Grundlage bei der Fortpflanzung bekannt war" und dass „Sexualmagie" bei Initiationsriten im Spiel war.[315] Beide Annahmen werden auch für die Jungsteinzeit gemacht, doch sie sind höchst zweifelhaft. Zur zweiten Behauptung ist zu sagen, dass traditionelle, sexuelle Bräuche ebenso häufig ausgeübt werden wie alle anderen Bräuche, was eine Vielzahl dieser Objekte voraussetzen würde, die genauso verehrt worden wären wie die Vulva. Aber es gibt sie nicht. Erst recht sind solche Behauptungen ausgeschlossen, dass die Erkenntnis der Mitwirkung des Mannes für eine Schwangerschaft bekannt wäre und damit sogleich der Begriff des biologischen „Vaters" oder gar die „Vaterlinie" aufgekommen wären. Das ist männliches Wunschdenken aus unserer Gegenwart, denn diese Erkenntnis war allein schon wegen der freien und häufigen Liebeswahl der Frauen in der Alt- und Jungsteinzeit nicht möglich.

Außerdem handelt es sich hier um eine einseitig biologistische Sichtweise, die grundsätzlich verkennt, dass es bei den steinzeitlichen Frauendarstellungen nicht um Sexualität und Fortpflanzung, sondern um die Religion der Wiedergeburt ging. Auch für die Darstellungen mit ausdrücklicher Betonung des Phallus, wie z.B. die Statue von Urfa, ist dieser religiöse Hintergrund zu beachten. Diese Plastik belegt keinen „Fruchtbarkeitskult", weil es den steinzeitlichen Menschen nicht um bloße Frucht-

---

einzelne Männer ihre Werkzeuge als Phallus formten, weil dies ihrem Männlichkeitsgefühl und der allgemeinen symbolischen Denkweise entsprach, ohne dass eine weitere Bedeutung damit verbunden war.

[315] Ebd.

barkeit ging, sondern um die Wiederkehr des Lebens aus dem Tod. Genauer gesagt: Es ging um die Wiedergeburt der Verstorbenen aus dem Jenseits der Anderswelt zurück in die diesseitige Welt. Die Vorstellung von Ahninnen und Ahnen formierte sich mit der Entwicklung der Genealogie, was zur Ahnenverehrung führte (sogenannter „Ahnenkult"). Sie galten als der andere Teil der Sippe, der in der Anderswelt weilt und von dort Segen spendet. Wann es ihnen beliebte, kehrten sie durch Geburt als kleine Kinder in die eigene Sippe zurück. Deshalb galten Kinder nicht als vom Manne stammend, sondern von den Ahninnen gesandt. Jede Frau, die schwanger werden wollte, empfing eine Ahnenseele direkt aus der Anderswelt und verleiblichte sie während der Schwangerschaft. Daher wurde die wahre Ursache jeder Geburt in dem Reinkarnationswunsch eines Ahnengeistes gesehen. Es ist eine nicht-biologistische, spirituelle Auffassung von Geburt, die noch in der Gegenwart von indigenen Völkern dokumentiert ist.[316] Auch in unserem europäischen Kulturraum spiegeln viele volkstümliche Sagen und Bräuche diesen Glauben wie z.B. das „Kinderholen" aus Ahnensteinen, aus Seelenteichen und Seelenbergen, aus Quellen und Brunnen und von Anderswelt-Inseln. Sie weisen noch in viel späteren Epochen auf diese sehr alte, einst in allen Kulturen verbreitete Auffassung hin.[317]

Im Rahmen dieses Glaubens wurde auch die Mitwirkung des Mannes anders aufgefasst, als wir sie kennen. So glaubten die matriarchalen Trobriander (Melanesien), dass der Liebhaber nur das „Tor" der Frau öffnet, damit eine Ahnenseele in sie schlüpfen kann. Diese Seele holte sie dann selbst ab, indem sie im Meer badete, wenn viele Blätter, Zweige oder Tang auf den Wellen schwammen. Denn darauf pflegen die Seelchen zu sitzen und auf eine Frau zu warten, die sie empfangen und wiedergebären wollte. In Mitteleuropa gibt es eine analoge Mythe vom Frau Holle-Teich auf dem Meißner, wohin junge Frauen pilgerten, um darin zu baden und ein Seelchen zu empfangen.[318] An der Wiedergeburt der Ahnenwesen als Kinder konnte ein Liebhaber schon deshalb nicht mitwirken, weil diese einen anderen matrilinearen Clannamen als er trugen, d. h. nicht als mit ihm verwandt galten. Hingegen war der Bruder als der nächste männliche Verwandte der Frau wichtig, und eine Frau, die zu empfangen wünschte, konnte ihn bitten, ihr einen Krug Wasser, worin etwas schwimmt, aus dem Meer oder Teich in ihr Haus zu holen. So war er im spirituellen Sinne an der Wiedergeburt der Ahnen beteiligt.[319]

Wie auch immer diese Vorstellungen in der Steinzeit aussahen, sie waren mit Sicherheit anders als bei uns. Ebenso sicher dürfte es sein, dass die ithyphallischen Figuren einen ähnlichen sakralen Kontext hatten wie die vielen Vulva-Darstellungen und nicht nur sexuell oder biologistisch verstanden wurden. Einen Schlüssel zum besseren Verständnis geben die vielen „Yoni-lingam"-Zeichen, die in Indien bis heute verehrt werden und aus einer uralten kulturellen Schicht stammen. Yoni (Vulva) und Lingam (Phallus) kommen einzeln oder zusammen vor, und stets sind sie fester Bestandteil der Volksfrömmigkeit. Sie haben einen hohen spirituellen Gehalt, denn

---

[316] Vgl. Beispiele dazu, in: Göttner-Abendroth: *Das Matriarchat II,1* und *II, 2*.
[317] Vgl. Heide Göttner-Abendroth: *Matriarchale Landschaftsmythologie*, Stuttgart 2014, Kohlhammer-Verlag; dieselbe: *Berggöttinnen der Alpen*, Bozen 2016, Raetia Verlag.
[318] Malinowski: *Das Geschlechtsleben;* Heide Göttner-Abendroth: *Frau Holle. Das Feenvolk der Dolomiten*, Königstein 2005, Ulrike Helmer Verlag.
[319] Malinowski, ebd.

sie symbolisieren eine wichtige Polarität der Welt, die Weiblich-Männlich-Polarität. Bei indigenen matriarchalen Völkern wird die gesamte Welt als aus Polaritäten bestehend aufgefasst: Himmel und Erde, Sonne und Mond, Sommer und Winter, Ost und West, Leben und Tod, Ältere und Jüngere usw. und darin eingeschlossen Weiblich und Männlich, wobei die beiden Seiten einer Polarität nicht bewertet werden. Sie werden auch nicht als Gegensätze verstanden, die sich bekämpfen, sondern sie ergänzen sich und halten einander in Balance. Daraus geht die Dynamik des Kosmos und der Menschenwelt hervor. Man könnte diese Weltsicht als „polare Kosmologie" bezeichnen.[320] Manche dieser Kulturen betrachten die Weiblich-Männlich-Polarität sogar als grundlegend, so dass sie sich z.B. den Himmel in eine männliche und eine weibliche Hälfte geteilt vorstellen, auf der Erde weibliche und männliche Elemente, Berge, Gewässer usw. sehen und die Menschenwelt in eine männliche und weibliche Sphäre einteilen. Auch hier gibt es keine Bewertungen und Wesensfestlegungen, sondern diese zwei Hälften der Welt halten einander fortgesetzt in Bewegung und Balance.[321]

Dieses Weltbild haben die steinzeitlichen Menschen geschaffen, denn es ist in allen späteren Kulturen offen oder verdeckt noch vorhanden. In den steinzeitlichen Kulturen stellten deshalb die ithyphallischen Figuren die andere Hälfte der Weiblich-Männlich-Polarität dar und waren in diesen spirituellen Kontext eingebettet. Sie daraus zu lösen und einseitig zu interpretieren, kann nur zu Missdeutungen führen. Es gab eine weitverbreitete Zeremonie, in der die Weiblich-Männlich-Polarität gefeiert wurde: das Ritual der Heiligen Hochzeit („hieros gamos"). Sie ist noch aus späteren Mythen bekannt und blieb im Volksbrauchtum sowie bei indigenen Völkern bis an den Rand der Gegenwart erhalten.[322] Dieses Ritual hatte nie etwas mit „Heiligung der Sexualität" im Sinne der Zeugungskraft des Mannes oder mit „Durchsetzen der Paarungsfamilie, Vaterschaft und männlichen Herrschaft" zu tun, denn es ging dabei keineswegs ums „Kinderkriegen". Eine solche Auffassung ist falsch und eine grobe Verzerrung aus unserer späten Weltsicht. Stattdessen war es eine heilige Zeremonie, die bei matriarchalen Völkern in der heißen Jahreszeit des Sommers oft mit Regenmagie verbunden war.[323] Sie war hochgradig symbolisch, denn man glaubte, dass dabei alle kosmischen und irdischen Polaritäten liebend zusammenkommen, damit die Welt nicht auseinanderfällt, sondern zum Wohle aller Lebewesen in Balance bleibt. Außerdem ist das Ritual der Heiligen Hochzeit sehr alt, was eine Skulptur, die eine sexuelle Vereinigung darstellt, schon aus dem Natufien belegt ('Ain Sakhri, 11. Jt.,

---

[320] Vgl. dies z.B. für die traditionelle Kultur der Irokesen bei Barbara A. Mann: *Spirits of Blood, Spirits of Breath. The Twinned Cosmos of Indigenous America,* New York 2016, Oxford University Press; für die traditionelle Kultur der Tuareg Hélène Claudot-Hawad in: „Die Frau als ‚Schützende' und der Mann als ‚Reisender'. Die Darstellung der Geschlechter bei den Tuareg", in: Heide Göttner-Abendroth (Hg.): *Gesellschaft in Balance.*

[321] Barbara A. Mann, ebd.

[322] Vgl. zur Heiligen Hochzeit in der Mythologie: Robert von Ranke-Graves: *Griechische Mythologie. Quellen und Deutung,* Reinbek bei Hamburg 1994, Rowohlt Verlag; E. O. James: *Der Kult der Großen Göttin,* Bern 2003, Edition Amalia; Heide Göttner-Abendroth: *Die Göttin und ihr Heros. Die matriarchalen Religionen in Mythen, Märchen, Dichtung,* Stuttgart 2011, (Neuauflage), Kohlhammer Verlag (zuerst: München 1980).

[323] Z.B. in der traditionellen Kultur der Berber, vgl. Jaques Servier: *Tradition et Civilisation Bèrbères. Les Portes de l'Année,* Monaco 1985, Du Rocher.

Epipaläolithikum).³²⁴ In der Jungsteinzeit fand man dann in Çatal Höyük eine Skulptur, die ein Paar in erotischer Umarmung zeigt (7. Jt.) – gewiss nicht die Abbildung einer privaten Schlafzimmerangelegenheit oder eines herrscherlichen Zeugungsaktes.³²⁵ Im 6./5. Jt. ist die Heilige Hochzeit von einer Felszeichnung im Latmos-Gebirge (West-Türkei) belegt, auf der man in der Mitte das sakrale Paar und rechts und links kleinere, tanzende oder sitzende Frauen sieht. Diese Szene hebt den allgemeinen Charakter der Zeremonie hervor (Abb. 5). Im jungsteinzeitlichen Europa setzen sich die frühen Belege für dieses Ritual fort, z.B. durch eine Skulptur von einem sich vereinigenden Paar aus Rumänien (Gumelniţa, 5. Jt.).³²⁶

Abb. 5: Ritual der Heiligen Hochzeit als Regenmagie (Deckenbild von Izikada, Latmos-Gebrige, West-Türkei) (aus: Die ältesten Monumente, S. 164)

Ein weiteres, buchstäblich schwerwiegendes Indiz dafür, dass die jungsteinzeitliche Weltsicht eine polare Kosmologie war, sind die zentralen T-Pfeiler in den megalithischen Tempeln vom Göbekli Tepe, von Nevalı Çori und anderen Orten. Sie bilden immer ein Paar, und sie stellen menschliche Wesen dar, wie an den dünnen, abgewinkelten Armen, die rechts und links in schwachem Relief ausgeführt sind, zu sehen ist. Der mächtige T-Block stellt dabei den Kopf dar, der stets zum Inneren des Gebäudes leicht vorgeschoben ist und quasi „nach innen blickt". Das zentrale Pfeilerpaar der Anlage D am Göbekli Tepe verrät noch mehr. Es trägt auf der vorderen Schmalseite Symbole wie kleine Anhänger: Der östliche Pfeiler zeigt unter einem abstrakten H-Zeichen eine Scheibe, die in einer aufwärts gerichteten Sichelform liegt, der westliche besitzt an derselben Stelle einen Stierkopf mit nach unten gedrehten Hörnern (Abb. 6).³²⁷ Die Bedeutung dieser Symbole liegt nahe, denn Scheibe und nach oben gerichtete Sichel meinen Vollmond und Mondsichel, wobei diese zunehmend ist. Die

---

³²⁴ Gimbutas: *Zivilisation*, S. 343.
³²⁵ Ebd.
³²⁶ Ebd.
³²⁷ Schmidt, in: *Die ältesten Monumente*, S. 96.

Kultur und Religion der Jungsteinzeit in Westasien: früher religiöser Reichtum

Gesamtbedeutung ist „Licht", was zur Position des Pfeilers im Osten passt, denn dort gehen die Gestirne auf. Licht ist gleichbedeutend mit „Leben", was die Symbolik der östlichen Himmelsrichtung allgemein besagt. Der westliche Pfeiler steht hingegen in der Himmelsrichtung, in der die Gestirne untergehen und die allgemein mit „Tod" verknüpft wird. Das scheinen die nach unten gedrehten Hörnern des kleinen Stierkopfes zu meinen, denn zusammen mit der Stirnpartie ergeben sie eine abwärts gerichtete Sichelform. Da Stierhörner grundsätzlich zur Mondsymbolik gehören, stellt dies den abnehmenden Mond dar, der bald „stirbt", indem er als Schwarzmond vollends verschwindet.

Abb. 6: Symbole auf dem Pfeilerpaar des Tempels D vom Göbekli Tepe (Zeichnung von Gudrun Frank-Wissmann)

Das Pfeilerpaar ist damit eine weitere Variante der in dieser Epoche verbreiteten, polaren Symbolik von Tod und Leben, die zyklisch einander abwechselnd gedacht wurden. Diese ist zugleich mit der Weiblich-Männlich-Polarität verknüpft, obwohl die Pfeiler keine Geschlechtsmerkmale tragen. Jedoch wurde die weibliche Seite stets mit dem Osten assoziiert, weil das Weibliche die lebensschenkende Kraft ist. Die männliche Seite wurde dagegen mit dem Westen und dem Tod verbunden gesehen, weil Männer als Jäger den Tod verbreiten. Diese Gedanken gehen bis auf die elementaren Symbole der Altsteinzeit: Vulva und Pfeil zurück, welche dieselbe Polarität von Weiblich gleich Leben und Männlich gleich Tod bedeuten. In der Jungsteinzeit kehrt diese Symbolik in größerer Komplexität wieder und dauerhaft in Stein gebaut, doch die religiöse Grundidee wird bruchlos weitergeführt.

Die Ahninnen und Ahnen

Die Tempel vom Göbekli Tepe werden sehr oft als Ausdruck der Dominanz einer männlichen Elite gedeutet, die sich hier monumentale Denkmäler schuf und einen rein männlichen Kult pflegte. Dafür soll die Größe der Bauwerke und die enorme Anzahl der mächtigen Megalith-Pfeiler sprechen, deren Errichtung man sich nicht ohne zentralistische Organisation vorstellen kann. Als Indiz für einen Männlichkeitskult wird der reiche Schmuck aus Reliefs von Tieren auf den tragenden T-Pfeilern im Inneren angegeben, die mit männlichen Geschlechtsorganen dargestellt sind. Wenn es sich um Raubtiere handelt, treten sie sehr aggressiv auf oder fletschen gefährlich die Zähne, und das Abbild eines Stieres wird als „kampfbereit" gedeutet.[328]

Dahinter steht unausgesprochen noch immer das Phantom des „Großen Mannes" als Jäger, der sich hier an der Schwelle zur Jungsteinzeit erstmals ein Denkmal setzt. Deshalb werden wir hier der Bedeutung dieser Bauten nochmals näher nachgehen müssen und folgen den zwei Fragen: Wen stellen die T-Pfeiler dar? Und was bedeuten die vielen verschiedenen Tiere?

Wie oben gesagt, tragen die megalithischen T-Pfeiler vom Göbekli Tepe keinerlei Geschlechtsmerkmale. Sie stehen im Kreis um den Innenraum, alle von gleicher Größe, so dass keiner wichtiger als der andere erscheint (vgl. Abb. 1 von Kap. 3, S. 93). Auch bei rechteckigen Kultbauten, z.B. in Nevalı Çori, ist kein T-Pfeiler als besonders bedeutend hervorgehoben, doch hier sind alle mit den dünnen, angewinkelten Armen ausgestattet, die sie als menschliche Wesen kennzeichnen. Die Hände liegen dabei auf der schmalen Vorderseite auf der Höhe des Geschlechts. Es ist dieselbe Geste wie bei der Geier-Frauen-Bildsäule und bei der männlichen Statue von Urfa, aber das Geschlecht wird auf den Pfeilern nicht dargestellt (Abb. 7a). Dieser Befund wurde von weniger ideologisch besetzten Archäologen so kommentiert, dass die extreme Stilisierung, die jedes persönliche Merkmal verschwinden lässt, Absicht ist und darauf hinweist, dass es sich hier um Wesen aus einer anderen Welt handelt.[329] Es sind Darstellungen der Ahnen und Ahninnen aus der Jenseitswelt, ein religiöser Gedanke, der hier erstmals auftaucht und über Jahrtausende hinweg in den Megalithkulturen auf der ganzen Welt weitergeführt wurde. In Europa gibt es solche Megalith-Stelen teils mit Gesichtern, teils mit Geschlechtsmerkmalen oder weiblichen und männlichen Attributen. Diese spätere Entwicklung macht deutlich, was schon immer gemeint war.[330]

Noch deutlicher wird dies anhand der indigenen Gesellschaft der Khasi (Nordostindien), die eigene Megalithanlagen noch während der Zeit der britischen Kolonialherrschaft errichteten. Die Khasi gaben den Ethnologen direkte Auskunft über die Bedeutung der Steine: Sie betrachten – gemäß der Matrilinearität ihrer Kultur – die liegenden, dolmenartigen Steine als die Ahnmütter, die sich nun, nachdem sie ihre Sippen geschaffen hatten, „liegend ausruhen können". Die häufigen, stehenden und teils sehr hohen Menhire gelten als deren Brüder, welche die Dolmen umgeben und so „die Ahnmütter beschützen". Die Steine waren also mit weiblichen und männli-

---

[328] A.a.O., Katalog, S. 268.
[329] Hauptmann/Schmidt, a.a.O., S. 81.
[330] Menhire mit Geschlechtsmerkmalen z.B. auf Sardinien, Steinstelen mit Gesichtern und Attributen z.B. in Sitten/Sion im Wallis (Schweiz).

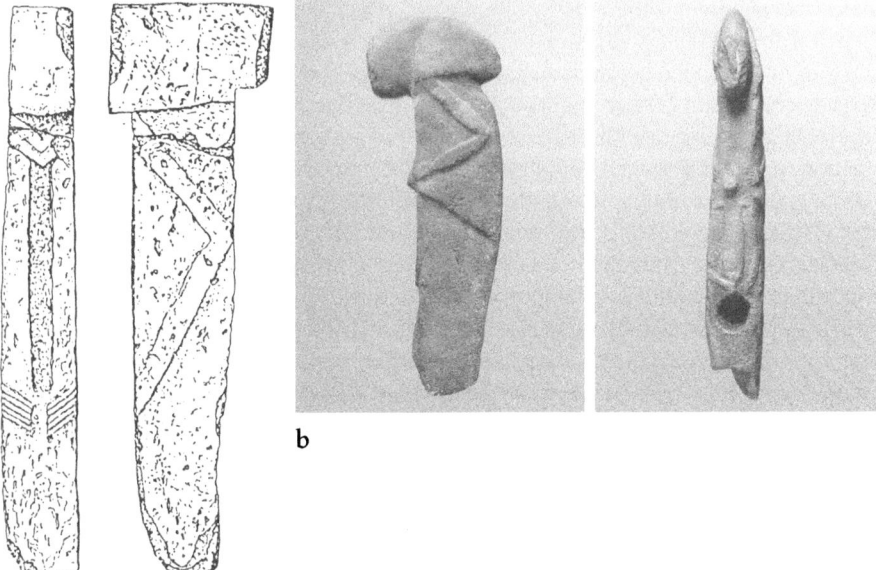

Abb. 7 a: T-Pfeiler aus Kultgebäude von Nevalı Çori, Seitenansicht und Vorderansicht (aus: Die ältesten Monumente, S. 80). **7 b:** Menschengestaltige Skulptur aus Kilisik (Südost-Türkei), Seitenansicht und Vorderansicht (aus: Die ältesten Monumente, S. 81)

chen Ahnen verknüpft und stellten diese nicht nur dar, sondern nach Auffassung der Khasi wohnen sie in diesen Steinen.[331]

Folgt man diesem Gedanken, so muss man schon für Göbekli Tepe die Kenntnis der matrilinearen Genealogie annehmen, welche die Ur-Mütter und die Ur-Mutterbrüder umfasst. Auch wenn die Menschen hier anfangs noch die epipaläolithische Jagd- und Sammelwirtschaft betrieben, brachte die anhaltende Bautätigkeit sie dauerhaft zusammen, was zu einer ersten Bildung von Sippen führte.

Diese Deutung, dass im Göbekli Tepe statt eines Männerkultes eher die Ahnenverehrung religiöse Praxis war, wird durch die Tempel von Nevalı Çori und anderen Orten bestätigt. Ganz klar wird dies bei einer kleineren Statue aus dem 8. Jt. (Adiyaman-Kilisik), die wie alle T-Pfeiler mit den angewinkelten Armen gestaltet ist und zusätzlich die Andeutung eines Gesichtes zeigt. Bemerkenswert ist, dass sie mit den Händen eine kleine, menschliche Gestalt hält, die wie ein Kind aussieht (Abb. 7b). Sie ist eine Nachbildung der T-Pfeiler als Ahnenwesen und scheint die kindliche Gestalt herzugeben oder zu senden – genauso wie im Glauben der jungsteinzeitlichen Menschen die Kinder von den Ahninnen kommen.[332]

---

[331] H. H. Godwin-Austen: „On the Stone Monuments of the Khasi-Hills", in: *Journal of the Royal Anthropological Institute*, London 1872, 1876, vgl. auch die Zeichnungen von Godwin-Austen; wieder abgedruckt in Göttner-Abendroth: *Das Matriarchat II,1*, S. 30 und 34.

[332] *Die ältesten Monumente*, darin: Hauptmann/Schmidt, S. 80–81 und Katalog S. 276. – Auch diese Figur zeigt kein Geschlecht, denn das Loch unterhalb des Kindes ist kaum als Vulva anzusehen, noch diente es zum Einsetzen eines Phallus, wie behauptet wird. Letzteres ergibt in Verbindung

Diese Überlegungen geben der zweiten Frage, nämlich was die vielen verschiedenen Tiere auf den T-Pfeilern vom Göbekli Tepe bedeuten, eine besondere Note. Hier wurde von den Archäologen gerätselt, wobei der plausibelste Vorschlag ist, dass es sich bei den verschiedenen Arrangements von Tieren um Illustrationen von Mythen handelt, deren Gehalt, wie in der Altsteinzeit, durch Tiere ausgedrückt wurde.[333] Diese Art von Mythen ist in der Tat auch bei indigenen Völkern weitverbreitet, hier sind die Tiere ebenfalls Chiffren für ihr Weltbild. Auch beim Göbekli Tepe ist der mythische Stoff vielfältig, seine Symbole kommen nicht nur auf den gewaltigen T-Pfeilern, sondern auch auf kleinen Gegenständen wie Steingefäßen, Anhängern und Zeichentäfelchen vor. Diese Zeichentäfelchen dienten ausschließlich zum Aufzeichnen von Inhalten in hieroglyphenartiger Bilderschrift. Dies geschah Jahrtausende vor der offiziellen Anerkennung von „Schrift", womit eindrücklich verdeutlich wird, dass Menschen schon immer geschrieben haben.[334] Auch wenn diese Schrift noch nicht entziffert und uns der mythische Inhalt der Symbole unbekannt ist, kann man sich dennoch durch Vergleich etwas annähern.

Was die Tiere als Chiffren für das Weltbild betrifft, so fällt beim Göbekli Tepe auf, dass es sich keineswegs nur um Tiere aus der jägerischen Welt handelt. Die Gruppe der abgebildeten Säugetiere besteht zwar aus Beutetieren, wie Auerochsen, Gazellen, Wildesel und Wildschweinen, doch ebenso aus Raubtieren wie Füchsen und Panthern. Am häufigsten kommen jedoch Schlangen vor, einzeln, in Gruppen oder sogar in Bündeln, und außer diesen noch zahlreiche andere giftige Tiere wie Skorpione, Spinnen und große Tausendfüßler – allesamt kein jagbares Wild, das die männliche Tatkraft der Jäger hervorheben könnte. Hingegen sind Schlangen wegen ihrer Giftigkeit, aber auch wegen ihrer Fähigkeit sich durch Häuten zu verjüngen, in allen frühen Kulturen ein Sinnbild für Tod und Wiedergeburt. Damit gehören sie, wie auch die gefährlichen Insekten, zur Symbolik von Tod und Leben und wurden als magische Wesen der Unterwelt betrachtet. Ihnen steht die große Gruppe von Vögeln gegenüber, vor allem Kraniche, die ebenfalls in den Mythen und Ritualen vieler Völker eine wichtige Rolle spielen. Wegen ihrer Größe, Anmut und enormen Flugfähigkeit gelten sie, ähnlich wie Ibis und Storch, als Seelenvögel, die Ahnenseelen in Kindergestalt aus der Anderswelt ins Diesseits zurückbringen. Vögel sind also – mit Ausnahme des Geiers – mit der Wiederkehr des Lebens verbunden und galten als magische Wesen des Himmels.

Was nun die Männlichkeit der Tiere und ihr aggressives Auftreten angeht, so ist dies keineswegs ausreichend, um irgendeine Art von Männlichkeitskult zu belegen. Das ist vor allem dann nicht der Fall, wenn ein so ausdrücklich männliches Tier wie der Stier ohne Geschlechtsmerkmale und nicht naturalistisch abgebildet ist, sondern

---

mit dem Kind keinen Sinn, denn aus einem Phallus kommt kein Kind hervor. Vielleicht gehört das Loch am ehesten zu einer praktischen Halterung.

[333] Schmidt, a.a.O., S. 85, 88.
[334] Çiğdem Köksal-Schmidt/Klaus Schmidt, a.a.O., S. 97–99, 101–104, 106–109. – Der Kongress *25. internationales Treffen vorderasiatischer Altertumswissenschaftler*, Berlin 1978, bringt Licht in die Angelegenheit, da diese Archäologen annehmen, dass die hier genannten Zeichensysteme aus dem 9.–4. Jt. frühe Vorläufer der Keilschrift ab dem 4. Jt. waren. Aber sie waren wohl weniger „Vorläufer" als ein eigenes Schriftsystem. – Vgl. auch Haarmann: *Geschichte der Schrift*, S. 17. Haarmann verweist auf frühe Gesellschaften mit Schriftgebrauch, die noch keine hierarchischen Staaten bildeten.

– wie schon in der Altsteinzeit – mit „gedrehten" Hörnern oder gar „gedrehtem" Kopf, der symbolisch die zwei Mondsicheln und in der Mitte den rundlichen Vollmond zeigt (Abb. 8).[335] Dieser Stier hat nichts mit Kampf zu tun, sondern hier kehrt die uralte religiöse Bedeutung der Mondhörner wieder, die sich ebenfalls in die Symbolik von Tod und Leben einfügt.

Abb. 8: Relief eine Stieres mit gedrehtem Kopf (östlicher Zentralpfeiler der Anlage A, Göbekli Tepe) (Zeichnung von Gudrun Frank-Wissmann)

Andere Tiere wie Füchse, Panther und Keiler sind tatsächlich sehr männlich und zeigen Zähne und Krallen. Sie können jedoch auch anders verstanden werden denn als Prototypen für Männlichkeit, nämlich als abschreckende Wächter der Tempel vom Göbekli Tepe. Diese Kultbauten standen ja fern von jedem Lager oder Wohnort und stellten heilige Plätze für Totenfeiern und Ahnenverehrung dar.[336] Damit hatten diese Tiere Beschützerfunktion, die typische Rolle des Mannes noch in späten matriarchalen Gesellschaften. Im Tempel von Nevalı Çori kommen solche Bestien hingegen nicht mehr vor, und hier fand man zudem die größte Ansammlung von menschlichen Figurinen aus der frühen Jungsteinzeit. Daher ist die archäologische Deutung sehr plausibel, dass die Siedlung Nevalı Çori ein Ort für die Lebenden war – worauf besonders die aufgefundenen Frauenfiguren hinweisen – im Gegensatz zu dem abgelegenen Göbekli Tepe als Platz für die Toten und Ahnen.[337]

Eine zusätzliche Bedeutung erhalten die Tiere auf den Pfeilern vom Göbekli Tepe dadurch, dass sie auch als Chiffren für die Sozialordnung betrachtet werden können, worauf ihre spezielle Anordnung hinweist: Man sieht sie in Zweier- und Dreier-Kom-

---

[335] Köksal-Schmidt/Schmidt, in: *Die ältesten Monumente*, S. 83.
[336] A.a.O., darin: Hauptmann/Schmidt, S. 76–77, Schmidt, 88–92.
[337] Hauptmann/Schmidt, a.a.O., S. 77, 79.

binationen über- und nebeneinander, z.B. als Stier-Fuchs-Kranich oder als Fuchs-Keiler-Kraniche oder als Fuchs-Schlangen oder als Schlangen-Widder. Ähnliche Anordnungen von Tieren, senkrecht übereinander, befinden sich auf den hölzernen sog. „Totempfählen" der indigenen Völker der Nordwestküste von Nordamerika. Die mythischen Geschichten, auf die sich die Anordnungen beziehen, erzählen bei solchen Völkern von der Entstehung und Ordnung der Menschenwelt. „Geschichte" fügt sich bei ihnen zusammen aus den Geschichten der einzelnen Clans. Die Tierkombinationen vom Göbekli Tepe können daher bedeuten, dass es bei den Menschen in dieser Region Clans mit diesen Tiernamen gegeben hat, die untereinander in Beziehung standen. Clannamen, die auf Tiere zurückgehen, sind häufig und bei indigenen Völkern bis heute allgemein verbreitet.[338] Sie haben ihren Ursprung in den Tierkulten der Altsteinzeit, in denen man besonders starke, kluge oder schnelle Tiere verehrte, um an ihren Eigenschaften teil zu haben. Die Tiere galten den Menschen als mächtige und beschützende Ahnmütter, so dass sich die matrilinearen Clans nach ihnen benannten.[339] Die Clans lebten nicht isoliert voneinander, sondern bildeten verschiedene Bündnisse, die sich aus ihrer Geschichte ergeben hatten.

Solche Clanbünde gab es wahrscheinlich auch in der Region um den Göbekli Tepe. Sie müssen besonders fest und dauerhaft gewesen sein, denn sie – und nicht eine männliche „Elite" – waren die Grundlage dafür, solche gigantischen Kultbauten über einen so langen Zeitraum zu errichten. Vielleicht waren es einzelne menschliche Ahninnen und Ahnen gewesen, die einst diese Bündnisse zum Nutzen für alle geschlossen hatten, was dann auf den jeweiligen Ahnen-Pfeilern in den Tempeln durch die Tierreliefs verewigt wurde. Diese stabilen Clan-Bündnisse haben die Siedlungsstrukturen, die in der frühen Zeit beim Göbekli Tepe noch nicht vorhanden waren, ersetzt und durch ihren Zusammenhalt bei gleichzeitiger Spezialisierung die megalithischen Bauwerke überhaupt erst möglich gemacht.[340] Als Tempel für die Toten und Ahnenwesen betteten die Menschen die Bauwerke in die Erde ein. Die Anlagen wurden sogar nach einiger Zeit des Gebrauchs absichtlich zugeschüttet und in der Erde begraben, um neue darüber zu errichten.[341] Das heißt, sie waren nie als weithin sichtbare, stolze Monumente von Macht gemeint gewesen, sondern als Einbauten in den Leib der Urmutter Erde, wo die Ahninnen und Ahnen ruhten, bis sie zu gegebener Zeit daraus wiedergeboren werden würden.

Die Wiedergeburtsreligion brachte noch andere Bestattungsbräuche hervor, die schon in der Altsteinzeit üblich waren und in der Jungsteinzeit weitergeführt wurden. Dazu gehört insbesondere die Schädelbestattung. Sie kommt nun so häufig vor, dass sie als ein Merkmal der westasiatischen Jungsteinzeit gilt. Diese Bestattungssitte

---

[338] Z.B. der Wolf-Clan, Bären-Clan, Reiher-Clan, Biber-Clan, Schildkröten-Clan usw. bei den Irokesen-Stämmen, vgl. Barbara A. Mann, S. 95.
[339] Das wird noch deutlicher bei den matriarchalen Mosuo, deren Tier-Clannamen mit „mu" enden, was „Mutter" heißt, z.B. „La-mu" in der Bedeutung von „Tiger-Mutter"; vgl. Göttner-Abendroth: *Matriarchat in Südchina*.
[340] Dass bestimmte Clans bestimmte handwerkliche Künste ausübten und innerhalb des Clans vererbten, ist ebenfalls von indigenen Völkern bekannt. Ein Monopol war damit nicht verbunden, denn jeder Clan besaß seine spezielle Kunst und wirkte mit den Künsten der anderen Clans ergänzend zusammen.
[341] Klaus Schmidt, in: *Die ältesten Monumente*, S. 75.

war verbunden mit tiefen religiösen Überzeugungen, wie sie schon in der Altsteinzeit gegolten hatten, und nahm in der Jungsteinzeit sehr ausdrucksvolle Formen an. Die vom Skelett abgetrennten Schädel wurden mit Gips oder Ton übermodelliert, um die Gesichtszüge der Verstorbenen nachzubilden. Gelegentlich kam Bemalung mit rotem Ocker hinzu, und anstelle der Augen wurden Muschelschalen eingesetzt, was den Ausdruck noch lebendiger machen sollte. An mehreren Fundplätzen der Levante, besonders in Jericho und 'Ain Ghazal, aber auch in Nordsyrien kamen über 60 solcher Bestattungen zutage (9. und 8. Jt.). In Cayönü in Südostanatolien gab es sogar ein gesondertes sogenanntes „Schädelgebäude", das die Skelette und Schädel von mehreren Hundert Personen barg.[342] Auch in Çatal Höyük und an anderen zentralanatolischen Plätzen wurden solche Bestattungen aus späteren Epochen gefunden (7. und 6. Jt.).[343]

Besonders unter dem Fußboden der Wohnhäuser wurden die Schädel niedergelegt, und zwar in egalitärer Verteilung nach Geschlecht. Man entdeckte sie einzeln oder in Gruppen, sogenannten „Schädelnestern". Dabei fehlt jeglicher Hinweis auf einen gewaltsamen Tod, was eine rein religiöse Praktik bezeugt.[344] Aus Çatal Höyük stammt eine sehr anrührende Bestattung dieser Art, denn man fand das Grab einer Frau, die noch als Tote einen solchen modellierten und rot bemalten Schädel mit den Armen umschlang.[345] Sogar hinsichtlich des Alters gibt es bei dieser Bestattungsart keinen Unterschied, was zeigt, dass es nicht ausschließlich die ehrwürdigen Ältesten waren, die in den Häusern beigesetzt wurden.[346] Es handelte sich dann wohl um die Liebsten, deren Gesichtszüge man noch lange anschauen wollte, bevor der übermodellierte Kopf bestattet wurde. Ihnen wünschte man eine ganz sichere Wiedergeburt gemäß dem uralten Glauben, der hinter den Schädelbestattungen steht. In Çatal Höyük fand man die Schädel immer unter den Plattformen, die zum Schlafen dienten. So konnten die Liebsten als Ahnenwesen zu den Lebenden im Traum sprechen, und wenn es sich um die Schlafstätte einer Frau handelte, konnten sie in ihren Schoß eingehen, um auf kürzestem Weg wiedergeboren zu werden. Dafür spricht insbesondere, dass man Kinder nie unter dem Bett des Mannes, sondern unter dem der Frau begrub. Neugeborene wurden, in geflochtene Graskörbchen gelegt, beim heiligen Herd bestattet, der als der zentrale Platz im Haus zur Frau gehörte.[347] Damit wollte man ihnen wohl die größte Chance auf Wiedergeburt sichern.

Göttinnen: ja oder nein?

Es ist aus diesen Gründen nicht erstaunlich, dass Geburt, als das Mysterium der Wiedergeburt verstanden, auch in der Jungsteinzeit eine deutliche und oft wiederholte Darstellung erfuhr, insbesondere als Gebärhaltung. Wir sahen sie schon bei der Bild-

---

[342] A.a.O., S. 59–60. Parzinger, S. 126.
[343] A.a.O., darin: A. Özdoğan, S. 59, Aurenche, S. 60, Lichter, 250–252.
[344] Lichter, a.a.O., S. 248.
[345] A.a.O., S. 251–252.
[346] A.a.O., S. 253, 254.
[347] A.a.O., darin: Lichter, S. 255, Cutting, S. 128. Mellaart: Çatal Hüyük, S. 74–75; Hodder: „Women and Men", S. 81.

säule von Nevalı Çori, bei der zwei Frauen ihre Vulva als das „Tor zum Leben" präsentieren. Auf einem Pfeiler vom Göbekli Tepe kommt ebenfalls eine nackte Frauenfigur vor, diesmal vollständig mit Kopf und Brüsten, einen Arm erhoben und die Beine gespreizt, sie zeigt ihre Vulva und öffnet sich weit zur bevorstehenden Geburt (Abb. 9). Diese Ritzzeichnung ist später angebracht worden als die Tierreliefs, denn Menschendarstellungen gehörten noch nicht zum Repertoire jener frühen Zeit. Aber es gab dafür guten Grund: Wenn die Bauten vom Göbekli Tepe zu Tempeln für die Ahnenwesen bestimmt waren, ist in ihrer Bilderwelt völlig offen geblieben, wie diese wieder ins Leben kamen. Die später angebrachte, große Frauenfigur in Gebärhaltung sollte ihnen wohl diese Hoffnung auf Wiedergeburt geben. Damit hatten die Nachfahren die in ihren Augen notwendige Balance zwischen Tod und Leben wiederhergestellt.

Abb. 9: Ritzzeichnung einer Frau in Gebärhaltung, auf einem Pfeiler vom Göbekli Tepe (Zeichnung von Gudrun Frank-Wissmann)

Überaus deutlich wird dies bei den großen Wandreliefs und Fresken von Çatal Höyük, wo wir übermenschliche, gebärende Frauen mit weit gespreizten Beinen und hoch erhobenen Armen sehen. Nach neuester archäologischer Interpretation haben wir es bei diesen Darstellungen aber nicht mit Göttinnen, nicht einmal mit Frauen zu tun, sondern mit „kauernden Tieren".[348] Hier geht es um pure Ideologie, gemäß der es in der Jungsteinzeit keine „Göttinnen" gegeben haben darf.

Schauen wir uns die Situation in Çatal Höyük einmal näher an: Es gibt dort zahlreiche Kulthäuser, die genauso gebaut sind wie die einräumigen Wohnhäuser und Wand an Wand mit diesen liegen. Auf eine Gruppe von zwei bis sechs Wohnhäusern kommt je ein Kulthaus. Sie zeichnen sich dadurch aus, dass sie reiche Wandmalereien, Reliefs und anderen Schmuck mit religiöser Bedeutung tragen.[349] Neuerdings werden sie zu „Wohnhäusern" herabgestuft, weil man auch Backöfen und Vorrats-

---

[348] Hansen, a.a.O., S. 200.
[349] Mellaart: *Çatal Hüyük*, S. 87, 95 ff.

speicher darin gefunden hat. Gleichzeitig beklagt man, dass man noch keine „öffentlichen Gebäude und Kultzentren" in Çatal Höyük entdecken konnte.[350] – Hier ist die Optik schlicht falsch, denn offenbar erwartet man große „Sondergebäude", die man wieder einer „männlichen Elite" zuschreiben kann. Das Vorkommen von Backöfen und Speichern in diesen Räumen ist ebenfalls kein Argument gegen ihren kultischen Gebrauch. Herd und Vorratsbehälter waren im jungsteinzeitlichen Denken keine profanen Einrichtungsgegenstände, sondern heilige Plätze, an denen sakrale Mahlzeiten stattfanden und Ahnenopfer gefeiert wurden.[351] Außerdem hat man in diesen besonderen Häusern auffallend mehr Bestattungen unterm Fußboden gefunden als in den Wohnhäusern.[352] So ist davon auszugehen, dass jedes ein religiöses Gemeinschaftshaus der jeweils zugehörigen Häusergruppe war, die ihrerseits je eine Sippe beherbergte. Es hat wohl jede Sippe ihr eigenes Kulthaus besessen – wie es z.B. bei den matriarchalen Hopi üblich war, bei denen jeder Clan seine eigene Kiva hatte.

Die symbolischen Darstellungen in diesen Kulthäusern sind verschiedenartig, entsprechend der Geschichte und den Eigenheiten der einzelnen Clans, aber es kommen auch grundsätzliche Gleichartigkeiten vor. Stierhörner und Stierschädel (Bukranien), mit Lehmverputz und Malerei verziert, sind sehr zahlreich; als Wandschmuck oder in den Bänken eingelassen treten sie einzeln und auch reihenweise auf. Ihre große Bedeutung für die Menschen seit Jahrtausenden haben wir mehrfach betont: Sie symbolisieren nicht die „männliche Fruchtbarkeit", sondern die Mondphasen und damit das ewige Gesetz von „Stirb und Werde". An Häufigkeit gleich nach den Stierhörnern und Bukranien folgen die großen bis sehr großen, teilweise bemalten Wandreliefs der Figur mit den erhobenen Armen und nach oben gespreizten Beinen – ihre Wichtigkeit ist nicht zu übersehen. Der erste Ausgräber nannte sie sofort „Göttinnen" und reihte sie wegen der standardmäßigen Gebärhaltung in die große Gruppe der Muttergöttinnen ein.[353] Das wird heute heftig bestritten, weil man in der Stadt das Stempelsiegel eines Bären in derselben Haltung fand: Der winzige Bär breitet die kurzen Armstummel aus und hebt die Beine hoch. Nun sollen aufgrund dieses kleinen Einzelstücks die zahlreichen großen Gipsfiguren allesamt Bären oder „kauernde Tiere" darstellen[354] – obwohl sie weder kauern, noch der Bär in der jungsteinzeitlichen Ikonografie Westasiens eine Rolle spielt. Manche Forscher gehen so weit zu behaupten, dass dieser kleine Bär eine „männliche" Darstellung sei – trotz der Gebärhaltung des Figürchens![355] Nun wird mit erstaunlicher Geschwindigkeit anhand dieses Bären-Siegels und zwei größerer, männlicher Figuren (Cafer Höyük und Urfa-Stele), ferner der einzelnen männlichen Tiere vom Göbekli Tepe geschlossen, dass die oberste Gottheit damals nicht weiblich, sondern männlich war.[356] – Eine sol-

---

[350] Hodder, in: *Die ältesten Monumente*, S. 125.
[351] Hansen, a.a.O., S. 202.
[352] Lichter, a.a.O., S. 254.
[353] Mellaart: *Çatal Hüyük*, S. 95 ff.; die Tabelle, welche die Häufigkeit zeigt, auf S. 106/107.
[354] *Die ältesten Monumente*, darin: Cutting, S. 128, Hansen, S. 200.
[355] Katalog *From Earth to Eternity, Çatal Höyük*, Ausstellung in Istanbul, 2006, Yapi Kredi, S. 48. – In diesem Katalog kommt kein einziges Bild der großen Reliefs („Göttinnen") mehr vor, sondern zweimal nur der winzige Bär. Auf diese Weise manipuliert man das Publikum und führt die Öffentlichkeit irre.
[356] Mehmet Özdoğan/Nezih Başgelen (Hg.): *Neolithic in Turkey. The Cradle of Civilization*, Istanbul 1999, Arkeoloîj ve Sanat Yayınları, darin M. Özdoğan, S. 234.

che Argumentation hat mit Wissenschaftlichkeit nichts mehr zu tun. Stattdessen ist sie die bewusste Verdrängung der unliebsamen Entdeckung, dass über Jahrtausende der menschlichen Kulturgeschichte die am meisten verehrte, göttliche Kraft weiblich war.

Betrachten wir die Beweisstücke für oder gegen die „Göttin" in der Ikonografie von Çatal Höyük einmal genauer:

- In einem Kultraum gibt es zwei solche Reliefs in Gebärhaltung nebeneinander, das eine hat weibliche Brüste (Serie C, Abb. a). Wir fragen: Sieht so ein Bär oder eine Bärin aus? Außerdem haben die erhobenen Arme keine Ähnlichkeit mit den Stummelärmchen des Bärensiegels.
- In einem anderen Kultraum erblickt man eine solche Figur in gestrecktem Lauf und mit langen, wehenden Haaren (Serie C, Abb. b). Hat eine Bärin oder ein anderes Tier etwa eine derartige Frisur?
- Ein weiterer Kultraum ist mit drei großen Bukranien ausgestattet, über denen eine noch größere Figur in Gebärhaltung angebracht ist, sie gebiert einen Widderkopf über den Bukranien (Serie C, Abb. c). Ist eine Bärin im Vergleich mit den Stierköpfen so riesig? Und warum sollte eine Bärin einen Widder gebären? Überhaupt ist die Frage: Warum sollte der Bär so viele Kulträume beherrschen, wenn aus jener Zeit in Westasien gar kein Bärenkult bekannt ist?

Die Abbildungen belegen hingegen, dass es sich um eine menschengestaltige Figur handelt. Eine weitere weibliche Darstellung dieser Art ist berühmt geworden, weil um ihren Nabel rote Kreise gemalt sind, was eine Schwangerschaft andeuten soll, und um ihre ganze Gestalt kleine abstrakte Zeichen aus Winkelmustern, Kreuzen, Dreiecken, Kreisen ineinander verwoben angebracht sind.[357] Man vermutete zuerst ein „zartes Gewand", doch auch andere Relieffiguren zeigen solche Muster unter den Brüsten. Eine neue, interessante Deutung besagt, dass es sich bei diesen abstrakten Zeichen um eine „komplexe Festschreibung von Genealogien aus Geburten und Clanbündnissen" handelt.[358] Das entspricht den Überlegungen, die wir schon für Göbekli Tepe angestellt haben. Bei den Reliefs in Çatal Höyük gehen diese vermuteten Genealogien und die Clanbündnisse eindeutig von den Frauenfiguren aus, was ein weiterer Nachweis für die Matrilinearität wäre. Frauen schaffen durch Geburten die matrilineare Sozialordnung, was weitaus mehr bedeutet als bloße „Fruchtbarkeit". Damit wird auch verständlich, warum die Gebärhaltung bei den Abbildungen so häufig vorkommt: Sie war äußerst wichtig, denn sie hatte nicht nur höchste religiöse, sondern ebenso große soziale Bedeutung.

Durch die Schematisierung der weiblichen Relieffiguren erscheinen diese nicht individuell, sondern prototypisch. Man kann sie daher als Ahnfrauen verstehen, welche die Ordnung der Clans und der Gesellschaft schufen. Diese ersten Ahnfrauen wurden allmählich vergöttlicht, und daraus entstand der Typus der Muttergöttin als der älteste Göttinnen-Typus überhaupt. Dabei gab es damals nicht eine einzige Große

---

[357] Abbildung bei Hansen, in: *Die ältesten Monumente*, S. 200.
[358] J. D. Forest: «Çatal Höyük et son decor: Pour le déchiffrement d'un code symbolique», in: *Anatolia Antiqua II*, 1993, Institut français d'études anatoliennes, S. 43–69.

Kultur und Religion der Jungsteinzeit in Westasien: früher religiöser Reichtum   137

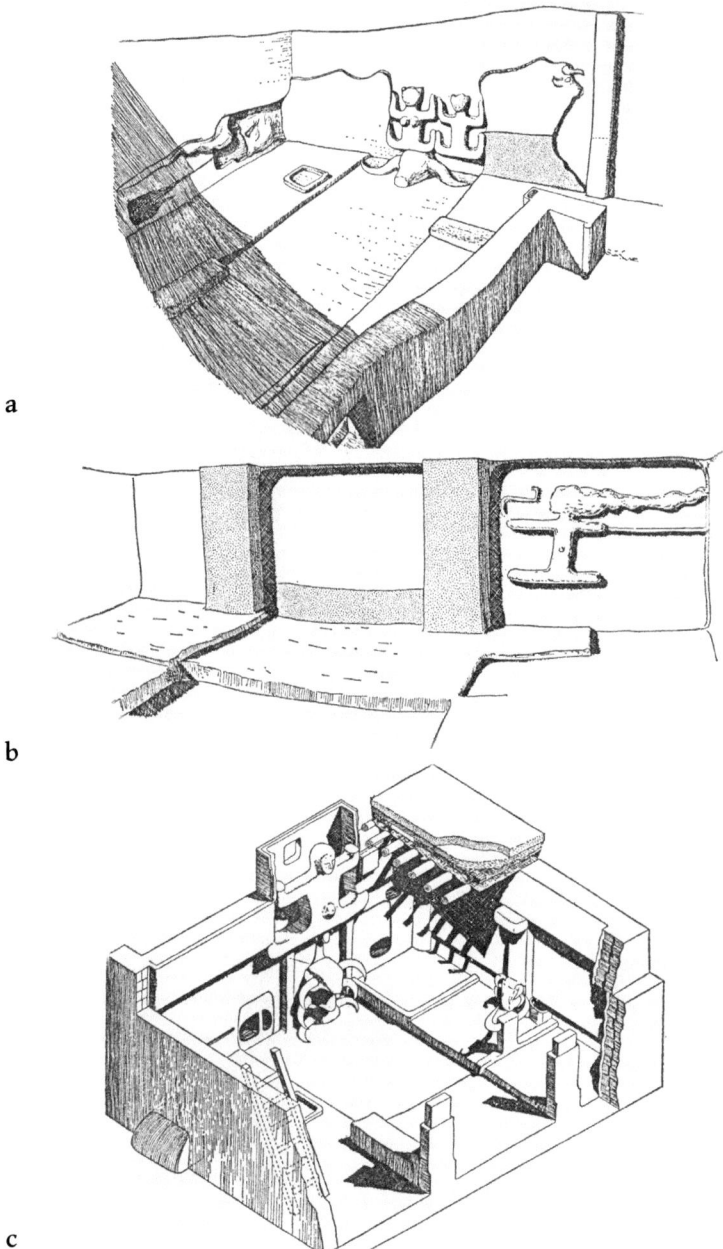

a

b

c

Serie C:
Abb. a: Zwei Reliefs in Gebärhaltung, das eine mit weiblichen Brüsten (Kultraum in Çatal Höyük)
Abb. b: Figur mit wehendem Haar (Kultraum in Çatal Höyük)
Abb. c: Große Figur, einen Widderkopf gebärend über drei Stierköpfen (Kultraum in Çatal Höyük)
(aus: James Mellaart: Çatal Hüyük, S. 115, 140, 152)

Muttergöttin, sondern jeder Clan hatte seine eigene vergöttlichte Ahnfrau. Für die übermenschliche Bedeutung der Darstellungen spricht ebenfalls, dass nicht selten mehrere Bukranien unter ihnen angebracht sind, als ob sie diese zu gebären scheinen (vgl. Serie C, Abb. a und c, S. 137). Die ikonografische Verbindung von Frau und Stier/Kuh als Mondtier ist schon aus der Altsteinzeit bekannt, denn ihr Menstruationszyklus verbindet die Frau mit dem Mondzyklus, mit dem Kalender und der Zeit. Das heißt, sie gebiert hier symbolisch auch Teile der Kultur, die mit dem Mondkalender auf der Dimension der Zeit beruhen.

Man kann diese Darstellungen aber auch unmittelbar verstehen, in dem Sinne, dass die Wiedergeburt der Tiere durch diese übermenschlichen Frauen mitgemeint ist. Sie sind auch Ahnmütter der Tiere – ein weiterer Gedanke, der aus der Altsteinzeit überliefert ist. Ein Fresko weist deutlich darauf hin: Man sieht darauf zwei parallele, weibliche Figuren in dieser Haltung, wobei die eine drei Stierköpfe gebiert und die andere vier Hirschköpfe; am Rande ist das Fresko dekoriert mit Panthern und auf- und absteigenden Pflanzenmotiven (Abb. 10). Hirsche und Stiere sind genau jene Tiere, die auf anderen großen Wandmalereien von Männern gejagt und getötet werden (Abb. 11 a/b). Ob nun Auerochsen und Hirsche in Çatal Höyük noch tatsächlich zur Jagdbeute gehörten oder nicht, ist dabei weniger wichtig als der symbolische Gehalt. Denn es ist abermals eine Darstellung des allgemeinen Themas von Tod und Leben. Der uralte Gedanke, dass Männer den Tod bringen und Frauen das Leben geben, wird hier in detaillierter Form wiederholt. Mit allen diesen Eigenschaften lassen die Reliefs in der Tat Göttinnen erkennen.[359]

Die großen Reliefs sind zudem nicht die einzigen Darstellungen, sondern es treten zahlreiche kleine weibliche Figuren hinzu, die dasselbe ausdrücken. Man fand sie häufig am heiligen Herd, wo Frauen sie herstellten und mit den Statuetten häusliche Rituale inszenierten.[360] Deshalb stellen die Figurinen nicht einfach dicke Frauen dar, sondern mit ihren betonten Brüsten und runden Bäuchen wurde die weiblich-göttliche Kraft der Schaffung und Ernährung von neuem Leben gestaltet, die den realen Frauen selbst innewohnt. Am berühmtesten ist die Figur der gebärenden Göttin auf dem Leopardenthron (vgl. Serie B, Abb. b, S. 120), eine Position, die nicht von einer Menschenfrau eingenommen werden kann. Sie wurde in einem Getreidespeicher gefunden, der für jenen Teil der neuen Ökonomie steht, den die Frauen entwickelt haben. Sie galt sicherlich als eine Muttergöttin, als eine Schöpferin dieser neuen Kultur.[361]

---

[359] Diese Auffassung wird noch bestärkt durch die Handabdrücke von Frauen, Männern und Kindern mit roter Farbe auf den großen weiblichen Reliefs wie auch auf den Tierköpfen, die man beim Gebet hinterließ; vgl. Mellaart: *Çatal Hüyük*, S. 101, 102, Abb. S. 124. Auch dieser altsteinzeitliche Brauch setzte sich in der Jungsteinzeit fort.
[360] Hansen, in: *Die ältesten Monumente*, S. 200.
[361] A.a.O., S. 199. – In diesem Zusammenhang mutet die Argumentation von Ian Hodder sehr seltsam an, der behauptet, in Çatal Höyük habe es mehr Abbildungen von Männern als von Frauen gegeben, womit er die Bedeutung von Frauen herunterspielt und männliche Dominanz belegen will; vgl. in: „Women and Men", S. 82. Er bezieht sich auf die Wandmalereien von Stier- und Hirschjagd, auf denen viele kleine Männer vorkommen und ebenfalls männliche Tiere (vgl. Abb. 11 a/b von Kap. 3). Das Aufzählen der Tiere ist dabei unsinnig, denn sie sind eben keine Männer. Die Männer selbst stellen Menschen dar, sie kommen bei der Jagd in Scharen vor, sind aber klein wie Strichmännchen. Ihnen stehen die teils sehr großen weiblichen Reliefs in den Kulträumen

Kultur und Religion der Jungsteinzeit in Westasien: früher religiöser Reichtum 139

Abb. 10: Fresko von zwei weiblichen Figuren, Stiere und Hirsche gebärend (Ausschnitt) (Kultraum, Schrein EV 3 in Çatal Höyük) (Zeichnung von Gudrun Frank-Wissmann, nach James Mellaart)

Abb. 11 a/b: Sog. Jagdszenen mit Hirschen und Stier (Kulträume in Çatal Höyük) (aus: James Mellaart: Çatal Hüyük, S. 166–168)

Abb. 12: Göttin Kybele zwischen zwei Löwen thronend (Museo Archeologico Nazionale, Neapel) (aus: Göttner-Abendroth: Die Göttin und ihr Heros, S. 105)

Auch die anderen Frauenfiguren mit Raubkatzen weisen auf übermenschliche, göttliche Eigenschaften hin. Im Lauf der Zeit wachsen diese Gestalten über die Clans hinaus und werden Große Göttinnen von ganzen Stämmen und Völkern, sogar von ausgedehnten Kulturregionen in Westasien. So sieht man die anatolische Göttin Kubaba in der Bronzezeit auf einem Löwen stehen, genauso wie ihre Schwestergöttin Hebatu/Hebat im Felsentempel von Yazılıkaya stehend von einer Raubkatze getragen

---

gegenüber und die ausdrucksstarken, weiblichen Figurinen, die mehr als menschliche Eigenschaften zeigen, denn sie sind Göttinnen. Göttinnen kommen nun einmal weniger zahlreich als Menschen vor. Wo hier eine „männliche Dominanz" zu sehen sein soll, zumal in einer Gesellschaft, die Hodder zuvor selbst „egalitär" nennt, bleibt ein Rätsel. Vgl. Göttner-Abendroth: „Gab es eine matriarchale Gesellschaftsordnung in Chatal Hüyük?".

Abb. 13: Göttin Lilith als Todesbringerin, bemalte Terrakottaplatte (Sumer, 2. Jt.) (aus: Seton Lloyd: Die Archäologie Mesopotamiens, S. 217)

wird. Ihre Nachfahrin ist die phrygische Kybele, die auf einem von Löwen flankierten Thron sitzt oder im Löwenwagen fährt (Abb. 12).[362] Auch die Große Göttin von Sumer, Inanna, steht majestätisch mit einem Fuß auf einem Löwen (vgl. Abb. 9 von Kap. 6, S. 312), und die persische Göttin Nurundi sitzt auf einem Löwenthron.[363] Von Westasien erreichte diese Ikonografie Südeuropa, denn auf Kreta wird die Große Mutter auf einem Berg von Löwen flankiert dargestellt (vgl. Abb 11a von Kap 7, S. 351), und

---

[362] Göttner-Abendroth: *Die Göttin und ihr Heros,* Kapitel 5.
[363] Miriam Robbins Dexter: „Ancient Felines and the Great Goddess in Anatolia: Kubaba and Cybele", in: *Proceedings of the 20th Annual UCLA Indo-European Conference,* Los Angeles 2008, veröffentlicht Bremen 2009, Hempen Verlag, S. 53–67; dieselbe: *Whence the Goddess. A Source Book,* New York and London 1990, Teachers College Press, Columbia Universität.

auch die griechische Göttin Hera begleitet ein Löwe oder zwei flankieren sie. Der Ruhm und die Religion der Göttin Kybele drang sogar bis ins Römische Reich, wo man ihr in Rom einen Tempel widmete.[364] Über Jahrtausende drückt also die Energie und Macht dieser Tiere die schöpferische Energie des göttlich Weiblichen aus. Auch der Geier nahm später die Gestalt einer Göttin an und ist aus demselben Kulturraum überliefert: als die Todesgöttin Lilith mit Geierflügeln und Geierkrallen, gekrönt mit einer dreifachen Hörnerkrone (Abb. 13).

Diese Gestalten sind bildlich, schriftlich und kultisch reich belegt, und zwar als *Große Göttinnen* mit sehr alten Wurzeln, die bis in die Epoche der Jungsteinzeit zurückreichen. Ihre Urgeschichte in der Altsteinzeit war eine der heiligen Weiblichkeit gewesen, und zwar Hunderttausende von Jahren lang. So steht, wie bei den Glaubensinhalten der Altsteinzeit, auch in der Religion der Jungsteinzeit die Frau im Zentrum, denn Frauen haben diese Religion maßgeblich geschaffen. –

Wir fassen zuletzt die Ergebnisse zusammen.

Die jungsteinzeitliche Gesellschaft Westasiens war durch die Jahrtausende ihrer kreativen Entwicklung egalitär, obwohl sich die Aktionsbereiche von Männern und Frauen differenzierten. Es handelt sich um eine *komplementäre Egalität*. Trotz wachsender Arbeitsteilung und Komplexität der sozialen Muster konnten keine hierarchischen Formen mit „Eliten" und dem „Großen Mann" festgestellt werden – entgegen einer beliebten Ideologie. Es gab keinen Krieg und keine militärischen Verteidigungsanlagen.

- *Die ökonomische Ebene:* Es handelt es sich um eine *produzierende Wirtschaft aus Pflanzenbau und Haustierhaltung*, mit gelegentlicher Jagd, deren Bedeutung abnahm. In der Spätphase kam es zur Entwicklung von *Keramik* und *Kupferverarbeitung*. Es wurde trotz Spezialisierung *gleiche Verteilung der Güter* praktiziert, die eine *Ausgleichsökonomie* darstellt.
- *Die soziale Ebene:* Die Siedlungen zeigen gleichartige Wohnhäuser, wovon sich nur die *Gemeinschaftshäuser* als Plätze für Ratsversammlungen und religiöse Feste abheben. Manche Siedlungen wuchsen zur Größe und Differenziertheit von *Städten mit frühester Hochkultur*. Die Siedlungsgrundrisse weisen darauf hin, dass die Gesellschaft durch *Sippen* bzw. *Clans* geordnet war. Die Clans entstanden durch die Entwicklung der *Genealogie in der Mutterlinie (Matrilinearität)*, die mit *Matrilokalität* verknüpft war. Clanbündnisse führten zur Bildung einer *Verwandtschaftsgesellschaft*. Große Bauwerke dienten dem *Zusammenhalt und der religiösen Identität* der lokalen oder regionalen Gemeinschaften, wie z.B. die ersten *Megalithbauwerke*.
- *Die Ebene von Kultur und Religion:* Die altsteinzeitliche *Wiedergeburtsreligion*, bei der die Frau im Zentrum steht, wurde weiterentwickelt. Damit verknüpft war die *Verehrung der Ahninnen und Ahnen*. Die Gestalten von Ahnfrauen und Urmüttern wurden allmählich zu *Göttinnen vom Typus der Muttergöttin*. Die Verehrung des mütterlichen Prinzips hob die Egalität nicht auf, sondern festigte sie im Gegenteil. Die Symbolik kreiste um *Tod und Leben* bzw. *Wiedergeburt*. Das Weltbild kann als

---

[364] Dexter: „Ancient Felines"; Göttner-Abendroth, a.a.O.

polare Kosmologie bezeichnet werden, die auf dem Prinzip der Balance beruht; darin war die *Weiblich-Männlich-Polarität* eingebettet.

Definition: Mit den oben genannten Eigenschaften hat sich in der westasiatischen Jungsteinzeit erstmals das herausgebildet, was wir die *matriarchale Gesellschaftsform* nennen. Sie entwickelte sich allmählich über die Jahrtausende dieser Epoche hinweg und tritt schließlich vollgültig in Erscheinung.

Kapitel 4:
Jungsteinzeit im Mittelmeerraum und Europa.
Die Entfaltung matriarchaler Gesellschaften

Zeittafel Jungsteinzeit (Neolithikum) für Europa

10.000–6.000/4.000 v.u.Z.:	Mittelsteinzeit (Mesolithikum) in Mittel- und Nordeuropa
6.800/6.600–3.500 v.u.Z.:	Jungsteinzeit (Neolithikum) im ägäischen Raum
ab 6.600–3.500 v.u. Z.:	Jungsteinzeit in Südosteuropa und Südeuropa (adriatischer Raum)
ab 5.500–2.800/2.200 v.u.Z.:	Jungsteinzeit in Mitteleuropa
ab 5.900–2.600/2.200 v.u.Z.:	Jungsteinzeit im westlichen Mittelmeerraum (ab 8. Jt. Eigenentwicklung, erst ab 6. Jt. Einflüsse aus dem adriatischen Raum)
ab 5.400/5.000–2.600/2.200 v.u.Z.:	Jungsteinzeit im atlantischen Westeuropa
ab 4.500/3.900–2.500/2.100 v.u.Z:	Jungsteinzeit auf den Britischen Inseln und in Nordeuropa

Die Kupfersteinzeit (Chalkolithikum) ist als eine Phase der Jungsteinzeit in diesen Daten inbegriffen.

Begegnungen aus Mittelsteinzeit und Jungsteinzeit

Das große Tauen nach der Eiszeit verwandelte auch Europa. Zwei Kräfte waren nun allgegenwärtig: das Wasser und der Wald. Durch die Verschiebung der Klimazonen wurde Europa nun Teil der gemäßigten Zone und blieb es bis heute. Die Menschen mussten sich mit den klimatischen Tumulten verändern, sie wurden aus Steppenjägern zu Waldjägern und jagten jetzt mit Pfeil und Bogen die Tiere, die in den Wäldern lebten.[365] Die Tiere der Kältesteppe wanderten immer weiter nach Norden, und manche Menschengruppen folgten ihnen. Auch die Vegetation zum Sammeln wuchs üppiger und vielfältiger als je zuvor, denn die nacheiszeitlichen Winter waren mild. Angesichts der Wassermassen in jenen Zeiten, den großen Strömen und fischreichen Seen, wurde jetzt der Fischfang für die Menschen die dritte, ständige Nahrungsquelle, und ebenso befuhren sie überall das nasse Element. Damit waren sie erheblich mobiler als auf dem trockenen Land zu Fuß.[366] Diese Entwicklung hielt in Mittel- und

---

[365] *Eiszeit*, S. 334–337. – Man nennt diese Lebensweise „Waldjägerkultur", was abermals die Ideologie dokumentiert, dass allein die Jägerei der Männer die Kultur hervorbrachte.
[366] Es wurden Reste von Einbaum-Booten in Mitteleuropa gefunden, die man auf 8.000 datierte; siehe *Atlas der Vorgeschichte*, S. 43, 44.

Nordeuropa lange an (10.000–6.000/4.000). Es gab hier dank des Überflusses wenig Herausforderungen an die Menschen, die sie gezwungen hätten, neue Wirtschafts- und Kulturtechniken zu erfinden – wie das während der Eiszeiten in Europa notwendig gewesen war.

Während diese Gebiete in der Mittelsteinzeit verharrten, hatte sich in Westasien die Jungsteinzeit mit ihren bahnbrechenden Neuerungen längst voll entfaltet. Die Menschen saßen hier jedoch nicht wegen des neu erfundenen Feldbaus in ihren Dörfern und Städten fest, sondern waren mit ihren Booten sehr beweglich auf den Flüssen und dem Meer unterwegs. Das trug zur raschen Ausbreitung der jungsteinzeitlichen Lebensweise bei. So kam Südeuropa schon im 7. Jt. unter den Einfluss der westasiatischen Jungsteinzeit und nahm eine andere Entwicklung als Mittel- und Nordeuropa. Das komplette „neolithische Paket" mit Hausbau und Sesshaftigkeit, Feldbau mit der Hacke, Haustierzucht, Weberei und Keramik, neolithischer Kunst und Religion trat hier unvermittelt und ohne Vorläufer auf, es ist keine eigene Jahrtausende lange Entwicklung zu diesen Errungenschaften in Europa zu sehen.[367] Stattdessen wurde die neolithische Kultur von Westasien auf dem Landweg über den damals noch nicht vorhandenen Bosporus nach Südeuropa gebracht und gelangte ab 6.600 über diese Landbrücke ins östliche Griechenland (Karte 1 von Kap. 4).[368] Ebenso erreichte sie auf dem Wasserweg entlang der Flüsse und der Küsten der Westtürkei, teils sogar über das offene Meer Südeuropa, denn schon früher, nämlich ab 8.300, ist sie in Zypern dokumentiert und ab 6.800 in Kreta. Ab 6.200 setzte die jungsteinzeitliche Lebensweise in Westgriechenland und Italien rings um die Adria ein, und vom Schwarzen Meer aus folgte sie der Donau aufwärts nach Südosteuropa, wo die Donaukulturen zu blühen begannen. Von 5.900 an breitete sich die neolithische Lebensweise entlang der Küsten im westlichen Mittelmeer aus, die jedoch als Eigenentwicklung schon im 8. Jt. in Spanien und Südfrankreich mit Anstößen aus Nordafrika begonnen hatte. Ab 5.400 bis 5.000 wanderte sie von dort entlang der Atlantikküsten Westeuropas in nördliche Richtung, und ab 4.500 gelangte sie weiter nach Norden zu den Britischen Inseln, nach Nordeuropa und Südskandinavien. Von Südosteuropa aus kam sie über die Donau, diesem wichtigsten Wasserweg, noch früher nach Mitteleuropa, nämlich ab 5.500, wo sie lange Seite an Seite mit der mittelsteinzeitlichen Lebensweise bestand.

Über die Gründe für die relativ schnelle Ausbreitung der neolithischen Lebensweise in Europa ist vielfach gerätselt worden. Einerseits soll es massenhafte Einwanderung von großen Bevölkerungsgruppen gewesen sein, die neues Land suchten, wobei die sich entwickelnde Flussfahrt und Küstenseefahrt erheblich zur Ausbreitung beitrug (Migrations-These). Im anderen Fall soll es eine Erweiterung der Kommunikations- und Austauschnetze ohne nennenswerte Einwanderung gewesen sein, d.h. die Weitergabe von Wissen und Technologie, die von den Nachbarn übernommen wurden (Akkulturations-These). Beide Vorgänge kamen sicherlich miteinander verschränkt vor, wobei nach neuesten Erkenntnissen die Migration überwog. Auf keinen Fall gab

---

[367] Dies wurde einige Zeit lang angenommen, aber die neuen Fundstätten, die in der westlichen Türkei und jenseits des Marmarameeres und des Bosporus auf griechischem Boden ausgegraben wurden, belegen diesen Übergang; vgl. Mehmet Özdoğan: „Von Zentralanatolien nach Europa", in: *Die ältesten Monumente*, S. 150–151, 158, 160.

[368] Harald Haarmann: *Das Rätsel der Donauzivilisation*, München 2011, Beck Verlag, S. 18–20.

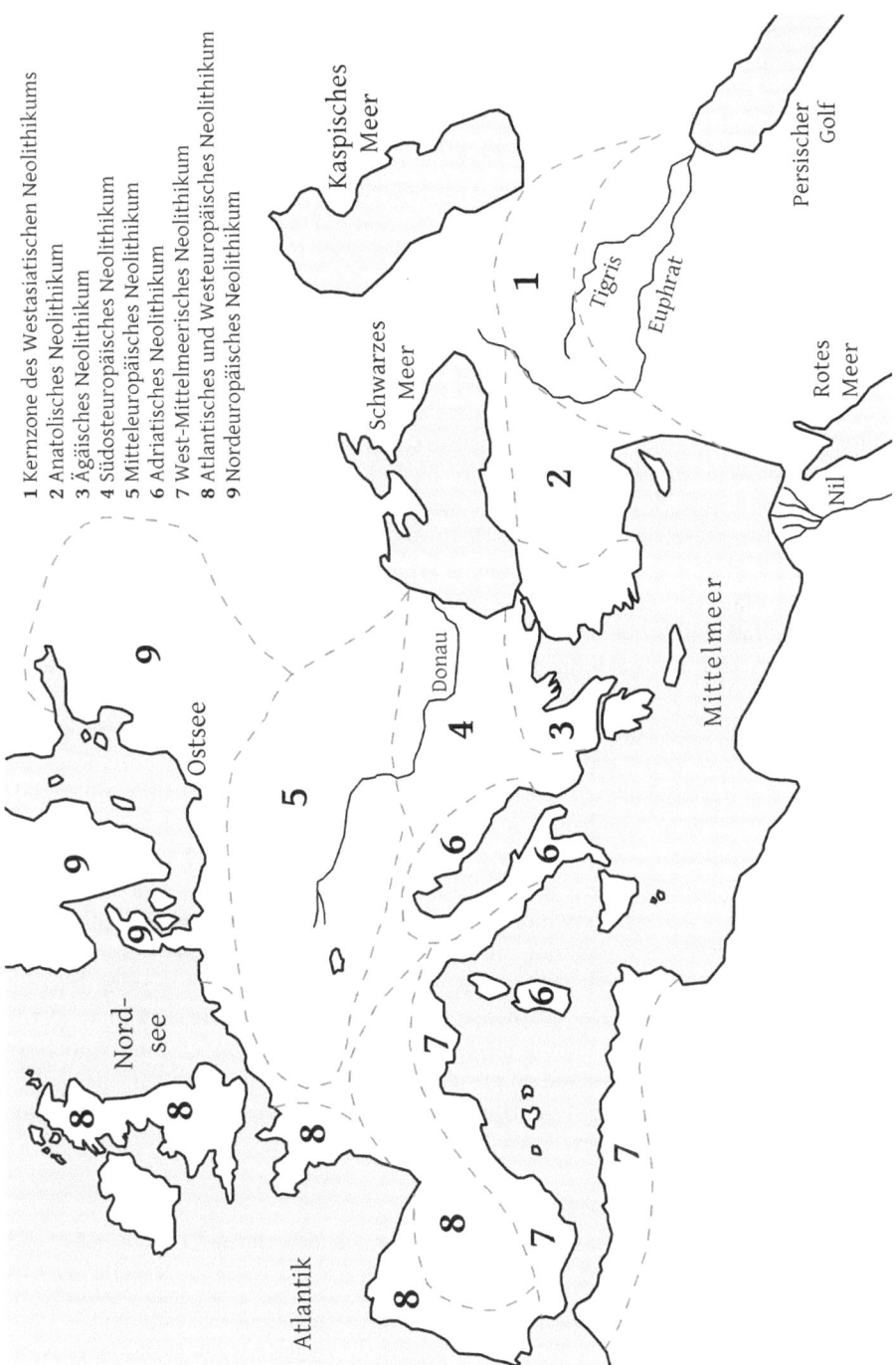

Karte 1: Die Ausbreitung der Jungsteinzeit in Westasien und Europa

es jedoch eine „Missionierung" und „Kolonisierung" durch jungsteinzeitliche „Pioniere", denn das setzt Eroberung und Zwangsbekehrung einer älteren, einheimischen Bevölkerung voraus – klassisch patriarchale Erscheinungen, die in der Jungsteinzeit nirgends belegt sind.[369]

Hier beschäftigen uns die beiden Fragen, welche Faktoren zu den verschiedenen Migrationsbewegungen geführt haben und auf welche Weise Akkulturation, wenn sie denn vorkam, vor sich gegangen sein kann. Zur ersten Frage: Ein ökologischer Faktor für Auswanderung ist die Veränderung von Klima und Umwelt, was schon beim Niedergang der alten, neolithischen Kulturen im Fruchtbaren Halbmond zu sehen war, der Bevölkerungsbewegungen nach Westen, Süden und Norden auslöste. Ein anderer, eher kontinuierlicher Faktor ist die Demographie, denn mit der Sesshaftigkeit wuchs die Bevölkerung an, so dass der bebaute Boden um die Siedlungen nicht mehr ausreiche und neues Land gesucht wurde. Dabei lösten sich Sippen-Gruppen von der Mutterstadt, um Tochterdörfer und Tochterstädte zu gründen. Nach der Gründung pflegten die Menschen der Tochterstädte freundschaftliche Beziehungen zur Mutterstadt als ihrem Herkunftsort, so dass auch auf diese Weise – und nicht nur durch das mobile Wanderleben – ein immer dichteres und sich weiter ausdehnendes Netz von Kommunikation und Verbindungen entstand. Diese horizontale Ausbreitung ist relativ schnell und erzeugt bestimmte zusammenhängende Siedlungsmuster, die auf Verwandtschaft und sozialem Gedächtnis beruhen. Sie wurde als ein traditionelles Muster praktiziert, was bei indigenen matriarchalen Gesellschaften beobachtet werden konnte.[370]

Solche Teilungen gingen keineswegs stets mit Konflikten einher – wie häufig voreilig angenommen wird –, denn das würde permanente Konflikte bedeuten. Selbst in diesem eher seltenen Fall bot die Siedlungsteilung die Lösung an, man trennte sich dann, damit jede Menschengruppe nach ihren eigenen Vorstellungen leben konnte. Auch hier wurden nach der Trennung gute Nachbarschaftsbeziehungen zwischen beiden Orten aufgenommen, was das Kommunikationsnetz erweiterte statt es zu zerschneiden.[371] Auf diese Weise konnte sich eine zunehmende Verschiedenheit der jungsteinzeitlichen Kulturregionen entwickeln, ohne dass dies einen Anlass zu „abtrünniger Abspaltung" gegeben hätte. Es wurde auch die These erwogen, dass die Menschen fortzogen, weil sie mit hierarchischen Strukturen, wie sie z.B. im Kerngebiet des Fruchtbaren Halbmonds entstanden, nicht einverstanden waren, um hernach eigene egalitäre Siedlungen zu gründen.[372] Das wäre vonseiten der Auswanderer sehr vernünftig, doch steht die Hierarchie-These – wie wir gesehen haben – auf schwankendem Boden, so dass dieses Argument nicht trägt.

---

[369] *Die ältesten Monumente*, darin: Özdoğan, a.a.O., S. 160, und Jens Lüning: „Bandkeramiker und Vor-Bandkeramiker. Die Entstehung des Neolithikums in Mitteleuropa", S. 179–181. – Hier ist vorschnell von „Kolonisierung" und „Missionierung" die Rede, wobei die dafür erforderlichen Gewaltmechanismen und der Zwangscharakter von Missionierung ausgeblendet werden.

[370] Siehe dieses Muster bei den traditionellen Siedlungen der Hopi, die auf ihren drei Mesas je ein Mutterdorf, ein Tochterdorf und ein Wächterdörfer errichtet haben; vgl. Frank Waters: *Das Buch der Hopi*, Köln 1980, Diederichs-Verlag; Göttner-Abendroth: *Das Matriarchat II,2*, Kap. 3.

[371] Göttner-Abendroth, ebd.

[372] Jean Guilaine: „Die Ausbreitung der neolithischen Lebensweise im Mittelmeerraum", in: *Die ältesten Monumente*, S. 169.

Man hat darüber spekuliert, weshalb gerade in Südost-, Süd- und Mitteleuropa die Ausbreitung der jungsteinzeitlichen Kultur so rasch vor sich ging. Dabei wird übersehen, dass Europa ökologisch ein äußerst günstiger Kontinent ist, da er reichliche Regenfälle hat und keine Dürren kennt. Außerdem besitzt er ein weitverzweigtes System von Flüssen, die nicht austrocknen und damit ideale Wasserwege bieten. Es ist in diesem stark gegliederten Kontinent weder zu kalt noch zu heiß, und eine große Vielfalt an Pflanzen und Tieren ist hier zu Hause. So bot er den neolithischen Einwanderern beste Bedingungen, die in Westasien keineswegs in dieser Art vorzufinden waren.

Die Geschwindigkeit der Ausbreitung der neolithischen Kultur spricht gegen die zweite Vorstellung, die Akkulturations-These, wobei Akkulturation erheblich länger dauert. Dennoch trafen Ankömmlinge mit jungsteinzeitlicher Kultur überall Menschen mit mittelsteinzeitlicher Jagd- und Sammel- Ökonomie an, mit denen sie in Kontakt kamen. Auch dieser ist nicht gewaltsam vor sich gegangen, denn es wurden von beiden Kulturen verschiedene Räume bewohnt: Die jungsteinzeitlichen Menschen siedelten vorwiegend auf Hügeln und Uferstreifen an Flüssen und Seen, deren Schwemmlandböden für den Feldbau günstig waren, während die mittelsteinzeitlichen Leute die Wälder der Mittelgebirge bevorzugten, wo sie ihr Sammelgut und ihre Jagdbeute fanden. Sie begegneten sich nicht allzu oft, die beiden Bevölkerungsgruppen hielten sich getrennt. Der heutige Stand von genetischen Untersuchungen besagt, dass es überwiegend Einwanderung war und Vermischung der verschiedenen Bevölkerungen eine geringe Rolle spielte.[373]

In gewissem Maß gab es dennoch die Weitergabe von Wissen und Gütern. Aber das geschah nicht, indem die Mesolithiker von neolithischen „Missionaren" und „Entwicklungshelfern" gewaltsam „überrollt" wurden, die durch „Belehrung und Schulung" deren „Bekehrung" erreichten.[374] Eher geschah es durch gute Nachbarschaftsbeziehungen, denn diese wurden nicht nur mit den eigenen Leuten, sondern auch mit denen einer anderen Kultur gepflegt.

Was bei Akkulturation eine wichtige Rolle spielen kann, nennt man „wechselseitige Heirat", hier als matriarchale Heiratspolitik. „Liebe statt Kampf" ist eine bekannte Devise bei matriarchalen Gesellschaften, wie die jüngere Geschichte von indigenen Gesellschaften zeigt.[375] Diese Form der Akkulturation ist tiefgreifend und nachhaltig und könnte auch zwischen Gruppen von neolithischen Neuankömmlingen und mesolithischen Einheimischen stattgefunden haben. So könnten sich mesolithische Sammlerinnen mit neolithischen Bauern verbunden haben und zugleich neolithische Bäuerinnen mit mesolithischen Jägern. Eine Asymmetrie ergab sich aber daraus, dass

---

[373] Vgl. Detlef Gronenborn/Thomas Terberger: „Die ersten Bauern in Mitteleuropa – eine interdisziplinäre Herausforderung", in: Terberger/Gronenborn (Hg.): *Vom Jäger und Sammler zum Bauern. Die Neolithische Revolution*, Zeitschrift *Archäologie in Deutschland*, Sonderheft 05/2014, Wissenschaftliche Buchgesellschaft Darmstadt, Theiss Verlag, S. 12.

[374] Diese aggressive Wortwahl, ebenso die „abtrünnigen Abspaltung" der „Pioniere" von ihrer Heimat, bei Lüning, in: *Die ältesten Monumente*, S. 178, 180, 181.

[375] Die wechselseitige Heirat zweier Volksgruppen war politische Tradition im Alten Afrika, um aus verschiedenen Stämmen ein einziges Volk zu schaffen. Ein interessantes Beispiel ist die Entstehung der westafrikanischen Akan-Völker, die aus der Wechselheirat von weißen Berbergruppen, die als Migranten die Wüste Sahara durchquert hatten, mit Schwarzafrikanern an der Westküste Afrikas hervorgingen. Vgl. Göttner-Abendroth: *Das Matriarchat II,2*, Kap. 7.

die Jäger wegen ihrer schweifenden Lebensweise nicht bei den Bäuerinnen wohnen blieben, während diese ihre Dörfer und Felder nicht verließen. Umgekehrt schienen die großen, komfortablen Häuser etlichen mesolithischen Frauen gefallen zu haben, so dass sie bei ihren neuen Geliebten und neolithischen Freundinnen dauerhaft verweilten und deren Lebensweise annahmen. Auch diese Situation ist genetisch belegt.[376] Selbst wenn die Frauen zu ihren mesolithischen Brüdern zurückkehrten – denn niemand konnte sie festhalten –, nahmen sie einige neolithische Kulturtechniken mit und gaben sie an ihre Kinder weiter: ein entscheidender Faktor, der bei den eher kurzfristigen Begegnungen der Jäger mit den neolithischen Bäuerinnen nicht gegeben war. So gelang Akkulturation friedlich auf dem Boden von Liebe und Mitteilen von Wissen.

Ökonomie der Jungsteinzeit in Europa: Einheit von Ökonomie und Kultur

Auch wenn die neue Lebensweise als das „neolithische Paket" durch Bevölkerungsbewegungen von Westasien nach Europa gelangte, wurde sie in den verschiedenen Kulturregionen von Südosteuropa, Mitteleuropa, dem mediterranen Südeuropa, dem atlantischen Westeuropa und Nordeuropa höchst eigenständig weiterentwickelt.

Südosteuropa: erste europäische Hochkultur

Ab dem 7. Jt. entstanden bäuerliche Orte als Flächensiedlungen oder Wohnhügel (Tells) zuerst in Thrakien und Thessalien. Von Thessalien breiteten sie sich in ganz Griechenland aus und wanderten der Donau aufwärts nach Bulgarien, Rumänien, Serbien und ins Karpatenbecken (Ungarn). Überall bildeten sich bedeutende Regionalkulturen, die hier unvermittelt auftraten, so dass Südosteuropa innerhalb weniger Generationen neolithisiert war. Die neue Wirtschaftsform beruhte auf dem Feldbau mit verschiedenen Getreidesorten und auf der Haustierhaltung, besonders von Schafen und Ziegen, aber auch Rindern und Schweinen, die nicht aus einheimischen Wildtierarten hervorgegangen sind, sondern eingeführt worden waren.[377]

Eine der frühesten Regionalkulturen war die Sesklo-Kultur (ab 6.600) in den fruchtbaren Ebenen Thessaliens, mit der die Fundstätten in Südgriechenland und auf der Peloponnes verwandt sind (vgl. Gebiet 3, Karte 1 von Kap. 4, S. 147). Die Sesklo-Kultur bestand unter dem Namen „Dimini-Kultur" bis ins späte Neolithikum (5.500–4.000). Während dieser langen Zeit hat sich die Bevölkerung stark vermehrt, so dass die Flächensiedlungen zunahmen und die alten Wohnstätten zu Tells von beträchtlicher Höhe heranwuchsen, die den Tells in Anatolien gleichen. Die Bauweise zeigt

---

[376] Haarmann, *Donauzivilisation*, S. 22.
[377] Parzinger: *Die Kinder des Prometheus*, S. 187, 197.

große, rechteckige Wohnhäuser aus Stein mit einem einzigen Raum. Die Häuser mit zwei Räumen, einstöckig nebeneinander oder zweistöckig übereinander, dienten für Versammlungen und Religionsausübung. Hierbei war der größere Raum der Religion gewidmet, und der kleinere wurde als Werkstatt zur Herstellung von fein gearbeitetem Kultgerät, insbesondere schön bemalter Keramik, genutzt. Die Indizien dafür, dass es Häuser für religiöse Zwecke oder „Tempel" waren, sind die zahlreichen, kleinen weiblichen Figuren, die man in den größeren Räumen fand. Zudem kamen im angrenzenden Makedonien (Nordgriechenland) Modelle solcher Tempel ans Licht, die einen riesigen Frauenkopf oder einen weiblichen Oberkörper auf dem Dach tragen, so dass das ganze Gebäude als weiblicher Leib erscheint (Abb. 1). Das zeigt, dass die Tempel einer weiblichen Gottheit gewidmet waren. Sie waren jedoch nicht der einzige heilige Platz, denn jedes Wohnhaus besaß im Hof einen Herd mit Lehmkuppel, daneben eine Bank und Plattform, wo man Gefäße, Mahlsteine, Getreide, Kochgeräte und ebenfalls viele Frauenstatuetten fand. Das weist darauf hin, dass Frauen auch den Herd als heiligen Platz für die häuslichen Rituale gebrauchten.[378]

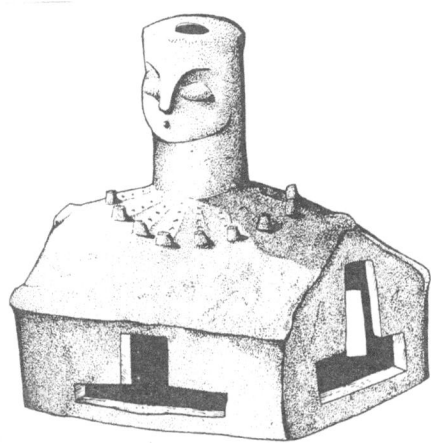

Abb. 1: Tonmodell eines Tempels als Körper der Göttin (Makedonien um 6.000 v.u.Z.) (aus: Marija Gimbutas: Die Zivilisation der Göttin, S. 257)

Ab 6.300 siedelten die jungsteinzeitlichen Bäuerinnen und Bauern, die aus Thessalien und Thrakien einwanderten, in den Tälern und Ebenen des Balkan und entlang der Donau. Es bildeten sich die „Donaukulturen" (vgl. Gebiet 4, Karte 1 von Kap. 4, S. 147), von denen die Kultur von Starčewo in Serbien bedeutend war.[379] Dabei nutzen die einwandernden Gruppen die Flüsse als Wasserwege in dem sonst bewaldeten, unwegsamen Gelände und bauten ihre Siedlungen auf den Hügeln und Uferhängen über den Flüssen. Statt aus Stein errichteten sie nun ihre Häuser aus Holz, von denen nicht viel erhalten blieb. Sie zogen bis zum „Eisernen Tor", dem Donaudurchbruch am Rand

---

[378] Marija Gimbutas: *Die Zivilisation der Göttin. Die Welt des Alten Europa*, Frankfurt 1996, Zweitausendeins Verlag, S. 11–26 und 257.
[379] A.a.O., 25–29.

der Südkarpaten, wo sie von mesolithischen Einheimischen aufgehalten wurden.[380] Mit diesen verbanden sie sich, so dass sich die Starčewo-Kultur in der Folgezeit mit Modifikationen weiter nach Norden bis Siebenbürgen und Ostungarn ausbreitete.[381] Gleichzeitig siedelten die Menschen auch südlich der Donau in Zentralbulgarien, das von Boden und Klima begünstigt war, wo durch ihre Jahrtausende lang bestehende Kultur von Karanowo ebenfalls mächtige Wohnhügel entstanden.[382]

Den Donaukulturen ist eine große Kreativität bei gebrannter und bemalter Keramik eigen, wodurch eine Vielfalt an Formen und Stilen entstand, ebenso brachte ihre Skulpturenkunst fein modellierte, menschliche und tierische Figurinen hervor. Es waren die Frauen, die im Neolithikum des Balkan eine Blütezeit der Keramik und Skulptur schufen, denn sie waren schon immer die Töpferinnen und Künstlerinnen gewesen. Die archäologischen Beweise dafür sind Frauengräber, in denen man eine Sammlung von Werkzeugen zum Polieren, Gravieren und Bemalen von Töpferwaren fand,[383] und Tempelmodelle, die ausschließlich Frauen bei der Herstellung von Keramik in den Tempelwerkstätten zeigen. Um 4.000 erfanden sie für die Töpferei die erste Drehvorrichtung, bevor es später zur mechanischen Töpferscheibe kam.[384] Diese Künste wurden durch Generationen von den Müttern an die Töchter weitergegeben, und sie waren von magisch-religiösen Vorstellungen begleitet – wie an der Töpferkunst der traditionellen Berberinnen, die eine uralte Kultur hüten, noch zu sehen ist.[385] Überhaupt spiegeln diese Kulturen eine religiöse Intensität, die bis zum Ende dieser Epoche auf dem Balkan anhielt. Gleichzeitig besitzen die Siedlungen keine Befestigungsanlagen, die auf kriegerische Landnahme und Verteidigung hinweisen.[386]

Im Mittelneolithikum und der „Kupfersteinzeit" des Spätneolithikums (Chalkolithikum, ca. 5.000–3.500) entwickelten sich die Kulturen in Südosteuropa rasant weiter. Nicht nur die Bevölkerung verdoppelte und verdreifachte sich auf der Grundlage eines gesicherten und vielfältigen Nahrungsangebots, sondern es kamen auch neue Technologien in Gebrauch. Angeregt durch weitgespannte Beziehungen bis nach Kleinasien entstand die Metallurgie mit Kupfer ab 5.000 und nahm im folgenden Jahrtausend zu.[387] In Westasien wurde Kupfer schon vor dem 8. Jt. wie Gestein in Schmiedetechnik bearbeitet und Schmuck daraus hergestellt (im PPN B). Ab dem 6. Jt. begann man, das Metall auch zu schmelzen, um größere Gegenstände in Gusstechnik herzustellen. In Südosteuropa wurde die Kupfermetallurgie nach den ersten Anregungen bald unabhängig und eigenständig weitergeführt, nicht zuletzt dank der reichen Kupfererzlager in den Karpaten. Frühe metallurgische Zentren bildeten sich in Bulgarien und Rumänien, in Serbien und im ungarischen Karpatenbecken.[388] Man

---

[380] Es handelt sich um die Lepenski Vir-Kultur; a.a.O., S. 25–29.
[381] Criș-Kultur in Siebenbürgen und Körös-Kultur an der Theiss in Ostungarn; a.a.O., S. 25–29; Parzinger, S. 187, 195.
[382] Gimbutas: *Zivilisation*, S. 30–35.
[383] Fundort Basatanya in Ostungarn.
[384] Cucuteni-Kultur; Gimbutas: *Zivilisation*, S. 123.
[385] Vgl. Makilam: *Magie*.
[386] Gimbutas: *Zivilisation*, S. 30–35.
[387] Vgl. die Zeittafel-Landkarte in: Wolfram Schier: „Frühes Kupfer in Südost- und Mitteleuropa", in: Terberger/Gronenborn (Hg.), S. 50–52.
[388] In Serbien sehr früh z.B. die Vinča-Kultur (4.900 bis 4.600), im Karpatenbecken ab 4.500. Vgl. Schier, a.a.O., S. 52; I. Matuschik/M. Merkl/Ch. Strahm: „Von großer Tragweite", in: *4.000 Jahre*

stellte nun Beilklingen, Lochäxte und Meißel her, und daneben wurden auch Gold und Silber geschmiedet. Von Ungarn aus erreichte die Kupferproduktion über die Donau dann Bayern und Mitteleuropa (3.800/3.500), zugleich wurde das westliche Mitteleuropa von Italien beeinflusst, wohin die Kupfermetallurgie aus der Ägäis gelangt war (3.200/2.900).[389]

Bemerkenswert ist, dass aus Kupfer, Silber und Gold lediglich Schmuck sowie Ritual- und Prestige-Gegenstände gefertigt wurden, die auch als begehrte Geschenke dienten. Kupfergegenstände konnte man nicht als Waffen, nicht einmal als Werkzeuge gebrauchen, denn sie waren weicher als Steingeräte und diesen nicht überlegen. Das heißt, die neue Kupferverarbeitung war nur eine Begleiterscheinung und löste keine neue Wirtschaftsweise und Sozialordnung aus. Dinge aus Kupfer stellten lediglich ein neues Luxusgut dar, das über die Kommunikationsnetze weitergereicht wurde.[390] Auch der berühmte Mann aus dem Eis, populär „Ötzi" genannt", hatte als Wanderer auf einem Passweg über die Alpen ein Kupferbeil bei sich (um 3.300). Dies zeigt, dass er Prestige besaß, aber kaum „Macht und Herrschaft"[391] – was durchaus zweierlei ist. Hier wird das Problem deutlich, ganze Kulturepochen nach Werkmaterialien zu benennen, was sehr irreführend sein kann, statt sie nach wichtigeren Kriterien wie der gesellschaftlichen Ordnung zu bezeichnen.[392]

Der Bergbau und die Metallurgie gehörten zum Aktionsbereich der Männer und waren zudem von religiösen Vorstellungen begleitet. Man erkennt es daran, dass noch in später Zeit Göttinnen bis hin zur christlichen Maria als Schutzpatroninnen des Bergbaus verehrt wurden.[393] Denn es war ja die göttliche Erdmutter, die den Reichtum an Metallen in ihrem Schoß schenkte. Die Schmiede galten als Magier, weil sie die Metalle transformieren konnten und dafür geheimes Wissen besaßen. Sie besaßen gemäß dem Weltbild der damaligen Zeit großes, religiöses Prestige, ohne dass dies einer realen Machtposition entsprochen hätte.[394]

Pfahlbauten, Hg.: Archäologisches Landesmuseum Baden-Württemberg und Landesamt für Denkmalpflege, Ostfildern 2016, Jan Thorbecke Verlag, S. 379–380; Eszter Bánffy: „Die Kupferzeit im Karpatenbecken", in: *Jungsteinzeit im Umbruch. Die „Michelsberger Kultur" und Mitteleuropa vor 6.000 Jahren*, Karlsruhe 2010, Badisches Landesmuseum, S. 149–155.

[389] Zu den Datierungen siehe Matuschik/Merkl/Strahm, a.a.O., S. 379.
[390] Schier, a.a.O., S. 54.
[391] Diese Formulierung bei Matuschik/Merkl/Strahm, a.a.O., S. 383.
[392] Die weitreichenden gesellschaftlichen Veränderungen in Südosteuropa gegen Ende der Kupfersteinzeit haben ihre Ursache nicht in der Kupfermetallurgie, sondern beruhen auf anderen Faktoren wie der kriegerischen Invasion von Steppennomaden (siehe Kapitel 7 in diesem Buch).
[393] Ein Beispiel dafür in Göttner-Abendroth: *Berggöttinnen*, S. 191–193.
[394] Ein Beispiel in dieser Epoche ist Varna, eine Schwarzmeer-Hafenstadt mit egalitärer Gesellschaft und blühendem Handel (5. Jt., Karanowo-Kultur). Dort fanden sich Männergräber, darunter ein sehr reiches, die mit Gold- und Muschelschmuck ausgestattet waren und zugleich die Utensilien von Schmieden enthielten (Handwerkergräber). Diese Schmiede-Werkzeuge waren nicht benutzt, sondern dienten als Prestige-Symbole. Waffen, die zur Herrschaft nötig sind, kamen in den Gräbern nicht vor. Siehe Ivan S. Ivanow: „Der kupferzeitliche Friedhof von Varna", in: Gerd Biegel (Hg.): *Das erste Gold der Menschheit. Die älteste Zivilisation in Europa*, Freiburg 1986 (2. Auflage), Museum für Ur- und Frühgeschichte und Komitee für Kultur der Volksrepublik Bulgarien, S. 31–39; Ivan Marazov: „The Blacksmith as ‚King' in the Necropolis of Varna", in: Joan Marler (Hg.): *From the Realm of the Ancestors. An Anthology in Honor of Marija Gimbutas*, Manchester CT/USA 1997, Knowledge, Ideas & Trends, Inc., S. 175–185.

Von den spätneolithischen Kulturen in Südosteuropa war die Vinča-Kultur in Serbien die reichhaltigste.[395] Durch den Kupferbergbau und die weiten Austauschnetze wuchsen manche Vinča-Orte zu Stadtgröße heran; sie maßen 25–30 Hektar, eine Stadt umfasste 80 ha und eine andere sogar 100 ha.[396] Demgegenüber nehmen sich die frühen westasiatischen Städte wie 'Ain Ghazal (15 ha) und Çatal Höyük (13,5 ha) eher bescheiden aus, und die frühdynastischen Städte in Mesopotamien erreichten noch nicht einmal deren Größe. Wir haben es hier mit den ersten urbanen Hochkulturen auf europäischem Boden zu tun.

Die Vinča-Kultur wurde noch übertroffen von der nordöstlich gelegenen Cucuteni-Tripolje-Kultur (4.800–3.500), die von Rumänien bis zur westlichen Ukraine und zum Dnjepr reichte. Ihre Siedlungsdichte in der Westukraine stellte alles Bisherige in den Schatten. Ihre Städte erreichten riesige Ausmaße, sie bestanden aus 500 bis 2000 großen Häusern und bedeckten Flächen von 250 bis 450 ha. In zehn bis zwölf konzentrischen Kreisen oder Ellipsen waren sie symmetrisch angelegt, und die Zahl ihrer Bewohnerinnen und Bewohner konnte 4.000 bis 10.000 Personen umfassen (Abb. 2 a/b).[397] Dieser Verdichtungsprozess ist außergewöhnlich, wir werden später auf die Gründe zurückkommen.

Mitteleuropa: Langhäuser und riesige Kreise

Die frühe Jungsteinzeit in Mitteleuropa reicht von 5500 bis 5000 (6. Jt.), sie beginnt also mehr als ein Jahrtausend später als in Südosteuropa. Sie ist geprägt von der Kultur der Linienbandkeramik (LBK), so benannt nach den bänderartigen Mustern auf ihren Gefäßen. Ihre älteste Phase ging im mittleren Donaubecken aus der Starčewo-Körös-Kultur in Ungarn hervor, entwickelte aber gleich von Anfang an ihre Besonderheit. Sie verbreitete sich über ganz Mitteleuropa in einem Gebiet vom Plattensee bis zum Rhein. In der Folgezeit dehnte sie sich noch weiter aus, bis sie zuletzt ein Gebiet von 2000 km einnahm, das vom Pariser Becken und der Normandie fast bis ans Schwarze Meer reichte (vgl. Gebiet 5, Karte 1 von Kap. 4, S. 147).[398] Trotz ihrer riesigen Ausdehnung blieb der Stil ihrer steinernen und keramischen Artefakte einheitlich, so dass man annimmt, dass ihre Ausbreitung recht schnell stattfand. Dazu trug das sehr milde und regenreiche Klima Mitteleuropas ebenso bei wie die weitverzweigten Wasserwege, außerdem die fruchtbaren Uferböden an Flüssen und Seen, die äußerst günstig für den Feldbau waren. So stand der raschen Ausbreitung der LBK, deren Gruppen ethnisch eng miteinander verwandt waren, nichts im Wege.

---

[395] Gimbutas: *Zivilisation*, S. 62–71. Andere wichtige Kulturen waren Karanowo-Gumelniţa in Bulgarien und Butmir in Bosnien, nördlich schlossen sich die Theiss-Kultur und die Lengyel-Kultur an, die Gebiete bis Budapest und Wien einnahmen; vgl. a.a.O., S. 53.

[396] Ebd. – Die Stadt Selevac nahm 80 ha ein und Potporanj bei Vršac 100 ha.

[397] A.a.O., S. 103–105. – Solche Städte sind Petreni mit 500 Häusern und 4000 Einwohnern; Dobrowodi mit der Fläche von 250 ha; Majdanetske mit 1700 Häusern auf 270 ha; Talljanki mit 2000 Häusern und etwa 10.000 Einwohnern auf 450 ha. Die Städte wurden von ukrainischen Archäologen durch Luftaufnahmen entdeckt und mit Magnetometern vermessen, nur wenige der Häuser sind ausgegraben.

[398] Lüning, in: *Die ältesten Monumente*, S. 177.

Ökonomie der Jungsteinzeit in Europa: Einheit von Ökonomie und Kultur 155

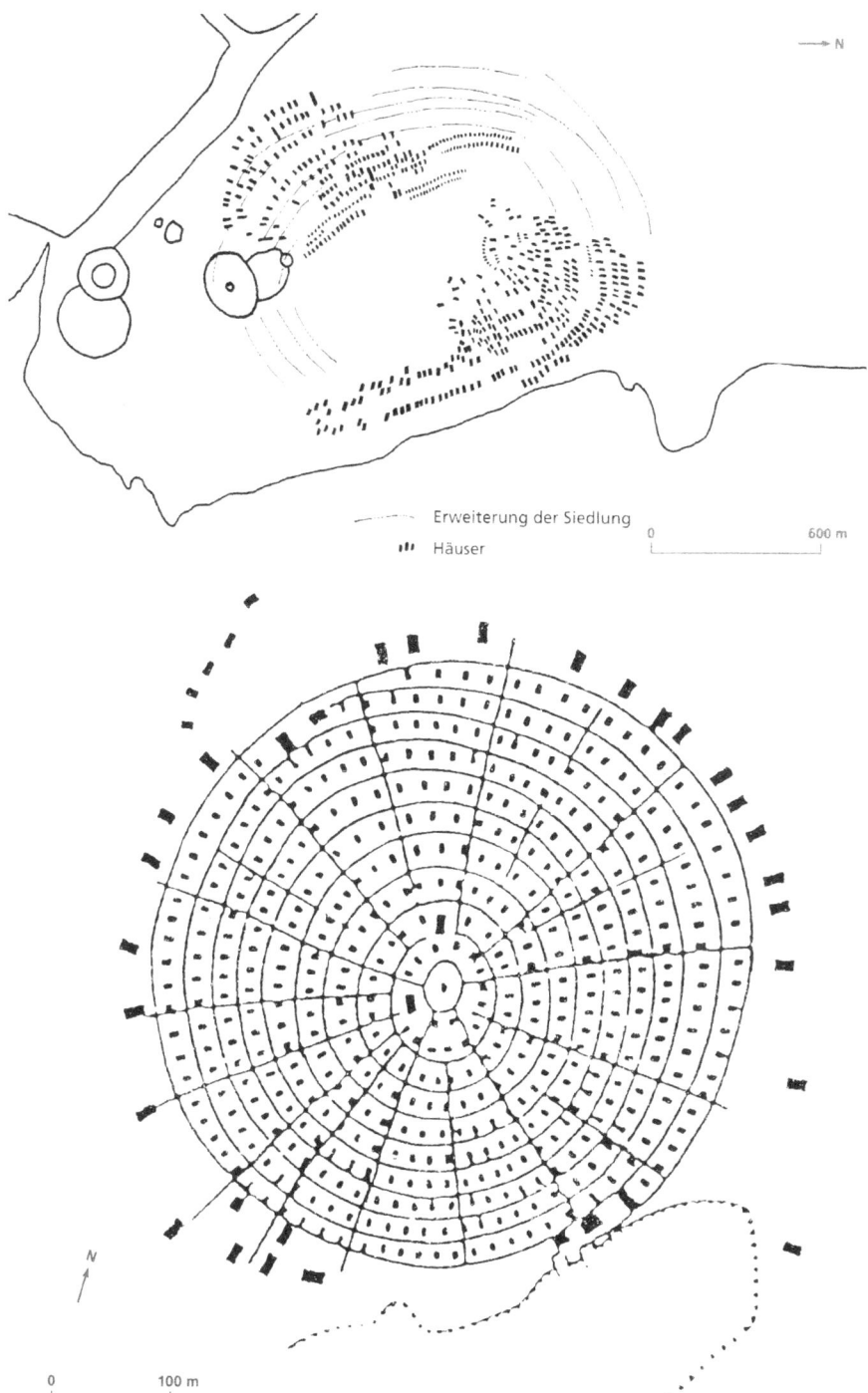

Abb. 2 a/b: Städte der neolithischen Cucuteni-Tripolje-Kultur (aus: Marija Gimbutas: Die Zivilisation der Göttin, S. 104)

Mit den mesolithischen Bevölkerungsgruppen lebten sie in friedlicher Koexistenz und nahmen bald Austauschbeziehungen auf. Getauscht wurden Getreide, Milchprodukte, junge Schweine und Rinder gegen Felle, Honig und Waldfrüchte. Auch am Rand ihres Ausbreitungsgebietes standen die Menschen der LBK mit anderen Kulturen in symbiotischem Kontakt, z.B. mit den Wanderhirten und -hirtinnen in Westeuropa, die Ziegen- und Schafherden besaßen, und mit den Leuten in Nordeuropa, die von Jagd und Fischfang lebten.[399]

In vieler Hinsicht gilt die LBK als „klassisch jungsteinzeitliche Kultur", und sie ist eine der am besten erforschten. Ihre zahlreichen Siedlungen und Friedhöfe, ihre stabile Getreide- und Viehwirtschaft, besonders aber ihre imposanten Langhäuser haben die Archäologen von Anfang an beeindruckt. Diese Langhäuser zeigen enorme Ausmaße und sind ohne Vorbilder, so waren die größten bis 30-45 m lang und bis 10 m breit. Alle Häuser wurden aus hölzernen Längspfostenreihen errichtet, wobei die drei inneren Reihen das Dach trugen. Die Wände bestanden aus Flechtwerk, das mit Lehm verputzt wurde, und das schräge Satteldach wurde mit Bündeln aus Schilf, Stroh oder Rinde gedeckt (Abb. 3 a/b). Am Bau waren beide Geschlechter beteiligt, so war das Herstellen der Wände und des Daches wohl eine traditionelle Arbeit der Frauen, die auch die Öfen aus Flechtwerk und Lehmverputz im Inneren der Häuser bauten.[400] Die Langhäuser standen unverbunden in Gruppen oder Reihen, der Zwischenraum diente als Hofplatz für handwerkliche Arbeiten. Bemerkenswert ist, dass die Häuser in einer astronomischen Linie ausgerichtet waren, nämlich von Nordwest nach Südost, wobei der Haupteingang im Südosten lag.[401]

Die Siedlungen hatten eine lange Dauer, jeder Hofplatz diente für mehrere Generationen. Aber das Haus selbst wurde nur eine Generation lang bewohnt, jede neue Generation riss das alte Haus ab und verwendete die langen Pfosten, um ein neues daneben zu errichten. Es war offenbar Brauch, dass eine neue Generation sich ein neues Haus baute. Aber die Ruinen der Häuser der Vorfahren, auf denen nun Sträucher und Bäume wuchsen, ließ man nebeneinander bestehen. So konnten die Nachkommen die Linie ihrer Ahninnen und Ahnen buchstäblich sehen, was einen genealogischen Zusammenhang spiegelt, der respektvoll gewahrt wurde.[402]

Nahe bei den Häusern lagen die Felder, wo die Frauen den Getreideanbau mit einer Vielzahl von Geräten aus Holz betrieben. Sie verwendeten nicht nur einfache Hacken, sondern auch Spaten und Handpflüge als Furchenzieher. Archäologen gehen jedoch davon aus, dass die Leute schon Ochsengespanne mit Hakenpflügen aus Holz besaßen, mit denen man noch keine Schollen wenden, aber tiefe Furchen in den Boden ritzen konnte. Es war der Anfang des Ackerbaus mit dem Pflug, der im späten Neolithikum voll entwickelt war.[403] So wurden Pflugspuren aus der Cortaillod-Kultur

---

[399] Es handelt sich um die La Hoguette-Kultur in Westeuropa und die Ertebølle-Kultur in Nordeuropa; Gimbutas: *Zivilisation*, S. 37-38; Parzinger, S. 238-239.
[400] Modelle solcher Öfen bei Gimbutas, a.a.O., S. 60.
[401] A.a.O., S. 39-40; Parzinger, S. 245.
[402] Lüning, in: *Die ältesten Monumente*, S. 182; derselbe (Hg.): *Die Bandkeramiker. Erste Steinzeitbauern in Deutschland*, Rahden/Westfalen 2012, Verlag Marie Leidorf, S. 152 und Skizze S. 151. – Der genealogische Zusammenhang ist in der LBK nicht die Vaterlinie, wie hier behauptet wird.
[403] Gimbutas: *Zivilisation*, S. 196; Lüning: *Bandkeramiker*, S. 52-55.

Ökonomie der Jungsteinzeit in Europa: Einheit von Ökonomie und Kultur 157

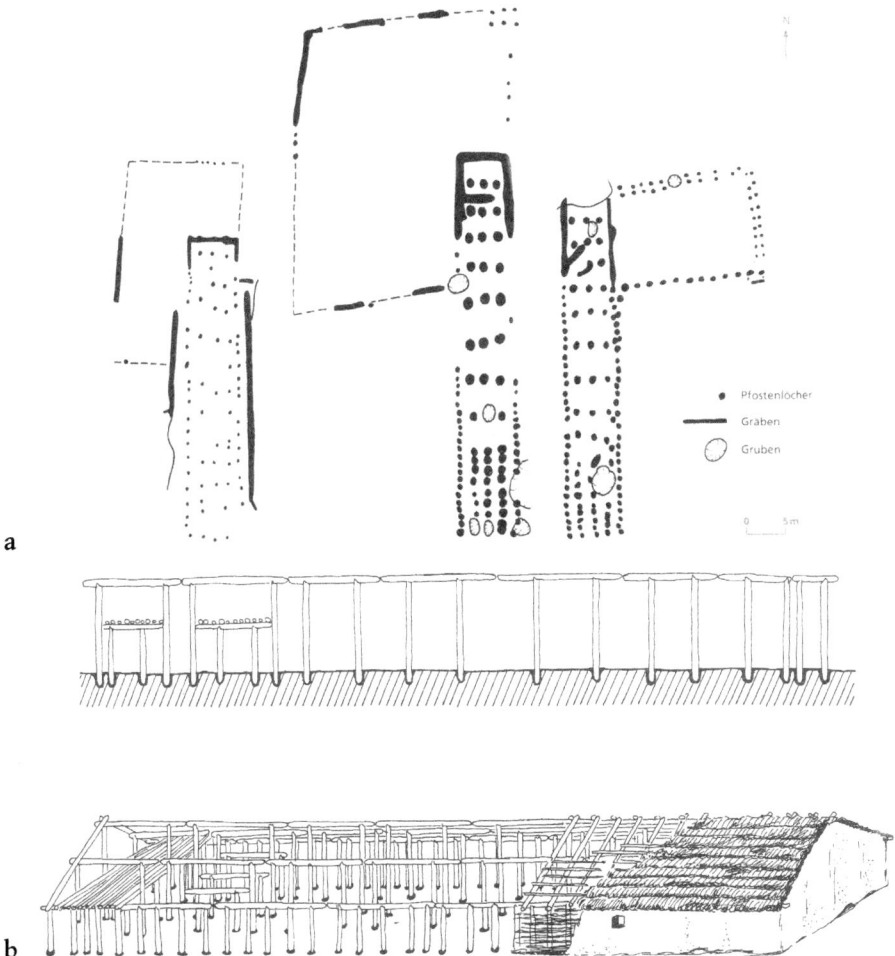

Abb. 3 a: Pfostenreihen von Langhäusern. **3 b:** Schematische Darstellung eines Langhauses (LBK-Kultur) (aus: Marija Gimbutas: Die Zivilisation der Göttin, S. 40)

im Wallis (Schweiz) gefunden.[404] Dies zeigt, dass die Idee, mit der Pflugwirtschaft sei das Patriarchat aufgekommen, falsch ist, denn so einfach ist es nicht vor sich gegangen. Zu dieser Wirtschaftsweise trat die Kultivierung von Gemüsepflanzen und Obstbäumen hinzu, auch Flachs wurde schon gezüchtet. Der Flachsanbau lag in den Händen der Frauen, die aus den Pflanzenfasern durch Spinnen und Weben leichte Leinenkleidung herstellten.[405]

---

[404] „Seeufersiedlungen und Steinkistengräber. Die Cortaillod-Kultur", in: Jens Lüning: *Steinzeitliche Bauern in Deutschland. Die Landwirtschaft im Neolithikum*, Universitätsforschungen zur prähistorischen Archäologie, Band 58, Bonn 2000, Rudolf Habelt Verlag, S. 479.
[405] Gimbutas: *Zivilisation*, S. 196; Lüning: *Bandkeramiker*, S. 78.

Es gab nicht nur Einzelhöfe und kleine Häusergruppen, sondern es bildeten sich auch große Orte mit ein paar tausend Bewohnern und Bewohnerinnen. Dabei konnte die Besiedelung in manchen Gegenden sehr dicht sein, was einerseits von bedeutenden Lagerstätten von Feuerstein abhing, andererseits von wichtige Austauschzentren. Zum Beispiel tauschte man an der bayerischen Donau wertvolle Gesteinsarten wie Grünstein und Marmor, Graphit für die Töpferkunst und Bernstein von der Ostsee, lauter Luxusgüter, gegen Salz aus den Salzburger Alpen und Spondylus-Muscheln vom Mittelmeer, die wegen ihrer Vulva-Form nach wie vor sehr begehrt waren. Das geschah nicht unter wirtschaftlichen Aspekten, sondern man überreichte sich bei Besuchen oder regionalen Festen gegenseitig Geschenke, um die freundschaftlichen Beziehungen zu festigen.[406] So konnten die Güter auf diese Weise über Hunderte von Kilometern weiterwandern, ohne dass es eine spezielle Händlergruppe gegeben hätte – ein Muster, das schon aus der Altsteinzeit bekannt ist.

Bemerkenswert ist, dass die jungsteinzeitlichen Langhäuser über das gesamte Gebiet ihres Vorkommens eine erstaunlich regelmäßige Konstruktion zeigen. Um diesen Standard zu ermöglichen, mussten die Menschen der LBK ein Zahlensystem, Rechenverfahren, Geometrie und Messmethoden gehabt haben, ebenso Spezialgeräte für den Bau wie Hebelmaschinen, Seilwinden und Peilgeräte, was eine hohe Zimmermannskunst zeigt.[407] Schon das zeugt von einem umfassenden technischen Wissen, aber noch mehr die großen Kreisgrabenanlagen oder „Rondelle", bei denen die neolithische Mathematik und Geometrie zum Höhepunkt kamen. Die Konstruktion von Kreisgrabenanlagen wurde in der LBK begonnen und danach über das 5. und 4. Jt. weitergeführt (mittlere Jungsteinzeit). Die Anlagen bestehen aus mehreren runden oder ovalen Wällen mit Gräben, die konzentrisch angeordnet sind. In der Mitte hatten sie meist hölzerne Palisadenringe, und die Gräben und Palisaden wurden durch Erdbrücken als Ein- und Ausgänge unterbrochen.

Das älteste Beispiel, erst kürzlich entdeckt, ist ein Rondell, das mit einem Langhaus von 40 m Länge vom frühesten bandkeramischen Typ (6. Jt.) ein Ensemble bildete.[408] In diesem Haus fehlte die mittlere Pfostenreihe, so dass man hindurchgehen konnte. Man gelangte aus der Nordwestseite des Hauses unmittelbar in eine Kreisgrabenanlage, die einen Palisadenring von 30 m Durchmesser besaß und von einem breiten Außengraben umgeben war. In der Mitte befand sich ein Hügel und darunter ein Einzelgrab – nicht eines „Großen Mannes" – sondern eines Säuglings von sechs Monaten (Abb. 4). Man hat dieses Ensemble zu Recht eine „Tempelanlage" genannt, wobei man durch das Langhaus in Prozessionen zur Kreisgrabenanlage schritt.[409]

Üblicherweise sind Kreisgrabenanlagen nicht mit Gebäuden verbunden, und sie sind selten. Aber in Südostdeutschland gibt es gleich sechs davon nacheinander. Sie sind mit einer Datierung von 4.800–4.600 mehr als anderthalb Jahrtausende älter als das berühmte Stonehenge in Südengland. Der Zusammenfluss von Isar und Donau

---

[406] Dieses Beispiel bei Göttner-Abendroth: *Matriarchale Landschaftsmythologie*, Kap. 6; zur Weitergabe von Geschenken auch Lüning, a.a.O., S. 181.
[407] Lüning, a.a.O., S. 157, 163–167. – Solche bandkeramischen Langhäuser werden selten für Freilichtmuseen rekonstruiert, denn die Kosten sind enorm hoch. Daher sieht man meist nur kleine, dürftige Exemplare als Beispiele.
[408] Die Anlage befindet sich bei Nieder-Mörlen, Stadt Bad Nauheim in Hessen (Deutschland).
[409] Lüning: *Bandkeramiker*, S. 284.

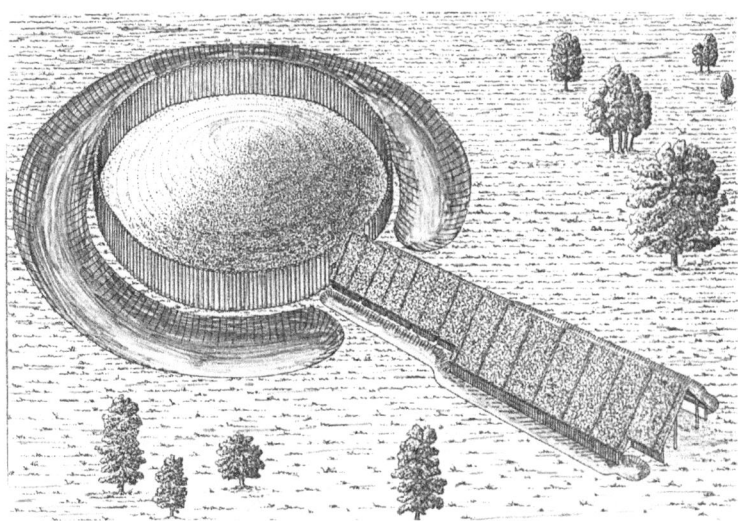

Abb. 4: Langhaus mit Kreisgrabenanlage, die einen Grabhügel in der Mitte besitzt (LBK-Kultur) (aus: Jens Lüning: Die Bandkeramiker, S. 284)

in Ostbayern bildet ein fast gleichschenkliges Dreieck, dessen Längsachse 30 km beträgt. Genau auf dieser Längsachse befinden sich, in einer Linie von Ost nach West wie Perlen an einer Schnur, sechs große Kreisgrabenanlagen.[410] Die älteste hat 110 m Durchmesser und liegt an der Donau; gen Westen zur Isar hin werden sie etwas kleiner, haben jedoch noch immer bis zu 60 m Durchmesser und teilweise 5 m tiefe Gräben. Mit diesen Dimensionen können sie auch nach heutigen Maßstäben als außerordentliche Bauwerke gelten. Die archäologische Sensation war perfekt, als festgestellt wurde, dass die großen Rondelle mathematisch exakt angelegt und ihre meist vier Tore astronomisch nach den Sonnenlinien ausgerichtet sind.[411] Aber keine dieser Anlagen ist genau kreisrund, was für die Erbauer recht einfach gewesen wäre, stattdessen wurden sie in Form von gestauchtem Kreis, Ellipse oder Oval konstruiert. So zeigt die Anlage bei Meisternthal ein perfektes Oval, das so präzise ausgerichtet ist, dass man durch die zwei Tore in Ost-West-Richtung nicht nur den Sonnenaufgang und -untergang an den Tag-und-Nacht-Gleichen des Frühlings und Herbstes beobachten kann, sondern auch – wenn man abwechselnd in den beiden Brennpunkten des Ovals steht – die Aufgänge und Untergänge der Sonne an den Sonnwenden des

---

[410] Die Orte, bei denen die Kreisgrabenanlagen gefunden wurden, sind von Ost nach West: Künzing-Unternberg, Osterhofen-Schmiedorf, Wallerfing-Ramsdorf, Oberpöring-Gneiding, Meisternthal, Landau-Kothingeichendorf. Die Monumente sind oberirdisch nicht mehr zu sehen, sondern liegen heute unter der Ackeroberfläche; sie wurden durch Luftbildarchäologie entdeckt und mit Magnetometern vermessen. Dokumentation in den Archäologischen Museen Künzing und Landau (Ostbayern). Vgl. Rainer Christlein/Otto Braasch: *Das unterirdische Bayern. 7000 Jahre Geschichte und Archäologie im Luftbild,* Stuttgart 1990, Theiss Verlag.

[411] „Sonnenlinien" sind: die Ost-West-Himmelsrichtung, in der die Auf- oder Untergänge der Sonne zu den Tag-und-Nacht-Gleichen im Frühling und Herbst zu sehen sind, ebenso die Himmelsrichtungen Nordost-Nordwest sowie Südost-Südwest, in denen die Sonne zu den Sonnwenden im Sommer und Winter auf- oder untergeht.

Sommers und Winters.⁴¹² Das zeigt klar, dass es sich um „Riesen-Uhren", d.h. um Observatorien und Kalenderbauten handelt.

Zugleich waren sie Riesen-Tempel, wo sich die Menschen versammelten, um ihre Gemeinschaft und Religion zu pflegen. Nahebei lagen Siedlungen, und manchmal umfassten kilometerlange, äußere Grabenwerke die Häuser zusammen mit den Rondellen (Abb. 5). Solche Anlagen konnten jedoch nicht das Werk der Leute aus einem einzigen Dorf sein, sondern die Menschen einer gesamten Region hatten sie errichtet und gebrauchten sie gemeinsam. Auf die religiöse Funktion der Monumente weisen Funde von zerbrochenen Frauenfiguren, Tonscherben und Reste von Festmählern hin, ebenso Tierbestattungen und zahlreiche gehörnte Rinderschädel, vor allem aber menschliche Bestattungen im Inneren oder in den Gräben.⁴¹³ Daher kann man solche Hypothesen wie „Viehgehege" oder gar „kriegerische Befestigungen" getrost fallen lassen. Beispielsweise barg das große Grabenwerk von Herxheim (Baden-Württemberg), dem ebenfalls Kriegsfunktion angedichtet wurde, die Überreste von 500 Menschen in Sekundärbestattung, was es als einen Tempel von überregionaler Bedeutung ausweist. Man fand dort auch ein „Schädelnest", das heißt, die Bestattung

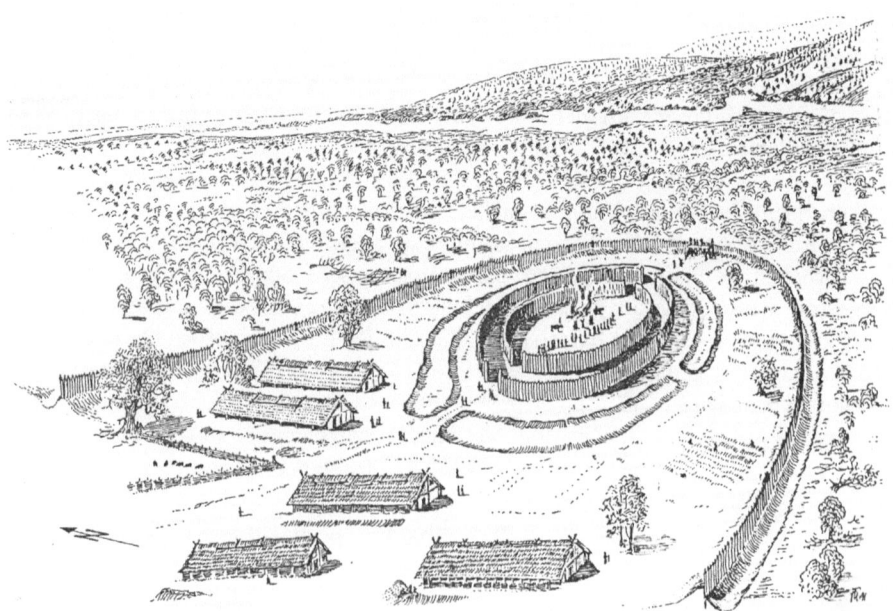

Abb. 5: Die Kreisgrabenanlage von Künzing-Unternberg in Bayern (Rekonstruktion) (aus: Ernst Probst: Deutschland in der Steinzeit, S. 280)

---

⁴¹² Helmut Becker: „Die Kreisgrabenanlage auf den Aschelbachäckern bei Meisternthal – ein Kalenderbau aus der mittleren Jungsteinzeit", in: *Das archäologische Jahr in Bayern*, Stuttgart 1989, Theiss Verlag, S. 27 ff. – Diese exakte geometrische Form erscheint erst 1500 Jahre später wieder beim südenglischen Stonehenge.

⁴¹³ Beispiele sind: Frauenfigurine (Oberpöring), Rindergehörne (Goseck), menschliche Bestattung (Ippesheim). Eine Kreisgrabenanlage mit fünffachem Palisadenring (Quenstedt) stammt aus dem 4. Jt.

von Schädeln in einer Gruppe.[414] Das zeigt, dass die Schädelbestattung eine Sitte ist, die nicht nur sehr weit verbreitet war (Westasien bis Europa), sondern auch uralt, wie altsteinzeitliche Funde und die Große Ofnethöhle (Deutschland) aus der Mittelsteinzeit belegen.

Kreisgrabenanlagen sind nicht nur aus Deutschland bekannt, sondern man fand sie im gesamten Raum der LBK, eine Kultur, die reicher und komplexer war als man bisher angenommen hatte. Es handelt sich um eine bemerkenswert hochentwickelte Kultur quer über ganz Mitteleuropa.

Das Ende dieser großartigen Kultur der frühen Jungsteinzeit ist noch immer ein heißer Diskussionsgegenstand. In ihrer Endphase hatte es einen raschen Anstieg der Bevölkerungszahl gegeben. Das soll der Grund für die vereinzelten Gewalttaten sein, zu denen es in jener Zeit kam, was die Massaker-Gräber von Talheim bei Heilbronn und von Schöneck-Kilianstädten bei Frankfurt zeigen. Als dritter wird noch der zweifelhafte „Massaker"-Fund von Schletz-Asparn in Österreich genannt (alle um 5.000).[415] Dieser Grund ist jedoch sehr unplausibel, denn er besagt, dass mehr Menschen automatisch mehr Konflikte erzeugen – wie es in den überfüllten Städten der Gegenwart der Fall ist.[416] Aber andere viel dichter besiedelte Gebiete in der Jungsteinzeit ohne Massaker beweisen das Gegenteil.

Noch dramatischer sehen es die Anhänger der Kriegstheorie, die anhand von zwei oder drei begrenzten Ereignissen von „kollektiver Gewalt in großem Stil" und dem „Zusammenbruch der LBK" sprechen, die in „ersten kriegerischen Auseinandersetzungen blutig untergegangen" sein soll.[417] Das verwundert, denn Kriegswaffen, die ausschließlich zum Töten von Menschen dienten, kamen noch nicht vor. Die Angreifer führten ihre Tat mit Jagdgerät wie Pfeil und Bogen und mit normalem Werkzeug wie Schuhleistenkeilen aus. Die Kriegstheoretiker versäumen zu zeigen, wie der „Zusammenbruch" genauer aussah und warum es wohl zu diesem „ersten Krieg" kam? Denn ein krisenhafter, soziokultureller Bruch zwischen der LBK und den Nachfolgekulturen lässt sich archäologisch nicht erkennen.[418]

Allerdings kam es zu einer Abnahme der linienbandkeramischen Fundstätten.[419] Das muss nicht gleichbedeutend sein mit einer Bevölkerungsabnahme, denn die Menschen könnten die alten Siedlungen verlassen und einen Wechsel der Wohnorte

---

[414] Valeska Becker: „Glaube und erste Bauern", in: Terberger/Gronenborn (Hg.), S. 100, 102–103.
[415] Detlef Gronenborn/Hans-Christoph Strien: „Linienbandkeramik und La Hoguette: Wirtschaft und kulturelle Dynamik im 6. Jahrtausend", in: Terberger/Gronenborn (Hg.), S. 37; siehe auch *Süddeutsche Zeitung online*, 17. August 2015.
[416] Vgl. die neue Konfliktforschung: Bei ihr geht es offenbar nur darum, möglichst viele „Massaker" und „Kriege" aufzufinden (vgl. Thema „Konfliktforschung", *Süddeutsche Zeitung online*, 22. Januar 2016). Eine solche Sichtweise ist nicht nur eng sondern auch tendenziös, denn man könnte auch die weitaus interessantere Frage einbeziehen, mit welchen Strategien Menschen Konflikte vermeiden oder sie befrieden. Besonders problematisch wird es, wenn die heutige Welt verglichen mit den frühen Epochen als „generell friedlicher" bezeichnet wird (ebd.), trotz der immer häufigeren und immer grausameren Kriege. Das enthüllt die Intention dieser Forschung, gegenwärtige Zustände schönzureden oder ganz auszublenden.
[417] Diese Formulierungen bei Meyer, in *Süddeutsche Zeitung online*, 17. August 2015; Schnurbein, S. 70; Parzinger, S. 249; und andere.
[418] Siehe auch die Kritik an der Kriegs-Theorie in Kapitel 1 in diesem Buch.
[419] Gronenborn/Strien, in: Terberger/Gronenborn (Hg.), S. 37.

vollzogen haben. Dafür spricht, dass der Bau von Kreisgrabenanlagen, der in der LBK begann, in den folgenden Jahrtausenden kontinuierlich und vollkommener weitergeführt wurde. Ebenso blieben die meisten Bestattungssitten sowie die Keramikformen dieselben, nur die Technik der Ornamentierung änderte sich, z.B. bei der Kultur der Stichbandkeramik (SBK).[420] Sogar die Langhäuser wurden nach einer Unterbrechung wieder gebaut, sie erschienen im mittleren Neolithikum in manchen Regionalkulturen in verändertem Stil mit einer Länge bis 65 m wieder. In einigen Gegenden Mitteleuropas wurden sie zu großen Siedlungen zusammengefügt.[421]

Daher ist nicht die Frage, warum es zum „ersten Krieg" kam – den es gar nicht gab –, sondern wie man die vereinzelten Fehden, die ganze Dörfer auslöschten, und die Veränderungen erklärt, die zur mittleren Jungsteinzeit (ca. 5.000–4.500) geführt haben. Hier ist von besonderem Interesse, dass in diese Zeit eine Trockenperiode fiel, die das mildfeuchte Klima der vorigen Jahrtausende beendete. Die Zeit ab 5.150 war von einer stetigen Abnahme der Regenfälle gekennzeichnet, einschließlich extremer Wetter-Anomalien (in 5.130 und 5.105), und genau in diese Zeit fallen die Gewaltausbrüche.[422] Es ist nicht schwer sich vorzustellen, dass eine Reihe von Missernten zu einer tiefen Lebensunsicherheit geführt hat, so dass Siedlungen verlassen wurden und Aggressionen aufkamen, die solche Verzweiflungstaten auslösten. Erstaunlich ist jedoch, dass es trotz der klimatischen Verschlechterung nicht mehr solcher Fehden gab, denn die Zahl der Überfälle, gemessen in Jahrhunderten und über ein sehr großes Gebiet, ist extrem gering. Daher muss man trotz der Unruhen auch diese jungsteinzeitliche Epoche noch immer als grundsätzlich friedlich bezeichnen.

Die anhaltende Austrocknungsphase war keineswegs auf Europa beschränkt. Viel dramatischer wirkten sie und die nachfolgenden Klimaschwankungen sich in Westasien aus, was Konsequenzen für Südosteuropa hatte. Mitteleuropa blieb davon weitgehend verschont, so dass die meisten frühneolithischen Traditionen im Mittelneolithikum fortgeführt wurden. Die Einheitlichkeit der Kultur der LBK zerfiel jedoch. Verschiedene regionale Kulturen traten an ihre Stelle, wodurch das besiedelte Areal aber erheblich ausgedehnt wurde.[423]

Im Spätneolithikum (4.400–2.800) waren die Veränderungen der Wirtschaftsweise einschneidend, und neue Regionalkulturen entstanden.[424] Man verließ sich jetzt nicht mehr allein auf die alten Siedlungsareale an den Flüssen, sondern drang tiefer in die Wälder vor, und ergänzend zu den Wasserwegen wurden Überlandwege erschlossen. Der Bau von Langhäusern hörte auf, man errichtete nur noch kleine, wenig massive Häuser. Das war Absicht, denn die Wohndauer war kurz, die Dörfer

---

[420] Detlef Gronenborn: „Häuptlinge und Sklaven? Anfänge gesellschaftlicher Differenzierung", a.a.O., S. 41.
[421] So in der Kultur der SBK in Polen, wo man die Langhäuser nun leicht trapezförmig baute.
[422] Gronenborn/Strien, a.a.O., S. 38.
[423] Die größeren unter den mittelneolithischen Kulturen sind: frühes Lengyel im südöstlichen Mitteleuropa (ca. 4.800–4.400), die Kultur der SBK im östlichen Mitteleuropa (Polen, Ostdeutschland, ca. 4.900–4.500), Rössener Kultur in Westdeutschland (ca. 4.600–4.300), gleichzeitig Kultur von Cerny in Westfrankreich und frühes Chasséen in Südfrankreich.
[424] Die größeren unter den spätneolithischen Kulturen sind: späteres Lengyel (ca. 4.400–4.000) im südöstlichen Mitteleuropa, Kulturen von Altheim und Mondsee (Österreich), Trichterbecherkultur (TRB) im Osten und Nordosten (Polen, Norddeutschland, Skandinavien), Michelsberger Kultur als Teil der TRB in Deutschland, Chasséen im Westen (Frankreich).

Ökonomie der Jungsteinzeit in Europa: Einheit von Ökonomie und Kultur   163

Abb. 6: Pfahlbau-Häuser in Unteruhldingen am Bodensee (Deutschland) (Foto von der Autorin)

wurden schon nach 5–10, höchstens 20 Jahren verlegt – was im krassen Gegensatz zu den jahrhundertelang bewohnten Siedlungen der LBK steht.[425] Eine plausible Erklärung besagt, dass im späten Neolithikum ausgedehnter Brandrodungsfeldbau in den Wäldern betrieben wurde, denn man musste sich ja Platz im Urwald schaffen. Nach ein paar Jahren war der Boden erschöpft und man verließ die Felder wieder, um woanders neue anzulegen.[426] Das führte zum periodischen Verlegen der Siedlungen und einem wechselhaften Leben.

Auch das südliche und nördliche Alpenvorland wurde nun bewohnt, hier entstanden die einzigartigen Seeufer-Siedlungen (Abb. 6). An den größeren Alpenseen errichtete man die Dörfer im seichten Wasser auf Pfählen, um die Schwankungen des Wasserspiegels aufzufangen, an kleineren Seen hingegen am Ufer auf dem weichen Untergrund.[427] Wasser und Moor konservierten ihre Reste, so dass man heute noch ca. 1000 solcher Siedlungen auffinden konnte.[428] Sie bildeten rings um die Alpen jeweils regionale Kulturen, wie die Lagozza-Kultur in Norditalien, die Ergolzwiler und

---

[425] Gronenborn, in: Terberger/Gronenborn (Hg.), S. 44–45.
[426] A.a.O., S. 46.
[427] Vgl. für dieses Ergebnis neuester Forschung Helmut Schlichtherle: „Kulturerbe unter Wasser", in: *Steinzeit in Baden-Württemberg*, Stuttgart 2008, Staatsanzeiger Verlag, S. 78–79. – Zuerst nahm man an, dass alle diese Dörfer im Wasser gestanden hätten, dann galt die These, dass sie an Seeufern auf dem Trockenen waren und erst später, als der Wasserspiegel anstieg, ins Flachwasser gerieten. Die neueste Sicht ist differenzierter und nimmt den Bau der Dörfer teils im Flachwasser, teils auf dem trockenen Ufer an.
[428] Die ältesten Pfahlbausiedlungen liegen an den oberitalienischen Alpenseen. Es entstanden in zeitlicher Abfolge diejenigen an den Seen in Kärnten und im Salzkammergut in Österreich, an den Seen der Zentralschweiz und des Schweizer Jura sowie am Genfer See, an den Alpenseen Frankreichs, am Bodensee und Federsee in Deutschland. Vgl. Helmut Schlichtherle: „Einzigartiges Kulturerbe", in: *Pfahlbauten. Verborgene Schätze in Seen und Mooren*, Stuttgart 2011, Staatsanzeiger Verlag, S. 8–9, Karte S. 10–11.

Cortaillod-Kultur in der Schweiz und die Pfyner Kultur in Süddeutschland. Diese waren keineswegs isoliert, sondern standen nicht nur durch Wasserwege miteinander in Kontakt, sondern sogar durch Passwege quer über die Alpen hinweg.[429] Erstaunlich ist die lange Dauer dieser Wohnform: Pfahlbausiedlungen wurden ab 5.000 im Süden der Alpen, um 4.300 auch am nördlichen Alpenrand errichtet und dauerten bis in die späte Bronzezeit um 850 an, das heißt, über viertausend Jahre.[430] Die einzelnen Siedlungen wurden jedoch auch hier ca. alle 10 Jahre verlegt und die einzelnen Häuser noch öfter.[431]

Südeuropa: Tempel und „Feenhäuser"

Um Jahrhunderte früher als in Mitteleuropa entwickelte sich die Jungsteinzeit im südeuropäischen Mittelmeerraum. Hier war die Ausbreitung der neolithischen Lebensweise mit der Seefahrt verbunden, wobei die Menschen erst entlang der Küsten und dann von Insel zu Insel ihre seefahrerischen Fähigkeiten ständig verbessern konnten. Sie wagten sogar Überquerungen des offenen Meeres auf kürzere Distanzen, wie an der sehr frühen, neolithischen Besiedelung der großen Inseln Zypern und Kreta zu sehen ist. Später überquerten sie die Adria von der Westküste der Balkanhalbinsel und den vorgelagerten Inseln aus, besonders von Korfu (vor 6.500), und siedelten schon um 6.500 in Süditalien und Sizilien. Im Tafelland hinter der Halbinsel Gargano (Tavoliere in Süditalien) fand man die höchste Konzentration von jungsteinzeitlichen Siedlungen in Italien, man konnte an die tausend Fundorte identifizieren. Sowohl die Häuser wie auch die Orte waren von hufeisenförmigen Gräben umgeben. Die Bäuerinnen hatten ihre Schafe vom Balkan mitgebracht und stellten eine sehr spezielle Keramik, die Impresso-Keramik, her. Die Gefäße waren gut gebrannt und mit Eindrücken von Muscheln und Fingernägeln oder auch von Stempeln verziert. Über Jahrhunderte wurde dieser Stil in Apulien, Kalabrien und auf Sizilien weiterentwickelt, doch man fand Impresso-Keramik auch in den Ländern rings um die Adria. Dies kennzeichnet das Gebiet als einen zusammenhängenden Kulturraum: das Adriatische Neolithikum (vgl. Gebiet 6, Karte 1 von Kap. 4, S. 147).[432]

Auch die Inselgruppe von Malta, die nicht weit von Sizilien entfernt ist, fällt in den Bereich der Impresso-Keramik. Sie wurde bereits im 6. Jt. besiedelt, als die maltesischen Inseln noch üppig grün waren, und im Laufe der Zeit entwickelte sich hier eine einzigartige Inselkultur.[433] Die Grundlage dafür war der leicht aus den Steinbrüchen zu lösende Korallen- und Globigerinen-Kalkstein, der nach der Trocknung außerordentlich haltbar ist.[434] Aus ihm errichteten die neolithischen Baumeister die

---

[429] Jutta Hoffstadt: „Gefährlicher Weg über die Alpen", in: *Pfahlbauten*, S. 73.
[430] Schlichtherle, a.a.O., S. 16.
[431] Thomas Doppler/Renate Ebersbach: „Jahrgenau datiert – das Neolithikum im Voralpenraum", in: Terberger/ Gronenborn (Hg.), S. 61.
[432] Gimbutas: *Zivilisation*, S. 156–159, 162–163.
[433] Die folgende Darstellung der neolithischen Kultur Maltas geht auf meine eigenen Forschungsreisen zu den archäologischen Stätten dort zurück.
[434] Im Steinbruch ist dieses Gestein so weich, dass man es mit der Säge schneiden kann, nach dem Trocknen wird es sehr hart. Noch heute setzt man daraus die traditionellen Häuser Maltas wie im Lego-System zusammen.

monumentalen Tempel, für die Malta heute noch berühmt ist. Es sind auf den beiden Hauptinseln Malta und Gozo 45 Tempel bekannt, die meisten davon liegen auf Malta. Sie wurden aus mächtigen, 30–50 Tonnen schweren Quadern erbaut.

Aus der Frühphase der maltesischen Kultur fanden die Archäologen in Felsen eingehauene, Gräber in Ei-Form mit den Gebeinen von Toten. In Großformat setzt sich diese Grabarchitektur in dem berühmten Hypogäum von Hal-Saflieni fort, bei dem eine Vielzahl von eiförmigen Höhlen in mehreren Etagen unter der Erde eingelassen wurde – bisher sind erst drei Etagen ausgegraben. Das Hypogäum besitzt am Anfang eine Eingangshalle und einen Orakelraum, deren Gewölbe mit bedeutungsvollen Ornamenten aus rotem Ocker bemalt sind und die eine hervorragende Akustik haben. Die Grabhöhlen enthielten Gebeine und reiche Beigaben, womit dieser unterirdische Tiefbau einen außergewöhnlichen Totentempel darstellt, der im neolithischen Europa ohne Beispiel ist.

Für alle oberirdischen Tempeln aus jener Epoche ist typisch, dass sie keine prächtigen Außenfassaden besitzen und nicht beherrschend hoch in den Himmel ragen. Stattdessen sind sie in künstliche Erdhügel eingebettet, die von einer Umfassungsmauer gehalten wurden. Bei den ältesten Tempeln, die klein sind und eine Kleeblattform haben, kehrt die Ei-Form der Gräber wieder.[435] Auch die großen Tempel zeigen ausschließlich Rundungen, und mit der Einbettung in Erde erinnern sie noch immer an Höhlen. Wenn man sie betritt, nimmt man sofort wahr, dass es auf die Hohlform ankommt, auf das Innere – genauso wie bei den Tempeln vom Göbekli Tepe in Westasien. Dabei zeigt die maltesische Hohlform ganz klar weibliche Eigenschaften, denn die klassischen Tempel besitzen fünf Apsiden, die einen Kopf, breite Brüste und ausladende Hüften darstellen. Ein halbmondförmiger Hof liegt davor, und der Eingang vom Hof in die Tempel geht gemäß der weiblichen Körperanalogie durch die Vulva (Abb. 7a/b). Der größte Tempel dieser Art ist die Ġgantija auf der Nachbarinsel Gozo. Dabei handelt es sich nicht nur um einen, sondern um zwei nebeneinanderliegende Tempel, die beide aus gewaltigen Quadern aufgetürmt sind und diese symbolische Bauweise zeigen. Auch die Doppeltempel Mnajdra auf Malta, deren Dimensionen eher menschlich als gigantisch sind, zeigen die weibliche Körperform.

Besondere Aufmerksamkeit verdienen die Lochmuster an bestimmten Stellen in den Tempeln. So liegen die Mnajdra-Tempel mit weiter Rundsicht direkt an der Steilküste des Meeres, gleich unterhalb des Tempels Ħaġar Qim. In diesem gibt es einen Altar aus einem Dreieckstein, der gänzlich mit fingergroßen Grübchen wie Punktierung übersät ist. Dieser Stein symbolisiert das weibliche Schoßdreieck, so dass man mit dem Lochmuster wohl die heiligste Stelle betonte. In einem der Mnajdra-Tempel stehen zwei weitere, sehr große weibliche Dreiecksteine, die den Eingang zu einer Kammer flankieren. Der Eingang ist kunstvoll aus zwei hintereinander stehenden Trilithen-Toren errichtet, die genauso wie die beiden Dreiecksteine vollständig von der Punktierung bedeckt sind.[436] Damit wurde die außerordentliche Heiligkeit dieses Teils des Tempels hervorgehoben (Abb. 8).

---

[435] Z.B. die Tempel von Skorba, Mġarr und der dritte, kleine Tempel von Mnajdra.
[436] Trilithen-Tore sind „Dreisteine-Tore", weil sie aus drei Steinen errichtet sind, nämlich zwei stehenden Steinen und einem quer darüber liegenden, langen Stein.

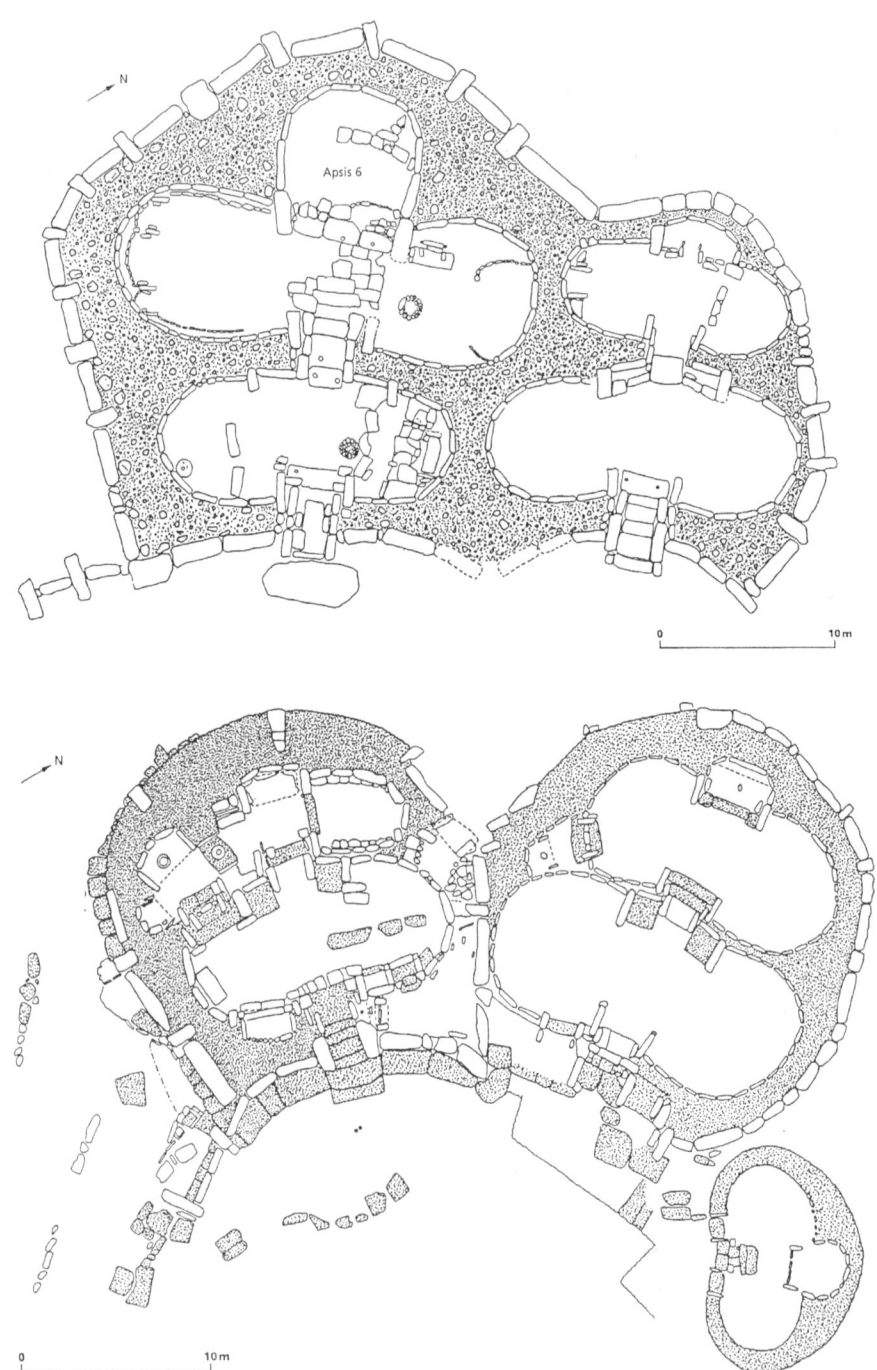

Abb. 7 a: Grundrisse der Tempel Ġgantija auf Gozo. **7 b:** Grundrisse der Tempel Mnajdra auf Malta (aus: Marija Gimbutas: Die Zivilisation der Göttin, S. 177 und 179)

Ökonomie der Jungsteinzeit in Europa: Einheit von Ökonomie und Kultur   167

Abb. 8: Tempel Mnajdra auf Malta: Eingang zu einer heiligen Kammer (Foto: Ine Guckert)

Der späteste und reichste Tempelbau ist Tarxien von Hal-Saflieni, bei dessen Grundriss sogar drei dieser weiblichen Hohlformen dicht aneinander geschachtelt sind, wenn auch eine gewisse Klarheit dabei verloren ging. Kunstvolle Reliefs von Spiralen, Pflanzenranken und Tieren, ebenso kleine und große Skulpturen der „Dicken Göttin" vollenden das Bild. Diese weiblichen Skulpturen zeigen dieselbe rundliche Körperfülle wie die Hohlform der Tempel, was die Körperanalogie der Bauwerke bestätigt.

Genauso früh wie die kleine maltesische Inselgruppe wurden die großen Inseln Sardinien und Korsika besiedelt, und auch hier entwickelte sich eine besondere Inselkultur. Wie auf Malta zeugt auch deren Vielfalt nicht von Isoliertheit, sondern von vielen Einflüssen, welche die Seefahrer aus allen Richtungen mitbrachten. Denn die Inseln lagen als Zwischenstation sehr günstig, um in das westliche Mittelmeer zu gelangen. Von 6.000 bis 3.000 entwickelte sich vor allem auf Sardinien die neolithische Kultur mit eigner Keramik und plastischer Kunst in ununterbrochener Folge. Die Grundlage für den Wohlstand waren die reichen Obsidianvorkommen der Insel (Monte Arci).[437]

Die sardische Grabarchitektur aus jener Epoche ist außergewöhnlich, sie begann wie auf Malta mit Felsengräbern in Ei-Form. Man fand Hunderte von ihnen, wobei die Kammern und Gänge immer verwinkelter wurden, so dass Felswände und stehende Felsblöcke regelrecht ausgehöhlt waren. Man schlug Grabstätten schließlich in Form von Wohnhäusern in die Felsen: mit Giebeldach und fein gearbeiteten Dachsparren aus Stein, mit das Dach tragenden Scheinsäulen und Architraven und mit Malereien

---

[437] Die folgende Darstellung der frühen Kulturen Sardiniens geht auf meine eigene Forschungsreise zu den archäologischen Stätten der Insel zurück.

an den Wänden. Von den späteren Inselbewohnern wurde ihnen wegen der Kleinheit der Name „Domus de Janas" gegeben, was „Feenhäuser" heißt und auf das Kleine Volk hinweist, das heißt, auf die Frauen aus der Jungsteinzeit.[438] Am Übergang vom 5. zum 4. Jt. entwickelte sich die Grabarchitektur zur Blüte, was auf einen beträchtlichen Anstieg der Bevölkerung hinweist (Ozieri-Kultur). Aus dieser Zeit fand man mehrere Nekropolen, die eine Vielzahl unterirdischer Grabanlagen enthalten.[439] Sie haben Mehrkammergräber, wobei sich die kleineren Räume sternförmig um eine Haupthalle mit Säulen gruppieren oder nacheinander gestaffelt in verschiedene Richtungen streben. Die Haupthalle ist manchmal so hoch, dass mehrere Personen darin stehen können, während man sich sonst kriechend in den Anlagen fortbewegen muss. Jede dieser Grabanlagen ist ein „Hypogäum", ein Totentempel unter der Erde, wenn auch hier in Kleinformat. Sie gleichen den „Feenhäusern", wobei die Eingänge zu schönen Portalen ausgearbeitet wurden, über denen gemalte Stierhörner oder Reliefs von Stierköpfen (Bukranien) prangen. Auch im Inneren fanden sich Flachreliefs von Stierköpfen und weitere Symbole als Ritzungen oder Wandmalereien aus rotem Ocker, außerdem reichverzierte Keramik und zahlreiche Frauenfiguren aus Knochen, Marmor und Alabaster.[440]

Die Begräbnissitten auf Sardinien und Korsika gleichen denen von Malta und weisen bis nach Westasien zurück. Man bestattete die Toten in zwei Phasen: zuerst die Entfleischung (Exkarnation) im Freien, danach wurden die Gebeine und die oft abgetrennten Schädel in den Grabräumen niedergelegt.[441] Auf diese Weise boten diese Grabanlagen vielen Toten Platz, weshalb jede als der Bestattungsplatz eines ganzen Clans angesehen werden kann.

Bemerkenswert ist, dass sowohl Malta wie auch Sardinien bereits die Megalithbauweise besitzen. Auf Malta sind es die Tempel, deren zyklopische Mauern in der Art des Großsteinbaus errichtet wurden. Auf Sardinien setzt diese Bauweise spät mit einer neuen Form der Grabarchitektur ein, den sogenannten „Gigantengräbern".[442] Diese bestehen aus Ganggräbern unter einem länglichen Hügel aus Trockensteinen, denen später eine halbmondförmige Fassade aus hohen Einzelsteinen vorgebaut wurde – was in der Aufsicht die Form eines Stierkopfes ergibt. Die höchste Mittelstele hat eine Scheintür und ein kleines Durchschlupfloch (Abb. 9). Diese Megalithbauweise Sardiniens ist nicht original hier entstanden, sondern sie stammt von einer

---

[438] In ganz Europa gibt es solche Sagen vom „Kleinen Volk", zu dem die schönen und zauberkundigen Feen gehören, die den Menschen oft hilfreich sind. Gemäß dieser Mythen pflegten sie sich auch in späteren, patriarchalen Zeiten noch lange bei ihren Heiligtümern aufzuhalten, zu denen Grabbauten der neolithischen Kulturen gehören. – Vgl. die sardische Sage: „Mariedda del piccolo popolo delle janas" (Mariechen vom kleinen Volk der Feen), in: Alberto Melis: *Fiabe delle Sardegna*, Firenze 1999, Giunti Gruppo Editoriale, S. 37–63; ferner die Sage: „Le gianas" (Die Janas), in: Francesco Enna: *Miti, Leggende e Fiabe della tradizione popolare della Sardegna*, Sassari 1994, Carlo Delfino editore, S. 100–101.

[439] Am berühmtesten ist die große Nekropole Anghelu Ruju bei Alghero; weitere Nekropolen sind San Andrea Priu bei Bonorva, M. Petrusu-Ploaghe, Corneddu, Sas Concas bei Nuoro, Grotta di Bartolomeo, Grotta di San Michele bei Ozieri.

[440] Gimbutas: *Zivilisation*, S. 290–292.

[441] Ebd.

[442] Beispiele von Gigantengräbern sind: Coddu Vecchiu, Li Lolghi und Su Monte de S'Ape im Nordosten Sardiniens; die Gräber von Thomes und Biristeddi im Südosten.

Abb. 9: „Gigantengrab" auf Sardinien, Mittelstele mit Scheintür und Durchschlupfloch (Foto: Eva-Maria Farin)

einwandernden Bevölkerung aus dem westlichen Mittelmeerraum (Ostspanien und Südfrankreich). Denn die Megalith-Architektur hat nicht nur in Westasien einen Ursprung, sondern auch in Nordafrika, dem westlichen Mittelmeerraum und in vielen anderen Kulturregionen der Welt. Die Einwanderer lebten mit den Alteingesessenen auf Sardinien in friedlicher Koexistenz. Die sardische Sage von der Hirtenprinzessin „Nora" und dem Seefahrer „Norace" spiegelt es, in der die Einheimischen, personifiziert in Nora, sich mit den Neuankömmlingen, personifiziert in Norace, in Wechselheirat verbanden, um voneinander zu lernen. Die Einheimischen gaben ihnen Land, dafür lehrten die Neusiedler sie die Megalithbauweise. Diese errichteten die Ganggräber mit Fassaden und bauten kreisrunde, steinerne Wohnhäuser, aus denen später die bronzezeitlichen Türme entwickelt wurden, deren Name „Nuraghen" noch an Norace, den Begründer der sardischen Megalithkultur, erinnert.[443]

Atlantisches und kontinentales Westeuropa: Megalithen in allen Formen

Die neolithische Lebensweise begann im Südwesten Europas sehr früh, nämlich in Spanien und Südfrankreich in Höhlensiedlungen bereits im 8. Jt.[444] Da hier der Über-

---

[443] Siehe „La leggenda di Norace" (auf Sardisch: „Sa fabula de Noraxi"), in: Francesco Enna, S. 80–85.
[444] Die Daten aus archäologisch erforschten Höhlensiedlungen mit neolithischen Anfängen ergaben für Südfrankreich: Cap Ragnon (ca. 7.970), Île Riou (oberirdische Siedlung) (ca. 7.600), Château-neuf-les-Martigues (ca. 7.420), alle bei Marseille; für Spanien: Abragio in Cuenca, Meseta (ca. 7.950), Murcielagos bei Córdoba (ca. 6.250) und andere. Vgl. Gimbutas: *Zivilisation*, S. 186.

gang zur Jungsteinzeit sehr langsam vor sich ging, kann die neolithische Kultur nicht von Einwanderern plötzlich eingeführt worden sein. Stattdessen nahmen die mesolithischen Einheimischen einen eigenen Entwicklungsweg, der auch jetzt – wie in der Altsteinzeit – im Austausch mit dem nahen Nordafrika entstanden ist. Auch Gruppen von Einwanderern aus Nordafrika, die frühen Iberer, haben die neolithische Kulturentwicklung angestoßen. Erst im 6. Jt. kamen Einflüsse aus dem Mittelmeerraum dazu und beschleunigten die Akkulturation ins volle Neolithikum, was die nun auftauchende Impresso-Keramik beweist (vgl. Gebiet 7, Karte 1 von Kap. 4, S. 147). Neben den archäologischen Funden belegen Felsmalereien aus dem 6. Jt. von der Südostküste Spaniens das Neolithikum, denn hier sind Frauen mit Sicheln und Messern beim Feldbau zu sehen, der ihre Domäne ist (Abb. 10). Die Männer blieben hingegen mit Pfeil und Bogen bei der althergebrachten Jagd.[445] Man sieht auch tanzende Frauen und Männer bei einer Kultszene, wobei die Frauen größer dargestellt sind als die Männer.[446]

Abb. 10: Frauen beim Feldbau (Felsmalerei, spanische Ostküste, 6. Jt. v.u.Z.) (aus: Die ältesten Monumente der Menschheit, S. 174)

Durch die fortgeschrittene Küstenseefahrt gelangte die neolithische Kultur bereits Mitte des 6. Jt. aus dem Mittelmeerraum hinaus zur atlantischen Seite Westeuropas und verbreitete sich hier nordwärts: von Portugal (ab 5.400) entlang der Westküste Frankreichs bis zur Bretagne (ab 5.000), im 5. Jt. weiter nach Cornwall, Südengland, Wales und Irland (ab 4.500), im 4. Jt. nach Schottland, bis zu den Hebriden- und Orkney-Inseln (ab 3.900) (vgl. Gebiet 8, Karte 1 von Kap. 4, S. 147). Für die Neolithisierung Südenglands und Irlands sind wesentliche Einflüsse von den westlichen Regionen der mitteleuropäischen LBK-Kultur ausgegangen (aus der Normandie, Frankreich).[447] Doch nicht nur entlang der Atlantikküsten weitete sich die Neolithisierung aus, sondern auch im Inland Westeuropas: Ab 5.200 ist das Innere der Iberischen Halbinsel neolithisiert, und im 5. und 4. Jt. entsteht ein zusammenhängender Kulturkomplex, der von Südfrankreich bis Norditalien und den Schweizer Seen reicht.[448]

---

[445] Eine Szene zeigt Männer mit diesen Waffen gegeneinander angehen, was jedoch kein Beweis für „Krieg", sondern höchstens für eine Fehde ist; abgesehen davon kann diese Szene auch symbolische Bedeutung haben.
[446] Siehe Abb. dieser Szene bei Gimbutas, a.a.O., S. 188.
[447] A.a.O., S. 206.
[448] Chasséen in Frankreich, Lagozza in Italien, Cortaillod in der Schweiz (Seeufersiedlungen); a.a.O., S. 191.

Das hervorstechendste Merkmal des atlantischen Westeuropas in jener Epoche ist die dort überall verbreitete Megalitharchitektur. Allein Westeuropa besitzt 10.000 Megalithmonumente verschiedenster Bauweise.[449] Von hier strahlte die Megalitharchitektur auf andere Küstengebiete aus, so gelangte sie von Frankreich nach Holland und Norddeutschland und von dort nach Dänemark und Südschweden. Während der Dauer von mehr als zwei Jahrtausenden (mittlere Jungsteinzeit bis Bronzezeit, 5.-3. Jt.) wurde diese Architektur weiterentwickelt, auch im Inland verbreitet und mit einer erstaunlichen Formenvielfalt ausgestattet.

Dabei ist Europa nicht der einzige Kontinent mit Megalithkultur, es gibt sie auch in West- und Ostasien, Indien, Afrika, Süd- und Mittelamerika, das heißt, weltweit.[450] Doch in Europa befinden sich die meisten Megalithbauwerke, sie waren zentrale Heiligtümer für die neolithischen Gemeinschaften in diesen Regionen. In Südportugal und in der Bretagne kommen die steinernen Monumente außerordentlich dicht vor, darunter die ältesten Megalithgräber.[451] Diese haben die Form eines Langhügels (Tumulus) und entstanden aus einem umgrenzten, sakralen Areal von der Größe eines Langhauses, mit einem kleinen, über einem Grab errichteten Totenhaus darin. Wenn das Totenhaus einstürzte, konnten weitere Totenhäuser in diesem Areal folgen, wobei die Stelle des ersten Grabes markiert wurde. Schließlich begann man, das gesamte, sakrale Areal mit einem Erdhügel zu überdecken, wobei die vorige Palisadenbegrenzung durch Steine ersetzt wurde: der Tumulus als Toten-Langhaus. In den Langhügel grub man in einer späteren Bauphase Gänge bis zur Stelle der alten Gräber und versah jedes mit einer Grabkammer aus Megalithsteinen, um weiteren Zerfall zu verhindern.[452] Ein imposantes Beispiel für diese älteste Megalitharchitektur ist der Tumulus von *Barnenez* in der Bretagne (5. Jt.), errichtet in der Form einer langgezogenen, flachen dreistufigen Pyramide aus massiven Trockenmauern, worin elf Gräber eingebaut sind (Abb. 11 a/b). Hier sieht man den Gedanken vom Toten-Langhaus sich zur Idee des Berges mit Höhlen wandeln.

Nachdem die Idee einmal gefasst war, dass die Toten auch in künstlichen Hügeln statt in echten Höhlen im Leib der Erde ruhen können, wurden die Formen reicher.[453] Am häufigsten sind die Gräber mit Rundhügeln aus Trockenmauern und von Erde bedeckt, so dass sie wie ein Erdbauch aussehen. Sie konnten ein, zwei oder mehr Ganggräber enthalten und wurden mit großen Steinen, die sie im Ring umgeben, befestigt. Von den Tausenden solcher Rundhügelgräber in Europa findet man heute in der Regel nur noch die innere Steinkammer vor, die man fälschlich „Dolmen" (Bretonisch: „Steintisch") nannte, obwohl sie nie als Tische oder Altäre gedient haben. Es

---

[449] A.a.O., S. 338.
[450] Jean-Pierre Mohen: *Megalithkultur in Europa*, Stuttgart, Zürich 1989, Belser Verlag, Kapitel II (original in Französisch: *Le Monde des Mégalithes*, Paris 1989).
[451] Beispiele für älteste Megalithgräber: Tumulus (Langhügelgrab) von der Insel Carn im Finistère, Tumulus von Saint-Michel bei Carnac (217 m lang), Tumulus von Barnenez im Finistère, ca. 4.700/4.300, Ganggrab von Kercado bei Carnac, ca. 4.700 (alle in der Bretagne); Monument I von Poço de Gateira von Hoch-Alentejo und andere, ca. 4.500 (in Südportugal).
[452] Vgl. Mohen, S. 97.
[453] Die folgende, knappe Darstellung der Megalithkulturen geht auf meine eigenen Forschungsreisen zu den archäologischen Stätten in der Bretagne, in Cornwall, Südengland, Irland, Schottland und Deutschland zurück.

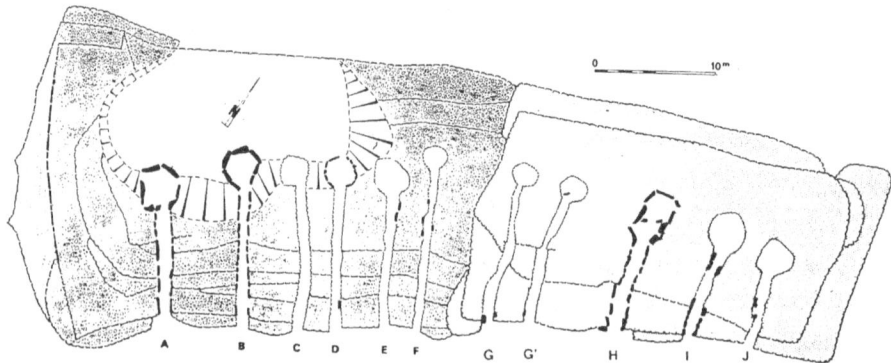

Abb. 11 a/b: Luftaufnahme und Grundriss des Langhügels von Barnenez mit Ganggräbern (aus: Pierre-Rolland Giot: Barnenez, S. 9 und 8)

gibt sie in kleinen und gigantischen Größen von Spanien bis Irland und Schottland.[454] Auf den Anhöhen des Boyne-Tales in Irland existiert eine Häufung solcher Rundhügelgräber, von denen diejenigen von Knowth, Dowth und New Grange die größten sind (4. Jt.). Die rekonstruierte Anlage von *New Grange* ist die berühmteste und großartigste, deren mächtiger Steinhügel von einer Verkleidungsmauer aus weißen Steinen gehalten wird (Abb. 12 a). Über dem Eingang befindet sich ein Lichtschacht, der die Sonnenstrahlen genau zur Wintersonnwende durch den 20 m langen Gang bis ins Innerste fallen lässt – eine zugleich astronomische und symbolische Angelegenheit. Genau hier ist das Symbol einer dreifachen Spirale in den Stein gehauen (Abb.12 b). Eine 8 m hohe Kuppel ragt als falsches Gewölbe über den kreuzförmigen Grabkam-

---

[454] Einige mit sehr großen Ausmaßen sind die Dólmenes de Antequera in Spanien.

Ökonomie der Jungsteinzeit in Europa: Einheit von Ökonomie und Kultur 173

Abb. 12 a: Rekonstruiertes Rundhügelgrab von New Grange in Irland (aus: Marija Gimbutas: Die Zivilisation der Göttin, S. 212). **12 b:** Innerer Raum des Grabes mit Felsritzung (aus: Jean-Pierre Mohen: Megalithkultur in Europa, S. 95)

mern und dem zentralen Raum in der Mitte.[455] Dieser ist keineswegs eng, so dass hier eine Gruppe von Menschen kultische Feiern zelebrieren konnte. Außen ist der riesige Grabhügel von einem Ring liegender Steinblöcke umgeben, von denen einige über und über mit Spiralen und anderen Motiven geschmückt sind. Solche Felsgravuren tragen Megalithbauten seit Beginn ihrer Entstehung, und diese Zeichen und Symbole sind Chiffren für das Weltbild der damaligen Menschen, das sie in ihre heiligen Stätten einschrieben. Am reichsten in dieser Hinsicht ist das Ganggrab von *Gavrinis* (Golf von Morbihan, Bretagne), bei dem jeder Stein des Ganges von oben bis unten graviert ist (Abb. 13, vgl. auch Abb j, Serie A von Kap. 3, S. 115).[456]

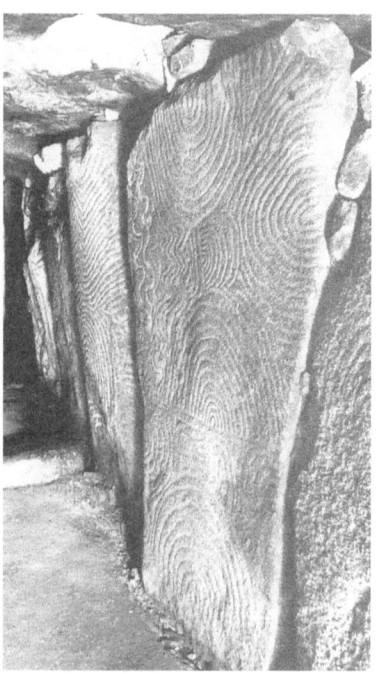

Abb. 13: Gravierte Steine im Ganggrab von Gavrinis (Golf von Morbihan, Bretagne) (aus: Jean-Pierre Mohen: Megalithkultur in Europa, S. 117)

Eine weitere Variante von Megalithgräbern sind die Galeriegräber (frz.: „Allées Couvertes"), die eine sehr langgezogene Form wie eine Galerie haben, an deren Ende sich die eigentliche Grabkammer befindet. Sie boten Platz für Zeremonien zahlreicher Personen, was ihren Charakter als Grabtempel hervorhebt. Obwohl sie heute ihre Steinhügel, die sie überdeckten, durch Erosion verloren haben, sind sie sehr eindrücklich. Der *Roche aux Fées* („Feenfelsen") bei Essé in der Bretagne gilt als das größte und schönste Beispiel dieser Art, man kann darin aufrecht gehen. Den Roche

---

[455] „Falsche Gewölbe" bestehen aus übereinander geschichteten, immer mehr vorkragenden Steinen, von einem großen Schlussstein gehalten. „Echte Gewölbe" sind dagegen steinerne Bögen, eine von den Römern erfundene Architektur (siehe Römerbrücken).

[456] Im Gegensatz zu den neolithischen Kulturen Südosteuropas besitzen die Megalithkulturen Westeuropas dafür keine Figurinen mit Zeichen und Symbolen.

aux Fées wie auch andere neolithische Gräber sollen nach bretonischem Volksglauben die Feen erbaut haben, welche diese gewaltigen Steine in der Schürze, auf den Händen oder auf dem Kopf herbeitrugen.[457] Bemerkenswert ist, dass mehrere dieser Galeriegräber an den Wänden in Stein gemeißelte Brüstepaare zeigen.[458]

Eine weitere megalithische Erscheinung sind die Menhire (Bretonisch: „langer Stein"), die oft mit Grabanlagen verbunden sind, sie haben manchmal gewaltige Dimensionen (Abb. 14a).[459] Zugleich befinden sich einige der längsten Menhire, die relativ schlank sind und ausgezeichnet geglättet wurden, allein auf erhöhten Plätzen. So waren sie an Küsten und im offenen Land weithin sichtbar und dienten als Orientierungsmarken, ebenso für astronomische Beobachtung (Abb. 14b).[460] Menhire, ob breit oder schlank, groß oder klein, kommen im gesamten Bereich der Megalitharchitektur vor. Sie stehen allerdings nicht nur als singuläre Nadeln aus Stein in der Landschaft, sondern bilden auch geordnete Formationen wie Steinkreise, Steinreihen und Steinalleen, die ausschließlich aus Menhiren bestehen.

Steinreihen sind Menhire, die dicht nebeneinander oder mit Abständen zwischen ihnen in einer Reihe aufgerichtet sind. Steinalleen (frz.: „Alignements") bestehen aus zwei Reihen von Menhiren, zwischen denen man hindurchgehen kann, sie sind nicht allzu häufig. Den absoluten Höhepunkt an Steinalleen bietet die Umgebung von *Carnac* an der Bucht von Quiberon (Bretagne), wo man Reihen von Menhiren von 4 bis 6 km Länge findet, die das Gelände überziehen. Dabei haben sie nicht nur zwei, sondern 10–13 parallele Reihen (Abb. 15 a/b). Zudem gibt es hier nicht nur eine einzige derart breite Menhire-Allee von der Dimension einer Autobahn, sondern fünf von gleicher Länge aus mehreren Kilometern, die sich nacheinander ablösen und einen gigantischen Komplex bilden.[461] Hier wie auch an anderen Orten sind die Steinalleen mit Steinkreisen verbunden, in Carnac schloss jede ursprünglich im Westen mit einem halben oder ganzen Kreis ab. Dies legt nahe, dass es sich bei ihnen um Prozessionswege zu den Kreisen als den Kultplätzen gehandelt hat. Diese riesigen Steinalleen sind nicht mit einem Mal, sondern im Verlauf von vielen Generationen errichtet worden.

Im Gegensatz zu den Steinalleen sind Steinkreise eine weit verbreitete Erscheinung, sie waren für die Menschen genauso wichtig wie die Gräber. Die Steine in diesen Ringen konnten sehr hoch oder gerade kniehoch, schlank oder außerordentlich

---

[457] Paul Sébillot: *Le Folklore de France. Les Monuments,* Paris 1985, Edition IMAGO, S. 43–44.
[458] Weitere Galeriegräber in der Bretagne: Le Mougau bei Commana; solche mit Brüstepaaren: La Maison des Feins („Feenhaus") bei Tressé, Kerguntuil bei Trégastel, Prajou-Menhir bei Trébeurden; mit bogenartig schräg gegeneinander gestellten Steinen: Tyr ar C'horriket. Halb in die Erde eingesenkte Galeriegräber: Pierre Turquaise im Pariser Becken (Frankreich), Allée Couverte von Bager (Holland).
[459] Beispiele sind die urtümlichen Menhire vor dem Eingang des Langhügelgrabes von West Kennet und die breiten Menhire vor dem Langhügelgrab „Wayland's Smithy" (beide in Südengland).
[460] Beispiele für solche großen Menhire sind: „Grand Menhir Brisé" von Locmariaquer/Morbihan mit 20,30 m und 350 t, heute in 4 Teile zerbrochen am Boden liegend; Menhir von Kerloas, 10 m und 150 t; Menhir von Champ-Dolent, 9,50 m und 125 t; aufrecht stehender und liegender Menhir von Kergadiou, 9 m und 10,50 (alle in der Bretagne). Es gibt jedoch auch kleine Menhire von wenigen Dezimetern. Vgl. Pierre-Rolland Giot: *Menhire und Dolmen,* Châteaulin 1996, Édition d'Art Jos le Doaré, S. 2–5, 10.
[461] Die wichtigsten dieser Alignements sind: Le Menec mit 11 parallelen Reihen, Kermario mit 10 Reihen, Kerlescan mit 13 Reihen und 100 m Breite. Fast 10.000 Steine wurden dabei aufgestellt, von denen ca. 3.000 erhalten geblieben sind. Vgl. Mohen, S. 302; Gimbutas: *Zivilisation,* S. 419.

Kapitel 4: Jungsteinzeit im Mittelmeerraum und Europa

Abb. 14 a: Menhire vor dem Langhügelgrab „Wayland's Smithy" (Südengland) (aus: Jean-Pierre Mohen: Megalithkultur in Europa, S. 113). **14 b:** Am Menhir von Kerloas, 10 m Höhe (Bretagne) (Foto von unbekannt)

Ökonomie der Jungsteinzeit in Europa: Einheit von Ökonomie und Kultur   177

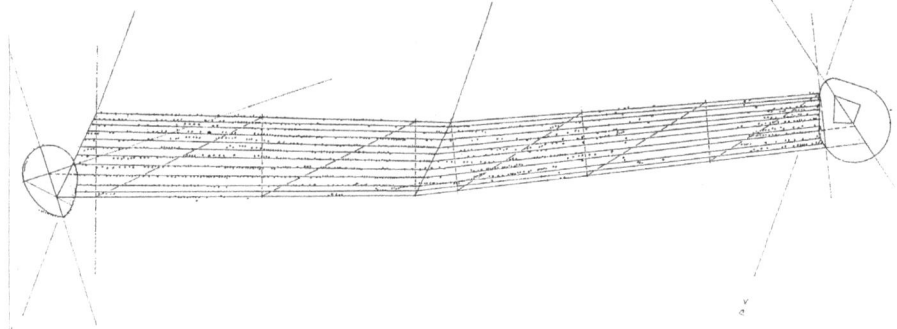

Abb. 15 a: Steinreihen von Carnac (Bretagne) (Ausschnitt) (aus: John Green: Carnac et les monuments mégalithic du Morbihan, S. 17). **15 b:** Grundriss der Steinallee „Le Menec" mit Steinkreisen (Carnac, Bretagne) (aus: Jean-Pierre Mohen: Megalithkultur in Europa, S. 38)

dick und breit sein. Innen bieten die Steinkreise freien Platz für Ratsversammlungen und religiöse Zeremonien. Dabei hat auch der religiöse Tanz eine wichtige Rolle gespielt, worauf solche Namen wie „Rocking Stones" oder „Steintanz" hinweisen.[462] Gleichzeitig dienten sie, besonders wenn sich ein hoher Stein in der Mitte befindet, als astronomische Peilanlagen, um anhand der Sonnen- und Mondstände die besten Daten für Aussaat und Ernte und für die Jahreszeitenfeste zu ermitteln. Sie waren daher so etwas wie die jungsteinzeitliche „Kirche" bei jedem Dorf und zugleich der

---

[462] Beispiele sind: „Rocking Stones" in Südengland, „Boitiner Steintanz" und „Steintanz von Lenzen" in Norddeutschland.

lokale „Kalender". In diesem Sinne wurden sie multifunktional gebraucht, so dass Entweder-Oder-Erklärungen der Sache nicht gerecht werden.

Die meisten Steinkreise sind einfache Ringe, doch es gibt auch sehr komplexe Anlagen, bei denen Steinkreise, Steinreihen und Steinalleen kombiniert wurden. Jede war dann – um im Vergleich zu bleiben – wie die „Kathedrale" für eine ganze Region. Ein wegen seiner Schönheit berühmtes Beispiel ist der Steinkreis von *Callanish/Calanais* auf den Hebriden (Schottland) mit seinen hohen, schlanken Menhiren (Abb. 16). Von Norden her führt eine Prozessionsallee aus ebensolchen Steinen zu dem Kreis, und kurze Steinreihen gehen vom Kreis in die anderen drei Himmelsrichtungen, so dass eine Kreuzform entsteht.[463] Der Steinkreis ragt auf einer Landzunge mit weiter Sicht, so dass Gestirnsbeobachtungen, besonders des Mondes, bestens ausgeführt werden konnten. Dasselbe gilt für den sehr weiträumigen Steinkreis *Ring of Brodgar*, der auf einer Landzunge zwischen zwei Seen auf den Orkney-Inseln (Schottland) steht. Die Orkney-Inseln besaßen nicht nur eine dichte neolithische Besiedlung, sondern ihre Megalitharchitektur ist besonders reich: Man fand lange, rechteckige Gräber, mit Steinplatten exakt unterteilt (Abteilgräber), ferner runde Gräber mit quadratischer, innerer Kammer, deren Wände aus gleichmäßigen, geglätteten Steinen bestanden, darunter das vorzüglich gebaute, elegante Meisterwerk *Maes Howe*. In derselben perfekten Bauweise wurden Wohnhäuser mit steinernen Schränken, Truhen, Betten und Herdstellen errichtet, z.B. im Dorf *Skara Brae*. In der spätneolithischen

Abb. 16: Steinkreis von Callanish auf den Hebriden-Inseln (Schottland) (aus: Jean-Pierre Mohen: Megalithkultur in Europa, S. 136)

---

[463] Vgl. auch Patrick Ashmore: *Calanais. The standing Stones,* Stornoway, Isle of Lewis/Schottland 1995, Urras nan Tursachan.

Zeit wurden dann in Schottland Siedlungen aus kreisrunden Häusern gebaut, in deren Mitte Rundtürme prangen, die „Brochs", die in der Regel an exponierten Stellen am Meer stehen. Sie gleichen den „Nuraghen", den Rundtürmen von Sardinien, und hatten zuerst als Versammlungs- und Kulträume und später als Schutztürme dieselben Funktionen.[464]

Die Megalithanlage oder „Kathedrale" von *Avebury* (Südengland) übertrifft jedoch an Größe und Komplexität alles andere, sie gilt als das größte Steinkreis-Monument der Welt (4.–2. Jt.). Hier schufen die neolithischen Menschen ein künstliches, rundes Plateau von 450 m Durchmesser, das von einem einst enorm tiefen Graben und einem hohen Ringwall umgeben ist, mit Zugängen in jeder der vier Himmelsrichtungen. Das Plateau ist so umfangreich, dass das heutige Dorf Avebury darin Platz hat. Am äußeren Rand umgibt ein großer Steinkreis das Plateau, dessen Einzelsteine riesig in Breite und Höhe sind (Abb. 17a). In der Mitte dieses äußeren Kreises wurden zwei weitere Steinkreise errichtet, der südliche und der nördliche Ring, von denen jeder in der Mitte weitere Steinsetzungen besitzt (Abb. 17b). Damit nicht genug: Zwei lange, zweireihige Steinalleen bogen von dem Plateau ab, eine in Richtung Südosten und eine nach Südwesten, und wanden sich über 2 km in eleganten, schlangenartigen Wellen über die nahen Hügel. Die südwestliche, gebogene Steinallee ist verloren gegangen, und von der südöstlichen existieren heute nur noch einzelne Abschnitte. Diese östliche Steinallee mündete einst in einem weiteren kreisförmigen Bauwerk, dem „Sanctuary", ein Abschluss, der auch von der westlichen Steinallee angenommen wird.[465] Fast alle Steine von Avebury waren seit dem Mittelalter Stück für Stück vergraben und zum Teil zerstört worden, bis man etliche im letzten Jahrhundert wieder ausgrub und aufstellte, so dass heute der große, äußere Steinkreis auf dem Avebury-Plateau, neben anderem, wieder zu sehen ist.[466] Bemerkenswert ist außerdem der kreisrunde, ebenmäßige Hügel *Silbury Hill*, der im Süden von Avebury und genau zwischen den Enden der gebogenen Steinalleen liegt (vgl. Abb. 17b). Er ist der größte, künstliche Hügel Europas, denn sein Inneres besteht aus einer siebenstufigen, runden Pyramide aus Trockenmauern über einem Kammergrab. Damit umfasst die Weiträumigkeit der Megalithanlage von Avebury die ganze Gegend.

Obwohl das Meisterwerk von Avebury viel älter und komplexer ist, wurde dennoch der offene Steintempel von *Stonehenge* in der Ebene von Salisbury (Südengland) die berühmteste Megalithanlage. Der Grund ist einfach, denn dieses einzigartige Monument, freistehend in der Landschaft, war durch alle Jahrtausende hindurch zu sehen. Mit seinen riesigen Träger-Steinen, die zu einer kreisrunden Galerie aus Trilithen zusammengefügt sind und mit den vier noch höheren Trilithen-Toren in der Mitte ragt es noch heute vor aller Augen in den Himmel und beeindruckt zahl-

---

[464] Beispiele für Steinkreise auf den Orkney Inseln: Ring of Brodgar, Stones of Stennes; für lange, rechteckige Gräber mit Abteilungen: Yarso tomb, Midhowe stalled cairn, Unstan stalled cairn; für Gräber mit quadratischer Kammer: Maes Howe, Quanterness, Quoyness; für ein Dorf: Skara Brae. Türme auf den Orkney-Inseln sind z.B. Broch of Gurness, Broch of Midhowe, auf den Shetland Inseln z.B. Broch of Mousa (13 m Höhe). Vgl. Anna Ritchie: *Prehistoric Orkney*, London 1995, 1997, B.T. Batsford.

[465] Das „Sanctuary" ist durch die Pfostenlöcher für hölzerne Säulen noch erkennbar.

[466] Vgl. zu den Ausgrabungen und Rekonstruktionen, die Alexander Keiller geleistet hat, Aubrey Burl: *Prehistoric Avebury*, London 1979, Yale University Press, Kap. 3.

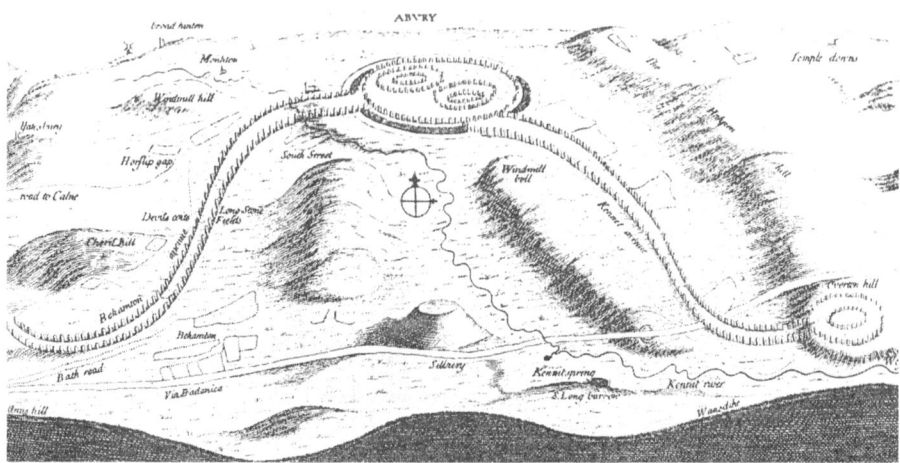

Abb. 17 a: Ein Teil des äußeren Steinkreises des Avebury Henge in Südengland (aus: Aubrey Burl: Prehistoric Avebury, S. 245). **17 b**: Rekonstruktion der Anlage des Avebury Henge von William Stukeley

lose Menschen (Abb. 18 a/b). Erbaut wurde dieser Steintempel von 3.100 bis 1.100 in sukzessiven Formen. Die Hauptachse des Plateaus zeigt durch alle Bauphasen nach Nordosten, wo die Sonne zur Sommersonnwende aufgeht.[467] Auch die Trilithen-Tore dienten zur genauen Himmelsbeobachtung, denn der Horizont um Stonehenge er-

---

[467] Mohen, S. 130–131.

Ökonomie der Jungsteinzeit in Europa: Einheit von Ökonomie und Kultur   181

Abb. 18 a: Eins der Trilithen-Tore im Inneren von Stonehenge (Südengland). **18 b:** Rekonstruktion des Tempels von Stonehenge (aus: Jean-Pierre Mohen: Megalithkultur in Europa, S. 128 und 130)

scheint völlig flach. Der Steintempel ist das Innere eines kreisrunden, geometrisch ausgefeilten Plateaus von 107 m Durchmesser, das von zwei Wällen umgeben war.

Daher stammt der Name „Henge", was ein rundes Erdwerk mit Wällen meint und nichts anderes bedeutet als „Kreisgrabenanlage". Denn die Henge-Monumente in England sind von den Kreisgrabenanlagen der mitteleuropäischen LBK-Kultur angeregt worden. Eine der frühesten Anlage dieser Art ist Windmill Hill bei Avebury in

Südengland, und vom 5.-4. Jt. breiteten sich solche Henge-Monumente rasch aus. Noch heute sind von den Britischen Inseln nicht weniger als tausend Henges bekannt. Wie die Kreisgrabenanlagen auf dem Kontinent trugen die meisten im Inneren hölzerne Palisadenbauten, was der rekonstruierte „Woodhenge" (Ebene von Salisbury) zeigt. Erst später bildete man mit Stonehenge die Holzkonstruktionen in sehr aufwändiger Steinarchitektur nach.[468]

Die meisten megalithischen Bauwerke in Europa stehen in exponierter Lage, entweder auf Hügeln mit weiter Sicht oder an Meeresküsten und Seen, die einen fast unbegrenzten Horizont öffnen, oder auch an besonderen Stellen im Inland, die den Horizont nahezu tischeben erscheinen lassen. Diese Lage ist notwendig, aber nicht um die Landschaft zu „markieren" und „in Besitz zu nehmen",[469] sondern um von diesen Monumenten aus astronomische Beobachtungen machen zu können. Denn die für die damaligen Ackerbaukulturen wichtigen Daten sind nur bei ebenem Horizont exakt bestimmbar. Hinzu kommt die Fernkommunikation, die man mithilfe von Feuerzeichen in der Nacht von diesen erhöhten Standorten aus machen konnte. Dafür wurden neolithische Anlagen und Monumente in schnurgeraden Linien von einem Hügeln zum nächsten und von einem Sichthorizont zum nächsten gebaut (Sichtlinien). Auf diese Weise konnte man auf einer weiten Strecke oder gar in einem Netz von Sichtlinien die damalige Fernkommunikation über ganze Landschaften hinweg möglich machen.[470]

Nordeuropa: Langhäuser für die Toten

Die jungsteinzeitliche Wirtschaft und Kultur erreichten Nordeuropa relativ spät, entsprechend lang währte die mesolithische Lebensweise der Jäger und Fischer. Um 4.300 (Ende 5. Jt.) gab es einen Zustrom von Leuten der Lengyel-Kultur aus dem mittleren Donauraum nach Norden, wo sie in Mitteldeutschland und Westpolen auf die späte SBK-Kultur trafen. Aus dem gegenseitigen Einfluss entwickelte sich die Trichterbecherkultur (TRB) in den Flussbecken von Elbe, Oder und Weichsel, die um 4.200 auf mesolithische Kulturen in Nordwestdeutschland, Dänemark und Südschweden stieß.[471] Beide Kulturen waren sehr verschieden, die Mesolithiker bewohnten überwiegend die Küsten als Fischer, während sich die Trichterbecher-Leute im Inland auf fruchtbaren Lössböden niederließen. Erst im Laufe der Zeit kam es zu Vermischung

---

[468] Gimbutas: *Zivilisation*, S. 206–208. – In der Nähe von Stonehenge liegt Durrington Walls, eine riesige Henge-Anlage von 500 m Durchmesser, umgeben von einem hohen Wall und breiten Graben. Mit Bodenradar haben Archäologen jetzt in dem Wall 100 gewaltige Steine entdeckt, die einst in dem Ring standen und heute vergraben liegen. Große Mengen von Tierknochen zeigen an, dass hier viele Menschen Feste feierten, während im Zentrum von Stonehenge Aschereste von zahlreichen Feuerbestattungen gefunden wurden. Daher gibt es die These, dass Stonehenge ein Totentempel war, während Durrington Walls als religiöses Zentrum für die Lebenden diente (Notiz aus *Süddeutsche Zeitung*, 9. Sept. 2015, Nr. 207, S. 14).

[469] Schnurbein: *Atlas*.

[470] Vgl. zum Thema Sichtlinien, Kultlinien und jungsteinzeitliche Fernkommunikation: Göttner-Abendroth: *Matriarchale Landschaftsmythologie*, Kap. 4 und 6.

[471] Es handelt sich um die Ellerbeck-Kultur (Nordwestdeutschland) und die Ertebølle-Kultur (Dänemark und Südschweden).

und Akkulturation, so dass die neolithische Lebensweise schließlich auch in diesen nördlichen Ländern Fuß fassen und sich ebenso entlang der Ostsee in Nordpolen, dem Baltikum bis Weißrussland ausbreiten konnte (vgl. Gebiet 9, Karte 1 von Kap. 4, S. 147).[472]

In den verschiedenen Regionen entwickelte sich die TRB-Kultur je nach Umweltbedingungen unterschiedlich. Beispielsweise fand man in Polen große Siedlungen mit stattlichen Häusern, während die Dörfer in Südschweden sehr klein waren. Dennoch gab es grundsätzliche Übereinstimmungen, so dass man die TRB in ihrem weiten Verbreitungsgebiet identifizieren kann. So war die allgemeine Wirtschaftsform der Ackerbau mit dem Pflug und die Haustierzucht, die von Mitteleuropa übernommen wurde. Auch die Keramikformen blieben in allen Regionen dieser Kultur gleich, ebenso der Bau der charakteristischen Langhügelgräber.[473]

Mit diesen Langhügelgräbern behielt die TRB eine sehr alte Grabarchitektur bei, die in Westeuropa als Tumulus-Gräber nur in der frühen Phase in Erscheinung trat. Die TRB-Langhügelgräber bestehen aus einer langgestreckten Erdaufschüttung, die mit Holzpfosten oder Randsteinen gestützt wird. Als Randsteine dienten Findlinge aus der Eiszeit, die es in den nördlichen Gebieten Europas reichlich gibt. Solche Gräber wurden in Dänemark und Norddeutschland aufgefunden.[474] Besonders viele sind aus West- und Südpolen bekannt, wo sie auch in Gruppen vorkommen und eindrucksvolle Ausmaße annehmen: Sie sind meist 25–40 m lang, fast die Hälfte hat die Länge von 60–80 m, und die größten von ihnen erreichen 170 m Länge. Ihre Stirnseite ist etwas breiter als die abschließende Seite und enthält den Eingang, der zur aufgehenden Sonne ausgerichtet ist. Bei manchen ist der Eingang mit einem meterhohen Dreieckstein geschmückt.[475]

Mit dieser Form nehmen die Gräber genau die Bauweise der großen Langhäuser der späten Lengyel-Kultur in Westpolen auf, die der TRB-Kultur vorausging. So sind sie buchstäblich als Langhäuser für die Toten zu verstehen, wobei die Ähnlichkeit zwischen Hausbau und Grabbau ein allgemeines Prinzip in neolithischen Kulturen ist.[476] Genauso wie bei den TRB-Leuten die Wohnhäuser in Räume unterteilt waren, hatten auch die Langhügelgräber im Inneren mehrere Abteilungen aus Holz, in de-

---

[472] Gimbutas: *Zivilisation*, S. 126–127.
[473] A.a.O., S. 128, 131, 133.
[474] In Norddeutschland nennt man sie „Langbetten" oder „Hünenbetten". Beispiele sind: „Modjes Küül" und „Merelmeershoog" bei Archsum (Insel Sylt, Nordsee); an der Ostsee: eins bei Karlsminde (60 m lang), eins auf dem Kronsteinberg bei Großenbrode (97 m lang), eins auf dem Wienberg bei Putlos (130 m lang), eins mit mächtigen Randsteinen bei Nobbin auf Rügen; berühmt sind die „Visbeker Braut" (80 m lang) und der „Visbeker Bräutigam" (104 m lang) bei Vechta in Niedersachsen. – Vgl. Michael Schmidt: *Die alten Steine*, Rostock 1998, Hirnstorff Verlag; mit schönen Fotos Johannes Groht: *Tempel der Ahnen*, Baden-München 2005, AT Verlag.
[475] Am reichsten das Gräberfeld von Sarnowo mit neun trapezförmigen Langhügeln. Vgl. Gimbutas, a.a.O., S. 135.
[476] Die Ähnlichkeit zwischen Hausbau und Grabbau wurde anhand schottischer Megalithgräber nachgewiesen: Dem rechteckigen Haustyp mit mehreren Abteilungen entsprach der längliche Grabtyp mit steinernen Abteilungen („stalled cairn" oder Abteilgrab), während dem rundliche Haustyp mit quadratischen inneren Kammern (z.B. Skara Brae) das Rundhügelgrab mit den inneren quadratischen Kammern nachgebildet war („Maes Howe-type tomb"). Vgl. Ritchie, S. 44–45.

nen Verstorbene einzeln in Holzsärgen bestattet wurden. Auch Holzinnenbauten als Ritualräume für Toten-Zeremonien wurden in die Hügel eingegraben.[477]

Gegen Ende des 4. Jts. wird der Einfluss der atlantischen Megalitharchitektur sichtbar. Zu dieser Zeit übernahmen die TRB-Leute in den nördlichen Gebieten die Megalithkultur aus dem Westen und errichteten nun Kammergräber (ab 3.500) und Ganggräber (ab 3.200) aus großen Findlingen. Die Archäologen fanden diese neuen Grabbauten in Holland, Norddeutschland und Südskandinavien, was den engen Zusammenhang mit Westeuropa zeigt.[478] Mit der Übernahme der Megalithkultur änderten sich auch die Bestattungssitten, denn in Megalithgräbern wurden die Gebeine der Ahnen gemeinsam und nicht einzeln aufbewahrt, verbunden mit Schädelbestattungen und Brandbestattungen, d.h. das Deponieren versengter Knochen nach der Verbrennung. Die TRB-Leute in Polen blieben jedoch von den neuen Sitten unberührt und erbauten weiterhin die traditionellen Langhügelgräber.[479]

Bemerkenswert sind im gesamten Gebiet der TRB-Kultur die Kreisgrabenanlagen, die von der Kultur der LBK übernommen und noch lange weiter errichtet wurden. Hier wie dort bleiben die Funktionen dieselben: Sie dienten als Versammlungsplatz, Raum für Religionsausübung, astronomische Beobachtungsstation und zusätzlich als Begräbnisstätte. Denn in den Gräben fanden sich neben Tierknochen und Keramikscherben auch menschliche Skelette, was darauf hinweist, dass Menschen ihre letzte Ruhe gerade an diesen sakralen Orten wünschten.[480]

Der Wohlstand der Kulturen an der Ostsee, der diese umfangreichen Bauwerke ermöglichte, geht nicht zuletzt auf den Bernstein zurück. An allen Küsten, besonders aber im Baltikum wurde er gesammelt und in regelrechten Bernsteinwerkstätten verarbeitet.[481] In vielen Formen wurde er dann über weite Distanzen im gesamten Kontinent weitergegeben, was die Kulturen im nördlichen Europa in Kontakt mit den anderen Kulturen dieser Epoche brachte.

Grundsätzlich kann gesagt werden, dass die gesicherte Subsistenz-Ökonomie, die überwiegend in den Händen der Frauen lag, in den neolithischen Kulturen Europas die umfangreiche Bautätigkeit der Männer erst möglich machte. Die Männer fanden darin jenseits der Jagd ein neues Betätigungsfeld.

---

[477] Gimbutas: *Zivilisation*, S. 135, 137.
[478] Beispiel aus Holland: das Galeriegrab von Bager; Beispiele aus Norddeutschland: das Ganggrab „Denghoog" (Insel Sylt, Nordsee), das Ganggrab von Bunsoh (mit Schälchen auf dem Deckstein), der mächtige Dolmen (Kammergrab) „Brutkampstein" von Albersdorf, zwölf Dolmen im Everstorfer Forst bei Wismar, die Dolmen von Lancken-Granitz und Nadelitz (Insel Rügen, Ostsee). Vgl. Schmidt; Groht.
[479] Gimbutas: *Zivilisation*, S. 138.
[480] Ebd. – Beispiele sind Voldbaek, Sarup, Toftum (Dänemark) und Stävie (in Schweden).
[481] Im Baltikum sind es die Memel- und die Narva-Kultur, vgl. Gimbutas: a.a.O., S. 141 ff., 144 ff., 152.

Sozialordnung der Jungsteinzeit in Europa: patrilokale Kleinfamilien oder matriarchale Sippen?

Die Jagd nach „Eliten und Hierarchie", „Handel und Besitz"

Für die Sozialordnung der jungsteinzeitlichen Kulturen Europas werden die gleichen Behauptungen vorgebracht, die wir schon für diese Epoche in Westasien kennen gelernt haben. So erscheinen in archäologischen Standardwerken zwei Gruppen von problematischen Äußerungen, die nicht geprüft, sondern bedenkenlos wiederholt werden: die eine bezieht sich auf das Thema „Besitz", die andere auf das Thema „Eliten". Man erklärt, dass es mit dem Ackerbau zu „Besitz" als Eigentum an Grund und Boden, an Erntefrüchten und Prestige-Gegenständen gekommen sei. Sogenannte „Eliten" sollen sich die Güter der Mehrheit angeeignet haben, seien es Vorräte oder spezielle Künste und Techniken, womit sie die großen Unternehmen wie Städtebau und Megalitharchitektur planten und organisierten. Das führte aber notwendig zu Konkurrenz, denn ihren „Besitz" mussten sie verteidigen, woraus endlose Konflikte entstanden sein sollen und schlimmstenfalls „Krieg".

Allerdings stammt diese Vorstellung von Besitz aus unserer heutigen Gesellschaftsordnung, sie erweist sich anhand der Studien zu noch existierenden, matriarchalen Gesellschaften als völlig verfehlt. Bei diesen gibt es kein Besitzrecht an Grund und Boden. Das Land wird auch nicht individuell bebaut, sondern jeder Clan nutzt einen bestimmten Anteil an Boden, wobei nur Nutzungsrecht besteht, kein Eigentum. Auch das Nutzungsrecht kann sich nicht verfestigen, da matriarchale Gesellschaften das Prinzip der Rotation kennen, bei dem nach der Ernte die Bodenanteile neu ausgelost werden, oder indem man beim Brandrodungsfeldbau ohnehin nach ein paar Jahren weiterzieht. Die Ernte gehört allen Mitgliedern des Clans gemeinsam, Überschüsse werden nicht gehortet, sondern bei den zahlreichen Festen der ganzen Dorfgemeinschaft für den Festschmaus zur Verfügung gestellt. Ohnedies gilt die Ernte nicht als „Besitz", sondern als eine Gabe der Mutter Erde, der man mit einer Gegengabe dankt, wie die vielen Erntedankbräuche zeigen. Gleiche Verteilung gilt auch für die speziellen Güter. Denn das ethische Prinzip ist nicht Akkumulation, sondern Verteilung, was allen einen gleichmäßigen Wohlstand beschert.[482] Unter solchen Bedingungen ist es nicht möglich, dass Einzelne die Güter der Gemeinschaft für ihre Pläne an sich reißen, so dass sich keine Eliten bilden können.

Was besagen nun die archäologischen Indizien für die Sozialordnung des europäischen Neolithikums, lassen sich dort solche Muster wiederfinden? Betrachten wir zunächst die Wohnhügel (Tells), die es weitverbreitet nicht nur in Westasien, sondern auch in Südosteuropa gibt: Angesichts ihrer Komplexität und guten Ordnung sollen es wieder die „Eliten" gewesen sein, die sie geplant haben. Man meint, dass die Wohnhügel „eher ins Bild einer hierarchischen Gesellschaft passen", und die Kupferzeit soll im 5. Jt. den „Wandel" zu solchen „Niederlassungen mit Zitadellen und

---

[482] Vgl. Göttner-Abendroth: *Das Matriarchat II,1* und *II.2*; Bennholdt-Thomsen: *Juchitán*; Barbara A. Mann: *Iroquoian Women*, und andere.

zentralem Megaron" gebracht haben.[483] – Durch kritische Untersuchungen, die wir schon für die Situation in Westasien zitierten, wurde jedoch widerlegt, dass es in den Wohnhügeln Zitadellen und ein zentrales Herrenhaus (Megaron) gab. Anhand der Fallstudie Dimini (Griechenland) wurde gezeigt, dass die größeren Gebäude als Gemeinschaftshäuser und Tempel gedient haben, außerdem dass die Mauern der sogenannten „Zitadelle" Stützmauern für den Hügel waren und gleichzeitig die Siedlung in gleiche Segmente von Häusergruppen einteilten, was die soziale Ordnung der hier wohnenden Sippen spiegelt. Dasselbe kann für die anderen Tellsiedlungen Südosteuropas gesagt werden.[484] Ebenso lässt sich kaum aufrechterhalten, dass Spezialisten wie „Weber, Kupferschmied und Priester" dort „hervorgehobene Funktionen" besessen haben, die sie zur „Elite" machten.[485] – Abgesehen davon, dass es in diesem Weltbild keine Weberinnen und Priesterinnen zu geben scheint, zeigt sich von solchen Privilegien keine Spur. Denn es wurde in derselben Fallstudie nachgewiesen, dass besondere Güter von Spezialisten keineswegs nur in wenigen Händen waren, sondern in allen Häusern gleich verteilt gefunden wurden. So ist nicht zu erkennen, wie es nun zu „Männern der Führungsschicht mit Prunkaxt, Szepter und Keule" kam, vor allem wenn im gleichen Atemzug festgestellt wird, dass sich bei den „egalitär wirkenden Siedlungen auf den Wohnhügeln keine soziale Differenzierung" feststellen lasse.[486] – Hier lassen sich lediglich Selbstwidersprüche feststellen, die Aussagen dieser Art sehr fragwürdig machen. Stattdessen können wir annehmen, dass die Menschen sich durch Beratungen in ihren Gemeinschaftshäusern selbst organisierten und keine Führungsschicht brauchten.

Doch wie muss man sich die Situation in den teils riesigen, flächigen Städten der spätneolithischen Kulturen von Vinča in Südosteuropa und von Cucuteni-Tripolje in der Ukraine vorstellen? Hier ist man versucht, wegen ihrer gleichmäßig runden oder ovalen konzentrischen Struktur an planende Oberhäupter zu denken (vgl. Abb. 2 a/b, S. 155), was ebenfalls behauptet wird. Aber diese Großsiedlungen sind weder am Reißbrett entworfen worden noch mit einem Mal entstanden. Sie entwickelten sich allmählich, ausgehend von einem ersten Kreis von Häusern, um den herum die anderen Häuserkreise von jüngeren Generationen und vielen neuen Zuwanderern gebaut wurden und die heranwuchsen wie die Ringe eines Baumes. Da alle Häuser gleichartig waren und keine hervorgehobenen Bauten von Oberhäuptern erkennbar sind, wäre dies die plausiblere Erklärung.

Ein anderes beliebtes Thema für „Planung durch Eliten" sind die großen religiösen Bauten, wie die Kreisgrabenanlagen Mitteleuropas, die Tempel Maltas und die umfangreichen Anlagen der Megalitharchitektur Westeuropas. Da wird ausgerechnet, wie viele Männer wie viele Arbeitsstunden benötigt haben, um die riesigen Steine der Avebury-Anlage oder die gewaltigen Trilithen-Tore von Stonehenge oder gar die kilometerlangen Steinalleen von Carnac zu errichten – so ähnlich wie die Pharaonen ihre Pyramiden erbauen ließen oder heutige Großkonzerne Heere von Ar-

---

[483] Parzinger, S. 202, 209.
[484] Siehe Fallstudie Dimini bei Souvatzi: „Social Complexity" (dazu Näheres in Kap. 3 in diesem Buch); ebenso für Sesklo, Achilleion, Nea Nikomedeia und andere, vgl. Gimbutas: *Zivilisation*, S. 325–326.
[485] Parzinger, S. 206.
[486] A.a.O., S. 206, 207.

beitnehmern beschäftigen. Jedoch ist diese Fragestellung falsch. Solche Bauwerke wurden über Generationen errichtet, sie sind nicht mit einem Mal, sondern während vieler Jahrhunderte entstanden. Sie beruhen auf Gemeinschaftsarbeit mit religiösem Hintergrund, und ihre endgültige Gestalt kam durch Versuch, Irrtum und Hinzulernen zustande. Es war eben nicht der Wille, große Monumente zu schaffen, der die Menschen motivierte, sondern das Festhalten an den religiösen Traditionen. Deshalb muss man auch hier keine Elite voraussetzen, die ihre Mitbürger zu solchen außerordentlichen Leistungen antrieb. Für eine derartig hierarchische Gesellschaft gibt es keine Indizien, denn weder bei den Dörfern noch bei den Städten, nicht einmal bei hoher Siedlungsdichte in bestimmten Gebieten gibt es Anzeichen für Superstrukturen von Mächtigen.[487] Das spricht für egalitäre Gesellschaften, wobei deren Fähigkeit zur Selbstorganisation noch immer erheblich unterschätzt wird.

Eine weitere Erklärung, die für die Entstehung von „Eliten" angeboten wird, bezieht sich auf die Kommunikationsnetze. Angeblich hätten an den zentralen Orten die ältesten Clans durch ihre „weitreichenden Verwandtschaftsnetze die Fernverbindungen (d.h. den Handel) monopolisiert", so dass aus ihrem Reichtum eine gewisse Hierarchie entstand.[488] Aber auch hier tauchen Selbstwidersprüche auf, denn an anderer Stelle heißt es, dass es bei dem Handel „nicht unbedingt um wirtschaftliche Aspekte, sondern den Austausch von Geschenken ging", um die „sozialen Beziehungen zu festigen".[489] – Das Überreichen von Geschenken stellt aber keinen „Handel" dar, weder nahen noch fernen, und dabei kommt auch keine „Monopolisierung" vor. Denn Monopole können sich einige Gruppen nur mit kriegerischer oder juristischer Gewalt sichern – solche Zustände sind eindeutig heutigen Datums.

Da auch diese Erklärung für Hierarchisierung nicht trägt, wird noch die Situation der neolithischen Friedhöfe herangezogen. Es wird die Frage aufgeworfen: „Wer durfte auf den Friedhöfen bestattet sein?"[490] Man fand aus der Kultur der LBK in Deutschland bisher 50 Friedhöfe mit ca. 2000 Gräbern, also zu wenige verglichen mit der gesamten Bevölkerung. Aufgrund dessen wird jetzt ein Bestattungs-Privileg vermutet.[491] – Hier ist zu bedenken, dass viele jungsteinzeitliche Friedhöfe durch Erosion zerstört sind, außerdem haben Eingriffe in die Landschaft und die heutige Verstädterung erheblich zur Vernichtung solcher Plätze beigetragen. Ferner gab es viele Bestattete in den Gräben der Kreisgrabenanlagen und anderen Erdwerken, die eben keine „Kriegsopfer", sondern normale Verstorbene waren. Bemerkenswert ist auch, dass Frauen und Kinder häufig in den Gruben bei den Wohnhäusern bestattet wurden und nicht auf den Friedhöfen, wo es mehr Männerbestattungen gab.[492] Man fragt sich, ob sie mitgezählt wurden? Diese Tatsache weist erneut auf die große Bedeutung der Frau hin, die nahe bei ihrem Haus die letzte Ruhe fand, und darüber hinaus, dass die

---

[487] Siehe z.B. die gleichartigen Häuser bei der Cucuteni-Tripolje-Kultur (Ukraine) und bei der Siedlung Saint-Michel-du-Touch bei Toulouse, Größe 30 ha mit 300 Häusern (Frankreich); für hohe Siedlungsdichte siehe z.B. Südpolen mit 20 Fundplätzen auf 25 qkm. Vgl. Gimbutas: *Zivilisation*, S. 192 und 29.
[488] Lüning: *Bandkeramiker*, S. 153.
[489] A.a.O., S. 181.
[490] A.a.O., S. 153.
[491] A.a.O., S. 196.
[492] A.a.O., S. 197.

Kinder eher zu ihr gehören als zum Mann. Man wünschte ihnen wohl eine baldige Wiedergeburt im eigenen Haus. Es spiegelt dieselben religiösen Vorstellungen, die wir schon in Çatal Höyük in Anatolien feststellen konnten.

Auf der Suche nach „Kleinfamilie" und „Vaterlinie"

Die soziale Grundeinheit war der Clan, nicht die Kleinfamilie. In den südosteuropäischen Tells wurden größere Häuser nicht von „Stammesführern" bewohnt und die kleineren von den „Familien ihres Gefolges",[493] sondern von größeren oder kleineren Clans. Dasselbe gilt für eng zusammenstehende Häusergruppen, in die sich die Linien desselben Clans verteilten, wobei die Häusergruppen je nach Größe der Clans größer oder kleiner waren. Ebenso stellten die imposanten Langhäuser der frühneolithischen LBK-Kultur in Mitteleuropa Sippenhäuser dar, und zwar typische. Auch hier richtete sich ihre Größe nach der Größe des Clans.

Wie sehr die spätbürgerliche Kleinfamilie aus Vater-Mutter-Kindern verteidigt werden muss, erkennt man an der Annahme von Archäologen, dass solche Häuser von 30–40 m Länge lediglich von 5–7 Personen bewohnt gewesen sein sollen.[494] Das ist extrem niedrig gegriffen und hat mit dem Dogma, das die Kleinfamilie als „ewig" hinstellt, zu tun – glücklicherweise wurde diese Annahme der Kritik unterzogen.[495] Verglichen mit ähnlich großen Häusern bei lebenden, matriarchalen Gesellschaften muss man auf jeden Fall von 20–40 und mehr Bewohnerinnen und Bewohnern ausgehen, eben einer Sippe, deren Mitglieder alle von einem zentralen Herd versorgt wurden.

Problematisch sind ebenfalls Forschungsaussagen zur Sozialordnung im Spätneolithikum, z.B. zu den zahlreichen Pfahlbaudörfern. Hier gaben die kleinen Pfahlbauhäuser viel eher als die großen Langhäuser Anlass, an das Klischee von der biologischen Kleinfamilie zu glauben, die als „elementare Form des menschlichen Zusammenlebens" ausgegeben wird. Diese führte in den Häusern angeblich einen in sich abgeschlossenen „Haushalt" – wohl mit der Frau als ewiger Hausfrau. Das Dorf sollte eine dauerhafte, stabile Einheit sein, dem ein „männliches Dorfoberhaupt" vorstand. Auch sollten die Dörfer, wenn die Häuser in akkuraten Reihen standen, abermals von oben „geplant" worden sein.[496] – Dem wurde ebenfalls energisch widersprochen: Dies sei mit der kurzen Dauer der Häuser nicht zu vereinbaren. Auch hat jedes Haus mit benachbarten Häusern eine Funktionseinheit gebildet, was für Clanzusammenhänge spricht und nicht für Kleinfamilien, auch nicht für Planung von oben. Außerdem wurde jedes Dorf im Durchschnitt alle zehn Jahre verlegt. Es zeigt sich also von der beschworenen Stabilität keine Spur.[497]

Für diesen hohen Grad an Veränderung wird als Erklärung wieder die „Konfliktvermeidung" genannt. Das ist jedoch wenig überzeugend, denn bei der hohen Fluk-

---

[493] Parzinger.
[494] Lüning, S. 139.
[495] Eric Biermann: *Überlegungen zur Bevölkerungsgröße in Siedlungen der Bandkeramik*, Köln-Düren 2001, in: http://www.rheinland-archäologie.de/biermann2000c.pdf
[496] Vgl. diese Zitate und ein entsprechendes Bild in: *4.000 Jahre Pfahlbauten*, S. 137.
[497] Brigitte Röder: „Alles so schön vertraut hier", a.a.O., S. 137–142.

tuation müsste es permanent Konflikte gegeben haben. Für deren Vielzahl sprechen aber keinerlei durchhauene Schädel oder Massaker, so dass der Grund woanders zu suchen ist. So kann der häufig schwankende Wasserspiegel die Menschen zur Aufgabe und zum Neubau von Dörfern gezwungen haben. Ein weiterer Grund liegt im Brandrodungsfeldbau, der schon für die spätneolithischen Siedlungen im Inland angenommen wurde und wohl auch für die ufernahen Gärten und Felder bei den Pfahlbausiedlungen gegolten hat.

Die immer wieder vorgebrachte Behauptung von der neolithischen Kleinfamilie hat jedoch einen Hintergrund: Es geht um die Vaterlinie! Denn im Gegensatz zur Mutterlinie, die durch Geburten immer sichtbar und gesichert ist, steht es mit der Sicherheit für die Vaterlinie schlecht. Nur unter solchen Vorkehrungen wie die Isolierung jeder einzelnen Frau in einem Haushalt beim Ehemann und ihre lebenslange Einsperrung und Bewachung, damit sie keine Liebhaber zu sich lässt, kann ein Mann seine biologischen Kinder erkennen. Das sind höchst problematische Maßnahmen, die nicht ohne physische und psychische Gewalt zu erreichen waren und erst im Frühpatriarchat auftauchen. Für die Jungsteinzeit mit ihrem Clanwesen und der großen Bedeutung und Freiheit der Frauen ist dies ganz unwahrscheinlich – also wird es ohne Begründung einfach behauptet.

Wie sehr hier männliches Wunschdenken eine Rolle spielt, sieht man an den Versuchen, für die jungsteinzeitlichen Kulturen Patrilokalität, d.h. Wohnsitz beim Clan des Vaters, zu beweisen. Einen solchen Versuch gibt es schon für die frühneolithische LBK-Kultur in Mitteleuropa. Der Beleg dafür stammt aus einem Grabungsfund bei Vaihingen an der Enz: Dort fand man eine Großsiedlung mit 450 Langhäusern, von denen zuletzt 45 Höfe noch bewohnt waren. Es gab dort zwei Abstammungsgruppen, und man stellte fest, dass Männer und Kinder der einen Abstammungsgruppe sehr ähnliche isotopische Werte hatten, während bei den Ehefrauen Abweichungen vorlagen. Ihre isotopischen Werte glichen denen der anderen Abstammungsgruppe.[498] Daraus schloss man, dass es innerhalb des Ortes eine feste Heiratsregel gab, nach der die jungen Frauen und Männer von je zwei Sippenhäusern im selben Ort sich wechselweise heirateten, und dass die Frauen auf die Höfe der Ehemänner zogen. Das soll „Patrilokalität" sein, wobei die „Vaterlinie" stillschweigend vorausgesetzt wird.[499] Denn ohne eine etablierte Vaterlinie gibt es keine Väter und keine Patrilokalität.

Diese Deutung ist erheblich überzogen, denn der Befund besagt doch nur, dass es in diesem Ort bei zwei Sippen Wechselheirat gab.[500] Selbst wenn alle Sippen dort sich in dieser Art von Ehe organisiert hätten, haben wir keineswegs schon „Patrilokalität", sondern nur „Virilokalität", d.h. Wohnsitz der Frau beim Ehemann. Das ist eine Einrichtung, die ethnologisch auch aus manchen matriarchalen Gesellschaften bekannt ist. Denn es ist noch immer ein matriarchales Muster, wenn eine Frau ins Haus des Mannes zieht, ihre Kinder aber ihren matrilinearen Clannamen tragen und ihre ökonomische Unabhängigkeit durch ihre eigene Sippe, z.B. durch die Arbeit ihrer Brüder, die für die Schwester und Schwesterkinder sorgen, gesichert ist.[501] Das

---

[498] Dies beruht auf einer Untersuchung zu den Strontiumisotopen in den Zähnen der Toten.
[499] Vgl. Gronenborn/Strien, in: Terberger/Gronenborn (Hg.), S. 36–37 und 34.
[500] Siehe die Wechselheirat zwischen je zwei Sippen in matriarchalen Gesellschaften; vgl. Göttner-Abendroth: *Das Matriarchat II,1*, Kap. 3.4 und S. 151–152 von Kap. 7.1.
[501] Das ist der Fall bei der Gesellschaft der Trobriand-Insulaner in Melanesien; a.a.O., Kap. 7.3.

heißt: Virilokalität setzt keine Vaterlinie voraus, und es kann auch nicht auf diese geschlossen werden. Besteht bei einer solchen matrilinearen Gesellschaft zugleich Wechselheirat zwischen je zwei Clans, dann ergibt sich folgendes Muster: Wenn eine Frau vom Clanhaus A ins Clanhaus B zu ihrem Ehemann zieht und deren Tochter vom Haus B wieder ins Haus A zu ihrem Ehemann der jüngeren Generation, so kommt die Tochter ins Haus des eigenen Clans zurück. Dort lebt zwar nicht ihre matrilineare Mutter, aber ihre matrilineare Großmutter.[502] Wenn man bedenkt, dass der Ehemann in matriarchalen Gesellschaften nicht allzu wichtig ist, die Großmutter hingegen sehr, dann haben wir mit dieser Änderung der Perspektive vom Mann zur Frau den wahren sozialen Hintergrund gefunden. Denn jede Frau zieht gemäß der geltenden Matrilinearität ins Haus ihrer Großmutter, und dort ist sie bestens aufgehoben.

Ein anderes Beispiel, mit dem man Patrilokalität – und als Voraussetzung dafür die Vaterlinie – beweisen will, ist der Fall Talheim mit den dort erschlagenen Menschen. Mit mehreren Methoden wurden die Überreste der Toten genetisch untersucht mit dem Ziel zu zeigen, dass Männer und Kinder einer Abstammungsgruppe sehr ähnliche Werte haben, während bei den Frauen Abweichungen vorliegen, die sie als von außen eingeheiratet erkennen lassen. Das wurde dann als Ergebnis auch so dargestellt. Dieses Beispiel erwies sich aber bei genauer, kritischer Betrachtung als nicht stichhaltig. Denn die Methoden zeigen gravierende Fehler, z.B. das Weglassen unliebsamer Fakten; Umdeutungen des Geschlechts von nur dürftig erhaltenen Individuen, um „Väter" und „Stammväter" zu erhalten; ferner fehlerhafte Tabellen und Grafiken; außerdem die Annahme, alle Leute des Dorfes für die Statistik erfasst zu haben, was falsch war und die Statistik wertlos machte; nicht zuletzt die Unmöglichkeit, die angewandten Methoden untereinander zu vergleichen.[503] – Das sind Vorgehensweisen, die an der Wissenschaftlichkeit des Unternehmens zweifeln lassen. Sie erwecken den Eindruck, dass die Patrilokalitäts-These von vornherein vorausgesetzt wurde, um unter Aufopferung der wissenschaftlichen Redlichkeit daran festzuhalten. Wie sehr es hier um Vaterschafts-Ideologie geht, zeigt als Resultat die Museums-Ausstellung, die danach eingerichtet wurde und die trotz aller Unsicherheit der Ergebnisse ausschließlich patriarchale Großfamilien präsentiert. Gekrönt wird das Ganze durch die absurde Behauptung, diese ein oder zwei untersuchten Fälle würden Patriarchat für die Kultur der LBK in gesamt Mitteleuropa beweisen.

Entsprechend flott geht es in dieser ideologischen Chefsache weiter: Wie schon erläutert baute sich jede Generation in der LBK-Kultur ein neues Langhaus, ließ aber die Ruinen der Häuser ihrer Vorfahren in paralleler Reihe daneben stehen. So konnten die Menschen buchstäblich ihre Abstammungslinie sehen. Aber welche Linie war das? Sofort heißt es, die Höfe seien „in männlicher Linie von Vater auf Sohn vererbt worden". Damit keine Zweifel aufkommen, wird noch behauptet, dass es ein „Vaterprinzip" gegeben hätte, wenn ein Sohn das neue Haus neben das des angeblichen

---

[502] Ebd. – Dieses Muster gilt bei den matriarchalen Trobriandern, wobei A und B nicht zwei verschiedene Clanhäuser, sondern je zwei verschiedene Clan-Dörfer sind.
[503] Siehe die detaillierte Kritik an den angewandten Methoden der Epigenetik, Odontologie, Strontium-, Kohlenstoff-, Wasserstoff-Isotopen-Analyse und an der problematischen Statistik von Gabriele Uhlmann: *Archäologie und Macht*, Norderstedt 2012, Books on Demand, S. 121–196.

Vaters stellte, und ein „Großvaterprinzip", wenn die Nachfahren im Wechsel einmal rechts dann links neben dem alten Haus bauten.[504] –

Hier macht man die eigenen tendenziösen Spekulationen zu Tatsachen. Denn diese Erbregel entspricht zwar derjenigen auf patriarchalen Bauernhöfen, wie sie heute noch existieren, sie ist aber für die Jungsteinzeit völlig unbegründet. Das alles kann es nämlich nur geben, wenn erstens der Begriff und die Institution von Vaterschaft bekannt waren, zweitens wenn das Haus individueller Besitz war und auf eine einzelne Person vererbt werden konnte. Dafür bleibt man aber jeden Beleg schuldig, was die „Patrilokalität" und die „Vaterlinie" schlicht verdampfen lässt. Es wirkt dann besonders peinlich, wenn auf diesem dünnen und schwankenden Boden zuletzt großzügig auf Patrilokalität und Vaterlinie in der gesamten Jungsteinzeit durch alle ihre Phasen geschlossen wird. Hier wird nicht nur rückprojiziert, sondern auch auf massive Weise manipuliert.

Nachweise für die Mutterlinie

Welche Indizien gibt es nun für die Annahme der Mutterlinie als sozialer Organisation der Sippen in der europäischen Jungsteinzeit?

Zunächst ist die Vorstellung klarer und angemessener, dass die Langhäuser der LBK-Kultur als Clanhäuser stets Eigentum aller Mitglieder der Sippe waren und nicht von einem Individuum auf ein anderes vererbt werden konnten, auch wenn – wie in matriarchalen Gesellschaften üblich – eine Tochter die Stellung der Matriarchin von ihrer Mutter erbte. Sie war lediglich die Hüterin, aber nicht die Besitzerin des Clanhauses. Dasselbe galt, wenn eine Frau die Matriarchin einer Gruppe von Häusern war, in denen die Linien ihrer Töchter wohnten. In jedem Fall blieben die Langhäuser oder Häusergruppen das Eigentum und das Zuhause aller Mitglieder der Sippe. Individuelle Erbschaft gab es nicht.[505]

Zur Mutterlinie selbst wurde eine Überlegung vorgebracht, die sich auf die Keramikkunst bezieht:[506] Nicht nur in den größeren Häusern im Ort, die als religiöse Kulthäuser dienten und viele verzierte Keramikobjekte enthielten, sondern auch in den normalen Wohnhäusern fand man Sammlungen von Keramiken. Sie wurden dort hergestellt und besaßen den gleichen Stil. Die Einheitlichkeit des Stils wurde über eine sehr lange Zeitspanne beibehalten, die in den frühneolithischen LBK-Siedlungen immerhin über ein paar hundert bis eintausend Jahre reichte – eine erstaunliche Kontinuität. Da erwiesenermaßen Frauen die Schöpferinnen der Keramik waren, weist ein einheitlicher Stil und seine Dauerhaftigkeit auf eine weibliche Abstammungslinie hin, in der diese Kunst von Mutter auf Tochter bruchlos weitergegeben wurde (Matrilinearität). Denn die blutsverwandten Frauen blieben im Clanhaus zusammen

---

[504] Vgl. Lüning, in: *Die ältesten Monumente*, S. 183.
[505] Beide Wohnformen sind von matriarchalen Sippen bekannt, vgl. Göttner-Abendroth: *Das Matriarchat II,1* und *II,2*.
[506] Vgl. Pieter Van de Velde: „On Bandkeramik Social Structure", in: *Analecta Praehistorica Leidensia*, Nr. 12, Leiden/Holland 1979, University Press; ferner Patricia Phillips: *The Middle Neolithic in Southern France: Chasséen Farming and Culture Process*, British Archaeological Reports, International Series 142, Oxford 1982.

wohnen und wurden nicht durch Heiraten getrennt, so dass die große Beständigkeit der Keramikformen und Kunststile gewahrt bleiben konnte (Matrilokalität). Zugleich transportierte die Keramik eine bestimmte Symbolik, so dass Frauen auf diese Weise auch die Traditionslinien ihrer geistigen Kultur aufrechterhielten.[507]

Ein weiterer Beleg für die Mutterlinie kam aus spätneolithischen Pfahlbaudörfern ans Licht: Diese Dörfer besaßen Kulthäuser mit Wandmalereien, und eine solche Malerei ist jüngst durch archäologische Detailarbeit wieder rekonstruiert worden. Im flachen Uferwasser des Bodensees bei Ludwigshafen und bei Sipplingen in Südwestdeutschland konnte man zahlreiche bemalte Bruchstücke von einzelnen Hauswänden der Pfyner Kultur bergen. In akribischer Arbeit wieder zusammengesetzt ergaben sie für Ludwigshafen ein Wandgemälde von 7-9 m Länge auf der Hausinnenwand – eine archäologische Sensation! Darauf sind sieben abstrakt gezeichnete Gestalten, mit weißer Farbe umrändert, zu sehen. Ein Kreuzband schmückt jede Gestalt, ein Punktmuster überzieht sie, und die plastisch eingesetzten, lebensgroßen Brüste kennzeichnen sie als Frauen (Abb. 19a).[508] Das Kreuzband über dem Oberkörper ist, wie man hier sehen kann, ein weibliches Attribut. Das weiße Punktmuster kann Milch oder Körner als Nahrungsgaben bedeuten, welche die Frauen der Gemeinschaft schenkten. Außerdem drückt es besondere Heiligkeit aus – wie das Lochmuster aus Grübchen in den Tempeln von Malta zeigte (vgl. Abb. 8, S. 167). Das Wandgemälde stellt also sieben heilige Frauen dar, alle egalitär von gleicher Größe und bis auf minimale Details von gleicher Ausstattung. Ihr Kopf, durch eine runde Scheibe wiedergegeben, ist von einem kurzen Strahlenkranz umgeben, was ihre Heiligkeit noch betont.[509] Ihre ebenfalls strahlenden Ärmchen sind wie zum Segnen erhoben.[510] Es ehrt den Archäologen, der sie zu Recht als Ahnfrauen bezeichnet, als Ur-Mütter, die am Anfang der Sippen stehen und nun in die göttliche Sphäre entrückt sind.[511] Deshalb handelt es sich hier eindeutig um ein Ahninnen-Kulthaus statt eines Ahnen-Kulthauses, was für die Mutterlinie spricht. Die sieben Sippen haben es ihren Ahnfrauen gewidmet und wohl nacheinander für ihre je besonderen Feste genutzt.

Diese Deutung der Gestalten als Ahnfrauen von sieben matrilinearen Sippen wird gestützt durch die kleinen Zeichnungen zwischen den Gestalten: Sie zeigen kleine Dreiecke mit aufgesetzten Winkeln wie ein „M". Direkt über ihnen staffeln sich sol-

---

[507] Siehe die Töpferkunst bei den matriarchalen Kabylen-Berberinnen, die wegen der damit verbundenen Magie und uralten Symbolik nur unter verwandten Frauen weitergegeben wurde; vgl. Makilam.
[508] Helmut Schlichtherle: „Weibliche Symbolik auf Hauswänden und Keramikgefäßen: Spuren frauenzentrierter Kulte in der Jungsteinzeit?", in: Brigitte Röder (Hg.): Ich Mann. Du Frau. Feste Rollen seit Urzeiten? Freiburg-Berlin 2014, Rombach Verlag, S. 114–117; derselbe: „Kultbilder in den Pfahlbauten des Bodensees", in: Jungsteinzeit im Umbruch, S. 266–277. – Schlichtherle ist einer der wenigen heutigen Archäologen, die sich auf ihre Erkenntnisse statt auf Ideologie verlassen. Seine hier genannten Artikel zu den Kulthäusern am Bodensee sind äußerst interessant.
[509] Solche Gestalten mit Strahlenkranz kommen auch auf Felszeichnungen vor (Val Camonica, 3. Jt.), ebenso hat eine weibliche Stele von Sion (Wallis/Schweiz, 3. Jt.) einen sehr betonten Strahlenkranz.
[510] Weibliche Figuren mit erhobenen Armen werden oft als „Adorantinnen" bezeichnet, d.h. als Frauen, die eine höhere Macht anbeten. Aber hier wird deutlich, dass sie selbst die höhere Macht sind, die Segen spendet. Die sog. „Adorantinnen"-Haltung ist daher kritisch zu sehen, denn es dürfte sich meist um segnende Frauen handeln.
[511] Schlichtherle: „Weibliche Symbolik", S. 131–132.

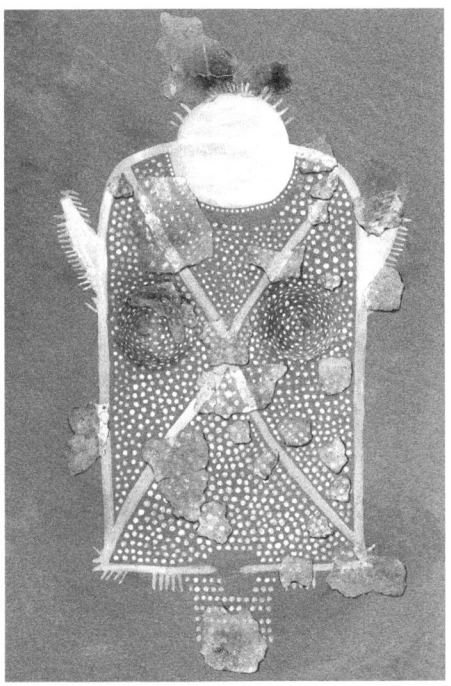

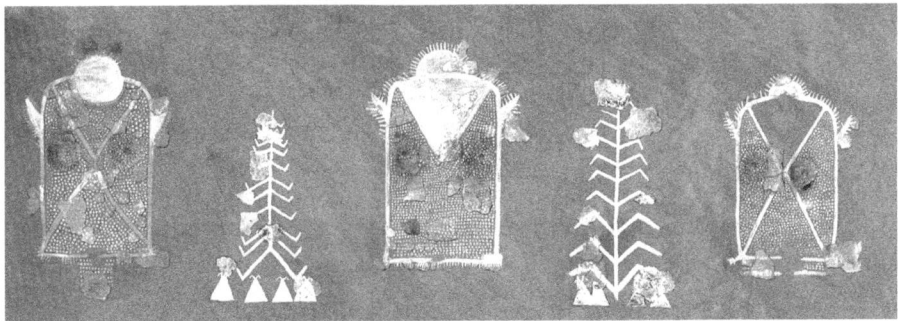

Abb. 19 a: Weibliche Gestalt von einer neolithischen Hausinnenwand, Pfyner Kultur (Ludwigshafen am Bodensee, Deutschland). **19 b:** Fries mit weiblichen Gestalten der Pfyner Kultur (Ausschnitt). Zwischen den Figuren befinden sich abstrakte Formen. (aus: Helmut Schlichtherle, in: 4.000 Jahre Pfahlbauten, S. 180 und 178/179)

che M- oder W-Formen senkrecht übereinander (Abb. 19b). Diese abstrakten Zeichen deuten Gliedmaßen an, sie stellen weit geöffnete Beine dar, das heißt: Frauen in Gebärhaltung – ein Motiv, das schon aus Çatal Hüyük bekannt ist.[512] Übereinander gesetzt bedeuten sie eine absteigende Reihe von Ahninnen im Sinne der weiblichen Ge-

---

[512] A.a.O., S. 122; vgl. auch die dort genannten Forscher Quitta 1957; Kaufmann 1969; Stöckl 2002; ebenso Gimbutas: *Die Sprache der Göttin*, S. 16–23. – Man nennt dies in der Archäologie „Krötenmotiv", was hinsichtlich der notorischen Verleugnung des Gebärvorganges dem kleinen „Bären" von Çatal Hüyük gleicht.

burtenlinie, die der entdeckende Archäologe liest als „geboren aus...geboren aus..." usw.[513] Sie sind nach ihm eine klare Darstellung der Mutterlinie, ein „Lebensbaum", der aus der Matrilinearität entsteht. Zuletzt münden sie bei den kleinen Dreiecken, welche die Lebenden der Linien sind, jedoch kaum „tanzende Gestalten".[514] Diese Dreiecke stellen eher Häuser mit dem M-Symbol auf dem Giebel dar, wie man sie auf Felszeichnungen und in den Pfahlbaudörfern unmittelbar vorfindet (vgl. Abb. 6, S. 163).[515] Das heißt, aus der Ahninnenreihe geht das gegenwärtige Sippenhaus hervor, die darin Lebenden sind die Letztgeborenen in dieser Mutterlinie. So ist das Mutterhaus mit dem aufgesetzten M auch ein klares Zeichen für die Matrilokalität. Über allem stehen die ersten Ahnfrauen, die Urmütter mit ihrer nährenden und segnenden Kraft. Als vergöttlichte Ahnfrauen sind sie zugleich Muttergöttinnen, und ihre Siebenzahl zeigt, dass jeder Clan seine eigene verehrte.

Es gibt nichts vergleichbar Männliches in diesen Kulthäusern, abgesehen von einem im Schutt gefundenen Horn eines Auerochsen und einem Halswirbel von einem Wisent, Gaben, die offenbar von Männern den Ahninnen dargebracht wurden.[516] Das Horn steht aber nicht als Symbol für „männliche Kraft und Potenz", sondern hat mit der uralten Verbindung von Frau und Mond als Stierhorn/Mondhorn zu tun, wie sie schon in der Altsteinzeit und im späteren Çatal Hüyük zu sehen war.

Das Motiv der plastischen Brüste kommt nicht nur auf dieser „Mütterwand" vom Bodensee vor, sondern mehrfach in dem ganzen Gebiet.[517] Außerdem erscheint es auch auf Gefäßen, die man in den Kulträumen fand, d.h. sie wurden in Analogie zu den Muttergöttinnen ebenfalls als Nahrungsspenderinnen gestaltet. Diese frauengestaltigen Gefäße sind weit verbreitet, ebenso auf Keramiken geritzte Friese von Müttern sowie die abstrakten Motive der Ahninnenreihe als Lebensbaum und der Häuser mit dem M auf dem Giebel. Ihre Verbreitung reicht vom östlichen Donauraum (Balatonsee, Ungarn) bis Westeuropa. Auch die zeitliche Dauer dieser Symbolik ist außerordentlich: Sie reicht vom 6. bis ins 1. Jt. und umfasst damit die Epochen der frühen und späten Jungsteinzeit, der Bronzezeit und teilweise noch der Eisenzeit.[518] Das heißt, diese Symbolik war hochbedeutsam, denn die mütterliche Genealogie und die Sozialordnung, die auf ihr beruht, dauerten ebenfalls lange an.

Deshalb können wir der Forschermeinung nicht folgen, dass es im Frühneolithikum allgemein patriarchale Muster mit der „Einheit von Mann, Haus und Hof" gab und nun im Spätneolithikum plötzlich – unter rätselhaften Umständen – die Mutterlinie und Matrilokalität aufkamen. Insbesondere das Alter der Symbole, die sich auf die Matrilinearität beziehen, spricht gegen ein plötzliches und spätes Entstehen derselben. Außerdem ist kein einziger Fall in Gegenwart und Geschichte bekannt, bei dem matriarchale Muster aus patriarchalen hervorgegangen wären – daher exis-

---

[513] Formulierung von Schlichtherle, a.a.O., S. 122.
[514] A.a.O., S. 121. – Zur Interpretation, dass auf den Wandbildern die Genealogie von der Urmutter bis zu den Lebenden dargestellt ist: Helmut Schlichtherle: „Mitten im Leben. Kulthäuser und Ahnenreihen", in: *4.000 Jahre Pfahlbauten*, S. 185. In diesem Aufsatz deutet er die kleinen Dreiecke mit dem „M"-Symbol als tanzende Gestalten, was erheblich weniger plausibel ist als seine erste Deutung; vgl. S. 183.
[515] Auf Felszeichnungen z.B. in Val Camonica.
[516] Schlichtherle: „Weibliche Symbolik", S. 119.
[517] A.a.O., S. 127.
[518] A.a.O., S. 117–120, 126.

tiert dieses Rätsel gar nicht. Es entsteht nur durch die Annahme der „Patrilokalitäts"-Ideologie für die frühe Jungsteinzeit, eine falsche Voraussetzung, wie wir gesehen haben.

Egalitäre Gräberkultur

Die Gräber der Jungsteinzeit sprechen eine ähnliche Sprache wie die Häuser, selbst wenn die herrschende Lehre auch hier „Große Männer" als Machthaber sieht. Diese Gräber und Grabkomplexe liegen oft auf erhöhten Plätzen, aber nicht als „Marken für Landnahme und territoriale Ansprüche von Eliten", um durch ihre Monumentalität auf das Land ihrer männlichen Ahnen Anspruch zu erheben.[519] Wenn wir nämlich auf die Suche nach diesen hervorgehobenen männlichen Ahnen gehen, wird die Beweislage sehr dünn. Wie schon in Çatal Höyük (Westasien) wurden auch in Südosteuropa die Menschen im 7. Jt. unter dem Fußboden der Häuser auf den Wohnhügeln bestattet. Eine neuere Studie vom Balkan zeigt, dass es sich bei der Hälfte dieser Bestattungen um Kinder verschiedener Altersstufen handelt, bei der anderen Hälfte überwiegend um Frauen und nur vereinzelt um Männer.[520] Frauen und Kindern kam also eine besondere Rolle zu, während Männer außerhalb der Häuser in den Höfen und um 5.000 in regulären Gräberfeldern bestattet wurden.[521] Dies spricht deutlich für Matrilinearität, nach der Frauen und Kinder zusammengehören und man wünschte, dass verstorbene Kinder möglichst bald durch die Frauen derselben Sippe wiedergeboren würden. Die Symbolik des Hauses, das als weiblich galt und als Mutterleib betrachtet wurde, weil darin die Gemeinschaft lebte, sich nährte, starb und wiedergeboren wurde, spricht ebenfalls dafür. Dasselbe gilt für Bestattungen unter dem heiligen Herd oder in Backöfen, die selbst die Form des Uterus hatten. Man fand auch uterusförmige Gefäße, in denen Kleinkinder beigesetzt waren, und aus späteren neolithischen Zeiten sind Urnen mit weiblichen Zügen, Brüsten und Vulven bekannt.[522]

Auch in den mitteleuropäischen Kulturen vermissen wir die hervorgehobenen männlichen Ahnen, denn hier finden sich Gruben, oft zu einem langen Graben aneinandergereiht, mit bestatteten Frauen und Männern ohne Hierarchie-Merkmale, da sie Mitglieder derselben Sippe waren.[523] Dasselbe gilt für Gruppenbestattungen in den Megalithgräbern West- und Südeuropas, die allgemein Totenhäuser von Sippen waren, sei es nur für einen Clan oder als Kammergräber und Abteilgräber für mehrere Clans. Die Megalithgräber wurden sehr lange benutzt, bei Neubestattungen schob man einfach die Skelette darin beiseite und legte die tote Person oder ihre Gebeine

---

[519] Vgl. Irenäus Matuschik: „Totenhäuser und Ahnenkult", in: *Steinzeit in Baden-Württemberg*, S. 51.
[520] Goce Naumov: „Housing the Dead: Burials inside the Houses and Vessels in the Neolithic Balkans", in: David A. Barrowclough/Caroline Malone (Hg.): *Cult in Context: Resonsidering Ritual in Archaeology*, Oxford 2007, Oxbow Books, S. 255–257.
[521] Auch dann bestattete man Kleinkinder noch immer auf die traditionelle Weise; vgl. Gimbutas: *Zivilisation*, S. 331. Noch im 4. Jt. galt dieser Brauch auf den Orkney-Inseln, wo man zwei Frauen fand, die unter einem Haus von Skara Brae bestattet worden waren; vgl. Ritchie, S. 61.
[522] Naumov, S. 257–265; Gimbutas: *Sprache*, S. 191.
[523] Gimbutas: *Zivilisation*, S. 331.

dazu.[524] So konnten die Megalithgräber viele Verstorbene bergen, z.B. enthielten sie in Frankreich und Spanien mehrere hundert Gebeine, und im Hypogäum von Malta waren sogar 7000 Tote bestattet.[525] Diese Bestattungen drücken den gemeinschaftlichen und egalitären Charakter der Gesellschaften aus.

Die besonders großen Grabanlagen wie Newgrange, Knowth und Dowth (Irland) und Silbury Hill (Südengland) setzten wie auch die imposanten Langhügelgräber (Norddeutschland, Polen) eine weitreichende Kooperation von Sippen und Stämmen einer Region voraus. Aber nichts deutet darauf hin, dass sie – einschließlich der Kreisgrabenanlagen und Henge-Monumente von teils riesigen Ausmaßen – durch „Planung" von Eliten aus Oberpriestern und Machthabern errichtet worden wären und nur diesen als Kult- und Grabstätten gedient hätten.[526] Ihr Bau und ihre Erhaltung stellten eine Herausforderung für viele Menschen dar, die sie in kollektiver Arbeit bewältigten. Die Monumente waren deshalb Gemeinbesitz der Menschen einer ganzen Region, es waren ihre Tempel, wo sie gemeinsam ihre religiösen Feste feierten. Damit hatten diese Erdwerke und Megalithbauten dieselben Funktionen wie die Tempel vom Göbekli Tepe in Westasien oder die bemalten Höhlenheiligtümer der Altsteinzeit.

Was die Grabbeigaben betrifft, so lässt sich daran auch keine Hierarchie in jener Epoche ablesen. Zunächst wies nur etwa ein Drittel der Gräber überhaupt solche Opfergaben auf, und wenn sie vorkamen, waren sie im Vergleich mit der Ausstattung der Wohnhäuser eher bescheiden. Wenn sie am Eingang des Grabes lagen, waren sie nicht für einzelne Verstorbene, sondern für die ganze Gruppe bestimmt.[527] Auch bei persönlichen Beigaben ist es in den meisten Fällen schwierig, dadurch Statusunterschiede zu bestimmen, besonders was das Verhältnis der Geschlechter betrifft. Sie können allein deshalb reich sein, weil der oder die Verstorbene sehr geliebt wurde, was speziell für Säuglings- und Kindergräber gilt. Es ist nicht einmal sicher, ob ein Grab „reich" oder „arm" ausgestattet war, weil sich Objekte aus vergänglichen Materialien wie z.B. kunstvolle Holzgegenstände oder aufwändig hergestellte Kleidung nicht erhalten haben.[528] Außerdem spiegeln die Grabbeigaben in jener Epoche keinen individuellen Besitz und keine persönliche Macht, sondern sie haben als Zeichen für religiöse Ideen oder für besondere Qualitäten der Verstorbenen grundsätzlich symbolischen Charakter.[529] Im Allgemeinen weisen die Grabbeigaben für Frauen

---

[524] Es gibt zwei Arten von Bestattung bei Megalithbauten: die direkte Bestattung der verstorbenen Person im Sippengrab oder die sekundäre Bestattung der Gebeine nach der Exkarnation in individuellen Steinkisten.

[525] Mohen, S. 218.

[526] Siehe dazu eine Untersuchung zu den großen, kunstvollen Gräbern der Orkney-Inseln, die ergab, dass hier keine Eliten bestattet waren, sondern alle Menschen aus den umgebenden Siedlungen, bei gleicher Verteilung der Geschlechter. Vgl. David Fraser: *Land and Society in Neolithic Orkney 2*, British Archaeological Reports, British Series 356, Oxford 1983. – Siehe auch die gegenwärtige Gesellschaft der matriarchalen Khasi, die ebenfalls große Dolmen und Menhire in solcher Menge errichteten, dass sie ganze Talgründe bedecken. Die Khasi waren egalitär organisiert, die Megalithgruppen wurden von den einzelnen Clans errichtet. Vgl. Göttner-Abendroth: *Das Matriarchat II,1*, Kap. 1.3.

[527] Z.B. beim Megalithgrab von Aillevans (Frankreich); Mohen, S. 128.

[528] Gronenborn/Strien, in: Terberger/Gronenborn (Hg.), S. 34.

[529] Gimbutas: *Zivilisation*, S. 336.

und Männer auf ihre handwerklichen Tätigkeiten hin: in Frauengräbern Mahlsteine, Spinnwirtel, Schmuck, reichlich vorhandene, verzierte Keramik samt den Werkzeugen für die Herstellung, Kultgegenstände in besonderen Gräbern von Priesterinnen; in Männergräbern Beile und Klingen aus Feuerstein, Obsidian, Silex und Hirschhorn, Pfeilspitzen für die Jagd und Güter aus ihrer Aktivität in den Austauschnetzen. Frauen und Männer waren in der Regel in den Gräbern gleich verteilt. Das heißt: Beide Geschlechter hatten verschiedene, aber gleichwertige Aktionsbereiche, sie kooperierten komplementär miteinander. In einem großen Gräberfeld der LBK-Kultur stellte man fest, dass die wenigen Schmuckbeigaben bei Männern mit höherem Alter abnehmen, bei Frauen dagegen zunehmen, was auf ihr steigendes Ansehen als Clanmütter hinweist.[530]

Dennoch haben wir besonders aus den ältesten, mächtigen Megalithgräbern den Befund, dass in ihnen nur wenige Personen bestattet waren, z.B. etwa 10 Personen in den Gräbern des 4. Jts. in Frankreich, nur wenige Bestattungen in den ältesten Grabstätten Spaniens, sechs in den großen englischen Langhügeln und für das größte Monument auf den Orkney-Inseln nur drei Bestattungen.[531] Nun wurden ohne langes Überlegen „große Gräber" sofort mit „Großen Männern" gleichgesetzt, und man meinte gefunden zu haben, was man suchte: die männlich dominierte, hierarchische Gesellschaft.

Zu dieser Vorstellung will gar nicht passen, dass in einem der ältesten neolithischen Gräber Europas sich eine alte Frau befand, umgeben von der größten dort gefundenen Anzahl von Gefäßen und Werkzeugen aus Knochen und Obsidian (Griechenland, 7. Jt.).[532] Dies spiegelt nicht ihren „Reichtum" oder gar ihre „Macht", sondern das hohe Ansehen, dass sie genossen hatte. Ähnliche Bestattungsfunde kamen in Mitteleuropa ans Licht: eine mehr als 60 Jahre alte Frau mit einer schönen Haube aus Schneckenperlen (LBK-Kultur, Deutschland, 6. Jt.),[533] mehrere Frauen in höherem Alter von 50 bis 70 mit reich verzierten Gefäßen und zahlreichen symbolischen Gegenständen (Lengyel-Kultur, Polen, 5. Jt.).[534] Sie besaßen die höchste gesellschaftliche Achtung, während sich keine „Eliten" aus Männern zeigen wollten, denn Herrschaftsinsignien tauchten nirgends auf. Aus der Trichterbecher-Kultur (Sarnowo, Polen, 4. Jt.) sind die riesigen Langhügel bekannt, und einer von ihnen von 30 m Länge enthielt das Grab einer einzigen Frau von 70 Jahren. Sie war in einem Holzsarg bestattet worden, und über dem Grab hatte man eine große Holzkonstruktion als sakrales Gebäude für religiöse Feiern errichtet – was die Verehrung erkennen lässt, welche dieser Frau noch im Tod zuteilwurde.[535]

Es ist nicht schwierig, diese besonderen Frauengräber zu verstehen. Wie auf der „Mütterwand" vom Bodensee müssen wir die darin Bestatteten als hervorgehobene Ahnfrauen betrachten. Sie waren die Ur-Mütter und Begründerinnen großer matri-

---

[530] Funde aus dem Gräberfeld von Aiterhofen-Ödmühle in Bayern; a.a.O., S. 334, 336.
[531] Mohen, S. 216.
[532] Fund aus Franchthi (Peloponnes), vgl. Gimbutas: *Zivilisation*, S. 331.
[533] Fund von Aiterhofen-Ödmühle (Niederbayern), vgl. Lüning in: *Die ältesten Monumente*, S. 189.
[534] Funde von Brześć Kujawski (Westpolen), vgl. Gimbutas: *Zivilisation*, S. 334.
[535] Fund aus Sarnowo (Westpolen), a.a.O., S. 336–337. – Von diesen großen Frauengräbern gab es hier vermutlich noch mehr, was sich aber wegen des schlechten Erhaltungszustandes der Skelette nicht eindeutig bestimmen lässt.

linearer Sippen oder sogar Stämme, deren weise Ratgeberinnen und Führerinnen sie im Leben gewesen sind. Nach ihrem Tod wurden sie zu vergöttlichten Bezugspersonen für die nachfolgenden Generationen, die sich in ihren Schutz begaben, und ihre Grabstätten wurden zu Heiligtümern für ihre Nachkommen in dieser Region. Eine Hierarchisierung der Gesellschaft war mit dieser religiösen Verehrung nicht verbunden, denn politisch beruhte diese Gesellschaftsform auf Konsens, was die Egalität wahrte. Es fanden sich in den Gräbern dieser Frauen auch keine Machtsymbole.

Es gibt auch besondere Gräber von mit Schmuck und Symbolgegenständen reichlich ausgestatteten jungen Frauen: z.B. aus der Lengyel-Kultur in Polen eine Mutter mit ihrer kleinen Tochter; ferner eine Jugendliche, deren Grab ein Tempelmodell enthielt;[536] aus derselben Kultur in Ungarn eine Jugendliche mit Kupferarmring und Kultobjekten; auffallend schön verzierte Gräber von Mädchen und weiblichen Säuglingen, während die Gräber von Knaben schlicht blieben;[537] aus Rumänien reiche Gräber von weiblichen Jugendlichen, das reichste von einer Sechzehnjährigen, die mit zehn Armringen geschmückt und mit Muschelperlen überhäuft war (Boian-Kultur); die zentral gelegenen Gräber zweier neun- bis zehnjähriger Mädchen, ausgestattet mit Muschelperlen, kunstvollen Vasen und Figurinen (Cucuteni-Kultur).[538] Diese Betonung der weiblichen Nachkommen lässt sich nur verstehen, wenn die Gesellschaft in der Mutterlinie organisiert war. Darin wird der Verlust von weiblichen Kindern und Jugendlichen als besonders schmerzhaft empfunden, weil sie die Hoffnung des matrilinearen Clans auf seine Fortsetzung in der Zukunft sind.

Auch besondere Gräber von Männern kommen vor, in denen mehr dieser Objekte als üblich gefunden wurden, aber keinerlei Insignien der Macht.[539] Das weist auf den guten Ruf hin, den sie in ihrem Aktionsbereich erworben hatten, und dafür wurden sie geehrt. Selbst Prestigeobjekte wie glatt polierte Kultäxte oder Kupferbeile weisen nicht auf Häuptlinge und Eliten hin, denn Prestige ist nicht dasselbe wie Macht. An gegenwärtigen matriarchalen Gesellschaften ist zu sehen, dass ein Mann als Bruder der Matriarchin eine wichtige Stellung für den Clan und die Gemeinschaft innehaben kann. Als ältester Mutterbruder kann er zum Sprecher der Sippe oder der ganzen Gemeinschaft gewählt werden, die er nach außen vertritt, womit er wesentlich zur lokalen oder regionalen Konsenspolitik beiträgt. Für diese Aufgaben erhält er Zeichen seiner besonderen Würde. In diesem Sinne haben ältere und erfahrene Männer ebenfalls eine bedeutende Rolle in diesen Gesellschaften, die ihnen Ansehen und Prestige einbringt.[540]

Daher sagen wenige Bestattungen in großen Grabanlagen sehr alter Herkunft lediglich aus, dass es sich um besonders geliebte oder besonders angesehene Personen in egalitären Gesellschaften handelte, um bedeutende Ahninnen und Ahnen, die verehrt wurden, aber keine Macht über andere besaßen. Denn Respekt für deren Leistungen mündet in matriarchalen Gesellschaften keineswegs in Hierarchie und Herrschaft. Erst in späteren Epochen wurden manche Megalithgräber für die Bestat-

---

[536] Funde von Krusza Zamkowa und von Aszód (Westpolen), a.a.O., S. 335 und 334.
[537] Grab Nr. 4 von Basatanya, Tiszapolgár-Kultur, sowie von Mórágy-Tűzködomb und Zengővárkony (Ungarn), a.a.O., S. 336 und 335.
[538] Funde von Cernica und von Wychwatintsij (Rumänien), a.a.O., S. 336.
[539] Ebd.
[540] Vgl. Göttner-Abendroth: *Das Matriarchat II,1 und II,2*.

tung von einzelnen patriarchalen Oberhäuptern sekundär nachbenutzt, was an deren Insignien von Macht zu erkennen ist; es stellt einen religiösen Missbrauch dar.[541]

Kultur und Religion der Jungsteinzeit in Europa: Ahnmütter und Göttinnen

Die Symbolik von Gräbern, Tempeln und Megalithsteinen

Trotz der großen Verschiedenheit der Gräberformen in den verschiedenen europäischen Kulturgebieten lässt sich doch eine einheitliche Grundidee erkennen. So haben die ältesten, in den Felsen gehauenen Gräber auf Malta die Ei-Form, die sich dreifach in der „Kleeblattform" der älteren, kleinen Tempel fortsetzt und in Vielzahl und Großformat im Hypogäum von Hal-Saflieni wiederkehrt. Auch die ältesten Felsengräber auf Sardinien haben die Ei-Form. Genauso kommen eiförmige Gräber der LBK-Kultur in der Slowakei vor.[542] Ihre Bedeutung liegt auf der Hand: Das Ei ist die Keimzelle neuen Lebens. Eine Abwandlung erfährt die Ei-Form, wenn die Grabkammer mit einem Gang versehen wird wie in dem Grabhügel von Barnenez (Frankreich) (vgl. Abb. 11 b, S. 172). Dabei wird die Ei-Form länglich und oval bis birnenförmig gebaut, wie bei den meisten Megalithgräbern: Sie symbolisiert den weiblichen Schoß, die Gebärmutter, mit dem Ein- oder Ausgang durch die Vulva. Nicht zufällig wurden die Toten dort in einer besonderen Stellung bestattet, die fälschlich „Hockerstellung" genannt wird. Dieser verschleiernde Sprachgebrauch lenkt davon ab, dass die Toten in Embryo-Haltung in den Schoß der Erde gebettet wurden in der Hoffnung, dass sie bald daraus wiedergeboren würden.[543] Denn nun ist die Urmutter Erde mit ihnen schwanger, was die teils mächtigen Grabhügel zeigen, die ihren schwangeren Bauch darstellen. Der schwangere Bauch erscheint in Ganggräbern der Bretagne mehrfach auch als Symbol: Er wird stark nach oben gewölbt mit vorspringendem Nabel abgebildet, manchmal sogar mit Strahlenkranz (Abb. 20a).[544] Das gesamte Ensemble enthält also keine Symbolik des Todes, sondern der Wiedergeburt, wozu die reichliche Verwendung von rotem Ocker als der Farbe des Lebens passt.

Hinzu trat der Gedanke, dass die Verstorbenen in den Gräbern und Grabtempel, die als die jeweils lokale Unterwelt oder Anderswelt betrachtet wurden, als Ahninnen und Ahnen weiterleben. Man sah es als nötig an, sie dort als den anderen Teil der Sippe zu ernähren – das belegen die allgemein üblichen Speiseopfer als Grabbeiga-

---

[541] Vgl. Kapitel 5 in diesem Buch.
[542] Gräber von Nitra in der Slowakei, Foto bei Gimbutas: *Zivilisation*, S. 282.
[543] Sie wurden unabhängig vom Geschlecht in linksseitiger Lage bestattet, d.h. auf der Frauenseite. Denn die linke Seite galt als die des Herzens und der Frau.
[544] Z.B. im Dolmen von Kercado; im Dolmen von Mané-er-Hroëck; im Dolmen der L'Île Longue mit Strahlenkranz; der Abschluss-Stein des Dolmens „Table des Marchands" ist insgesamt so geformt; ebenso ein Eingangsstein eines Dolmens von Mané Kerioned, der auf seiner Fläche zusätzlich plastisch den Bauch mit Nabel vorwölbt (Abgüsse im Museum von Carnac).

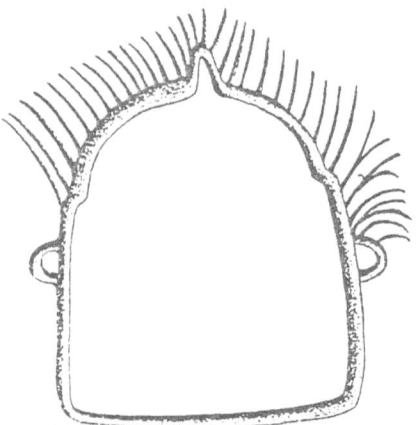

Abb. 20 a: Symbol des schwangeren Bauches der Erdmutter (Ganggrab, Bretagne) (aus: Marija Gimbutas: Die Zivilisation der Göttin, S. 297). **20 b:** Brüstepaare im Grab von Kergüntuil (Bretagne) (aus: Vorgeschichte der Bretagne, S. 49)

ben. Doch auch die mütterliche Erde sorgte für sie mit ihrer Milch – diese Bedeutung haben die in Stein gemeißelten Brüstepaare in einigen Galeriegräbern Frankreichs. Die U-Form unter manchen Brüstepaaren stellt auf keinen Fall „Halsketten" dar – denn seit wann werden Halsketten unter dem Busen getragen? Diese U-Form ist eine abstrakte Chiffre für den mütterlichen Schoß, der bereit ist, das Leben wieder nach oben zum Licht zu gebären (Abb. 20b). Noch aus der Mythologie Ägyptens ist bekannt, dass Hathor als Todesgöttin die Verstorbenen mit Milch aus ihren Brüsten nährte.[545] Auf das Weiterleben der Ahninnen und Ahnen in der Anderswelt weisen auch zahllose Volksbräuche hin: So schliefen Frauen, die schwanger werden wollten, auf den Gräbern oder in den Grabtempeln, damit eine Ahnenseele zu ihnen kommt, um wiedergeboren zu werden. Ein archäologisches Dokument dafür ist die berühmte, kleine Skulptur der „Schlafenden Frau" aus dem Hypogäum von Malta. Ahnenseelen wohnten auch nicht nur in Gräbern, sondern ebenso in Ahnensteinen, Ahnenquellen,

---

[545] Vgl. Veronica Ions: *Ägyptische Mythologie,* Wiesbaden 1968, Emil Vollmer Verlag.

Ahnenteichen, wo sie von Frauen abgeholt werden konnten.[546] Diese Bräuche und der damit verbundene Glaube sind weltweit verbreitet.

Für die Weiblichkeit der religiösen Bauwerke sprechen ebenso die frauengestaltigen Tempel in Südosteuropa (siehe Abb. 1, S. 151) und die großen Tempel auf Malta, deren Grundriss die Gestalt einer üppigen Göttin hat, mit der vermutlich die Mutter Erde gemeint ist (siehe Abb. 7 a/b, S. 166). Die maltesischen Doppeltempel Ġgantija und Mnajdra stellen zudem das traditionelle Paar „Mutter und Tochter" dar, die matrilineare Achse des Lebens. Räumlich weit entfernt in Nordwesteuropa zeigt der 100 m lange, imposante Grabhügel von West Kennet (Südengland) mit seinen fünf Grabkammern dieselbe weibliche Form des Grundrisses (Abb. 21a). Noch weiter nördlich auf den Orkney-Inseln in Schottland ist auch das Kulthaus des Dorfes Skara Brae als eine weibliche, etwas schlankere Form gestaltet (Abb. 21b).[547] Eine Studie hat ebenfalls gezeigt, dass sogar der mächtige, künstliche Hügel Silbury Hill in Südengland das abstrakte, dreidimensionale Bild einer Göttin darstellt. Das wird deutlich, wenn sich im Frühling das Schmelzwasser in der großen Mulde sammelt, die künstlich um den ganzen Hügel vertieft worden ist. Das flache Wasser zeigt dann die abstrakten Umrisse der Göttin, und der Hügel in dem Teich ragt als ihr schwangerer Bauch auf (Abb. 21c).[548] Auf diese Weise formten die Menschen die Architektur nach ihrem Glauben, genauso wie es die Christen Jahrtausende später mit ihren kreuzförmigen Kirchen taten. In den langen Epochen der Alt- und Jungsteinzeit kreiste dieser Glaube nun einmal um die Wiedergeburt aus dem Weiblichen.

Ein wichtiges Merkmal der Grabausstattung sind die Menhire und steinernen Stelen bei den Gräbern. Sie stehen dort vor dem symbolischen Schoßeingang als „Wächtersteine". Man sieht sie in gewaltiger, unbehauener Form z.B. bei den Grabhügeln West Kennet und „Wayland's Smithy" in Südengland (siehe Abb. 14 a, S. 176) oder in zierlicher und geglätteter Gestalt vor fast jeder Grabeshöhle auf Sardinien. Diese Deutung als „Wächtersteine" wird durch eine ethnologische Parallele bestätigt: Beim matriarchalen Volk der Khasi (Nordost-Indien), die Megalithen bis an den Rand der Gegenwart errichtet haben, gelten die großen, liegenden Steine als ruhende Ahnmütter und die hohen Menhire, welche die liegenden Steine in Gruppen umgeben, als ihre Brüder, die sie wachend beschützen. Die Steine verkörpern und verewigen also weibliche und männliche Ahnenwesen in der Mutterlinie, an die sich die Nachkommen mit Gebeten und Opfergaben wenden, um ihren Segen zu erhalten. Dieselbe Auffassung ist von Steinsetzungen in Tibet bekannt.[549] Es gibt in Europa eine verblüffende Parallele: In schottischen Steinkreisen findet man eine analoge Anordnung, denn sie besitzen zusätzlich einen riesigen, liegenden Stein, den „Recumbent Stone" oder „Ruhenden Stein", der von zwei Menhiren als Wächtersteinen flankiert wird.[550] Auch hier finden wir also die ruhende Ahnmutter und zwei ihrer Brüder als Wächter.

---

[546] Ein Beispiel ist der Frau-Holle-Teich auf dem Hohen Meißner.
[547] Siehe weitere Beispiele bei Cristina Biaggi: „Temple-Tombs and Sculptures in the Shape of the Body of the Great Goddess", in: Joan Marler, S. 498–507.
[548] Michael Dames: *The Silbury Treasure,* London 1976, Thames and Hudson, S. 52–58.
[549] Vgl. Göttner-Abendroth: *Das Matriarchat II,1,* Kap. 1.3 und 3.2.
[550] Beispiele sind: Tomnaverie recumbent stone circle, East Aquhorthies recumbent stone circle, Loanhead recumbent stone circle (alle bei Aberdeen, Grampian Region).

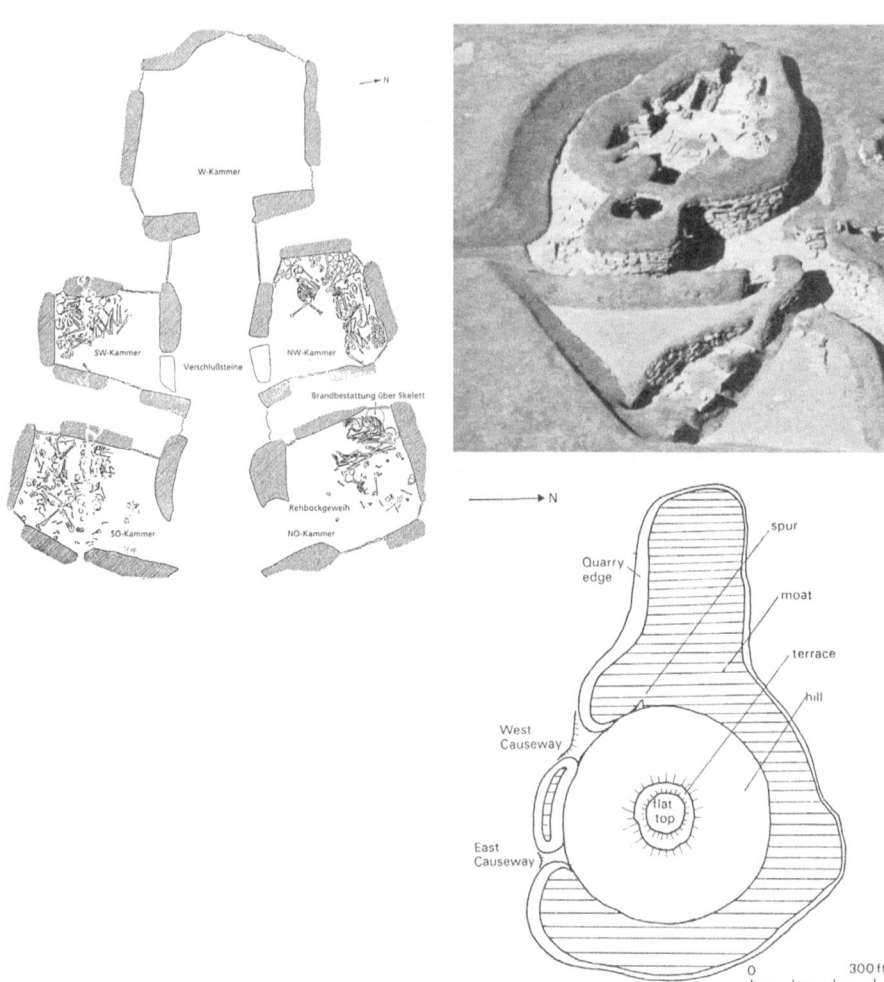

Abb. 21 a: Die fünf Kammern des Langhügelgrabes West Kennet (Südengland) (aus: Marija Gimbutas: Die Zivilisation der Göttin, S. 217). **21 b:** Das Kulthaus von Skara Brae auf den Orkney-Inseln (Schottland). **21 c:** Schematische Aufsicht von Silbury Hill in seiner mit Wasser gefüllten, flachen Mulde (Südengland) (aus: Michael Dames: The Silbury Treasure, S. 63 und 42)

Die Auffassung, dass jungsteinzeitliche Menhire Ahnenwesen darstellen, wird bestätigt durch Steine und Stelen mit ausdrücklich menschlichen Merkmalen, wie z.B. die „Pedras Marmuradas" auf Sardinien, deren Brüste sie deutlich als verewigte Ahninnen kennzeichnen (Abb. 22). Das Verbreitungsgebiet von Steinen mit weiblichen und männlichen Merkmalen reicht vom Kaukasus bis zum Atlantik, in bestimmten Regionen treten sie gehäuft auf.[551] Die Ahnenwesen erscheinen dabei nur in Umris-

---

[551] Christoph Huth: „Erinnerungen in Stein", in: *4.000 Jahre Pfahlbauten*, S. 190; Max Dashu: „Grandmother Stones of Megalithic Europe", II und III, *Suppressed Histories Archives*, in: http://www.

Abb. 22: Ahninnensteine „Pédras Marmúradas" auf Sardinien (Foto: Karin Kastner)

sen, mit eingezogenen Köpfen und ohne Arme und Beine, sie gleichen den Ahninnen-Gestalten auf der „Mütterwand" vom Bodensee (siehe Abb. 19 a/b, S. 193). Stelen mit Kreuzband oder Y-förmigem Brustgurt, z.B. aus dem Alpenraum (3./4. Jt.), sind weiblich, wie die Urmütter vom Bodensee zeigen.[552] Auch Brüste, Halsketten, eulenartige Gesichter und „Krummstäbe", die wie neolithische Sicheln zum Kornschneiden geformt sind, kennzeichnen sie als weiblich. Sie sind also Ahninnen-Stelen und deutlich in der Mehrzahl (Abb. 23, obere Reihe).[553] Männliche Ahnenstelen zeigen Hämmer, Äxte, Dolche, Pfeil und Bogen, die keine „Waffen" darstellen – wie meist behauptet wird –, sondern Handwerks- und Jagdgerät sowie Prestige-Gegenstände (Abb. 23, untere Reihe).[554] Dabei stellen diese Steine und Stelen die Ahnenwesen nicht nur dar, sondern die Menschen glaubten, dass die Ahnenseelen tatsächlich darin wohnen.

---

suppressedhistories.net

[552] Schlichtherle: „Weibliche Symbolik", S. 129-130 ; derselbe: „Kultbilder in den Pfahlbauten", S. 275–277.

[553] Beispiele sind: Menhir 4 von Arco (Trentino, Italien) mit Brüsten und reichem Schmuck; Stele von Lutry am Genfer See (Schweiz) und Stele von Latsch (Italien), beide mit Brüsten und Kreuzband; zwei Stelen von Sion (Wallis, Schweiz), beide mit Kreuzband; Stele mit Halskette, Brüsten und Y-Zeichen aus St. Sernin (Bretagne); eulengesichtige Steine aus Spanien und Portugal mit Brüsten oder U-Form als Schoß; vier Menhire aus Südfrankreich mit Brüsten und Sichelhaken (Abb. bei Gimbutas: *Zivilisation*, S. 239; dieselbe: *Sprache*, S. 194).

[554] Beispiele sind: eine Stele aus Sion mit Dolch, eine andere mit Pfeil und Bogen (Wallis/Schweiz); Menhir mit Dolch an der Halskette (Rottenburg, Deutschland); Menhir mit 4 Äxten (Tübingen, Deutschland); Stele mit Hammer, 3 Äxten und Dolchen (Latsch, Italien); Menhir 1 von Arco (Tretino, Italien) mit 7 Dolchen, 4 Äxten und weiteres. Diese letzteren zeigen kaum die übertriebene Ausstattung für einen „Großen Mann", sondern auf diesen Stelen kann man die Zeichen nacheinander angebracht haben, wann immer ein verehrter Ahn gestorben war.

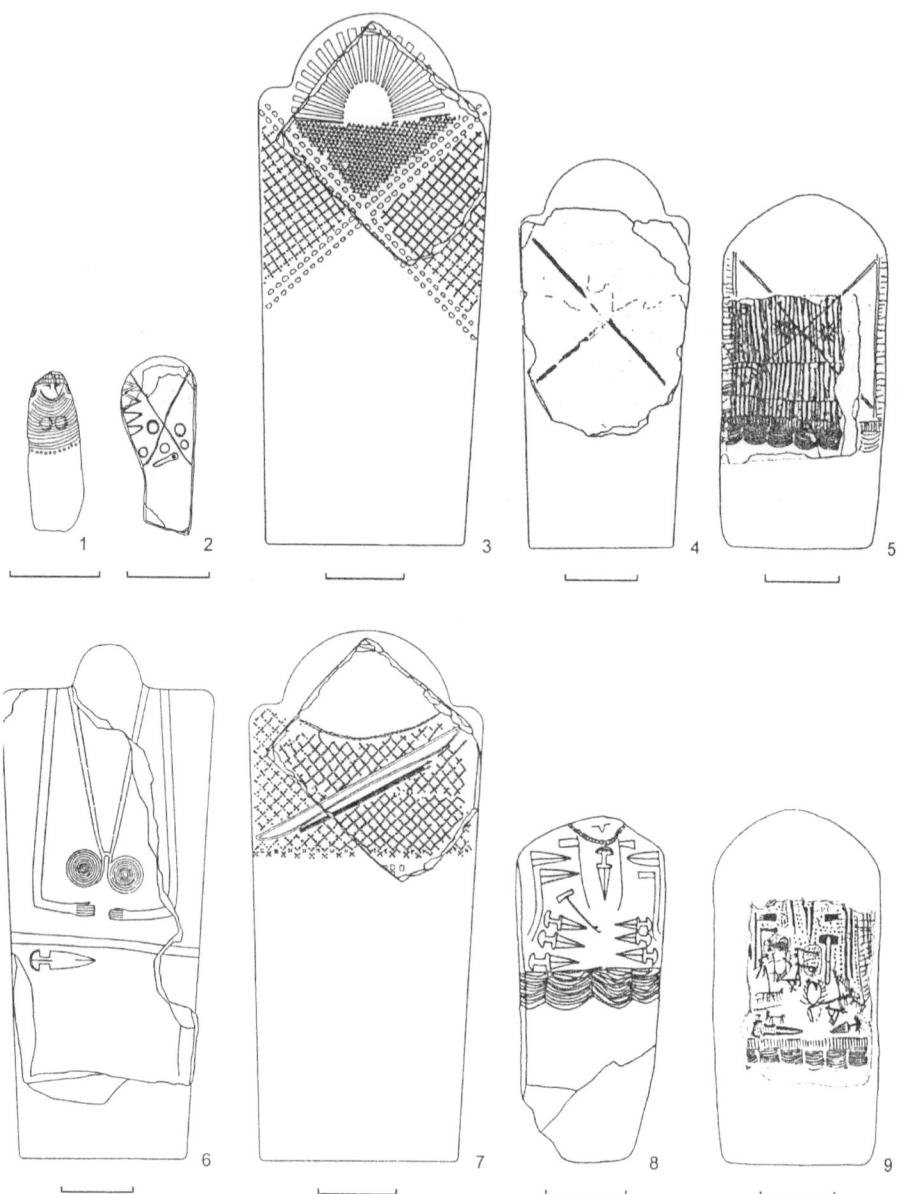

Abb. 23: Weibliche Figurenstelen (1–5) und männliche Figurenstelen (6–9) (aus: Helmut Schlichtherle, in: Brigitte Röder (Hg.): Ich Mann. Du Frau, S. 131)

Auch der Brauch, solche Ahnenstelen bei wichtigen Veränderungen zu zerschlagen um neue aufzurichten, weist auf den Glauben an ihre numinose Seelenkraft hin, die man ihnen damit nahm, um sie auf neue Steine zu übertragen. Dieser Brauch findet sich im Zerschlagen der kleinen Ahninnenfiguren wieder, wenn eine Sippe aus dem alten Haus in ein neues zieht (siehe unten).

Die sakrale Landschaft

Die Hügel mit den Grabstätten waren soziale Bezugspunkte für die Gemeinschaften der Umgebung und dienten zugleich als Orientierung für die Fernkommunikation mit anderen Gemeinschaften. So sehr sich die Siedlungen verändern konnten, die Grabbauten blieben am selben Platz und wurden über Generationen errichtet und erweitert. So sicherten sich die Menschen der Region eine dauerhafte Identität und formten auf diese Weise die Landschaft zu einer sozialen um.[555] Denn als „Häuser ihrer Ahnen" dokumentierten die Gräber die Verbundenheit der Menschen mit der Landschaft. Diese war für sie nicht einfach „Territorium", sondern enthielt die Geschichte ihrer Clans und ihrer Vorfahren, die mit den Siedlungsmustern und Grabbauten darin eingeschrieben war.[556]

Aber noch mehr: Mit den kosmologischen Bezügen, welche die Grabbauten hatten, und den bedeutungsvollen Plätzen, an denen sie standen, schufen die Menschen nicht nur eine soziale, sondern zugleich eine symbolische Landschaft. Dafür projizierten sie ihre religiöse Symbolik auf die Landschaft und machten sie auf diese Weise zu einer sakralen.[557] Ein Beispiel ist die Landschaftsform bei Lenzburg (Schweiz), wo drei Hügel als eine liegende Landschaftsgöttin gesehen wurden: die kleinste Hügel ihr Kopf, der mittlere ihr langgestreckter Leib und der größte ihre runden, schwellenden Hüften. Genau in der kleinen Talsenke zwischen Leib und Hüften fand man ein neolithisches Gräberfeld aus Steinkisten mit Bestatteten in Embryonalhaltung (ab 4.200). Es ist leicht zu erkennen, dass man die Verstorbenen hier buchstäblich in den „Schoß der Göttin", der Erdmutter in ihrer lokalen Form bettete, damit ihnen die Wiedergeburt sicher war.[558] Ein anderes Beispiel sind die beiden Gleichberge bei Römhild (Thüringen, Deutschland), die genauso wie andere gleichgeformte Zwillingshügel als „Brüste" der Erdmutter betrachtet wurden. Solche „Busenberge" gibt es zahlreich, und regelmäßig beziehen sich frühgeschichtliche Kultstätten auf sie.[559]

---

[555] Vgl. dazu die hervorragende Analyse von Stella Souvatzi: „Land Tenure", in: *An Archaeology of Land Ownership*, S. 21–45.
[556] A.a.O., S. 29–31.
[557] Bei gegenwärtigen matriarchalen Gesellschaften ist der sakrale Bezug zur Landschaft ein Teil ihrer Kultur, daher können und wollen sie sich nicht von ihrem Land trennen; siehe z.B. die Geschichte der Hopi in Arizona, der Irokesen mit ihren sakralen Mounds in Ohio (beide Nordamerika) und der Khasi mit ihren Megalithbauten (Nordost-Indien).
[558] Das teils zerstörte Gräberfeld umfasste nach archäologischen Vermutungen einmal 500 Personen, jetzt wurden nur noch 100 gefunden. Vgl. Kurt Derungs: *Landschaften der Göttin*, Bern 2000, Edition Amalia, S. 11–16, 24–29.
[559] Beispiele sind: die „Paps of Danu", die „Brüste der Dana", bei Killarney in Irland; die „Paps of Jura", die „Brüste der Jura", bei Cnoc Seanndda in Schottland; die „Brüste der Mutter Gottes", die Zwillingsgipfel des Osser-Berges in Bayern.

So befindet sich bei den Gleichbergen bei Römhild das „Grabfeld", eine Gegend, die mit Gräbern aus dem 3.-2. Jt. geradezu übersät ist und als das größte archäologische Bodendenkmal Deutschlands gilt. Die Verstorbenen ruhen hier buchstäblich am Busen der Göttin, die sie im Jenseits nährt, bis sie ins Leben zurückkehren würden.[560] Solche Beispiele lassen sich beliebig vermehren.[561] Stets wird dabei die Landschaft als eine Erscheinung der Erdmutter betrachtet, die je nach lokaler Gegend eine andere Gestalt mit anderem Namen haben kann: Dies sind die verschiedenen Landschaftsgöttinnen, die jedoch immer die *eine* Mutter Erde meinen. Von ihren göttlichen Formen und Kräften ist die sakrale Landschaft geprägt. Dieser symbolische Bezug von Grabbauten zur Landschaft ist bis heute in der Archäologie, wegen der Ideologie der Landnahme durch machthabende Eliten, nicht berücksichtigt worden.

Die jungsteinzeitlichen Menschen betonten mit ihren religiösen Bauten jedoch nicht nur die natürliche Landschaft, sondern sie formten mit großen Erdwerken die Landschaft aktiv zu einer symbolischen um. Das großartigste Beispiel ist die Anlage von Avebury in Südengland: Sie umschließt mit ihren beiden geschwungenen Steinalleen in weiten Bögen den besonderen Hügel Silbury Hill, der zur gleichen Zeit errichtet wurde und exakt südlich davon liegt (vgl. Abb. 17 b, S. 180).[562] Mit ihrer Weiträumigkeit macht diese Anlage die Gegend zu einer sakralen Landschaft, zu einem symbolischen Landschaftsbild. Verschiedene Interpretationen sind dazu möglich: Wenn man sie von Süden vom Silbury Hill her betrachtet, könnte sie das abstrakte Bild eines Wesens mit zwei Brüsten meinen, dessen Arme oder Beine weit ausgebreitet sind, wobei letzteres die Gebärhaltung darstellt. Dafür spricht, dass Silbury Hill eine Grabstätte ist, so dass hier die Idee der Wiedergeburt aus der Erdmuttergöttin großräumig abgebildet ist. Betrachtet man die Anlage umgekehrt von Norden her, wirkt sie wie ein Kopf mit großen Augen, von dem zwei schön geschwungene Hörner ausgehen, eben das im Neolithikum so häufige Stier- oder Kuhhörnerbild. Seit der Altsteinzeit gehören „Frau" und „Hörner" zusammen, und diese symbolische Verbindung setzt sich in der Jungsteinzeit fort. Noch in den Jahrtausenden danach finden wir es als göttliche Stier- oder Kuhhörner-Krone wieder, z.B. bei der ägyptischen Hathor, bei der sumerischen Inanna als dreifache Hörnerkrone, ebenso auf frühgeschichtlichen, afrikanischen Felszeichnungen.[563] Es ist die uralte, symbolische Verbindung von Frau und Mond, welche die Hörner als Mondsicheln bedeuten, im ewigen Wandel von Leben und Tod in der Zeit.[564]

Auffällig ist beim Avebury-Henge außerdem die ausgeprägte Zweiheit: zwei innere Steinkreise, der nördliche und südliche, umgeben vom großen äußeren Steinkreis; zwei Steinalleen, die südwestliche „Beckhampton Avenue" und die südöstliche „West Kennet Avenue", die beide in zwei kreisrunde Gebäude mündeten. Zwei Typen

---

[560] Vgl. Göttner-Abendroth: *Matriarchale Landschaftsmythologie*, S. 87–89.
[561] A.a.O. insgesamt; dieselbe: *Berggöttinnen der Alpen*, insgesamt.
[562] Zugleich bezieht sie sich durch die Nord-Süd-Richtung auch auf das viel ältere Langhügelgrab West Kennet.
[563] Z.B. „Die Weiße Dame", Felsmalerei aus dem Tassili-Gebirge (Algerien), mit weit ausladenden Hörnern.
[564] Eine weitere Interpretation der Stier/Kuhhorn-Symbolik bringt sie als Körperanalogie mit den Gebärorganen der Frau in Verbindung: Gebärmutter, Eileiter und Eierstöcke, d.h. dem weiblichen fruchtbaren Schoß. Vgl. Dorothy Cameron: *Symbols of Birth and Death in the Neolithic Era*, London 1981, Kenyon-Deane.

von stehenden Steinen, die schmalen „männlichen" Steine und die breit gelagerten „weiblichen" Steine in Rauten- oder Diamantform, kommen im äußeren und in den inneren Steinkreisen vor (Abb. 24a). Hier ist die Polarität der Welt mitgedacht, die sich neben vielem anderen auch als Weiblich-Männlich-Polarität manifestiert, wobei ihre beiden Seiten stets in Balance sein sollen. Es ist die „polare Kosmologie", ein Grundprinzip im matriarchalen Denken, das – wie in Westasien – auch in Europa in der Megalitharchitektur abgebildet wurde. Besonders exponiert zeigen die Steinsetzungen in der Mitte der zwei Innenkreise diese Polarität (Abb. 24b): Im Zentrum des südlichen inneren Ringes befindet sich eine vermutlich weibliche D-Form aus kleineren Steinen, verbunden mit dem hier größten, einzelnen Menhir, dem phallischen „Obelisk" (heute nicht mehr vorhanden). Im nördlichen inneren Ring gab es eine große Steinkammer, „The Cove", die im 18. Jh. zusammenbrach und zwei riesige Steine übrigließ, denen man die männliche und weibliche Form deutlich ansieht (Abb. 24c).

Diese ausdrückliche Zweiheit hat zu der Deutung geführt, dass die Avebury-Anlage ein Tempel für die Feier der Heiligen Hochzeit („hieros gamos") gewesen ist.[565] Die schlangenartig gewundenen Steinalleen sollen die Prozessionswege der Gruppen aus zwei verschiedenen Richtungen zum zentralen heiligen Platz gewesen sein. Bevor die Prozession begann, hatten diese sich in den zwei überdachten, sakralen Rundgebäuden am Anfang der Steinalleen auf die Begegnung vorbereitet.[566] Nachdem sie in den zwei inneren Steinkreisen des Henges angekommen waren, fand das Fest mit großem zeremoniellen Aufwand statt. – Obwohl diese Deutung plausibel ist, wird die Heilige Hochzeit auch hier wieder als „Fruchtbarkeitskult" missverstanden. Dabei ging es – wie schon gesagt – nicht ums „Kinderkriegen", stattdessen handelt es sich um eine uralte, magische Zeremonie mit dem Sinn, die Weiblich-Männlich-Polarität in Balance zu halten und damit die Menschenwelt und zugleich das ganze Universum. Daher hat diese Zeremonie nichts mit der den neolithischen Menschen fremden Vorstellung zu tun, dass der Mann die Frau begatten muss, damit sie „fruchtbar" wird und Kinder bekommen kann. Denn im matriarchalen Weltbild kommen die Kinder nicht vom männlichen Liebespartner – der mit dem Clan der Frau nichts gemeinsam hat –, sondern von den Ahnenseelen ihres eigenen Clans. Der erotische Liebesakt wurde deshalb nicht in kausaler Verbindung mit Schwangerschaft und Geburt gesehen, sondern hatte die Bedeutung, die Balance der Welt zu bewahren.[567]

Die Formung sakraler Landschaften nach dem Bild der Erdmutter, indem eine Gegend mit Kultstätten in bestimmter Anordnung besetzt wurde, ist eine verbreitete Erscheinung in neolithischen Kulturen. Sie führte zum Phänomen der „Landschaftstempel".[568] Als ein Beispiel sei hier das zusammengesetzte Bild der göttlichen Erde-Frau genannt, das entsteht, wenn man die 27 neolithischen Kultstätten in

---

[565] Siehe zu dieser Deutung und weiteren vermuteten Zeremonien: Michael Dames: *The Avebury Cycle*, London 1977, 1996, Thames and Hudson.
[566] Es handelt sich hier um das „Sanctuary", das man aus den Pfostenlöchern rekonstruieren konnte, der andere Rundbau ist verloren. Das „Sanctuary" war mit mehreren Ringen aus Holzsäulen, nicht aus Stein, errichtet worden und hatte ein kegelförmiges Dach. Als Vergleich diente der zeitgleiche, archäologisch gut erforschte Rundbau von Durrington Walls (Südengland).
[567] Siehe das Balance-Prinzip im Weltbild gegenwärtiger matriarchaler Völker, exemplarisch für die traditionale Kultur der Irokesen: Barbara A. Mann: *Iroquoian Women*.
[568] Vgl. zum Phänomen von Landschaftstempeln und wie man sie auffindet zwei Beispiele von Göttner-Abendroth: das Dreisamtal im Schwarzwald (Süddeutschland), in: *Matriarchale Landschafts-*

208 Kapitel 4: Jungsteinzeit im Mittelmeerraum und Europa

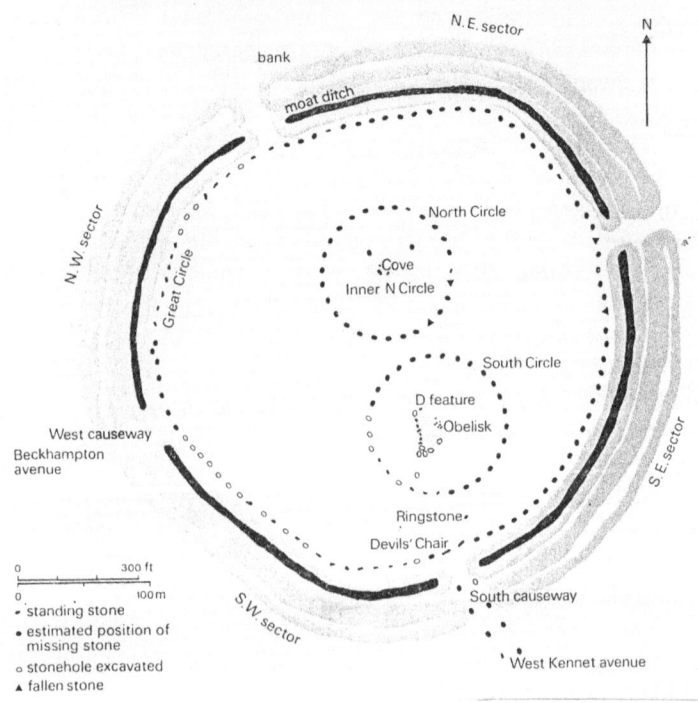

Abb. 24 a: Rauten- oder „Diamant"-Form der weiblichen Steine von Avebury Henge (Südengland) (aus: Aubrey Burl: Prehistoric Avebury, S. 21). **24 b:** Die inneren Steinkreise von Avebury Henge mit ihren Steinsetzungen in der Mitte (aus: Michael Dames: The Avebury Cycle, S. 115)

Kultur und Religion der Jungsteinzeit in Europa: Ahnmütter und Göttinnen   209

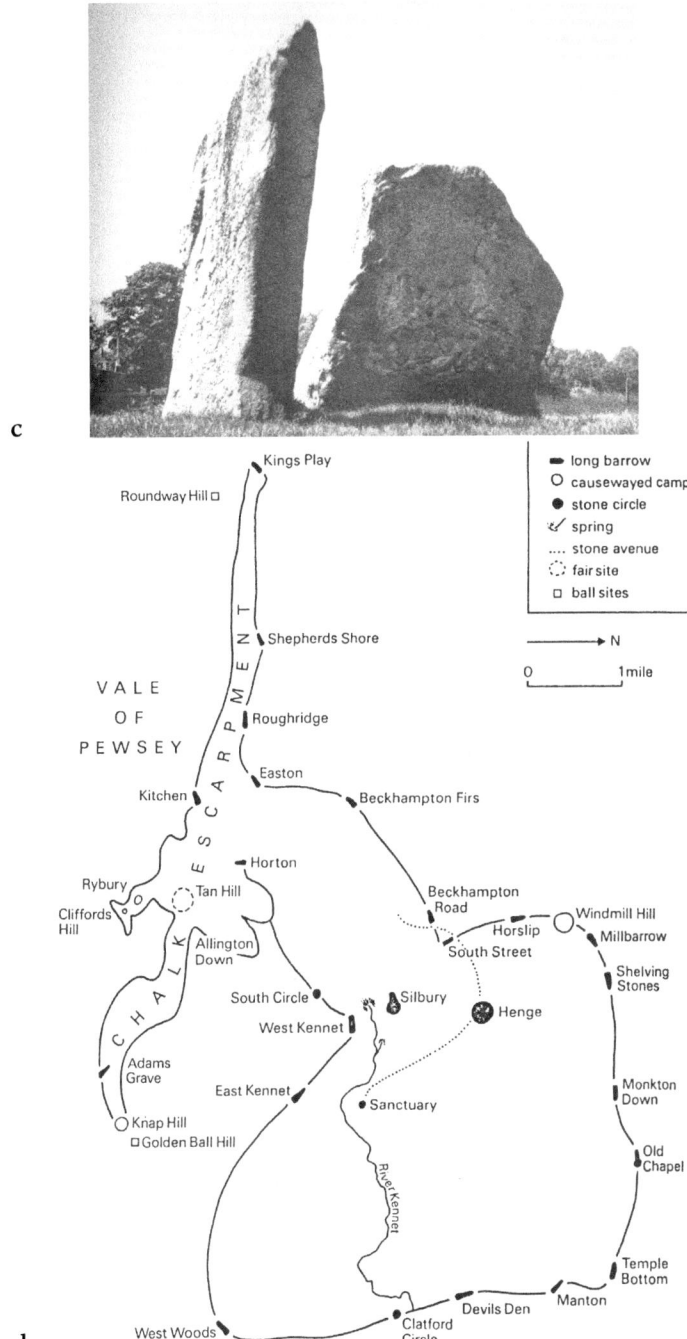

Abb. 24 c: Weiblicher und männlicher Stein im Zentrum des nördlichen, inneren Ringes von Avebury Henge („The Cove") (aus: Aubrey Burl: Prehistoric Avebury, S. 157). **24 d:** „Die Erdgöttin" als weiträumiges Landschaftsbild aus 27 neolithischen Kultstätten (aus: Michael Dames: The Avebury Cycle, S. 190)

der weiteren Umgebung der Avebury Kultanlage untereinander verbindet (Abb. 24d). Avebury-Henge und Silbury Hill samt dem West Kennet-Grab befinden sich dabei im Schoßzentrum der riesigen Landschaftsgöttin.[569] Dass diese Verbindungen von Kultplätzen, die in kurzen Distanzen voneinander liegen, im Neolithikum relevant waren, ist durchaus plausibel, denn sie boten ebenfalls Sicht- und Kommunikationslinien.

Häusliche Ahninnenverehrung

Die Verehrung der vergöttlichten Ahnmütter war nicht auf die Gräber und Monumente, auch nicht auf besondere Kulthäuser beschränkt. Sie fand in jedem Wohnhaus statt, was an den dort aufgefundenen kleinen Figuren und Statuetten zu sehen ist. Diese waren nicht in allen europäischen Kulturregionen präsent, aber sie kamen überreich in Südosteuropa vor, ebenso in der Kultur der frühen LBK.[570]

Bemerkenswert ist, dass die überwältigende Mehrheit der Figurinen weiblich ist, denn in der gesamten Menge der jungsteinzeitlichen Statuettenfunde machen männliche Figurinen nur 3–5 Prozent aus.[571] Das hat dazu geführt, dass viele männliche Archäologen versuchten, dieses Verhältnis herunterzuspielen und weibliche Figurinen „zum Verschwinden zu bringen". Sie erklärten alle Figuren ohne Brüste als „geschlechtslos", sogar solche mit Brüsten als „anthropomorphe geschlechtslose Idole" und viele abstrakte Figurinen als „männlich".[572] So manipulierte man ein ungefähr paritätisches Verhältnis herbei. Brüste sind aber nicht das einzige Merkmal für weibliche Darstellungen. So mutet es seltsam an, wenn man penislose, aber mit runden, ausladenden Hüften dargestellte Statuen aus Malta nun als „Eunuchen" bezeichnet – eine Sitte, von der sonst nichts aus dem Neolithikum bekannt ist. Außerdem erweisen sich auch abstrakte Figurinen als weiblich, wenn z.B. eine vom selben Typus einen Säugling in den Armen hält oder wenn sie ein Kreuzband trägt. Männliche Darstellungen haben dagegen immer einen Penis, woran sie klar zu erkennen sind.[573] Jedoch konnte man auf diese Weise der überwältigenden Mehrheit weiblicher Figurinen nicht Herr werden, deshalb wurden nun die abenteuerlichsten Interpretationen darüber gestülpt: Die kleinen Artefakte wurden als „Puppen" und „Kinderspielzeug" abgetan oder, noch schlimmer, als „Sexspielzeug" von Männern zur Erregung ihrer Lust.[574] In dieser herabsetzenden Art werden sie oft heute noch behandelt, was lediglich eine Rückprojektion aus den gegenwärtigen, sexistischen Verhältnissen ist, die

---

mythologie, Kap. 4, und das Oberhalbsteiner Tal/Surses (Ostschweiz), in: *Berggöttinnen der Alpen*, Kap. 3.

[569] Dames: *The Avebury Cycle*, S. 185–218.

[570] In der späten LBK und anderen regionalen Kulturen fehlen Figurinen, was aber nicht absolut festgestellt werden kann, denn sie waren hier vielleicht aus vergänglichem Material.

[571] Gimbutas: *Zivilisation*, S. 223. – Die litauisch-amerikanische Archäologin Marija Gimbutas hat fünf wichtige Ausgrabungen in Südosteuropa durchgeführt, die zahlreiche Figurinen-Funde erbrachten, und sie hat Tausende von ihnen untersucht, die bis dahin unbeachtet und unverstanden in Museen und Magazinen schlummerten.

[572] So zum Beispiel Lüning für die weiblichen Figuren der LBK.

[573] Vgl. zur Kritik an dieser Vorgehensweise: Annine van der Meer: *The Language of MA, the Primal Mother*, gedruckt in Holland 2015, Eigenverlag, S. 46 und 214–217.

[574] Im englischen Sprachraum bezeichnet man sie als „dirty dolls".

keinen Erkenntnisgewinn bringt. Demgegenüber wirkt es noch harmlos, wenn sie als Darstellung „gewöhnlicher Frauen" deklariert werden.[575]

Die Figurinen wurden jedoch nicht von Männern für ihre unbefriedigten Bedürfnisse, sondern erwiesenermaßen von Frauen hergestellt. Dass sie kein Kinderspielzeug waren, stellt die Fundsituation sicher: Man fand sie auf Tempelaltären, in Kreisgrabenanlagen, in Höhlen und Gräbern, besonders gehäuft aber auf Hausaltären, auf kleinen Plattformen am heiligen Herd oder am Backofen im Hof. Letzteres weist auf ihre große Bedeutung für die Rituale und Feste der Hausgemeinschaft hin. Figurinen in Kleinformat wurden auch als Amulette an Halsbändern getragen. Das widerspricht der Deutung, dass sie gewöhnliche Frauen darstellen. Außerdem haben sie besondere Eigenschaften, die sie von gewöhnlichen Frauen unterscheiden: das Tragen von Masken, eine thronende Haltung, das Präsentieren von Vulva und Brüsten, Segensgesten, symbolische Malereien und Ritzungen auf ihrem Körper.[576] Heute setzt sich zunehmend die Ansicht durch, dass es sich bei diesen Figurinen und Statuetten um die Darstellung von Ahnmüttern handelt. Eine solche Fülle an Ahnmüttern ist ein deutliches Dokument für die Mutterlinie der Sippen, denn andernfalls wären zahlreiche männliche Figuren dieses Typs zu erwarten.

Für verehrte Ahninnen spricht auch der Platz, wo man sie in den großen Langhäusern der mitteleuropäischen LBK-Kultur fand: Im nordwestlichen Hausteil gab es, durch eine zusätzliche Bohlenwand abgetrennt, eine kleine Kammer, wo auf einem erhöhten Holzpfeiler eine kleine Ahninfigur thronte. Solche Figuren aus Ton wurden in dieser Ecke gefunden, sie waren bei der Aufgabe des Hauses absichtlich zerschlagen worden. Die Kammer stellte ein Hausheiligtum dar, denn hinter dem Haus fanden in rechteckigen Nordgruben kultische Handlungen statt, worin diese Nordwestkammer einbezogen war.[577] Norden und Nordwesten galten in der symbolischen, jungsteinzeitlichen Denkweise als die Himmelsrichtungen der Nacht, der Sterne und der Anderswelt der Ahnenseelen. Diese sitzenden Ahninnen-Figuren zeigen mit in die Seiten gestemmten Armen eine majestätische Haltung, oder sie halten ein rundes Gefäß vor sich, in das Opfergaben hineingelegt wurden (Abb. 25 a/b). Es kamen in der LBK auch einzelne, männliche Sitzfiguren mit einem solchen runden Gefäß vor. Sofort setzt hier die Phantasie der männlichen Archäologen wieder ein: Die Figuren sollen einen „Clanchef" darstellen, der „würdevoll auf einem Stuhlthron zwischen zwei Kriegern sitzt" und „Herrschaftsanspruch und Macht" ausdrückt.[578] Dieser Kultur weitaus angemessener ist es jedoch, sie als verehrte männliche Ahnen zu sehen, wie es herausragende Mutterbrüder neben den Ahnfrauen gewesen sind.

Insbesondere wurden mythologische Inhalte und Szenen mit den Figurinen dargestellt, sowohl durch ihre vielfältige Gestaltung als auch ihre spezielle Anordnung in Gruppen. Sie sitzen oder thronen auf den Altarflächen, wobei manche von ihnen Be-

---

[575] Peter J. Ucko: „The Interpretation of Prehistoric Anthropomorphic Figurines", in: *The Journal of the Royal Institute of Great Britain and Ireland*, 1962, Bd. 92, S. 38–45.
[576] Zu einer Typologie der Posen und Haltungen der Figurinen, vgl. A. van der Meer.
[577] Lüning: *Bandkeramiker*, S. 149–152 und 272–273.
[578] Diese Wortwahl und die beigefügte falsche Abbildung bei Lüning, in: *Die ältesten Monumente*, S. 178 und 276.

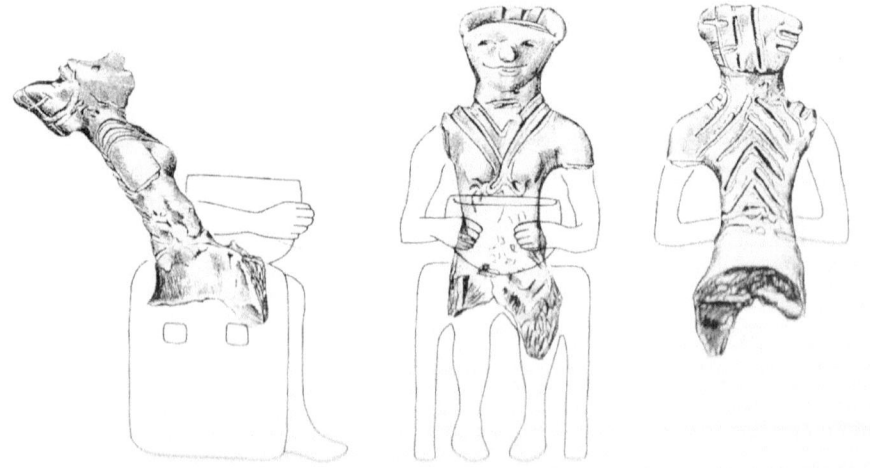

Abb. 25 a: Thronende Statuette mit Maske aus der Vinča-Kultur (Serbien) (aus: Marija Gimbutas: Die Sprache der Göttin, S. 27). **25 b:** Thronende Statuette mit Gefäß aus der LBK-Kultur (West-Ungarn) (aus: Jens Lüning, in: Die ältesten Monumente, S. 186)

sonderheiten haben, die auf eine Geschichte hinweisen, die wir nicht mehr kennen.[579] In derselben Art wurden z.B. im tibetischen Schamanentum mythische Erzählungen verbildlicht, indem man sie durch Figurinen aus Holz oder Teig in Szene setzte. So konnten auch im Neolithikum bei den häuslichen Lebensstadienfesten und anderen Gelegenheiten mythische Erzählungen von der Urzeit und von der Geschichte des Clans wiederholt worden sein, womit man diese Anfänge in die Gegenwart transponierte. Diese Lebensstadienfeste: Geburt, Initiation, Lebensende, lagen in den Händen der Frauen.[580]

Die Frage nach den Göttinnen

Ahnfrauen, Erde, Mond und Sonne

Kann man in diesen neolithischen Figurinen und Statuetten nun Göttinnen sehen? Das läuft auf die Frage hinaus, inwiefern sich Ahninnen und Göttinnen unterscheiden. Eine erste Antwort fanden wir bereits durch die „Mütterwand" vom Bodensee, die sieben vergöttlichte Ahnfrauen zeigt. Sie sind zu Muttergöttinnen der sieben heimischen Clans geworden. Es besteht also keine scharfe Abgrenzung, sondern ein Kontinuum von Ahnfrau zu Muttergöttin. Vergöttlichte Ahnfrauen als die Gründe-

---

[579] Abbildungen solcher Figurinengruppen aus der Cucuteni-Kultur (Südosteuropa) und aus dem Gebiet der Moldau (Mitteleuropa) bei Gimbutas: *Zivilisation*, S. 228 und 261.
[580] Vgl. zu Lebensstadienfesten in den Händen der Frauen die Mosuo (Südwestchina), die Kuna (Panama) und andere, in: Göttner-Abendroth: *Das Matriarchat II,1* und *II,2*.

rinnen von Sippen und Stämmen sind eine charakteristische Erscheinung matriarchaler Gesellschaften.[581] Sie gehören zum ältesten Typus von Gottheiten.

Der Prototyp jeder Muttergöttin ist Mutter Erde, in deren Schoß die Verstorbenen gelegt und deren Brüste in die Wände der Gräber eingemeißelt wurden. Man betrachtete ihre Landschaften mit Busen-Hügeln oder Schoß-Tälern oder Bergzügen in Form einer liegenden Frau als die jeweils regionale Landschaftsgöttin. Sie war für die Menschen offenbar die „Eine mit vielen Gesichtern und tausend Namen", so wie Landschaftsformen vielfältig sein können, aber alle zur selben Erde gehören. Hier haben wir durchaus die Idee von der *einen* Muttergöttin, zu der sich aber viele weitere Clan-Göttinnen aus der Menschenwelt gesellen. Im matriarchalen Denken schließt die *eine* umfassende Göttin nicht eine Vielzahl anderer Göttinnen aus – wie es in der abspaltenden und ausschließenden Haltung patriarchaler Großreligionen mit ihrem einzigen Gott der Fall ist.[582]

Auch die Himmelsrichtungen hatten für die jungsteinzeitlichen Menschen eine symbolische Bedeutung, was an der astronomischen Ausrichtung von Häusern, Gräbern, Steinkreisen und Megalithanlagen zu sehen ist. Sie erlaubten Orientierung nicht nur auf der Erde, sondern auch am Himmel, und mit ihrer Hilfe projizierten die Menschen irdische Verhältnisse auf die Gestirne. So beobachteten sie, dass Sonne, Mond und Sterne im Osten erscheinen und im Westen untergehen, bis sie im Osten – wie aus der Erde geboren – wiederkehren. Es war für sie dasselbe Ereignis von Leben, Tod und Wiedergeburt am Himmel, wie sie es für alle Wesen auf der Erde annahmen. Insbesondere galt dies für den Mond, der zudem noch die regelmäßigen Phasen von Wachsen, Vollsein, Schwinden und Wiederkehr zeigt, was für sie dieselbe Wandlung vom Leben zum Tod und wieder zum Leben bedeutete. Mond und Sonne waren für sie ebenfalls göttliche Wesen, die aus dem Schoß der Erdmutter oder Himmelsmutter regelmäßig wiedergeboren wurden. Viele Ursprungsmythen von matriarchalen Völkern heute zeigen es noch, und sie betonen die Weiblichkeit dieser Gestirne. So hat in den Mythen des Alten Amerika insbesondere die Mondgöttin die größte Bedeutung für sie, und in den Mythen Ostasiens ist es die Sonnengöttin.[583]

Hinweise auf die uralte Verehrung des Mondes beginnen schon in der Altsteinzeit mit den Frauendarstellungen, die mit Kuh- oder Stierhörnern verbunden sind, was sich reich in der Jungsteinzeit mit Bukranien, Stierplastiken und stierförmigen Gefä-

---

[581] Beispiele sind: die „Bundo Kanduang", die vergöttlichte Ahnfrau der Minangkabau in Sumatra; die „Ka Meikha", die mythische Urmutter aller Khasi in Nordostindien; die „kLu mo" der Tibeter, uralte Muttergöttinnen, die in der Ahnenverehrung eine Rolle spielen; die „Matrikas" in Nepal, zu denen auch die älteste, bäuerliche Version der Göttin Kali gehört; die „Ammas" in Südindien, Sippen- und Dorfgöttinnen der indigenen Parayan in Kerala, die wie die Khasi Megalithsteine für sie errichteten. Vgl. zu Sumatra: Peggy Reeves Sanday: *Women at the Center. Life in a Modern Matriarchy*, Ithaca-New York 2002, Cornell University Press; vgl. zu den anderen: Göttner-Abendroth: *Das Matriarchat II,1*, Kap. 1.3 (zu Nordostindien), 3.2 (zu Tibet), 2.2 (zu Nepal), und *Das Matriarchat II,2*, Kap. 5.2, S. 147–148 (zu Südindien).
[582] Dieser patriarchal-religiöse Ausschließlichkeitsanspruch mag der Grund für das Missverständnis sein, dass ältere Archäologen die Idee von der einen Großen Muttergöttin für das Neolithikum aufbrachten, was aus demselben Missverständnis heute pauschal abgelehnt wird.
[583] Vgl. die „Mondmutter Amana" (Arawak, Südamerika) und „Unsere Großmutter Mond" (Irokesen, Nordamerika) in: Göttner-Abendroth *Das Matriarchat II,2*, Kap. 1.1, S. 24–26, und Kap. 4.3, S. 125–126; für die Sonnengöttinnen Ostasiens *Das Matriarchat II,1*, Kap. 6.2, S.123–126 (Amaterasu in Japan), analog bei den Khasi (Nordostindien) und den Miao (Südchina).

ßen fortsetzt. Die sichtbaren drei Mondphasen: zunehmend, voll, abnehmend, wurden zum Zeitmesser, nach ihm wurde der Mondkalender schon sehr früh entwickelt. Neolithische Kunstwerke zeigen Stierköpfe mit Sternen an den Hörnern, noch in späteren Kulturen wurden Stierfiguren mit Mondsicheln auf den Flanken dargestellt.[584]

Der Mond galt als die Göttin der Wandlung schlechthin, die als Dreifaltige gedacht wurde. Das weibliche Dreieck, die dreifache Spirale, die dreieckige Axt und die Doppelaxt sind abstrakte Symbole für sie, ebenso die drei Farben Weiß, Rot, Schwarz, die auf neolithischer Keramik vor allen anderen Farben dominieren. Das Symbol der Axt und Doppelaxt war in ganz Europa verbreitet. Ihre gebogenen Schneiden, einfach oder zweifach, symbolisieren die Mondsicheln und waren damit ein Zeichen für die Wandlung von Leben-Tod-Wiedergeburt. Als Kultaxt kommt sie in dieser Bedeutung in Tempeln, auf Menhiren und zahlreichen Megalithgräbern in Stein graviert vor, ebenso fand man sie als glatt polierte Gegenstände aus kostbarem Stein, auch in Miniaturformat. Kultäxte waren nie als Arbeitsgerät gedacht, stattdessen fand man grobe Arbeitsäxte in erheblich geringerer Zahl in den Häusern. Am schönsten ausgearbeitet enthält die kretische Doppelaxt als Kultgerät diese Mond-Symbolik (Abb. 26).[585]

Die Sonne galt im Neolithikum wegen ihrer lebensspendenden Kräfte ebenfalls als Göttin. Die astronomisch orientierten Steinkreise richten sich auf sie, denn von ihren Bewegungen wurden die Haupt-Himmelsrichtungen abgeleitet. Diesen Himmelsrichtungen folgen die Sichtlinien zwischen den Kultplätzen, die zu Kultlinien und frühesten Überlandwegen wurden.[586] Die neolithischen Symbole für die Sonne sind Spiralen oder konzentrische Kreise um ein Schälchen in der Mitte, die man überall in Steinplatten eingeritzt fand.[587] Vermutlich dienten diese Kreisritzungen als kleine Sonnenuhren. Davon wurde das Motiv der Augen abgeleitet, das doppelt als konzentrische Spirale erscheint, z.B. auf den Tempeln von Malta und in Felsengräbern auf Sizilien. „Auge" und „Sonne" ist in manchen Sprachen linguistisch gleichbedeutend.[588] Das Auge der Sonnengöttin schenkt Licht, was in den Gräbern ein Hoffungszeichen darstellt, und es bedeutet wachsamen Schutz, was dieses allgemein verbreitete Augenmotiv so beliebt machte. Wegen seiner Hörner, die als eine doppelte Spirale geformt sind, wurde der Widder als Sonnentier betrachtet, wie neolithische Abbildungen zeigen.[589] Bis heute ist das Sternbild „Widder" das Symbol des Frühlingsanfangs mit der aufsteigenden Sonne. Ein weiteres Sonnensymbol ist der Strahlenkranz, den

---

[584] Z.B. abstrakte Stierkopf-Frauen-Gestalt mit Sternen (Ägypten); Tonstier mit Dreieck auf dem Kopf und Mondsicheln auf den Flanken (Phaistos, Minoische Kultur, Kreta); Apisstier mit Dreieck auf der Stirn, Vollmond auf dem Kopf und Mondsicheln an den Flanken (Saïtische Epoche, Ägypten).

[585] Mit der kretischen Doppelaxt war auch das Symbol des Schmetterlings verbunden, beides Chiffren für die Wandlung von Tod zur Wiedergeburt. Vgl. Gimbutas: *Zivilisation*, S. 268–269, 336.

[586] Vgl. zu diesen Linien, mit deren Hilfe man ganze Landschaftstempel schuf, Göttner-Abendroth: *Matriarchale Landschaftsmythologie*; dieselbe: *Berggöttinnen der Alpen*.

[587] Ein Beispiel für die Sonnen-Spirale ist das Triskel im Grab von New Grange (Irland); zwei Beispiele von Tausenden für konzentrische Kreise dieser Art sind die Felsen der Carschenna (Ostschweiz) und bei Loughcrew (Irland).

[588] Gimbutas: *Sprache*, S. 58–60.

[589] Ebd.

Kultur und Religion der Jungsteinzeit in Europa: Ahnmütter und Göttinnen

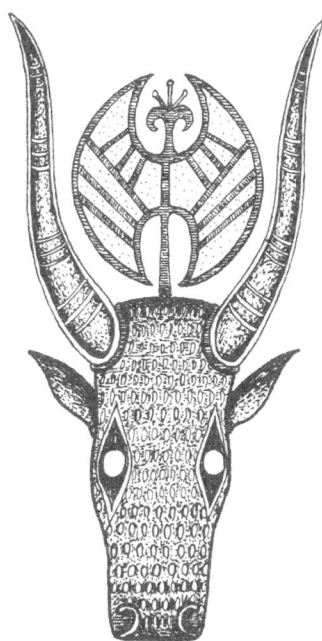

Abb. 26: Symbol der kretischen Doppelaxt zwischen den Hörnern eines Stierkopfes. Diese Doppelaxt stellt zugleich einen stilisierten Schmetterling dar. (Minoische Kultur, Kreta) (aus: Marija Gimbutas: Die Zivilisation der Göttin, S. 247)

z.B. einzelne Ahninnen auf der „Mütterwand" vom Bodensee und eine weibliche Steinstele von Sion (Schweiz) tragen.[590]

Figurinen und die Dreifache Göttin

Einen heißen Streit unter Archäologen, der bis heute nicht beendet ist, gab es um die Interpretation von Tausenden kleiner, weiblicher Figurinen und Statuetten. Mittlerweile hat sich in weitgehender Übereinstimmung die Auffassung gebildet, dass sie Ahnenfiguren sind. Wenn aber menschenförmige Menhire und Stelen, auch die Gemälde in Kulthäusern vergöttlichte Ahninnen darstellen, dann ist nicht verständlich, weshalb die Figurinen nicht auch vergöttlichte Wesen symbolisieren sollen. Denn sie sind das kleine, transportable Gegenstück zu den kolossalen Gestalten am Grab oder im Kulthaus und Tempel.

Um ihren religiösen Charakter zu verneinen wurde die seltsame Hypothese vorgebracht, dass ihre besonderen Eigenschaften und die Zeichen, die auf ihnen angebracht sind, nichts weiter als „Kleidermoden" ohne jede sakrale Bedeutung sind.[591] Das steht im Widerspruch dazu, dass die Figuren als Ahninnen und Ahnen, also nicht

---

[590] An dieser neolithischen Symbolik wird deutlich, dass das Sonnensymbol keineswegs erst mit den Indoeuropäern erschien, sondern dass es bereits zu den alteingesessenen, vor-indoeuropäischen Kulturen gehört.
[591] Lüning: *Bandkeramiker*, S. 206–220.

als gewöhnliche Personen, anerkannt werden. Dennoch wurden bei einer Ausstellung zur Kultur der LBK die bandartigen Ornamente auf den Körpern der Figurinen als „Kleidungsstücke" und die Muster auf ihren Köpfen als „Frisurmoden" von Archäologie-Studierenden in einer „Modeschau" breit inszeniert.[592] Der Initiator dieser Ausstellung schreibt jedoch selbst zu diesen von Westasien bis Europa vorkommenden Figurinen: „Überall sind sie nackt, teilweise mit symbolischer Verzierung abgebildet."[593] Aber nur bei der mitteleuropäischen LBK-Kultur sollen sie bekleidet sein – war es den Ahninnen hier etwa zu kalt? Und warum sollen sie hier ausnahmslos Hosen tragen, denn die Beine wurden durch eine Ritzung deutlich getrennt dargestellt – gab es weibliche Hosenmode schon in der neolithischen Anderswelt?[594]

Dieser Versuch zur Banalisierung der Figurinen musste missglücken, weil die Statuetten keine Realitätsnähe zeigen, wie es bei der Wiedergabe damaliger Bekleidung zu erwarten wäre. Außerdem kommen dieselben bandartigen Ornamente auf Gefäßen und Tierfiguren vor, die kaum Kleider tragen. Man versuchte die Kleider-Hypothese zu retten, indem man die angebliche „Kleidung" zur Ritualtracht von Priesterinnen und Priestern erklärte.[595] Das hebt aber die Frage nach der Bedeutung der Muster nicht auf, denn Religionsrepräsentanten tragen in der Regel hochsymbolische Gewänder und keine „Mode".

Eine andere Interpretation nimmt den religiösen Charakter der Figurinen ernst.[596] Hier werden die symbolischen Zeichen und Muster auf den menschlichen und tierischen Figuren und Gefäßen im gesamten Bereich, wo sie gefunden wurden: Westasien, Südosteuropa, Mitteleuropa, Südeuropa bis Malta und Sardinien, als Chiffren für das religiöse Weltbild der Jungsteinzeit gelesen. Das entspricht ihren religiösen Fundplätzen, nämlich Gräbern und Altären im Tempel und im Haus.

Von den symbolischen Ornamenten auf Figurinen sind die Schriftzeichen zu unterscheiden, die man auf Tontafeln und Kultobjekten aus der frühen Vinča-Kultur gefunden hat (6. Jt.). Sie zeigen eine klare Systematik der Zeichenformung, obwohl sie als Schrift noch nicht entziffert worden sind. Diese Schrift aus den Donaukulturen datiert erheblich früher als die Keilschrift Mesopotamiens, die Hieroglyphen Ägyp-

---

[592] Freilicht-Ausstellung bei Heppenheim am Odenwald (Hessen/Deutschland)
[593] Lüning: *Bandkeramiker*, S. 206.
[594] A.a.O., S. 208. – Geradezu grotesk wird es bei den einzelnen „Mode"-Beispielen: 1. Frau in einem „Gewand mit spitzem Ausschnitt" – jedoch zeigt die entsprechende Figur drei V-förmige Zeichen am Hals und ebensolche auf dem Rücken (vgl. Abb. 25 b); 2. Frau mit „Hinterkopf-Lockenfrisur" – aber das kleine Original trägt einen Vogelkopf und ist kein realistisches Abbild, was nicht zu dem „Lockenköpfchen" passt; 3. Mann mit „Rundhut" – jedoch hat die Original-Figur Symbole auf dem Rücken und sogar auf dem „Hut"; 4. Mann mit einem großen, weiblichen Dreieck auf dem Unterkörper – die damit nachgebildete, neolithische Figur ist also gar nicht männlich, denn Männer haben kein weibliches Schoßdreieck! Vgl. die Abbildungen bei Lüning, a.a.O.: Abb. 35/36 (Figur aus Westungarn); Abb. 51 (Figur aus der Slowakei); weitere sog. „Lockenköpfchen"-Figuren aus Sachsen-Anhalt, Hessen und Ungarn trotz Vogelkopf (Abb. 378, 384/385, 386); Abb. 415 (Figur aus Tschechien), Abb. 464 (Figur aus Thüringen). – Siehe auch Lüning, in: *Die ältesten Monumente*, S. 185–189.
[595] Lüning: *Bandkeramiker*, S. 220.
[596] Gimbutas: *Sprache*. – Hier wird eine detaillierte Symbolanalyse gegeben. Die „modische" Banalisierung der Bedeutung der Figurinen ist wesentlich gegen diese Interpretation von Gimbutas gerichtet.

tens und Kretas und die Schrift der Induskultur.[597] Sie ist aber nicht die erste Schrift überhaupt, denn zeitlich noch früher datieren die Zeichentäfelchen in Ostanatolien.[598] Das schließt nicht aus, dass systematische Schriftzeichen in verschiedenen Kulturen unabhängig voneinander und in verschiedenen Stilen entwickelt worden sind. Bei sakralen Kulturen ist Schrift immer „heilige Schrift", denn sie war schon in ihrem Anfang seit der Altsteinzeit religiösen Inhalten gewidmet.

Das religiöse Weltbild, das sich aus den jungsteinzeitlichen symbolischen Ornamenten erschließen lässt, dreht sich um die zyklischen Ereignisse von Lebensschöpfung, Lebenserhaltung, Tod und Wiedergeburt, die vom Weiblichen, das als göttlich verehrt wurde, abhängen. Deshalb wurde eine Interpretation vorgebracht, nach der die Figurinen Göttinnen mit folgenden verschiedenen Kräften darstellen:[599]

Zuerst wird die Göttin als „Lebensspenderin" beschrieben, die alles parthenogen, d.h. ohne männliche Mithilfe, aus sich hervorbringt. Sie galt als die Herrin der wilden Natur, der Berge, Steine, Gewässer, Wälder, Tiere, ebenso als Hüterin der Heilquellen, aus denen sie Gesundheit schenkt. Sie wurde als Vogelgöttin dargestellt, besonders als Wasservogel, erscheint aber auch als wilde Tiere wie Bärin und Hirschkuh. Ihre Symbole sind Brüste, Vulva und Geburt, ihr heiliges Tier der Widder, in Westasien Katzentiere wie Panther, Leoparden, Löwin/Löwe. Sie bringt das Licht der Sonne oben am Himmel oder in ihrem Schiff übers Meer zurück. – Zweitens wird die Göttin als die sich aus sich selbst erneuernde, ewige Mutter Erde beschrieben. Sie ist die schwangere Göttin, in deren üppigem Leib das Leben ruht und daraus wieder hervorkommt, was die Architektur der Gräber als Symbol des Mutterschoßes deutlich zeigt. Sie war in der Altsteinzeit die Mutter der wilden Pflanzen, in der Jungsteinzeit die der kultivierten Pflanzen, insbesondere der Feldfrüchte und wurde so zur Göttin des Getreides und Brotes. Ihre Figurinen fanden sich häufig neben den Backöfen. Ihr heiliges Tier ist das fruchtbare Schwein. Als „Mutter Erde" genoss sie höchste Verehrung von frühesten bis in sehr späte Epochen. – Zuletzt wird die Göttin als Bringerin von Tod und Wiedergeburt beschrieben. Sie wurde als diejenige gesehen, die Tod und Wiederkehr, die sich stetig abwechseln, bei Menschen, Tieren und Pflanzen bestimmt. Als Zerstörerin gebietet sie über wilde Naturkräfte wie Stürme, Blitz und Donner. Zugleich zeigt sie das ewige Gesetz des Wandels in den Mondzyklen und im jährlichen Sonnenlauf. Sie erhält die Balance zwischen allen Lebewesen, damit keins seine Grenzen überschreitet. In Westasien wurde sie als Geiergöttin dargestellt, in Europa zusätzlich als Eule oder Rabe, und eine andere ihrer Gestalten ist die Giftschlange. Als ihr heiliges Tier galt der Hund. Man stellte sich ihre Behausung in der Unterwelt vor, in Höhlen, Gräbern und Teichen. Zugleich wurde sie mit Symbolen der

---

[597] Gimbutas: *Zivilisation*, Kap. 8; ferner Joan Marler (Hg.): *The Danube Script. Neo-Eneolithic Writing in Southeastern Europe*, Sibiu/Rumänien und Sebastopol/USA 2008, Brukenthal National Museum und Institute of Archaeomythology; Joan Marler/Miriam Robbins Dexter (Hg.): *Signs of Civilization. Neolithic Symbol System of Southeast Europe*, Novi Sad Branch/Serbien 2009, Serbian Academy of Sciences and Arts und Institute of Archaeomythology/USA.

[598] Siehe den Fund von Jerf el-Ahmar, PPNA, 10. Jt., in: *Die ältesten Monumente*.

[599] Diese Interpretation stammt von Gimbutas: *Sprache*, S. 111 und Kapitel 1–4, 9, 12–15, 19; *Zivilisation*, S. 236–244.

Wiedergeburt verknüpft, denn man fand ihre Abbildung als starre, nackte Figur mit großem, Hoffnung verheißendem Schoßdreieck in Gräbern.[600] –

Für diese Interpretation sprechen außer den symbolischen Zeichen besondere Merkmale der weiblichen Figurinen, die sie aus der normalen Welt herausheben: Köpfe in Vogel- oder Schlangenform oder mit Masken dieser Tiere, Schlangen als Haare und nicht als „Lockenköpfchen"-Frisur,[601] Thronsitze auf wilden Tieren, überdimensionale Brüste oder Vulven, Stiergehörn auf dem Kopf, geflügelte Gestalt als Schmetterling, Biene usw.[602] Die Deutung als „Ahninnen", so richtig sie in vielen Fällen ist, kommt hier an ihre Grenzen. Eine andere Auffassung, dass es sich um „Priesterinnen" handelt, geht auf die Masken zurück, die viele dieser Figurinen sichtbar tragen. Aber das widerspricht nicht der Göttinnen-Interpretation. Im Schamanentum vieler indigener Völker tragen Schamaninnen und Schamanen im Ritual die Masken genau jener Gottheiten, denen sie dienen. Die Menschen glauben, dass in der schamanischen Trance die jeweilige Göttin in die Schamanin fährt und durch sie spricht. In diesem erhöhten Zustand verkörpert sie das göttliche Wesen, sie und die Göttin sind für eine kurze Zeitspanne eins. Das zeigt, dass keine absolute Distanz zwischen Gott und Mensch wie in patriarchalen Religionen besteht, sondern ein Kontinuum zwischen dem Göttlichen und Menschlichen, wie es matriarchale Völker sehen. Denn sie verstehen die gesamte Welt, mit allem, was darin lebt, als von göttlichen Kräften durchwirkt.[603]

In Alt- und Jungsteinzeit und noch lange danach waren die „Priesterinnen" eigentlich Schamaninnen und agierten als leiblich-sinnliche Medien zwischen den göttlichen Kräften und den Menschen, als Heilerinnen in ihren Gemeinschaften und als Hüterinnen der Tradition ihrer Stämme. Denn weibliches Schamanentum ist nichts Spezielles, sondern sehr alt und stellt eine Urform von Religion dar – was man z.B. an der uralten Schamaninnen-Tradition der „Wu" in China, der „Mudang" in Korea und der „Miko" in Japan sehen kann.[604] In diesem Sinne war für die jungsteinzeitlichen Menschen die Göttin immer anwesend, sei es in vergöttlichten Ahnmüttern, sei es im Ritual der Schamaninnen oder sei es in den vielfältigen Naturkräften.

Das macht deutlich, dass die Göttin nicht als eine einzige, monolithische Gestalt verstanden wurde, sondern dass man sie in vielen Erscheinungen und Varianten sah und verehrte. Ihre verschiedenen Gestalten sind durch den Jahres- und Lebenszyklus miteinander verbunden, wobei bereits in der Jungsteinzeit ihre Dreifaltigkeit hervortrat.

Als Dreifache Göttin wurde sie in der Bronzezeit weiterentwickelt: Hier ist sie im ersten Aspekt die jugendliche Spenderin und Erneuerin des Lebens, besonders in der

---

[600] Gimbutas: *Sprache*, Kap. 19. – Die Figur der „Starren Nackten" wird von Gimbutas als „Weiße Göttin des Todes" beschrieben, eine Deutung, der wir nicht folgen: erstens sind diese Figuren keineswegs immer weiß, sondern teilweise kugelrund und bunt bemalt (heterogene Gruppe), zweitens ist die „Weiße Frau" der mittel- und nordeuropäischen Mythologie die Nebel- und Winterfrau, während die Todesgöttin als Schwarze Göttin dargestellt wurde. Diese Kritik wurde publiziert im Magazin *MatriaVal*, Nr. 6 (Frankfurt 2010).
[601] Lüning, *Bandkeramiker*, S. 206.
[602] Figurinen mit solchen Eigenschaften sind reich dokumentiert in: Gimbutas: *Sprache*.
[603] Von christlichen Missionaren wurde diese indigene und zugleich uralte Auffassung vom Göttlichen als „Animismus" diffamiert.
[604] Vgl. Göttner-Abendroth: *Das Matriarchat II,1*, Kap. 4.4 (China), 5.3 (Korea) und 6.1 (Japan).

Vogelgestalt. Als diejenige, die das Licht zurückbringt, wurde sie als eine Erscheinung des Frühlings und des Himmels gesehen. In diesem Sinne ist sie die „Weiße Göttin", die Licht und Leben schenkt und wurde meist mit dem Mond, manchmal auch mit der Sonne verbunden. Beispiele von namentlich bekannten Göttinnen, die ihre Wurzeln in der Jungsteinzeit haben, sind: die keltische Brighde/Brigit, die „Strahlende" und jungfräuliche Lichtbringerin; die keltische Rhiannon-von-den-Vögeln sowie alle Göttinnen, die Vogelgestalt annehmen können; die kretisch-griechische Eileithyia-Artemis, die Geburtshelferin und Herrin der Tiere, die selbst die Gestalt einer Bärin hat; die römische Diana, die Herrin der wilden Natur.[605] – Im zweiten Aspekt erscheint die Göttin als die mütterliche und nährende Erde, die im Sommer die reiche Fruchtbarkeit von Land und Meer entfaltet. Sie ist die Frau voller Saft und Kraft und schenkt Nahrung und Lebensfülle. In diesem Sinne ist sie die „Rote Göttin" in der roten Farbe des Lebens. Göttinnen, die auf sie zurückgehen und deren Namen erst später aufgeschrieben wurden, sind: die griechische Gaia, die kretische Danaë und die in ganz Europa verbreiteten Dana/Ana/Anu-Göttinnen; die mittel- und nordeuropäische Erda/Earth/Nerthus, welche die Sonne und neues Pflanzenleben auf ihrem Schiff oder Kuhwagen wiederbringt; die griechische Demeter, die Getreidegöttin, sowie alle Kornmütter.[606] – Im dritten Aspekt wurde sie als die Göttin des Todes und der Wiedergeburt gesehen. Hier hat sie die Gestalt der furchterregenden Zerstörerin oder der gütigen, weisen Alten. Man dachte sie in der Dunkelheit angesiedelt, in der Nacht oder der Tiefe der Erde, wohin sie im Herbst und Winter die Lebewesen hinabzieht. In diesem Sinne ist sie die „Schwarze Göttin" der Unterwelt oder der Anderswelt auf fernen Inseln im Westen. Dort transformiert sie die Lebewesen, bis sie eine Jahreszeit später sie wieder hinauf ins Licht sendet. Beispiele von namentlich bekannten Göttinnen dieses Typs sind: die griechische, dreiköpfige Hekate mit ihrem Höllenhund, eine uralte Mondgöttin; die russische Baba Yaga als grausige, aber weise Alte; die mitteleuropäische Hel/Holle, die Mutter der Seelen in der Tiefe; die keltische Morrigain/Morgane auf ihrer Anderswelt-Insel Avalon; alle dreifachen Schicksalsgöttinnen wie die griechischen Moiren, römischen Parzen, germanischen Nornen.[607]

In diesem Sinne wurde die Göttin in ihrem Wesen dreifach und zugleich zyklisch gedacht. Sie entspricht den drei Lebensaltern, den drei Jahreszeiten auf der Erde,[608] den drei sichtbaren Mondphasen am Himmel, den drei Zonen der Welt: Himmel, Erde,

---

[605] Die weiße Farbe gehört zu dieser jugendlichen Erneuerin von Licht und Leben und nicht zur Todesgöttin (wie Gimbutas meint, siehe Kommentar dazu in Fußnote 600). Alle diese Göttinnen sind vor-keltisch, vor-griechisch und vor-römisch, aber erst in jenen späteren Kulturen wurden ihre Namen schriftlich festgehalten.

[606] Im zweiten Aspekt ist sie nicht die Schwarze Göttin, denn die Farbe der Erde ist keineswegs immer schwarz, sondern überall verschieden. Auch dass Fruchtbarkeit und Lebensfülle schwarz sein sollen (wie Gimbutas hier erklärt), ist nicht nachvollziehbar.

[607] In diesem Aspekt ist sie die Schwarze Göttin. Schon in Çatal Höyük war die Geiergöttin schwarz (siehe Kap. 3, Abb. 2), diese Farbe für die Todesgöttin ist also uralt. Erdgöttinnen können allerdings mit der Unterweltgöttin verwechselt werden, da der Schoß der Erde auch als dunkel galt. Die Farbe Schwarz bei der Todesgöttin nur der späteren Indoeuropäisierung Europas zuzuschreiben (wie Gimbutas es unternimmt), ist nicht belegt und rein schematisch. Das Problem entsteht bei Gimbutas dadurch, dass sie die Todesgöttin fälschlich als „Weiße" interpretiert (siehe Kommentar in Fußnote 600). Die symbolische Farbe der Göttinnen wurde jedoch während der langen Dauer ihrer Verehrung, auch noch in indoeuropäischen Zeiten, nicht gewechselt.

[608] Herbst und Winter galten in den warmen, südeuropäischen Ländern als nur eine Jahreszeit.

Unterwelt. In der Bronzezeit trat sie dann als dreifaltige Große Göttin, die Herrin von Himmel, Erde und Unterwelt, in Erscheinung und wurde in verschiedenen Kulturen unter verschiedenen Namen verehrt.[609] Diese Vielfalt und doch innere Einheit der Göttin, die sogar patriarchale Zeiten noch lange überdauerte, spricht für ihr hohes Alter. Denn in patriarchalen Gesellschaften werden männliche Götter konzipiert und keine Göttinnen, so dass diese aus früheren, vor-patriarchalen Epochen stammen müssen. Da der Glaube an sie und ihre Verehrung beim einfachen Volk auch in der patriarchalen Epoche nicht ausrottbar waren, wurden weibliche Ersatzgestalten geschaffen. Diese übernahmen die Funktionen und Symbolik der Göttinnen, bei gleichzeitiger Patriarchalisierung des religiösen Inhalts – wie es in Europa durch die christliche Maria und die weiblichen Heiligen geschah. –

Die Ergebnisse dieses Kapitels seien hier zusammengefasst.

- *Allgemein*: Der Reichtum der hochentwickelten Kulturen in den verschiedenen Regionen Europas und die Vielfalt der Tätigkeiten, die ausgeübt wurden, zeigen eine außerordentliche Erfindungsgabe und Geschicklichkeit der jungsteinzeitlichen Menschen. Ebenso setzen die großen Erdbauwerke und die Megalitharchitektur jener Epoche *stabile Traditionen* und gute Organisation voraus. Hier fällt die enorme *Bevölkerungszunahme* in der Jungsteinzeit ins Gewicht. Manche Siedlungen wuchsen zur Größe und Differenziertheit von *Städten mit frühester Hochkultur* in Europa heran.
- *Die ökonomische Ebene*: Die jungsteinzeitliche Gesellschaft Europas empfing *das „neolithische Paket"* mit Feldbau und Haustierzucht, Weberei, Keramik und Kunst aus Westasien und entwickelte es in den folgenden Jahrtausenden eigenständig weiter. Die Menschen waren mit ihren Booten sehr beweglich auf den Flüssen und dem Meer unterwegs, was zur raschen Ausbreitung der jungsteinzeitlichen Lebensweise in Europa beitrug. Die Frauen hatten die vielfältige, autarke *Subsistenzwirtschaft* in der Hand, die Männer waren mit dem Bau von Gemeinschaftshäusern, Tempeln, Henges und Megalithanlagen sowie der Metallurgie beschäftigt. Die *Kupfermetallurgie* war besonders in Südosteuropa mit Bergbau und Verarbeitung außerordentlich reich. Kupfergegenstände gehörten neben anderen zu den *Luxusgütern*, sie dienten im Kult und verliehen Prestige, wurden auch als Geschenke weitergereicht, was die Regionen freundschaftlich untereinander verband, aber nicht voneinander abhängig machte. Trotz der technischen Spezialisierung wurde die *gleiche Verteilung der Güter* praktiziert, es konnte keine Gruppe die Güter monopolisieren. Die Ökonomie war daher eine *Ausgleichsökonomie*. Es gab keine Kriege, jedoch vereinzelt Fehden in Zeiten von ökologischem Druck. Erfindungen sind: Pflüge, Rindergespanne, auch Rad und Wagen (vgl. dazu Kap. 5.1).

---

[609] Ich habe die Aspekte und Gestalten der Dreifachen Göttin, ihre Funktionen und Attribute durch eine Analyse ihrer später aufgeschriebenen Mythologien dargestellt, besonders anhand ihrer Symbolik, die seit der Jungsteinzeit eine erstaunliche Kontinuität aufweist. Meine Analyse umfasst den gesamten Kulturraum von Indien, Westasien, Mittelmeerraum und Europa. Vgl. Göttner-Abendroth: *Die Göttin und ihr Heros*, Teil I. Diese Analyse wurde zuerst 1980 veröffentlicht (in Englisch 1989), und zwar unabhängig von Gimbutas' späterer Interpretation der neolithischen Figurinen.

- *Die soziale Ebene:* Auch im jungsteinzeitlichen Europa konnte trotz wachsender Arbeitsteilung und Komplexität der sozialen Muster keine Hierarchisierung der Gesellschaft durch „Große Männer" und „Eliten" festgestellt werden. Die Gesellschaften waren egalitär, was mit dem Erscheinungsbild der neolithischen Häuser und Siedlungen sowie mit den Funden in den Gräbern übereinstimmt. Frauen und Männer hatten je eigene Aktionsbereiche, die gleichwertig aufeinander bezogen waren, es bestand *komplementäre Egalität* zwischen den Geschlechtern. Die Clans waren durch die *Genealogie in der Mutterlinie (Matrilinearität)* strukturiert, die mit *Matrilokalität* einherging. Älteste Frauen genossen als Clanmütter höchste Achtung, an ihrer Seite standen sehr geachtete, älteste Mutterbrüder als Vertreter der Clans nach außen. Clanbündnisse führten zur Bildung einer *Verwandtschaftsgesellschaft*. Die Großbauten waren nicht das Ergebnis von Organisation durch Eliten, sondern von Gemeinschaftsarbeit in Selbstorganisation der Clans; sie dienten dem *Zusammenhalt und der religiösen Identität* der lokalen oder regionalen Gemeinschaften.
- *Die Ebene von Kultur und Religion:* Die Menschen entfalteten die *Wiedergeburtsreligion* weiter, die schon in der Altsteinzeit in Europa fest verankert war. Sie widmeten ihr während der Jungsteinzeit imposante Großbauten: Kulthäuser, Tempel, Kreisgrabenanlagen und Megalithbauwerke. Zugleich gab es eine vielfältige Kleinkunst aus Figurinen und Kultgegenständen in den Händen von Frauen; die Symbolik auf diesen Gegenständen kreist um dasselbe Thema von *Leben, Tod und Wiedergeburt*. In der Wiedergeburtsreligion steht die Frau im Zentrum, sie galt als die Wiedergebärerin der Verstorbenen der Sippe, die als *Ahninnen und Ahnen Verehrung* genossen. Erste Ahnfrauen und Sippenmütter wurden zu *Göttinnen vom Typus der Muttergöttin*. *Die Erde galt als Urmutter*, in deren Schoß die Verstorbenen gebettet wurden. Weibliche Landschaftszüge wurden symbolisch verstanden und sakralisiert (sakrale Landschaft). Die Gestirne *Mond und Sonne* wurden ebenfalls als göttlich-weibliche Kräfte betrachtet: Mondgöttin und Sonnengöttin. Es lassen sich drei Aspekte bei Göttinnen hinsichtlich ihrer Funktionen und Symbolik erkennen: die *Weiße Göttin* des Beginns als Lebensschöpferin (erster Aspekt); die mütterliche, nährende *Rote Göttin* als Trägerin des Lebens (zweiter Aspekt); die *Schwarze Göttin* des Lebensendes und der Transformation von Tod zu Wiedergeburt (dritter Aspekt). Diese Aspekte sind nicht voneinander getrennt, sondern durch den Lebenszyklus in der *dreifaltigen Göttin* miteinander verbunden. Die Vorstellung von der Dreifaltigkeit der Göttin, die in der Jungsteinzeit entwickelt wurde, führte zur dreifachen Großen Göttin von Himmel Erde und Unterwelt in der Bronzezeit.

Definition: Mit den oben genannten Eigenschaften auf der ökonomischen, sozialen und kulturellen Ebene zeigen die jungsteinzeitlichen Gemeinschaften in Europa die klassisch *matriarchale Gesellschaftsform*. Sie trat hier über Jahrtausende vollgültig in Erscheinung.

Kapitel 5:
Bronzezeit in der eurasischen Steppe.
Die Entstehung frühpatriarchaler Gesellschaften und weiblichen Widerstands

Die Entwicklung in den eurasischen Steppen führte in der Bronzezeit in Westasien zu erheblichen Umwälzungen. Dabei begannen die Veränderungen in den Steppen-Gesellschaften schon in der Jungsteinzeit und wurden in den benachbarten Kulturgebieten spürbar. In Kleinasien mit seiner sehr alten matriarchalen Geschichte entwickelte sich eine besondere Situation, die wir näher beleuchten wollen. Denn hier formierte sich weiblicher Widerstand gegen das frühe Patriarchat in Gestalt der Amazonen.

5.1. Gesellschaften der eurasischen Steppe.
Die Entstehung von Nomadentum und früher Herrschaft

Zeittafel Steppenkulturen

7. bis 5. Jt.:	Jungsteinzeit (Neolithikum)
Ab 6. Jt.:	Zunehmende Austrocknung der Steppe
Ab 5. Jt.:	Hirtenkulturen mit Domestikation des Pferdes am Ural-Gebirge
Ab Mitte 5. Jt.:	Hirtenkrieger-Kulturen im gesamten Steppengebiet (frühe Indoeuropäer)
Im 4. Jt.:	Kupfersteinzeit im westlichen Teil der eurasischen Steppe
Ab 3.400:	Hirtenkrieger als Halbnomaden mit Wagen in der Steppe
Ab 3.400/3.200:	Frühe Bronzezeit im westlichen Teil der eurasischen Steppe
Ab 2.800/2.600:	Mittlere Bronzezeit, Hirtenkrieger als Nomaden
Ab 2.200/2.000:	Späte Bronzezeit, Entwicklung des Streitwagens
Ab 1900/1800:	Ausdehnung von Hirtenkrieger-Kulturen mit Streitwagen über die gesamte eurasische Steppe

Jungsteinzeitliche Kulturen in der Steppe

Die Steppen Eurasiens stellen einen breiten Gürtel offenen Graslandes dar, der nördlich den riesigen Waldgebieten Sibiriens und Nordeuropas und südlich von den endlosen Gebirgsketten West- und Zentralasiens begrenzt wird. Er reicht über Tausende von Kilometern von der Ukraine und Südrussland über die Kasachensteppe bis zur Mongolei und Nordchina. Zwei Übergangszonen begleiten ihn: an seinem nörd-

224 Kapitel 5: Bronzezeit in der eurasischen Steppe

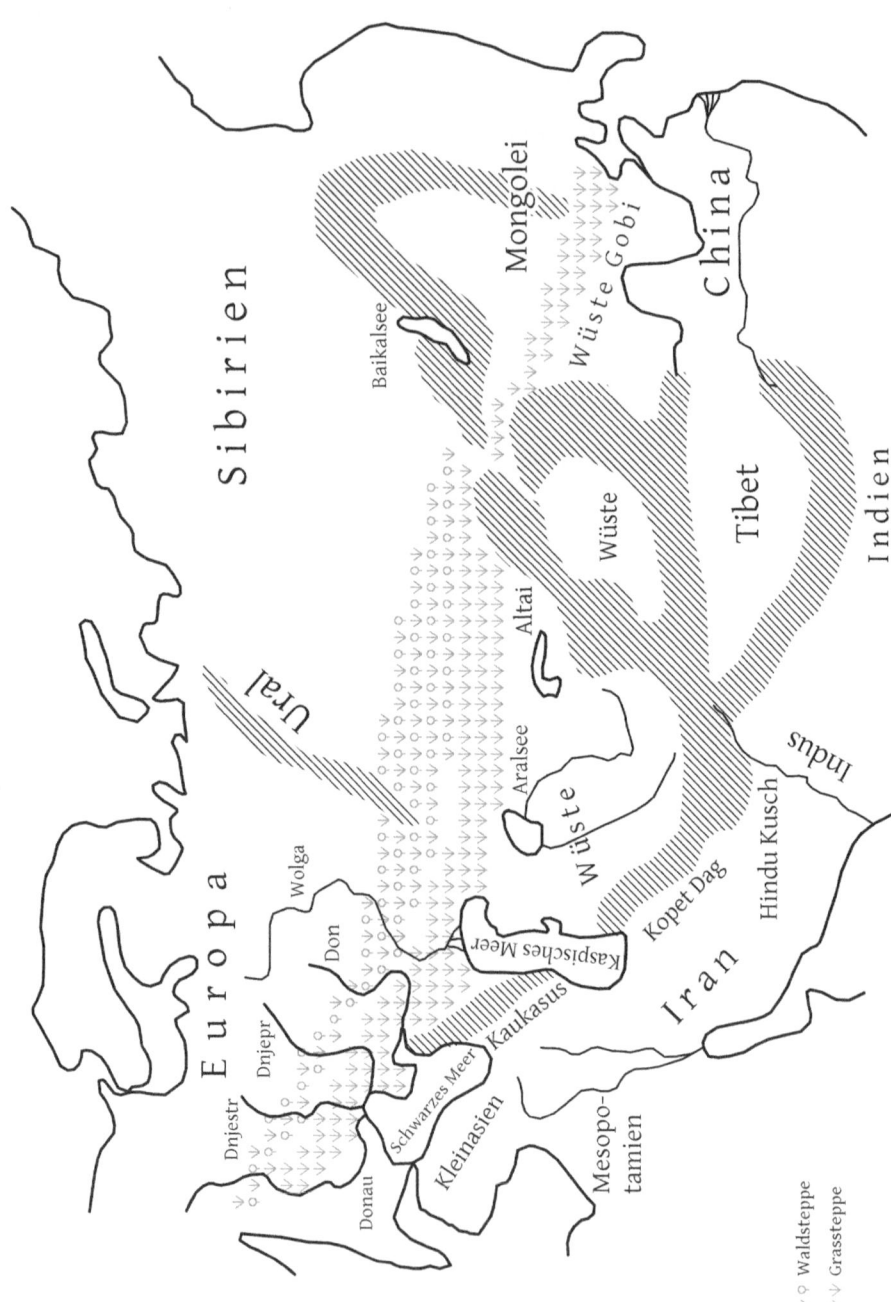

Karte 1: Der Steppengürtel Eurasiens

lichen Rand die Waldsteppe mit ihrem lichten Baumbestand, welche die Graslandsteppe günstig ergänzt, und an seinem südlichen Rand die lebensfeindlichen Wüsten, die sich zwischen den Gebirgszügen und der Steppe ausbreiten (Karte 1 von Kap. 5).

Man hat diesen Graslandgürtel den „Steppenschnellweg" genannt.[610] Denn in späteren Epochen nutzten ihn die Reitervölker der Steppe, um Güter im Fernhandel zwischen Ost und West zu transportieren, um ausgedehnte, wechselnde Reiche zu schaffen und um gelegentlich in China und Europa einzufallen. Er bot eine Route, die über Jahrtausende erheblich schneller war als der weite, umständliche Seeweg von Europa nach Ostasien, der erst in geschichtlich neuerer Zeit erschlossen wurde. Die Offenheit des Graslandes kam diesen Völkern zu Hilfe, auch wenn sie hier einem kontinentalen Extremklima mit winterlicher Eiseskälte und sommerlicher Gluthitze ausgesetzt waren.

Die Empfindlichkeit der Steppe gegen Klimaschwankungen wirkte sich in der Frühgeschichte einschneidend aus, denn in den letzten 5000 Jahren waren die Wechsel zwischen warmen, feuchten Perioden und kalten, trockenen Phasen häufig. So hatte die zunehmende Austrocknung, die auch von den feuchteren Zwischenperioden nicht aufgehalten werden konnte, erhebliche gesellschaftliche Folgen. In der Graslandsteppe war diese Situation für die Menschen am prekärsten und stellte sie vor große Herausforderungen.[611] Solche Klimaschwankungen sind im ausgedehnten Waldgebiet Sibiriens, der „Taiga", am wenigsten spürbar, da der Wald seinen Wasserhaushalt ausgleichen und konstant halten kann. Dort war die klimatische Herausforderung für die Menschen viel geringer, so dass sie noch bis in die Neuzeit in ihrer mesolithischen Jagd- und Sammel-Ökonomie, bereichert durch Fischfang, verharren konnten, während sich die Verhältnisse in der Steppe dramatisch wandelten.

Bevor die unaufhaltsame Austrocknung des Steppengürtels Eurasiens im 6. Jt. begann, war er in der Wärmeperiode der frühen Jungsteinzeit wasserreicher. Unter diesen günstigen Bedingungen entwickelte sich die Neolithisierung der Steppen, und ein Reichtum an Kulturen entstand, die von den südlichen und westlichen matriarchalen Kulturen abstammten (Migration) oder beeinflusst waren (Akkulturation). Sie besaßen die neolithische Ökonomie mit festen Siedlungen, Haustierzucht und mehr oder weniger Feldbau mit Getreide.

So entstanden ab Mitte des 7. Jt. in den westasiatischen Steppen mehrere volkreiche Kulturen, besonders am Nordrand des Kopet-Dag-Gebirges im südlichen Turkmenistan, wo kleine Wasserläufe von den Bergen herunterflossen (Karte 1 von Kap. 5, für alle hier genannten Regionen).[612] Diese Kulturen nahmen ihren Ausgang von neolithischen Siedlungen im Iranischen Hochland, die ihrerseits von den Kulturen des Fruchtbaren Halbmonds stammten. Sie besaßen große Tellsiedlungen mit Tempeln, was von langanhaltender Sesshaftigkeit zeugt, und trugen damit dasselbe Gepräge wie die hochentwickelten Kulturen des Fruchtbaren Halbmonds (vgl. Kap. 3).[613]

---

[610] Begriff von Ian Morris: *Wer regiert die Welt? Warum Zivilisationen herrschen oder beherrscht werden*, Frankfurt-New York 2011, Campus Verlag (original in Englisch, New York 2010).
[611] Zur Geschichte der Steppenvölker siehe Burchard Brentjes: *Die Ahnen Dschingis-Chans*, Berlin 1988, VEB Deutscher Verlag der Wissenschaften.
[612] Zum Beispiel die Džejtun-Kultur, 7.-5. Jt.; Parzinger: *Die Kinder des Prometheus*, S. 427 ff.
[613] A.a.O., S. 438–441; ebenso Hermann Parzinger: *Die frühen Völker Eurasiens*, München 2006, Beck Verlag, S. 142 ff.; Brentjes, S. 36–37.

Von ihnen gingen neolithische Einflüsse auf ihre nördlicheren Nachbarn aus, die noch die mesolithische Lebensweise besaßen. Durch Akkulturation entwickelte sich in der westasiatischen Steppe um den Aralsee bis zum östlichen Kaspischen Meer eine Kultur, die Eigenschaften beider Kulturepochen vereinte, denn neben der Jagd wurde auch etwas Haustierzucht mit Feldbau gepflegt.[614] Ihre Siedlungen lagen an Flussläufen und Seen, und rechteckige, große Häuser weisen auf ein Leben in Clans hin. Die Gräberfunde zeigen, dass die Sozialordnung egalitär war – was auch hier auf eine matriarchale Sippengesellschaft hinweist. Ähnlich liegen die Verhältnisse in den osteuropäischen Steppen, die sich nördlich des Kaukasus (Südrussland) und nördlich des Schwarzen Meeres (Ukraine) ausbreiten. Nördlich des Kaukasus bis zur Wolgamündung ins Kaspische Meer blühte eine Kultur, die von den neolithischen Kulturen im südlichen Kaukasus beeinflusst war, die ihrerseits von den matriarchalen Kulturen aus Südost-Anatolien stammten.[615]

Es folgten nach Westen hin Kulturen, die nicht von den alten, kulturellen Regionen des Fruchtbaren Halbmonds beeinflusst waren, sondern von den westlich gelegenen, jüngeren Donaukulturen auf dem Balkan. So blühten zwei Kulturen im Mündungsbereich des Don ins Schwarze Meer (Asowsches Meer),[616] und zwischen den Mündungen der beiden Flüsse Bug und Dnjestr ins Schwarze Meer entwickelte sich die Bug-Dnjestr-Kultur (7.-5. Jt.). Sie standen mit den südosteuropäischen, matriarchalen Donaukulturen in Kontakt, von denen sie die jungsteinzeitliche Lebensweise übernahmen.[617] Nördlich davon, vom Dnjepr bis zum Don, nahm die Dnjepr-Donez-Kultur ein großes Gebiet in der Steppe und Waldsteppe ein (Mitte 6. Jt.), wo die Menschen an den Flussläufen siedelten. Auch sie gingen, beeinflusst von den südosteuropäischen Nachbarn, zur neolithischen Ökonomie über. Wie in allen diesen Kulturen zeigen auch hier die Gemeinschaftsgräber eine egalitäre Sozialordnung.[618] Dennoch blieb eine gewisse Abgrenzung gegenüber den Donaukulturen bestehen, was auf ethnische und sprachliche Verschiedenheit hinweist.

Auf diese Weise entfalteten sich neolithische Kulturen in den Steppen, die eine breite Zone nördlich der Gebirge und des Schwarzen Meeres einnahmen. Sie besaßen wie ihre südlichen und westlichen urbanen Nachbarkulturen, von denen sie stammten oder beeinflusst waren, die egalitäre, matriarchale Gesellschaftsordnung jener Zeit. Patriarchale Muster waren nirgends vorhanden, sie sollten sich durch bestimmte Umstände erst entwickeln. Dabei spielte die Tierzucht eine besondere Rolle, die von den neolithischen Kulturen des Fruchtbaren Halbmonds ausgehend schließlich in den nordöstlich gelegenen Waldsteppe-Kulturen ankam, bis sie im 5. Jt. auch in der Steppe um das Ural-Gebirge übernommen wurde.[619]

---

[614] Kelteminar-Kultur, 7.-4. Jt.; vgl. Parzinger: *Die Kinder*, S. 448–449.
[615] Seroglasov-Kultur, frühes 7. Jt.; a.a.O., S. 388.
[616] Rakušečnyj-Jar Kultur und Sursker Kultur, Mitte des 7. Jt.; ebd.
[617] A.a.O., S. 384–385; David W. Anthony: *The Horse, the Wheel, and Language. How Bronze Age Riders from the Eurasian Steppes shaped the Modern World*, Princeton & Oxford 2007, Princeton University, S. 149–154.
[618] Parzinger: *Die Kinder*, S. 385–386; Anthony, S. 175–177.
[619] Anthony, S. 174.

Neue Ökonomie: Herden und Pferde

Ab dem 6. Jt. ging die günstige Periode in den Steppen durch rapide Austrocknung erstmals zu Ende, was sich drastisch in der Grassteppe und etwas langsamer in der Waldsteppe auswirkte. Die neolithischen Völker mit Dauersiedlungen in diesen Zonen gerieten in Bedrängnis, der Boden unter ihren Füßen wurde zunehmend unfruchtbar, Flussläufe versiegten, Seen schrumpften oder verschwanden ganz und hinterließen salzige, rissige Flächen. Wie viele Siedlungsgemeinschaften dabei zugrunde gegangen sind, wissen wir nicht. Andere suchten verschiedene Antworten auf die schleichende Katastrophe, aber nur diejenigen, die neue Lösungen fanden, führten die Geschichte weiter. Das Ergebnis waren tiefgreifende Veränderungen ab Mitte des 5. Jt., die eine vollständige Umwälzung der ökonomischen und sozialen Verhältnisse brachten.

Eine erste Antwort war die Intensivierung der Jagd (Sekundärjäger), die aber Grenzen hatte, denn die Artenvielfalt an Großtieren wie noch in der Altsteinzeit gab es nicht mehr. So hielt man sich an die Wildpferde, von denen sich riesige Herden in den eurasischen Steppen tummelten.[620] Die Jagd auf Wildpferde war den Menschen seit der Altsteinzeit vertraut, sie kannten seit langem das Verhalten dieser Tiere. Eine zweite Antwort war die Erweiterung der kleinen Gruppen von Haustieren zu großen Herden von Schafen, Ziegen und Rindern, um auf diese Weise das Nahrungsangebot zu sichern. Aber die Haltung großer Herden verlangte eine erhöhte Mobilität, denn sie ließen sich nicht mehr zu Fuß zusammenhalten. Zudem mussten nun ausgedehnte Wanderungen unternommen werden, um neue Weiden für die vielen Tiere zu finden. Darum war eine dritte Antwort die Domestikation des Wildpferdes, die im 5. Jt. am Ural einsetzte.

Um Pferde zähmen und führen zu können, braucht es Halfter und Trense, wobei Trensen Spuren an den Pferdezähnen hinterlassen. Es war in der Forschung lange strittig, wo Pferde zuerst domestiziert wurden, bis man in der volkreichen Botai-Kultur östlich des Ural neben Hunderttausenden von Pferdeknochen auch Pferdezähne fand, die eine schwache Abnutzung durch sanfte Trensen aus Seilen oder Leder zeigen.[621] Die große Zahl an Pferdeknochen stammt hier nicht von Wildpferden, sondern von gezähmten Pferden, womit man sich die Fleischversorgung sicherte. Denn Pferde sind im Winter leichter zu halten als Schafe und Ziegen, sie ernähren sich durch Aufscharren der Schneedecke selbst mit Gras, während Schafe und Ziegen vom Menschen gefüttert werden müssen.[622] Aber auch zahme Pferdeherden lassen sich nicht zu Fuß zusammenhalten, so dass es fast zwangsläufig dazu kam, das Pferd als Reittier zu nutzen. Nun konnten die Herden sämtlicher Tiere vom Pferd aus gehütet werden, was wiederum zur Vergrößerung der Herden führte, so dass die Viehzucht in den westasiatischen Steppen (Kasachstan) einen enormen Aufschwung nahm.[623] Den Menschen war bei dieser veränderten Wirtschaftsweise allerdings nicht bewusst, dass die wachsenden Schaf- und Ziegenherden dem ohnehin ausdörrenden Land noch mehr Schaden zufügten und die Wüstenbildung förderten.

---

[620] Brentjes, S. 37.
[621] Anthony, S. 216–218.
[622] Die Versorgung mit Pferdefleisch ist durch den hohen Anteil an Pferdeknochen von 80–90% gegenüber denen von anderen Haustieren archäologisch belegt.
[623] Parzinger: *Die Kinder*, S. 414–416.

Die beiden Tätigkeitsbereiche der Jagd und der Weidewirtschaft mit großen Herden waren schon immer die Domäne der Männer gewesen. Demgegenüber schrumpfte der ohnehin geringe Feldbau, die Domäne der Frauen, noch mehr. Obwohl die Siedlungen an Wasserläufen erbaut worden waren, konnte er nicht gedeihen, denn viele kleinere Flüsse versiegten. Das Gleichgewicht zwischen den Geschlechtern verschob sich zum Nachteil der Frauen, die zunehmend von der Nahrungsbeschaffung der Männer abhängig wurden. Es entstand eine *männerdominierte Hirtenkultur*, aber noch keine Nomadenkultur, denn die Menschen blieben an die Siedlungen gebunden. Die Wanderungen mit den Herden waren saisonal: Man zog in den Sommermonaten auf die entfernten Weiden oder auf die hochgelegenen Bergwiesen, blieb im Winter aber bei den Dörfern. Es gab eine gewisse Ortsgebundenheit, auch wenn die Orte oft verlegt wurden. Denn von den Häusern jener Zeit fanden die Archäologen fast keine Spuren, was auf eine leichte und mobile Bauweise hinweist. Das einzig Feste für die Menschen waren die Begräbnisplätze als Orte ihrer Ahnen, die sie immer wieder aufsuchten.[624]

Auch westlich des Ural bildeten sich von Pferden abhängige Hirtenkulturen heraus. Hier fand man kleine Pferdeskulpturen und Pferdeknochen auf Opferstellen, was zeigt, dass dem Pferd nun eine religiöse Bedeutung gegeben wurde (Samara-Kultur an der Wolgaschleife, 6./5. Jt.).[625] An der mittleren Wolga entwickelte sich eine Folgekultur, wo Pferdeopfer auf Männergräbern erscheinen, die ebenfalls rituelle Bedeutung besaßen (Chvalynsk, 4.700–3.800). Hier traten auch zuerst die Status-Symbole der neuen, männerdominierten Hirtenkultur auf: lange Feuersteindolche, Steinäxte und Steinkeulen, die wie Pferdeköpfe geformt sind, so dass man sie „Pferdekopf-Szepter" nennt (Abb. 1). Sie wurden in Einzelgräbern von erwachsenen Männern gefunden, die in Gruben unter einem flachen Steinhügel (russisch: „Kurgan") bestattet worden waren (Karte 2 von Kap. 5).[626]

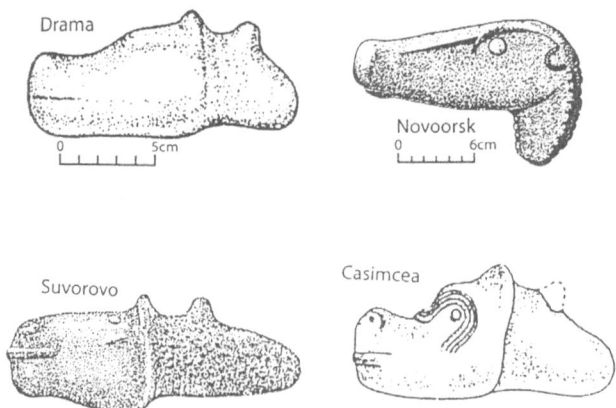

Abb. 1: Pferdeköpfe als Endstücke von Keulen, sog. „Pferdekopf-Szepter" (aus D. W. Anthony: The Horse, the Wheel, and Language, S. 235)

---

[624] Anthony, S. 248,
[625] Gimbutas: *Zivilisation*, S. 353.
[626] A.a.O., S. 356; Anthony, S. 182–186. – Unter „Kurganen" versteht man Einzelgräber von einer bestimmten Form, in denen hervorgehobene Männer bestattet waren, im Gegensatz zu den kollektiven Hügelgräbern der matriarchalen Kulturen.

5.1. Gesellschaften der eurasischen Steppe

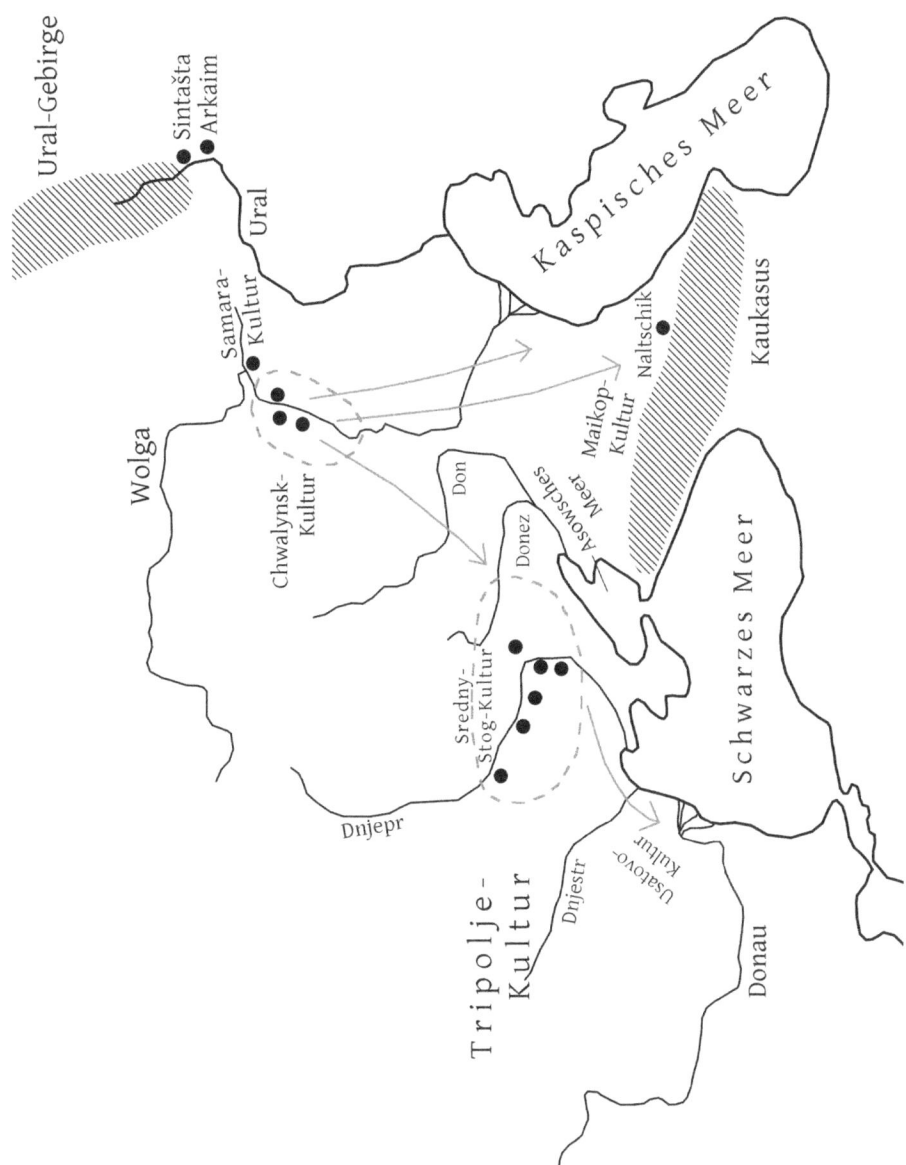

Karte 2: Die Ausbreitung der Indoeuropäer nach Süden und Südwesten

In dieser Region begann also jenes Muster, das man in die bäuerlichen Gesellschaften der Jungsteinzeit um Jahrtausende zu früh hineingesehen hat: eine erste *Hierarchisierung* der Gesellschaft unter männlicher Führung. Da dies ein ganz neues soziales Muster darstellt, ist die Frage zu beantworten, wie es dazu kam. Denn Hierarchisierung mitten in einer grundsätzlich egalitären Gesellschaft durchzusetzen, ist keineswegs einfach. Sie wurde anfangs nicht absichtlich herbeigeführt, sondern ergab sich aus der Notwendigkeit, die wachsenden Probleme zu bewältigen. In Zeiten der Not hatte ein erfinderischer Mann die richtigen Lösungen gefunden, beispielsweise das Reiten auf den schnellen Pferden, oder wie eine Gruppe berittener Männer organisiert werden muss, um die großen Herden zu überwachen. Es ist nicht wichtig, wie dies im Einzelnen geschah, in jedem Fall besaß dieser „Retter in der Not" großes Prestige, und die beteiligten Männer gehorchten ihm freiwillig. Das wäre prinzipiell nicht problematisch gewesen, weil in matriarchalen Gesellschaften Männer, die Besonderes leisten, durchaus anerkannt werden. Aber es trat eine weitere Entwicklung hinzu, welche die Situation verschärfte. Die wachsenden Herden verlangten immer größere Weideflächen. Die neue Beweglichkeit zu Pferd erlaubte es, erheblich weitere Distanzen für gutes Grasland zurückzulegen. Daraus folgte jedoch eine *erste Phase von Konflikten:* Weil nun immer mehr Volksstämme zur berittenen Weidewirtschaft übergingen und sich expansiv verhielten, gerieten sie in den jeweils beanspruchten Gebieten aneinander, und Streit um Weideland entstand. Es kam zu Kämpfen, die in diesem Stadium den Charakter von Fehden zwischen Clans und Stämmen hatten. Außerdem setzten Vieh- und Pferdediebstahl ein, vielleicht aus Rache oder anderen Motiven. Solche Überfälle konnten blitzschnell zu Pferd ausgeführt werden, mit ebenso schnellem Rückzug, aber sie hatten dieselben Gegenreaktionen zur Folge. Bei diesem Fehdewesen wuchs das Ansehen der siegreichen Anführer beträchtlich. Wenn sich die Situation durch neue günstige Klimabedingungen entschärft hätte, wären die Fehden und die Führerschaft – wie üblich in matriarchalen Gesellschaften – nur kurz gewesen.[627] Aber der zunehmende Schwund guten Weidelandes blieb und wurde zu einem Dauerproblem, was jetzt zu einem ständigen Fehdewesen führte. Damit wurden die Anführer auf Dauer benötigt, und ihr Status begann sich zu verfestigen: Die Gestalt des „charismatischen Führers" entstand. Es unterhöhlte gleichzeitig die matriarchale Sippenordnung. Denn um sich siegend durchzusetzen, bildeten diese Vorkämpfer und ihr Gefolge eigene Gruppen und Allianzen jenseits der Sippenzusammenhänge und auch jenseits der Stammesgrenzen. Auf diese Weise wurden Hirten zu *Hirtenkriegern,* und die Gebiete in ihrer Reichweite versanken in dauerndem Unfrieden. – An dieser Stelle ist es sehr wichtig zu beachten, dass keineswegs jede Hirtenkultur, nicht einmal jede Hirtenkrieger-Kultur automatisch patriarchal ist.[628] Wir zeichnen hier eine ganz bestimmte Sonderentwicklung nach, nämlich die Entstehung von ersten patriarchalen Mustern für ein ganz bestimmtes Gebiet: die eurasischen Steppen. –

Nun verhält es sich so, dass dauernder Unfrieden die Angst um die eigene Sicherheit beträchtlich erhöht. Das war wohl der Hintergrund, weshalb die gesamte Gemeinschaft die siegreichen Anführer schließlich als Häuptlinge anerkannte und ihnen für ihre Verdienste freiwillig eine gewisse Macht zugestand. Das Häuptlingswesen verstieß gegen die alte, egalitäre Lebensweise, doch da diese „charismatischen Führer" inzwischen ein bewaffnetes Gefolge um sich geschart hatten, konnten sie gewisse Regeln der traditionellen, inneren Ordnung außer Kraft setzen. Das bewaffnete Gefolge stellte einen ersten „Erzwingungsstab" dar, das definitive, notwendige Krite-

---

[627] Vgl. zu dieser kurzen Dauer von Fehden und Führerschaft z.B. die Irokesen, in: Göttner-Abendroth: *Das Matriarchat II,2,* S. 119–120.

[628] Z.B. sind die Männer der Tuareg-Stämme in der Wüste Sahara ebenfalls Hirtenkrieger gewesen, wegen der extremen Situation, in der sich diese Gesellschaft befand. Aber ihre innere Sozialordnung blieb matriarchal. Vgl. Göttner-Abendroth, a.a.O., Kap. 8.

rium für Herrschaft, die jetzt tendenziell begann.[629] Der Erzwingungsstab wurde nun dafür eingesetzt, Vieh, das vorher ein gemeinschaftliches Gut gewesen war, Stück für Stück in Privateigentum umzuwandeln.[630] Der Häuptling wog seine Verdienste in Besitz an Vieh auf, ohne dass die Gemeinschaft etwas dagegen tun konnte oder wollte. Anders als Land oder Feldfrüchte kann man Vieh nach Stückzahl bemessen und – wenn ein Häuptling auch Geschick als Züchter besaß – beliebig vermehren. Auf diese Weise besaß er bald einen großen Teil der Herde, den er sich als bewegliche Habe angeeignet hatte. Um die Gemeinschaft zu beschwichtigen, schenkte er bei Festen etliche Tiere für das gemeinsame Festmahl her: So entstanden die „Verdienstfeste" der wohlhabenden Häuptlinge, die ihnen obendrein Ehre einbrachten.

Da die Ökonomie einseitig auf Viehwirtschaft beruhte, bedeutete Privatbesitz an Vieh eine erhebliche Verschiebung von Macht zu Gunsten des Häuptlings. Damit konnte er sein Gefolge vergrößern und das Bündnis zwischen ihm als Anführer und seinen Waffenbrüdern durch Geschenke an Vieh festigen. Dieses Verhältnis wurde durch Eide besiegelt, womit erstmals die Ungleichheit auch zwischen Männern legalisiert wurde, denn es waren nicht alle Männer in die Waffenbrüderschaft einbezogen.[631] Dieser Vorgang zeigt, dass es nicht der Privatbesitz war, der die Entstehung von Herrschaft auslöste – denn es wäre zu erklären, wie es bei einer gemeinschaftlichen Ökonomie zu Privatbesitz hätte kommen können! Es verhält sich umgekehrt: Erste Herrschaftstendenzen, aus bewaffneten Dauerkonflikten entstanden, führten zu Erzwingungsstäben und zu Privateigentum, das dann wiederum zur Festigung von Herrschaft benutzt wurde.[632]

Der „charismatische Führer" war nicht nur für die jederzeit aufflammenden Kämpfe wichtig, sondern auch für die ständig wechselnden Allianzen, die Sicherheit versprachen. Deshalb wurde jede neue Allianz mit einem Fest gefeiert, wobei die neu verbündeten Häuptlinge wetteifernd ihren Reichtum zur Schau stellten – was ihre jeweilige Gemeinschaft vermutlich mit Stolz erfüllte. Schließlich bekräftigten sie ihren Status durch den Austausch von kostbaren Geschenken, die Prestige-Güter waren, wie Feuersteindolche, Armreifen aus wertvollen Steinen, Muschelschmuck, Ketten aus Tierzähnen, in der Kupfersteinzeit dann auch Kupfer und Gold – dies alles fanden Archäologen in den Kurgan-Gräbern von hervorgehobenen Männern. Besonders Kupfer galt als „exotisch" und wurde besonders hoch bewertet, denn es stammte in jener Zeit noch nicht aus Eigenproduktion, sondern aus den osteuropäischen Zentren der Kupferverarbeitung.[633]

Solche Luxusgüter als Statussymbole stachelten wohl den individuellen Ehrgeiz an, und so wuchs das Interesse sie zu erwerben. Eine neue Besitzgier regte sich, und die Häuptlinge begannen die West-Ost-Transportwege mittels Waffengewalt zu kon-

---

[629] Die Begriffe „charismatischer Führer" und „Erzwingungsstab" von Christian Sigrist: *Regulierte Anarchie. Untersuchungen zum Fehlen und zur Entstehung politischer Herrschaft in segmentären Gesellschaften Afrikas*, Frankfurt/Main 1979, Syndikat Verlag.
[630] In gegenwärtigen Viehzüchter-Gesellschaften in Ostafrika ist Vieh Gemeinschaftsbesitz, und es ist nicht möglich Privatbesitz abzuzweigen. Darauf achten die Männer untereinander, und es gibt für mögliche Fälle drastische soziale Regeln, um dies zu unterbinden. Der Grund: Es existiert hier kein „Erzwingungsstab" in der Hand von Einzelnen. Vgl. Christian Sigrist, ebd.
[631] Anthony, S. 461.
[632] Sigrist, a.a.O., S. 56, gegen eine These von Friedrich Engels.
[633] Anthony, S. 222; Parzinger: *Die Kinder*, S. 391.

trollieren, um das begehrte Kupfer zu monopolisieren. Auf diese Weise entstand das, was bei uns „Handel" heißt, ein Begriff, der eng mit „Händel" im Sinne von Streit zusammenhängt. Handel trat hier gleich zu Anfang als Fernhandel für individuelle Interessen auf. Damit reichte die Macht der Häuptlinge bald weit über die Lokalkulturen westlich des Ural hinaus. Das wird archäologisch greifbar durch die Verbreitung der Kurgan-Bestattungssitten und der typischen Pferdekopf-Keulen im Stil von Chwalynsk. Sie kamen ebenso am nördlichen Rand des Kaukasus ans Licht (bei Naltschik) wie am Asowschen Meer bis hin zur westlichen Ukraine (Kultur von Sredny Stog).[634] Die Übereinstimmung solcher Funde an Orten, die Tausende von Kilometern voneinander entfernt sind, zeigt eine außerordentliche Mobilität der Hirtenkrieger vom Ural und die weitreichenden Kontakte ihrer Häuptlinge, seien diese nun friedlich oder unfriedlich. Ab 4.500 beherrschten sie das gesamte osteuropäische Steppengebiet vom Ural bis zum Kaukasus und der Ukraine (vgl. Karte 2 von Kap. 5, S. 229).

Was geschah dabei mit den vorhergehenden neolithischen Kulturen matriarchaler Prägung, die in demselben riesigen Gebiet lebten? Sie wurden „überlagert" – wie es bei Archäologen ebenso lapidar wie verharmlosend heißt. Genauer gesagt entstand jetzt eine *zweite Phase von Konflikten,* die anders waren als die Fehden der Clans und Stämme untereinander. Als ein Beispiel von vielen, denen es genauso erging, sei hier die Dnjepr-Donez-Kultur genannt, die von der Kultur von Sredny Stog sozusagen „überlagert" wurde (4.400–3.400). Die Orte der Sredny Stog-Kultur befanden sich in demselben Gebiet wie die der älteren Dnjepr-Donez-Kultur, nämlich am Unterlauf von Dnjepr und Dnjestr (vgl. Karte 2 von Kap. 5, S. 229). Hier entdeckte man ebenfalls Kurgan-Gräber als Einzelbestattungen von Männern, verbunden mit Pferde- und Hundeopfern, und als Grabbeigaben Steinäxte und Pferdekopf-Keulen, lange Feuersteindolche, außerdem Tausende von Muschelperlen und kleine Kupfer- und Goldartefakte.[635] Diese Kurgan-Bestattungen fanden in den Friedhöfen der Vorgängerkultur statt, wo sie die Sitte der Gemeinschaftsgräber verdrängten. Die Neuankömmlinge waren ein anderes Volk als die Alteingesessenen, was ihre Schädel- und Knochenform zeigt, die von jener der Dnjepr-Donez-Leute abweicht; sie waren größer und schlanker und hatten Ähnlichkeit mit den Leuten der Chwalynsk-Kultur (Abb. 2).[636] Hinzu kommt, dass in den Siedlungen die Schicht mit der grauen, primitiven Keramik von Sredny Stog über der Schicht mit kunstvoller, bemalter Keramik aus der vorherigen Dnjepr-Donez-Kultur lag.[637] Das beweist, dass Menschengruppen von der Wolga in das Gebiet der Dnjepr-Donez-Kultur am Schwarzen Meer eingedrungen waren und die dort vorgefundene, ältere Kultur gewaltsam verdrängt hatten. Sie kamen auf Pferderücken, denn auch Backenstücke aus Geweihmaterial, um die Trense zu füh-

---

[634] Es handelt sich um Sredny Stog II, vgl. Gimbutas: *Zivilisation,* S. 356–357; Anthony, S. 216.
[635] Gimbutas, a.a.O., S. 361.
[636] Anthony, S. 244–245.
[637] Diese graue Keramik ist eine eigene, sehr frühe Entwicklung der mesolithischen Waldsteppe-Kulturen im nordöstlichen und nordwestlichen Asien (ab 7. Jt.). Sie war unbemalt, verziert mit Abdrücken von Fingernägeln und Schnüren und nur schwach gebrannt, denn sie wurde über offenem Feuer und nicht in Brennöfen hergestellt. Sie steht in deutlichem Gegensatz zu der kunstvollen Keramik Anatoliens und Südosteuropas. A.a.O., S. 149.

5.1. Gesellschaften der eurasischen Steppe

Abb. 2: Rekonstruktion des Kopfes eines Häuptlings von Sredny Stog (Typ des frühen Indoeuropäers) (aus: Marija Gimbutas: Die Zivilisation der Göttin, S. 360)

ren, wurden gefunden.[638] Die Knochenmenge von domestizierten Pferden zeigt, dass Pferdefleisch ihr Hauptnahrungsmittel war.[639]

Solche einschneidenden Veränderungen sind von den Einheimischen sicher nicht freiwillig angenommen worden, und die sogenannte „Überlagerung" ging nicht friedlich vonstatten. Die Eindringlinge kamen in losen Gruppen von berittenen, kampfgewohnten Hirtenkriegern – für die Alteingesessenen eine neue, furchteinflößende Erscheinung.[640] Sie sind vor ihnen vermutlich zur benachbarten, matriarchalen Tripolje-Kultur in der Ukraine geflohen. Die zweite Phase von Konflikten ist also gekennzeichnet vom Zusammenprall der patriarchalen Kriegergruppen mit anderen, matriarchal geprägten Kulturen in der Steppe, was mit gewaltsamer Landnahme und Vertreibung endete. Es handelt sich jedoch nicht um geplanten, organisierten Krieg, sondern um die eher zufällige Begleiterscheinung der Raubzüge der expandierenden Hirtenkrieger-Völker. Aber das neue Muster von Landnahme und Vertreibung der Menschen älterer Kulturen setzte sich fort und griff weiträumig um sich.

Die große und großartige Tripolje-Kultur in der Ukraine wurde von dieser ersten Expansion aus der Steppe verschont, weil sie sich zu schützen wusste. Durch ihre letzte Ausdehnung bis zum Dnjepr (4.700–4.500) kam sie in konfliktreichen Kontakt mit den Hirtenkriegern, was durch Funde von Pfeilspitzen und Schleudersteinen bei den Siedlungen in der Grenzzone belegt ist.[641] Als Folge davon bauten die Bauern an

---

[638] Gimbutas: *Zivilisation*, S. 361.
[639] Anthony, S. 247.
[640] Die offenen Gruppen von Hirtenkriegern waren keinesfalls eine geschlossene Truppe Kavallerie, das wurde oft verwechselt. Kavallerie entstand erst in der Eisenzeit (um 1.000).
[641] Harald Haarmann: *Auf den Spuren der Indoeuropäer*, München 2016, Beck Verlag, S. 93.

der Grenze ihre Siedlungen auf steil abfallenden Anhöhen und befestigten sie.[642] Diese Verteidigung genügte, dass die patriarchalen Kriegergruppen die Tripolje-Kultur zunächst vermieden und sie südlich umgingen, entlang der Schwarzmeer-Küste in Richtung Donau (vgl. Karte 2 von Kap. 5, S. 229). Doch bald darauf bekam auch die Tripolje-Kultur die Zerstörung anderer matriarchaler Kulturen zu spüren, die nicht lange auf sich warten ließ, denn eine noch größere Zahl von Flüchtlingen strömte in sie ein. In nur einem Jahrhundert nahm ihre Siedlungsdichte enorm zu, die Zahl der Orte steigerte sich fast ums Zehnfache von 35 auf 340.[643] Auch ihre Städte wuchsen riesig an, allein drei von ihnen, die benachbart lagen, bedeckten je 250 bis 450 ha. Ihre Langhäuser von 20–30 m und oft zweistöckig beherbergten in jener Epoche eine Einwohnerschaft bis 10.000 Personen.[644] Die Häuser schlossen sich in konzentrischen Kreisen zusammen, mit den größten außen, die eine Art Schutzring bildeten. Nach innen waren sie in Clan-Segmenten gruppiert, denn trotz der äußeren Bedrohung führte man die egalitäre politische Selbstverwaltung fort, die auf Clanräten beruhte.

Zeitweise gab es auch friedliche Kontakte mit den Hirtenkriegern aus der Steppe, denn diese lernten durch die Tripolje-Leute das rötlich glänzende Kupfer kennen, das ihre Begehrlichkeit weckte.[645] So setzte statt des Kampfes der Handel ein, und Kupfergegenstände, wie Halsbänder aus Kupferperlen und lange Kupfernadeln, wurden im Gütertausch als Schmuck und Statussymbole erworben und wanderten vom Dnjepr bis an die Wolga.[646] Auch nördlich des Kaukasus und am Kaspischen Meer tauchten Kupfergegenstände auf, die jedoch von Süden dorthin gekommen waren.[647] Es blieb nicht lange beim bloßen Import, sondern angeregt durch den Westen begannen die Steppenvölker, Kupfer im Ural-Gebirge abzubauen und selbst mit der Verarbeitung zu experimentieren (4. Jt.).[648] Damit begann die Kupfersteinzeit im westlichen Teil der eurasischen Steppe.

Wer waren diese Völker um den westlichen Ural, die sich auf neue Art und Weise als Hirtenkrieger organisierten und weit in die Steppen vordrangen? Hier hat die Sprachwissenschaft für Klarheit gesorgt, welche die Leute von Samara, Chwalynsk und Sredny Stog als frühe Indoeuropäer identifizierte.[649] Sie sprachen im Zeitraum von 4.500–2.500 das frühe Indoeuropäisch.[650] Man erschloss es aus früh-indoeuropäischen Wörtern, welche die Ökologie der Steppe und die Viehzucht-Ökonomie dieser

---

[642] Diese befestigten Siedlungen befinden sich in der Grenzzone der Tripolje-Kultur und machen nur 10% der gesamten Kultur aus.
[643] Anthony, S. 230–231.
[644] A.a.O., S. 279–281.
[645] Der westliche Teil der Cucuteni-Tripolje-Kultur war ein Zentrum des Kupferbergbaus in den Karpaten auf dem Balkan und seit langem in der Kupfer-Metallurgie führend. Der Doppelname entstand, weil ihr westlicher Teil beim Ort Cucuteni lag (Rumänien) und ihr östlicher Teil sich beim Ort Tripolje nahe Kiew befand (Ukraine); sie berührte jedoch nicht das Küstengebiet des Schwarzen Meeres.
[646] Parzinger: *Die Kinder*, S. 391; Gimbutas: *Zivilisation*, S. 361.
[647] Parzinger, a.a.O., S. 423.
[648] A.a.O., S. 391.
[649] Ich ziehe den Ausdruck „frühe Indoeuropäer" dem Begriff „Proto-Indoeuropäer" vor.
[650] Anthony, Kap. 5; siehe auch J. P. Mallory: *In Search of the Indoeuropeans. Language, Archaeology and Myth*, London 1989, Thames and Hudson.

Völker bezeichnen. Mit den weiträumigen Raubzügen dieser Hirtenkrieger dehnte sich auch die früh-indoeuropäische Sprache immer weiter aus.

Immer unterwegs: Wagen und Zelte

Auf die Kälteperiode in der Steppe um 4.200–4.100 folgte während der Kupfersteinzeit eine wärmere Phase. In dieser Epoche kam es zu einer der zukunftsträchtigsten Erfindungen: Rad und Wagen. Wo Wagen zuerst gebaut wurden, ist nicht bekannt. Sie sind Mitte des 4. Jts. sowohl bei den Steppenvölkern als auch bei den neolithischen Völkern Europas auf einmal da, und zwar in den unterschiedlichsten Kulturen, die eine Holz verarbeitende Tradition hatten. Ab 3.400 finden sich reichlich archäologische Zeugnisse dafür: als Felsritzungen von Wagen mit Rädern, als dreidimensionale Wagen-Modelle und als hölzerne Räder und Wagenteile.[651] Es gab sie als einachsige Karren und als zweiachsige Wagen, und sie liefen auf hölzernen Scheibenrädern.[652] In Europa haben dabei die Feuchtgebiete der Pfahlbausiedlungen für Archäologen eine glückliche Rolle gespielt, denn man fand Rad und Wagen nur dort, wo sie in Mooren über Jahrtausende konserviert worden waren. Sogar gut erhaltene Bohlenwege für die Wagen wurden hier ausgegraben.[653] Vermutlich sind Wagen aus den viel älteren, von Ochsen gezogenen Schlitten hervorgegangen, denen man im Sommer Rollen unterlegte. In den Steppen machte man spektakuläre Funde in Wagengräbern, wo man unter Kurganen neben den Skeletten zahlreiche Fragmente von Karren und Wagen entdeckte. Die ältesten datieren um 3.300, auch sie bewegten sich auf hölzernen Scheibenrädern.[654]

Die Geschwindigkeit, mit der sich diese neue Transport-Technologie ausbreitete, weist auf die intensiven Ost-West-Kontakte hin, die in der Kupfersteinzeit bestanden. Jedoch war der Gebrauch von Wagen im neolithischen Europa ganz anders als in der Steppe. In den Ackerbaukulturen Europas halfen die Karren und Wagen Lasten wie Erntegut, Tierfutter oder Feuerholz zu transportieren, auch Steine für Haus- und Grabbauten. Obwohl die Wagen langsam und die Ochsengespanne schwerfällig waren, konnten nun wenige Leute bewältigen, was vorher nur gemeinschaftlich möglich war. Das heißt, die Nutzung war grundsätzlich friedlich und der Radius blieb eng. Die hügelige, in vielen Gegenden kleinkammerige Landschaft Europas ließ es nicht anders zu, sie eignete sich nicht als Rennstrecke für Wagen. Die offene Steppenlandschaft war dagegen wie geschaffen für Wagen. Die Hirtenkrieger-Völker nutzten sie zuerst auch für den Lastentransport, denn nun konnten sie Vorräte, Wasser und Zelte auf ihren Wanderungen mit den Herden mitnehmen. Dadurch dehnten sie ihren Ra-

---

[651] Anthony, S. 66.
[652] Stefan Burmeister: „Räderwerk", in: *4.000 Jahre Pfahlbauten*, S. 404–410.
[653] Z.B. die Scheibenräder von Horgen bei Zürich (3.200), vom Laibacher Moor in Slowenien (um 3.100), bei Bad Schussenried in Deutschland (um 2.900). Vgl. Burmeister, ebd.; Anton Veluščec: „Schatzkammer Pfahlbauten", S. 108 ff.; „Jungsteinzeitliche Verkehrstechnik", S. 75 ff.; beides in: *4.000 Jahre Pfahlbauten*. Fotos von einem Radfund und einem Bohlenweg in: *Archäologie und Naturschutz im Federseemoor*, Hg. Schlichtherle/Strobel, Landesdenkmalamt Baden-Württemberg, Stuttgart 1999, DB-Verlag.
[654] Z.B. das Wagengrab am Kuban-Fluss nördlich des Kaukasus, um 3.320, und das Grab am unteren Dnjepr, um 3.330. Vgl. Anthony, S. 69–71 und Karte S. 74.

dius erheblich aus, verließen für Monate die Nähe der Siedlungen und drangen tiefer in davor ungenutzte Areale der Steppe vor.[655] Das bedeutete eine enorme Ausweitung ihrer Weideflächen und führte abermals zu vergrößerten Viehherden. Die Männer lebten auf diese Weise als Halbnomaden und überließen die Siedlungen und den beschwerlichen, ohnehin dürftigen Feldbau mit Getreide den Frauen und Kindern.[656]

Die Landnahme der offenen Steppe kennzeichnet die Jamnaja-Zeit, als etliche Kulturen von der Wolga bis zum Schwarzen Meer gleiche Erscheinungen zeigen (frühes Jamnaja 3.400–3.200). Typisch dafür sind die Kurgan-Gräber der Häuptlinge mit immer höher aufgeschichteten Grabhügeln, die teils bei den Siedlungen, teils weithin sichtbar in der freien Steppe liegen.[657] Wie wichtig für die Erweiterung ihres Besitzes der Wagen war, zeigt, dass die Häuptlinge ihn mit ins Grab nahmen.

Eine nächste harte Kälteperiode brach zwischen 3.300 und 3.000 herein und beendete die günstige Phase. Sie ließ den Wald in der Waldsteppe schrumpfen und verwandelte weite Gebiete der Grassteppe in Wüsten. Die Hirtenkrieger mussten ihre riesigen Herden nun öfter und in größeren Wanderungskreisen bewegen, bis manche Areale völlig überweidet waren und die Konflikte mit benachbarten Stämmen dramatisch zunahmen. Schließlich lockten die fetten Weiden und reichen Städte im Westen sie wieder an. Ein zweiter großer Invasionsschub von Indoeuropäern aus berittenen Kriegern und Leuten mit Ochsenwagen ergoss sich um 3.300–3.000 ins untere Donautal bis zum Karpatenbecken (Ungarn). Tausende von Kurganen in Südosteuropa und darüber hinaus zeugen von ihrer erweiterten Landnahme.[658] Dabei fächerte sich die frühe indoeuropäische Sprache in den verschiedenen in Besitz genommenen Regionen auf, was später zum Keltischen, Germanischen, Baltischen, Italischen, Slawischen, Armenischen und Phrygischen führte.[659]

Zu diesem umwälzenden Vorgang heißt es jetzt, dass das frühe Jamnaja überall andere Kulturen „durchdrang" – offenbar wieder so schön friedlich![660] In Wahrheit hatte diese zweite Expansionswelle verheerende Folgen für die matriarchalen Kulturen in Europa und ebenfalls für Tripolje in der Ukraine. Große Regionen mit Dörfern und Städten im Grenzgebiet wurden entvölkert, weil die Menschen nach Norden flohen.[661] Gleichzeitig bildete sich im Süden des Tripolje-Gebiets eine neue Sozialform heraus: die Unterwerfung der restlichen einheimischen Bevölkerung unter die neuen Herren aus der Steppe (Usatowo-Kultur, um 3.300–3.200) (vgl. Karte 2 von Kap. 5, S. 229). Denn die Friedhöfe zeigen hier große Kurgane mit Dolchen und Äxten, die separat angelegt waren und in denen nur Skelette von erwachsenen Männern gefunden wurden. Die anderen Bestattungen bestanden aus flachen Gräbern mit Frauen, Männern und Kindern vom grazilen Typ der Alteingesessenen; ihnen waren weiblichen Figurinen mitgegeben worden. Es ist völlig verfehlt, hier von „kultureller Inte-

---

[655] A.a.O., S. 133.
[656] Das zeigen Friedhöfe bei den Dörfern der Andronovo-Kultur (um 1.700), wo man meist nur die Reste von Frauen und Kindern fand. Das ist zeitlich zwar später, doch die Verhältnisse waren vorher ähnlich. Vgl. Brentjes, S. 73.
[657] Anthony, S. 319–323.
[658] A.a.O., S. 300–305. – Zu den Invasionswellen indoeuropäischer Hirtenkrieger, die aus den östlichen Steppen kamen, in Europa und die Folgen siehe Kapitel 7 in diesem Buch.
[659] A.a.O., S. 461–462.
[660] Parzinger: *Die Kinder*, S. 395.
[661] Anthony, S. 348.

gration" zu reden, denn es fand keine Vermischung der Kulturen statt. Stattdessen wurde eine strikte gesellschaftliche Zweiteilung eingeführt und mit Waffengewalt von einer militärischen Elite aufrechterhalten. Letzteres zeigen die vielen Verletzungen von Keulenhieben an den Skeletten der Leute in den flachen Gräbern, während die Männer in den Kurganen keine solche Wunden hatten.[662] Es ist die *dritte Phase von Konflikten*, denn es handelt sich jetzt um eine Potenzierung der Gewalt, nämlich statt um Vertreibung um Eroberung. Eine ältere Gesellschaft wird durch Eindringlinge, die Waffentechnologie besitzen und diese systematisch nutzen, erobert – auch wenn dies nicht von vornherein geplant und organisiert geschah. Statt die Einheimischen wie bisher zu ermorden oder zu verjagen, fanden es die Eroberer nun bequemer und lukrativer, das besiegte Volk am Leben zu lassen, damit es für die neuen Herren arbeitet.[663] Die oft bemühte „Akkulturation" ist hier fehl am Platze, denn egalitäre Gesellschaften mit matriarchaler Sozialordnung übernehmen keine patriarchalen Herrschaftsmuster, sondern sie werden von patriarchalen Eroberern unterworfen. Hier bildet sich die *erste, feste Etablierung von Herrschaft* heraus, deren einziger Zweck ist, mit einer kleinen, aber bewaffneten Minderheit (Erzwingungsstab) die Mehrheit von Menschen einer anderen Kultur niederzuhalten und auszubeuten. So entstand die erste, starre Hierarchie von Herrschenden und Geknechteten, verbunden mit dem nun entwickelten Bewusstsein der Elite, die höheren Menschen zu sein, stolz auf ihre neue Macht über andere, die von den Waffen ausgeht. Das kennzeichnet den Beginn des *patriarchalen Denkens und patriarchaler Ideologie*.[664] Eine erste Zweiklassen-Gesellschaft ist damit erfunden, das heißt: eine frühe Zelle des Patriarchats, worauf sehr schnell weitere folgten. Charakteristisch daran ist, dass der Zwang von oben und der Widerstand von unten zu unaufhörlichen inneren Spannungen und sozialem Elend führen.

In den Kurganen dieser frühen Jamnaja-Herren fand man ein weiteres Novum, denn die Dolche bestanden nicht mehr aus Feuerstein, sondern aus Bronze. Damit begann die frühe Bronzezeit in den Steppenkulturen. Jedoch zeigt sich hier, dass nicht die Bronze die Ursache für die neuen Konflikte und die Entstehung von Herrschaft war, genauso wenig wie irgendeine andere einzelne Ursache, sondern es ist diese *ganze Kette von negativen Ursachenbündeln und Wirkungen*, die wir hier dargestellt haben. Die Dolche aus Bronze hatten eher die Eigenschaft von Prestige-Dingen wie schon vorher das Kupfer, denn gekämpft wurde nach wie vor mit Steinkeulen und steinernen Streitäxten.

---

[662] A.a.O., S. 349–351 und 359.
[663] Daran wird deutlich, dass es sich nicht um Hungergesellschaften handelte, die in diesen Jahrtausenden andere Kulturen überfielen, denn dazu sind Verhungernde gar nicht in der Lage. Das spricht gegen James DeMeos zu einfache These vom Hunger, der zu Gewalt und Patriarchat führen soll. Patriarchat impliziert zwar immer Gewalt, aber bloße Gewalt als Hungersyndrom führt nicht zu Patriarchat als einer neuen Gesellschaftsform. Obwohl wiederkehrende Klimaverschlechterungen ihre Lebensgrundlage bedrohten (nicht nur eine einzige im 4. Jt., wie DeMeo noch annahm), sind diese Gesellschaften mit Krieger-Eliten erfinderisch und wohlorganisiert, um sich gegen andere Kulturen mit wachsender Brutalität durchzusetzen. Vgl. James DeMeo: *Saharasia: The 4000 BCE Origins of Child Abuse, Sex-Rpression, Warfare and Social Violence in the Deserts of the Old World*, Greensprings/Oregon 1998, Orgone Biophysical Research Lab.
[664] Sie drückt sich in solchen Sätzen aus wie: „Der Krieg ist der Vater aller Dinge" (Heraklit) und „Alle Macht kommt aus den Gewehrläufen" (Mao tse-tung).

Bronze ist eine Legierung aus Kupfer und Zinn, und mit solchen Experimenten hatten die Kupferschmiede am nördlichen Kaukasus, wo es reichlich Metalle gab, schon vor längerer Zeit begonnen. Indoeuropäische Kriegergruppen sicherten sich nun das Land der Bronzekultur am Kaukasus, wo ihre Maikop-Kultur entstand (3.500–3.200) (vgl. Karte 2 von Kap. 5, S. 229). Erst Jahrhunderte später erschienen Bronze-Gegenstände in den Steppen am Kaspischen und Schwarzen Meer (um 3.300/3.200) und sogar ein Jahrtausend später in Mittel- und West-Europa (2.400/2.200). Hier blühten noch die großen neolithischen Kulturen, und man war an Bronze offenbar nicht sehr interessiert.[665] Das heißt, die Bronze-Metallurgie änderte nichts an der bisherigen Lebensweise, genauso wenig wie vorher die Kupfer-Metallurgie. Eine neue Technologie allein kann nicht eine Jahrtausende alte Lebensform verändern, dazu sind erheblich tiefgreifendere Bedingungen notwendig.

Eine dritte Kälteperiode suchte die Steppen am Kaukasus, Kaspischen und Schwarzen Meer im 3. Jt. heim und machte jeglichen Rest von Feldbau zunichte. Die Waldsteppe nahm stark ab, die Grassteppe dörrte kontinuierlich aus und ließ die Wüsten wachsen.[666] Sie brachte die Steppenvölker in harte Bedrängnis und leitete den Übergang zum späten Jamnaja in der mittleren Bronzezeit (ab 2.800/2.600) ein. Hinweise auf Häuser und Siedlungen verschwinden nun ganz. Der Planwagen wurde außer den Zelten zur Wohnung beim jetzt vollen Nomadentum der Hirtenkrieger.[667] Die Kurgan-Gräber in der offenen Steppe wurden nur in großen Abständen wieder belegt, was zeigt, dass sich die Menschen auch bei ihren Friedhöfen nicht mehr dauerhaft aufhielten. Die Herden waren zu groß geworden, um an Flüssen und im Sumpfland überwintern zu können, die Hirten zogen mit ihnen nun auch im Winter im freien Land umher.[668] Überfälle und Raub durch bewaffneten Gruppen waren zu einem eingefleischten Muster geworden und grassierten überall. Es ist eine Lebensweise, in der die mitgenommenen Frauen zur Bedeutungslosigkeit herabsanken. Abgesehen vom gelegentlichen Sammeln von Wildgetreide waren sie hauptsächlich zu Melkerinnen der Herden und zu Produzentinnen der Milchprodukte geworden, das heißt, zu besitzlosen Dienerinnen am Besitz der Männer. Alles, was den Frauen noch gehörte, war das Zelt oder die Jurte mit dem Haushalt, den die Tochter von der Mutter erbte.[669] Die verschärften Verhältnisse führten zu einer dritten Expansionswelle aus der Schwarzmeer-Region nach Europa mit verheerenden Folgen.[670]

Gleichzeitig mit dem vollen Nomadentum entstand eine gegenläufige Entwicklung: Einzelne Stämme versicherten sich der letzten Ressourcen, indem sie sich an dem knapp gewordenen Feuchtland an Flüssen, das sie im Winter für ihr Vieh brauchten, fest ansiedelten. Dies geschah um den Preis, dass sie sich gegen die anderen Stämme, die Nomaden blieben, abkapseln und verteidigen mussten. Deshalb um-

---

[665] Anthony, S. 125.
[666] A.a.O., S. 300–301.
[667] Zu archäologischen Funden von Planwagen vgl. a.a.O., S. 71.
[668] A.a.O., S. 325.
[669] Jeannine Davis-Kimball: „Nomads and Patriarchy", in: Cristina Biaggi (Hg.): *The Rule of Mars. Readings on the Origins, History and Impact of Patriarchy*, Manchester CT/USA 2005, Knowledge, Ideas & Trends, S. 138.
[670] Siehe Kapitel 7 in diesem Buch.

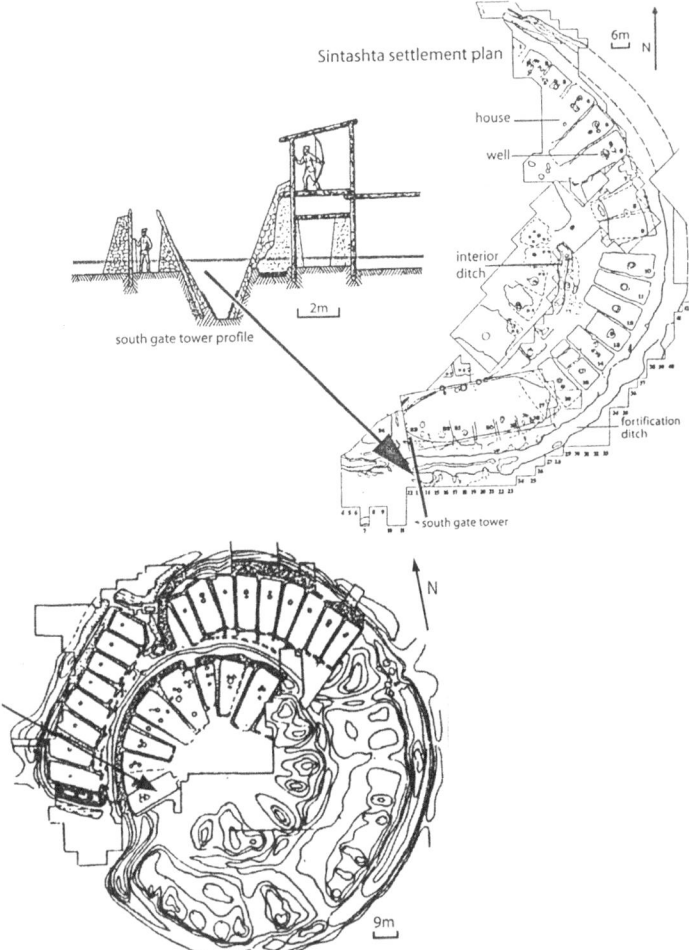

Abb. 3: Die befestigten Steppensiedlungen Sintašta (oben) und Arkaim (unten) mit Querschnitt durch die Befestigungsanlagen (links oben) (aus D. W. Anthony: The Horse, the Wheel, and Language, S. 372 uns 378)

gaben sie ihre Siedlungen mit Befestigungsanlagen.[671] Die Situation verschärfte sich, wenn in diesen Orten zugleich Metall abgebaut und verarbeitet wurde, denn von den Bergwerken konnten diese Menschen nicht wegziehen. So kam es bei den Kulturen von Sintašta und Arkaim am südlichen Ural (späte Bronzezeit, ab 2.200/2.000) zu großen Siedlungen mit mächtigen Befestigungen aus Wällen, Gräben und Wachttürmen, welche die Häuser umgaben, die sich kreisförmig aneinander gebaut einigelten (Abb. 3; vgl. Karte 2 von Kap. 5, S. 229). Befestigungswerke dieser Art hatten in den Steppen bisher keine Vorgänger. In Sintašta und Arkaim wurden in allen Häusern Geräte zur Metallverarbeitung gefunden, ebenso eine Fülle von Kupfer- und Bronzegegenständen, was jedes Haus zu einem industriellen Ort der Metallproduktion machte.

---

[671] Anthony, S. 390.

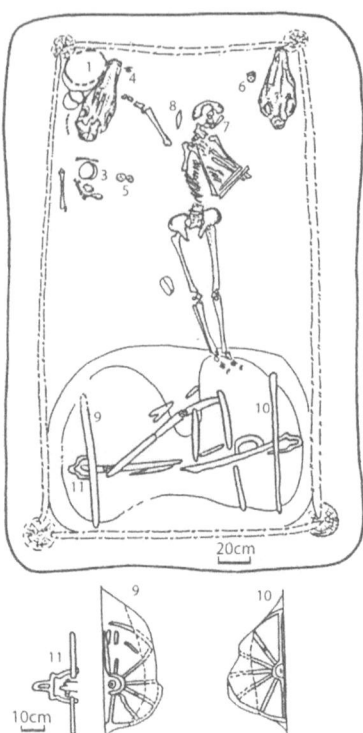

Abb. 4: Grab eines Kriegers mit seinem Streitwagen und zwei Pferdeköpfen (aus D. W. Anthony: The Horse, the Wheel, and Language, S. 398)

Das zeigt eine enorme Steigerung der Metallverarbeitung, die mit dem monopolisierten Handel in den Händen der Häuptlinge verbunden war.[672]

Aber der defensive Schutz der Mauern schien gegen die heftigen Attacken von außen nicht auszureichen, so erfand man eine neue, offensive Waffe: den Streitwagen. Damit wurde der Wagen von einem friedlichen Gefährt in ein schnelles und gefährliches Kriegsgerät verwandelt, was weitreichende Folgen in der menschlichen Kulturgeschichte haben sollte.[673] Die ältesten Reste von diesen leichten, zweirädrigen Wagen mit Speichenrädern, vor die zwei Pferde gespannt wurden, stammen vom Ende des 3. Jts. Man entdeckte sie ausschließlich in den Kurgan-Gräbern von Kriegern (Abb. 4). Diesen hervorgehobenen Toten war außerdem ein reiches Waffenarsenal aus Kupferdolchen, Bronzeäxten, bronzenen Pfeil- und Speerspitzen und den übli-

---

[672] A.a.O., S. 391.
[673] Am Beispiel der Erfindung von Rad und Wagen wird deutlich, dass der Gebrauch von Technik in matriarchalen Gesellschaften auf friedliche Nutzung, sakral oder profan, ausgerichtet war. Aber sobald sich erste Herrschaftsmuster etabliert hatten, wurde diese und jede andere Art von Technik für kriegerische Zwecke benutzt. Denn es geht dabei um das Streben nach immer größerer Macht über andere und über die Natur. Herrschaftsmuster und die zugehörige Mentalität sind also die Vorbedingung für den Missbrauch von Technik, nicht aber die Technik die Vorbedingung für Patriarchat. Erst im Zuge der Ausbreitung des Patriarchats wurden fortlaufend neue Techniken für Kriegsführung erfunden.

chen Steinkeulen mitgegeben worden. Damit nicht genug: Gesamte Pferdegespanne waren geopfert und begraben worden, in einem Grab fand man sogar acht vollständige Pferdeskelette.[674]

Solche Streitwagen waren kostspielig zu bauen und schwierig zu lenken, sie setzten großen Reichtum der Besitzer voraus, ebenso ihre Freiheit von allen Pflichten, um sich ausschließlich dem Waffenhandwerk zu widmen. Damit verstärkten sich die hierarchischen Muster: Eine militärische Kaste aus Häuptlingen mit ihren Waffenbrüdern stand unwiderruflich an der Spitze der Gesellschaft. Sie war der Anfang der späteren stehenden Heere, denn sie musste ständig präsent sein und mit großem Aufwand unterhalten werden. Außerdem mussten diese professionellen Krieger fortwährend etwas zu tun haben, nämlich Kriegführen – was sie klar von dem früheren spontanen Fehdewesen wie von den unberechenbaren Raubzügen und überfallartigen Eroberungen unterscheidet. So kann man diese Entwicklung den *Beginn von organisiertem Krieg* nennen.

Nicht zuletzt aus diesem Grund breitete sich die neue Erfindung des Streitwagens in den Steppen mit Windeseile aus, denn dafür war das offene, weite Gelände bestens geeignet.[675] So entstand ein Ausläufer von Sintašta im Osten in der Weite Kasachstans (Petrovka-Kultur). Um 1900/1800 folgten zwei weitere Streitwagen-Kulturen von noch größerer Ausdehnung: Die eine reichte bis zum Altai und zum Jenissei in Zentralasien und bis zum weiter südlich gelegenen Tien Shan-Gebirge (Andronovo-Kultur), die andere weit nach Westen bis zum Djnepr (Srubnaja-Kultur).[676] Durch diese Ost-West-Ausdehnung wurde die eurasische Steppe zum ersten Mal ein zusammenhängender Raum, der durch eine Kette von ähnlichen Kulturen, wenn auch nicht von gleichen Völkern, von den nordwestlichen Gebieten Chinas bis zu den südöstlichen Regionen Europas reichte.[677] Handelsgüter und neue Erfindungen wanderten quer über den eurasischen Kontinent, insbesondere die Bronze-Metallurgie und das Kriegführen mit dem Streitwagen. So gebrauchten um 1500 die Könige der Shang-Dynastie in China im fernen Osten den Streitwagen genauso wie die Fürsten der Mykenischen Kultur in Griechenland im Westen. Daraus entwickelte sich in der Folgezeit der „Steppenschnellweg", der Europa zwar exotische Güter bescherte, aber Jahrtausende lang auch blutige Kriege durch bewaffnete Reitervölker aus der Steppe brachte, wie beispielsweise die Hunnen unter Attila und die Mongolen unter Dschingis Khan.[678]

Zur Ost-West-Ausdehnung in der eurasischen Steppe trat in der Bronzezeit die Nord-Süd-Ausdehnung hinzu, und hier spielten anfangs die Handelsbeziehungen eine wichtige Rolle. Die aufgeblähte Kupfer- und Bronze-Produktion in Sintašta und Arkaim war nämlich für den Export bestimmt, um den Hunger der südlichen Stadt-

---

[674] Anthony, S. 372; Parzinger: *Die Kinder,* S. 418–420.
[675] Diese bronzezeitliche Entwicklung gilt allerdings nur für den Steppengürtel, denn in den Wäldern Sibiriens blieb bei den verschiedenen Völkern die mesolithische, egalitäre Lebensweise unberührt davon bestehen. Vgl. Parzinger: *Die Kinder,* S. 423–433.
[676] Anthony, S. 428 ff., 437 ff., 448 ff.; Haarmann: *Indoeuropäer,* S. 102–104.
[677] Vorgänger der Ausbreitung nach Osten waren Völker der frühen Jamnaja-Kultur, die bis zum zentralasiatischen Altai-Gebirge zogen, wo sie sich niederließen (Afanasievo-Kultur, 3.400–2.400). Vgl. Anthony, S. 307–309.
[678] Brentjes, insgesamt.

kulturen nach diesen Metallen zu stillen. Die Händler gelangten auf den altbekannten Routen, begleitet von Streitwagen-Kriegern und geschützt durch Stützpunkte, vom Ural zum nördlichen Rand des Kaukasus und des Kopet-Dag-Gebirges und von dort zu den Stadtkulturen der Margiana und Baktriens. Von hier aus wurden die metallenen Güter weitergehandelt ins iranische Hochland zu den Stadtkulturen von Elam und Belutschistan, ferner nach Anatolien und Mesopotamien. Die Handelsrouten führten noch weiter nach Süden bis zur städtischen Indus-Kultur im Nordwesten Indiens (vgl. Karte 1 von Kap. 5, S. 224). Auf diese Weise wurden die nördlichen Steppen zum ersten Mal mit den urbanen Kulturregionen im Süden verbunden, und die Kenntnis über die reichen Länder dort mit ihren prächtigen Städten gelangte zu den kriegerischen Häuptlingen der Steppe. Das sollte in den folgenden Jahrhunderten fatale Folgen haben. Denn die Steppenvölker östlich des Urals mit indoiranischer Sprache gelten als die Vorfahren jener Völker, welche diese Routen nach Süden bald für ihre Eroberungen benutzten.[679]

Sozialordnung: Herrschaft über Frauen

Hier beschäftigt uns die Frage, wie es den Frauen in der hierarchischen Hirtenkrieger-Gesellschaft erging. Auf ihren ökonomischen Bedeutungsverlust folgte ihre soziale Erniedrigung, die bei den Indoeuropäern in die patrilineare und patrilokale Familie mit striktem Vaterrecht mündete. Dies zeigt die sprachwissenschaftliche Analyse der indoeuropäischen Verwandtschaftsbegriffe.[680] Die Frage ist hier, in welchen Schritten es dazu kam? Denn diese Familienform ist nicht selbstverständlich, nur weil sie uns so vertraut ist.

Nicht jede Hirtenkultur oder sogar Hirtenkrieger-Kultur ist zwangsläufig patriarchal, was man an den Tuareg-Stämmen in der Wüste Sahara sehen kann. Diese sind gemäß ihrer Tradition in der Mutterlinie organisiert, die Frauen wohnen als „Herrinnen der Zelte" matrilokal zusammen. Die Herden bleiben als Gemeinschaftsbesitz in den Händen der Frauen, über den sie wachen. Sie gelten als die Ernährerinnen, denn sie verteilen die tierischen Produkte, die sie herstellen, gleichmäßig an alle Familienmitglieder.[681] Auch die indoeuropäischen Steppenvölker waren nicht seit ewiger Zeit patriarchal – wofür es keine Hinweise gibt, sondern sie besaßen ebenfalls einst matriarchale Muster. Bei ihnen entwickelten sich aber durch das zunehmende Kriegswesen der Häuptlinge hierarchische Muster und Privatbesitz an Vieh, was zu einem erheblichen Ungleichgewicht in der Gesellschaft führte.

Wer dank eines Erzwingungsstabes herrscht, kann nicht nur egalitäre Besitzregeln außer Kraft setzen, sondern auch Regeln der traditionellen matriarchalen Lebensweise samt deren Werten. So verletzte man die vorher umfassende, sakrale Ordnung, indem Teile herausgelöst und zur Stärkung der Herrschaft instrumentalisiert wurden. Diese Profanierung betraf insbesondere Tiere und Frauen. Tiere verloren

---

[679] Vgl. Anthony, S. 412 ff.
[680] Die Grundgebgriffe der Verwandtschaft betonen die männliche Linie und Sippe. Vgl. Gimbutas: *Zivilisation*, S. 395; Haarmann: *Indoeuropäer*, S. 77–79.
[681] Das gilt für die traditionelle Kultur der Tuareg-Stämme, die heute in Auflösung begriffen ist; vgl. Göttner-Abendroth: *Das Matriarchat II,2*, Kapitel 8.

ihre göttliche Aura, die sie in den Weltbildern der Alt- und Jungsteinzeit besessen hatten. Sie wurden nun zur bloßen Ressource gemacht, die man für die eigene Macht weitgehend ausbeutete. Die weiblichen Tiere betrachtete man als eine Art „Gebärmaschinen", denn sie sind es, welche die Herden vermehren. Zugleich entdeckten die Viehzüchter die Mitwirkung männlicher Tiere, die zur Schwangerschaft bei weiblichen Tieren führt, und bei der beginnenden Patriarchalisierung in diesen Gesellschaften war dies für die Männer eine Offenbarung ihrer biologischen Macht.

Diese Entdeckung war keineswegs der Auslöser für Patriarchalisierung – wie es in naiver und gewaltiger Überschätzung des Zeugungsaktes noch immer behauptet wird. Bei einigen gegenwärtigen matriarchalen Gesellschaften ist die Mitwirkung des Mannes bekannt und er wird bei bestimmten Festen geehrt, doch eine biologische Vaterlinie als strukturgebendes Element für die Gesellschaft resultiert daraus nicht. Denn trotz dieses Wissens halten die Menschen daran fest, dass die Ahnen ihrer Sippe die Schwangerschaft bewirken. Das heißt, Empfängnis, Schwangerschaft und Geburt gelten noch immer als eine gänzlich sakrale Angelegenheit.[682] In den Jahrhunderttausenden vor der Patriarchalisierung war die Mitwirkung des Mannes für eine Schwangerschaft der Frau eine unbekannte Angelegenheit. Denn es fehlte bei der sexuellen Freiheit der Frauen jegliche Form von Monogamie, die Voraussetzung für das Erkennen der biologischen Vaterschaft ist, stattdessen prägte die Wiedergeburtsreligion im eben genannten Sinne das Weltbild. Für die Entstehung von „Vaterschaft" und „Vaterlinie" mussten also andere Faktoren hinzukommen, vor allem musste die tief verwurzelte Wiedergeburtsreligion außer Kraft gesetzt werden!

Die herrschenden Männer der Krieger-Elite übertrugen bald das Besitz- und Ausnutzungsdenken, das sie an ihren Herden gewonnen hatten, auf die menschliche Sphäre. Wenn entgöttlichte Tiere in ihr profanes Privateigentum verwandelt werden konnten, warum nicht auch entgöttlichte Frauen? Die Erkenntnis vom männlichen „Alpha-Tier" als Auslöser von Schwangerschaft bei weiblichen Tieren zwecks vielem Nachwuchs bezogen sie nun auf sich selbst und begannen die Wiedergeburtsreligion, die den Frauen eine sakrale Aura gibt, zu verachten. Aber damit hatten sie noch nichts erreicht.

Es gab für sie ein anderes, schwerwiegendes Problem, das sich auf die Erbschaft bezog: An wen sollte ein mächtiger Häuptling den privaten Reichtum vererben, damit dieser nicht wieder an die Gemeinschaft zurückfiel? Dafür brauchte er einen individuellen Erben, den eigenen Sohn, der dem individuellen Häuptling in allem gleichen sollte. Das heißt, es ging um den neuen Besitz und die neue Macht, die in männlicher Linie vererbt werden sollten. Weil ein Mann den Sohn aber nicht selbst hervorbringen kann, brauchte der Häuptling dazu eine Frau als Mittel zum Zweck.

Mit diesem Ansinnen stieß er sicher nicht auf das Einverständnis seiner Gemeinschaft, denn eine solche Entwürdigung der Frau war in einer matriarchalen Kultur undenkbar. Was geschah aber, wenn ein reicher Häuptling einem ärmeren Clan einen Teil seiner Herde schenkte, um dafür eine Frau zu erhalten? Wenn er zudem

---

[682] Wenn bei solchen Ethnien die biologische Vaterschaft bekannt ist, handelt es sich meist um keine alte Tradition. Denn von der biologischen Vaterschaft können nur diejenigen wissen, welche die monogame Eheform haben, und das ist bei den wenigsten der Fall. Diese Eheform entstand bei ihnen durch die jüngere Überfremdung durch patriarchale Kolonisation verschiedener Herkunft, besonders durch die christliche Mission.

versprach, die Frau an seiner Seite als Häuptlingsfrau zu ehren? Man gab nach, und geblendet vom Glanz seines Reichtums und seiner Macht war auch die Frau einverstanden, ihre Sippe zu verlassen. So kam es zum „Brautpreis" an Vieh und zum Besitz an einer Frau, auf die dann, wenn sie älter geworden war, eine zweite, jüngere Frau folgte.[683] Diese Sitte musste sehr schnell in der Krieger-Elite um sich gegriffen haben. Zu guter Letzt wurden reiche Männer rar, die eine Tochter aus einem ärmeren Clan heiraten wollten. Da begann man die Sache umzukehren, und ärmere Clans boten nun einem mächtigen Mann die Tochter mitsamt einer „Brautgabe" oder Mitgift an, um ihn auf diese Weise als Verbündeten zu gewinnen.[684]

Bei jeder Variante ging die Frau unweigerlich in den Besitz des Mannes über und musste bei ihm leben. Er „hütete" und „züchtigte" sie wie seine Kühe. Das war in seinen Augen notwendig, um sie gehorsam und strikt monogam zu machen – denn wie konnte er sonst sicher sein, dass sie *seinen* Sohn als den einzig legitimen Erben gebären würde und nicht den eines geheimen Liebhabers? Deshalb musste sie ihm auch als „Jungfrau", d.h. sexuell Unberührte, übergeben werden, was zur Folge hatte, dass Vater und Brüder der eigenen Sippe sie vor der Ehe strikt bewachen mussten, damit sie nicht an Wert verlor. Danach wurde ihre Monogamie erzwungen, indem sie ihrer persönlichen Freiheit vollständig beraubt wurde. Für diese Einsperrung der Frau sorgte sein Gefolge von Kriegern, das sie ständig überwachte. Bei jeder Unachtsamkeit in sexueller Hinsicht drohte ihr der Tod, denn damit sah sich der Häuptling an seinem Eigentum geschädigt. Ihr Liebhaber galt als Dieb am Besitz des Häuptlings und wurde, genauso wie ein Viehdieb, ebenfalls getötet.[685] Diese Sitten waren brutal, doch sie ergaben sich aus der Logik des Privatbesitzes.

Das ist der wahre Ursprung der Eheform Monogamie, die keineswegs „natürlich" ist, sondern ein sozial schwierig durchführbares Muster darstellt, weil sie nur unter Zwang zustande kam. Erst nachdem sie konsequent durchgeführt worden war, konnte ein Häuptling „seinen eigenen Sohn" erkennen und in seinem Sinne unter Kriegern erziehen lassen. Erst dann entstand der Begriff „Vater", der ein Begriff der Macht war und nicht der liebevollen Fürsorge. Erst wenn sein eigener Sohn als Erwachsener dasselbe schwierige Muster durchsetzten konnte, entstand eine rudimentäre „Vaterlinie" als erste Patrilinearität. Und erst wenn es über einen längeren Zeitraum angewandt worden war, konnte so etwas wie eine „Vatersippe" mit Patrilokalität entstehen. Denn jedes Mal wurden die matrilinearen Traditionen außer Kraft gesetzt, was gewiss nicht ohne Widerstand der Gemeinschaft geschah. Außerdem blieben diese Muster auf die Krieger-Elite beschränkt, die sich diesen enormen Aufwand mitsamt der Kosten leisten konnte. Die gewöhnlichen Leute, insbesondere

---

[683] Für die indoeuropäische Sitte des „Brautpreises" gibt es ebenfalls linguistische Hinweise, denn das Wort dafür leitet sich von „wedh" ab (engl.: „wedding" gleich „heiraten"), was „Rinder führen" bedeutet. Vgl. Gimbutas: *Zivilisation*, S. 395.

[684] Beide Varianten kamen vor und sind bei indoeuropäischen Stämmen bekannt: Den Brautpreis gab es bei den indoiranischen Stämmen, bis es in Indien später zur Mitgift kam, was heute noch Usus ist; bei den keltischen, germanischen und slawischen Stämmen galt die Mitgift ohne den Brauch des Brautpreises.

[685] Von diesen Sitten sprechen noch die altirischen „Aitheda" oder „Fluchtgeschichten", die von der Liebe einer Häuptlingsfrau/Königin zu einem anderen Mann handeln, mit dem sie flieht. Regelmäßig endet dies mit dem Tod der beiden durch den Häuptling/König. Vgl. Göttner-Abendroth: *Die Göttin und ihr Heros*, S. 251, 253 ff.

die von der Elite ausgeschlossenen Frauen, hielten noch lange an der angestammten, matrilinearen Tradition fest.

So entstanden die Vaterschaft und Vaterlinie aus der Taktik der Macht. Sie waren von Anfang an ein Herrschaftsinstrument über Frauen, womit man sich deren Gebärfähigkeit und zusätzlich ihre Arbeitsleistung aneignete. Die Männer der Krieger-Elite erhöhten mit einer, zwei oder mehreren Frauen ihre Macht, denn sie brauchten viele gehorsame Söhne. Über ihren Besitz konnten diese Männer verfügen, wie sie wollten, was so weit führte, dass sie – wie bei ihrem Vieh – Herren über Leben und Tod auch ihrer Frauen und Söhne wurden. Das früh-indoeuropäische Wort „pot" bedeutet sowohl „Vater" (lat. „pater") wie auch „Macht" (lat. „potestas") und macht diesen Zusammenhang deutlich: Es bezeichnet den despotischen Häuptling und Krieger-Patriarchen.[686]

Zu diesem Besitzdenken gehört ebenso, dass nicht nur ihre Lieblingstiere, nämlich Pferde, den Häuptlingen in den Tod folgen mussten, sondern auch ihre Frauen, manchmal mitsamt den noch nicht erwachsenen Kindern. Diesen Preis bezahlte eine Häuptlingsfrau für ihren erhöhten Status, denn ohne den mächtigen Mann hatten sie keinen Wert. Dieser verharmlosend „Witwentötung" genannte Vorgang stellt faktisch Menschenopfer dar und ist archäologisch gut belegt: Man fand in vielen reichen Kurganen solche gleichzeitigen Bestattungen von einem Mann mit einer oder zwei Frauen (Polygynie). Ebenso gab es Bestattungen eines Mannes mit Frauen und Kindern, einmal ergänzt durch zwei Jugendliche und einen Diener (Abb. 5 und 6).[687] Dies setzte sich fort: Noch in den Königsgräbern des eisenzeitlichen Steppenvolkes der Skythen fand man neben Goldschätzen auch Pferdeskelette und die üblichen Menschenopfer von königlichen Frauen und Hofbediensteten.[688]

---

[686] Gimbutas: *Zivilisation*, S. 395. – Diese frühpatriarchalen Familienmuster galten ebenfalls in klassisch patriarchalen Gesellschaften und haben sich an manchen Orten bis in die Gegenwart erhalten. Die Macht des Vaters („potestas") ist gut dokumentiert zu sehen am Beispiel des „pater familias" („Familienvater") im antiken Römischen Reich, welcher der gesetzliche Herr über Leben und Tod von Frauen, Kindern, Sklaven und Vieh war.

[687] Gleichzeitige Bestattungen von Mann und Frau (Suvorovo-Kultur und Badener Kultur bei Budapest); gleichzeitige Bestattung von einem Mann mit Frauen und Kindern, die im Kreis um ihn herum gelegt worden waren (Badener Kultur, Bronocice, Südpolen); gleichzeitige Bestattung von einem Mann mit zwei Frauen und deren kleinen Kindern, nebst zwei Jugendlichen und einem Diener (Kugelamphoren-Kultur, Wolhynien); vgl. Gimbutas: *Zivilisation*, S. 362, 374, 375, 382.

[688] Parzinger: „Die Reiternomaden der eurasischen Steppe während der Skythenzeit", in: Katalog der Ausstellung: *Im Zeichen des goldenen Greifen. Königsgräber der Skythen*, Hg.: Deutsches Archäologisches Institut, München und Berlin 2007, 2008, Prestel Verlag, S. 36.

Abb. 5: Bestattung mit Menschenopfern, Beispiel 1: Der älteste Mann lag in der Mitte, Frauen und Kinder wurden am Rand kreisförmig darum gruppiert. (aus: Marija Gimbutas: Die Zivilisation der Göttin, S. 375)

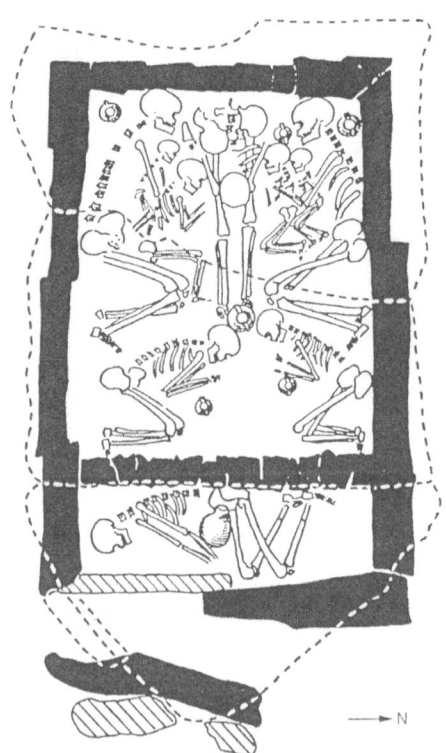

Abb. 6: Bestattung mit Menschenopfern, Beispiel 2: In der Mitte oben das (halb zu sehende) Skelett eines älteren Mannes, flankiert von zwei Frauen mit je zwei Kindern (1–8 Jahre), zu seinen Füßen zwei Jugendliche (Jüngling 15 und Jungfrau 17 Jahre), im Vorhof ein jüngerer Mann. (aus: Marija Gimbutas: Die Zivilisation der Göttin, S. 382)

Weltbild und Religion: Reinheits-Ideologie und „Gott Vater"

Was die Kenntnisse von Ideologie und Religion der Indoeuropäer betrifft, so sind ethnologische Quellen und die später überlieferte Mythologie relevant. Ethnologisch gibt es eine interessante Vergleichssituation: Im Hindukusch-Gebirge, das die Kasachstan-Steppe im Süden abschließt und als hohe Barriere vor dem Tiefland des Indus-Tales (Nordwest-Indien) aufragt, leben die indoeuropäischen Stämme der sog. „Kafirun" (vgl. Karte 1 von Kap. 5, S. 224).[689] Sie sind mit Patrilinie und Patrilokalität patriarchal organisiert und gehören zu den Aryans (Arier). Sie haben um 2.000 v.u.Z. die indoeuropäische Eroberung Nordwest-Indiens durch die Aryans nicht mit vollzogen, sondern sich auf halbem Wege sesshaft niedergelassen. Sie vermischten sich hier nicht mit einem unterworfenen Volk, wie es in Indien oft geschah, und in der Abgeschiedenheit des Gebirges bewahrten sie Formen ihrer alten Sprache und Traditionen bis zur Gegenwart. Keineswegs sind sie blond und blauäugig, wie „Arier" sein sollten, sondern dunkelhaarig und dunkeläugig, mit ein paar Abweichungen.[690]

Die Kafirun haben eine lange, kriegerische Vergangenheit und beherrschten einst die ganze Gegend.[691] Ihr Denken, ihre Sozialform und Ökonomie sind gänzlich von einem hierarchischen Dualismus durchzogen, der vom Gesetz des Stärkeren ausgeht. Der Stärkere, der Krieger, macht den Schwächeren, z.B. den Handwerker, zu seinem Sklaven und zwingt ihn zu Gratisarbeit. Zementiert wird diese Hierarchie durch eine dualistische Reinheits-Ideologie, z.B. übt der versklavte Handwerker sogenannt „unreine" Tätigkeiten aus, während der edle Krieger sich nur mit „reinem" Tun abgibt, nämlich mit Waffenhandwerk und Krieg.

Die konservativsten Kafirun sind heute die Kalash. Einst flohen sie, um freie Männer zu bleiben, in die unzugänglichen, steilsten Täler des Hindukusch, ein abgeschiedenes Wohngebiet, das sie als eine „reine" Insel in einer feindlichen, „unreinen" (muslimischen) Außenwelt betrachten. Jede islamische Missionierung wehren sie ab.[692] Sie bewahrten den strengsten Dualismus, der ihre Hierarchie von Oben und Unten, vom Stärkeren und Schwächeren zementiert – wobei die Anderen stets abgespalten und abgewertet werden. Ihm liegt der Dualismus der Geschlechter zugrunde, welcher der Boden für ihren allgemeinen Dualismus und ihre Reinheits-Ideologie ist.[693] Dies steht in krassem Gegensatz zum Denken in Polaritäten aus zwei gleich-

---

[689] „Kafirun" ist eine negative Fremdbezeichnung und bedeutet „Ungläubige".
[690] „Aryans" (engl.) oder „Arier" (deutsch) heißt „die Edlen". Dieser Begriff wurde in der Rassenlehre des Nazi-Regimes extrem überdehnt, indem alle Indoeuropäer als „Arier" bezeichnet wurden und einen höheren Menschentyp darstellen sollten. In der Sprachwissenschaft bezeichnet man damit nur eine bestimmte Gruppe von Indoeuropäern mit indo-arischer Sprache (Vedisches Sanskrit), die als die Eroberer Nordwest-Indiens um 2.000 in Erscheinung traten. Wir gebrauchen deshalb den missverständlichen Begriff „Arier" nicht, sondern halten uns an die genauer definierte Bezeichnung „Aryans". Vgl. eine sehr gute Kritik an der Arier-Rassentheorie und ihrer Geschichte im 19./20. Jh. bei Mallory, S. 266–270.
[691] Zur Geschichte der Kalash-Kafirun: Jean-Yves Loude/Viviane Lièvre: *Kalash Solstice*, Islamabad/Pakistan 1985, Lok Virsa Publishing, S. 11–25.
[692] A.a.O., S. 21–22.
[693] Zur grundsätzlich dualistischen Ideologie auch der geschichtlichen Indoeuropäer vgl. Mallory, S. 140–141.

wertigen Hälften, die egalitär integriert und balanciert werden – wie matriarchale Gesellschaften ihr Weltbild konzipieren.

Im patriarchalen Dualismus der Kalash stehen die „starken" und „reinen" Männer über den „schwachen" und „unreinen" Frauen. Der Status der „Unreinheit" der Frauen wird als von Natur aus gegeben betrachtet, weil die weiblichen, generativen Körperfunktionen wie Menstruation und Geburt als zutiefst „unrein" gelten. „Unrein" sind ebenfalls Krankheit, Tod und Verwesung, die der weiblichen Sphäre zugeordnet werden. Insbesondere der Geschlechtsverkehr mit Frauen „verunreinigt" die Männer, wird aber dennoch gern ausgeübt. Die „reinsten" Personen sind deshalb Knaben und Jünglinge, die noch keinen Geschlechtsverkehr kennen. Sie müssen von den Frauen mit Ehrfurcht behandelt werden, sogar von der eigenen Mutter.[694]

Die Ökonomie und die Landschaft werden von den Kalash gemäß dieser dualistischen Reinheits-Ideologie ebenfalls zweigeteilt: Der geringfügige Feldbau wird von den Frauen getätigt, wobei die kleinen Anbauflächen unterhalb der Siedlungen nahe beim Wasser liegen, also in der unteren Zone. Die Arbeit mit der Erde gilt als niedrig, „verunreinigend" und profan, wie die Frauen selbst. Das Hirtentum – hier mit Ziegen, da Rinder und Pferde in diesem Gebirge nicht gehalten werden können – ist dagegen Sache der Männer und wird auf den Bergeshöhen ausgeübt, also in der oberen Zone. Diese Tätigkeit auf den Almen in der Nähe des Himmels wird als heilig betrachtet und darf nur von den „reinen" Knaben und Jünglingen ausgeübt werden. Selbst die Ziegen gelten als heilig, und so gibt es hier einen Ziegenkult statt des allgemein indoeuropäischen Pferde- und Rinderkultes. Jeder Ziegenstall im Dorf ist ein heiliger Ort, wo die Männer für Festlichkeiten eine Ziege als „reinstes" Opfertier rituell schlachten, dessen Fleisch nur sie essen dürfen. Bei diesen Opfern assistieren die Knaben in einer quasi priesterlichen Rolle. Den Frauen – die wegen ihrer „Unreinheit" ohnehin viele Tabus beachten müssen – ist es verboten, sich diesen heiligen Ställen zu nähern oder gar auf die Almen hinaufzusteigen. Sie müssen im Dorf und in der unteren Zone bei den Feldern bleiben, wo auch die Friedhöfe liegen. Dorthin gehen wiederum die Männer nicht, aber nicht aus Respekt für die Sphäre der Frauen, sondern um sich nicht zu „verunreinigen".[695]

Das lässt sich jedoch nicht streng durchführen, denn sie üben Geschlechtsverkehr mit Frauen aus und nehmen an Bestattungen teil; doch diese Berührung mit „Unreinem" führt bei den Männern hernach zu langen Reinigungszeremonien. Die Frauen müssen ihrerseits nach Menstruation und Geburt – die in vom Dorf abgelegenen Menstruationshütten stattfinden – langwierige Reinigungsrituale vollziehen, wodurch sie aber nicht „rein" werden, sondern bloß wieder mit im Dorf leben dürfen.[696] Dennoch bewegen sich Kalash-Frauen einigermaßen frei und unverschleiert, wenn auch ihr Kopf stets bedeckt sein muss; sie tragen eine hübsche Haube aus Kaurimuscheln. Sie haben sogar manchmal außereheliche Liebesbeziehungen und können Scheidungen fordern, denn zu viel Sittenstrenge kann sich ein so kleines Volk nicht leisten.[697] Aber Frauen gelten als Versuchung und ständige Störung der männlichen

---

[694] Karl Jettmar: *Die Religionen des Hindukusch*, darin: „Die Religion der Kalash", Stuttgart 1975, Kohlhammer Verlag, S. 333, 335, 410.
[695] A.a.O., S. 331–337, 367–368.
[696] A.a.O., S. 367, 371, 398.
[697] A.a.O., S. 333, 331–337, 368, 396.

Reinheit und kultischen Heiligkeit, was gut gestellte Männer nicht daran hindert, zwei Ehefrauen gleichzeitig zu haben.[698]

Auf diese Weise wurden die Verhältnisse durch die indoeuropäische Reinheits-Ideologie auf den Kopf gestellt, indem man die uralte Heiligkeit der weiblichen Gebärfähigkeit herabwürdigte und ins Gegenteil verkehrte. Doch die Kalash-Frauen haben eine Antwort auf ihre ständige Erniedrigung gefunden: An ihren Plätzen, wie den Hütten für Menstruation und Geburt und dem Friedhof, halten sie genau an dieser Heiligkeit ihrer Gebärfähigkeit fest und feiern sie. Wie eine „Gegenheiligkeit" setzen sie diese der ständigen Selbst-Überhöhung der Männer entgegen.[699] Hier sind Vorstellungen aus dem matriarchalen Wiedergeburtsglauben erhalten geblieben, der bei der Unterschicht in indoeuropäischen Gesellschaften nie ganz erloschen war.[700]

Auch in der Religion zeigen die Kalash ihr früh-indoeuropäisches Erbe, vermischt mit Resten uralten matriarchalen Glaubens. Sie kennen keine Tempel – was archäologisch ebenso von den frühen Indoeuropäern bekannt ist; wie diese kennen sie auch kein Wort für „Tempel".[701] Die Kalash errichten offene Altäre aus Feldsteinen im Freien, ebenfalls nach Geschlechtern strikt getrennt: Die Altäre der Männer liegen oberhalb des Dorfes und werden als heilig betrachtet, die Altäre der Frauen befinden sich hingegen unterhalb des Dorfes und gelten als profan.[702] Ein geschnitztes Brett an den Altären ist je einer Gottheit gewidmet, die Altäre der Männer tragen nach vorn ragende Pferdeköpfe aus Holz.[703] Bei der Verehrung der jeweiligen Gottheit zelebrieren keine Priester, sondern in der Regel die Männer oder Frauen selbst. Die kultische Handlung besteht auch hier nur aus dem Schlachten von Tieren, während die Frauen ausschließlich pflanzliche Opfer darbringen.[704] Auch die frühen Indoeuropäer hatten keine Priester, weil die herrschenden Häuptlinge sie noch nicht brauchten. Es gibt keine archäologischen Hinweise auf Priestergräber, denn die Religion war noch nicht institutionalisiert.[705] Die früh-indoeuropäischen Altäre unter freiem Himmel waren die Kurgane, die Grabstätten großer Männer.

Die Gottheiten der Kalash zeigen denselben hierarchischen Dualismus, der schon für die Menschenwelt gilt. Die Götter der Männer haben mit Kampf und Hirtentum zu tun und gelten als „höher", die Göttinnen der Frauen sind mit Feldbau, Geburt und Tod verbunden und gelten als „niedere" Gottheiten.[706] Eine solche Zweiteilung in höhere und niedere Gottheiten ist ebenfalls allgemein indoeuropäisch und war matriarchalen Kulturen unbekannt. Es fällt jedoch auf, dass die weiblichen, „niederen"

---

[698] A.a.O., 333; Loude/Lièvre, S. 27. – Diese Reinheits-Ideologie ist keineswegs eine späte Übernahme bei den Kalash, sondern ihr früh-indoeuropäisches Erbe, wie an der frühen patriarchalen Entwicklung Indiens unter den Indo-Aryans zu sehen ist.
[699] Jettmar, S. 350.
[700] A.a.O., S. 360, 410.
[701] Mallory, S. 128.
[702] A. Raziq Palwal: *The Mother Goddess in Kafiristan. The Place of the Mother Goddess in the Religious Dualism of the Kafir Aryans, Afghanistan*, Dissertation Kabul Universität/Afghanistan 1992, and Louisiana State University/USA 1972, Einleitung und Kap. III.
[703] Jettmar, S. 343, 349, 351, 361, Abb. S. 403–405.
[704] A.a.O., S. 372.
[705] Mallory, S.142.
[706] Palwal, Einleitung und Kap. III.; Jettmar, S. 396.

Göttinnen bei den Kalash viel weiter verbreitet sind als die männlichen Götter. So wird Jestak, die Göttin der Kinder und damit aller Sippen, deren Lebenskraft sie verkörpert, in sämtlichen Wohn- und Versammlungshäusern in ihrem Symbol verehrt, und zwar von Frauen und Männern gleichermaßen. Es wird von ihr sogar gesagt, sie sei in grauer Urzeit die Ahnfrau aller anderen Gottheiten gewesen – was deutlich macht, dass sie eine matriarchale Urmutter-Göttin ist.[707] Nicht weniger urtümlich ist Dezalik, die Göttin der Geburt und des Todes, die in den Menstruationshütten verehrt wird. Sie bringt die Seelen und holt sie wieder ab – vermutlich um sie in einer Wiedergeburt erneut ins Leben zurück zu bringen.[708] Diese beiden Kalash-Göttinnen haben keine Mythen, sie hatten sie wegen ihrer Allgemeinheit auch nicht nötig. Aber es ist deutlich, dass sie auf eine matriarchale Religionsschicht zurückgehen.

Umso mehr mythische Geschichten ranken sich um die männlichen, „höheren" Götter der Kalash, die sie als begrenzter erscheinen lassen. Sie sind als Himmels- und Kriegsgötter ohne Bezug zu den Lebensvorgängen, stattdessen machen sie einander Konkurrenz um Land und Täler, sie streiten sich, überlisten sich gegenseitig, besiegen und verdrängen einander.[709] Das spiegelt keine göttlichen Zustände wider, sondern menschliche, wie sie sich bei den kriegerischen Clans und Stämmen der frühen Indoeuropäer notorisch abgespielt haben. Diese Götter sind Erfindungen der Männer, die ihren eigenen Status als Hirten und Krieger und ihre Kampfgeschichten ins Göttliche projizierten. Sie genießen keine allgemeine Verehrung, sondern sind nur lokal oder regional verankert, je nachdem wo sich ihre Anhänger durchgesetzt haben. Vermutlich musste deshalb ihre künstliche „Heiligkeit" umso strenger gegenüber Frauen und Unterworfenen behauptet werden. Denn bei genauer Betrachtung kehrt sich das von den Kalash behauptete Verhältnis von „sakral" und „profan" hier geradezu ins Gegenteil um.

Werfen wir nach diesem aufschlussreichen ethnologischen Beispiel noch einen Blick auf die vergleichende Mythologie: Hier hat die Sprachwissenschaft gezeigt, dass es in allen indoeuropäischen Sprachen den Begriff „Gott Vater" gibt, der auf das frühindoeuropäische „dyeus pater" zurückgeht.[710] Er wird mit dem Himmel assoziiert und gilt als Schöpfergott, der alle Götter und Menschen hervorgebracht hat – obwohl nie klar ist, wie er das getan haben will. Teils imitierte er die Gebärfähigkeit der Frauen, teils verließ er sich auf sein handwerkliches Geschick und töpferte, teils machte er Menschen sogar aus dem Blut erschlagener Götter.[711] Es ist deutlich, dass hier der mächtige Vater-Häuptling vergöttlicht und in den Himmel gehoben wurde, nachdem

---

[707] Jettmar, S. 348–349.
[708] A.a.O., S. 349–350.
[709] A.a.O., S. 341–344.
[710] Z.B. in Sanskrit: „dyaus pitar"; in Griechisch: „zeus pater"; in Lateinisch: „deus pater" und auch der römische Göttervater Jupiter („ju piter") leiten sich von der früh-indoeuropäischen Wurzel „dyeus pater" her; in Illyrisch: „dei patyros"; in Germanisch: „ziu"; in Hethitisch: „d'sius"; bei den Kalash: „dez au".
[711] Z.B. „gebiert" der griechische Zeus Athene aus dem Kopf und Dionysos aus dem Oberschenkel (vgl. Ranke-Graves, S. 38, 46); der indische Vishnu „gebiert" Lakshmi aus der Stirn (vgl. James, S. 165–167); der griechische Prometheus formt Gottheiten und Menschen aus Lehm (vgl. Ranke-Graves, S. 27–28, 126); der babylonische Gott Ea schafft den vollkommenen Menschen aus dem Blut des Kingus (vgl. Ranke-Graves, S. 131).

er die Muttergöttin, sei es als Erdmutter oder als menschliche Ahnfrau, erniedrigt oder unsichtbar gemacht hatte. In seinen konkreten Gestalten verhält sich dieser Vater-Gott herrschend und strafend und verteidigt seine Macht mit Gewalt, wie der „pater familias" auf Erden. Die früheren Göttinnen wurden nun zu seinen abhängigen Gattinnen, Schwestern und Töchtern gemacht, die früheren Söhne der Göttinnen zu *seinen* Söhnen und zu Vasallen.[712]

Die Verbindung dieses Gottes mit dem Himmel liegt für Steppenvölker nahe. Denn die Sonne und die Sterne geben ihnen Orientierung in der unendlichen Weite, und von der Wegefindung von einer Wasserstelle zur nächsten hängt oft ihr Überleben ab. Die Erde bedeutet ihnen im Gegensatz zu Ackerbau treibenden Völkern kaum etwas. Wenn erdbezogene Muttergöttinnen dennoch in den verschiedenen indoeuropäischen Mythologien vorkommen, so sind sie Reste aus der ehemals matriarchalen Vergangenheit dieser Völker oder Übernahmen aus unterworfenen matriarchalen Völkern. Stets gelten sie als „niedrig".

Die Abspaltung der Muttergöttin und des mit ihr verknüpften Wiedergeburtsglaubens hatte für die Helden der indoeuropäischen Elite traurige Folgen. Ohne die Hoffnung auf Wiedergeburt blieb ihnen nur die Vorstellung übrig, dass sie nach dem Tod als bleiche Schatten in der Unterwelt hausen müssen und dort ziellos umherflattern. Etwas glimpflicher dachte man hinsichtlich jener, die in der Schlacht gefallen waren: Sie durften sich in den Hallen der Unterwelt nie endenden Feiern und ausufernden Trinkgelagen hingeben. Doch keiner hatte die Aussicht, aus der düsteren Unterwelt jemals herauszukommen.[713]

Der allgemein indoeuropäische Kriegsgott ist ebenfalls mit dem Himmel assoziiert, doch nicht mit dem hellen, sondern mit dem dunklen Himmel, der mit Unwettern droht und poltert. Man glaubte, dass der Kriegsgott im Sturmgebraus daher fährt und Äxte, Keulen, Hämmer oder Donnerkeile schleudert, die als Blitze zucken und als Donner krachen.[714] Wo auch immer solche Kriegsgötter auftraten, überall galten sie als mächtig, gefährlich und tyrannisch – ein Spiegelbild der Realität bei den Indoeuropäern. Aber es scheint in diesen früh-patriarchalen Gesellschaften die gewisse Ahnung gegeben zu haben, dass eine Welt, die auf Gewalt beruht, auch durch Gewalt zugrunde gehen wird. Das besagt die Mythe von der „letzten Schlacht", die mehrfach in den indoeuropäischen Mythologien vorkommt und stets die „Götterdämmerung" hereinbrechen lässt, das heißt, den Untergang dieser Götter.[715] Meist überlebt nur ein einziges Wesen dieses grausige Szenario: die Erdmutter, die sich aus sich selbst erneuert. –

---

[712] Vgl. Ranke-Graves, insgesamt; Göttner-Abendroth: *Die Göttin und ihr Heros.*
[713] Solche Vorstellungen von der Unterwelt z.B. bei den Griechen und den Germanen. Ebd.
[714] Z.B. der früh-indoeuropäische Perkuno, Gott des Gewittersturmes; der griechische Zeus, der „Donnerer", mit seinem Blitz, er ist zugleich oberster Vatergott; der germanische Thor mit seinem Hammer (Pferdekopfkeule); der slawische Donnergott Svarožić/Radegast; ferner die Kriegsgötter Ares (griechisch), Mars (römisch), Indra (indisch).
[715] Beispiele sind: das „Ragnarök" in der nordgermanischen Überlieferung; die „Zweite Schlacht von Mag Tured" in der frühen irischen Tradition; das „Kurukshetra" im indischen Epos *Mahabharata* (vgl. Mallory, S. 129–130). Das „Ragnarök" schließt mit der sich wieder belebenden Erde und einem neuen, unschuldigen Menschenpaar (vgl. *Die Edda*, Felix Genzmer (Übersetzg.), Düsseldorf-Köln 1960, Eugen Diederichs Verlag, S. 50, 90).

5.2. Die Situation in Kleinasien und die Amazonen-Frage

Zeittafel

3. Jt. v.u.Z.:	Frühe Bronzezeit: Amazonen-Städte auf der Insel Lemnos und an der Westküste von Kleinasien
3. und 2. Jt.:	Frühe und mittlere Bronzezeit: Amazonen-Siedlungen am Thermodon an der Schwarzmeerküste von Kleinasien
Um 1.200:	Amazonen im Trojanischen Krieg
Ende des 2. Jt.:	Amazonen im südlichen Kaukasus
Erste Hälfte des 1. Jt.:	Verbindung von Amazonen mit nomadischen Völkern nördlich des Kaukasus[716]

Kritische Vorbemerkungen

Das Amazonen-Thema enthält viele Hinweise vom weiblichen Widerstand gegen das sich formierende frühe Patriarchat. Doch leider wird dieses Thema sehr schlecht behandelt, es ist ebenso ein Streitpunkt wie das Thema „Matriarchat". Das Bemühen um seriöse Forschung wird auch hier diskriminiert und ausgegrenzt und ein Konformismus im Negativen hergestellt, der jede ernsthafte Untersuchung verhindern soll. Zudem wird das Amazonen-Thema zerstückelt in griechische Mythen einerseits und seltsame archäologische Funde andererseits – und dies alles mit ungeklärten Begriffen. Tatsache ist jedoch, dass Berichte über kriegerische Frauen in Eurasien weit verbreitet sind und eine enorm lange Dauer haben, was doch seltsam ist, wäre es ein abseitiges Phänomen aus reiner Einbildung.

So behandeln Altertumsforscher die griechischen Amazonen-Mythen als bloße Phantasie, ohne zu bedenken, dass Mythen in der Regel einen historischen Kern enthalten, den man doch entziffern könnte. Außerdem kommt bei ihnen griechisch gefärbter Eurozentrismus zur Geltung, denn sie beziehen die Erzählungen von Kriegerinnen aus anderen Völker nicht ein.[717] Diese wirken realistischer und sind erheblich weniger ideologisch besetzt als die griechischen Mythen mit ihrer neurotischen Angst vor kriegerischen Frauen, die das junge Patriarchat der griechischen Stämme und Städte gefährden könnten. Denn in den griechischen Mythen und künstlerischen Darstellungen gilt der Grundsatz: Amazonen müssen vernichtet werden! Daher sieht man sie immer als Unterlegene, die gerade den tödlichen Hieb von einem Mann empfangen (Vasenmalerei, Skulpturen) oder die von den griechischen Helden mit List und Gewalt besiegt werden (Mythen). Die Erzählungen vieler Völker Eurasiens zeigen eine andere Auffassung: Hier werden kriegerische Frauen meist als Überlegene dargestellt. Nach heftigen Kämpfen mit ihnen weicht der Kampfgeist bei den Männern oft der Bewunderung, und sie bemühen sich, mit ihnen Bündnisse zu schließen, insbesondere sie als Liebhaberinnen zu gewinnen – eine den griechischen Helden

---

[716] Diese Zeittafel geht zurück auf die Arbeit des Archäologen Gerhard Pöllauer: *Die verlorene Geschichte der Amazonen*, Klagenfurt 2002, Ebooks, AT Verlag.

[717] Ein typisches Beispiel dafür ist der Ausstellungskatalog: *Starke Frauen*, München 2006, Staatliche Antikensammlungen und Glyptothek München.

fremde Idee.⁷¹⁸ Eine andere Strategie der Verdunkelung der Amazonen-Frage ist es, den Begriff „Mythos" überzustrapazieren. Es gibt nämlich einige ernstzunehmende antike Autoren, die über Amazonen berichteten – wie Herodot, Strabo und Diodor – die doch um zwei Jahrtausende näher an diesem Phänomen waren als heutige Wissenschaftler. Sie betrachteten die Amazonen immer als eine Realität. Auch Homer zählt in seinem Epos „Ilias" die Völkerstämme namentlich auf, die der umkämpften Stadt Troja zu Hilfe kamen, darunter ein Stamm der Amazonen als eigenständiges Volk. Außerdem pflegten antike griechische Städte an der Westküste Kleinasiens auf ihre Münzen Amazonen zu prägen, die sie als die Gründerinnen ihrer Gemeinwesen verehrten. Heutige Wissenschaftler schenken den Berichten antiker Autoren über damalige Völker durchaus Glauben, weil vieles archäologisch bestätigt wurde, nur hinsichtlich der Amazonen sollen jene „fabulieren". Ihre Aussagen über Amazonen werden insgesamt als „Mythos" bezeichnet, und man unterstellt diesen Autoren, dass sie das Reale und Fiktive nicht richtig unterscheiden konnten und vermischten. Es wird von einem modernen „erweiterten Verständnis von Mythos" geredet, indem man die Geschichte des „Mythos von den Amazonen" verfolgt, aber nicht die Geschichte der Amazonen selbst. Das macht die Absicht deutlich, unter keinen Umständen etwas Reales von den Amazonen übrig zu lassen.⁷¹⁹

Verräterisch wird es dann, wenn behauptet wird, dass Amazonen-Mythen nur erfunden wurden, um die Männerherrschaft im antiken Griechenland zu legitimieren – ein oft vorgebrachtes Argument. Die Mythen sollten den griechischen, besonders den athenischen Frauen zeigen, dass ihre unterdrückte Stellung „natürlich" sei, während die Amazonen gegen die „natürliche Ordnung" verstießen, weshalb sie untergehen müssten. Hier fragt man sich, warum solche Mythen nötig sind, wenn doch angenommen wird, dass es Männerherrschaft schon immer gab? Wenn diese Ewigkeitsdauer hat, braucht man sie nicht zu legitimieren. Indirekt wird damit zugegeben, dass das griechische Patriarchat geschichtlich recht jung ist und es davor etwas anderes gab – doch dieser Frage wird regelmäßig ausgewichen. Denn es ist die Frage nach dem kulturellen Hintergrund der Amazonen und ihres Kampfes um Unabhängigkeit. Solange dies ausgeblendet wird, kann man das Phänomen „Amazonen" nicht verstehen.

Selbst archäologische Fakten fallen solchen Vorurteilen zum Opfer. So wurden, bevor man Skelettanalysen durchführen konnte, sämtliche Gräber, die Waffen enthielten, als Männergräber deklariert – deshalb existierten kriegerische Frauen nicht. Als man anhand der Skelettanalysen feststellen musste, dass es bei den eurasischen Völkern durchaus Gräber mit bewaffneten Frauen gab, hieß es, dass ihnen die Waffen als symbolischer Schutz fürs Jenseits mitgegeben worden seien – aber sie selbst kämpften nicht.⁷²⁰ Diese Meinung wurde durch die verfeinerte Skelettanalyse hinfällig, als man sah, dass an den Knochen dieser Frauen typische Abnutzungsdefor-

---

[718] Vgl. dazu die reiche Quellensammlung von solchen Erzählungen eurasischer Völker bei Adrienne Mayor: *The Amazons. Lives and Legends of Warrior Women across the Ancient World*, Princeton & Oxford 2014, Princeton University Press.
[719] Vgl. den Ausstellungskatalog: *Amazonen. Geheimnisvolle Kriegerinnen*, Hg.: Historisches Museum der Pfalz, Speyer-München 2010, Edition Minerva; darin Einleitung von Lars Börner, S. 17–23, und Beitrag von Jochen Fornasier, S. 65–71. Die Argumentation dieser Autoren ist an vielen Stellen sehr problematisch.
[720] Mayor, S. 64–67.

mationen durch den ständigen Gebrauch von Waffen zu erkennen waren. Also gab es doch Kriegerinnen, und man nimmt nun an, dass noch mehr von solchen Funde ans Licht kommen werden.[721]

Wir stoßen hier jedoch auf eine grundsätzliche Frage: Waren alle diese bewaffneten Frauen Amazonen oder nicht? Es ist heute nämlich im Schwange, jede individuelle Kriegerin oder wehrhafte Frau, ganz gleich in welcher Verbindung mit Männern und in welcher Kultur sie stand, als „Amazone" zu bezeichnen, bis hin zu den heutigen Frauen im Springreitersport.[722] Das heißt, es fehlt an einer genauen Definition, was Amazonen eigentlich sind. Dieser Mangel ist in der herkömmlichen Wissenschaft genauso problematisch wie beim unliebsamen Thema „Matriarchat", das man reflexartig ablehnt ohne es zu definieren – was in beiden Fällen zu widersprüchlicher und ideologischer Argumentation führt.

Sehen wir uns näher an, wie einzelne antike Autoren sie zu Beginn des 1. Jahrtausends aus ihrer unmittelbaren Kenntnis oder aus unmittelbarer Beschreibung anderer definierten: Sie beschrieben „Amazonen" als eine gesonderte Erscheinung, als *Kriegerinnen-Gemeinschaften ausschließlich aus Frauen*. Diese Frauen bildeten ohne Männer ein Gemeinwesen und wussten durch Kampfeskraft ihre Unabhängigkeit zu behaupten.[723] – Das heißt, Amazonen kämpften nicht mit Männern zusammen, im Gegensatz zu vielen anderen Kriegerinnen. Demnach ist nicht jede Kriegerin sogleich eine Amazone, aber jede Amazone ist natürlich eine Kriegerin.[724] „Amazonen" sind damit als ein Frauenvolk gekennzeichnet, das *Geschlechtertrennung* praktizierte.[725]

Der kulturelle Hintergrund, aus dem das Phänomen Amazonen stammt, ist die matriarchale Gesellschaftsform, die man kennen sollte, um es angemessen zu verstehen.[726] Denn Amazonen als kriegerische Frauengemeinschaften sind kein bloßes Gender-Problem von vertauschter Identität, sondern eine eigene kulturgeschichtliche Erscheinung. Aber es bleibt zu beachten, dass Amazonen-Gemeinschaften trotz ihres matriarchalen Hintergrunds und etlicher matriarchalen Elemente keine klassischen Matriarchate mehr waren.[727] Um hier genauere Kenntnis zu erlangen, ist es nötig, die Geschichte der Amazonen zu betrachten, soweit sie heute erforscht ist.

---

[721] Vgl. Renate Rolle: „Tod und Begräbnis – Nekropolen und die bisher erkennbare Stellung von Frauen mit Waffen", in: *Amazonen*, S. 116; dieselbe: „Bewaffnung und mögliche Kampfesweise skythischer Kriegerinnen", ebd., S. 159.

[722] Siehe den Ausstellungskatalog *Amazonen*.

[723] Pöllauer zitiert die antiken Autoren auf S. 8, in: *Geschichte der Amazonen*.

[724] Eine klare Unterscheidung von „Kriegerinnen" als Frauen, die zusammen mit Männern kämpfen, und „Amazonen", die Kriegerinnen-Gemeinschaften ausschließlich aus Frauen bilden, hat zuerst Pierre Samuel getroffen; vgl. sein Buch: *Amazonen, Kriegerinnen und Kraftfrauen*, München 1979, Trikont Verlag (original in Französisch, Grenoble 1975).

[725] Begriff von Pöllauer.

[726] Darauf hat schon Bachofen auf dem Boden seiner Studien zum Mutterrecht in der vor-antiken Welt hingewiesen. Allerdings betrachtet er Amazonengemeinschaften als eine „letzte, bis zur Unnatürlichkeit gesteigerte Form des Mutterrechts" vor seinem Sturz durch die patriarchale Ordnung – eine kritikwürdige Auffassung. Vgl. Johann Jakob Bachofen: *Das Mutterrecht*, Frankfurt 1975 (Neuausgabe), S. 138 ff.

[727] Amazonen-Gesellschaften werden im populären Denken oft mit Matriarchaten gleichgesetzt, was nur Verwirrung stiftet. Das geht auf das überholte Vorurteil zurück, dass Matriarchate „Frauenherrschaft" haben sollen, was im doppelten Sinne falsch ist: Weder beruhen Matriarchate noch Amazonen-Gesellschaften auf Herrschaft nach patriarchalem Muster.

Die Geschichte der Amazonen

Es gibt etliche Wissenschaftler und Wissenschaftlerinnen, die sich ernsthaft um die Erforschung des Amazonen-Phänomens bemüht haben.[728] Bei einigen greifen ihre wichtigen Beiträge aber zu kurz, weil die Unterscheidung zwischen „Amazone" und „Kriegerin" nicht gemacht wird. So werden häufig kriegerische Frauen bei den Nomadenvölkern in den eurasischen Steppen, deren Gräber man zunehmend entdeckt, als „Amazonen" bezeichnet. Das ist auch zeitlich unrichtig, denn diese Gräber stammen aus dem skythischen Kulturgebiet, wobei die Skythen sich erst im 7. Jahrhundert v.u.Z. nördlich des Schwarzen Meeres niederließen (Eisenzeit). Die Kriegerinnen-Erzählungen eurasischer Völker vom Kaukasus bis Nordchina datieren noch später aus dem 5.-4. Jh.[729]

Die griechischen Berichte von Amazonen weisen in erheblich frühere Zeit zurück. Die älteste Quelle ist Homers Epos „Ilias", das im 8. Jh. entstanden ist, sich aber auf eine lange Zeit vorausgegangener, mündlicher Überlieferungen stützt, die bis in die Bronzezeit zurückreichen. Man erkennt es in der „Ilias" an den bronzenen Waffen der Helden vor Troja und ihren Kämpfen mit Streitwagen (um 1.200). Das heißt, der kulturelle Hintergrund der Amazonen liegt in der Bronzezeit, jener Epoche, die von den Erschütterungen matriarchaler Gesellschaften durch das entstehende, frühe Patriarchat gekennzeichnet war.

Betrachten wir die Situation in Kleinasien, das hier im Zentrum steht: Seit dem Neolithikum bis in die Bronzezeit besaß es bedeutende matriarchale Kulturen. So blühte in Zentralanatolien noch in der zweiten Hälfte des 2. Jts. die hochentwickelte Palastkultur der Hattier, einem alteingesessenen Volk, das eine spät-matriarchale Gesellschaftsordnung besaß. Die Hattier organisierten sich politisch durch einen Ältestenrat, wobei die Königin (hattisch: „Tawananna") dem Ältestenrat der Frauen, den Clanmüttern, vorstand. Sie war als Oberpriesterin und sakrales Oberhaupt des Volkes auch die Repräsentantin nach außen. Der Ältestenrat der Männer bestand aus den Brüdern der Clanmütter, was auf klare Matrilinearität hinweist. Sie waren die Exekutive und führten die Beschlüsse des Ältestenrates der Frauen aus. Ihnen stand ein König vor (hattisch: „Tabarna"), der Bruder, Sohn oder Neffe der Königin war, er

---

[728] Wir stützen uns hier auf die interessante Studie von Gerhard Pöllauer, der wir weitgehend folgen. Er benutzte ein interdisziplinäres Verfahren: Außer den vorhandenen und eigenen archäologischen Forschungen bezog er die historischen schriftlichen Quellen der Griechen und anderer Völker ein. Vgl. Pöllauer: *Geschichte der Amazonen*, und das frühere, unveröffentlichte Manuskript von Gerhard Pöllauer: *Auf den Spuren der Amazonen*, Klagenfurt, Mai 1994.

[729] Vgl. die Archäologin R. Rolle, in: *Amazonen*, und A. Mayor: *The Amazons*. – In dieser Hinsicht ist auch Adrienne Mayor nicht korrekt, die in ihrem umfangreichen Buch das Phänomen der Kriegerinnen darstellt, die aber keine Amazonen sind; der Titel des Buches ist daher irreführend. Im archäologischen Teil ihres Buches referiert sie die Forschung zu den skythischen Kriegerinnen-Gräbern, dabei stützt sie sich auf das hervorragende Buch der Archäologin Jeannine Davis-Kimball: *Warrior women. An archaeologist's search for history's hidden heroines*, New York 2002, Warner Books. Davis-Kimball bezeichnet diese kämpferischen Frauen richtig als „Kriegerinnen" und nennt sie nicht „Amazonen".

organisierte die Exekutive. Diese matriarchalen Muster der Hattier im Volk und in der Thronfolge haben uralte, anatolische Wurzeln.[730]

Auch an der Westküste Kleinasiens gab es in der Bronzezeit noch matriarchale Traditionen, die sich auf den vorgelagerten, großen Inseln wie Lemnos, Lesbos und Chios lange halten konnten (Karte 3 von Kap. 5). Lemnos ist für die Geschichte der Amazonen von größtem Interesse, es gab dort schon in der frühen Bronzezeit eine hochentwickelte Kultur. Archäologen fanden drei Städte aus dem 4. Jt., Poliochni, Myrina und Hephaistia, deren Anfänge bis in die Jungsteinzeit zurückreichen. Wegen der Größe dieser Orte gilt ihre Entdeckung als sensationell, so war Poliochni doppelt so groß wie Troja und erheblich älter.[731] Die Funde zeigen, dass auf der Insel ein gut organisiertes Gemeinwesen mit sorgfältig gebauten Versammlungshäusern bestand, während die Wohnhäuser ungefähr gleichgroß und aus kleinen, unbehauenen Steinen ineinander geschachtelt waren. Sie zeigen ein einheitliches Bild, wie es für egalitäre matriarchale Gesellschaften typisch ist. Die Keramikkunst war hervorragend, ebenso die Goldschmiedekunst. Bemerkenswert ist der Festungsbau von Poliochni aus zyklopischen Mauern in Megalithbauweise. Die Burgfestung von Myrina zeigt ebenfalls zyklopische Mauern, ein nach oben verlaufendes Treppensystem, in den Fels gearbeitete Kulträume und die monumentale Darstellung einer Vulva im Fels.[732] Ähnliche Bauten gibt es in Hephaistia, wobei hier ein bedeutendes Heiligtum der Großen Göttin bestanden hat, das in griechischer und römischer Zeit bis zur Einführung des Christentums weitergeführt wurde.[733] Alle diese Eigenschaften kennzeichnen eine matriarchale Hochkultur. Was aber war ihr besonderes Schicksal?

Dazu kann eine interessante, antike Sage Aufschluss geben, in der es heißt, dass der frühgriechische Held Jason mit dem Schiff Argo und seinen Gefährten, den Argonauten, auf seiner Suche nach dem magischen „Goldenen Vlies" zur Insel Lemnos kam. Er wurde gastfreundlich aufgenommen, aber er traf ausschließlich Frauen an, die bewaffnet waren. Sie erklärten ihm auf seine Frage, sie hätten ihre Ehemänner ermordet, weil diese sie betrogen hätten. Stattdessen luden sie nun die Argonauten zur Liebe ein, um schwanger zu werden, bis diese wieder abreisten.[734] – Dieses folgenschwere Betrugsmotiv ist sicherlich Phantasie, denn die Griechen konnten sich eine nur von Frauen bewohnte Insel nicht anders erklären. Die patriarchale Moral dabei ist, dass Frauen, wenn sie Waffen in die Hände bekommen, als erstes ihre Ehemänner töten. Die Frage ist allerdings, wer diese „Ehemänner" waren?

---

[730] Die Gesellschaftsordnung der Hattier wurde indirekt erschlossen aus den schriftlichen Quellen der Hethiter, z.B. durch: Friedrich Cornelius: *Geschichte der Hethiter*, Darmstadt 1979 (3. Auflage), Wissenschaftliche Buchgesellschaft; S.R. Bin-Nun: *The Tawananna in the Hittite Kingdom*, Heidelberg 1975, Winter Verlag; G.I. Dovgalo: „On the transition to succession to kingship by patrilineal law", in: *Sovetskaya Ethnografiya 6*, 1963, S. 72ff.; eine kurze Zusammenfassung bei Pöllauer, S. 104–106.

[731] Vgl. den italienischen Archäologen L. Bernabò-Brea: *Poliochni. Città preistorica nell'isola di Lemnos*, 2 Bde., Rom 1964–1976, „L'Erma" di Bretschneider.

[732] Pöllauer: *Geschichte der Amazonen*, S. 64–79. Die Burgen von Myrina und Hephaistia sind archäologisch noch nicht erforscht.

[733] A.a.O., S. 84.

[734] Vgl. Ranke-Graves, S. 545–546 (Quellen der antiken Autoren dort).

5.2. Die Situation in Kleinasien und die Amazonen-Frage 257

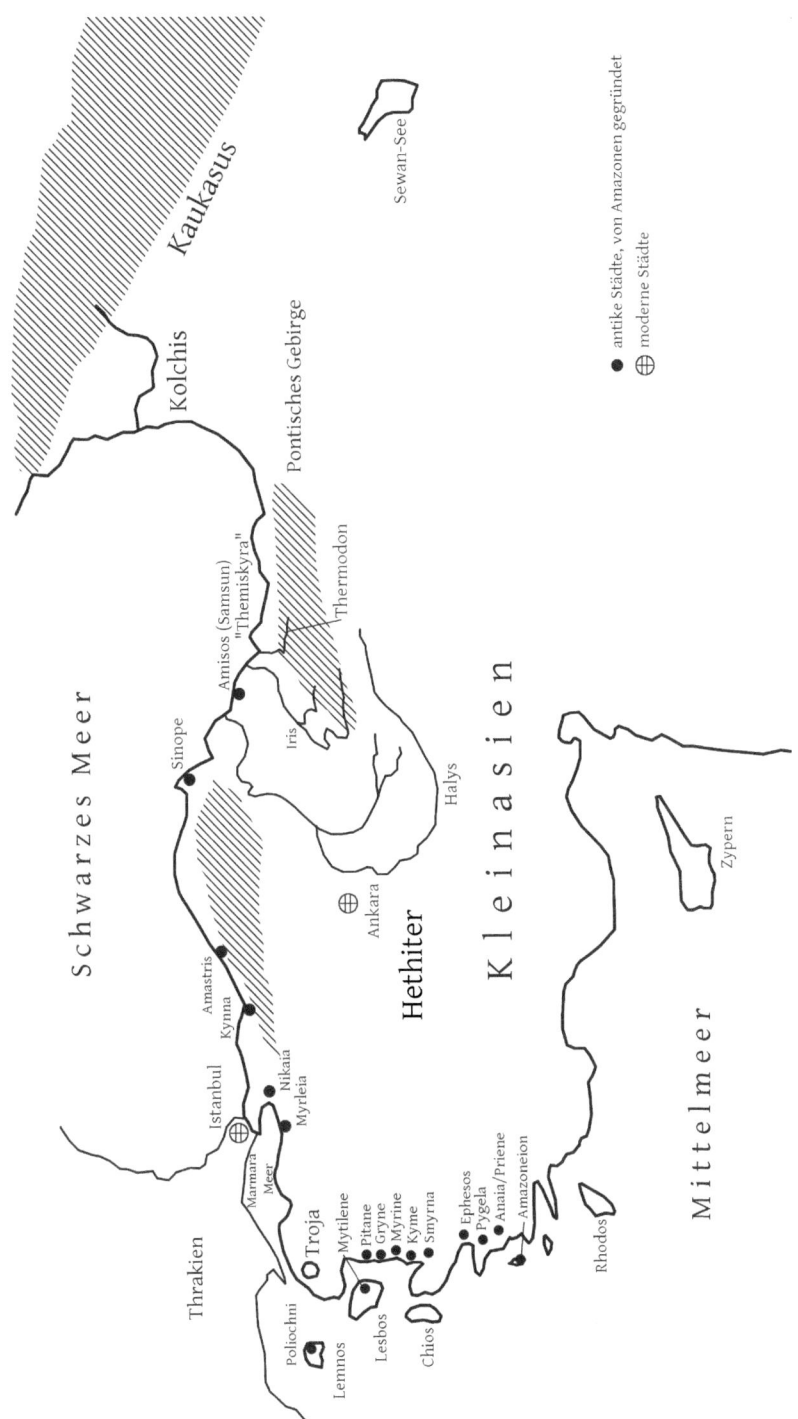

Karte 3: Kleinasien mit von Amazonen gegründeten antiken Städten (Zeichnung nach Gerhard Pöllauer).

Es gibt eine verräterische Stelle in der Mythe, wo es heißt, dass „thrakische Piraten" die Insel überfallen und erobert hätten.[735] Unter diesen „Piraten" haben wir patriarchale Seefahrer aus dem Norden Griechenlands (Thrakien) zu verstehen, die auf Eroberung übers Meer auszogen, nachdem schon vorher die alten Kulturen auf dem Balkan den Invasionen indoeuropäischer Stämme zum Opfer gefallen waren.[736] Diese Eroberer dürften – wie allgemein üblich – die einheimischen Männer getötet und die Frauen von Lemnos vergewaltigt und zur Ehe gezwungen haben. Aber danach entledigten sich offenbar die Frauen dieser „Ehemänner", und zwar mit deren eigenen Waffen. Das geschah unter Führung der mutigen Hypsipyle, die danach die Königin, d.h. die Repräsentantin der lemnischen Frauen wurde. Nach ihrem Sieg nahmen die bewaffneten Frauen das Schicksal der Inselkultur selbst in die Hand.[737] Um das Nachwuchsproblem zu lösen, pflegten sie vorüberfahrende Schiffer mit Gastfreundschaft und Liebe zu verwöhnen, wie es die Argonauten unter Jason erfahren hatten.

Für die Verteidigung der Insel durch Frauen, die auf diese Weise zu „Amazonen" wurden, sprechen archäologisch die Festungsmauern von Poliochni. Sie haben kleine Öffnungen für Pfeilschüsse, das heißt, die Stadt wurde mit Pfeil und Bogen verteidigt. Schwerwiegend ist das Faktum, dass Pfeil und Bogen vorher nicht zu diesem Kulturraum gehörten und Pfeilspitzen ausschließlich auf Lemnos gefunden wurden. Es liegt nahe, dass Frauen Pfeil und Bogen als Fernwaffen dem direkten Nahkampf mit Männern vorziehen. Pfeil und Bogen wurden daher zu einer typischen Waffe der Amazonen. Außerdem wurde eine große Menge von Streitäxten gefunden, die andere typische Amazonen-Waffe.[738] Hier ist zu sehen, dass Frauen, um sich zu wehren, nun das übernahmen, was Männer in die Welt gesetzt hatten: die Waffen und die Kriegskunst.

Dieser Zusammenhang stellt den historischen Kern der Lemnos-Mythe dar, was die archäologischen Indizien belegen.

Erste Auswanderung: von Lemnos zum Thermodon

Von den antiken Autoren wird als Heimat der Amazonen am häufigsten das Land „Themiskyra" an den Flüssen Iris und Thermodon genannt, das im Norden Kleinasiens an der heute türkischen Schwarzmeerküste liegt (vgl. Karte 3 von Kap. 5, S. 257). Obwohl das Pontische Gebirge hier hart an die Meeresküste stößt und das Gebiet unwegsam macht, bilden mehrere Flüsse vorgeschobene Ebenen und Deltas. Es regnet häufig, auch im Sommer, was das Klima mild und die schmalen Küstenebenen im Gegensatz zu dem trockenen Zentralanatolien sehr fruchtbar sein lässt. Noch heute tummeln sich hier Herden von Rindern und Pferden. Diese Gegend war für die antiken Griechen kein Phantasieland, sie kannten es sehr gut durch ihre spätere Koloni-

---

[735] Ebd.
[736] Vgl. Kapitel 7 in diesem Buch.
[737] Die einheimischen Männer dieser Kultur dürften bei der Eroberung umgekommen sein oder keine rühmliche Rolle gespielt haben. Es ist sehr wahrscheinlich, dass die Frauen danach Geschlechtertrennung einführten, denn ein Detail in der Lemnos-Mythe besagt, dass die Frauen die Männer gezwungen hätten auszuwandern, wobei sie den vorigen König in einem Boot auf dem Meer aussetzten (vgl. Ranke-Graves, S. 545 und 546). Dies kann sich nur auf die einheimischen Männer beziehen, da sie alle fremden „Ehemänner" getötet hatten. Vgl. auch eine analoge Amazonen-Mythe aus Südamerika (Göttner-Abendroth: *Das Matriarchat II*, Kap. 1.2, S. 33–34).
[738] Pöllauer: *Geschichte der Amazonen*, S. 72–73.

5.2. Die Situation in Kleinasien und die Amazonen-Frage

sierung der Schwarzmeerküste und die Städte, die sie hier gründeten. Ihre östlichste Hafenstadt war Amisos (türkisch: Samsun), die direkt am Gebiet der Amazonen lag.

Doch was verbindet die Amazonen von Lemnos mit denen vom Thermodon? Man hat vereinzelt archäologische Funde aus der Altsteinzeit in der Iris-Thermodon-Ebene gemacht, auch die Mittelsteinzeit war hier vertreten. Jedoch fehlen Funde aus der Jungsteinzeit entlang der gesamten türkischen Schwarzmeerküste völlig.[739] Erst in der frühen Bronzezeit (3. Jt.) entstanden hier recht plötzlich und ohne Vorgängerstufen bronzezeitliche Siedlungen – was sich nicht anders erklären lässt, als dass Menschen übers Meer zugewandert sind.[740] Woher sind sie gekommen, und warum wählten sie dieses abgelegene Gebiet?

Blicken wir noch einmal nach Lemnos: Die Lemnier saßen keineswegs in ihren drei Städten fest, sondern ihre Insel stellte bereits im 4. Jt. eine Seemacht dar.[741] Ihre Lage in der Mitte zwischen Asien und Europa, d.h. zwischen der Westküste Kleinasiens und Nordgriechenland (Thrakien), zugleich nahe an der Meerenge der Dardanellen, durch die es ins Marmarameer hinein geht und danach ins Schwarze Meer, ist exponiert und hervorragend geeignet für die Seefahrt in alle Richtungen. So war auch den lemnischen Frauen, als sie ihre amazonischen Gemeinwesen gründeten und die Seefahrt selbst übernahmen, nicht nur die Westküste Kleinasiens bekannt, sondern ebenso seine Nordküste entlang des Schwarzen Meeres. Denn zahlreiche Städtegründungen entlang dieser beiden Küsten werden in griechischen Sagen den Amazonen zugeschrieben: Es sollen nicht weniger als dreißig Städte gewesen sein, die sich an der Westküste Kleinasiens wie Perlen an einer Schnur von Nord nach Süd hinzogen oder vereinzelt am Marmarameer und der Schwarzmeerküste Kleinasiens lagen (vgl. Karte 3 von Kap. 5, S. 257).[742] Als manche später zu griechischen Kolonien gemacht wurden, zeigten noch die Städte Kyme, Smyrna und Ephesos auf ihren Münzprägungen das Bild von Amazonen als ihren Gründerinnen (Abb. 7).[743]

Vom griechischen Ephesos existieren heute noch die Reste des berühmten Artemis-Tempels, der in der Antike wegen seiner Monumentalität als eins der sieben Weltwunder galt (griechischer Bau aus dem 6. Jh.). An genau dieser Stelle sollen Ama-

---

[739] Das kann an der Vergänglichkeit von Häusern aus Holzkonstruktionen liegen, die sich in feuchten Gegenden mit üppiger Vegetation nicht erhalten. Ein anderer triftiger Grund kann die Flutung des vormaligen Euxinos-Sees durch den Riss des Bosporus sein, der das Schwarze Meer mit seiner erheblich größeren Ausdehnung erst entstehen ließ (im 6. Jt.). Alle neolithischen Siedlungen in Küstennähe sind dabei ertrunken. Vgl. dazu die Forschung von Ryan/Pitman: *Noah's Flood*; dargestellt in: Harald Haarmann: *Geschichte der Sintflut. Auf den Spuren der frühen Zivilisationen*, München 2005, Beck Verlag.
[740] Pöllauer: *Geschichte der Amazonen*, S. 39–40.
[741] A.a.O., S. 87.
[742] Quelle Kallimachos, vgl. Ranke-Graves, S. 72. In dieser Mythe gilt Artemis, die Schutzgöttin der Amazonen, als die Städtegründerin. – Antike Autoren nennen unter anderen die Städte: Mytilene auf der Nachbarinsel Lesbos; an der kleinasiatischen Westküste von Nord nach Süd Pitane, Gryne, Myrine, Kyme, Smyrna, Ephesos, Pygela, Anaia/Priene, mit Amazoneion auf der Insel Patmos abschließend; am Marmarameer Myrleia und Nikaia; an der Nordküste Kleinasiens Kynna, Thibais, Amastris und Sinope (vgl. Karte 3 von Kap. 5). Diese bronzezeitlichen Siedlungen sind zumeist noch nicht archäologisch gefunden worden. Ihre Plätze sind heute auch nicht an der Küste zu suchen, deren Verlauf sich geändert hat, sondern weiter landeinwärts, wie z.B. das antike Ephesos.
[743] Siehe den Ausstellungskatalog *Amazonen*, S. 67.

Abb. 7: Amazonen als Städtegründerinnen auf kleinasiatischen Münzen, hier die Amazone Kyme und ihr Pferd auf einer Münze der Stadt Kyme (2.Jh.v.u.Z.) (aus Katalog: Amazonen, S. 77)

zonen einst ein erstes, offenes Heiligtum für ihre Schutzgöttin Artemis errichtet haben. Sie wurde als Göttin der Jagd mit Pfeil und Bogen von den Amazonen verehrt, und wie diese lebte sie nur mit ihren Gefährtinnen zusammen und war Männern nicht zugetan. Die Gründung des Artemis-Heiligtums in Ephesos legt den Gedanken nahe, dass auch die anderen amazonischen „Städtegründungen" zuerst Heiligtümer waren, begleitet von kleinen Siedlungen, die sich später zu Städten entwickelten. An diesen Plätzen sollen die Amazonen eine Statue der Göttin Artemis unter einer großen Eiche aufgestellt haben und sie zum schrillen Klang von Pfeifen, mit den Füßen stampfend, ihre Schilde schwingend und mit ihren Köchern rasselnd, in wilden Tänzen umkreist haben.[744] Auffallend ist jedenfalls, dass die Namen dieser Städte persönliche Eigennamen von Amazonen sind.

So fördernd die zentrale Lage der Insel Lemnos für die frühe Seefahrt war, so gefährlich war sie in späteren Zeiten, denn sie war von allen Seiten von Feinden zu erreichen. Die Völkerwanderungen in Thrakien in Nordgriechenland, in der nördlichen Ägäis und in Kleinasien, ausgelöst durch die Invasionen patriarchaler Indoeuropäer, machten den amazonischen Gemeinwesen auf Lemnos trotz der intensiven Verteidigung schwer zu schaffen. So zogen es die lemnischen Frauen schließlich vor auszuwandern, und nach ihrem Wegzug blieb diese Insel hundert Jahre unbewohnt. Sie suchten eine zweite Heimat in einem abgelegenen, schwer zugänglichen Gebiet, um bei ihrer angestammten Lebensweise bleiben zu können. Dies war die Gegend an der östlichen Ecke der Schwarzmeerküste Kleinasiens, die Iris-Thermodon-Ebene, die von zerklüfteten, weglosen Gebirgen umgeben war, aber genügend Platz für Menschen und Tiere bot – ein typisches Rückzugsgebiet. Hier sollen die Amazonen drei Städte für ihre drei Stämme gegründet haben, die den drei Städten auf Lemnos entsprachen; ihre griechischen Namen sind: Themiskyra, die Hauptstadt, ferner Ly-

---

[744] Quelle Kallimachos, vgl. Mayor, S. 152, 153. In der griechischen Vasenmalerei sind Amazonen bei solchen wilden Tänzen mit erhobenen Schilden, Schwertern und Speeren abgebildet.

5.2. Die Situation in Kleinasien und die Amazonen-Frage

kastia und Chadesia. Zugleich bauten sie eine schlagkräftige Reiterei auf, denn in allen antiken Quellen werden sie als hervorragende Reiterinnen beschrieben (Abb. 8). Dieses Szenario würde jedenfalls erklären, weshalb hier im 3. Jt. plötzlich und ohne Vorgängerstufen bronzezeitliche Siedlungen entstanden.[745]

Abb. 8: Reitende Amazonen mit Waffen und dem typischen halbmondförmigen „Pelta"-Schild (attische Vasenmalerei, um 540–500 v.u.Z.) (aus Katalog: Starke Frauen, S. 83)

Auch hier bringt die Archäologie wieder Licht ins Dunkel der Vermutungen. Leider sind in der Gegend um die Flüsse Iris und Thermodon bisher nur wenige und kaum beachtete archäologische Forschungen durchgeführt worden, diese sind aber umso interessanter. So wurde der Hügel von Dündartepe an der Küste nahe bei der heutigen Stadt Samsun ausgegraben, bei dem die Iris-Thermodon-Ebene beginnt. Man vermutet hier die Amazonenstadt Lykastia (Karte 4 von Kap. 5, für alle hier genannten Plätze).[746] Die Archäologen fanden eine seltsame Situation vor. Es gab auf diesem Wohnhügel (Tell) zwei verschiedene, frühbronzezeitliche Kulturen direkt nebeneinander, die eine am Hügelgipfel und die andere an den Hügelabhängen. Die Leute auf dem Hügelgipfel bewohnten Holzhäuser, diejenigen an den Hängen hatten Häuser aus Lehmziegeln, wie sie in Ost- und Zentralanatolien üblich waren. In der Hangkultur fand man eine grobe, unpolierte Keramik, in der Gipfelkultur hingegen kam

---

[745] Diese interessante These stammt von Pöllauer: *Geschichte der Amazonen*.
[746] A.a.O., S. 139.

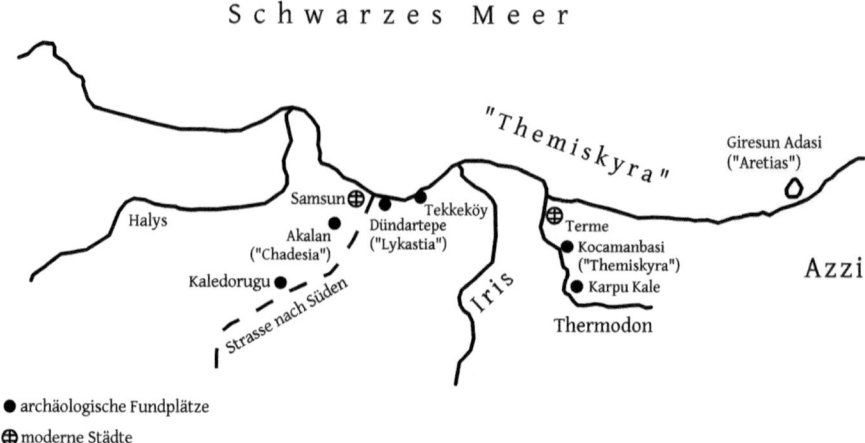

Karte 4: Das Gebiet von Themiskyra mit Städten der Amazonen (Zeichnung nach Gerhard Pöllauer)

eine hochwertige, fein polierte, glasartige Keramik mit außergewöhnlichen Formen und reicher Verzierung ans Licht, die nach Westanatolien verweist. Ebenso wurde hier eine große Menge von Spinnwirteln und Webstuhlgewichten entdeckt, was eine bedeutende Stoffherstellung zeigt. Außerdem besaß die Gipfelkultur sehr viele Metallgegenstände, insbesondere Waffen. Bemerkenswert ist das Bruchstück einer reich verzierten Frauenfigur, die in Kleinasien bisher einzigartig ist, aber ihre Parallelen im neolithischen Südosteuropa und auf den griechischen Inseln hat. In der Hangkultur grub man hingegen eine flache, violinförmige Frauenfigurine aus, deren Stil auf Zentralanatolien hinweist.[747] Einige Kilometer östlich von Dündartepe fand man in Tekkeköy den Friedhof von Lykastia. Die Grabbeigaben aus Tongefäßen, Schmuck und Waffen zeigen dieselbe Verschiedenheit zweier Kulturen wie die Stadt auf dem Wohnhügel, obwohl alle Bestatteten denselben Friedhof teilten.[748] Jedoch blieb die mächtige frühbronzezeitliche Burg von Lykastia, die zwei Kilometer von der Küste entfernt in einem Engpass liegt, von den Archäologen bisher unbeachtet (bei Tekkeköy). Ein System von in den Felsen gehauenen Treppen führt hinauf, und von oben bietet sich ein weiter Blick über den westlichen Teil der Ebene.[749]

Die zweite Amazonenstadt Chadesia wird bei der frühbronzezeitlichen Burg Akalan wenige Kilometer südwestlich von Samsun vermutet. Eine imposante Festungs-

---

[747] A.a.O., S. 41–43. – Pöllauer bezieht sich hier und im Folgenden auf die Ausgrabungen der türkischen Archäologen: K. Kökten/T. Özgüç/N. Özgüç: „1940–1941 yilinda Türk Tarih Kurumu adina yapilan Samsun Bölgesi kazilari hakkinda ilk kisa rapor", in: *Belleten* IX, 1945, S. 361–400; T. Özgüç: „Samsun hafriyatinin 1941–1942 neticeleri", in: *3. Türk Tarih Kongresi 1943*, Ankara 1948, S. 393–419; T. Özgüç: *Excavations at Masat Höyük and Investigations in its vicinity*, Ankara 1978, Türk Tarih Kurumu Basımevi.
[748] Pöllauer: *Geschichte der Amazonen*, S. 44–45.
[749] A.a.O., 55–57.

5.2. Die Situation in Kleinasien und die Amazonen-Frage

anlage aus einer zyklopischen, fünf Meter hohen Mauer umgibt den Hügelgipfel.⁷⁵⁰ Sie ist nicht die einzige Festung in diesem Gebiet. Auch der Hügel von Kaledoruğu, der weiter landeinwärts im Süden an der einzigen Straße nach Zentralanatolien liegt, besitzt eine solche Anlage, und die Mauern gleichen denen von Akalan. Hier wurde offensichtlich die Straße gegen Feinde aus dem Süden gesichert, so wie Akalan den Zugang von Westen überwachte. Die Archäologen gruben in Kaledoruğu Bestattungen aus, welche dieselbe Zweiheit der Kultur zeigen wie in Lykastia.⁷⁵¹

Die Hauptstadt der Amazonen, Themiskyra, lag am Fluss Thermodon weiter östlich von Samsun. Nach ihr wurde die ganze Küstenebene „Themiskyra" genannt. Doch man hat die Stadt Themiskyra bisher noch nicht entdeckt. Man suchte sie bei der heutigen Stadt Terme nahe der Flussmündung ins Schwarze Meer, doch dies scheint der falsche Platz zu sein. Nach antiken Quellen lag Themiskyra weiter stromaufwärts bei dem ersten Vorgebirge. Solche Hügel finden sich jedoch 9 km südlich von Terme (bei Kocamanbasi), und vom ersten Hügel kann man die gesamte Ebene bis zum Schwarzen Meer überblicken. Der natürlicher Fels zeigt hier künstliche Bearbeitung, er wurde geglättet und eine große, vulva-förmige Nische wie auf Lemnos eingehauen. Obwohl er stark überwachsen ist, liegen auf dem Hügelgipfel zahlreiche gleichmäßige Steinblöcke, die dem Mauerwerk von Kaledoruğu gleichen. Am Oberlauf des Thermodon weiter südlich, nahe seiner Quelle im Gebirge, befindet sich eine weitere imposante Burgruine, Karpu Kale, die archäologisch ebenfalls nicht erforscht ist. In den Felsen gehauene Treppen, die typisch für dieses Gebiet sind, führen zu den oberen Plattformen. Karpu Kale scheint eine versteckte Fluchtburg für Themiskyra gewesen zu sein, wohin sich die Menschen bei großer Gefahr zurückziehen konnten.⁷⁵²

Für diese Befunde braucht es eine Erklärung: einerseits für die Zweiheit der Kultur auf den Wohnhügeln, andererseits für die zahlreichen Burganlagen. Dass es im 3. Jt. die lemnischen Amazonen waren, die sich hier niederließen und neue Siedlungen gründeten, dafür spricht die große Ähnlichkeit der Reste der Festungsmauern und Treppengänge mit jenen auf der Insel Lemnos. Dasselbe gilt für die aufgefundenen Werkzeuge und Keramiken auf den Hügelgipfeln, die trotz eines gewissen Qualitätsunterschieds im Vergleich mit der Hochkultur von Poliochni nahezu identisch sind. So war die Gipfelkultur diejenige der Frauen: Die Holzhäuser, die kunstvolle Keramik, die Weberei-Utensilien, der Schmuck, aber besonders die Menge an Metallgeräten und Waffen, weisen darauf hin.⁷⁵³ Bemerkenswert sind die zahlreichen Geräte für die Stoffherstellung, denn die Amazonen waren berühmt für ihre schönen Gewänder, wobei ihre originale Tracht lange Röcke mit reich verziertem Saum zeigt (Abb. 9).

---

⁷⁵⁰ A.a.O., S. 46–48.
⁷⁵¹ Ebd.
⁷⁵² A.a.O., S. 49–55.
⁷⁵³ Die Kombination von weiblichen Arbeitsgeräten, Schmuck und Kosmetikutensilien zugleich mit Waffen als Grabbeigaben wird in der heutigen Archäologie stets als ein typisches Kriegerinnengrab eingestuft – was allerdings bisher nur für Gräber der Steppenkulturen untersucht wurde. Vgl. R. Rolle: „Tod und Begräbnis", in: *Amazonen*, S. 115; Elena Fialko: „Skythische ‚Amazonen' in den Nordschwarzmeersteppen", in: *Amazonen*, S. 120.

Abb. 9: Drei Amazonen (links) gegen drei Krieger (rechts). Die Amazonen tragen als ihre älteste Tracht den langen, geschlitzten Rock, der Beinfreiheit lässt und reiche Verzierungen zeigt. (korinthische Zeichnung auf einem Gefäß, um 600 v.u.Z.) (aus Katalog: Starke Frauen, S. 53)

Als sie hier ankamen, trafen sie keine Vorbevölkerung an, was die Siedlungsleere vor der frühen Bronzezeit belegt. Sie haben sich jedoch mit einem anderen Volk, das direkt östlich benachbart wohnte, zusammengetan, das heißt, mit Männern aus diesem Nachbarvolk, um den erwünschten Nachwuchs zu sichern. Dies scheinen die Leute vom Lande Azzi gewesen zu sein, die im Nordosten Anatoliens lebten (vgl. Karte 4 von Kap. 5, S. 262). Das Volk von Azzi wird in hethitischen Quellen erwähnt und scheint noch weitgehend matriarchale Muster gehabt zu haben. Es wird sogar angenommen, dass der Name „Amazonen" davon abgeleitet ist, denn „Am" und „Azzi" heißt „Frauenvolk beim Lande Azzi".[754] Dagegen ist die griechische Herleitung von „A-mazone" als „ohne Brüste" unhaltbar, denn auf keiner Vasenmalerei und bei keiner Skulptur werden Amazonen ohne Brüste oder mit nur einer Brust dargestellt: Sie haben stets zwei Brüste und sind sehr schöne Frauen (Abb. 10).[755]

Die Liebesbegegnungen der Thermodon-Amazonen mit den Azzi-Männern waren kurz und ritualisiert – wie es die Überlieferung allgemein über erotische Begegnungen von Amazonen mit Männern berichtet. Es ging nicht um Romantik, sondern nur um Kinder für die Frauengemeinschaften. In diesem Zusammenhang ist die kleine Insel Aretias (türkisch: Giresun Adası) bei der heutigen Stadt Giresun interessant. Sie liegt östlich der Thermodon-Ebene, genau angrenzend an das Land Azzi (vgl. Karte 4 von Kap. 5, S. 262). Gemäß griechischen Quellen war sie das kultische Zentrum der Amazonen, wo sie den Kriegsgott Ares angebetet und Pferde geopfert haben sollen.[756]

---

[754] Diese etymologische Herleitung stammt von Friedrich Cornelius, 1979.
[755] Eine griechische Legende besagt, dass sich die Amazonen eine Brust wegbrannten, um besser mit dem Bogen schießen zu können. Das ist nicht nur sachlich falsch, weil weibliche Brüste kein Hindernis Bogenschießen darstellen, sondern es soll auch dass Vorurteil schüren, dass Amazonen grausam sind.
[756] Pferde waren den Amazonen heilig, auch diese von Männern erfundene „Waffe" wurde von Frauen übernommen. Amazonenköniginnen trugen oft Namen mit dem griechischen Wort für „Pferd", z.B. „Hippolyte", die „Pferdeführerin", oder „Melanippe", das „Schwarze Pferd".

5.2. Die Situation in Kleinasien und die Amazonen-Frage

Abb. 10: Amazonen werden als schöne Frauen dargestellt, hier mit Bogen und der typischen Amazonen-Streitaxt. (attische Vasenmalerei, um 460 v.u.Z.) (aus Katalog: Starke Frauen, S. 159)

Daher stammt der griechische Name „Aretias", denn die Griechen betrachteten die Amazonen als „Töchter des Ares". Das hat jedoch keine Glaubwürdigkeit, denn die Amazonen werden ihre Herkunft nicht von einem männlichen Urvater abgeleitet haben, sondern von einer Göttin. Sie verehrten einen schwarzen, heiligen Stein, der die Göttin für sie verkörperte.[757] Tatsächlich ruht ein solcher Stein auf der Insel auf einem Felsvorsprung hoch über dem Meer (der „Hamza-Fels"), er hat eine runde Form und parallele Rillen als Spuren von Seilen, mit denen er einst hierher transportiert wurde. Er ist umgeben von in den Felsen gehauenen Nischen für kleine Opfergaben. Sogar heute wird er noch verehrt, denn türkische Frauen gehen dorthin und bitten, wenn sie kinderlos sind, um Fruchtbarkeit. Außerdem entdeckten türkische Archäologen in der Mitte der kleinen Insel eine erhöhte Plattform wie einen offenen Altar, zu der in den Felsen gehauene Stufen führen, und in der Nähe einen weiteren runden, schwarzen Stein.[758] Die Verehrung schwarzer Steine ist typisch für den Kult der uralten Göttin Kleinasiens, die später Kybele genannt wurde. Sie verkörperte das Land selbst und war als Urmutter zuständig für den Kindersegen. In der einheimischen Folklore wird erzählt, dass sich einst auf dieser Insel die Amazonen mit Männern von anderen Stämmen trafen und, nachdem sie Opfer dargebracht hatten, mit ihnen die

---

[757] Quelle: Apollonius von Rhodos: *Argonautica. Die Sendung der Argonauten,* (lateinisch/deutsch), C. Valerius Flaccus, Hg. und Übers.: Paul Dräger, Frankfurt/Main 2003, Peter Lang Verlag.
[758] Mayor, S. 166–167. – Die Ausgrabungen der türkischen Archäologen fanden im Jahr 2010 statt; das Ensemble entspricht genau der Beschreibung in der oben genannten griechischen Quelle.

Liebe feierten um schwanger zu werden.⁷⁵⁹ Das klingt glaubwürdig, und diese Männer waren eben jene vom benachbarten Lande Azzi.

Einige dieser Männer zogen danach wohl zu den Amazonen in deren Städte und lebten dort im Hangbereich der Wohnhügel. Hier sieht man nämlich die typische Lehmbauweise und die einfache Keramik ihrer Heimat, die sie beibehielten. Auf die Dauer wird sich ihre Zahl durch die Söhne der Amazonen beträchtlich vergrößert haben. Denn um eine ausschließliche Frauengesellschaft aufrecht zu erhalten, gaben die Amazonen ihre männlichen Kinder weg; gemäß den meisten Quellen behielten sie die Mädchen und übergaben die Knaben den assoziierten Männern.⁷⁶⁰ Diese lebten ja nicht weit entfernt, nämlich in der Hangkultur.

Trotz des Lebens auf jeweils einem einzigen Wohnhügel, wahrten die Amazonen also die strikte Geschlechtertrennung, die geografisch sein konnte mit den Männern an einem anderen Ort oder sozial mit den Männern in einem anderen Bereich derselben Gesellschaft. Hier zeigt sie sich im räumlichen Unterschied von Gipfel- und Hangkultur, außerdem in den separaten Aufgabenbereichen: Die Frauen übten das Kunsthandwerk aus, wie die Weberei und Töpferei, das Schmieden ihrer Geräte und Waffen, und waren als geübte Kriegerinnen die Verteidigerinnen der Stadt. Die Männer hingegen betrieben Handwerk und Handel und waren sehr wahrscheinlich die Erbauer der Festungen. Das entspricht den komplementären, gleichwertigen Aktionsbereichen in matriarchalen Gesellschaften, denen die komplementäre Egalität der Geschlechter zugrunde liegt – wie es die lemnischen Frauen von ihrer Herkunft her kannten. Deshalb kann man die Männer hier kaum als das „geknechtete Geschlecht" bezeichnen, wie es patriarchal-griechische Autoren taten. Denn dass diejenigen, die Waffen tragen, zwangsläufig die anderen beherrschen und unterdrücken, ist eine patriarchale soziale Norm, die hier nicht zutrifft.

Amazonen-Gesellschaften besitzen jedoch kein volles Matriarchat mehr, sie waren eher weibliche Verteidigungsgesellschaften in allgemein schwierigen Zeiten. Klassische Matriarchate sind hingegen keine kriegerischen Gesellschaften, obwohl sie in Notzeiten dazu werden können, was aber ihre traditionelle Ordnung von innen zersetzt.⁷⁶¹ Bei den Gemeinwesen der Amazonen sieht man den Zerfall am Verschwinden der matriarchalen Sippenordnung, bei der die Männer als Brüder und Söhne Teil der Sippen sind. Diese Ordnung existierte hier nicht mehr. Mit Sicherheit galten als matriarchale Elemente noch die Matrilinearität und Matrilokalität unter den Frauen, aber die Mutterlinie war ohne die Männer einseitig geworden. Auch das einst freie Liebesleben hatte sich verändert, es wurde zwischen den Geschlechtern rituell eingeschränkt. Dafür blühte bei den Amazonen wohl die gleichgeschlechtliche Liebe unter Frauen, auf die es einige Hinweise gibt.⁷⁶²

---

⁷⁵⁹ Mayor, S. 166.
⁷⁶⁰ Dass Amazonen angeblich ihre männlichen Kinder töteten oder verstümmelten, gehört zum selben griechischen Legendentyp wie die Geschichte von der Brustverstümmelung; dies sollte Amazonen als besonders grausam erscheinen lassen.
⁷⁶¹ Vgl. zu solchen Zersetzungsprozessen in matriarchalen Gesellschaften: die Geschichte der Nayar (Südindien) und der Irokesen (Nordamerika), in: Göttner-Abendroth: *Das Matriarchat II*, Kap. 4 und 5.
⁷⁶² Ein Hinweis darauf ist eine griechische Vasenmalerei, die eine erotische Werbeszene zwischen einer Jägerin und der Amazone Penthesilea zeigt (vgl. Mayor, S. 136 und Abbildung). Ferner war es im tibetischen „Land der Frauen" üblich, dass Frauenpaare in einem Haushalt zusammen-

5.2. Die Situation in Kleinasien und die Amazonen-Frage

Zweite Auswanderung: vom Thermodon zum Kaukasus und zu den Skythen

Eine deutliche Sprache sprechen die überall im Iris-Thermodon-Gebiet vorhandenen Burgen mit ihren zyklopischen Mauern, die Schutzbauten für das Land der Amazonen waren. Schon auf Lemnos wurden solche Festungen gegen Feinde errichtet, umso mehr waren sie gegen Ende des 2. Jts. mit seinen kriegerischen Zuständen und Völkerbewegungen notwendig.

So kämpfte im Jahr 1.200 v.u.Z. eine Amazonenabteilung unter ihrer Königin Penthesilea zugunsten der Stadt Troja in Westkleinasien gegen die Angreifer, die griechischen Achäer (vgl. Karte 3 von Kap. 5, S. 257). Die Amazonen trugen nun griechische Tracht und Bewaffnung mit Kurzschwertern und Schilden (Abb. 11). Bei diesen Schlachten fand Penthesilea den Tod.[763] Die Amazonen hatten guten Grund, den patriarchalen Achäern feindlich gesonnen zu sein, denn sie wurden von deren Angriffen auch in ihrer zweiten Heimat am Thermodon behelligt. Das berichten die Sagen von den achäischen Helden Herakles und Theseus, die das Land der Amazonen vom Meer her aufsuchten und, trotz der Gastfreundschaft der Frauen, durch Hinterhalt Kämpfe auslösten und Tod brachten (Bronzezeit, um 1.300). Dabei ging es kaum um

Abb. 11: Amazonen in griechischer Tracht und Bewaffnung bei der Vorbereitung zum Kampf (attische Vasenmalerei, um 540–500 v.u.Z.) (aus Katalog: Starke Frauen, S. 120)

---

lebten (Quelle: *Der Klassiker der Berge und Meere*, Sammlung chinesischer Mythologie aus dem 3. Jh., Shiji Chobanshe, 2010; Hinweis bei Mayor, S. 418). Was für Tibet galt, dürfte auch für andere „Länder der Frauen" Gültigkeit gehabt haben.

763 Griechische Quellen: Pausanias, Apollodor, Diodor.

den Raub des Waffengürtels der Amazonenkönigin Hippolyte durch Herakles – den sie ihm gastfreundlich doch schenken wollte –, ebenso wenig handelte es sich um die Entführung der Amazonenkönigin Antiope durch Theseus – die angeblich aus Liebe zu ihm ihre Heimat und ihr Volk verlassen haben soll.[764] Der wahre historische Kern dieser Sagen ist, dass es den Achäern um das Ausforschen dieses Gebietes zwecks Eroberung ging. Denn sie brachten nicht nur der damaligen Seemacht Troja den Untergang, sondern hatten bereits in der zweiten Hälfte des 2. Jts. ein immer größer werdendes Kriegerreich im Nordwesten Kleinasiens errichtet.[765]

Aber nicht nur von Westen drohten Feinde, sondern auch von Süden. Dort hatten sich im Bogen des Flusses Halys in Zentralanatolien die indoeuropäischen Hethiter niedergelassen (vgl. Karte 3 von Kap. 5, S. 257). In einer beispiellos zerstörerischen Invasion waren sie aus den Steppen nördlich des Kaukasus in Kleinasien eingedrungen, eine Spur der Vernichtung aus Richtung Nordosten hinter sich lassend. In Zentralanatolien stießen sie auf die Hattier, jenes Volk mit matriarchaler Hochkultur, das sie brutal unterwarfen. Doch als relativ kulturlose Eindringlinge übernahmen die Hethiter in ihrem Alten Reich manche Anteile dieser Vorgängerkultur, so dass die Tawananna, die Königin der Hattier, und ihr Ältestenrat noch immer Einfluss besaßen. Aber es wurde nun Patrilinearität eingeführt, und nach einem Aufstand der Alteingesessenen gegen einen späteren hethitischen König wurde der Rat der „Alten Frauen und Männer" durch indoeuropäische Adlige ersetzt und die Tawananna entmachtet. So stürzte man hier die matriarchale Ordnung und setzte patriarchale Muster im hethitischen Großreich durch.[766]

Die Amazonen im Iris-Thermodon-Gebiet hatten auch mit diesen Feinden zu tun. Gelegentlich drangen die Hethiter in den Norden Kleinasiens vor, um Gegner an ihren Grenzen auszuschalten. Einmal dehnte ein hethitischer König sein Reich bis zum Schwarzen Meer aus, allerdings war sein Machteinfluss nur von kurzer Dauer.[767] Aber dies erklärt, weshalb die Amazonen-Gesellschaft gleich zwei Festungen an der Zugangsstraße in Richtung Süden nach Zentralanatolien erbaute (Akalan und Kaledoruğu). Eine andere Folge war, dass sich die Amazonen mehr in den abgeschiedenen Ostteil der Küstenebene zurückzogen, in die Stadt Themiskyra am Fluss Thermodon, wo sie sich besser verteidigen konnten (vgl. Karte 4 von Kap. 5, S. 262). Hier sollen sie, um sich zu schützen, gänzlich ohne Männer gelebt haben.

Ihre Gemeinschaften wurden jedoch nicht nur von zwei Seiten bedrängt, sondern auch von Nordosten her kamen Feinde ins Land. Um 1.400 berichten die hethitischen Annalen von einem unberechenbaren Gegner, den Kaškäern, die als Halbnomaden von Nordosten her in Kleinasien eindrangen und sich an der Nordgrenze des Hethiterreiches festsetzten. Als ein Volk aus unabhängigen, mobilen Stämmen fielen sie immer wieder in das Hethiterreich ein, eroberten einige Städte und brannten einmal sogar die Hauptstadt nieder. Auch für die Amazonen stellten sie eine permanente Bedrohung dar, denn die Kaškäer stießen bis zur Schwarzmeerküste vor und besetzten das Land der Amazonen. Diese wehrten sich entschieden gegen die Eindringlinge,

---

[764] Siehe diese Sagen bei Ranke-Graves, S. 449 ff. und S. 320 ff.
[765] Pöllauer: *Geschichte der Amazonen*, S. 114. In den hethitischen Quellen werden die Achäer „Ahhijawa" genannt.
[766] Vgl. Cornelius; Bin-Nun; Dovgalo.
[767] Pöllauer: *Geschichte der Amazonen*, S. 106.

5.2. Die Situation in Kleinasien und die Amazonen-Frage

um ihre Unabhängigkeit zu behalten, wobei ihnen die versteckte Burg Karpu Kale als wichtiger Zufluchtsort diente. Ob sie jedoch die vielfachen Invasionen Kleinasiens in der Eisenzeit überlebten, in denen das Hethiterreich und andere Reiche untergingen, ist sehr unwahrscheinlich.[768]

Amazonische Gemeinwesen verschwanden jedoch nicht völlig, sondern in den Gefahren Ende des 2. Jts. scheinen Gruppen von Amazonen vom Thermodon zum östlich angrenzenden Kaukasus ausgewandert zu sein. Es ist eine plausible Überlegung, dass sie, ständig von patriarchalen Nachbarvölkern bedroht, ihre Heimat verließen und so dem unmittelbaren Untergang entkamen. Archäologische Funde zeigen, dass sowohl südlich als auch nördlich des Kaukasus zu jener Zeit kulturelle Zentren entstanden, die der Kultur vom Thermodon gleichen. So gab es in der Landschaft an der östlichsten Ecke des Schwarzen Meeres südlich vom Kaukasus, welche die Griechen „Kolchis" nannten, eine eigenständige Kultur, die von Thermodon-Amazonen geschaffen worden war (vgl. Karte 3 von Kap. 5, S. 257). Hier spielt die Sage von Medea, die dem Argonauten Jason aus Liebe gefolgt sein soll, aber unglücklich wurde und sich unter dramatischen Umständen ihre Unabhängigkeit zurücknahm.[769] Ebenso ist Auswanderung in östliche Richtung nach Armenien, das auch südlich des Kaukasus liegt, denkbar, denn dort fand man beim Sewan-See mehrere Festungsanlagen aus zyklopischen Mauern, ebenso die typischen Amazonen-Streitäxte mit halbmondförmiger Klinge (vgl. Karte 3 von Kap. 5, S. 257).[770]

Es gibt eine antike Überlieferung, dass sich Amazonen vom Thermodon auch am Nordabhang des Kaukasus und nördlich des Schwarzen Meeres angesiedelt hätten.[771] Das zeigt, dass Auswanderung nicht nur auf dem Landweg erfolgte, sondern auch über das Meer. Eine griechische Sage berichtet, dass nach einer Schlacht mit den Achäern eine große Gruppe von gefangenen Thermodon-Amazonen auf den Schiffen verschleppt wurde. Aber sie konnten sich befreien und ihre Bewacher töten, waren danach aber Wind und Wellen ausgeliefert und wurden an der Nordküste des Schwarzen Meeres, dem Asowschen Meer, angetrieben (vgl. Karte 2 von Kap. 5, S. 229).[772] Es war das Land der Skythen, Indoeuropäer mit indoiranischer Sprache, die damals als Reiternomaden die Steppen von Zentralasien bis zum Schwarzen Meer beherrschten (1. Jt.). Sie besaßen eine extrem kriegerische und hierarchische Gesellschaft, was an den „Pyramiden der Steppe", den riesigen Kurganen als Prunkgräbern für ihre Könige, abgelesen werden kann, die sagenhaft üppige Goldschätze enthielten.[773] In diesem Land angekommen stahlen die Amazonen eine Pferdeherde und lieferten, nun

---

[768] A.a.O.., S. 112–113, 118.
[769] Ranke-Graves, S. 557–560, 574–575, 577.
[770] Pöllauer: *Geschichte der Amazonen*, S. 91–93.
[771] Griechische Quelle: Strabo.
[772] Griechische Quellen für diesen gesamten Bericht sind: Herodot, Buch IV, Passus 110–116, und Pseudo-Hippokrates.
[773] In der Eisenzeit drängten die Skythen vom fernen Osten aus dem Sajan-Gebirge und dem Altai immer weiter nach Westen bis zum Schwarzen Meer. Dabei vertrieben sie andere indoeuropäische Völker, die nach Westen oder Süden auswichen. Ihre mächtigen Kurgangräber errichteten sie von Ost nach West, wobei sich die reichsten Königsgräber nicht nur am Schwarzen Meer, sondern auch im fernöstlichen Tuva befanden. Das Gold stammte aus dem Altai-Gebirge. Vgl. Parzinger: „Die Reiternomaden der eurasischen Steppe", S. 32–33.

wieder beritten, den Skythen heftige Kämpfe. Als diese erkannten, dass Frauen gegen sie kämpften, fanden sie es besser, dass junge Skythen ihnen statt der Schlacht die Liebe anbieten sollten, um starke Kinder zu erzeugen. Aber die Amazonen lehnten ab mit der Begründung, dass sie nicht so leben könnten wie die Skythenfrauen, die ihr Dasein auf den Wagen mit weiblichen Arbeiten verbrächten und weder zur Jagd noch irgendwohin gingen, auch nicht reiten und kämpfen würden! Da willigten die verliebten, jungen Skythen ein, mit ihrem Erbteil den Amazonen dorthin zu folgen, wo diese sich niederlassen wollten. Sie zogen zusammen in die Gegend östlich des Don und gründeten ein neues Volk, die Sarmaten (Sauromaten). Es heißt noch in dem Bericht, dass bei den Sarmaten die Frauen ihre alte, freie Lebensweise beibehielten, mit den Männern zusammen auf die Jagd und in den Krieg ritten und dieselbe Kleidung wie die Männer trugen.[774] – Bei dieser Männerkleidung handelt es sich um den skythischen Hosenanzug, mit dem Amazonen in der späteren griechischen Vasenmalerei abgebildet wurden (Abb. 12).[775]

Der historische Kern dieser Sage ist die Flucht von Amazonen auch nach Norden übers Schwarze Meer, wo sie sich mit Skythen verbanden, die nomadische Lebensweise annahmen und im Volk der Sarmaten aufgingen. Die Sarmaten entwickelten

Abb. 12: Bogenschießende Amazone in skythischer Tracht (attische Vasenmalerei, um 430 v.u.Z.) (aus Katalog: Starke Frauen, S. 100)

---

[774] Herodot und Pseudo-Hippokrates, a.a.O.
[775] In dieser skythischen Männertracht erscheinen die Amazonen erst in der späteren griechischen Vasenmalerei, in der früheren sind sie gekleidet wie griechische Krieger. Auf den frühesten Abbildungen tragen sie lange, gemusterte Röcke, die für bessere Beweglichkeit geschlitzt waren.

5.2. Die Situation in Kleinasien und die Amazonen-Frage

eine Mischkultur aus skythischen und amazonischen Elementen, wobei die Stellung der sarmatischen Frauen sich erheblich von jener der Skythinnen unterschied. Wie die Amazonen es in der Sage deutlich ausdrückten, hatten die Skythinnen keine Freiheit, sondern führten eine eingesperrte, sitzende Lebensweise mit kleinen Kindern und Haushalt auf den Planwagen, die ihr Daueraufenthalt waren.[776] Sie fungierten als die Dienerinnen der Männer und besaßen keinen besonderen gesellschaftlichen Wert, was anhand der Belege zu sehen ist: In der skythischen Bildkunst erscheinen fast nur Männer, und die archäologischen Funde zeigen keine Statussymbole in den Gräbern von Frauen. Dafür mussten sie, falls sie Gattinnen von Königen waren, ihren Herren in den Tod folgen.[777]

Das steht in scharfem Gegensatz zum Leben der Frauen bei den Sarmaten. Sie bewahrten ihre Freiheit, sie ritten und kämpften wie zuvor. Knaben und Mädchen wurden gleich erzogen und für das Kämpfen trainiert. In Liebesangelegenheiten hatten Männer und Frauen die freie Wahl, und es galt als ehrenhaft, möglichst viele Liebhaber oder Liebhaberinnen zu haben.[778] Die Gesellschaft war relativ ausgewogen, was das Leben der Geschlechter betrifft. Aber es gab nicht mehr die Geschlechtertrennung, die typisch für Amazonengesellschaften war. Die Frauen führten deshalb keine selbständigen Kämpfe mehr und bildeten keine eigenständigen Kampfverbände, sondern sie waren nun Teil des Stammes und kämpften als Kriegerinnen mit den Männern zusammen. Außerdem war keineswegs jede Frau noch eine Kriegerin.

Die archäologischen Funde zeigen es: Das große Gebiet der Sarmaten, die keine festen Wohnsitze hatten, erstreckte sich vom Don bis zum Ural und zum nördlichen Kaukasus (vgl. Karte 2 von Kap. 5, S. 229). Hier gibt es eine beträchtliche Anzahl an Gräbern von Kriegerinnen, die mit dem „Mischinventar" aus weiblichen Arbeitsgeräten, Schmuck und Waffen unter Kurganen bestattet worden waren.[779] Bei den Waffen dominieren Pfeile, es kommen aber auch Schwerter, Dolche, Speere, Schilde, Rüstungen und Waffengürtel vor. Die Skelette zeigen Spuren der Schlachten, in denen die Frauen mitkämpften.[780] Die meisten dieser Gräber liegen im nördlichen Schwarzmeerbereich, aber auch am nördlichen Kaukasus. Am häufigsten treten sie am Asowschen Meer und am Don auf, jenen Gegenden, wo die Amazonen sich mit den skythischen Männern zuerst niederließen. Allein in der südlichen Ukraine wurden um 130 Gräber von Kriegerinnen gefunden (1. Jt., 5. und 4. Jh.).[781]

Aber der Anteil dieser Kriegerinnengräber gegenüber den Männergräbern und Gräbern anderer Frauen auf den Friedhöfen ist gering. Sie kommen dort niemals

---

[776] Vgl. auch Renate Rolle: „Umwelt und Wohnverhältnisse. Frauenleben zwischen Wagen, Jurten und Zelten", in: *Amazonen*, S. 105–106.
[777] Herodot, Buch IV, Passus 71–72; Pöllauer: *Geschichte der Amazonen*, S. 121; Renate Rolle: „Zur skythischen Geschichte und Kultur", in: *Amazonen*, S. 103; Parzinger: „Die Reiternomaden der eurasischen Steppe", S. 36.
[778] Mayor, S. 130–132.
[779] Fialko, S.119.
[780] Die meisten starben im Alter zwischen 25 und 35 Jahren, vereinzelt auch früher oder später, es gibt sogar Kriegerinnengräber von Mädchen im Alter von 10–15 Jahren. A.a.O., S. 120, 122; Mayor, S. 65, 74.
[781] Fialko, S. 119, 122.

mehrheitlich vor, sondern sind in der Minderzahl.[782] Auch wenn man eine hohe Dunkelziffer hinzurechnet, weil viele Kriegerinnengräber früher nicht erkannt wurden, kommt man bei der Gesamtheit von weiblichen Bestattungen höchstens auf 20% von Kriegerinnen.[783] Das macht deutlich, dass nur ein begrenzter Teil der sarmatischen Frauen die Waffen ergriff. In den Männergräbern, die an Zahl überwiegen, kamen hingegen in fast allen Gräbern Waffen ans Licht. Das heißt, dass Krieg bei den Sarmaten – wie bei den Skythen – Männersache war und Frauen sich dem Kriegswesen der Männer nur beigesellten und darin, obwohl sie geehrt wurden, untergeordnet blieben. So war die Unabhängigkeit der Sarmaten-Frauen nur eine relative, denn sie hingen vom Kriegserfolg der Männer ab. Das entspricht nicht mehr dem Kriegswesen der Amazonen, das ausschließlich aus Frauen bestand, die in voller Unabhängigkeit ihre Strategie bestimmten und ihre Kämpfe führten. Der größere Teil der Sarmaten-Frauen gab sich offenbar allein den weiblichen Tätigkeiten hin, was man an den Grabbeigaben erkennt, die nur Schmuck enthielten.[784]

Hier wird der Unterschied sehr klar, der zwischen „Amazone" und „Kriegerin" besteht. Deshalb stiftet es nur Verwirrung, wenn jede frühhistorische Kriegerin an allen Orten als „Amazone" bezeichnet wird, oder wenn umgekehrt die abhängige Situation der skythischen Kriegerinnen als neues Argument gebraucht wird, um die Existenz von Amazonen überhaupt zu bestreiten.[785]

Es gab Kriegerinnen nicht nur bei den Sarmaten, sondern auch bei vielen anderen Völkern der eurasischen Steppen von Ungarn bis nach Zentralasien und Nordchina. Sie waren in diesem großen Gebiet keine außergewöhnliche Erscheinung. Man verewigte sie in Legenden und Liedern aus dem gesamten eurasischen Raum, und in seiner unendlichen Weite finden Archäologen und Archäologinnen da und dort ihre Grabstätten. Es heißt, dass sie in den Schlachten mitkämpften und den Männern oft zum Sieg verhalfen. Dabei war ihr sozialer Status sehr unterschiedlich: Manche von ihnen wurden so mächtig, dass sie als Kriegsköniginnen erfolgreich ein Heer anführten.[786] Häufiger waren sie Gattinnen von Königen, griffen kämpferisch in die Kriege ein und unterstützten ihre Männer. Oder sie wurden Nachfolgerinnen ihrer königlichen Väter, wenn es keinen anderen fähigen Erben zum Kriegführen gab. Oder sie übernahmen die Regierung und den Kampf, wenn der königliche Gatte ein Trunkenbold geworden war.[787] Sie alle waren keine unabhängigen Frauen, sondern

---

[782] Z.B. kamen unter 50 Bestattungen nur 7 Kriegerinnengräber vor (in Certomlyk) und unter 317 Bestattungen, von denen 135 Frauengräber waren, nur 12 Kriegerinnengräber (in Mamaj-Gora). Vgl. zu Certomlyk: Renate Rolle: „Tod und Begräbnis", S. 116, zu Mamaj-Gora: Elena Fialko, S. 121.

[783] Mayor, S. 64. Sie bezieht sich auf Natalia Berseneva: „Women and Children in the Sagat Culture", in: Linduff/Robinson (Hg.): *Are all Warriors Male? Gender Roles on the Eurasian Steppe*, Lanham 2008, Altamora Press.

[784] Pöllauer: *Geschichte der Amazonen*, S. 124–125.

[785] Bei Adrienne Mayor werden sie fälschlich überall „Amazonen" genannt; bei Renate Rolle wird die Existenz von Amazonen grundsätzlich bestritten.

[786] Zum Beispiel Königin Tomyris vom Volk der Massageten; sie besiegte und tötete sogar König Kyrus II, den Großen, von Persien (um 530 v.u.Z.). Griechische Quellen: Herodot, Strabo, Justin; vgl. Mayor, S. 143–144.

[787] Beispiele dazu bei Mayor, S. 365–366, 370, 371, 401, und etliche weitere.

5.2. Die Situation in Kleinasien und die Amazonen-Frage

agierten in mehr oder weniger patriarchalen Zusammenhängen. Als königliche Frauen bleiben sie dort Ausnahmen, doch dasselbe gilt für ihre Schwestern von weniger hohem Rang, die Königen und Kaisern in Heeren dienten, was ihnen keinen Dank einbrachte.[788] Von solchen Frauen geht keine Gefahr für die jeweiligen patriarchalen Gesellschaften mehr aus wie von den einstigen Amazonen.

Das seltsamste Beispiel ist die junge Kriegerin von Pazyryk im Altai-Gebirge (vgl. Karte 1 von Kap. 5, S. 224). Man fand die 17-Jährige mit ihren Waffen in einem prächtigen Grab bestattet, das außer reichen Beigaben auch neun geopferte Pferde enthielt. Jedoch war es keine Einzelbestattung, sondern die blutjunge Frau lag Seite an Seite mit einem alten, an einer schweren Knochenkrankheit leidenden Mann, ihrem Vater. Er war ein mächtiger Häuptling der Skythen gewesen und ihm galt die Ausstattung des Grabes, nicht ihr. Da er sich kaum mehr bewegen konnte, war sie zu Lebzeiten seine in Kriegskunst geübte Beschützerin gewesen. Deshalb musste sie ihm in den Tod folgen, um ihn auch im Jenseits zu beschützen.[789] – Wir sehen hier die Kriegerin-Tochter als Menschenopfer für einen herrschenden Mann; es ist das absolute Gegenteil von dem, was die Amazonen einst waren.

Das Kriegerinnenwesen bei Nomadenstämmen in den eurasischen Steppen ergab sich also nicht aus irgendwie „matriarchalen" Verhältnissen dieser Völker. Denn solche isolierten Heldinnen, seien sie Königinnen oder namenlose Frauen, die zeitweilig Privilegien genossen, machen keine matriarchale Gesellschaft aus. Sie lebten grundsätzlich in patriarchalen Gesellschaften. Diesen Ausnahmen lag jedoch eine allgemeine Wehrhaftigkeit der Frauen bei den eurasischen Nomadenstämmen zugrunde, was auf die Lebensweise dieser Völker zurückgeht. In der Bronzezeit und erst recht in der Eisenzeit mit den eskalierenden und unaufhörlichen Kriegen waren die Männer häufig von den Lagern abwesend. Das hätte die Frauen, die im Lager bei den Kindern, Herden und Wagen blieben, jedem feindlichen Überfall hilflos ausgeliefert, wenn sie sich nicht selbst zu verteidigen gewusst hätten. Das ist wohl der wahre Grund, weshalb man Knaben und Mädchen gleichermaßen zum Kämpfen erzog. Die mutigsten, jungen Frauen entwickelten sich dann zu Kriegerinnen, und es war ihre wichtigste Aufgabe, den weiblichen Teil des Stammes in den Lagern zu beschützen, während die Männer fort waren. Sie führten bei einem Angriff die Frauen an, die sich vehement verteidigten – eine Tatsache, die noch die Römer von den späteren Keltinnen und Germaninnen zu ihrem Erstaunen überlieferten. Diese Beschützerinnen stiegen dann zu Mitkämpferinnen in den Männerheeren auf, wenn viele Feinde drohten, und in seltenen Ausnahmefällen zu Kriegsköniginnen – was wiederum die Griechen und Perser, die solche Frauen nicht gewohnt waren, in Erstaunen versetzte. Auf diese Weise entstanden an vielen Orten Legenden über „Amazonen", die längst keine mehr waren. –

---

[788] Zum Beispiel die namenlose „Jungfrau von Yüeh" (China), die ihre perfekte Technik im Schwertfechten den Offizieren eines Königs beibringen durfte und zuletzt ungnädig vom Hof verbannt wurde; oder Mulan, eine Frau aus dem Volk, die nach großen Kriegstaten, welche die Familienehre retteten, bescheiden nach Hause zurückkehrte und die weibliche Rolle wieder annahm (China); vgl. Mayor, S. 311–312 und 427–428. Bei Mayor findet sich ein großer Schatz solcher Erzählungen von Kriegerinnen in Eurasien.

[789] Natalia V. Polos'mak: „Die ‚Amazone' von Pazyryk", in: *Amazonen*, S. 129–137.

Aus dieser knappen Darlegung geht hervor, dass es an der Zeit ist, die Begrifflichkeit zum Thema „Amazonen" zu klären und die archäologische Forschung dazu vorwärts zu treiben, statt sie unter dem Vorwand des „Mythos" zu verweigern.

Wir fassen die Ergebnisse dieses Kapitels zusammen.

- *Allgemein*: Für die Entwicklung der Steppenkulturen spielten *Klimaschwankungen* eine entscheidende Rolle, denn sie wirkten sich wegen der Empfindlichkeit der Steppe gegen Austrocknung in den letzten 5000 Jahren einschneidend aus. Das stellte die in den Steppen lebenden Menschen vor große Herausforderungen, die ihre Geschichte geprägt haben.
- *Die ökonomische Ebene*: Da Feldbau nicht mehr möglich war, entstanden *Hirtenkulturen mit Domestikation des Pferdes*, um die großen Herden zu hüten. Wegen der Dauerkonflikte mit benachbarten Hirtenkulturen um knappes Weideland entwickelten sich daraus *Hirtenkrieger-Kulturen*. Die Erfindung von Rad und Wagen, an anderen Orten für friedliche Zwecke genutzt, erhöhte ihre Mobilität, so dass sie als Halbnomaden weiter in die Steppe ausgriffen und benachbarte sesshafte Kulturen matriarchaler Prägung überfielen. Wegen der fortgesetzten Austrocknung der Steppen entstand volles *Nomadentum* der Hirtenkrieger-Kulturen. Seit der *Entwicklung des Streitwagens* dehnten sie sich über den gesamten eurasischen Steppengürtel aus. Jede vorher friedlich genutzte Technik wurde nun zu *Kriegstechnik* umgewandelt.
- *Die soziale Ebene*: Die Hirtenkrieger-Kulturen der Steppe entwickelten die charakteristischen Muster des *frühen Patriarchats*: Bewaffnete Dauerkonflikte führten zum Entstehen des *Häuptlingswesens mit Krieger-Eliten*, das heißt, zur Bildung *erster Herrschaftsformen*. Mit ihrer neuen Macht konnten die Häuptlinge gemeinschaftliche Besitzregeln außer Kraft setzen, z.B. sich *Vieh als Privatbesitz* aneignen. Ferner ersetzten sie die matriarchal-egalitäre Sozialform durch eine *hierarchische Gesellschaft*. Auch *Frauen wurden zum Eigentum* der herrschenden Männer gemacht, deren Zweck es war, die *legitimen Söhne* des Häuptlings als die Erben seines Besitzes zu gebären. Deshalb wurde strikte *Monogamie für Frauen* eingeführt, woraus die *patrilineare und patrilokale Gesellschaft* mit strengem Vaterrecht entstand (Indoeuropäer). „Vaterrecht" bedeutete *Macht über Leben und Tod* von Frauen und Kindern zu haben. Im Tod wurden Frauen und Kinder dem Häuptling ins Grab mitgegeben, d.h. es wurden *Menschenopfer* praktiziert. Die gewöhnlichen Leute und die von der Elite ausgeschlossenen Frauen behielten Reste von matriarchalen Sozialmustern bei.
- *Die Ebene von Weltbild und Religion*: Im Denken herrschte ein *hierarchischer Dualismus*, der vom *Gesetz des Stärkeren* ausgeht. Die Grundlage dafür ist der *Dualismus der Geschlechter*, der sich in der *indoeuropäischen Reinheits-Ideologie* manifestiert: Darin werden die „starken" und „reinen" Männer den „schwachen" und „unreinen" Frauen entgegengesetzt, wobei der Status der „Unreinheit" der Frauen als von Natur aus vorhanden gesehen wird. Auch die Ökonomie war gemäß diesem Dualismus zweigeteilt: Frauen machten die „niedrigen, unreinen" Arbeiten, während die Arbeit der Männer als „höher und edel" galt (Hirtentum und Krieg).

5.2. Die Situation in Kleinasien und die Amazonen-Frage   275

Bei den Gottheiten zeigt sich derselbe hierarchische Dualismus: Die Götter der Männer waren *der himmlische Vatergott und der Kriegsgott*, sie galten als die „höheren" Götter. Ihre Mythen spiegeln jedoch keine göttlichen Zustände, sondern menschliche von Macht, Konkurrenz und Verdrängung. Die *Göttinnen* der Frauen haben mit *Geburt und Tod* zu tun und galten als *„niedere"* Gottheiten. Sie stehen für die allgemeinen Lebensvorgänge und sind *Reste aus der matriarchalen religiösen Tradition*.

Definition: Frühes Patriarchat entwickelte sich von Anfang an als Komplex aus *Krieg, Eliten- und Herrschaftsbildung, Privateigentum an Vieh, Herrschaft über Frauen* und *unterworfene Kulturen*, mit *höchsten männlichen Himmels- und Kriegsgöttern*.

- *Widerstand gegen diese Entwicklung:* Die *Amazonen-Kulturen* im östlichen Mittelmeerraum und am Schwarzen Meer stellen eine Widerstandsform gegen diese neuen, patriarchalen Verhältnisse dar. Diese Kulturen werden seit der antiken Geschichtsschreibung vorurteilshaft wahrgenommen und häufig geleugnet. Dabei dürfen Amazonen nicht mit Kriegerinnen oder wehrhaften Frauen verwechselt werden, wie es häufig geschieht. Kriegerinnen gab es in verschiedenen Kulturen, sie sind insbesondere aus den eurasischen Steppen durch Mythen und archäologische Funde belegt. Sie kämpften grundsätzlich mit Männern gemeinsam in einer von Männern beherrschten Gesellschaft.
Amazonen sind dagegen eine gesonderte Erscheinung, sie bilden *Kriegerinnen-Gemeinschaften ausschließlich aus Frauen*. Sie konnten durch ihre kämpferischen Fähigkeiten ihre Unabhängigkeit noch für ein Jahrtausend behaupten. Neuere archäologische Untersuchungen und Funde weisen auf die Existenz solcher rein weiblichen Amazonen-Gesellschaften hin.

Definition: Amazonen sind keine Kriegerinnen, die in einem Verband mit Männern kämpften, sondern unabhängige Kriegerinnen. Sie bildeten *Kriegerinnen-Gemeinschaften ausschließlich aus Frauen*. Amazonen-Gesellschaften haben noch matriarchale Elemente, sind aber keine Matriarchate mehr.

Kapitel 6:
Bronzezeit und Eisenzeit in Westasien.
Die Entstehung von Staat und Reich

Zwei völlig verschiedene kulturelle Wege, die zur Entstehung von Patriarchat führten, bildeten sich heraus: jener in den Steppen und jener in Mesopotamien. Sie beruhen auf sehr unterschiedlichen landschaftlichen Gegebenheiten, deren Herausforderungen sich die Menschen stellen mussten. Hier folgen wir nun dem zweiten Entwicklungsgang.

Zeittafel
6. Jt.: Frühe Kupfersteinzeit: Hassuna, Samarra, Halaf in Nord-Mesopotamien
5. Jt.: Mittlere Kupfersteinzeit: Ubaid in Süd-Mesopotamien
4. Jt.: Späte Kupfersteinzeit: Eridu, Ur, Uruk in Süd-Mesopotamien
3. Jt.: Frühe Bronzezeit: Zeit der „Uruk-Ausdehnung"
2.600–2.000: Frühdynastisch, Sumer und Akkad
2. Jt.: Mittlere und späte Bronzezeit, 2.000–1.000: Babylon und Assyrien
1. Jt.: Eisenzeit: Assyrische Großreiche

Ökonomie und Politik der Bronzezeit in Westasien: Organisation des kostbaren Wassers

Neuer Raum: die Erstbesiedelung der mesopotamischen Ebenen

Als ab dem 6. Jt. der Fruchtbare Halbmond wegen der anhaltenden Abkühlung und Austrocknung unfruchtbar wurde, brachte dies für das südlich davon gelegene Mesopotamien zunächst erheblich günstigere Bedingungen. Während der vorangegangenen feuchten, wasserreichen Periode wurden die Ebenen zwischen den zwei großen Strömen Euphrat und Tigris häufig überschwemmt, sie waren sumpfig, voller Malaria verursachenden Mücken und damit unbewohnbar. Erst die kühlere Periode ließ diese heißen Ebenen trockener und das Land für Besiedlung zugänglich werden. Daher hatten etliche Menschengruppen den Fruchtbaren Halbmond nicht nur in Richtung Westen und Norden verlassen, sondern waren auch entlang der beiden großen Ströme nach Süden gezogen.

In der frühen Kupfersteinzeit entstanden in den Ebenen des nördlichen Mesopotamien (heute Nord-Irak) die Kulturen von Hassuna, Samarra und Halaf (ca. 6.000–5.000).[790] Hassuna als die älteste lag am Oberlauf des Tigris, ihre Nachfolgerin Samarra

---

[790] Hauptfundorte sind Tell Hassuna, Tell es-Sawwan, Tell Halaf. Vgl. zu diesen Kulturen Seton Lloyd: *Die Archäologie Mesopotamiens,* München 1981, Beck Verlag, S. 80–107.

Karte 1: Mesopotamien mit den alten Kulturen

dehnte sich vom Tigris und dem Zāgros-Vorland bis zum mittleren Euphrat aus. Halaf entstand unabhängig davon an den Quellflüssen des Chabur, eines Nebenflusses des Euphrat, und nahm ein weites Gebiet vom Norden Syriens bis Anatolien ein (Karte 1 von Kap. 6). Diese Kulturen werden allein nach ihrer Keramik unterschieden, die in Halaf äußerst kunstvoll war.

In der ältesten von ihnen, Hassuna, gab es kleine Dörfer und große Wohnhügel mit gleich gebauten Häusern, die Platz für je eine Sippe boten. Hinzu kamen größere Gebäude als Kornspeicher für die Gemeinschaft. Es wurde nichts gefunden, was auf besondere Bauten als den Sitz eines Anführers hinweist.⁷⁹¹ Man entdeckte zahlreiche Urnen mit Kinderskeletten unter dem Fußboden und der Türschwelle der Häuser, auch in Samarra war die Sitte der Bestattung unter den Häusern verbreitet.⁷⁹² Zu den häufigsten Funden gehören weibliche Figurinen.

Halaf war eine sehr einheitliche Kultur und entwickelte sich ebenfalls ohne Existenz von Häuptlingen. Sie besaß umfangreiche Siedlungen wie Tell Halaf, Tell Arpachiyah und Tell Brak, und der Ort Domuztepe war so groß, dass er mehr als 18 ha umfasste und als Stadt anzusehen ist.⁷⁹³ Berühmt sind die zahlreichen Augenfigürchen von Tell Brak mit ihrer symbolischen Darstellung der Mutterlinie (Abb. 1).⁷⁹⁴ Die enorme Ausdehnung dieser Kultur über 600 km geht auf ein weitgespanntes Netz von Austauschbeziehungen zurück. Man fand viele Stempelsiegel und Zählmarken, welche die Komplexität der Interaktion innerhalb und außerhalb der Ortschaften deutlich machen. Diese Siegel zeigen eine große Bandbreite, denn den Zugang zum Tauschnetz hatten nicht nur ein paar hervorgehobene Individuen, sondern alle Menschen in den Gemeinschaften, sie waren in den Händen von vielen Personen. So entstand die Einheitlichkeit der Halaf-Kultur über ein weites Gebiet – ohne die Ausübung

Abb. 1: Augenfigurinen von Tell Brak mit der Symbolik der Mutterlinie (aus: Seton Lloyd: Die Archäologie Mesopotamiens, S. 106; siehe ebenso Kapitel 3, Serie A, Abb. h, S. 114)

---

⁷⁹¹ Lloyd, S. 86; Hans J. Nissen: *Geschichte Alt-Vorderasiens*, München 2012 (2. Auflage), Oldenbourg Verlag, S. 33–34; Hermann Parzinger: *Die Kinder des Prometheus*, S. 158.
⁷⁹² Lloyd, S. 88–89, 104; Parzinger, a.a.O., 158, 160.
⁷⁹³ Charles Keith Maisels: *Early Civilizations of the Old World. The Formative Histories of Egypt, The Levant, Mesopotamia, India and China*, London-New York 1999, Routledge, S. 141.
⁷⁹⁴ Lloyd, S. 89, 105 und Abb. 46.

von Zwang, stattdessen als eine umfangreiche Ökumene, die auf Gegenseitigkeit beruhte.[795]

Diese Eigenschaften der Kulturen von Hassuna und Halaf weisen auf egalitäre und von den Traditionen des Fruchtbaren Halbmondes herkommende, matriarchale Gesellschaften hin. Aber während diese beiden Kulturen den traditionellen Regenfeldbau betreiben, der im Hügelland vor den Gebirgen noch möglich war, ergänzt durch den Bau von Brunnen, bahnte sich in der Samarra-Kultur, der Nachfolgerin von Hassuna, eine neue Entwicklung an. Die Menschen dieser Kultur drangen als erste in die regenlose, südliche Ebene vor und entwickelten als erste die künstliche Bewässerung von Gärten und Feldern.[796] Diese Neuerung war revolutionär und sollte später weitreichende Konsequenzen haben, vor allem band sie die Menschen unweigerlich an bestimmte Areale. Am Anfang bot die künstliche Bewässerung keine besonderen Schwierigkeiten, besonders nicht am Euphrat, bis zu dessen Mittellauf die Samarra-Kultur vorstieß. Denn er strömt, nachdem er das Berggebiet verlassen hat, mit nur geringem Gefälle durch die weiten Ebenen, er ist langsam und bildet große Mäander-Schleifen. Die künstliche Bewässerung entstand hier aus der jährlichen Überflutung des Landes, man baute Sammelbecken für das Wasser, ebenfalls einfache Dämme, um das Wasser zu leiten. Außerdem liegt das mit Sedimenten gefüllte Bett des Euphrat höher als die Umgebung, daher ist es sehr leicht Wasser abzuzweigen, das von selbst auf die Felder herunterfließt. So konnten die Archäologen in der Samarra-Kultur Reste einer einfachen, aber vollständig entwickelten Kanal-Anlage auffinden.[797] Anders verhält sich der Tigris, der viel mehr Wasser führt und durch starke Nebenflüsse aus dem Zagros-Gebirge gespeist wird. Das gibt seinem Oberlauf eine hohe Fließgeschwindigkeit, so dass er sich auf weite Strecken mehrere Meter tief ins Gelände eingefressen hat. In seinem mittleren Teil gelangt er jedoch auch in ebenes Gelände und beginnt zu mäandrieren, so dass sein Wasser durch einfache Hebevorrichtungen gewonnen werden kann. Auch diese Methode wurde von den Menschen der Samarra-Kultur erfunden, so wurden sie die ersten Spezialisten für künstliche Bewässerung.[798] Zugleich mussten sie die Wasser- und Felderzuteilung organisieren.

Hier taucht nun sogleich wieder die Behauptung auf, dass die Organisation von Bewässerung „Leitungsfunktionen und Elite" voraussetze, dass größere gesellschaftliche Arbeitsteilung und Komplexität gleichbedeutend mit „Hierarchie" sei, dass „Überschuss" erwirtschaftet würde, den sich die Elite aneignete, und dass Stempelsiegel und Zählmarken deren „individuellen Besitz" anzeigen würden.[799] Damit wird so getan, als ob die Samarra-Kultur bereits den Keim für die ersten, hierarchischen Staatsgebilde in sich tragen würde, zu denen es in Mesopotamien in schön linearer Abfolge gekommen sei. Das hat zu der allgemeinen, aber falschen Annahme geführt, dass die Organisation von Bewässerungsanlagen den Beginn von patriarchalen

---

[795] Maisels, S. 141–143, 146. – Es gibt in Halaf keine Hinweise auf eine soziale Hierarchie, was auch die Stempelsiegel und Zählmarken nicht belegen können. Deren Funktion war sehr unterschiedlich, siehe dazu weiter unten.
[796] A.a.O., S. 124, 147; Lloyd, S. 89, 91; Nissen, S. 35.
[797] So bei Choga Mami: Maisels, S. 150.
[798] A.a.O., S. 85–86, 125, 132, 135, 150.
[799] Nissen, S. 34–36. – Diese Behauptungen werden im Selbstwiderspruch zu den vom Autor genannten archäologischen Fakten aufgestellt.

Mustern mit sich brachte. – Dafür spricht jedoch nichts, denn archäologisch gibt es für eine solche Annahme keine Belege. Auch hier wird Komplexität mit Hierarchie verwechselt und die Fähigkeit zur Selbstorganisation von egalitären Gesellschaften unterschätzt. Stattdessen müssen wir annehmen, dass die Sippenhaushalte der Samarra-Kultur, die ja von der matriarchalen Hassuna-Kultur stammt, die Wasser- und Felderzuteilung ohne planende Anführer in gemeinschaftlicher Vereinbarung bewerkstelligten. Stempelsiegel und Zählmarken haben bei der gerechten Zuteilung für jeden Haushalt geholfen, es handelt sich in ihnen eher um Clanzeichen als um private Besitzermarken.

In der mittleren Kupfersteinzeit (5. Jt.) entwickelte sich die Ubaid-Kultur (auch Obaid, Obed) im südlichen Mesopotamien (Süd-Irak). Sie ging aus dem Vordringen der Samarra-Leute bis zum Persischen Golf im äußersten Süden hervor, wo sich damals weites Marschenland dehnte. Nahe der einstigen Uferlinie des Golfes, die erheblich weiter landeinwärts verlief, bei den Lagunen kurz vor der damaligen Mündung des Euphrat ließen sie sich nieder (vgl. Karte 1 von Kap. 6, S. 278).[800] Hier entstand die Ubaid-Kultur, die Vorläuferin der späteren Kultur von Sumer.[801]

Die Ubaid-Kultur verbindet Elemente aus zwei Traditionen: Wie bei Samarra pflegte sie im heißen Süden von Anfang an die künstliche Bewässerung, und wie diese besaß sie weibliche Figurinen als religiösen Ausdruck. Die Statuetten waren aus kostbarem Alabaster. Auffallend ist ebenfalls das große „Mittelsaalhaus", eine dreiteilige, symmetrische Hausform mit T-förmiger, zentraler Halle. In jedem Teil des dreiteiligen Hauses gab es einen Herd und eine Vorratskammer, so dass häusliche Aktivitäten auf gleicher sozialer Ebene ausgeführt wurden. Die zentrale Halle diente zusätzlich zur Versammlung der Sippenmitglieder. Dieser Haustyp ist eine Weiterentwicklung aus der Samarra-Kultur, er ist sonst mit keiner Architektur in Westasien vergleichbar. Man standardisierte jetzt die Häuser nach festen Maßen und verwendete Bitumen zum Abdichten gegen Wasser, was bei dem hohen Grundwasserspiegel in dieser Gegend nötig war. Die Keramik hingegen ist neu, sie wurde auf einer drehbaren Platte hergestellt und fiel recht schmucklos aus, und neu ist ebenso die gesteigerte Verwendung von Kupfer als Schmelze und Guss.[802] Auch die Ökonomie wandelte sich: Es trat die Kultivierung der Dattelpalme hinzu und mit wachsender Tendenz die Viehzucht von Rindern in den feuchten Marschen. Schafe und Ziegen vertrugen das südliche, schwüle Klima nicht, so blieb ihre Herdenhaltung auf die Ebenen des Nordirak begrenzt, wo sie heimisch waren. Die Haushalte waren selbsttragend und unabhängig in der Grundversorgung, doch zusätzlich hatte jeder Haushalt eine spezielle Produktion, z.B. von Keramik, von Leder- oder Textilwaren, die zum Tausch für andere Güter wie Bitumen, Obsidian, Metall und Luxusgüter dienten.[803]

Auf diese Weise stellten die Haushalte eine Einheit aus Wohnstätte und Werkstätte dar. Die Pioniersituation, in der sich die Menschen im Süden Mesopotamiens befanden, veranlasste sie zur Konzentration, um alle Ressourcen zu nutzen. Sie muss-

---

[800] Vor 5000 Jahren verlief die Uferlinie des Persischen Golfes 160 km weiter landeinwärts als heute. Vgl. Scarre: *Weltatlas der Archäologie*, S. 124, 125.
[801] Maisels, S. 152; Hauptfundort ist Tell el-Obed oder Ubaid.
[802] A.a.O., S. 152–156; Nissen, S. 36–38.
[803] Maisels, S. 153, 156.

ten sich vor Zufällen vonseiten des Stromes und des extremen Klimas schützen, was sie zum Anlegen von Gemeinschaftsvorräten als Nothilfe bei Hochwasser oder Dürre veranlasste. Wieder wird nun behauptet, dass dies zu „strikter Kontrolle vonseiten des Haushaltsvorstandes" führte, um die „menschliche Ressource zu managen", was „Hierarchie innerhalb des Haushalts" bedeutet haben soll – wobei dieser Vorstand immer männlich und die Sippe patriarchal gedacht werden. Als Vorbild dient jetzt der griechisch-patriarchale „Oikos"-Haushalt, der jedoch um Jahrtausende später zu verorten ist und unter anderen Bedingungen zustande kam.[804] Das heißt, es handelt sich wieder um eine Rückprojektion, für die es auch in der Ubaid-Kultur keine archäologische Evidenz gibt. Stattdessen reicht in einer Pioniersituation eine enge Clanbindung als starker Zusammenhalt der Mitglieder aus, um Schwierigkeiten zu meistern.

Die Frage ist eher, was die Samarra-Leute bewogen hat, am Tigris entlang immer weiter in den feuchtheißen, unwirtlichen Süden zu ziehen, bis sie die Ubaid-Kultur entwickelten. Die Ursache liegt in einer erneuten Verschärfung der Trockenheit im 5. Jt. in den eurasischen Steppen, was auch im persischen Hochland und in Nordmesopotamien deutlich zu spüren war. Es ist jene Situation, welche die früh-indoeuropäischen Stämme in den eurasischen Steppen zu Hirtenkriegern werden ließ. Durch die dauernde Unruhe, mit der diese die Steppenzone bis an ihre südlichen Grenzen überzogen, sahen sich ältere, dort ansässige Völker gezwungen, vor ihnen auszuweichen und ins persische Hochland zu ziehen, woher ihre Vorfahren einst gekommen waren. Das löste jedoch auch in Persien eine starke Völkerverschiebung aus, die sich dann im nördlichen Mesopotamien bemerkbar machte. So ist in jener Zeit mit nicht wenigen Einwanderern aus den nordöstlichen Gebieten ins Tal des Tigris zu rechnen, die auf der Suche nach Wasser und Lebensraum waren. Das mag die Samarra-Leute veranlasst haben, ihre festen Siedlungen mit den Bewässerungsanlagen zu verlassen und sich immer weiter nach Süden zu wenden. Es ist auch denkbar, dass es eine gewisse Vermischung gab und die Einwanderer solche neuen Elemente wie die drehbare Töpferscheibe und die Vorform des Mittelsaalhauses in die Samarra-Kultur eingebracht haben. Dies konnte jedoch das fortgesetzte Ausweichen der Samarra-Leute nach Süden nicht aufhalten.

Nachdem daraus die Ubaid-Kultur hervorgegangen und diese stabil geworden war, dehnte sie sich wieder nordwärts aus. Da im Süden das Meer lag, gab keine andere Richtung mehr. Ihre Ausdehnung reichte nordwärts bis zu dem großen Gebiet der Halaf-Kultur und soll diese „ersetzt" haben.[805] Ein irgendwie gewaltsames „Ersetzen" ist jedoch nicht zu sehen, denn es gab keine Eroberung durch Waffengebrauch. Starke soziale Gemeinsamkeiten zwischen beiden Kulturen, wie die egalitären, matriarchalen Muster es waren, weisen in jener Zeit eher auf ein weites Kommunikations- und Tauschnetz hin, so dass die Ausläufer von Ubaid mit der Halaf-Kultur in der nordirakischen Zone friedlich verschmolzen.

---

[804] A.a.O., S. 156.
[805] A.a.O., S. 152.

Gedränge im „Paradies": die Bildung von Stadtstaaten

Im 4. Jt. kam es zu einer erneuten Klimaveränderung, es wurde nochmals kühler und trockener. Das Schwemmland der Ebenen wurde seltener überflutet, die Sümpfe und Lagunen im Süden zogen sich zurück. Dennoch gab es im südlichen Mesopotamien noch reichlich Wasser auch ohne den Bau von großen Kanälen, die Schwemmland-Ebenen blieben fruchtbar.[806] Aber das ausdörrende Klima wirkte sich im persischen Hochland mit den angrenzenden Gebieten in Nordmesopotamien verheerend aus, und an den Rändern der Gebirge entstand eine Zone von Wüsten. Es kam erneut zu einer Völkerverschiebung und zur verstärkten Einwanderung von verschiedenen Volksgruppen von Norden und Osten, nun da der wasserreiche Süden als bewohnbares Gebiet bekannt geworden war, ein „Paradies", verglichen mit ihrer Situation. Auch das Volk der Sumerer gehörte zu den Einwanderern, sie besaßen eine so fremde und eigenartige Sprache, dass sie mit keiner damals bekannten Sprache verwandt war.[807] Nahe beim Tell el-Obed, dem wichtigsten Stadthügel der Ubaid Kultur, gründeten sie ihre ersten Städte, die sich zu beträchtlicher Größe entwickelten: Eridu mit 12 ha, Ur mit 10 ha und etwas weiter flussaufwärts am Euphrat Uruk mit 70 ha (vgl. Karte 1 von Kap. 6, S. 278).[808] Das ging friedlich vonstatten, denn es gab noch genügend Platz für alle. Mit diesen Veränderungen begann die späte Kupfersteinzeit.

Die Sumerer lernten von der Ubaid-Kultur und übernahmen vieles von ihr, was besonders an der Gleichartigkeit der Häuser mit dem T-förmigen Mittelsaal zu sehen ist. Daraus entwickelten sie ihre frühen Tempelbauten, ergänzt durch eine Kultnische für das Bild der Gottheit. Diese Tempel hatten geringe Größe, sie dienten der Stadtgemeinschaft als Versammlungshaus für Beratung und religiöse Feiern, und wenn ein einziges Gebäude nicht ausreichte, wurde für jedes Stadtviertel ein Tempel errichtet. „Statusunterschiede der Bewohner" lassen sich daraus nicht ableiten, auch keine „Herrschaftsformen"[809] – wie sollten diese so plötzlich entstanden sein? Einfach von selbst kommen Herrschaftsformen und patriarchale Muster nicht herbei, wenn es sie Jahrtausende lang vorher nicht gegeben hat. Vor allem: ganz ohne sie näher zu definieren bleibt völlig unklar, was damit gemeint ist. Die Kulthäuser oder Tempel wurden auf immer höhere Terrassen gesetzt, die stufenförmig übereinander lagen, eine Bauweise, aus der später die Zikkurat, die mesopotamische Stufenpyramide, entstand.[810] Erst diese späten Monumentalbauten dienten der Machtdemonstration, während in der Frühzeit die Terrassen ein praktisches Mittel waren, um die Kulthäuser vor Überschwemmung zu schützen.

Von Ubaid übernahmen die Sumerer auch das Prinzip des Gemeinschaftsvorrates, der im Tempel, dem Gemeinschaftshaus, aufbewahrt wurde. Das war notwendig, denn die Verhältnisse von Klima und Landschaft hatten sich nicht geändert. Stempelsiegel und Zählmarken dienten wie beim Sippenhaushalt dazu, den Eingang der Güter zu registrieren und den Ausgang nach festen Maßen und Gewichten gerecht zu verteilen. In diesem Sinne diente der Tempel als gemeinschaftlicher „großer Haus-

---

[806] Nissen, S. 42, 46.
[807] A.a.O., S. 46, 67, 194.
[808] Maisels, S. 175.
[809] Nissen, S. 39.
[810] A.a.O., S. 38–39.

halt", wie es früher schon bei den sakralen Gemeinschaftshäusern gewesen war; man nennt dies „Tempelwirtschaft". Auch dazu ist keineswegs ein Herrscher oder eine Elite erforderlich, welche diese Güter zu ihrem Eigennutz manipulieren würden, ebenso zeigen die Zählmarken – wie schon festgestellt – nicht sofort eine „zentrale Verwaltung" von oben an.[811] In den frühen sumerischen Städten bestimmten die Sippen selbst über die Verwendung der Gemeinschaftsvorräte, und wenn ein Vorsteher oder eine Gruppe mit der Administration betraut wurde, dann handelten sie als Delegierte der Sippen.

Mit diesem Missverständnis der „Zentralisierung" wird in der Forschung die sumerische Tempelwirtschaft seit ihrem Beginn belegt, wobei eine strikte Hierarchie stets mitgedacht wird. Dies geht auf eine falsche Definition von „Stadt" zurück, für die Zentralisierung und Herrschaft charakteristisch sein sollen. Es hat jedoch zeitlich weit früher, nämlich im Neolithikum, schon große Städte gegeben, die ohne diese patriarchalen Muster ausgekommen sind, wie z.B. die Stadt Çatal Höyük in Anatolien und die ausgedehnten Städte der Tripolje-Kultur in der Ukraine. Älter und größer als die frühen sumerischen Städte zeigen sie keine Anzeichen von Hierarchie und zentraler Verwaltung. Stattdessen sind sie ausgezeichnete Beispiele für die Komplexität und Effektivität der *egalitären Selbstverwaltung* der darin wohnenden Clans. Aber die Bedeutung dieser Städte kommt in der Archäologie wegen der falschen Definition von „Stadt", die stets nur die zentralistisch und patriarchal organisierte Stadt meint, kaum in den Blick.[812] So bleibt man bei der falschen Vorstellung von den mesopotamischen, sogenannten „ersten Städten der Menschheit" und der „Urbanisierung", die nur hier stattgefunden haben soll, stehen – eine beklagenswerte Reduzierung der Geschichte.

Auch der frühen sumerischen Tempelwirtschaft wird damit Unrecht getan, denn zuerst wird sie kritiklos mit Zentralisierung gleichgesetzt und dann wird dagegen opponiert mit dem Argument, dass es daneben auch weiterhin die individuelle Wirtschaft der einzelnen Haushalte gab.[813] Hier verstrickt man sich in den eigenen falschen Voraussetzungen: Klarerweise schließen sich Tempelwirtschaft und individuelle Wirtschaft nicht gegenseitig aus, weil die frühe Tempelwirtschaft eben nicht zentralistisch war! Es bestätigt hingegen die Annahme, dass die Tempelverwaltung die Lagerung des Überschusses der Gemeinschaft für Notzeiten besorgte, der aus den einzelnen Haushalten stammte, das heißt, die Wirtschaft war grundsätzlich dezentral.

---

[811] A.a.O., S. 39–40.
[812] Diese problematische Definition stammt von Gordon Childe. Er nannte für „Stadt" die Kriterien von Größe, spezialisierten Berufen (Handwerker, Kaufleute, Beamte, Priester, Künstler), großen öffentlichen Bauten, technischem Können, Schreib- und Zählsystemen, Entwicklung von Wissenschaften (Astronomie, Kalender, Geometrie, Mathematik), Fernhandel. Die neolithischen Städte haben all dieses schon sehr früh besessen. Außerdem gab Childe die Kriterien an: Konzentration von Mehrwert (für welchen Zweck?), herrschende Klasse, Hierarchie, permanente Staatsorganisation. Letztere charakterisieren patriarchal geführte Stadtstaaten, woran zu sehen ist, dass er seine Kriterien vom späten Mesopotamien ableitete und diese einseitige Bestimmung unzulässig verallgemeinerte. Insofern entstand die von ihm so genannte „Urbane Revolution" auch nicht nur hier, sondern schon viel früher mit den neolithischen, matriarchalen Stadtkulturen (siehe Kapitel 3 und 4 in diesem Buch). Vgl. Childes Definition bei Maisels, S. 179–185.
[813] Nissen, S. 190–193.

In der folgenden Epoche änderte sich die Situation grundlegend. Im ausgehenden 4. Jt. und beginnenden 3. Jt. entstand mit der Uruk-Zeit die Bronzezeit, es ist die Zeit des ersten Erscheinens staatlicher Organisation. Das geschah weder absichtlich noch geplant, sondern hatte mit einem rasanten Ansteigen der Bevölkerung in der Schwemmlandebene zwischen den beiden Strömen zu tun. Zuvor gab es dort nur spärliche Besiedlung, doch nun steigerte sich die Zahl der Ortschaften um das Zehnfache. Das heißt, auf die ersten Einwanderer folgten ganze Völkerscharen, die vor der erneuten Klimaverschlechterung mit Verödung ganzer Landstriche in die fruchtbaren Ebenen flohen. Zugleich nahm die Kriegsgefahr durch nomadische Steppen- und Wüstenvölker zu, die zwar schon lange in den trockenen Zonen gelebt hatten, aber stets weniger ihr Auskommen fanden und sich rasant militarisierten. Auch vor ihnen flohen die angrenzenden Völker. Sie zogen nach Süden, wo sie die „Fleischtöpfe" der Städte mit ihrer klugen Vorratswirtschaft wussten. Sie wurden alle von der ansässigen Kultur aufgenommen, so dass ein Dutzend neuer Städte entstand. Die starke Besiedelung begann dort, wo sich Euphrat und Tigris am nächsten kommen, und griff in der Folgezeit auf den ganzen südlichen Teil des Landes über, das beide Ströme in weitem Bogen umfließen. Auch die schon bestehenden Städte schwollen mächtig an, allein die Stadt Uruk vergrößerte sich auf 250 ha.[814] Mit dieser Situation entstand ein großes und anhaltendes Problem, nämlich die Versorgung der enorm anwachsenden Menschenmenge zu gewährleisten.

Das führte einerseits zum Ausbau der künstlichen Bewässerungsanlagen, andererseits zu einer sich ständig vergrößernden Verwaltung. Die lokalen Kanäle, welche zuvor die Felder einzelner unabhängiger Sippenhaushalte bewässert hatten, mussten nun durch ein ausgefeiltes Kanalsystem ersetzt werden, welches das nötige Wasser herbeischaffte. Das Kanalsystem wurde in eine vierfache Hierarchie gegliedert: Es gab wenige zentrale Hauptkanäle, die längs durch das gesamte Gebiet führten. Sie ergossen sich in Seitenkanäle, von denen jeder den Distrikt einer Stadt mit Wasser versorgte (Abb. 2). Von hier wurden kleinere Kanäle für die Felder abgezweigt, wo sie sich in viele Wasserrinnen aufteilten. Ein solches Bewässerungssystem funktionierte nicht mehr allein durch die Schwere des vom Fluss herabfließenden Wassers, sondern es brauchte Schleusen an den Hauptkanälen, welche die Wassermenge an den Abzweigungen regulierten, ebensolche an den Seitenkanälen, außerdem begrenzende Dämme auf den Feldern, die genau gleiche Quadrate umschlossen und das Wasser festhielten, damit es durch die Rinnen einsickern konnte. Dem entsprach eine Hierarchie in der Wartung des Kanalsystems, wobei den obersten Administratoren die Verantwortung zufiel, die Hauptkanäle zu graben und zu erhalten. Unter ihnen standen die Administratoren der einzelnen Städte, welche die Seitenkanäle für die verschiedenen Stadtteile und die kleineren Kanäle für Felder zu pflegen hatten.[815]

Der nächste Schritt war, die landwirtschaftliche Produktion zu erhöhen, um die schnell zunehmende Bevölkerung zu ernähren. Deshalb verwandelte man weite Teile der Ebene in Ackerland, verkleinerte zugleich die Felderflächen und intensivierte den Anbau. Die wachsenden Überschüsse flossen in die Tempelwirtschaft und wurden dort genauestens registriert. Auch ihre Wiederverteilung war genau geregelt

---

[814] A.a.O., S. 45; Maisels, S. 175.
[815] Maisels, S. 87.

Abb. 2: Das Kanalsystem von Sumer (aus: Ch. K. Maisels: Early Civilizations of the Old World, S. 86)

und rationiert. Das ist archäologisch belegt durch Tausende von Fragmenten von Rationsgefäßen, dem sogenannten „Glockentopf", ebenso durch Bruchstücke von versiegelten Tonverschlüssen und beschrifteten Tontafeln: 80% dieser Funde beziehen sich auf wirtschaftliche Daten von Eingängen und Ausgängen von Naturalien und Waren des Tempelvorrates, sie gehören damit zur Registratur. Festzuhalten ist, dass auch diese Wirtschaftsform nicht hortend in den Händen von Wenigen war, sondern wiederverteilend nach genau bestimmtem Maß.[816]

Für die komplizierte Verwaltung der Tempelgüter wurde die Keilschrift weiterentwickelt. Sie war nicht gänzlich neu, sondern ging aus einem sehr alten, einheimischen Zeichensystem hervor, das bis in die Jungsteinzeit zurückreicht.[817] Demnach wurde hier auch nicht die „erste Schrift" erfunden, sondern sie wurde übernommen und für den neuen Zweck dienstbar gemacht – was zugleich ihre Profanierung darstellte.

---

[816] Nissen, S. 44–45, 47, 54–55.
[817] Vgl. den Kongress *25. internationale Treffen vorderasiatischer Altertumswissenschaftler*, Berlin 1978.

In Keilschrift sind auch die restlichen 20% der Tontafeln gehalten: Listen, die in hierarchischer Reihenfolge alle Titel der Verwaltung nach Rängen gegliedert aufführen. Der erste Titel bezeichnet den obersten Administrator, den „König der Stadt", der aber noch keine Herrschaftsmacht besaß. Er war dem „Rat der Ältesten" verantwortlich und musste die Zustimmung der Versammlung aller Haushaltsvorstände einholen.[818] Außerdem spielte eine stark religiöse Komponente eine Rolle, denn der König war auch der Stadtgottheit für das Wohlergehen der Menschen in der Stadt verantwortlich. Dennoch handelt es sich jetzt erstmals um eine *stratifizierte Gesellschaft*, das heißt, eine hierarchische Gesellschaft aus Schichten und Rängen. Sie war aus dem Bevölkerungsdruck in einer schwierigen ökologischen Umwelt hervorgegangen. Es handelt sich jedoch um eine *Hierarchie der Verantwortung*, noch nicht der Herrschaft. „Herrschaft" bedeutet eine Hierarchie der Ausbeutung von oben nach unten, die durch einen bewaffneten Erzwingungsstab gewährleistet wird. Ein solcher Erzwingungsstab ist das Kriterium für Herrschaft, und er war hier noch nicht vorhanden. Denn der König war nicht von einer stehenden Krieger-Kaste umgeben.

Mit dieser stratifizierten Gesellschaft und der Hierarchie der Verantwortung begann die Geschichte der sumerischen *Stadt-Staaten*. Als Staaten verwandelten sie nun das Land, das vorher allgemein zur Verfügung stand, in *ihr Territorium*, auf das sie Besitzanspruch erhoben. Als lokale Ackerbaustädte trugen sie allerdings noch nicht die ausbeuterischen Merkmale späterer Staaten, die sich ganze Länder anderer Völker aneigneten, sondern sie blieben in dem von ihnen kultivierten, begrenzten Areal. Mit ihrem Territorium erreichten sie ihr Ziel, die Versorgung der Stadtbewohner zu sichern und einen allgemeinen Wohlstand herbeizuführen. Diesen dokumentieren die Funde aus den Gräbern der Normalbevölkerung, denn man fand auch hier, nicht nur bei den hohen Administratoren, Beigaben aus Edelmetallen: Gold, Silber, Blei, Kupfer und den blauen Lapislazuli-Stein. Für die Verstorbenen wurden zudem von den Leuten in Tempeln und Schreinen kostbare Statuen aufgestellt, die sogenannten „Beter"-Figuren.[819] Sie zeigen die schlichte Tracht der Sumerer, bestehend aus einem zottigen Wollrock, bei den Frauen ergänzt durch einen Umhang und manchmal einen runden Hut (Abb. 3). Diese weite Streuung des Wohlstands unter der Bevölkerung entspricht der nicht-hortenden, sondern wiederverteilenden Wirtschaft in den sumerischen Stadtstaaten.

Der allgemeine Wohlstand wurde erhöht durch die weiten Handelsbeziehungen in der späten Uruk-Zeit (sogenannte „Uruk-Ausdehnung"). Sie konnten sich in einer relativ friedlichen Zeit ungestört entfalten, denn die kriegerische Unruhe reichte noch nicht bis hierher, und in Uruk selbst fand man für jene Zeit keine Kampfwaffen.[820] Man handelte nicht nur mit den Nachbargebieten, sondern versorgte sich auch mit Rohstoffen aus dem Norden. Als Gegenleistungen erhielten die Städte im Norden Kulturgüter und Techniken aus Uruk, die sie gern übernahmen. So reichte der Einfluss von Uruk bis in die angrenzenden Gebiete Persiens (Susiana) und zum Oberlauf des Tigris (Ninive). Uruk gründete sogar eigene nördliche Handelsniederlassungen, um sicher zu sein, dass der Import der wertvollen Rohstoffe nicht versiegte.[821]

---

[818] Nissen, S. 57.
[819] A.a.O., S. 70–71.
[820] A.a.O., S. 57, 70.
[821] Eine solche Handelsniederlassung war z. B. Habuba Kabira. A.a.O., S. 51–52.

Abb. 3: Figuren von Betern und Beterinnen aus Sumer (Tempel vom Tell Asmar) (aus: Seton Lloyd: Die Archäologie Mesopotamiens, S. 141)

Die Macht der Waffen: Regionalstaaten und das erste Reich

Diese günstige Zeit der „Uruk-Ausdehnung" ging plötzlich zu Ende, die Entwicklung brach überall fast gleichzeitig ab. Das geschah unfriedlich, denn es gibt für die nördlichen Regionen Mesopotamiens Spuren von Zerstörung, mit massenhaften Funden von Schleuderkugeln, die als Kriegswaffe dienten. Die nördlichen Niederlassungen wurden verlassen.[822] Die Ursache waren nomadische Hirtenkrieger, Völker mit semitischer Sprache, die schon lange vorher von der sich zunehmend in Wüste verwandelnden Arabischen Halbinsel in nördliche Richtung gezogen waren, in die Länder der Levante (Palästina, Syrien) und in Nordmesopotamien einsickerten und dort mittlerweile die Mehrheit der Bevölkerung bildeten.[823] Obwohl nicht beritten, beendeten diese frühen Semiten die Ausdehnung Uruks nach Norden und stießen jetzt weit in den Süden des Zweistromlandes vor. Schließlich ließen sie sich am Nordrand des urbanen Gebiets von Sumer als „Akkader" nieder. Die sumerischen Städte erwehrten sich der Eindringlinge, indem sie Stadtmauern errichteten und sich in einer

---

[822] Ebd.
[823] A.a.O., S. 74; Lloyd, S. 175.

Liga zusammenschlossen.[824] Ebenso versuchte man, die Fremden durch Assimilation an die eigene Kultur zu integrieren. Auf diese Weise hatten die Akkader ihre nomadische Herkunft bald vergessen und gründeten nun ihre eigenen Städte am Nordrand des sumerischen Städtegebiets (vgl. Karte 1 von Kap. 6, S. 278).[825] So entstand ein Nebeneinander von Sumerern und Akkadern unter dem Dach derselben Kultur. Die Spannungen blieben jedoch bestehen, nicht nur wegen der großen Verschiedenheit der Sprachen, sondern auch der Verwandtschaftsstrukturen.[826] Denn die Akkader brachten die Patrilinearität mit sich.

Der Verlust des Rohstoff-Handels mit den nördlichen Gebieten und die neuen kriegerischen Verhältnisse bedeuteten für die Sumerer einen tiefsitzenden Schock. Zudem erweiterten die akkadischen Stadtkönige das Territorium um ihre Städte derart aggressiv, dass ihr Stadtstaat Kisch in der ersten Hälfte des 3. Jts. die Hegemonie über die sumerischen Stadtstaaten ausübte.[827] In manchen sumerischen Städten besetzten sie selbst den Thron, in anderen Städten mussten sich die sumerischen Könige ab jetzt dem Kriegshandwerk widmen, das zuvor nicht zu ihren Aufgaben gehört hatte. Es kam zu einer festen Krieger-Kaste, über die der König Befehlsgewalt ausübte, und zu allen weiteren organisatorischen Vorkehrungen, die zum Kriegführen nötig sind. Diese einschneidende Veränderung erwuchs aus dem Bedürfnis der sumerischen Stadtstaaten nach Unabhängigkeit. Auf diese Weise wandelte sich die Rolle des Königs vom obersten Administrator, welcher der Stadtgottheit unterstand, zu einem *kriegführenden König*. Wie bei den Akkadern üblich, wurde ihm jetzt das Privileg zugestanden, seinen Königstitel zu vererben, was im 3. Jt. zur Frühdynastischen Zeit führte. Die Könige erhoben nun neue territoriale Ansprüche über ihre Stadtgebiete hinaus, doch dadurch gerieten die Stadtstaaten untereinander in Streit, was in der Frühdynastischen Zeit zu einem gewissen Chaos führte.

Diese Entwicklung wurde gleichzeitig durch ökologische Probleme verschärft. Die Bevölkerung wuchs durch fortwährende Einwanderung aus dem Norden unaufhörlich an, und zugleich nahm das Wasser in den beiden großen Strömen ab. Eine bedrohliche Wasserknappheit war die Folge, was zur Verringerung der landwirtschaftlichen Flächen führte, bei gleichzeitig ansteigender Zahl der Menschen, die hier wohnten. So veränderte sich die Siedlungs- und Wassersituation derart dramatisch, dass die Gebietsansprüche zwischen den Städten, die der Versorgung der eigenen Bevölkerung dienen sollten, nicht mehr durch Schlichtung und Vertrag gelöst werden konnten.[828] Es kam zu Dauerkonflikten. Die ökologische Herausforderung ließ sich jedoch nicht mit kriegerischen Mitteln lösen, so versuchte man, das Gedränge mit

---

[824] Man schloss auf diese Liga aus der Ähnlichkeit der Stadtsiegel; beteiligt waren folgende Städte: Ur, Larsa, Nippur, Uruk, Kisch, Zabala und andere. Vgl. T. Jacobsen: „Early political development in Mesopotamia", in: *Zeitschrift für Assyriologie, Neue Folge* 18/52, 1957, S. 91–140; R. J. Matthews: „Jemdet Nasr: The site and the period", in: *Biblical Archaeologist,* December 1992, S. 199; derselbe: *Cities, Seals and Writing: Archaic Seal Impressions from Jemdet Nasr and Ur.* Reihe: *Materialien zu den Frühen Schriftzeugnissen des Vorderen Orients,* Bd. 2, Berlin 1993, Gebr. Mann Verlag.
[825] Nissen, S. 63, 74, 193–195; Lloyd, S. 175.
[826] Diese Unterschiede wurde aus den verschiedenen Verwandtschafts-Terminologien erschlossen.
[827] Kisch (Kiš) war die erste dynastische Hauptstadt in Sumer. Vgl. Lloyd, S. 131.
[828] Nissen, S. 68. – Ein Beispiel ist der Konflikt von Girsu gegen Umma, dokumentiert durch eine Siegerstele. Girsu/Lagasch war ein altes Zentrum, das sich vom neu herangewachsenen Umma bedrängt fühlte.

noch strafferer Organisation zu meistern. Die netzartig übers ganze Land verteilten Kanäle wurden zugunsten von nur wenigen schnurgeraden Hauptkanälen aufgegeben, an denen nun sämtliche Städte lagen. Die selbständigen Dörfer verschwanden, die Mehrheit der Menschen lebte jetzt abhängig in den immer mehr anschwellenden Städten. Der Verdichtungsprozess nahm so stark zu, dass eine enorm aufgeblähte Bürokratie entstand, die das Wasser regelte, die knapper werdenden Lebensmittel kontrollierte und die Einwohner überwachte. Allein Uruk dehnte sich über 550 ha aus und konnte sich damit nicht mehr, wie früher als unabhängige Ackerbaustadt, selbständig erhalten.[829] Es entwickelte sich zur zentralen Stadt, welche die umliegenden Siedlungen zwang, sie zu versorgen, und sie damit ausbeutete.[830] Damit entstand das typische Hauptstadt-Syndrom und der erste *bürokratische Staat*. All diese Probleme zusammen bewirkten grundsätzliche Veränderungen in der Gesellschaft, die zwar ohne vorherige Absicht, aber zunehmend die *patriarchalen Muster der Herrschaftsgesellschaft* annahm.

In Sumer kam nun, um die permanenten Konflikte zwischen den Städten einzudämmen, das Konzept der politischen Einheit des Landes und die Idee vom „König des Landes" auf – ein weiterer Schritt zur Zentralisierung. Da die einzelnen Stadtstaaten ihr Territorium aber nicht freiwillig an einen solchen selbsternannten Landesherrn abtreten wollten, begann man sich gegenseitig zu erobern. Größere Territorien entstanden durch das erzwungene Zusammenlegen von mehreren Stadtstaaten, es waren Versuche *Regionalstaaten* zu gründen, die aber ihre Gründer nicht überdauerten. Zuletzt war es Lugal-Zagesi, König von Umma, der sich „König des Landes" nannte, eine kurzfristige Herrschaft über ganz Sumer ausübte und recht unbescheiden Anspruch auf „alle Fremdländer von Sonnenaufgang bis Sonnenuntergang" erhob.[831]

Was die Sumerer nur als Idee hervorbrachten, verbunden mit gescheiterten Versuchen, vollendete schließlich der semitische König Sargon von Akkad (2292–2236) (Abb. 4). Er wusste das Kriegführen besser auszuüben als jemand vor ihm, so besiegte er in einer Schlacht Lugal-Zagesi und fügte nun Mesopotamien zu einem gewaltsam geeinten *Reich* zusammen.[832] Er etablierte sich selbst als *Zentralregierung* und ersetzte die sumerische Sprache durch die semitische als offizielle Landessprache. Damit ist er der erste „Herrscher", der diesen Namen verdient.

Die Unterwerfung Sumers war für ihn jedoch nur ein Vorspiel, denn er machte Ernst mit der geplanten Eroberung „aller Fremdländer von Sonnenaufgang bis Sonnenuntergang". Zuerst vereinnahmte er das östliche Elam (Susiana) und das persische Hochland, unterwarf ebenso die Region um Ninive am oberen Tigris, danach besetzte er Nordmesopotamien (Nord-Irak) und Syrien, stieß bis nach Anatolien und zum Libanon vor. Auch die Länder am Persischen Golf soll er mit Krieg überzogen haben. Damit hatte er erstmals ein riesiges *Eroberungsreich als Militärstaat* gegründet, welches das gesamte Gebiet Mesopotamiens mit den angrenzenden Ländern umfass-

---

[829] Das späte Uruk war damit größer als Jerusalem zur Zeit des Herodes mit 120 ha, als Athen und Piräus zusammen zur Zeit des Themistokles mit 210 ha und als Rom zur Zeit des Kaisers Augustus mit 360 ha.
[830] Nissen, S. 63–64.
[831] A.a.O., S. 73.
[832] Ebd.

te.⁸³³ Für diese Leistung vergöttlichte er sich selbst, denn es heißt in der damaligen Propaganda, dass das Volk ihn wegen seiner siegreichen Schlachten zum Gott erhoben haben soll. Er ließ sich als Herrscher mit der dreifachen Hörnerkrone abbilden, der hochsymbolischen Tiara der Göttinnen und Götter von Sumer – womit er das Heiligste entwürdigte.⁸³⁴

Abb. 4: Bronzekopf eines akkadischen Herrschers, vermutlich Sargon von Akkad (Ischtar-Tempel in Ninive) (aus: Seton Lloyd: Die Archäologie Mesopotamiens, S. 174)

Das trug Sargon Konflikte mit der Priesterschaft ein, denn mit der Selbstvergöttlichung beleidigte er nicht nur die Gottheiten, sondern griff zugleich nach den Schätzen und dem Grundbesitz der Tempel. Er und seine Nachfolger hatten außerdem mit andauernden und heftigen Aufständen der sumerischen Städte zu tun, welche die tiefgreifenden Änderungen der politischen Verhältnisse nicht anerkannten, so dass die Zentralmacht mehrmals vor dem Zusammenbruch stand. Hinzu kam die konfliktträchtige Verteilung des nie ausreichenden Wassers, denn diese ließ sich erheblich besser von lokalen Orten aus regeln als von einer Zentralregierung. So wurde die Priesterschaft der verschiedenen Stadtgottheiten zum natürlichen Vorkämpfer der Selbständigkeit der Städte.⁸³⁵ Die zahlreichen, inneren Konflikte führten jedoch zu noch mehr Kriegszügen der Herrscher, denn nach der patriarchalen Logik von Reichsbildungen mussten immer neue, äußere Feinde gefunden werden, um von den inneren Schwierigkeiten solcher Eroberungsreiche abzulenken. Nur so konnte sich die Zentralmacht behaupten. Ebenso wichtig war die Ausbeutung der unterworfenen Länder in den Randzonen, deren Rohstoffe vereinnahmt und monopolisiert wurden, um das übervölkerte Zentrum des Reiches und damit die eigene Macht zu erhalten.

---

⁸³³ A.a.O., S. 80; Lloyd, S. 176–177.
⁸³⁴ Nissen, S. 81.
⁸³⁵ A.a.O., S. 80–82.

Auf diese Weise begann mit Sargon die endlose Geschichte der patriarchalen Militärreiche mit ihrem Gewaltpotential nach innen und außen, das heißt, der Unterdrückung des eigenen Volkes und der Ausbeutung anderer Völker, was zu fortgesetztem inneren und äußeren sozialen Elend führte. Ein prächtiges Leben führten nur der Herrscher und seine Getreuen, die nun endlich in die Geschichte eingetretene „Elite", samt dem hierarchischen Erzwingungsstab der kontrollierenden und strafenden Instanzen. Es ist das *klassische Patriarchat,* das hier erstmals erfunden wurde.

Die gesamte Entwicklung zeigt, dass Herrschaftsmuster und patriarchale Muster identisch sind, denn jedes Patriarchat ist eine Herrschaftsgesellschaft. Grundsätzlich beruht es auf der Herrschaft über Frauen, denn ohne sie würde es nicht bis zur nächsten Generation überleben. Hinzu kommt die Herrschaft über die Mehrheit der Männer, über fremde Völker und über die Natur allgemein. Frauen als das andere Geschlecht, andere Männer, andere Völker und die Natur haben dabei keinen Wert in sich, sondern gelten nur als ausbeutbare Ressource, um die Herrschaftsmacht zu stärken.

Zentralisierung auf die Spitze getrieben: der Weg zum „Weltreich"

Nachdem patriarchale Eroberungsreiche einmal in die Menschheitsgeschichte eingeführt waren und von den Herrschern als der beste Zustand für sie selbst erkannt wurden, verbunden mit der Propaganda, dass damit überhaupt erst „Zivilisation" begann, die es angeblich vorher nicht gab, hörte das Streben danach nicht mehr auf. Mehr und mehr zeigte damit die patriarchale Herrschaftsgesellschaft, die auf Krieg beruht, ihr hässliches Gesicht.

In Mesopotamien mussten nun stets die Grenzen gegen die sogenannten „Wilden" außerhalb des Reiches gesichert werden, nämlich gegen die nomadischen Völker aus den Steppen und Wüsten, die das sich ausdehnende akkadische Militärreich ihrerseits als Bedrohung empfanden. Druck erzeugte Gegendruck, und Gewalt führte zu Gegengewalt. So unternahm das Bergvolk der Gutäer am östlichen Rand gefürchtete Raubzüge in das Reich von Akkad, was ihrer Selbstverteidigung und Versorgung zugleich diente. Das Resultat war schließlich, zusammen mit der Rivalität von vier Königen um den akkadischen Thron und einer gleichzeitigen Massenempörung der sumerischen Stadtstaaten, der Zusammenbruch des Reiches. Die Gutäer überrannten es, zerstörten das Regierungszentrum, und der akkadische Militärstaat zerfiel. Daraus ergab sich ein beträchtliches Chaos, bis es den alten Stadtstaaten gelang, ihre dezentralisierte Macht zurückzugewinnen.[836]

Aber da sich Geschichte niemals zurückdrehen lässt, währte dieser Traum von der „guten, alten Zeit" nicht lange. Die berühmte Elite war auf den Geschmack gekommen, was sich mit Waffengewalt alles erreichen lässt, und sie führte nun eine neue Zentralregierung ein. Auf diese Weise entstand im 2. Jt. das Reich von Babylon in Mesopotamien (vgl. Karte 1 von Kap. 6, S. 278). Die Herrschaftstechnologie wurde weiter ausgebaut und verfeinert, denn darauf kam es jetzt an! So teilte man das Land in Verwaltungsbezirke auf, und damit keine Aufstände mehr möglich wären, richte-

---

[836] A.a.O., S. 82–86; Lloyd, S. 177.

te man in allen Bezirken Garnisonen ein, die das Volk unter militärischer Aufsicht hielten. Die zuvor rebellische Priesterschaft beschwichtigte man mit riesigen Tempelbauten: Nun entstanden die Zikkurrate, deren Höhe mit entsprechender Anzahl von Terrassen zu turmartiger Größe wuchs – der biblische „Turm zu Babel", der zum Symbol für menschliche Hybris wurde (Abb. 5). Monumentale Architektur und überdimensionale Kunst drückten die Macht der Herrscher aus, und schließlich führten sie die Selbstvergöttlichung wieder ein.[837]

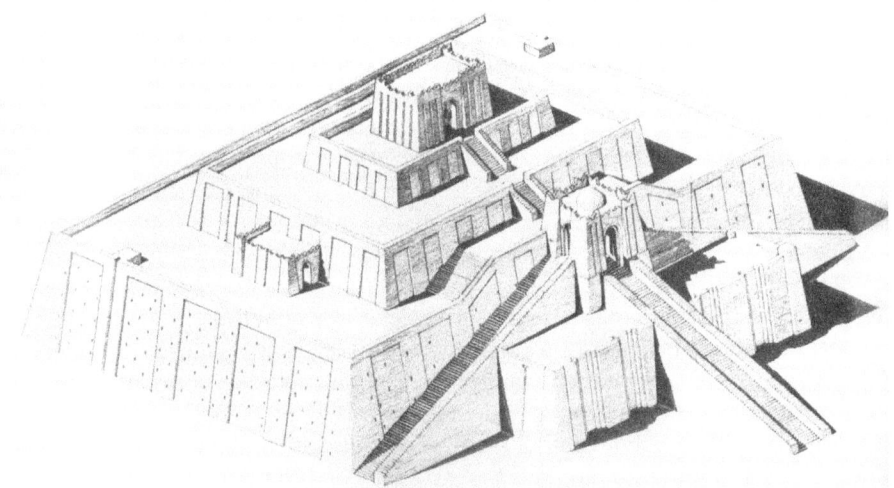

Abb. 5: Die Zikkurat, Stufenpyramide mit Tempel, von Ur (Rekonstruktion) (aus: Seton Lloyd: Die Archäologie Mesopotamiens, S. 194)

Hinzu trat ein gewaltiger Apparat von Staatsbeamten. Denn die ökologischen Probleme waren größer geworden denn je: Das in Sammelbecken zurückgehaltene, kostbare Wasser verdunstete in diesen heißen Ländern und die Böden versalzten. Das schränkte den Feldbau nochmals ein, ein Problem, das nicht anders zu lösen war als durch extreme Planwirtschaft und totale Kontrolle. Die Tempel und Paläste beschäftigten Heerscharen von abhängigen, männlichen und weiblichen Arbeitern, denen genau vorgeschrieben war, was sie zu tun hatten. Die Aufseher der Arbeitsgruppen bekamen vorgerechnet, welches Soll die Gruppe zu erfüllen hatte. Wenn Defizite entstanden, blieben sie als Soll fürs nächste Jahr bestehen. Zugleich wurden die Lebensmittel noch stärker rationiert, wobei die Untersten am wenigsten erhielten. Noch tiefer stand die neue Schicht der Kriegsgefangenen, die nun die Masse der unfreien Sklaven ausmachten.[838] So hatte die Hierarchisierung schließlich zu einem *totalitären Klassenstaat* geführt, auch wenn die damaligen Herrscher es nicht so verstanden, sondern sich eher als väterliche Patrone des Landes sahen. Schließlich konnte trotz aller Anstrengungen der Süden des Reiches mit den riesigen Städten sich nicht mehr selbst ernähren und wurde von Getreideimporten aus dem Norden abhängig.

---

[837] Nissen, S. 87–88.
[838] A.a.O., S. 88–89.

Zugleich blieb dieses komplizierte und anfällige Staatsgebilde nicht von Grenzproblemen mit immer wieder neu einwandernden, semitischen Nomadenstämmen verschont. Man errichtete eine Mauer gegen sie – auch dies ein probates Mittel, das sich geschichtlich fortsetzte. Wie stets nützte die Mauer wenig, und so kam es zur Herrschaft von Amurritern und einer amurritischen Dynastie in Babylon. Ein Herrscher dieser Dynastie war Hammurabi, der Babylon und die Nachbargebiete unter seiner Herrschaft wieder vereinte. Berühmt wurde er durch die Hammurabi-Stele mit Rechtstexten, auf der in Keilschrift Gesetze und strenge Strafen für alle Rechtsfälle verewigt sind.[839] Es war nicht der Beginn der Justiz, denn Hammurabi bezieht sich auf Gesetze, die schon vorher gültig waren. Dennoch offenbart sich hier der Charakter von Justiz in Babylon, wo der Herrscher allein die Gesetze erlässt und die Strafen bestimmt (Legislative), zugleich der oberste Richter ist (Judikative) und auch die Exekutive in der Hand hat, die er durch seine Soldaten und Beamten ausüben lässt. Es gab keine Gewaltenteilung, und in diesem Sinne war *Justiz strukturelle Gewalt*, die Macht und Recht gleichsetzt. Sie hatte weniger mit Gerechtigkeit zu tun als damit, ein weiteres patriarchales Herrschaftsinstrument zu sein.

In dieser Zeit erfand man auch ganz neue Kriegsmethoden, die der Norden Mesopotamiens gegen den hoffnungslos übervölkerten Süden anwandte, wenn man um Unabhängigkeit von der neuen Zentralregierung kämpfte. Die Siedlungsgebiete im Norden gruben sich eigene Kanäle, was zur Folge hatte, dass der Süden weniger Wasser erhielt. Gelegentlich schnitt man auch die Getreidezufuhr ab oder nahm Babylon das Wasser vollends weg, indem man einfach die Dämme nicht reparierte, wodurch das Wasser nutzlos abfloss – es war die äußerst wirksame, *ökologische Waffe*. Dies führte zu Teuerung und Hungersnot im Süden und zu neuen inneren Kriegen. Es schwächte auf die Dauer die Zentralregierung derart, dass das Reich zerfiel. Schließlich zerstörte ein Raubzug der indoeuropäischen Hethiter das kraftlose Babylon, und danach wurde es die kurzfristige Beute von verschiedenen semitischen Stämmen, bis es vom Assyrischen Reich geschluckt wurde.[840]

Alle diese Völker versuchten, Reiche als ausgedehnte Flächenstaaten zu erobern, was teils Überlebensstrategie, teils die Gier nach Macht und Herrschaft war. Schließlich führten die semitischen Assyrer diese unheilvolle Entwicklung am erfolgreichsten weiter und trieben sie auf die Spitze. Die assyrische Expansionspolitik begann in der zweiten Hälfte des 2. Jts. und ging in Nordmesopotamien von den Ebenen am oberen Tigris aus. Die Assyrer besaßen jetzt Eisenwaffen (ab 1.200), deren Herstellung sie von den Hethitern erlernt hatten.[841] Die Gründe hinter dem assyrischen Militarismus waren wirtschaftlicher Art, denn das assyrische Kernland war relativ arm. Künstliche Bewässerung war nicht großflächig möglich, weil hier der Tigris zu tief eingeschnitten ist, so dass die Eigenproduktion gering blieb. Auch Bodenschätze konnten den Mangel nicht ausgleichen, es gab sie kaum. Das trieb zur Eroberung und systematischen Ausbeutung der Nachbarländer an, und dafür benötigte man ein wachsendes Heer. Dieses und die gewaltigen Bauwerke in der Hauptstadt Assur erzeugten wieder

---

[839] A.a.O., S. 89, 93.
[840] A.a.O., S. 90, 94–95.
[841] Die indoeuropäischen Hethiter gelten als die Erfinder von Eisenwaffen (um 1.400), auf die sie für nicht allzu lange Zeit ein Monopol besaßen.

neuen Bedarf, so dass weitere Eroberungen nötig waren.[842] Auf diese Weise wuchs das Reich, nahm bald ganz Mesopotamien samt Babylon ein, und so steigerte sich die Gewaltspirale.

Dabei bewiesen die Assyrer, die durch ihre karge Umgebung nicht verwöhnt waren, hervorragendes strategisches Denken, verbunden mit extremer Härte. Sie herrschten mit Grausamkeit, indem sie Besiegte folterten, zu Tausenden blendeten, auf Pfähle spießten oder ihnen die Köpfe abschnitten. Von den Eliten der unterworfenen Länder nahmen sie Geiseln und deportierten ganze Volksscharen von dort nach Assyrien, um jene Länder zu schwächen.[843] Die Herrscher nannten sich „Großkönige" und legitimierten ihre kriegerische Expansionspolitik mit der Religion. Der Stadtgott Assur wurde zum Reichs- und Kriegsgott erklärt, der angeblich die Eroberungen befahl und dem Heer voranging, und der König bewies durch fortgesetzte Kriegszüge, dass der Segen des Gottes auf ihm ruhte.[844] Damit wurde jeder *Krieg zu einem „Heiligen Krieg"* – hier steht nun auch die Religion im Dienste patriarchaler Ideologie, eine unglückselige Rolle, die sie nie mehr verließ.

In der weiteren Eisenzeit (1. Jt.) entstand schließlich das neu-assyrische „Weltreich". Es wurde durch unaufhörliche Kriegszüge und neue Kriegstechnik, nämlich mit Eisenwaffen und Streitwagen, zusammengerafft. Der Streitwagen, der in den eurasischen Steppen erfunden und verbreitet worden war, wurde von den Assyrern perfektioniert. Hatten die früheren Militärkönige in Mesopotamien sich noch mit schwerfälligen, vierrädrigen Wagen, vor welche die heimischen Onager (Halbesel) gespannt wurden, begnügt, so waren nun Pferde und leichte Streitwagen durch den Metallhandel von Norden über Persien ins Zweistromland gekommen.[845] Die Assyrer bauten den Streitwagen zum Dreispänner aus, womit er die gefährlichste Waffe jener Zeit darstellte (Abb. 6). Hinzu kam schweres Belagerungsgerät, dem keine Stadtmauer standhielt, ebenso der Bau von schnellen Heeresstraßen und militärischen Stützpunkten an allen Orten. Die Angst vor diesem hochgerüsteten, assyrischen Heer war so groß, dass man schon bereit war, „freiwillig" Tribut zu zahlen, wenn es nur in der Nähe erschien. Der permanente Krieg brachte den Herrschern großen Reichtum an Beute, Tribut und Sklaven ein, und sie vergrößerten fortwährend ihr Heer durch Truppen aus den eroberten Ländern.[846] Alle diese Maßnahmen wurden hier erstmals erfunden und vielfach kopiert, auch von den Römern in ihrem späteren Militärreich.

Unter dem König Assurbanipal stand das riesige Reich auf seinem Höhepunkt und umfasste die gesamte damals bekannte Welt. Es reichte im Westen nach Syrien-Palästina, im Norden nach Ostanatolien, im Nordosten nach Persien und im Südwesten bis nach Ägypten. Ägypten wurde angegriffen, doch seine fortgesetzten Verteidigungskämpfe nützten ihm nichts. Schließlich hatten die Assyrer Unterägypten am Nildelta erobert, und der Pharao musste nach Oberägypten fliehen. Aber der Glanz währte nicht lange. Die alten Feinde Babylon und das persische Elam griffen gleichzeitig

---

[842] A.a.O., S. 114.
[843] Ebd., vgl. auch die Abbildungen assyrischer Reliefs mit diesen Szenen bei Lloyd, S. 262, 271.
[844] Nissen, S. 114.
[845] Pferde waren in Mesopotamien nicht bekannt, und als die ersten aus dem Norden eingeführt wurden, betrachtete man sie als exotische Tiere. Vgl. Anthony: *The Horse, the Wheel and Language*, S. 412–418.
[846] Nissen, S. 122–125.

Abb. 6: Assyrischer König auf einem dreispännigen Streitwagen (Zeichnung von Gudrun Frank-Wissmann, nach einem Steinrelief aus Nimrud)

an, die neu-assyrische Hauptstadt Ninive fiel, und im Verlauf von nur sieben Jahren brach das Weltreich des Assurbanipal vollständig zusammen.[847]

Die Gründe für den schnellen Zusammenbruch liegen in der extremen Zentralisierung des Reiches, das nur auf den einen Herrscher und die eine Hauptstadt ausgerichtet war. Hier führte sich der ständig zunehmende Zentralismus selbst ad absurdum. Ein solches expansives System hat nur die Wahl zwischen weiterer Expansion oder Kollaps, aber fortwährende Expansion kann auf die Dauer nicht funktionieren. Es stehen ihr die natürlichen Grenzen wie Meere und Gebirge entgegen, ebenso die Grenzen der Verwaltbarkeit. Die Möglichkeiten des administrativen Personals waren längst überfordert, so dass sogar das Kernland mit der alten Hauptstadt Assur und der neuen, riesigen Stadt Ninive (700 ha) keine Kraft zur Verteidigung mehr besaß. Am schwerwiegendsten war jedoch, dass ein nur konsumierendes Beute- und Tribut-System keine dauerhafte Wirtschaftsweise darstellt.[848]

Mehr oder weniger gelten diese Gründe für den Untergang aller patriarchalen Reiche und „Weltreiche", die nach diesem ersten Beispiel in rascher Folge entstanden und wieder vergingen, unter Verlust von Millionen von Menschenleben. Ihre Entstehung verdankten sie denselben Prinzipien von Herrschaft und Ausbeutung, die in Mesopotamien erfunden wurden, und ihren Untergang der Instabilität dieser Muster, die aus dem Streben nach grenzenloser Expansion und Maximierung stam-

---

[847] A.a.O., S. 122, 128. 130.
[848] A.a.O., S. 130, 140. – Ich folge hier der Begründung von Nissen, die sehr einleuchtend für den Kollaps eines solchen Systems ist.

men. Bis heute sind dieselben Muster bekannt. Doch jetzt ist es die Erde selbst, die als begrenzter Planet definitiv das Ende dafür setzt.

Sozialordnung und Religion der Bronzezeit in Westasien: von der Thea-kratie zur Abschaffung der Göttin

Die spätmatriarchale Thea-kratie

Wir können für die gesamte Epoche der Kupfersteinzeit von Hassuna bis Ubaid (6.-4. Jt.) von egalitären Gesellschaften ausgehen, weil sich in diesen Kulturen keine archäologischen Belege für Anführer, Häuptlinge oder herrschende Eliten finden lassen. Da sie unmittelbar von den matriarchalen Gesellschaften des Fruchtbaren Halbmonds abstammen, gibt es keinen Grund, nicht auch bei ihnen die matriarchale Ordnung mit zentraler Stellung der Frau anzunehmen. Anhand der Samarra-Kultur ist deutlich geworden, dass nicht die Entwicklung der künstlichen Bewässerung zu ersten patriarchalen Mustern geführt hat, sondern die späteren, sich dramatisch verdichtenden Siedlungsverhältnisse und das zunehmend knapper werdende Wasser im südlichen Mesopotamien. Dies führte zu wachsender Kontrolle und Zentralisierung, verbunden mit Eroberungen durch patriarchalisierte Völker von außen. So entstanden die patriarchalen Herrschaftsgesellschaften der Bronzezeit und Eisenzeit (3.-1. Jt.). Die ersten Veränderungen der alten, egalitären Sozialordnung sind in den frühen sumerischen Stadtstaaten zu sehen, die zu einer stratifizierten, d.h. einer geschichteten Gesellschaft führten – was jedoch noch nicht eine Aufgabe matriarchaler Muster bedeutet. Damit betrachten wir die inneren Verhältnisse dieser Gesellschaften genauer. Zugleich schließen wir die Frage ein, welche Rolle dabei der Religion zukam. Denn Sozialordnung und Religion waren bei den frühen Sumerern noch immer eng verwoben.

Die Status der Frauen in den matriarchalen Kulturen des frühen Mesopotamien Hassuna, Halaf und Samarra beruhte auf ihrer Wichtigkeit als Ernährerinnen im Garten- und Feldbau, ebenso auf ihrer Schaffung der Sozialordnung durch die Mutterlinie wie auf ihrer religiösen Bedeutung als Wiedergebärerinnen der Ahnen. Wenn ihre Sippen den Grund und Boden verloren, der sie sowohl wirtschaftlich trug wie religiös mit den Stätten der Ahnen verband, dann wurde zuerst die Situation der Frauen prekär. So bedeutete der Wegzug der Samarra-Leute nach Süden, wobei sie ihre angestammten Plätze und Bewässerungsanlagen verlassen mussten, eine Störung, die von außen verursacht wurde. Doch diese Erschütterung ihrer Kultur hatte keineswegs sogleich die Aufgabe ihrer Sozialordnung, die auf der Mutterlinie beruhte, zur Folge. Denn ethnologische Beispiele zeigen, dass die Mutterlinie keineswegs schnell aufgegeben wird, sondern sich als das Rückgrat der Gesellschaft auch unter Stressbedingungen sehr lange hält.[849] Das dürfte auch für Samarra der Fall gewesen sein, denn

---

[849] Es ist deshalb verfehlt, hier sogleich Vaterlinie und Vaterrecht anzunehmen; dafür gibt es keine vernünftigen Gründe. Die Mosuo (China) und die Minangkabau (Indonesien) sind Beispiele für

die Menschen dieser Kultur ließen sich wieder nieder und gründeten Siedlungen mit agrarischem Umland, so dass ihnen weder der Boden noch die Unabhängigkeit verloren gingen. Grundsätzlich dürften dabei die Männer die Bewässerungsanlagen gebaut und erhalten haben, während die Frauen die Anpflanzungen besorgten. Man kann diese Arbeitsteilung bei vielen Völkern beobachten, bei denen es Männerarbeit ist, die Felder herzurichten, sei es mit Spaten oder Ochsenpflug, und für die Bewässerung zu sorgen, während die Frauen die Pflanzen säen oder setzen und sie pflegen.[850]

Die Samarra-Kultur fand ihre unmittelbare Fortsetzung in Ubaid, so dass auch hier von matriarchalen sozialen Verhältnissen auszugehen ist. In Ubaid beginnt die frühe, egalitäre „Tempelwirtschaft", die auf dem alten Muster der Gemeinschaftshäuser mit gemeinsamem Vorrat beruht. Sie ist von der Wirtschaft der Frauen gleichermaßen getragen worden wie von jener der Männer. In Religion und Kult hatten die Frauen jedoch Vorrang, denn sie repräsentierten als Priesterinnen die Göttin und übten ihre Zeremonien aus, außerdem waren sie traditionell als Weissagerinnen und Heilerinnen tätig. Darauf weist die Kontinuität der sakralen weiblichen Figurinen aus kostbarem Alabaster hin.

Auch in den frühen sumerischen Städten Ur, Eridu und Uruk des 4. Jts. hat sich an der hohen Stellung der Frauen nicht viel geändert. Noch in den späten Epochen von Sumer mit ihren zahlreichen Göttinnentempeln hatten Frauen die geachtete Position von Priesterinnen und Tempeldienerinnen inne. Zwar waren die Sumerer Einwanderer, aber zugleich die Erben der Traditionen von Ubaid. Die Herkunft der Sumerer ist unbekannt geblieben, aber sie dürften kaum Vaterlinie und Vaterrecht mitgebracht haben, denn sie gehörten weder zu den kriegerischen Indoeuropäern noch zu den semitischen Hirtennomaden, die später im Zweistromland einwanderten. In den frühen sumerischen Tempelstädten im Süden Mesopotamiens wurde die Praxis der Egalität fortgeführt, denn neben Land als Tempelbesitz konnten Bauern und Bäuerinnen ein eigenes Landstück bearbeiten. Land als Tempelbesitz gab es nur im Sinne von „Allmende", das heißt, als gemeinsames Gut, denn was von diesem Land erwirtschaftet wurde, gehörte der Gemeinschaft und wurde im Tempel aufbewahrt.[851] Dabei hatten Frauen eine entscheidende Rolle, denn sie kontrollierten, zählten und hüteten die Gemeinschaftsgüter in den Tempelräumen.[852]

Auch hier spielte das religiöse Denken eine große Rolle, denn das pflügbare Land um die Stadt wie die Stadt selbst mit allen Menschen darin gehörten letztlich der Stadtgottheit, die im Tempel wohnte und die Stadt beschützte.[853] Sie symbolisierte das fruchtbare Land, das heißt, diese Gottheit war ursprünglich weiblich und mütterlich wie die sehr alte, vor-sumerische Göttin Ninhursanga, die „Mutter des Landes", die Leben und Tod gab und noch in Sumer einen Tempel besaß. Die Silben „Nin/In"

---

das Beibehalten der Mutterlinie unter Stressbedingungen (vgl. Göttner-Abendroth: *Das Matriarchat II,1*, Kap. 4 und 7).

[850] Diese typische Arbeitsteilung ist allgemein verbreitet in China, Indonesien und Indien.

[851] Der Begriff „Besitz" in unserem Sinne ist hier problematisch, auch wenn er häufig und irreführend gebraucht wird. Denn weder hatten die Bauern Land als „Privatbesitz", noch war „Tempelbesitz" ausschließend, sondern Tempelland galt als Allmende.

[852] Tivka Frymer-Kensky: *In the Wake of the Goddess: Women, Culture and the Biblical Transformation of Pagan Myth*, New York 1992, Fawcett Columbine, S. 34.

[853] Nissen, S. 69; Maisels, S. 173.

und „An/Ana" bedeuten „Mutter", sie kehren im Namen der Stadtgöttin von Uruk „Inanna" wieder, die als „Göttin des Himmels und der Erde" über ein Jahrtausend lang verehrt wurde.[854] Die Architektur ihrer frühesten Tempel bestand aus Schilf, wie es reichlich im Marschenland vorkommt; noch später galt das Schilfbündel als Kennzeichen der Inanna (Abb. 7).

Abb. 7: Aus Schilf errichtetes Gästehaus von heutigen Marschenbewohnern; der früheste Tempel der Inanna hatte die gleiche traditionelle Schilfarchitektur. (aus: Seton Lloyd: Die Archäologie Mesopotamiens, S. 48)

Eine Hohe Priesterin, genannt „entum", verkörperte während der Zeremonien die Göttin, z.B. repräsentierte sie die Mondgöttin Ningal in Ur und die Göttin Inanna in Nippur wie auch in Uruk.[855] Ein Erster Priester, genannt „en", war ihr beigeordnet, der im Tempelbezirk wohnte und durch seinen Dienst für die Göttin zu Fülle und Wohlstand beitrug. Beide waren lediglich religiöse Repräsentanten und keine Machthaber, ihre Pflichten waren sakraler Art. Insbesondere die „Heilige Hochzeit", eine magische Zeremonie von größter Bedeutung wurde von diesen beiden Repräsentanten vollzogen. Die Heilige Hochzeit feierten die Menschen mindestens zweitausend Jahre lang in Sumer, jedoch ist sie älter als diese Kultur; sie hatte weiteste Verbreitung in Westasien und ebenso anderen Kontinenten. Dieses Fest geschah zum Gemeinwohl und hat nichts mit der „Feier der Sexualität" oder gar mit der „Zeugung von Kindern" zu tun. Die Grundidee ist, dass man glaubte, auf diese Weise Himmel und Erde in Balance zu halten, weil sich die Stadtgöttin in Gestalt der Priesterin mit ihrem Volk, durch den Priester verkörpert, erneut in Liebe verband. Diese himmlisch-irdische Verbindung schenkte dem Land Fruchtbarkeit und den Menschen ein

---

[854] Miriam Robbins Dexter: *Whence the Goddess. A Source Book,* New York-London 1990, Teachers College Press, Columbia Universität, S. 16, 21; Göttner-Abendroth: *Die Göttin und ihr Heros,* S. 93. Auch der Name des Tempelbezirks von Uruk: „Eanna", bezog sich auf den Namen der Göttin Inanna.
[855] Maisels, S. 174.

glückliches Leben.[856] Später hatte ein Priesterkönig, der in manchen Tempelstädten „ensi" genannt wurde, dieselbe heilige Aufgabe, der Partner der Stadtgöttin in Gestalt der Priesterin zu sein. Der Titel „ensi" stammt von „en-si-ak", was „Verwalter des pflügbaren Landes" heißt und außer den sakralen auch die praktischen Pflichten des Priesterkönigs anzeigt, insbesondere seine Aufgabe, mit den Männern der Stadt die Bewässerungskanäle und die Felder instand zu halten. Sein Erfolg war ein sichtbares Zeichen für die Menschen, dass der Segen der Göttin auf ihm ruhte; Misserfolg wurde als seine spirituelle Verfehlung betrachtet, was den sakralen Charakter dieses Amtes spiegelt.[857] Erst in viel späterer Zeit, als Könige sich als profane Herrscher verstanden und durch Eroberungen territoriale Macht anstrebten (ab 2.700), tauchte der Königstitel „lugal" auf, der keinerlei religiöse Bedeutung mehr hatte.[858]

Dieses frühe, matriarchale Königtum zeigt also keinerlei Gemeinsamkeit mit den späteren Alleinherrschern und ihren auf Gewalt beruhenden Monarchien. Der „ensi" war eingebunden in die Gemeinschaft und von ihr beauftragt, er war religiös der Gottheit gegenüber verantwortlich und politisch der Ratsversammlung, die aus den Haushaltsvorständen bestand. Dabei ist keineswegs sicher, dass diese Haushaltsvorstände in den frühen sumerischen Städten ausnahmslos die „Stadtväter" waren, wie behauptet wird.[859] Eher waren dies die „Stadtmütter", die aber – wie im Matriarchat üblich – nicht selbst zur Ratsversammlung gingen, sondern ihre Brüder als gewählte Sprecher der Sippen dorthin sandten. Die Entscheidungsfindung geschah im Konsens und musste von diesen Delegierten mit den Clanhäusern abgestimmt werden. Wenn die Ratsversammlung dann im Konsens mit allen Clanhäusern entschieden hatte, konnte der König daran nichts ändern.[860]

Diese Gesellschaftsform nennen wir *spätmatriarchal,* denn noch immer ist die Sozialordnung herrschaftsfrei und, was die Geschlechter betrifft, egalitär. Sie besitzt besondere Ränge, wie die Hohe Priesterin und den Priesterkönig als religiöse Repräsentanten. Diese Ränge beinhalten aber keine Macht und stellen keine Herrschaft dar, wie sehr oft fälschlich angenommen wird. Es ist eine „Rang-Gesellschaft" mit reinen Ehrenpositionen, die nicht zementiert werden können. Erst wenn Ränge zu Dauerpositionen gemacht und vererbbar werden, entsteht Hierarchie als ein festes und problematisches Muster. Man hat diese politische Form „Theo-kratie" genannt und sie für die Frühzeit von Sumer allgemein angenommen.[861] Doch dieser Begriff

---

[856] Lloyd, S. 111. Vgl. allgemein zur Heiligen Hochzeit: Edwin O. James: *Myth and Ritual in the Ancient Near East,* New York 1958, Praeger, Kapitel IV, zu Mesopotamien S. 113–117; derselbe: *Der Kult der Großen Göttin,* S. 50–52; Ranke-Graves: *Griechische Mythologie;* Göttner-Abendroth: *Die Göttin und ihr Heros;* Gerda Lerner: *Die Entstehung des Patriarchats,* Frankfurt 1991, Campus Verlag, S. 164–165.

[857] Vgl. zum Königtum in Mesopotamien: J. N. Postgate: *Early Mesopotamia,* London-New York 1992, Routledge, Kapitel 14, besonders S. 265; zum Heiligen Königtum allgemein: James George Frazer: *Der goldene Zweig,* 2 Bde., Frankfurt 1977, Ullstein Buch Nr. 3373 und 3374 (original in Englisch, London 1890); James: *Myth and Ritual,* Kapitel III; Ranke-Graves: *Griechische Mythologie;* Göttner-Abendroth: *Die Göttin und ihr Heros.*

[858] Z.B. „Lugal-Banda" von Uruk, „Lugal-Zagesi" von Umma, der letzte sumerische König; vgl. Lloyd, S. 110–112; Maisels, S. 171.

[859] Maisels, S. 166.

[860] A.a.O., S. 170.

[861] Diese politische Form belegen Texte aus der Stadt Girsu/Tello, für andere Städte oder die Zeit davor sind keine Belege vorhanden (Nissen, S. 69). Eine Reihe von Forschern verallgemeinert sie dennoch für die Frühzeit von Sumer, da sie auch in anderen Kulturen jener Epoche mani-

ist hier verfehlt, denn es handelt sich genauer um „Thea-kratie", da sie sich auf Göttinnen und einen matriarchalen Hintergrund bezieht. Zur Theo-kratie wird sie erst, wenn männliche Götter und Priester dominieren und es zum Ausschluss von Frauen aus dem religiösen Bereich kommt. Dann nämlich beruht die Gesellschaft auf Priesterherrschaft und der Unterdrückung von Frauen, was eine völlig andere, weil patriarchale Ordnung darstellt.

Der Bruch mit der matriarchalen Religion

In der Bronzezeit, als das rasche Anwachsen der Bevölkerung Südmesopotamiens zu großen Problemen und zunehmender Zentralisierung führte, wandelte sich das Bild (Ende 4. Jt. und Anfang 3. Jt.). Es war die Zeit der Uruk-Ausdehnung. Hier beschäftigt uns die Frage, wie sich jetzt und in den späteren Epochen eine wachsende Kontrolle über die Frauen herausbilden konnte, die ja keine Minderheit, sondern die Hälfte der Gesellschaft sind. Patriarchale Gesellschaften beruhen wesentlich auf der Kontrolle und Unterdrückung der Frauen, so dass ihre Hierarchie keineswegs neutral ist, sondern sich für Frauen anders auswirkt als für Männer.

In der Zeit der Uruk-Ausdehnung wurde das Kanalsystem erweitert und von den Stadtstaaten organisiert, und zugleich schrumpften die Felderflächen um Wasser zu sparen. Die unabhängigen Haushalte der bäuerlichen Sippen in den Dörfern hörten auf zu existieren oder mussten sich stark verkleinern, um sich den staatlichen Verordnungen zu fügen. Söhne und Töchter zogen in die Städte, auch ganze Sippen, die von ihren Landparzellen nicht mehr leben konnten. In den Werkstätten im Tempelbezirk der Städte fanden sie einen sicheren, aber abhängigen Unterhalt. Die Männer arbeiteten hier in verschiedenen Handwerken, die Frauen meistens als Spinnerinnen und Weberinnen in der Textilmanufaktur. Diese Entwicklung hatte fatale Folgen für das alte, matriarchale Sippengefüge, das sich unter diesen Umständen nicht mehr aufrechterhalten ließ und sich auflöste. Stattdessen entstanden in den Städten kleinere, familiale Einheiten.

Dennoch erhielt sich dabei eine Form der Ehe, die restliche matriarchale Muster zeigt. Es war eine Ehe ohne gemeinsamen Wohnsitz des jungen Paares, wobei die Gattin im Haus ihrer Mutter wohnen blieb und der Gatte für kürzere Zeit oder auf Dauer als Gast bei ihrer Familie wohnte. Bei dieser Eheform behielt die Frau eine große Autonomie und verwaltete ihr ererbtes Eigentum, das beträchtlich sein konnte, selbst. Sie konnte durchaus zwei legitime Gatten haben und außerdem Liebhaber, auch war die Scheidung für sie verhältnismäßig leicht – was die durchaus noch bestehende Freiheit der Frau deutlich macht und ein Indiz auf die noch immer bestehende Mutterlinie in dieser kleinen Einheit ist. Bei der späteren Entwicklung in Sumer wandelte

---

festiert ist. Außerdem sprechen die mythologischen Muster dafür, wenn man sie vergleichend für den zusammenhängenden Kulturraum Westasien, Mittelmeerländer und Europa analysiert. Vgl. James: *Der Kult der Großen Göttin*; Ranke-Graves: *Griechische Mythologie*; Göttner-Abendroth: *Die Göttin und ihr Heros*.

sich diese Form zu einer Ehe, die durch einen schriftlichen Vertrag geschlossen wurde, was der Ehefrau noch immer einige Rechte ließ.[862]

Aber mit dem Verlust von Land und der Sippengemeinschaft verloren die Frauen ihre zentrale soziale Stellung. Hinzu kam, dass die Hierarchie der Verwaltung des Bewässerungssystems ausschließlich in männlicher Hand lag. Dies geschah nicht mit Absicht, sondern ergab sich aus der traditionellen Aufgabenteilung, nach der es zur Pflicht der Männer gehörte, die Kanäle zu graben und zu erhalten. Unbeabsichtigt entstand nun ein enormes Übergewicht der Bedeutung der männlichen Tätigkeit und eine fortschreitende Abnahme der Bedeutung der Frauenarbeit. So zeigen Abbildungen auf Siegeln aus Uruk Männer in führenden Positionen und bei wichtigen Tätigkeiten, Frauen hingegen nicht mehr außer in gesichtslosen Gruppen bei repetitiven Arbeiten wie spinnen, weben, töpfern und beim Herstellen von Lebensmitteln.[863] Allmählich führte dies dazu, dass die Männer des Stadtrates die Entscheidungen mehr und mehr in eigene Regie nahmen, denn matriarchale Sippen, denen gegenüber sie verantwortlich wären, gab es immer weniger. Gleichzeitig nahm der Einfluss der Beamtenhierarchie zu, die für dasjenige im Staat sorgten, von dem alles andere abhing: das kostbare Wasser.

Diese Entwicklung hat keineswegs unmittelbar zum Vaterrecht geführt, denn die Frau blieb als Mutter sehr geachtet und die Kinder dürften matrilinear noch immer zu ihr gehört haben. Die Gleichwertigkeit der Frau zumindest in der wohlhabenden Bürgerschicht bezeugen die Beter-Figuren, unter denen es genauso wertvolle Beterinnen-Figuren gibt (vgl. Abb. 3 von Kap. 6, S. 288). Der Kult der Göttinnen florierte, ihre Tempel wurden oft besucht und reich beschenkt, insbesondere die Göttin Inanna von Uruk wuchs mit der Uruk-Ausdehnung zu einer überregionalen Großen Göttin von Sumer. Doch es kamen auch männliche Stadtgötter auf und erhielten prächtige Tempelbauten. Verschiedenen Göttinnen wurden Partner an die Seite gestellt, wie zum Bespiel der Luftgöttin Ninlil der Stadt Nippur nun der Luftgott Enlil, der Mondgöttin Ningal der Stadt Ur nun der Mondgott Nanna. Auch Vermännlichung von ursprünglich weiblich-göttlichen Wesen fand statt, zum Beispiel wurde „An/Anu" zu einem Himmelsgott in Uruk, obwohl diese Silbe „Mutter" bedeutet.[864] Neben die Priesterinnen der Göttinnen traten damit Priester für die Götter, und die Religion wurde streng institutionalisiert.[865]

---

[862] Samuel Noah Kramer: *History begins at Sumer*, Philadelphia 1988, University of Pennsylvania Press.

[863] Vgl. dazu die Studie von Susan Pollock/Reinhard Bernbeck: „And They Said, Let Us Make Gods in Our Image. Gendered Ideologies in Ancient Mesopotamia", in: Alison E. Rautman (Hg.): *Reading the Body. Representations and Remains in the Archaeological Record*, Philadelphia 2000, University of Pennsylvania Press, S. 150–164.

[864] Diese Gottheiten sind aufgeführt in Diane Wolkstein/Samuel Noah Kramer: *Inanna. Queen of Heaven and Earth*, New York 1983, Harper&Row, S. x-xi; siehe auch die Nacherzählung der Inanna-Mythen mit kulturhistorischem Kommentar von Heide Göttner-Abendroth: *Inanna, Gilgamesch, Isis, Rhea. Die großen Göttinnenmythen Sumers, Ägyptens und Griechenlands*, Königstein 2004, Ulrike Helmer-Verlag, S. 9–45.

[865] Die gleichen Muster dieser Transformationen: Parallelisierung von Göttinnen mit Göttern, Verheiratung und „Vertöchterung" von Göttinnen, Vermännlichung von Göttinnen, Institutionalisierung der Religion mit Aufkommen einer eigenen Priesterkaste, finden sich bei der Patriarchalisierung in allen Kulturen Westasiens, des Mittelmeerraumes und Europas; siehe zu diesen Transformationsregeln Göttner-Abendroth: *Die Göttin und ihr Heros*.

Bemerkenswert sind in diesem Zusammenhang zwei Mythen aus Sumer, zuerst die von Inanna und Dumuzi: Von Dumuzi heißt es ausdrücklich, dass er ein „Schafhirt" war. Inanna sollte ihn durch die magische Zeremonie der Heiligen Hochzeit zu ihrem Priesterkönig erheben, aber Inanna weigert sich. Sie wünscht sich stattdessen den „Ackerbauern" als Partner. Ihre Vorliebe für den Ackerbauern ist berechtigt, denn sie ist die Göttin einer städtischen Ackerbaukultur. Erst als ihre Mutter Ningal, die Mondgöttin, ihr zu dem Schafhirten rät, folgt die Tochter deren Wort und feiert die Heilige Hochzeit mit dem Schafhirten Dumuzi.[866] –

Hinter dieser Mythe stehen realpolitische Vorgänge. In der Zeit der Uruk-Ausdehnung kam man mit den alten, schafzüchtenden Kulturen in den nördlichen Gebieten Mesopotamiens in Kontakt, mit denen man des Handels wegen ein gutes Auskommen wünschte. Für sie steht der „Schafhirt" Dumuzi, der durch die Göttin-Priesterin von Uruk friedlich in die sumerische Kultur integriert wird. Es ist ein schönes Beispiel für die typisch matriarchale Heiratspolitik, die hier noch gelingen konnte, weil der kulturelle Hintergrund des Dumuzi eine matriarchal geprägte Schafzüchter-Kultur war. Das wird daran deutlich, dass Dumuzi die Herden seiner Mutter und Schwester hütet, nicht seine eigenen; die Ökonomie ist also in den Händen der Frauen. Auch kommt ein „Vater" von von Dumuzi nicht in der Mythe vor, stattdessen besitzt er eine starke Bindung an die Mutter und die Schwester. Seine Schwester fühlt sich derart für ihren Bruder verantwortlich, dass sie ihm sogar aus der Unterwelt heraushilft, was die typisch matriarchale, enge Schwester-Bruder-Bindung zeigt.[867] Durch Inannas Wahl wurde Dumuzi also der Schafhirt-König von Uruk und erlebte die uralte Göttin-Religion am eigenen Leib, die aus den traditionellen Zeremonien von Heiliger Hochzeit, vom Abstieg in die Unterwelt und von der glücklichen Wiederkehr/Wiedergeburt aus der Tiefe bestand.[868] Darin sieht man im religiösen Bereich das matriarchale Weltbild noch intakt.

Ganz anders verhält es sich bei der Begegnung der Göttin Inanna mit Gilgamesch, wie die zweite Mythe aus Sumer belegt.[869] Gilgamesch ist als ein frühdynastischen König von Uruk im 3. Jt. schriftlich bezeugt, wir haben es also wieder mit Realität zu tun.[870] In dieser Mythe kommt es zum Bruch, genauso wie es mit dem Eindringen der kriegerischen, semitischen Nomadenstämme, den Akkadern, politisch, sozial und psychologisch in Sumer zu einem Bruch kam, der zu den Wirren der Frühdynastischen Zeit führte. Gilgamesch hat den Thron von Uruk vermutlich durch Gewalt erworben, denn er gehört zu den Akkadern, die etliche sumerische Städte besetzten. Nun trägt er wie alle Könige den Titel „Schafhirt" im Sinne von „Großer Hirte des Volkes", aber er ist von anderer Art als der sanfte Dumuzi. Er vertraut allein auf seine Kraft und seine Waffen und erledigt jedes Problem mit Gewalt, was als Heldentat gilt, wie z.B. die Zerstörung eines alten Bergheiligtums gleich zu Anfang seiner Regierung.

---

[866] Wolkstein/Kramer, S. 29–36; Göttner-Abendroth: *Inanna*, S. 17–18.
[867] Wolkstein/Kramer, S. 29–89; Göttner-Abendroth: *Inanna*, S. 17–34.
[868] Ebd.
[869] Siehe *Gilgamesch. Eine Erzählung aus dem Alten Orient*, Georg Burckhardt (Hg.), Frankfurt 1958, Insel Verlag; siehe auch die Nacherzählung des Gilgamesch-Epos mit kulturhistorischem Kommentar von Göttner-Abendroth, in: *Inanna*, S. 47–90.
[870] Gilgamesch war der 3. König der 1. Dynastie von Uruk (Frühdynastische Periode I). Vgl. Maisels, S. 170.

Er wohnt auch nicht mehr im Tempelbezirk, sondern in seinem eigenen Palast. Als Inanna, die nun den akkadischen Namen „Ischtar" trägt, ihn nach altem Brauch zur Zeremonie der Heiligen Hochzeit einlädt – vermutlich auch mit der Intention der matriarchalen Heiratspolitik – verhöhnt er sie und erschlägt ihren heiligen Himmelsstier, das uralte Symbol der Mondgöttin, deren Tochter sie ist. Mit gleicher Härte wendet er sich gegen das eigene Volk, indem er den Sohn vom Vater reißt und die Männer zwingt, die gewaltigen Mauern um Uruk zu bauen. Keine Frau ist vor ihm sicher, er lässt die Braut nicht zu ihrem Geliebten, noch respektiert er die Töchter der Krieger oder die Gattinnen der Adligen. Darüber klagt die Ratsversammlung der Stadt, die er aber nicht mehr achtet; stattdessen handelt er aus eigener Selbstherrlichkeit. Da er auch mit der Göttin gebrochen hat, verfehlt er die Wiedergeburt durch sie, so dass er zuletzt mit einem Tod ohne Wiederkehr konfrontiert ist. Sogar diesen will er heldenhaft „besiegen", doch es ist vergebens.[871] –

Hier sehen wir die abrupte Abkehr von der uralten matriarchalen Religion, die in allen Aspekten zerstört wird: Die androzentrische Sicht der Frühdynastischen Zeit anerkennt die Göttin und das zyklische Weltbild nicht mehr. An die Stelle der heiliger Liebe mit ihr und des Glaubens an Wiedergeburt tritt die trostlose frühpatriarchale Vorstellung vom ewigen Tod in einer Unterwelt der Schatten. Es geht nur noch um Macht und Ruhm, die sich in Monumentalbauten manifestieren, und damit wird auch das Leben des Volkes aus der Balance gebracht: Mit den Akkadern scheint die Vaterlinie in Mesopotamien angekommen zu sein, was die Wendung zeigt, dass Gilgamesch „den Sohn vom Vater reißt", ebenso das Recht des Stärkeren, der Frauen nur noch als Objekte seiner Lust betrachtet. Die Egalität zwischen den Geschlechtern und die zwischen König und Stadtbewohnern ist zerstört, denn Gilgamesch regiert als Tyrann. In diesem Sinne spiegelt das Gilgamesch-Epos mit der Verachtung des Weiblichen und der Göttinnen-Religion eine völlig neue Haltung – nicht umsonst wird der Protagonist, der erste „Held" der Literatur, noch heute als Idol männlicher Selbstverherrlichung gepriesen.

Die Gesellschaft aus sozialen Schichten und der sinkende Status der Frau

Anhand dieser Dichtung wird der Wandel in der damaligen Mentalität und Sozialordnung deutlich. Die akkadischen Kriegerkönige in ihren Städten am Nordrand von Sumer kannten keine Tempelwirtschaft und wohnten stets in eigenen Palästen. Hatten sie den Thron in einer sumerischen Stadt erobert, profanierten das sakrale Königtum bei ihren Kämpfen um den territorialen Staat. In Sumer war der König früher der pflichteifrige Diener der Stadtgöttin gewesen, dessen Einfluss sich auf die richtige Ausübung der Religion und den Konsens der Ratsversammlung stützte. In Akkad wurde er nun zum Haupt einer Bürokratie von Beamten, die ihm pflichteifrig dienten, und er hatte stets das letzte Wort. Die Ratsversammlung der Bürger galt nichts mehr, die politische Entscheidungsfindung ging ihnen verloren. Denn der König war auch das Haupt des Militärs, seines Erzwingungsstabes, mit dem er seinen Willen durchsetzte. Außerdem hatten die semitischen Akkader Vaterlinie und Va-

---

[871] *Gilgamesch*, a.a.O.; Göttner-Abendroth, in: *Inanna*, S. 47–90.

terrecht mitgebracht, was weitreichend negative Folgen für die Situation der Frauen hatte. Diese Muster waren bei ihnen als einem Volk von nomadischen Hirtenkriegern aus den Wüsten der Arabischen Halbinsel auf ähnliche Weise entstanden wie bei den eurasischen Indoeuropäern. Diese neuen Strukturen galten nun, sie stützten sich auf Macht, patrilineare Genealogie und Vaterrecht.[872]

Es entwickelte sich zunehmend eine *Gesellschaft mit strikter sozialer Schichtung*, wobei die Grenzen der Schichten nicht mehr überschritten werden konnten. Der König und das Militär standen an der Spitze. Unter ihnen rangierte die Oberschicht der Patrizier, zu denen die hohen Beamten und Priester zählten, und die Bürger waren die Mittelschicht. In diesen Schichten wurden die Vaterlinie und das Vaterrecht mit strenger Monogamie für die Frau, nicht aber für den Mann, weitgehend durchgesetzt. Die Ehefrauen galten als eingeschränkt Gleichgestellte und hatten noch gewisse Eigentumsrechte, die ihre Mitgift betraf, die sie jedoch nicht für sich selbst, sondern für ihre Söhne sichern und vermehren sollten. Sie waren abhängig vom Ehemann, der sie versorgte, und sie waren seiner Kontrolle ihrer Sexualität und Gebärfähigkeit unterworfen, was ihre Vereinzelung und Einsperrung bedeutete. Denn es war ihre erste Pflicht, *seine* Söhne zu gebären. Das zeigt, wie sehr diese Frauen, die als „freie" Bürgerinnen galten, verdinglicht und für die Zwecke des Ehemannes instrumentalisiert wurden. Die semitisch-patriarchale Ehe war nämlich – im Gegensatz zur spätmatriarchalen Ehe bei den Sumerern – eine Kauf-Ehe, bei der für die Frau ein Brautpreis vom Vater des Bräutigams bezahlt wurde. Danach lebte die Gattin im Haus ihres Gatten, völlig abhängig von seinen Unterhaltsleistungen, und wenn sie etwas Besitz hatte, wurde dieser auch vom Ehemann überwacht. Eine Scheidung vonseiten der Frau war nahezu unmöglich.[873]

Die Unterschicht bestand aus den lohnabhängigen Arbeitern und Arbeiterinnen in den Städten, die einst freie Bauersleute gewesen waren. Mit der verstärkten Zentralisierung der Kanäle verschwanden auch die letzten Dörfer und unabhängigen Haushalte, die letzten Bäuerinnen und Bauern gerieten in die Verarmung und hoffnungslose Überschuldung. Ihre Gläubiger konnten sie nach den neuen Gesetzen als Schuldsklaven verpfänden oder verkaufen, so dass sie unfreie „Leibeigene" der neuen Herren wurden; sie standen damit noch tiefer als die Arbeiter-Schicht. Die Frauen wurden auf diese Weise zu Hausdienerinnen und Konkubinen reicher Männer gemacht. Sie waren am schutzlosesten und gerieten auf die unterste Ebene dieser ausbeuterischen Hierarchie.[874]

Mit der Bildung von Reichen in den folgenden Epochen (3. und 2. Jt.), wie dem Reich des Königs Sargon von Akkad und dem Babylonischen Reich und den damit verbun-

---

[872] Maisels, S. 174.
[873] Paul Koschaker: *Rechtsvergleichende Studien zur Gesetzgebung Hammurabis, König von Babylon*, Leipzig 1917, S. 150 ff.; Gerda Lerner, S. 145–146. – Gerda Lerner gibt eine ausgezeichnete Studie über die Situation der Frauen unter den patriarchalen Verhältnisse in Babylon und Assyrien, als diese schon etabliert waren. Ihre Behauptung vom Patriarchat schon in den frühen Ackerbaugesellschaften ist jedoch unbewiesen und unhaltbar. Ihr Buch gibt daher nicht die „Entstehung des Patriarchats" wieder, wie der Titel erklärt, sondern zeigt die Verhältnisse in den bereits patriarchalisierten Gesellschaften Mesopotamiens.
[874] Lerner, S. 121–125.

denen fortwährenden Kriegszügen und Eroberungen, sank der Status der Frau noch mehr. Denn in dieser Zeit war es wichtig, für strenge Ordnung im Inneren zu sorgen, weshalb ein neues Machtverhältnis zwischen Ehemann und Ehefrau festgeschrieben wurde. Dies lässt sich am Gesetzeskodex Hammurabis, König von Babylon, ablesen (1.760 v.u.Z.). Die patriarchale Ehe wurde nun allgemein durchgesetzt, das heißt, Frau und Kinder gehörten juristisch zum Eigentum des Ehemannes. Der Familienvater hatte die Macht zur Kindstötung von ihm nicht genehmen Neugeborenen, meistens kleine Töchter. Er hatte das Recht, die Ehen für Söhne und Töchter zu schließen, wobei der Brautpreis, den er für eine Tochter erhielt, ihm half, den Brautpreis für die künftige Frau eines Sohnes aufzubringen. Vorausgesetzt war die „Jungfräulichkeit" im Sinne sexueller Unberührtheit der Tochter, weshalb sie von ihren Brüdern scharf bewacht wurde. Denn hatte sie die „Jungfräulichkeit" verloren, war sie wertlos für die Familie: Kein Mann würde einen Brautpreis für sie bezahlen, der wegen der Vaterlinie „seine eigenen" Kinder erkennen wollte. Zur Strafe konnte der Vater die Tochter als Sklavin verpfänden oder verkaufen. Die Sorge um die „Jungfräulichkeit" der Tochter zog die Regelung nach sich, dass ein Vater seine Tochter bereits in früher Kindheit gegen Zahlung eines Brautpreises verheiraten konnte. Das Mädchen wurde vom Vater des Bräutigams ausgesucht und lebte fortan im Haushalt des Schwiegervaters, um bis zur Hochzeit als Magd zu dienen. Ein sexueller Missbrauch vonseiten des Schwiegervaters war nicht ausgeschlossen, er stand zwar unter Strafe, ließ sich aber selten beweisen. Das alles konnte der Vater ohne Einwilligung vonseiten der Gattin oder Kinder vornehmen, wobei seine Macht so weit ging, dass er in einer Notsituation seine Frau und seine Kinder an Gläubiger verpfänden konnte. Wenn er die Zahlung seiner Schulden versäumte, wurden auch diese zu Schuldsklaven oder „Leibeigenen" gemacht. Die Misshandlung eines männlichen Schuldsklaven war strafbar, während sich Hammurabis Gesetze über weibliche Schuldsklaven ausschweigen.

Der Ehemann besaß außerdem das Recht sich eine Konkubine zu nehmen, die er als Sklavin kaufen konnte. Die Gattin musste die Konkubine dulden, die nun ihre Dienerin war. Wenn die Konkubine Kinder gebar, insbesondere Söhne, so galten diese als legitime Kinder des Familienvaters. Dem Ehemann war Ehebruch mit Prostituierten und Sklavinnen erlaubt, das heißt, er lebte polygam, während die Ehefrau ihrem Gatten absolute Treue schuldete – eine typische Folge der stets unsicheren Vaterlinie. Beging sie dennoch Ehebruch, so wurde sie mit dem Tod bestraft, und der Gatte konnte auch ihren Liebhaber straffrei töten. Denn dieser galt als gemeiner Dieb am Eigentum, d.h. der Ehefrau, des Mannes.[875] Insgesamt zeigt sich hier, dass die Kontrolle der Sexualität und Gebärfähigkeit der bürgerlichen Frau nun total geworden war, die Frau war auf den Status einer Ware abgesunken. Sie war nur noch Objekt für die finanziellen Transaktionen unter Männern.

Durch die kriegerischen Eroberungen und das Beutemachen in fremden Ländern entstand jetzt eine neue Schicht, die noch unterhalb der Menschen in der einheimischen Schuldsklaverei stand: die versklavten Kriegsgefangenen. Hatten erstere noch eine vage Aussicht freigelassen zu werden, so war die Situation für die versklavten Gefangenen aussichtslos, denn als „Beute" wurden sie nur als Sachen im Besitz der Sieger betrachtet. Dabei fällt auf, dass die absolute Mehrheit der Gefangenen aus

---

[875] A.a.O., S. 142–159.

Frauen bestand, denn man tötete die gefangenen Männer, weil sie Krieger und noch immer gefährlich waren. Außerdem konnte das Militär nicht genug Personal für ihre Bewachung bereitstellen. Nahm man dennoch Männer mit, so wurden diese geblendet oder verstümmelt, doch nur so weit, dass sie noch Arbeit verrichten konnten. Kriegsgefangene Frauen wurden grundsätzlich vergewaltigt, um sie zu „entehren", das heißt, um ihr Selbstwertgefühl zu brechen und sie auf diese Weise auch psychisch zu versklaven. Zuletzt kennzeichnete ein Brandmal ihr Gesicht, so dass jeder ihren „ehrlosen" Zustand sehen konnte. Viele wurden als Spinnerinnen und Weberinnen in die Tempel geschickt, wo sie und ihre mitarbeitenden Kinder besonders schlecht gestellt waren.[876] Andere wurden auf dem Markt verkauft, um in den Haushalten ihrer Herrinnen Schwerstarbeit zu leisten. Sie waren rechtloses Eigentum und für ihre Herren sexuell uneingeschränkt verfügbar, sie konnten auch einem Gast zur sexuellen Benutzung angeboten oder in die Prostitution verkauft werden. So ist die Sklaverei von Frauen die älteste, sie war die Basis und das Modell für jede weitere Art von Sklaverei.[877] Doch sie ist nicht nur die älteste, sondern hält auch am längsten an, denn bis heute werden Frauen als Sexobjekte in die Prostitution verkauft.[878]

Im Assyrischen Großreich mit seiner militarisierten Gesellschaft wurde das Rechtssystem noch strenger ausgelegt als in Babylon. Darunter fiel auch die Regelung der Sexualität der Frau, wobei der Staat es außerdem unternahm, die Bekleidung der Frau vorzuschreiben. Das betrifft die Pflicht zur Verschleierung der Frau, eine Sitte, die wohl schon vorher verbreitet gewesen war, doch jetzt zum Gesetz erhoben wurde.[879] Die Gattinnen und unverheirateten Töchter der Bürger sowie die verwitweten Frauen waren nun gesetzlich verpflichtet ihre Köpfe zu verhüllen, wenn sie auf die Straße hinausgingen, während die Sklavinnen sich nicht verhüllen durften. Damit wurde der Schleier zum Zeichen der „ehrbaren" Frau und zu einem Privileg. Er zeigte an, dass die Frau nur einem einzigen Mann sexuell gehörte oder sich als Tochter oder Witwe unter seinem Schutz, das heißt, unter seiner Kontrolle befand. Diese Frauen galten als „respektabel". Auch die Konkubine eines Haushalts durfte den Schleier tragen, wenn sie in Begleitung ihrer Herrin auf die Straße ging und deren Stuhl oder andere Gegenstände hinter ihr hertrug. Denn auch sie stand unter dem Schutz des Hausherrn bzw. war sein Eigentum, das nicht angetastet werden durfte. Die Sklavinnen hingegen mussten unverschleiert bleiben, damit man ihre Sklavenbrandmale und ihren „ehrlosen" Zustand sofort erkennen konnte. Das galt auch für die Prostituierten. Diese Frauen wurden als „öffentlich" betrachtet im Sinne von ungeschützt, als „herrenlos" wie Straßenhunde, so dass sie der Willkür der Männer, denen sie begegneten, ausgeliefert waren.[880]

Zugleich schrieb dieses Gesetz strenge Strafen für diejenigen vor, die sich nicht daran hielten. Würde eine Sklavin beim Tragen des Schleiers ertappt, so sollten ihr die Kleider abgerissen und die Ohren abgeschnitten werden. Einer Prostituierten mit

---

[876] Nissen, S. 210.
[877] Lerner, S. 106–119.
[878] Das gilt in der Gegenwart z.B. für Frauen aus Osteuropa und Afrika, die in die Sex-Industrie der westlichen Länder verkauft werden und rechtlos sind.
[879] Dies zeigt, dass der Zwang zur Verschleierung der Frau erheblich älter ist als der Islam, er wurde jedoch von islamischen Gesellschaften bis heute weitergeführt.
[880] Lerner, S. 173–179.

Schleier drohten Stockschläge und das Ausgießen von Erdpech über ihrem Kopf, das sich später nur entfernen ließ, wenn ihr Haar vollständig geschoren wurde. Diese harten Strafen wurden verhängt und öffentlich vollzogen, weil diese Frauen sich als „respektabel" ausgegeben hatten, obwohl sie es nicht waren.[881] Solche drastischen Strafen wären erstaunlich, wenn es sich bloß um das Übertreten einer Anstandsregel gehandelt hätte, aber es stand mehr dahinter: Es ging um die Klassifizierung der Frauen in „ehrbare" und „ehrlose", in „gute" und „böse", was sie definitiv und dauerhaft untereinander trennte. Die Spaltung der Frauen durch ihre Zugehörigkeit zu verschiedenen Schichten und Klassen, deren Grenzen sie nicht überschreiten durften, lag im direkten Interesse des totalitären Staates. Es war ein Herrschaftsmittel, um die Hälfte der Menschen, welche die Frauen in jedem Staat sind, in Schach zu halten.[882] Man brachte sie auf diese Weise gegeneinander auf, und zwar nach männlichen Normen. Solche Spaltungen wurden im Laufe der Zeit von den meisten Frauen in patriarchalen Gesellschaften tief verinnerlicht, was ihre Solidarität untereinander zerstörte und ihre Haltung bis heute prägt.

Die Frage ist offen geblieben, ob die Situation der Frauen der Oberschicht nicht besser gewesen war, denn sie traten noch immer als Priesterinnen und Prophetinnen der Göttinnen, als Schriftgelehrte, Musikerinnen und Sängerinnen in den Tempeln auf und waren sehr geachtet. Als Prinzessinnen und Königinnen gehörten sie unmittelbar zum Kreis der Mächtigen und Regierenden, waren also Frauen mit Ausnahmestatus.

Aber auch in der obersten Schicht arrangierten die Familienväter die Ehen der Töchter, vor allem um Bündnisse zu schließen, die eine Verbesserung ihrer eigenen sozialen und ökonomischen Situation bedeuteten. Sie konnten Töchter auch dem keuschen Leben im Tempeldienst weihen, um den Segen der Götter und andere Vorteile zu erlangen (Abb. 8).[883] Diese Frauen wählten ihre Position keineswegs selbst, sondern sie waren ein Unterpfand ihrer Familien, aber sie konnten ihre Stellung mit einiger Intelligenz für sich nutzen. Als Priesterinnen lebten sie in den Tempelbezirken mehr oder weniger in klösterlicher Abgeschiedenheit, sie mussten auf ihre Keuschheit und ihren guten Ruf achten. Zusammen mit den niederen Tempeldienerinnen und den Handwerkern und Künstlern war es ihr Amt, den Gottheiten, denen sie dienten, ein angenehmes Leben zu machen. Denn man glaubte, dass die Götter und Göttinnen tatsächlich in den Tempeln wohnen. Sie bereiteten sorgfältig die täglichen Mahlzeiten für die Gottheiten, richteten ihnen das Bett, sangen und musizierten für ihre Unterhaltung und waren den Gottheiten auch sexuell zu Diensten. Denn eine Hohe Priesterin, die mit einem männlichen Gott vermählt war, glaubte, dass sie der Gott in der Nacht erotisch besuchte.

Die Hohen Priesterinnen, die stets aus dem Königshaus stammten, verkörperten die Göttin in der Zeremonie der Heiligen Hochzeit. Auch andere Priesterinnen und Priester nahmen an der kultischen Sexualität bei diesen Festen teil, die noch immer als heilig und heilend für das Land betrachtet wurde. Die Militärkönige nahmen aller-

---

[881] A.a.O., S. 174–176.
[882] Gerda Lerner hat dies hervorragend herausgearbeitet. A.a.O., S. 180–181.
[883] Zu den Vorteilen gehörte z.B., dass nach dem Tod der Tochter die Mitgift vom Tempel an die Familie zurückgezahlt wurde. A.a.O., S. 147, 166.

Abb. 8: Ein König weiht seine Tochter dem Mondgott. Der Gott sitzt auf einem Thron, über ihm die Venus als Achtzackstern, die Mondsichel und die Sonne. (Zeichnung von Gudrun Frank-Wissmann, nach einem Steinrelief aus Susa)

dings nicht mehr daran teil, denn sie waren mit der Ausübung der Macht beschäftigt, welche die Priesterinnen und Priester nicht mehr besaßen. Diese kultischen Liebesformen waren sehr alt, und sie haben nichts mit der sogenannten „Tempelprostitution" zu tun.[884] Tempelprostitution entstand erst in relativ später Zeit (2. und 1. Jt.), sie war kommerziell motiviert und blühte in der Umgebung der Tempel. Als gewerbsmäßige Prostitution war sie eine Folge der Verarmung der Frauen in den untersten Schichten.[885]

Auch die Herrscher der späteren Epochen pflegten ihre Schwestern oder Töchter in die Positionen von Hohen Priesterinnen einzusetzen, damit sie für ein langes Leben des Monarchen und seinen Erfolg beim Regieren und Kriegführen beteten. Sie dienten ihnen insbesondere dafür, ihre strengen Gesetze beim Volk ideologisch annehmbar zu machen, indem die Priesterinnen sie als von den Gottheiten herkommend ausgaben. Ein Beispiel dafür ist die berühmte Dichterin Enheduanna, die Tochter Sargons von Akkad: Sie half ihm, seine neue, zentralistische Reichsordnung dem sumerischen Süden zu vermitteln und akzeptabel zu machen.[886] So handelten diese königlichen Frauen nur als Stellvertreterinnen ihrer mächtigen Väter oder Gatten

---

[884] Die Vorstellung von der „Tempelprostitution" brachten die antiken Griechen auf. Sie war schon damals ein Missverständnis, doch bis heute hält sie sich als ein hartnäckiges Vorurteil.
[885] Lerner, S. 163–166, 168, 172.
[886] Maisels, S. 174.

und unterstützten die zunehmende Patriarchalisierung, insbesondere gegen die anderen Frauen.

Falls man sie nicht dem Tempel übergab, wurden die Frauen aus dem Königshaus an andere mächtige Männer und auswärtige Könige als Unterpfand der Bündnisse verheiratet, um diese im Sinne ihrer Väter zu beeinflussen. Hatte eine das Glück, im heimischen Stadtstaat oder Reich sogar Königin geworden zu sein, so fungierte sie als Statthalterin ihres Gatten bei dessen häufiger Abwesenheit im Krieg. Sie nahm Berichte der leitenden Beamten entgegen, führte königliche Opferhandlungen aus, überwachte die Orakel und füllte den Harem des Königs mit schönen Sklavinnen. Sie erstattete ihrem königlichen Eheherrn detaillierten Bericht und führte, überwacht von den Offiziellen des Hofes, seine Instruktionen aus.[887] Trotz ihrer hohen Stellung und ihrer Verdienste für Staat und Reich hatten auch diese Ausnahmefrauen keine Selbstbestimmung. Sie waren als Gattinnen abhängig von dem sexuellen Gefallen, den sie ihren Ehemännern bereiteten, und sie konnten jederzeit durch eine andere Frau ersetzt werden.

Dies zeigt, dass die Frauen in den patriarchalen Staaten Mesopotamiens ausnahmslos durch ihre Sexualität definiert wurden, wenn auch auf verschiedene Weise. Ihre Sexualität und Gebärfähigkeit unterlagen in allen Schichten der männlichen Kontrolle. Damit wurden sie derselben Hierarchie von Herrschaft und Ausbeutung unterworfen wie die meisten Männer, aber für sie war diese Hierarchie nicht nur durch ökonomische, sondern zusätzlich durch sexuelle Abhängigkeit bestimmt. Die sexuelle Unfreiheit galt für Frauen allgemein, auch wenn die konkreten Formen ihrer sexuellen Abhängigkeit unterschiedlich waren. Dieses Machtgefälle zwischen Männern und Frauen hatte keineswegs nur Gültigkeit im späten Mesopotamien, es hat sich seit Jahrtausenden in allen patriarchalen Staats- und Reichsbildungen fortgesetzt.

Das Schicksal der Göttinnen

Mit der immer stärkeren Zentralisierung in den Staaten Mesopotamiens entstanden die theologischen Konstruktionen von Götterhierarchien. Es war der Versuch, die verschiedenen Gottheiten der einzelnen Städte überregional zu einem System zu vereinen, zugleich ging es wie im Staat um Über- und Unterordnung. Dabei war, gemäß patriarchalen Mustern, die Verheiratung und Vertöchterung ehemals unabhängiger Göttinnen besonders wichtig, um männliche Götter über sie zu stellen. Auch die Geschlechtsumwandlung uralter Göttinnen zu männlichen Göttern kam vor. In diesem Sinne stellte die Götterhierarchie einen Clan patriarchaler Prägung dar, und damit entwickelten die Priester ein Pantheon, das die eigene Gesellschaftsordnung spiegelte. Eine politische Gewichtung trat hinzu, denn die männlichen Götter der dominierenden Städte, seltener eine weibliche Stadtgöttin, wurden zu obersten Gottheiten gemacht, denen die anderen unterstellt waren. Die neue göttliche Verwandtschaft,

---

[887] Lerner, S. 98–100. Sie prägte die Begriffe von der Frau der Oberschicht als „Stellvertreterin" und „Unterpfand" der Männer.

die es vorher so nicht gegeben hatte, wurde vom priesterlichen Personal durch gegenseitige Besuche zu Schiff gepflegt.[888]

In diesem hierarchischen Pantheon wurde der Himmelsgott An/Anu der oberste Herr von Uruk, und zwei Urgöttinnen waren angeblich seine Gemahlinnen: Ki/Urasch, die Erdgöttin, und Nammu, die Göttin der Wassertiefen. Nammu galt ursprünglich als die Schöpferin-Mutter von allem – ähnlich wie die babylonische Tiamat – und Ki, die Erdgöttin, als ihre Tochter. Wenn wir davon ausgehen, dass „Anu" einst eine Himmelsmutter war, dann lässt sich in dieser Dreiheit die große weibliche Triade erkennen, welche die drei Sphären der Welt regiert: Himmel, Erde und Unterwelt, wobei die Unterwelt in der Tiefe des Meeres liegen kann. Damit stellten Anu, Ki und Nammu einstmals die matriarchale Dreifaltigkeit dar, wie sie überall in den Mythologien Westasiens, des Mittelmeerraumes und Europas aufgedeckt worden ist.[889]

Trotz dieses späten, herrschenden Himmelsgottes mit dem usurpierten Namen „An/Anu", machte die Stadtgöttin von Uruk, Inanna, eine besondere Karriere. Ihr Aufstieg geht nicht nur darauf zurück, dass Uruk zur größten Stadt Sumers wurde, sondern besonders auf die Epoche der Uruk-Ausdehnung, als diese Stadt die gesamte Region bis nach Nordmesopotamien auf friedlichem Weg beeinflusste. Dies spiegelt die Mythe von Inannas Ermächtigung durch Enki, dem Gott der Weisheit in der alten Stadt Eridu – wobei Enki aber nicht weise genug war, so dass Inanna ihn überlisten konnte. Denn beide tranken das heilige Getränk Bier um die Wette, bis der alte Enki, betrunken und betört von der Schönheit der Göttin, ihr alle „me" anbot, das heißt, die Magie und Künste der Welt, die er als heilige Tafeln aller Tempel von Sumer aufbewahrte. Inanna nahm sie ohne zu zögern an und brachte die heiligen Tafeln auf ihrem Himmelsboot nach Uruk. So wurde sie die Große Göttin von Sumer, was die damalige Überlegenheit der Stadt Uruk zum Ausdruck bringt (Abb. 9).[890]

Später blühte der Göttin-Kult der Inanna, die akkadisch „Ischtar" hieß, in jenen Epochen kräftig auf, als die Frauen sich zunehmender Einschränkung und Kontrolle ausgesetzt sahen. Sie wandten sich in ihrer wachsenden Verzweiflung, zu der sie durch Unterdrückung, Armut, Not und Krankheit getrieben wurden, an die Göttin und ihre Priesterinnen. Hier suchten sie Zuflucht und erflehten Hilfe. Auch Männer der unteren Schicht wandten sich an die Göttin, wenn Verschuldung und Knechtschaft sie niederdrückten. Die Gläubigen brachten Opfergaben wie Speisen, Öl und Wein zum Tempel, insbesondere aber das Symbol der Vulva, das manchmal aus kostbarem Lapislazuli-Stein gefertigt war. Darin setzte sich der uralte Gedanke der matriarchalen Religiosität fort, dass die Vulva der Göttin lebensspendende Kraft hat, Heilung schenken und Erneuerung bewirken kann. So wurde unter dem Druck der immer stärkeren Patriarchalisierung aus dem offiziellen Kult dieser Großen Göttin eine Volksreligion, in der die helfende Macht der Göttin und ihrer Priesterinnen im Alltag

---

[888] Nissen, S. 70.
[889] Vgl. Göttner-Abendroth: *Die Göttin und ihr Heros*, Teil I.
[890] Vgl. diese Inanna-Mythe in Wolkstein/Kramer, S. 12–19; Göttner-Abendroth: *Inanna*, S. 14–16. – Zum Beispiel waren solche „me", die Enki der Inanna schenkte: die Göttinschaft über Sumer; das Hohe-Priesterinnentum von Sumer; die Krone und der Thron über das ganze Land; Erkenntnis der Wahrheit durch die Kunst der Liebe und die Feier der Heiligen Hochzeit; ebenso Inannas Abstieg in die Unterwelt und ihre Wiederkehr von dort; Macht über das Schicksal, die Sterne und die Herzen der Menschen; die Hoheit über alle Tempel von Sumer.

Abb. 9: Die Göttin Inanna mit dreifacher Hörnerkrone und Flügeln, sie trägt ein siebenfach gestuftes Kleid und hat einen Fuß auf ihr heiliges Tier, den Löwen, gesetzt. Am Himmel steht die Venus als Achtzackstern, der Planet der Göttin. (Zeichnung von Gudrun Frank-Wissmann, nach einem Rollsiegel aus Sumer)

der Menschen bestehen blieb. Die herrschenden männlichen Götter wurden nicht als gütig betrachtet, stattdessen stieg die Popularität der Göttin an. Es dauerte noch sehr lange, bis diese und andere Göttinnen endgültig entthront werden konnten.[891]

Die Herrscher der späteren Militärreiche mussten dieser Situation, trotz ihrer wiederholten Versuche zur Selbstvergöttlichung, Rechnung tragen. So besaß die Göttin Ischtar sowohl im Akkadischen Reich wie auch im Babylonischen Reich große Tempel und zählte zu den Hauptgottheiten. Sie musste sich aber gefallen lassen, einerseits auf die Göttin der Liebe reduziert zu werden, andererseits auch als Kriegsgöttin zu fungieren – obwohl sich diese Bereiche ausschließen. Ihre Kriegskunst schien jedoch nicht allzu erwünscht zu sein, denn im noch späteren Assyrischen Reich befahl der Gott Assur den Krieg und ging in jeder Schlacht dem Heer voran.

---

[891] Lerner, S. 182–184.

Diese Methoden der Beschränkung der Göttinnen und der Verzerrung ihres ursprünglichen Charakters, ihrer Deklassierung als Ehefrauen und Demütigung als Töchter von männlichen Göttern schienen den Herrschenden aber nicht auszureichen, um das Volk von ihrer Verehrung abzubringen. Es musste der Göttinmord hinzutreten, wie am Beispiel des babylonischen Marduk zu sehen ist. Er wurde zum obersten Gott von Babylon, indem er gemäß der Mythologie die Göttin Tiamat, die das Urmeer verkörpert, erschlug und zweiteilte, um daraus Himmel und Erde zu schaffen.[892] – Daran wird überaus deutlich, wie die ursprünglich weibliche, schöpferische Kraft von männlichen Göttern usurpiert wird, denn Tiamat gebar aus ihrem formlosen Leib das Universum und schuf Himmel und Erde selbst. Sie war die Quelle allen Seins und allen Lebens, der weibliche Ur-Schoß und das Ur-Flüssige. In wiederholten Zyklen verschlang sie das Universum, um es wieder neu zu schaffen. Sie besaß die heiligen „Tafeln des Schicksals", welche die Macht über das Universum symbolisierten.[893] Doch nun trat der männliche Gott als Schöpfer auf, und um glaubwürdig zu sein, musste er zuvor Tiamat als „Chaos" denunzieren, aus dem er selbst Ordnung schuf, das heißt: die neue patriarchale Ordnung. Da Tiamat auch Marduks göttliche Mutter war, handelt es sich hier um den ersten Muttermord, der sich später in der göttlichen wie der irdischen Sphäre wiederholen sollte.[894] Diese grausige Tatsache und die einschüchternde, patriarchale Ideologie wurden öffentlich gefeiert im babylonischen Neujahrsfest, bei dem der Kampf Marduks gegen das „Chaos", d.h. gegen die matriarchale Welt, jährlich in Szene gesetzt wiederholt wurde.[895]

Dennoch gelang es den Herrschenden nicht, die Göttin abzuschaffen, es blieb noch ein Weg von Jahrtausenden, bis dieses Ziel erreicht war. Den Keim dazu trug der Monotheismus der israelitischen Stämme, streng patriarchalen Hirtennomaden, die aus der Wüste in das Land Kanaan eindrangen und sich dort ansiedelten.

Im Land Kanaan: Handelsstädte, „Demokratie" und die Ein-Gott-Religion

Die Geschichte der bronzezeitlichen Städte an der Levante (Palästina, Libanon und Syrien) verlief anders als in Mesopotamien. Obwohl auch sie in heißen Gebieten lagen, waren sie nie von künstlicher Bewässerung abhängig und entwickelten deshalb keine Staatsbürokratie. Ihre Wirtschaft kam mit den Regenfällen in der Mittelmeerregion aus, die im Sommer spärlich waren, aber im Winter reichlich fielen. Sie blie-

---

[892] Vgl. das *Enuma elisch*, das babylonische Schöpfungs-Epos, das eine späte Version einer früheren Schöpfungsmythe darstellt. Zitiert bei James: *Myth and Ritual*, S. 154–156; vgl. *Das babylonische Weltschöpfungsepos Enūma elîš*, Hg.: Thomas R. Kämmerer/Kai A. Metzler, Münster 2012, Ugarit Verlag.

[893] Vgl. Barbara Walker: *Das geheime Wissen der Frauen*, Frankfurt/Main 1993, Zweitausendeins Verlag, S. 998–999, und die dort angegebenen Quellen.

[894] Beispiele für Muttermord in der göttlichen Sphäre sind der Gott Jehova, der das „Chaos" Rahab, das Urmeer, erschlägt; der Halbgott Perseus, der die „grausige" Gorgo Medusa enthauptet und ein „Seeungeheuer" tötet; der Halbgott Bellerophon, der das „Monster" Chimaira erschlägt; es sind jedes Mal dämonisierte Urgöttinnen und damit Ur-Mütter. Ein bekanntes Beispiel in der irdischen Sphäre ist der Mord des Orestes an seiner Mutter Klytaimnestra. Vgl. Ranke-Graves, S. 216, 220–221.

[895] James: *Myth and Ritual*, S. 223.

ben unabhängige Handelsstädte, es gab für sie keine Notwendigkeit, sich zu größeren Staaten zusammen zu schließen.

Ohne große Bodenflächen, die es in den künstlich bewässerten, weiten Ebenen Mesopotamiens gab, blieben sie beim Gartenbau und kleinräumigen Feldbau. Ihr Vorteil war jedoch die Spezialisierung ihres Anbaus, die in dieser Gegend auf traditionellem Wissen und einer langen Entwicklung beruhte, die bis zum Beginn der westasiatischen Jungsteinzeit zurückreichte. Denn der Ursprung dieser Städte lag Jahrtausende vor dem Entstehen der großen Flusszivilisationen von Mesopotamien und Ägypten. So kultivierten die Frauen hier Olivenhaine, Weinberge, Dattelpalmen und Feigenbäume, sie produzierten Duftstoffe und stellten Parfüm her. Aus den Bergen des Libanon holten die Männer Zedernholz, und von den Küsten Kleinasiens kamen spezielle Bodenschätze wie Salz, Kupfer und Zinn – alles Güter, die es in den Schwemmlandebenen der großen Ströme nicht gab.[896] Die Lage der Städte war zudem für den Handel äußerst günstig, so dass sie mit den begehrten Waren ein weites Netz aufbauen konnten. Mit Karawanen tätigten sie den Überland-Handel nach Osten bis Mesopotamien und nach Süden bis Ägypten. Auf diese Weise wurden Byblos im Libanon und Ugarit in Syrien die reichsten Handelsstädte an der Levante-Küste. Für den Karawanen-Handel nach Mesopotamien gründeten sie die bedeutenden Städte Ebla und Mari, so dass die Kaufleute quer durch die Syrische Wüste reisen konnten.

Dieses Gebiet hieß in der Bronzezeit „das Land Kanaan" und war auf seine Weise ebenfalls paradiesisch. Die Kanaanäer, die eine alt-semitische Sprache besaßen, waren hier eingewandert, hatten sich mit der Urbevölkerung der Städte vermischt und deren Kultur weitgehend angenommen. Sie pflegten im Allgemeinen den friedlichen Handel und kulturellen Austausch, doch es kam auch zu bewaffneter Rivalität zwischen den Städten und als Folge davon zu losen, wechselnden Bündnissen. Auch mit den schweifenden Stämmen der Hirtennomaden, deren Territorien die Karawanen durchquerten, kooperierten sie durch Handel und indem sie junge Männer als Karawanenführer oder Söldner anwarben.[897] Aber sie blieben immer der Spielball der militärischen Reiche, die sich in den Flusszivilisationen an Euphrat und Tigris oder am Nil bildeten, und mussten Tribut mal an die eine, mal an die andere Großmacht zahlen.[898]

Die Kanaanäer kannten viele Künste und waren hervorragende Kunsthandwerker, so dass ihre Produkte aus der Metallverarbeitung und der Textilfertigung ebenfalls sehr beliebt waren. Die Textilindustrie lag in den Händen der Frauen, die sie in den Tempelwerkstätten betrieben; sie erfanden hier die Technik der Purpurfärbung und stellten Gewänder her, die wegen ihrer Schönheit allgemein zur Kleidung der Könige wurden.[899] Jahrhunderte später, als diese Städte zum Seehandel im Mittelmeer übergegangen waren, wurden die Kanaanäer deswegen als „Phönizier" berühmt (griechisch: „Phönizien" bedeutet „Land des roten Purpur"). Sie selbst bezeichneten sich jedoch stets als „Kanaanäer", sogar dann, als sie die reiche, prächtige Stadt Karthago

---

[896] I. M. Diakanoff: *Early Antiquity*, Chicago 1991, University of Chicago Press, S. 145.
[897] Giovanni Pettinato: *Ebla: A New Look at History*, Baltimore MD 1991, John Hopkins University Press, S. 84–86.
[898] Diakanoff, *Early Antiquity*, S. 287–289.
[899] Ronald M. Glassman: *The Origins of Democracy in Tribes, City-States and Nation-States*, Cham/Schweiz 2017, Springer International Publishing AG, Band I, S. 545.

in Nordafrika gegründet hatten, welche als Konkurrentin um die Seemacht im Mittelmeer den Griechen und Römern die Stirn bot.[900]

Die Sozialordnung dieser Handelsstädte glich jener der frühen Stadtstaaten Sumers, sie war relativ egalitär, eine hierarchische Staatsbürokratie hat sich hier nie entwickelt. Die Könige spielten nur eine geringe Rolle, sie wurden für Scharmützel zwischen den Städten auf Zeit gewählt und dann wieder entlassen. Es regierte der Stadtrat aus den Ältesten, und es wurde gemeinsam entschieden, ob es sich um eine diplomatische Mission oder Krieg handeln sollte. Dabei waren die Stadträte oft gegen Krieg und konnten den König bei Meinungsverschiedenheiten absetzen.[901] Kunsthandwerker genossen hohes Ansehen und das höchste die Kaufleute, denen die Städte ihren Reichtum verdankten. Auch der Status der Frauen war hoch. In ihrem eigenen Kunsthandwerk, der Textilindustrie, genossen sie dasselbe Ansehen wie Männer und erhielten den gleichen Lohn.[902] Gelegentlich nahmen sie sogar am Handel zwischen den Städten teil, aber nicht an Karawanen oder auf See.[903] Diese weiten, gefährlichen Reisen blieben die Angelegenheit der Männer. Der größte Teil des Grundbesitzes lag in den Händen wohlhabender Frauen. Sie pflegten die spezialisierte Gartenkultur, produzierten Wein und Olivenöl, die wichtigsten Handelsgüter, und managten die Gutshöfe selbst – gemäß der uralten, matriarchalen Tradition dieser Gegend.

Jedoch die Verwandtschaftsordnung war im Land Kanaan patrilinear. Sie muss jedoch bis zur Einwanderung der Kanaanäer, welche die Vaterlinie mitbrachten, matrilinear gewesen sein. Frauen saßen zwar nicht im Stadtrat, aber sie hatten als Priesterinnen und Königinnen gewisse öffentliche politische Funktionen. Die ehemalige Matrilinie wird deutlich an den hochrangigen Ämtern von Königin und Königin-Mutter. Die Königin war nicht einfach die Frau des Königs, sondern sie wurde als Repräsentantin der Frauen gewählt, der König hingegen nur in Relation zu ihr. Beide waren weder verheiratet noch verwandt, sondern die Königin hatte unabhängig vom König ihre eigenen Landgüter, ihre eigene Residenz und führte mit anderen Stadtoberhäuptern ihre eigene Korrespondenz. Wenn die Königin starb, verlor der König seine Position, das heißt, das Königinnentum galt als wichtiger als der König. Am höchsten geachtet war die Königin-Mutter als die Mutter des Königs. Sie konnte einen von ihren Söhnen als den neuen König vorschlagen, und nachdem der Stadtrat ihre Wahl gutgeheißen hatte, ernannte sie ihn formell zum König und besaß mit ihm zusammen eine offizielle Position. Sie allein bestimmte über das Eigentum der königlichen Landgüter.[904]

Daran fällt erstens auf, dass der König sowohl von der Königin-Mutter als auch von der Königin abhängig ist; zweitens, dass es trotz hier geltender Vaterlinie die *Mutter* des Königs ist, die dieses höchste Amt bekleidet, nicht sein Vater, wie es doch sein müsste. Dahinter steht ein älteres matriarchales Muster, nach dem es früher die Mutter der *Königin* war, die das Amt innehatte, nicht die Mutter des Königs. Ein Mann

---

[900] Ebd.
[901] **Henri Frankfort:** *Kingships and the Gods: A Study of Ancient Near Eastern Religion as the Integration of Society and Nature*, Chicago 1978, Oriental Institute of the University of Chicago.
[902] Glassman, S. 468–469, auf dem Boden der Studie von Pettinato: **Ebla.**
[903] Das wird durch Urkunden aus Ebla bewiesen.
[904] Glassman, S. 468–469; Pettinato, S. 77–80.

konnte nur dann König werden, wenn er die Tochter der Königin-Mutter heiratete. Das heißt, der Thron wurde einst matrilinear vererbt.

Eine wichtige Rolle hatten die Königin und der König in den religiösen Zeremonien, die sie in priesterlicher Funktion ausübten. Denn die Städte des Landes Kanaan besaßen Tempel für Göttinnen, die bedeutend waren, wie die Muttergöttin Aschera mit ihrem Partner El und die jüngere Anat mit ihrem Heros Ba'al. Aschera galt ursprünglich als unabhängige „Schöpferin der Götter" und wurde als Erdmutter in Steinen, Bäumen und Höhlen verehrt. El wurde ihr später als Vatergott übergeordnet, aber dann von dem jüngeren Ba'al entthront. Anat war als „Herrin des Berges" eine Himmelsgöttin und wurde noch in später Zeit als „Himmelskönigin" verehrt. In ihrer Mythologie verband sie sich als Liebesgöttin mit ihrem Partner Ba'al, einem Atmosphäre-Heros, in der Heiligen Hochzeit, um dem Land den ersehnten Regen zu bringen. In dieser Zeremonie verkörperten die Königin oder eine oberste Priesterin die Göttin und der König den Heros, der symbolisch für die Menschen seines Volkes stand.[905] Diese religiösen Muster sind spätmatriarchal und galten nicht nur in den Städten der Levante, sondern genauso in der Thea-kratie der frühen sumerischen Städte. So sind im Gegensatz zu den sich immer stärker patriarchalisierenden Reichen Mesopotamiens die matriarchalen Wurzeln im Land Kanaan noch zu erkennen.

Allerdings nahm die Geschichte an der Levante dann eine besondere Wende. Zunächst entwickelte sich hier eine Oligarchie der Kaufleute, das heißt: der Reichen. Diese lösten den Stadtrat der Ältesten ab und bestimmten nun die Geschicke der Stadt selbst. Schließlich wurde auch das Königtum abgeschafft, und damit verschwanden auch die Königinnen, die Vertreterinnen der Frauen. Stattdessen gaben sich die Bürger in jeder Stadt eine republikanische Verfassung mit den politischen Organen der Stadtrat-Oligarchie und der allgemeinen Bürgerversammlung. Das sieht nach Demokratisierung aus, was es aber nicht war. Denn Frauen kamen in dieser Verfassung nicht vor, auch nicht in der Bürgerversammlung, sie spielten politisch keine Rolle mehr. Ihre Bedeutung sank, sie wurden auf die Güterverwaltung und die Göttin-Religion eingeschränkt, während der große Reichtum, den man zunehmend aus dem Seehandel gewann, in der Hand der Männer blieb.[906] – Daran ist zu sehen, dass auch eine sogenannte „Demokratie" eine Patriarchalisierung bewirken kann. Denn es handelte sich um eine reine Männer-Demokratie, wie sie in späteren Epochen auch in Griechenland, in Rom und im neuzeitlichen Europa entstanden.

Die zweite besondere Wende geschah mit dem Eindringen der Israeliten in das Land Kanaan. Auch sie waren semitische Hirtennomaden und kamen in mehreren Wellen aus den südlichen und östlichen Wüsten (Mitte 2. Jt.). Ähnlich aggressiv wie die Akkader in Sumer setzten sie sich im südlichen Teil des Landes Kanaan fest (Alt-Palästina). Zuvor waren sie lange in Ägypten ansässig gewesen, wo sie unterdrückt gelebt hatten, aber von Moses, ihrem „charismatischer Führer", weggeführt wurden, um das nördlicher gelegene „Gelobte Land" zu erreichen. Aus Ägypten brachte Moses die monotheistische Religionsform mit, die er von der Ein-Gott Sonnengott-Religion des ägyptischen Pharao Echn'aton abgeleitet hatte. Es gelang ihm, in der Alleinver-

---

[905] Siehe dazu Göttner-Abendroth: *Die Göttin und ihr Heros*, Kapitel 5.6.
[906] John D. Grainger: *Hellenistic Phoenicia*, Oxford 1991, Clarendon Press.

ehrung des Gottes Jahwe die israelitischen Stämme religiös zu einen und sie in das fruchtbare Land Kanaan zu führen.

In ihrem neuen Domizil wurde die monotheistische Religionsform von den israelitischen Propheten zugunsten des Gottes Jahwe ständig verschärft und der Versuch gemacht, sie dem ganzen Volk aufzuzwingen. Denn die Israeliten waren nicht vollständig vom Monotheismus überzeugt, der andere Religionen und Lebensweisen verdrängt und eine neue Haltung der Intoleranz predigt. Aber für die Propheten bedeutete er mit seinem Zentralismus eine willkommene Herrschaftsfunktion, denn er beruhte – wie alle Monotheismen – auf einer einzigen Heiligen Schrift, die angeblich von dem einzigen männlichen Gott kommt und die nur sie selbst deuten können. Das lässt viel Spielraum für Macht.

Jedoch das Volk, das heißt, die einfachen Leute der Israeliten, übernahmen stattdessen manche matriarchalen Elemente aus der Kultur der Kanaanäer, in der sie nun lebten. Insbesondere die israelitischen Frauen, die äußerst rechtlos und unterdrückt waren, widmeten sich intensiv der Göttin Aschera und dem Kult von Anat und Ba'al.[907] Das bewerteten die für ihren einzigen Gott eifernden Propheten als „Hurerei" der Frauen, gegen die sie einen langanhaltenden und erbitterten Kampf führten. Sie verdammten die Hinwendung der Frauen zur Göttin so lange, bis das Bild der „Frau-als-Hure" und „Einfallstor der Sünde" zu einer festen Vorstellung geworden war. Erst Jahrhunderte später, in assyrischer Zeit, hatte sich der Jahwe-Monotheismus der Propheten beim israelitischen Volk durchgesetzt, und dies mündete in einem generellen Ausschluss der Frauen aus der kultischen Gemeinde. Diese war nun rein männlich, verbunden mit einer sich immer stärker entfaltenden Frauenfeindlichkeit.[908]

War diese radikale Abschaffung der Göttin damals noch auf das kleine israelitische Volk begrenzt, so wurde sie mit der Ausbreitung des Monotheismus des Christentums und später des Islam weltweit. –

Die Ergebnisse dieses Kapitels seien hier zusammengefasst.

- *Allgemein*: Auch in Mesopotamien spielten *klimatische Veränderungen* für die Entstehung patriarchaler Strukturen eine entscheidende Rolle. Durch Abkühlung und Austrocknung entstanden in den Ebenen von Nord- und Südmesopotamien zunächst günstigere Bedingungen, so dass die Sümpfe wichen und das Land bewohnbar wurde. Doch im Laufe der Jahrtausende änderte sich die Situation mit fortschreitender Austrocknung und führte zunehmend zu Wasserknappheit.
- *Die ökonomische Ebene*: Die anfänglich matriarchalen Kulturen in Nordmesopotamien lebten von Regenfeldbau, bis es beim Vordringen nach Süden zur *Erfindung der künstlichen Bewässerung* kam, die an der traditionellen Sozialordnung nichts änderte. Erst die Einwanderung immer neuer Völkerscharen aus den sich vergrößernden Steppen und Wüsten in dem gesamten Gebiet, die zu einem *wachsenden Bevölkerungsdruck* in Südmesopotamien führte, machte die *zunehmende Zentralisierung* der Bewässerungssysteme und die Rationierung des Wassers notwendig. Die

---

[907] Gerda Weiler: *Das Matriarchat im Alten Israel*, Stuttgart 1989, Kohlhammer Verlag, insgesamt, besonders S. 71–74. – Elemente von weiblicher Göttlichkeit finden sich noch in der hebräischen Kabbala, dem mystischen Buch der Israeliten.
[908] Lerner, S. 223–225.

enorme Verdichtung der Bevölkerung führte zu sehr großen Städten, die gegen Ende zu groß wurden, um sich selbst zu versorgen. Die zusätzliche Versalzung der Böden brachte diese Städte in *doppelte Abhängigkeit,* einerseits von der Ökologie, andererseits von fremden Herrschern, die sie unterwarfen.

- *Die politische und soziale Ebene:* Die Organisation des zentralisierten Bewässerungssystems machte eine *Hierarchie der Wartung und Verwaltung* notwendig, der *Stadtstaat* entstand. Dieses Beamtentum mit einem Vorsteher, später König, war anfangs noch dem Stadtrat und den Sippenhäusern verantwortlich (Sumer): *spätmatriarchale Situation.* Mit zunehmender Zentralisierung wurden Entscheidungen in der Beamtenhierarchie unabhängig von der Bürgerversammlung getroffen. Die Könige rivalisierender Stadtstaaten eroberten andere Stadtgebiete, Kriegführen wurde notorisch, territoriale *Regionalstaaten* entstanden: *patriarchale Entwicklung.* Zuletzt kam es zur Bildung von *Militärreichen* (Akkad, Babylon, Assyrien), die extrem zentralistisch auf einen einzigen Herrscher ausgerichtet waren: *klassisches Patriarchat.* Die Gesellschaft hatte nun strikte soziale Schichtung. Der *Status der Frau sank* kontinuierlich. Frauen wurden nun allgemein über ihre Sexualität definiert und waren in allen Schichten von männlicher Kontrolle abhängig, wenn auch auf verschiedene Weise.
- *Die Ebene von Weltbild und Religion:* Die Stadtstaaten stellten anfangs eine matriarchale *Thea-kratie* dar mit der *Stadtgöttin* als Verkörperung des Landes und Mutter der Menschen; die Göttin war verbunden mit dem *Heiligen König* als ihrem Diener, der für das Wohlergehen des Volkes verantwortlich war. In der Frühdynastischen Zeit *profanierten* die Könige, die von nordmesopotamischen patriarchalen Hirtenvölkern abstammten, *das Königtum,* bis es zur *Selbstvergöttlichung* des einzigen Herrschers von Militärreichen kam.

Es kam zum Bruch mit der matriarchalen Religion, man *ordnete die Göttinnen männlichen Göttern unter.* Die offizielle Herabsetzung der Göttinnen wurde durch ihre wachsende Verehrung im Volk unterlaufen, so dass sich *Göttinnenverehrung als Volksreligion* stark ausbreitete, je mehr der Status der Frau sank und das Volk verarmte. Erst die Intoleranz des neu aufkommenden *Monotheismus* führte zur *Abschaffung der Göttinnen.*

Definition: Patriarchat wird grundsätzlich als *Herrschaftsgesellschaft* definiert. Es beruht elementar auf der *Herrschaft über Frauen* als der Quelle des Lebens und der nächsten Generationen. Hinzu kommt die *Herrschaft über die Mehrheit der Männer, über fremde Völker und über die Natur allgemein.* Alle diese haben dabei keinen Wert in sich, sondern gelten nur als ausbeutbare Ressource, um die Macht der Herrschenden zu stärken. *Klassisches Patriarchat bildet Staaten,* als lokale territoriale Staaten oder als große Reiche bis hin zu „Weltreichen".

Kapitel 7:
Bronzezeit und Eisenzeit in Südeuropa.
Spätmatriarchale Kulturen und wachsende Patriarchalisierung

Durch die Entwicklungen in den eurasischen Steppen und in den urbanen Gebieten Mesopotamiens sind auf zwei verschiedene Weisen patriarchale Muster in Westasien entstanden. Sie wurden dann nach Europa exportiert und haben die matriarchale Epoche dort beendet. Aus der zunehmenden Patriarchalisierung Europas ergibt sich jedoch kein einheitliches Bild, sondern verschiedene spätmatriarchale Kulturen und matriarchale Elemente hielten sich noch lange und sorgten für vielfältige Erscheinungen in der Bronzezeit.

Erste Patriarchalisierungswellen aus den Steppen

Zeittafel

Mitte 5. Jt. (4.400/4.300 v.u.Z.):	Erste indoeuropäische Eroberungswelle
Mitte des 4. Jt. (ab 3.500 v.u.Z.):	Zweite indoeuropäische Eroberungswelle
Anfang 3. Jt. (ab 3.000 v.u.Z.):	Dritte indoeuropäische Eroberungswelle
Ende 3. Jt. (2.500/2.100 v.u.Z.):	Auswirkungen in ganz Europa

Begrenzte Zerstörung, weitreichende Folgen und immer bessere Waffen

Die zunehmende Austrocknung der eurasischen Steppen ab dem 6. Jt. hatten wir beschrieben und die daraus folgenden Konsequenzen gezeigt. Ab Mitte des 5. Jt., noch in der Jungsteinzeit, verbreiteten die aggressiven Reiterkrieger aus dem Wolgagebiet kommend ihre Lebensweise im gesamten Steppenraum. Einige gründeten am Unterlauf von Dnjepr und Dnjestr eine erste Eroberungskultur („frühes Jamnaja", 4.400–3.400).[909] Das geschah nahe am Mündungsdelta der Donau und ihrer Nebenflüsse, und so drangen sie bald auch dort ein. Zu verlockend waren für sie die üppig grünen Auen für die Viehweide und die Schätze der blühenden neolithischen Kulturen von Karanowo-Gumelniṭa und Varna im gesamten unteren Donau-Becken (östliches Rumänien und Bulgarien). Während die Cucuteni-Tripolje-Kultur in der Ukraine und am östlichen Karpaten-Rand sich gegen die Eindringlinge abzuschirmen verstand und noch 800 Jahre in Koexistenz neben ihnen lebte, waren die Ackerbau-

---

[909] Siehe Kapitel 5 in diesem Buch.

dörfer von Karanowo an der Donau den Angreifern schutzlos ausgeliefert. Obwohl die Indoeuropäer zuerst nur in kleinen Gruppen berittener Krieger kamen, flohen die Karanowo-Leute vor ihrer brutalen Gewalt westwärts. Die reiche Varna-Kultur an der Schwarzmeerküste wurde völlig zerstört und durch die indoeuropäische Kultur von Cernawodă ersetzt.

Nun verschwanden die im freien Land gelegenen Wohnorte mit den Langhäusern der matriarchalen Sippen. Sie wurden durch strategisch geschützte, befestigte Höhensiedlungen auf steilen Hängen und Felsvorsprüngen am Flussufer ersetzt, die nur aus ein paar kleinen Häusern auf schmalem Areal bestanden: Es waren die ersten militärischen Burgen, in denen sich die Angreifer verschanzen konnten. Von hier aus drangen sie weiter nach Südwest-Rumänien vor und trafen dort auf andere Kulturgruppen, die vor ihrer Gewalt zurückwichen und Zuflucht auf Donauinseln und in den Höhlen der Karpaten suchten (Transsilvanien), wo sie ihre Kultur versteckt im Bergland noch vier- bis fünfhundert Jahre weiterführen konnten. Auch die Menschen der volkreichen Vinča-Kultur flohen vor ihnen nordwärts und ließen sich an der mittlere Donau (Ungarn) nieder (Karte 1 von Kap. 7).[910] Dies zeigt, dass der erste Vorstoß der Reiterkrieger aus der Steppe zunächst eine lokal begrenzte, patriarchale Periode im gesamten, damals matriarchalen Europa blieb.

Dennoch löste die Zerstörung der Kulturen von Varna, Karanowo und Vinča und die Flucht ihrer Bewohnerinnen und Bewohner große Unruhe und eine Kettenreaktion von Völkerverschiebungen aus. So wanderten Teile der Vinča-Leute weiter nach Kroatien, Bosnien und Slowenien bis zu den östlichen Alpen, wo sie bisher unbewohnte Gebiete besiedelten und ihre Dörfer auf den höchsten Punkten im Bergland oder umgeben von Wasserläufen anlegten. Sogar schwer zugängliche Höhlen wurden bewohnt, was die Bedrängnis der Menschen und ihre Sorge um Sicherheit angesichts der neuen, kriegerischen Verhältnisse spiegelt. Die Frauen und Männer der Lengyel-Kultur in Ungarn, die Nachfolgerin der frühen Linearbandkeramik-Kultur, verließen ebenfalls ihr angestammtes Wohngebiet und zogen am Oberlauf der Donau entlang nach Österreich, Süddeutschland und Südpolen. Am Ende des 5. Jts. war die Vinča-Kultur mit ihren Tempeln, Göttinnenfiguren und der kunstvollen Keramik in ihrer alten Heimat erloschen, ebenso existierte auch die Lengyel-Kultur in Ungarn nicht mehr, sondern hatte sich nach Norden verlagert. Das spiegelt insgesamt eine soziale Katastrophe von einem solchen Ausmaß, wie es bis dahin in Europa unbekannt war.[911]

An die Stelle der vorigen Hochkulturen trat nun eine Gesellschaft patriarchaler Viehzüchter, die Rinderherden und Pferde hielt und kaum Feldbau kannte. Die Keramik war grob und grau und blieb primitiv, die Werkzeuge aus Geweih und Knochen stimmten mit denen in den Steppengebieten überein. Es wurden Kurgane als Hügelgräber nur für männliche Tote errichtet, die Kriegerfürsten, die darin mit ihren Waffen bestattet waren.[912] Wenn eine Frau mitbestattet wurde, dann handelte es sich um die geopferte Witwe ihres Herrn, die fast ohne Beigaben neben ihn gebettet wurde. Auch Pferdeopfer fand man in den Gräbern, und als Machtsymbol tauchte wieder das

---

[910] Gimbutas: *Die Zivilisation der Göttin. Die Welt des Alten Europa*, Frankfurt 1996, Zweitausendeins Verlag, S. 362–363.
[911] A.a.O., S. 363–364.
[912] „Kurgane" sind definiert als Hügelgräber mit Einzelbestattung von hervorgehobenen Männern, im Gegensatz zu den kollektiven Hügelgräbern der matriarchalen Kulturen Europas.

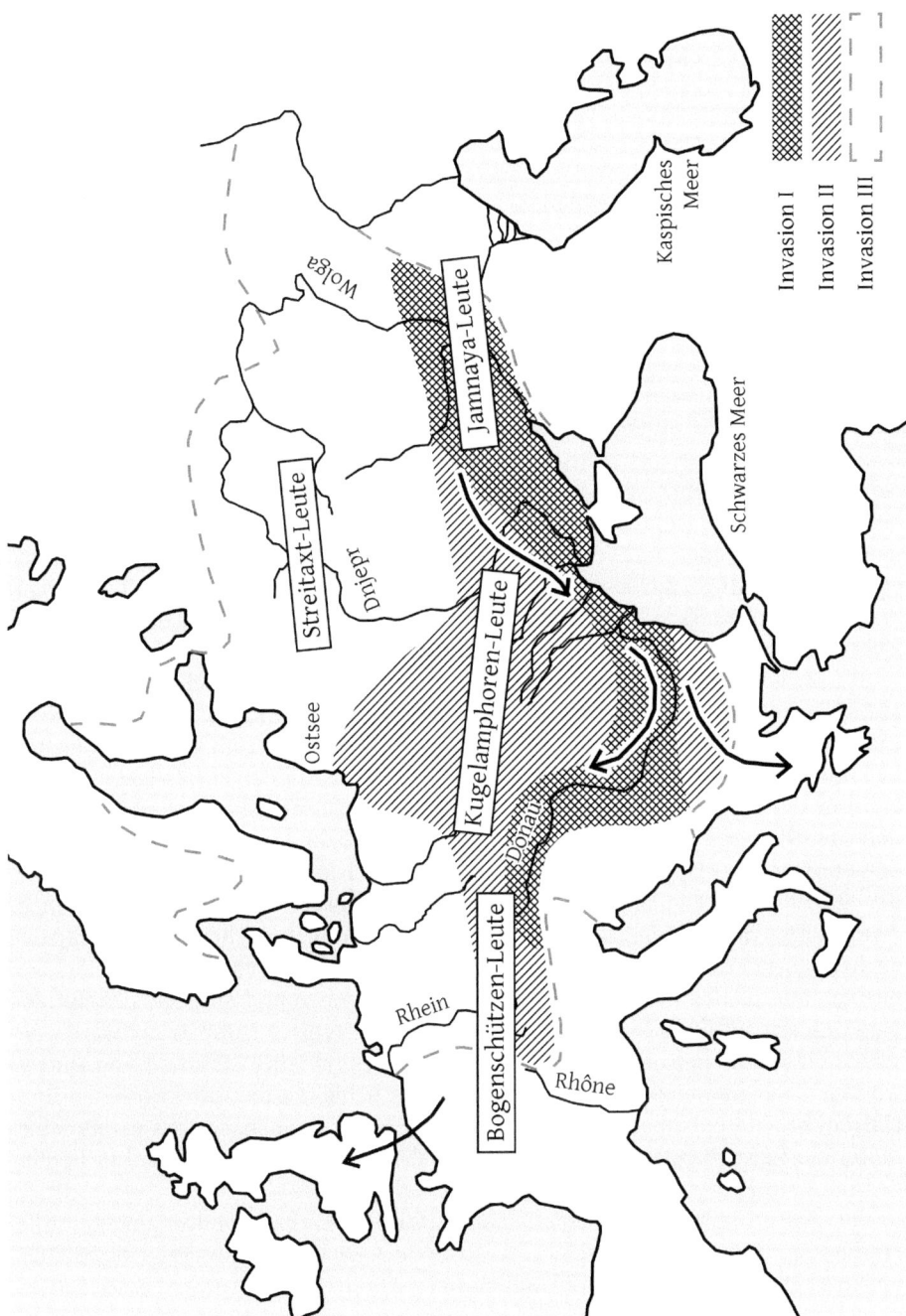

Karte 1: Die drei Invasionswellen der Indoeuropäer von ca. 4.400 bis 3.000 v.u.Z. (Zeichnung nach Marija Gimbutas).

geschnitzte Pferdekopf-Szepter auf, von denen man gleiche Stücke an der Wolga und im Gebiet am Nordkaukasus gefunden hatte.[913] Das Patriarchat aus der Steppe hatte sich in Europa festgesetzt!

Die zweite indoeuropäische Eroberungswelle fällt in die Mitte des 4. Jt. (ab 3.500). Nach einer milderen Phase setzte erneut eine starke Austrocknung der Steppen ein und ließ aus den Menschen der indoeuropäischen Hirtenkrieger-Kulturen mobile Halbnomaden mit Wagen werden. Sie erweiterten das Areal ihrer Weidewirtschaft erheblich, und die Raubüberfälle wurde epidemisch. Durch die noch immer blühende Cucuteni-Tripolje-Kultur lernten sie das Kupfer kennen und bauten es im Ural bald selbst ab (Kupfersteinzeit). Wenig später entstand die Bronze-Metallurgie in den Kulturen am nördlichen Kaukasus, die sich die Steppenvölker ebenfalls aneigneten und ihre Eroberungskultur Maikop dort gründeten (frühe Bronzezeit). Nun besaßen sie Waffen von besonderer Härte und Haltbarkeit, wie Dolche, lange Messer, Meißel, Flachbeile und Äxte mit Schaft.[914] Auch in Maikop fand man Höhensiedlungen mit in den Boden vertieften Apsishäusern, umgeben von gewaltigen Festungsmauern, die als militärische Zwingburgen dienten. Hunderte von Hügelgräbern der neuen Herren bedeckten nun die Landschaft wie Pocken, und die Fürstengräber nahmen monumentale Dimensionen an: Die Grabkammer wurde von einer Steinkuppel überwölbt, ein gewaltiger Hügel darüber gehäuft, den Stelen und Steinringe festhielten. Ganze Waffenarsenale und sogar Wagenmodelle verschwanden als Beigaben darin – was die Überbetonung des Einzelnen, des „Großen Mannes", zeigt.

Die Maikop-Kultur breitete sich an der gesamten nördlichen Schwarzmeerküste aus, sie reichte bis zum Don, Dnjepr und Dnjestr und auf die Krim.[915] Um Mitte des 4. Jts. kam es zum Vorstoß aus dem nördlichen Schwarzmeer-Raum gegen die Cucuteni-Tripolje-Kultur, deren Städte durch viele Flüchtende aus den überfallenen Donaukulturen dramatisch angeschwollen waren. Dort warteten reiche Kupfervorkommen und viele Schätze als Beute auf die Eroberer, und die brutale Unterwerfung beendete diese urbane Hochkultur abrupt. Dies zeigt sich archäologisch am plötzlichen Ende der einheimischen Elemente, stattdessen traten nun auch hier die charakteristischen Zwingburgen im Maikop-Stil auf und die außergewöhnlich reichen Einzelgräber für die herrschenden Männer. Die unterworfenen Einheimischen vom mediterranen Typ blieben unterhalb auf den weiten Flussterrassen wohnen und mussten sich mit armen Gräbern auf ihren Friedhöfen begnügen.[916] Die typisch frühpatriarchale Zweischichten-Gesellschaft aus wenigen Herrschenden und einer Mehrheit von Unterworfenen war nun auch hier entstanden. Dabei behielten die Unterworfenen ihre matriarchalen Sippenmuster bei, ebenso ihren alten Glauben, so dass es nun eine Kultur der Herrschenden gab und eine der Beherrschten, die zur Sub-Kultur herabgedrückt wurde.

Aus dem eroberten Gebiet der ehemaligen Cucuteni-Tripolje-Kultur gingen starke Einflüsse auf Südost- und Mitteleuropa aus: Von 3.400 bis 3.200 drangen die berittenen Kriegergruppen zum zweiten Mal ins untere Donaubecken vor und besetzten es.

---

[913] Gimbutas: *Die Zivilisation der Göttin*. S. 361–363.
[914] A.a.O., S. 369.
[915] A.a.O., S. 369–371.
[916] A.a.O., S. 366, 371.

Alte, verlassene Tells, die ehemaligen Wohnhügel der Vorgänger-Kulturen, wurden in ihre Fürstensitze umgewandelt und auch hier mit mächtigen Steinmauern umgeben (in Rumänien, Bulgarien und Makedonien).[917] Andere Reiterkrieger, die nicht sesshaft wurden, griffen weiter ins mittlere Donaubecken mit den umliegenden Gebieten aus (Ungarn, Serbien, Bosnien) und erreichten schließlich die Länder um den Oberlauf der Donau (Österreich, Süddeutschland, Böhmen).[918] Bis nach Südpolen sind die Spuren ihrer zerstörerischen Überfälle bewiesen, denn Siedlungen wurden durch Feuer vernichtet und die einheimische Bevölkerung nahm stark ab. Nördlich davon blieb jedoch eine traditionelle, matriarchale Kultur bis zum Ende dieses Jahrtausends bestehen (Trichterbecherkultur).[919]

Überall wo sich die indoeuropäischen Eroberer niedergelassen hatten, fand man ihre Herrschaftsarchitektur und jede Menge bronzene Waffen. Den Feldbau machten nun die überlebenden Leute des unterworfenen Volkes für sie, während sie selbst die Weidewirtschaft mit ihren Herden pflegten. Ihre Zwingburgen galten jetzt als das politische und kulturelle Zentrum, darin gab es Metallwerkstätten, denn die Herrscher hatten ihre eigenen Waffenschmiede. Die einheimischen Handwerkerinnen mussten ihre kunstvolle Keramik für die fremden Fürsten produzieren; man fand sie nur noch in den Burgen und Herrschergräbern.[920] Zugleich wurde die Kunst der Töpferinnen profaniert, denn statt als Sakralgefäße für Tempelzeremonien zu dienen, wurden sie nun als Trinkgefäße der Männer gebraucht. Der Herrscher und sein Kriegergefolge benutzten sie für das gemeinsame, rituelle Besäufnis. Der grausige Brauch von Menschenopfern gehörte zu den Bestattungen der Fürsten dazu, es gab häufige Doppelbegräbnisse des Herrn und seiner Witwe nebst den geliebten Rindern (Abb. 1). Dabei blieb man nicht stehen, sondern opferte gelegentlich die ganze Familie. So fanden sich Gräber mit einem Männerskelett in der Mitte, umgeben von Frauen und Kindern, wobei die Mehrzahl der getöteten Frauen auf Polygynie (Vielweiberei) hinweist (vgl. Abb. 5 und 6 von Kap. 5, S. 246).

Im Laufe der letzten Jahrhunderte des 4. Jts. breitete sich diese zweite indoeuropäische Invasion mit der „Kugelamphorenkultur", so genannt wegen der kugeligen Form der Gefäße, bis Mitteleuropa aus und nahm Süddeutschland und ganz Polen in Besitz (vgl. Karte 1 von Kap. 7, S. 321). Das bedeutete den Untergang der matriarchalen Trichterbecherkultur in Polen, deren megalithische Ganggräber unter Langhügeln, errichtet für die Gemeinschaft, nun verschwanden und Fürsten-Kurganen Platz machten, die denen der Maikop-Kultur glichen. Wieder fanden die Archäologen die Überreste von Menschenopfern, die ausschließlich aus Frauen, Kindern und Jugendlichen bestanden, begleitet von Tieropfern aus Pferden, Rindern und Hunden.[921] Auf den Artefakten verschwand überall die alte, matriarchale Symbolik, stattdessen tauchen Pferdefiguren auf, und die Keramik zeigt Sonnen- und Sternenmotive in vielen Formen.[922] Denn nach der Sonne und den Sternen orientierten sich die Nomaden in der Weite der Steppen, und schon früh kamen bei ihnen die ersten Himmelsgötter

---

[917] In Bulgarien ist es die indoeuropäische Esero-Kultur, in Makedonien die Sitagroi-Kultur.
[918] In diesen Ländern ist es die Baden-Kultur.
[919] Gimbutas: *Die Zivilisation der Göttin*, S. 141.
[920] A.a.O., S. 371–372, 379.
[921] A.a.O., S. 375, 381–384.
[922] A.a.O., S. 353, 376–377.

324   Kapitel 7: Bronzezeit und Eisenzeit in Südeuropa

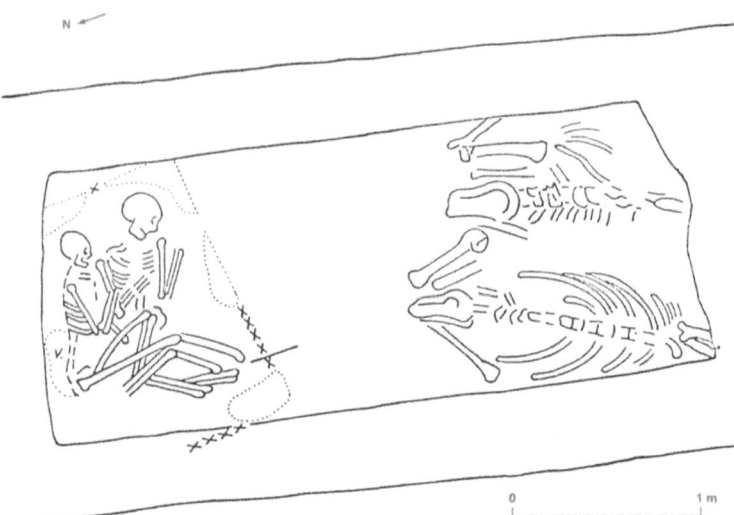

Abb. 1: Bestattung eines Mannes mit seiner Witwe und seinem Ochsengespann (aus: Marija Gimbutas: Die Zivilisation der Göttin, S. 374)

auf. Die Verehrung der Sonne ist jedoch nicht typisch indoeuropäisch, sondern es gab sie schon vorher, allerdings in Gestalt von matriarchalen Sonnengöttinnen.

Die Indoeuropäisierung Europas und die nackten Tatsachen von DNA-Analysen

Die dritte indoeuropäische Eroberungswelle wurde durch eine extreme Kälteperiode mit Austrocknung und Wüstenbildung in den eurasischen Steppen um 3.000 ausgelöst. Die Reiterkrieger-Völker waren zu reinen Nomaden geworden und brachen wieder über Europa herein. Sie kannten den Weg seit den Generationen vor ihnen und wussten, dass es im Westen fruchtbare Länder gab. Diesmal kamen sie nicht vom Kaukasus, sondern wieder aus dem Gebiet der Wolga („spätes Jamnaja"), was Hunderte von Gräbern zeigen, die identisch mit denen an Wolga, Don und Dnjepr sind. Es war eine gewaltige Invasion, die Europa jetzt weitgehend indoeuropäisierte.[923]

Wieder war das Einfallstor das untere Donaubecken (Rumänien, Bulgarien) gewesen, wieder hatten sie das Karpatenbecken an der mittleren Donau erobert (Ungarn, Kroatien), wieder löste dies eine dramatische Völkerverschiebung in alle Richtungen aus. Aber diesmal verdrängten die frühpatriarchalen Gesellschaften sich gegenseitig, nun wurden die vorigen Eroberer ihrerseits erobert. Durch diese dritte Invasion brachen die Kulturen der vorigen, zweiten indoeuropäischen Welle im Donauraum zusammen, und die Menschen flohen mit ihren Pferden und Vieh. Gruppen von ihnen wanderten westwärts nach Bosnien und Dalmatien bis zur Adriaküste, zogen dann nach Süden durch die gebirgigen Regionen Serbiens, Albaniens und Westgriechenlands, wo sie in steinigen Höhenlagen ihre Burgen und in geschützten Höhlen ihre

---

[923] A.a.O., S. 384, 387.

Dörfer errichteten. Mächtige Grabhügel für ihre Fürsten, ganz im Maikop-Stil, säumen ihren Weg.[924] Schließlich drangen sie auf die griechische Halbinsel Peloponnes vor (früh-helladische Kultur, 2.800–2.500) und gelangten in die Argolis, die Ebene am Golf von Argos. Ihre Landnahme bedeutete für die alteingesessenen, matriarchalen Kulturen in diesen Ländern eine blutige Verdrängung, was besonders deutlich an der Zerstörung der alten Städte in der Argolis wird, wo auch der monumentale Tempel von Lerna niedergebrannt wurde.[925] An die Stelle der vorigen Architektur traten überall die Zwingburgen mit den Apsishäusern. Dabei kamen die Reiterkrieger nicht in großer Zahl, denn die Einheimischen wurden nicht ausgelöscht.[926] Sie drangen in kleinen Gruppen ein, aber ihre harten, bronzenen Waffen und ihre mobile Waffe Pferd machten sie den friedlichen Stadtkulturen überlegen. So konnten sie sich mit brutaler Gewalt den Status der herrschenden Elite verschaffen und ihn mit derselben Gewalt halten.

Andere Gruppen der verdrängten, frühpatriarchalen Gesellschaften nahmen den Exodus nach Norden und Westen. Aus Ungarn vertrieben breiteten sich die Leute der sog. „Glockenbecherkultur" zunächst in Mitteleuropa aus und zogen dann in verstreuten Gruppen weit nach Westen, bis zur Iberischen Halbinsel und Südengland (2.500–2.100) (vgl. Karte 1 von Kap. 7, S. 321). Die schönen Glockenbecher wurden über die Jahrhunderte in allen verstreuten Enklaven dieser Kultur beibehalten, was auf ihre zeremonielle Bedeutung für die Menschen hinweist. Weitere typische Kulturmerkmale waren Kupferdolche und Pfeil-und-Bogen-Ausrüstung, wobei die Bogen jenen der Steppenvölker glichen. Diese Waffe war so typisch für sie, dass man sie besser „Bogenschützen-Kultur" nennen sollte, denn die Eroberungen fanden ja nicht mithilfe von Keramik, sondern von Waffen statt (Abb. 2).

In ihrem vorigen Wohngebiet Ungarn hatten sie Pferde in großem Stil gezüchtet, mit denen sie dem sesshaften Dasein ein Leben als Halbnomaden oder Nomaden vorzogen. Daher waren sie bei ihrer Auswanderung äußerst mobil, was den großen Radius ihrer Verbreitung in Europa erklärt. Man fand kaum Reste von ihren Häusern, dafür aber die typischen, reichen Einzelbestattungen von Elite-Männern unter den künstlichen Hügeln. Darin wurden viele halbverbrannte oder unvollständige Kinderskelette gefunden, was auf eine neue Art von Menschenopfern hindeutet. Teilweise praktizierten sie wegen ihrer beweglichen Lebensweise Brandbestattung für alle, was schon in Ungarn begann und den Vorteil hatte, dass es sie nicht mehr kultisch an die Gräber ihrer Häuptlings-Ahnen an bestimmten Plätzen band.[927]

Ein besonderes Phänomen waren die halbnomadischen Gruppen der „Schnurkeramischen Kultur", die zur selben Zeit den gesamten östlichen, mittleren und nördlichen Teil des europäischen Kontinents heimsuchten. Man nannte sie so, weil die Töpferinnen ihre unbemalten Gefäße mit Mustern von parallel eingedrückten Schnüren verzierten. Die Männer zogen es hingegen vor, Streitäxte aus Silex zu schwingen, mit denen sie anderen die Schädel einschlugen. Das trug dieser Gesellschaft auch den Namen „Streitaxtkultur" ein, der aus dem soeben genannten Grund sicherlich pas-

---

[924] Ein Beispiel ist das reiche Fürstengrab bei Mala Gruda an der Adria (Westbosnien).
[925] Es handelt sich um die Fundorte Lerna, Tyrins, Asine, Zygouries, Agia Kosmas, wo die zerstörten, alten Städte lagen.
[926] Gimbutas: *Die Zivilisation der Göttin*, S. 387–389.
[927] A.a.O., S. 390–391.

Abb. 2: Krieger der Bogenschützen-Kultur mit gespanntem Bogen und Pfeilen im Köcher (sog. „Glockenbecher-Kultur") (aus: Jens Lüning: Steinzeitliche Bauern in Deutschland, S. 408)

sender ist (Abb. 3). Die Leute der Bogenschützen-Kultur wurden von ihnen verdrängt oder absorbiert.

Es ist fraglich, ob auch sie von Südosten kamen oder eine andere Route der Invasion nahmen. Denn der Weg die Donau aufwärts war schwierig und lang, er führte durch viele Gebirge und war längst erobert und besiedelt. Ihr Exodus führte sie vermutlich direkt aus dem Gebiet am Oberlauf der Wolga heran, was einfach für sie war, denn die Ebenen Westrusslands, Polens und Nordeuropas rings um die Ostsee, ebenso Deutschlands bis zum Rhein lagen offen vor ihnen da.[928] Das heißt, sie öffneten sie für sich und ihre Herden, indem sie auf massive Weise die nördlichen Wälder niederbrannten, um großräumig steppenartiges Grasland zum Beweiden zu schaffen.[929] So

---

[928] Dafür spricht die unterschiedliche Entwicklung von indoeuropäischen Sprachen in Südeuropa und im Europa nördlich der Alpen. So bilden die späteren Sprachen Keltisch, Germanisch, Baltisch, Slawisch im nördlichen Europa eine große Gruppe, während die Sprachen Griechisch, Illyrisch, Thrakisch im Südosten Europas eine eigene Gruppe sind, die nicht aus der anderen abgeleitet werden kann. Vgl. J. P. Mallory: *In Search of the Indo-Europeans; Language, Archaeology and Myth*, London 1991, Thames and Hudson.

[929] K. Kristiansen: „Eurasian transformations: mobility, ecological change and the transmission of social institutions in the third millenium and early second millenium BCE", in: *The world system and the Earth system: global socioenvironmental change and sustainability since the Neolithic*, Walnut Creek/California 2007, Left Coast Press, S. 149–162.

Erste Patriarchalisierungswellen aus den Steppen 327

Abb. 3: Krieger der Streitaxt-Kultur mit Streitaxt und Feuersteindolch im Gürtel (sog. „Schnurkeramik-Kultur") (aus: Jens Lüning: Steinzeitliche Bauern in Deutschland, S. 401)

fielen sie hier in Scharen ein und nahmen wegen ihrer mobilen Lebensweise weite Gebiete in Besitz, was ihrer Kultur eine enorme Ausdehnung verschaffte (vgl. Karte 1 von Kap. 7, S. 321). Die Streitaxtkultur zeigt in diesem riesigen Raum von der Wolga bis zum Rhein gleichförmige Merkmale: die Streitäxte und die Schnurkeramik, vor allem wieder die typischen Grabhügel für die Männer an der Spitze. Wegen ihrer schweifenden, nomadischen Lebensweise fehlen weitgehend Überreste von Häusern, denn es war für sie leicht, ihre in den Boden eingelassenen Hütten beim Wegzug abzubrennen. Sie ließen Reste der neolithischen, agrarischen Bevölkerung neben sich bestehen, vermutlich weil sie genug Raum für ihre Herden hatten. Diese Einheimischen wurden gelegentlich zur Unterschicht erniedrigt, aber nur dann, wenn die neuen Herrn am gleichen Platz wohnen blieben und ihre Burgen und Grabhügel errichteten.[930]

Auf diese Weise verdrängten sich die frühpatriarchalen Kulturen gegenseitig, und gleichzeitig kam es zu Vermischung mit den Einheimischen. Denn zu dieser Zeit blieben zahlreiche kulturelle Regionen der altansässigen, matriarchalen Bevölkerung bestehen, auch verbargen sich Teile von ihnen in Rückzugsgebieten wie Wäldern, Mooren, Gebirgen und Inseln, wo sie noch lange überlebten, auch wenn sich ihre Kultur vereinfachte.[931] Außerdem existierten sie als unterworfene Schicht auch in-

---

[930] Gimbutas: *Die Zivilisation der Göttin*, S. 392–393.
[931] Auf Reste der alten, matriarchalen Bevölkerung in solchen Rückzugsgebieten weisen zahllose Sagen in Europa hin, in denen sie als „Kleines Volk", „Feen", „Zwerge", „Wald- und Moorweib-

nerhalb der meisten frühpatriarchalen Gesellschaften weiter. Durch Hunderte von Gräbern konnten die Archäologen feststellen, dass die indoeuropäischen Eroberer sich vom Menschentyp her von Ost nach West veränderten und die Unterschiede zu den Einheimischen abnahmen, wodurch die frühpatriarchalen Gesellschaften immer homogener wurden. Das weist auf die zunehmende Vermischung mit den Altansässigen hin, doch was „Vermischung" in diesem Zusammenhang bedeutet, werden wir gleich sehen.

Wir sind bei der Darstellung der Indoeuropäisierung Europas weitgehend der Migrationstheorie von Marija Gimbutas gefolgt, die sie auf dem Boden ihrer umfassenden archäologischen Forschung entwickelt hat.[932] Ihre Theorie, in der sie den dramatischen Zusammenprall von zwei völlig entgegengesetzten Gesellschaftsformen: der matriarchalen und der frühpatriarchalen, im frühen Europa dargestellt hat, wurde jedoch heftig angegriffen. Es wurde bestritten, dass es überhaupt zu indoeuropäischen Invasionen kam, weil die Indoeuropäer angeblich schon seit dem 7. Jt. als Ackerbauern in Anatolien lebten und von dort friedlich nach Europa eingewandert seien, das heißt, die gesamte neolithische Kultur in Europa wurde den Indoeuropäern zugeschrieben. Diese galten von vornherein als patriarchal, so dass die Auffassung von der matriarchalen Jungsteinzeit mitsamt den entsprechenden Funden völlig verdunkelt wurde.[933] Aber diese „Anatolien-Theorie" wurde von Anfang an von Sprachwissenschaftlern zurückgewiesen. Sie stellten fest, dass der frühe indoeuropäische Wortschatz sich auf nomadische Lebensweise und Viehhaltung bezieht, aber keine Vokabeln für Ackerbau enthält. Erst ziemlich spät kamen Wörter für Ackerbautätigkeiten zu dem indoeuropäischen Wortschatz hinzu, und zwar durch Akkulturation mit der agrarischen Vorbevölkerung Europas.[934]

Völlige Klarheit haben jedoch neue DNA-Analysen gebracht, mit denen zwei große Einwanderungsströme nach Europa festgestellt wurden:

– erstens, eine massenhafte neolithische Einwanderung aus Anatolien im 7. Jt. von Leuten, die keine Indoeuropäer waren; diese Einwanderung brachte Frauen und Männer zu gleichen Teilen nach Europa, das heißt, sie kamen mit ganzen Familien und Sippen an (Jungsteinzeit);

---

lein/männlein" usw. vorkommen. Die Analyse solcher Sagen zeigt, dass ihr Verhalten matriarchalen Mustern entspricht. Vgl. dazu Heide Göttner-Abendroth: *Matriarchale Landschaftsmythologie*, Stuttgart 2014, Kohlhammer Verlag; dieselbe: *Berggöttinnen der Alpen*, Bozen 2016, Raetia Verlag.

[932] Gimbutas: *Die Zivilisation der Göttin*, S. 352–401. – Wir gebrauchen jedoch nicht Gimbutas' Begriffe „Kurgan-Theorie" und „Kurgan-Kultur", weil sie darunter zu viele verschiedene Einzelkulturen zusammengefasst hat, die sich erheblich unterscheiden. Vgl. die Kritik russischer Archäologen bei Anthony: *The Horse, the Wheel and Language*, S. 306–307.

[933] Colin Renfrew: *Archaeology and Language. The Puzzle of Indo-European Origins*, London 1987, Pimlico.

[934] J. P. Mallory/D. Q. Adams: *The Oxford Introduction to Proto-Indo-European and the Proto-Indo-European World*, Oxford-New York 2006, Oxford University Press, S. 166 ff.; Haarmann: *Auf den Spuren der Indoeuropäer*, S. 53.

- zweitens, ab 3.500 starke Invasionswellen, die von Indoeuropäern ausgingen, wobei diesmal fast ausschließlich Männer ankamen, die neue Technologien besaßen (frühe Bronzezeit).[935]

Diese Ergebnisse der DNA-Analysen bestätigen die Migrations-Theorie von Gimbutas definitiv.[936] außerdem weisen sie, wie von ihr beschrieben, auf zwei verschiedene soziale Erscheinungen hin: eine Einwanderung mit Sippen aus beiden Geschlechtern, eine andere mit fast nur männlichem Anteil.[937] Das belegt eine friedliche Einwanderung in der Jungsteinzeit, denn sonst hätten sich bei diesen Menschen nicht gleich viele Frauen mit Kindern auf den Weg gemacht. Demgegenüber bestand die indoeuropäische Invasion – hier die massivste und letzte – fast nur aus Männern, die mit neuer Waffentechnik ankamen, also aus kriegerischen Eroberern.

Zu diesen Ergebnissen der DNA-Analysen kommt ein drittes, nämlich

- dass bei der indoeuropäischen Einwanderung die Männer der alteingesessenen Bevölkerung nahezu aus den genetischen Daten verschwanden, während disproportional viele alteingesessene Frauen „assimiliert" wurden.[938]

Das heißt im Klartext, dass die Männer der einheimischen Kulturen von den Eroberern brutal ausgelöscht wurden. Doch was geschah mit den Frauen? Sie haben sich kaum freiwillig an eine Lebensweise „assimiliert", in welcher der Status der Frauen von niedrigstem Niveau war, nachdem sie zuvor in matriarchalen Sippen mit zentraler Stellung und großer Achtung für Frauen gelebt hatten. Diese „Assimilation" bestand darin, dass die Frauen entführt, vergewaltigt und in Ehen mit den Eroberern gezwungen wurden – falls sie nicht den Tod vorzogen. Für die hereinbrechenden Männerhorden waren sie nämlich absolut notwendig, denn ohne Frauen wäre ihre Gesellschaft kinderlos geblieben und bereits in der nächsten Generation ausgestorben.

---

[935] A. Goldberg/T. Günther/N.A. Rosenberg/M. Jakobsson: „Ancient X chromosomes reveal contrasting sex bias in Neolithic and Bronze Age Eurasian migrations", W. Haak (Hg.), Max Planck Institute for the Science of Human History, Jena/Deutschland, 12. Januar 2017, in: https://www.nature.com/articles/nature14317 . Ebenso eine ältere Studie: W. Haak, et al.: „Massive migration from the steppe was a source for Indo-European languages in Europe", in: *Nature*, Bd. 522, 11. Juni 2015, S. 207–211. Für die „Glockenbecher-Leute" in Westeuropa und Südengland belegt durch die Studie von: W. Haak/K. Kristiansen/P.W. Stockhammer, et al.: „The Beaker Phenomenon and the Genomic Transformation of Northwest Europe", 9. Mai 2017, in: https://www.biorxiv.org/content/early/2017/05/09/135962.full.pdf+html

[936] Auf dem Boden dieser DNA-Analysen hat Renfrew im Herbst 2017 in einer öffentlichen Rede zugegeben, dass Gimbutas mit ihrer Theorie Recht behalten hat; vgl. Colin Renfrew: „Marija Rediviva DNA and Indo-European Origins", Oriental Institute, Chicago, 8. November 2017.

[937] Diese genetischen Untersuchungen waren allerdings auf die dritte indoeuropäische Invasionswelle beschränkt, die beiden ersten Wellen wurden noch nicht erfasst. Für diese hat Gimbutas jedoch reichlich archäologische Evidenz gegeben, in: *Die Zivilisation der Göttin*. Siehe ebenfalls den archäologischen Nachweis von Nicolai Merpert: „The Earliest Indo-Europeanization of the North Balkan Area in Light of a New Investigation in the Upper Thracian Valley", in: Joan Marler (Hg.): *From theRealm of the Ancestors. An Anthology in Honor of Marija Gimbutas*, Manchester CT/USA 1997, Knowledge, Ideas & Trends, Inc., S. 70–77.

[938] Goldberg/Günther/Rosenberg/Jakobsson: „Ancient X chromosomes".

Ab jetzt mussten die Frauen in patrilinearer und patrilokaler Ehe leben, und es ist uns bekannt, was das heißt: Sie wurden, verglichen mit ihrem bisherigen Leben in größtmöglicher Freiheit, wie Gefangene gehalten, denn sie galten als Privatbesitz der Männer, sei es ein geraubter oder gegen ein paar Rinder eingetauschter. Ihre Hauptaufgabe war, dem Ehemann „legitime" Söhne als Erben zu gebären. Das waren die Bedingungen für seine Vaterlinie, deren Druck allein die Frauen trugen. Insbesondere die Häuptlinge waren despotische Patriarchen mit Macht über Frauen, Kinder, Diener und den Clan. Das ging so weit, dass ihre Witwen, nachdem sie ihnen genug Söhne geboren hatten, als überflüssig und störend betrachtet wurden, weshalb sie zu den häufigsten Menschenopfern gehörten. An dieser Lebensweise gab es nichts, was die einheimischen, matriarchalen Frauen dorthin gebracht hätte außer Gewalt.

Die Notwendigkeit für Männer, Frauen für die Fortsetzung ihrer Gesellschaft zu haben, ist der wahre Grund für die häufige „Vermischung" der Eroberer mit den Einheimischen. In der Forschung wird das verharmlosend „exogame Heirat" (Heirat außerhalb der eigenen Sippe) und „soziale Integration" genannt.[939] Tatsächlich war es Vergewaltigung durch Fremde und lebenslanger Zwang zur Anpassung und damit das Gegenteil von Integration. Es ist klar, dass dabei die sog. „Vermischung" von Ost nach West zunahm, denn je weiter die kriegerischen Männerverbände in Europa vordrangen, desto länger hatten sie sich schon mit einheimischen Frauen sexuell verbinden müssen.

Trotz dieser DNA-Ergebnisse, die doch keinerlei Hinweise auf Friedfertigkeit geben, setzt sich der beschönigende Sprachgebrauch von Archäologen und Paläogenetikern fort. So heißt es, dass „friedliche Interaktion und Heirat zwischen den kulturell und genetisch verschiedenen Gruppen die Grundlage des täglichen sozialen Lebens formten".[940] Angeblich gab es nur kleine „Konflikt-Episoden"– genauso wie in den friedlichen, patriarchalen Ehen! Gleichzeitig erklärt man, dass diese Epoche doch dramatischer verlief als gedacht.[941] Denn bevor es diese entlarvenden DNA-Analysen gab, wurde breit propagiert, dass gar kein Zusammenprall von zwei verschiedenen Gesellschaftsformen stattgefunden hätte, weil die Neolithiker ja schon „patrilokale" Familien besäßen und an „Eliten" gewöhnt wären, die ihr Getreide horteten.[942] Es wurde so getan, als ob patriarchale Muster sich als schleichendes „Reifen männlicher Dominanz"[943] in der vollen Jungsteinzeit von selbst entwickelt hätten, sozusagen im Inneren der egalitären Gesellschaften, so dass die Alteingesessenen die neuen Eliten der Eroberer problemlos zustimmend annahmen. Aber plötzlich enthüllen die Gene solche Dramatik! Diese seltsame Widersprüchlichkeit zeigt noch immer eine verschleiernde Tendenz, die nicht wahrhaben will, dass es sich um einen äußerst zerstörerischen Zusammenprall zweier gegensätzlicher Gesellschaftsformen gehandelt hat, wobei die indoeuropäische erwiesenermaßen patriarchal war. Was war dann die andere, die vorher existierte? Es ist nur zu deutlich, dass der Begriff und die

---

[939] K. Kristiansen/E. Willerslev et al.: „Re-theorizing mobility and the formation of culture and language among the Corded Ware Culture in Europe", Cambridge, *Antiquity Publications*, Bd. 91, Ausgabe 356, April 2017, S. 342, in: https://www.cambridge.org/core/terms
[940] A.a.O., S. 343.
[941] Ebd.
[942] Siehe dazu die kritischen Stellungnahmen in Kapitel 4.
[943] Renfrew und seine Anhänger.

Vorstellung von „matriarchalen Gesellschaften" unter allen Umständen vermieden werden muss, denn dies würde das patriarchale Weltbild erschüttern und die heute noch immer herrschende patriarchale Gewalt bloßstellen. Marija Gimbutas hat diese beiden Gesellschaftsformen klar beim Namen genannt – was ihr das archäologische Establishment bis heute verübelt.[944]

Aus dieser äußerst schwierigen Verbindung von indoeuropäischen Eroberern und geraubten Frauen aus den unterworfenen, matriarchalen Kulturen bildeten sich die Mischgesellschaften der Bronzezeit. Ihre Sozialordnung blieb patriarchal, nahm aber Elemente aus den eroberten Kulturen auf, wobei die Mischung in den einzelnen europäischen Gesellschaften der Bronzezeit sehr unterschiedlich ausfiel. Neben ihnen existierten noch immer etliche Völker und Volksgruppen mit spätmatriarchaler Kultur, was vor allem auf Europa südlich der Alpen zutrifft. Darum hat die Bronzezeit im südlichen Europa ein anderes Gesicht und ging aus einer anderen Dynamik hervor als im nördlichen Europa. Sie begann auch erheblich früher und hat die Kulturen nördlich der Alpen, die noch lange rückständig waren, stark beeinflusst. So wenden wir uns zuerst der Entwicklung in Südeuropa zu.

Spätmatriarchale Kulturen und Patriarchalisierung in Südeuropa

Zeittafel

Ende 4. Jt. bis Mitte 2. Jt. (3.200–1.450 v.u.Z.): Bronzezeit auf Kreta, Minoische Kultur
Mitte bis Ende 2. Jt. (1.400–1.100 v.u.Z.): Späte Bronzezeit in Griechenland, Mykenische Kultur
Ende 2. Jt. bis 4. Jh. (1.100–371/338 v.u.Z.): Eisenzeit in Griechenland, Dorer, Athener, Ionier
Ende 4. Jh. v.u.Z. bis über die Zeitenwende um 0 nachwirkend: Hellenistische Epoche
Ab 1. Jt. bis 1. Jh. v.u.Z.: Eisenzeit in Italien, Etruskische Kultur
Mitte 2. bis Mitte 1. Jt. (1.600–900 v.u.Z.): Bronzezeit auf Sardinien, Nuraghen-Kultur

Die Küsten und Inseln des ägäischen Meeres (Ägäis) besitzen keine großen Landareale wie Mesopotamien. Daher bildeten sich dort keine Staaten auf der Grundlage von komplizierten Bewässerungssystemen und zentralisierter Vorratshaltung. Das Klima ist heiß und trocken, der Ackerbau hängt von kleinen Flüssen ab, die meist nur zur Regenzeit im Winter Wasser führen. Die Ökonomie war und ist kleinräumig und auf besondere Güter wie Wein, Öl und Früchte spezialisiert, die Herden von Schafen und Ziegen sind begrenzt. Diese Verhältnisse erlauben keine hohe Bevölkerungsdichte,

---

[944] Gimbutas spricht von „patriarchal" und „matristisch", statt „matriarchal", denn ihr war die neue Definition von „Matriarchat" als egalitärer Gesellschaftsform aus der Modernen Matriarchatsforschung noch nicht bekannt. Bezeichnend ist, dass in der DNA-Studie von Kristiansen/Willerslev, obwohl diese Gimbutas' Theorie bestätigt, ihr Name verschwiegen wird.

daher waren Auswanderung und die Suche nach neuem Land für die Kulturen des ägäischen Raumes überlebensnotwendig. Aus diesem Grund entwickelte sich hier eine Dynamik von seefahrenden Völkern; diese prägten die Gesellschaften rings um die Ägäis. Im Laufe ihrer Geschichte griffen sie allmählich in den mittleren und westlichen Mittelmeerraum aus, wo die geografische und ökonomische Situation ähnlich war.

Die Minoische Kultur Kretas: Seefahrer und Priesterinnen

Das ägäische Meer lag bei der gesellschaftlichen Entwicklung Westasiens am Rande. Das hatte jedoch den Vorteil, dass sich seine Inselkulturen lange Zeit ungestört entfalten konnten, wofür die große Insel Kreta das beste Beispiel ist (Karte 2 von Kap. 7). Die altkretische Kultur entwickelte sich von ihren Anfängen im frühen Neolithikum (um 7.000) bis in die späte Bronzezeit (ca. 1.450) ohne Unterbrechung weiter, das heißt, mehr als 5500 Jahre, und an ihr können wir ablesen, zu welcher hochkulturellen Blüte eine matriarchale Gesellschaft gedeihen kann. Der Ursprung der neolithischen Kultur auf Kreta stammt aus dem westlichen Anatolien, und sie begann früher als auf dem griechischen Festland (Thessalisches Becken und Argolis, ab 6.600). Sie setzte bereits in der a-keramischen Zeit mit Feldbau und den typischen Haustieren ein. Als auch hier die keramische Epoche begann, zeigten die Gefäße von Anfang an einen ganz eigenen Stil, so dass sie weder mit den östlichen noch den westlichen Kulturen des Mittelmeerraumes Ähnlichkeit besaßen.[945]

So hatte diese Insel von Anfang an eine Sonderstellung, und mit dieser eigenwilligen Prägung entfaltete sich die altkretische Kultur weiterhin. Die frühe Periode der Minoischen Kultur auf Kreta, die „Vor-Palastzeit" (3.200–2.100), entspricht der frühen Bronzezeit.[946] In dieser Periode fand eine weitere Einwanderung von der anatolischen Küste Kleinasiens statt, und neue Siedlungen im Osten und Süden der Insel entstanden.[947] Die Ankömmlinge brachten einen raschen kulturellen Fortschritt: Nicht nur die Bronzemetallurgie entstand, sondern auch große Häuser und Gräber wurden gebaut, eine verfeinerte Keramikkunst blühte auf, die sich in eleganten Vasen und neuen Gefäßformen zeigt, ebenso wurden schöne Siegel und perfekte Juwelen angefertigt. Es ist allgemein anerkannt, dass in dieser Periode die Gesellschaft Kretas egalitär war, denn die großen Gebäude waren Sippenhäuser und die aufwändigen Grabbauten stellten Gemeinschaftsgräber dar.[948] Das heißt, wir finden hier dieselbe matriarchale Organisation vor, wie sie in Anatolien üblich war.

---

[945] Jean Guilaine, in: *Die ältesten Monumente der Menschheit*, S. 170–171.
[946] Der Bezeichnung der altkretischen Kultur als „minoisch" ist ziemlich unsachgemäß von einem „König Minos" abgeleitet, den es im Sinne eines „Großen Mannes" und individuellen Herrschers hier nicht gab.
[947] Die Herkunft der altkretischen Menschen aus Anatolien wurde durch eine DNA-Analyse bewiesen, siehe I. Lazaridis/A. Mittnik, et al.: „Genetic origins of the Minoans and Mycenaeans", *Nature* Nr. 548, 10. April 2017, S. 214–218, in: https://www.nature.com/articles/nature23310
[948] Joan Marie Cichon: *Matriarchy in Minoan Crete: A Perspective from Archaeomythology and Modern Matriarchal Studies*, San Francisco 2013, Dissertation des CIIS (California Institute of Integral Studies), unveröffentlicht, S. 256–257; vgl. dazu die Darstellung der sozialen Organisation von Myr-

Spätmatriarchale Kulturen und Patriarchalisierung in Südeuropa 333

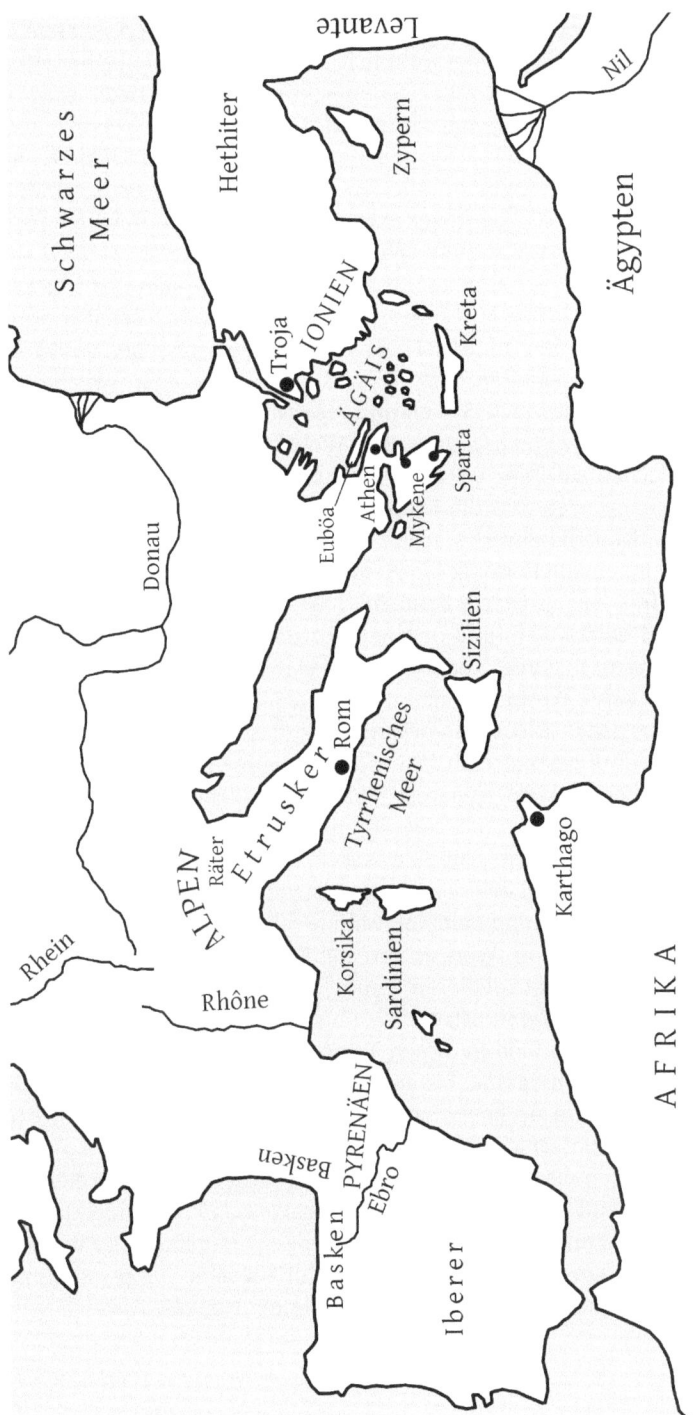

Karte 2: Südeuropa und der Mittelmeerraum zur Bronzezeit und frühen Eisenzeit.

In der mittleren Periode der Minoischen Kultur, der „Alten Palastzeit" (2.100–1.700), gab es einen weiteren, ungewöhnlich schnellen Aufschwung der altkretischen Kultur, welcher der Erfindung einer neuen Schiffsart zu verdanken war. Die Kreter entwickelten Schiffe mit Kiel, mit denen sie das offene Meer relativ sicher befahren konnten, während die bisherigen, kiellosen Boote, die leicht kenterten, sich nur für die Küstenschifffahrt eigneten und jede Überwindung einer freien Meeresstrecke zu einem gefährlichen Abenteuer machten. Für eine Gesellschaft auf einer Insel, die im offenen Meer liegt, war diese Erfindung schlicht eine Notwendigkeit. Mit solchen hochseetüchtigen Schiffen konnten die Kreter jetzt ständige Übersee-Routen mit jedem Land im östlichen Mittelmeerraum einrichten. So intensivierten sie nicht nur ihre Kontakte mit den Inseln der Ägäis, mit dem griechischen Festland und den kleinasiatischen Küstenstädten, sondern sie befuhren auch das östliche Mittelmeer bis zu entfernten Ländern wie Syrien und Palästina in der Levante und Ägypten in Nordafrika (vgl. Karte 2 von Kap. 7, S. 333). Auch das war notwendig für sie, denn die begrenzten Flächen auf ihrer bergigen Insel konnten eine wachsende Bevölkerung nicht mehr ernähren, so dass die Kreter zu einer dynamischen Handels-Expansion übergingen. Ihr Kunsthandwerk war hochentwickelt und brachte unter anderem die schöne, exquisit bemalte Keramik im „Kamares-Stil" hervor, die in anderen Ländern sehr begehrt war. Spezialisierte Gruppen von Kunsthandwerkerinnen, Kaufleuten und Seefahrern entstanden, und urbane Zentren bildeten sich: Knossos, Phaistos, Mallia, Kato Zakros, Kydonie, Kommos, Palaikastro, Archanes. Von den städtischen Kulturen an der Küste Westasiens übernahmen sie die Palast-Architektur, die zu dieser Zeit sonst nirgends in Europa vorkam. Aber diese „Paläste" stellen in Kreta keine Monumente für Königsherrschaft, sondern religiöse Bauten dar, deshalb wurden sie zu Recht „Tempelpaläste" genannt.[949] Sie waren allgemein nach Ost-West ausgerichtet, und sie besaßen drei Stockwerke mit Räumen, die unregelmäßig um einen rechteckigen Hof in der Mitte gruppiert waren, der immer die gleiche, beträchtliche Größe hatte. Er diente für religiöse Zeremonien, und die Räume enthielten zahlreiche Schreine, Wandmalereien und Kultgegenstände religiöser Art (Abb. 4a/b). Es gab eine durchgehende Kanalisation, Werkstätten für Kunsthandwerk, auch Vorratsräume für Agrarprodukte, die mit religiösen Symbolen markiert waren, ebenso Räume für eine schriftlich geführte Administration – alles ein Erbe aus den urbanen Kulturen an Westasiens Küsten. Man fand in diesen Tempelpalästen keine pompöse Thronhalle oder königliche Residenzräume, bis auf ein Heiligtum mit umlaufenden, niedrigen Wandbänken und einem zierlichen, steinernen Sitz mit Lehne in der Mitte (Knossos), der nicht nach einem Herrscher-Thron aussieht (Abb. 5).[950]

Um 1.700 wurden die Bauten der minoischen Kultur durch eine Reihe schwerer Erdbeben weitgehend zerstört und die Alte Palastzeit damit beendet. Jedoch scheint dies die Kreter nicht entmutigt zu haben, mit großen Eifer bauten sie ihre Häuser und die Tempelpaläste genauso wie vorher wieder auf, was eine starke, religiös motivierte Bindung an die Plätze zeigt. Sie führten in dieser „Neuen Palastzeit" (1.700–1.450

---

tos bei: Peter M. Warren: *Myrtos: An Early Bronze Age Settlement in Crete*, London 1972, Thames and Hudson, S. 266–267.

[949] Gimbutas: *Die Zivilisation der Göttin*, S. 345; Cichon, S. 272–273.

[950] Cichon, ebd.; Nanno Marinatos: *Minoan Religion: Ritual, Image and Symbol*, Columbia 1989, Univeristy of South Carolina Press, S. 48, 50.

Spätmatriarchale Kulturen und Patriarchalisierung in Südeuropa 335

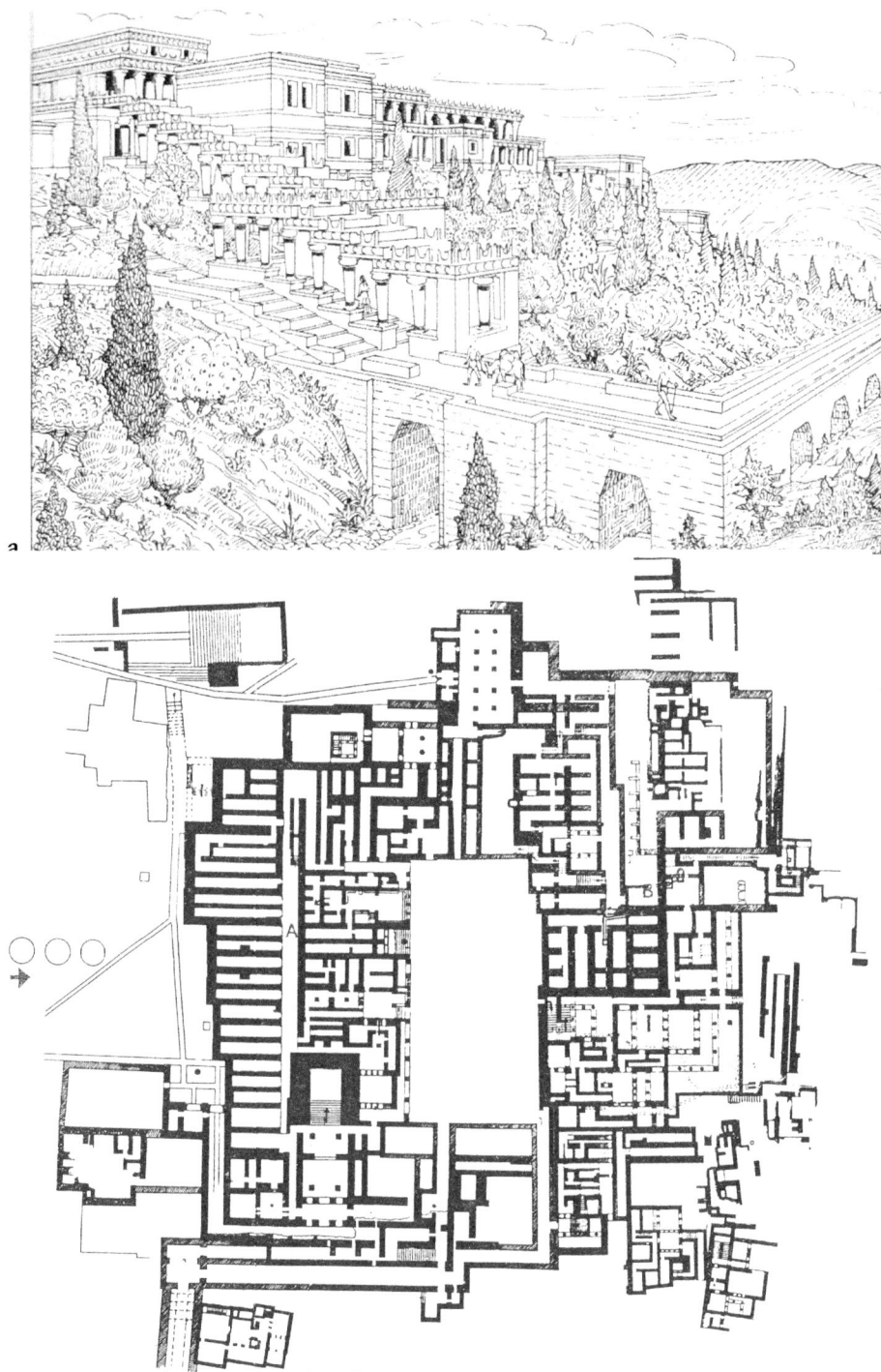

Abb. 4 a: Der Tempelpalast von Knossos, Südeingang. **4 b:** Grundriss des Tempelpalastes von Knossos (aus: Knossos, Christos Mathioulakis & N. Gouvoussis, S. 42 und 39)

Abb. 5: Steinerner Sitz im Heiligtum von Knossos (aus: Knossos, Christos Mathioulakis & N. Gouvoussis, Farbtafel 7)

v.u.Z.) ihre Kultur zu einem Höhepunkt, der alles vorige übertraf, so dass sie an Glanz, wenn auch nicht an Größe, jenen von Mesopotamien und Ägypten nicht nachstand. Die Schönheit und Eleganz dieser Kultur haben alle Wissenschaftler erstaunt, die sich mit ihr befassten, und es wurde gesagt, dass sie einen „unvergleichlichen Zauber und die vollkommenste Bejahung der Anmut des Lebens ausstrahlte, die die Welt je gesehen hat."[951] Das hat einen Grund, dem wir noch nachgehen werden.

In dieser Epoche wurde Altkreta zu einer Meereszivilisation mit einem weiten Handelsnetz, die minoischen Kaufleute befuhren mit einer großen Flotte die gesamte ägäische Region. Zugleich machten sie die Seerouten sicherer, indem sie energisch die Piraterie unterbanden.[952] Sie richteten Stützpunkte auf manchen Inseln ein, ebenso an den Küsten Griechenlands und Anatoliens, die sogenannten „Kolonien". Es waren aber keine militärischen, sondern Handelskolonien, die aus kleinen Gemeinschaften kretischer Kaufleute bestanden, die sich dort niederließen. Jedoch war ihr Einfluss auf die jeweils lokale Bevölkerung groß, an allen Orten übernahm man zahlreiche Elemente aus der minoischen Kultur: Gebäudetypen, Kleidungsstil, die Schrift sowie Maße und Gewichte, Formen und Stile der Kunst, auch religiöse Riten.[953]

---

[951] Zitat von Leonard Wooley, in Gimbutas, S. 344.
[952] Nach Berichten antiker Autoren, vgl. Y.V. Andreyev: *From Eurasia to Europe: Crete and the Aegean World in the Bronze and early Iron Ages (3rd - early 1st millennia BC)*, Louvain-Walpole/Belgien 2013, Peeters, S. 113.
[953] R. M. Glassman: *The Origins of Democracy in Tribes, City-States and Nation-States*, Cham/Schweiz 2017, Springer International Publishing AG, S. 747; Arthur Cotterell: *The Minoan World*, New York

Die antiken Griechen haben dieses kretische Handelsnetz „Thalassokratie" (Seeherrschaft) genannt, ein völlig verfehlter Begriff, der immer wieder aufgenommen wurde.[954] Denn die Kreter hatten keine Kriegsorganisation und herrschten nicht. Es besteht keinerlei archäologische Evidenz dafür, dass es jemals kretisches Militär oder Administration in den sog. „Kolonien" gegeben hat. Um die zerstreute ägäische Inselwelt mit ihren mobilen, auf dem Meer umherfahrenden Bewohnern zu beherrschen, wäre eine riesige Kriegsflotte nötig gewesen, aber eine solche existierte während der Bronzezeit nirgends in der Ägäis. Ein System der Ausbeutung war nicht möglich, wie die Kurzlebigkeit der Versuche in dieser Richtung belegt, welche die Griechen von Athen später unternahmen.[955] Dies zeigt, dass es auch keine minoische Seeherrschaft und keinen König Minos an der Spitze Altkretas gab, der sie durchgesetzt hätte.

Wir gehen jetzt der Frage nach, ob die bronzezeitliche Kultur Kretas bis in ihre letzte Phase matriarchale Eigenschaften hatte – dies wurde oft angenommen und genauso oft bestritten. Um diese Frage beantworten zu können ist es nötig, die Aktionssphäre der Frauen einzubeziehen, die bei den Forschern gegenüber der Aktionssphäre der Männer regelmäßig zu kurz kommt.[956] Der männliche Bereich von Seefahrt und Handel, der zur „minoischen Seeherrschaft" hochstilisiert wurde, fand wie gewohnt übermäßige Beachtung. Dabei sind die Frauen im öffentlichen Leben der minoischen Gesellschaft sehr präsent, wie die farbigen Wandmalereien in Häusern und Tempelpalästen, ebenso Miniaturfresken und Gravuren auf Siegelringen dokumentieren.

So sieht man auf dem kleinen „Tribünen-Fresko" aus Knossos schön gekleidete und kunstvoll frisierte Frauen auf Tribünen an beiden Seiten eines kleinen, dreiteiligen Heiligtums sitzen, lebhaft miteinander redend (Abb. 6 a/b). Alle sind detailliert dargestellt und tragen die typisch minoische Tracht aus einem mehrfach gestuften, mit Volants besetzten Rock und einem engen Mieder, das die Brüste frei lässt. Die bloßen Brüste der Frauen haben in matriarchalen Kulturen keine sexuellen Assoziationen, sondern sind ein Zeichen ihrer Mütterlichkeit. Eine große Versammlung von Männern umgibt die Sitzenden, von denen nur die Köpfe summarisch angedeutet sind; ihre braunrote Hautfarbe ist kennzeichnend für Männer, während Frauen stets mit weißer Haut abgebildet werden. Sichtlich haben diese Frauen eine zentrale Stellung inne, denn sie sitzen auf den Ehrenplätzen, während keine hervorgehobene männliche Gestalt zu sehen ist. Der Schmuck des Heiligtums besteht aus stilisierten, weißen Stierhörnern auf den Firsten, das zentrale Symbol der minoischen Kultur, das alle religiösen Gebäude kennzeichnet. Es ist ein Lunar-Symbol mit einer sehr langen Geschichte und kommt ebenso in der Jungsteinzeit Anatoliens und Westasiens

---

1979, Charles Scibner&Sons.
[954] Es gibt griechische Sagen von der „Thalassokratie" des Minos, ohne dass klar ist, was diese gewesen sein soll. In den Äußerungen der griechischen Historiker Herodot und Thukydides (5. Jh.) findet man dazu krasse Selbstwidersprüche.
[955] Andreyev, S. 129; Keith Branigan: „Minoan Community Colonies in the Aegean?", in: R. Hägg/N. Marinatos (Hg.): *The Minoan Thalassocracy. Myth and Reality*, Stockholm 1984, Åström Verlag.
[956] Joan Cichon hat matriarchale Eigenschaften für die minoische Kultur Kretas in hervorragender Weise in ihrer Dissertation: *Matriarchy in Minoan Crete*, herausgearbeitet, die leider noch unveröffentlicht ist. Sie stützt sich darin auf die moderne Definition von „Matriarchat" von H. Göttner-Abendroth, die ihr den Leitfaden gab.

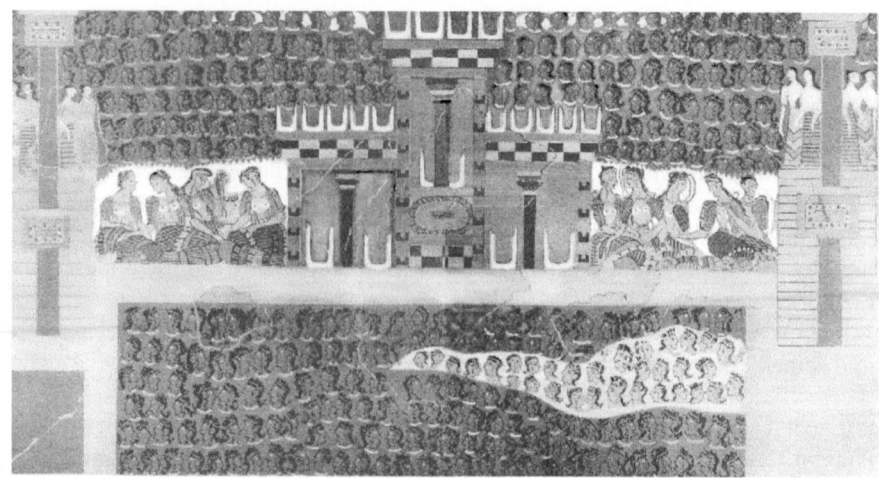

Abb. 6 a: Priesterinnen bei einem Heiligtum, von einer Menschenmenge umgeben (sog. „Tribünen-Fresko"/„Grandstand Fresco" aus Knossos) (aus: Andreyev: From Eurasia to Europe, S. 131, Nachzeichnung von Gudrun Frank-Wissmann).

6 b: Detail aus dem „Tribünen-Fresko" (aus: Knossos, Christos Mathioulakis & N. Gouvoussis, S. 57)

zahlreich vor.[957] Die weißen Hörner bedeuten die Mondsicheln und weisen auf die Geheimnisse von Leben, Tod und Wiedergeburt hin. Zugleich symbolisieren sie mit ihrer Hohlform den weiblichen Schoß (Uterus), denn es ist die Frau, welche die Ahninnen und Ahnen zu neuem Leben wiedergebiert.[958] Deshalb sind die Frauen bei dem Heiligtum keine „schwatzenden Hofdamen", sondern Priesterinnen bei einer öffentlichen Handlung.

Auf einem zweiten Miniatur-Fresko, dem „Tanz-Fresko" aus Knossos, sieht man ebenfalls Priesterinnen, die in langen Stufenröcken einen Tanz in einem heiligen Hain aufführen (Abb. 7). Wieder ist eine große Versammlung anwesend, wobei die zuschauenden Frauen, detailliert und mit weißer Hautfarbe gezeichnet, im Zentrum um zwei Bäume sitzen. In respektvoller Distanz dahinter ist eine Menge von Männern flüchtig skizziert, ihre Köpfe wieder in braunroter Farbe. Die Priesterinnen tragen dieselben Gewänder wie die zuschauenden Frauen, keine besondere Ausstattung oder religiösen Machtsymbole sind an ihnen zu erkennen. Deshalb hat man solche Szenen manchmal als „Unterhaltung der Leute" oder „höfische Etikette" missver-

---

[957] Siehe Kap. 2 und 4 in diesem Buch.
[958] Dorothy Cameron: „The Minoan Horns of Consecration", in: Joan Marler (Hg.): *From the Realm of the Ancestors*, S. 508–518.

Spätmatriarchale Kulturen und Patriarchalisierung in Südeuropa

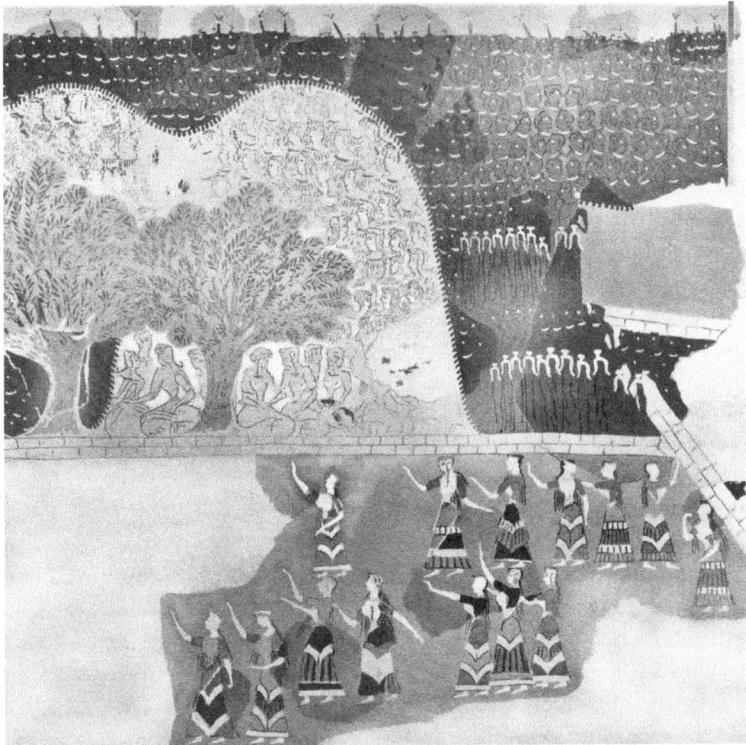

Abb. 7: Priesterinnen tanzen vor einer Menschenmenge in einem heiligen Hain (sog. „Tanz-Fresko"/„Sacred Grove or Dance Fresco" aus Knossos) (aus: Andreyev: From Eurasia to Europe, Peeters, S. 132, Nachzeichnung von Gudrun Frank-Wissmann)

standen, aber es handelt sich um religiöse Zeremonien, die von Priesterinnen ausgeführt werden.[959] Denn profane Malereien sind diesen frühen Kulturen fremd.

Deutlich sind bei den Zeremonien und Ritualen Frauen der aktive Teil, während Männer sie nur begleiten. Das gilt von der Frühzeit der altkretischen Kultur bis in die späteste Phase. Dafür ist der berühmte Sarkophag von Hagia Triada (1450–1300) ein Beispiel, auf dem in farbenprächtigen Malereien eine Zeremonie für einen Verstorbenen abgebildet ist. Priesterinnen üben auch hier die zentralen Handlungen aus: Auf der einen Breitseite des Sarkophages führt eine Priesterin im langen, blauen Gewand und mit einer Blumenkrone auf dem Kopf, die sie als Erste Priesterin kennzeichnet, eine Frauenprozession an (Abb. 8a). Sie streckt die Arme aus und berührt mit den Fingerspitzen den geopferten Stier, der in der Mitte auf einen Tisch gebunden liegt. Eine andere Priesterin im Fellrock bringt vor einem kleinen Heiligtum ein Trankopfer und eine Fruchtschale dar. Hinter dem Stier schreitet ein Musikant, ein Mann mit Doppelflöte in einem langen Frauengewand. Das fällt hier auf, denn minoische Männer

---

[959] Seit dem Ausgräber von Knossos, Sir Arthur Evans, sind sich die meisten Wissenschaftler über die sakrale Bedeutung dieser Szenen einig; vgl. Arthur Evans: *The Palace of Minos,* 4 Bde., London 1921–1935, Macmillan & Co.

tragen allgemein einen kurzen Lendenschurz.⁹⁶⁰ Auf der anderen Breitseite tragen zwei Priesterinnen kleine Eimer mit dem Blut des Opferstieres herbei und gießen es in einen Kessel aus (Abb. 8b). Wieder ist die eine im schönen, blauen Gewand und mit der Blumenkrone geschmückt, die andere im Fellrock, so dass es sich wohl um dieselben Personen handelt. Auch hier folgt ihnen ein männlicher Musikant in einem Frauengewand, die Leier spielend, während drei andere Männer Opfergaben zum Grabmal des Verstorbenen tragen. Diese Szenen zeigen deutlich, dass es die Frauen waren, welche die religiösen Zeremonien ausführten, während Männer als Helfer mitwirkten. Dass sie dabei Frauenkleider trugen, war ein weit verbreiteter Brauch in den damaligen Kulturen, sei es als Schutz, weil sie sich hier in der weiblichen Aktionssphäre bewegten, sei es, um an der weiblich-göttlichen Energie teilzuhaben.⁹⁶¹ Auf die Wiedergeburtsreligion, die Domäne der Frauen seit ältester Zeit, weisen die sakralen Pfeiler auf den Malereien hin, die auf ihrer Spitze Doppeläxte tragen. Auch die Doppelaxt ist ein uraltes Lunar-Symbol, denn ihre zwei gebogenen Schneiden bedeuten die Mondsicheln, zugleich zeigen sie die Flügel eines stilisierten Schmetterlings, ebenfalls ein Symbol für Tod, Transformation und Wiedergeburt (vgl. Abb. 26 von Kap. 4, S. 215).⁹⁶²

Religion war keineswegs nebensächlich in Altkreta, sondern sie war zentral. So haben in der minoischen Kultur alle Kunstwerke religiöse Bedeutung. Überall auf großen oder kleinen Malereien, auf Vasen, Bechern, Siegeln, Goldringen, Juwelen und in Statuetten erkennt man Szenen von religiösem Charakter. Die Gottheit wurde grundsätzlich als weiblich verstanden, es gibt kein männliches Äquivalent. Göttinnen erscheinen in vielen Gestalten und Tätigkeiten: als Herrin der Tiere zwischen zwei Löwen oder zwei Greifen, als Muttergöttin mit Kind, als Bienengöttin oder mit Stierhörnern auf dem Haupt, als Schlangengöttin in den beiden berühmten Fayence-Statuen von Knossos.⁹⁶³ Diese Vielfalt kann auf die vielen Aspekte einer einzigen Göttin hinweisen, der Großen Göttin Kretas, die unter verschiedenen Namen verehrt wurde: als jugendliche Britomartis, als Sterngöttin Ariadne, als Geburtsgöttin Eileithyia, als Muttergöttin Diktynna mit dem göttlichen Kind, als Erdgöttin Rhea oder Demeter, als Schlangengöttin, deren Name nicht überliefert ist.⁹⁶⁴ Sie war in vielen Gestalten die Göttin der drei Sphären der Welt: Himmel, Erde und Unterwelt, die charakteristische Dreifaltige Göttin der matriarchalen Kulturen.⁹⁶⁵

Auch auf den Schmalseiten des Sarkophages von Hagia Triada erscheinen Göttinnen, paarweise und mit Kronen geschmückt sitzen sie auf zweirädrigen Wagen (Abb. 8c). Ein Paar mit Federn auf den Kronen lenkt den Wagen mit zwei Sphingen,

---

[960] Junge Männer tragen den kurzen Lendenschurz, während ältere Männer sich in lange, lose Gewänder hüllen, die keine Ähnlichkeit mit den Frauengewändern haben.
[961] Diesen Brauch gab es ebenfalls in den Kulturen Westasiens, z.B. trugen die Priester der Kybele-Religion Frauenkleider. Aus dieser Tradition, die noch im Kybele-Kult in Rom Gültigkeit hatte, stammt der Usus, dass auch christlich-katholische Priester sich bis heute in lange Frauengewänder hüllen.
[962] Man fand das Symbol der Doppelaxt schon im neolithischen Anatolien, z.B. in Çatal Höyük, und in der syrischen Halaf-Kultur. In späteren patriarchalen Zusammenhängen wurde sie zum Symbol für Blitz und Donner in der Hand von männlichen Göttern, z.B. dem hethitischen Teshub.
[963] Abbildungen bei Andreyev, S. 193, 194, 198, 202, 206, 216, 217.
[964] Vgl. Marija Gimbutas/Miriam Robbins Dexter: *The Living Goddess*, Berkeley-Los Angeles 1999, University of California Press, S. 142–145.
[965] Vgl. Göttner-Abendroth: *Die Göttin und ihr Heros*.

Spätmatriarchale Kulturen und Patriarchalisierung in Südeuropa 341

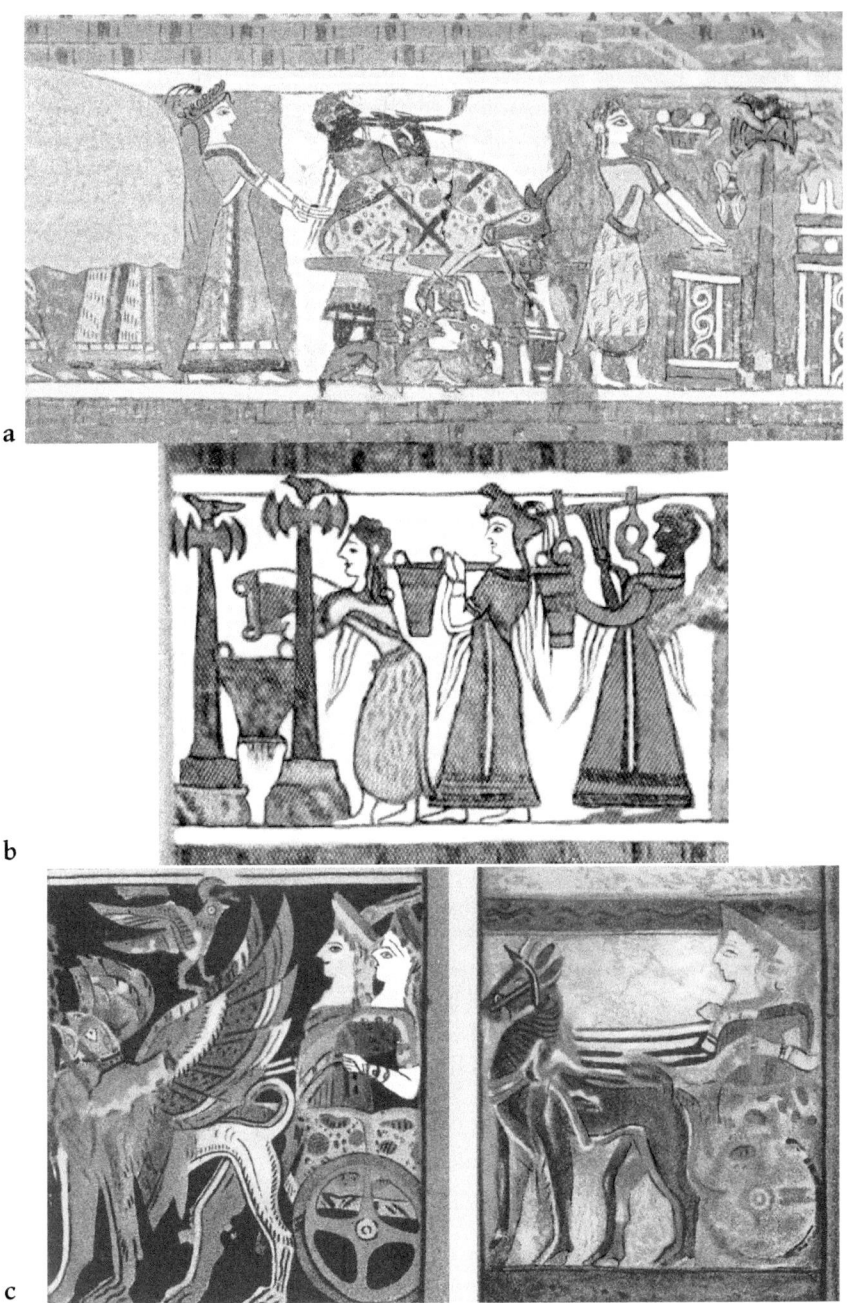

Abb. 8 a: Priesterinnen bei einer Zeremonie mit Opferstier. **8 b:** Priesterinnen gießen das Blut des Opfestieres in einen Kessel (Malereien auf den beiden Breitseiten des Sarkophages von Hagia Triada). **8 c:** Göttinnen auf Wagen mit Greifengespann (links) und Bergziegengespann (rechts) (Malereien auf den beiden Schmalseiten des Sarkophages von Hagia Triada) (aus: Andreyev: From Eurasia to Europe, Peeters, S. 267, 268, 170, Nachzeichnungen von Gudrun Frank-Wissmann).

mythischen Wesen aus einem Löwinnenleib mit Flügeln und Vogelkopf; diese Göttinnen kommen aus der oberen Welt, dem Himmel. Das andere Paar wird von zwei schwarzen Bergziegen gezogen, erdhaften Tieren, deren dunkle Farbe anzeigt, dass diese beiden Göttinnen wohl aus der Unterwelt kommen. Alle vier wurden durch das Opfer der Priesterinnen herbeigerufen, um den Verstorbenen sicher in die Anderswelt zu geleiten, die in der Erdentiefe oder im Himmel liegen kann.

Man sieht Frauen als Priesterinnen auch auf zahlreichen Siegelringen: Sie stehen vor kleinen, mit Stierhörnern geschmückten Tempeln oder beten mit erhobenen Händen, sie umarmen heilige Schreine, heilige Bäume oder heilige Steine, sie tanzen ekstatische Tänze oder fahren auf einem sakralen Boot. Immer sind sie in anmutiger, bewegter Ergriffenheit, der Kommunikation mit den göttlichen Kräften hingegeben.[966] Man sieht auch Priesterinnen, welche von hohen Gebäuden und Türmen die Schifffahrt der Männer segnen.[967] Sichtlich war Religion der organisierende und integrierende Faktor des öffentlichen Lebens in der minoischen Kultur. In diesem Sinne war Altkreta eine *sakrale Gesellschaft und eine Thea-kratie*, wie sie auch in den frühen sumerischen Städten und jenen an den Küsten Westasiens üblich war – bis sie dort durch patriarchale Tendenzen beendet wurde. Altkreta konnte seine Theakratie jedoch bis in die Spätzeit der minoischen Kultur bewahren.

Die kretischen Tempelpaläste als Zentren der Religionsausübung in dieser Theakratie kannten daher keinen „Königsthron". So war der steinerne Sitz in Knossos der Ehrenplatz der Ersten Priesterin, die den Tempelschatz hütete, die Versammlung der Leute, die auf den Bänken saßen, leitete und bei Zeremonien die Göttin verkörperte. Für eine Priesterin sprechen auch die eleganten Sphingen, die den Sitz als Wandgemälde flankieren, denn Sphingen gehören eindeutig zur Sphäre der Göttinnen (vgl. Abb. 5 von Kap. 7, S. 336). Genauso sieht man auf einem Wandgemälde in Akrotiri (Insel Thera) eine Priesterin auf einem erhöhten Sitz mit einer Sphinx in ihrem Rücken. Sie verkörpert gerade die Göttin und präsidiert in einer Frühlingszeremonie, denn junge Frauen bringen Körbe voll Krokusse herbei (Abb. 9).[968]

Auch die Architektur wurde nach religiösen Vorstellungen gestaltet, denn die drei Stockwerke der Tempelpaläste wurden als Abbild des damaligen Dreistockwerk-Weltbildes von Himmel-Erde-Unterwelt aufgefasst.[969] So sind die Säulen der Hallen und Gänge in den drei heiligen Farben Weiß-Rot-Schwarz gehalten: im obersten Stockwerk weiß bemalt, der lichten Sphäre des Himmels entsprechend, im mittleren rot, was der lebensvollen Erde entspricht, im unteren Geschoss schwarz wie die Tiefe der Unterwelt (Knossos).[970] Außerdem fanden sich religiöse Relikte wie Altäre, Opfergaben, Symbole nicht nur hier, sondern überall auf Kreta: in den Stadthäusern, in den großen Landhäusern oder „Villen", in den Höhlen der Berge und auf ihren Gipfeln.

---

[966] Beispiele solcher Siegelringe bei Andreyev, S. 185–192.
[967] Wandgemälde in Akrotiri, Thera (heute Santorin), Xeste 1, westliches Haus, Raum 5.
[968] Die schönen Malereien auf den Gegenständen und Wänden stammen sehr wahrscheinlich von Frauen, denn sie waren schon immer auf Keramik die Malerinnen gewesen. Künstlerinnen schufen auch die exquisite Kamares-Keramik, auf denen die pflanzliche und tierische Welt in ständiger Bewegung abgebildet ist. Auch das sind religiöse Motive, denn Bewegung bedeutete Leben und den Tanz der göttlichen Energie. Vgl. „Ecstatic Art" bei Andreyev, S. 339 ff.
[969] Die Portikus-Gebäude hatten manchmal mehr als drei Stockwerke, denn hier musste ein Höhenunterschied überwunden werden.
[970] So zeigt es die Rekonstruktion von Arthur Evans für Knossos, die wir für zutreffend halten.

Spätmatriarchale Kulturen und Patriarchalisierung in Südeuropa 343

Abb. 9: Priesterin auf erhöhtem Sitz, flankiert von Affe und Sphinx, mit Krokus- Sammlerinnen (Wandgemälde von Akrotiri, Thera, Xeste 3) (aus: Andreyev: From Eurasia to Europe, S. 223)

Das gesamte kretische Territorium war mit religiösen Stätten und Symbolen übersät, was zeigt, dass den minoischen Menschen die ganze Insel als heiliger Raum galt. In den ekstatischen Tänzen der Priesterinnen, die traditionelle, schamanische Praxis dokumentieren, konnte die Göttin überall in der Natur angerufen werden. Auch Tiere und Pflanzen wurden als Attribute oder sogar als Erscheinungen der Göttin aufgefasst, ebenso konnte sie sich in Landschaftsformen zeigen – alles in der Natur konnte ihre Epiphanie sein.

Daher wiederholten die Menschen die Natur in ihren Häusern, als künstliche Höhlen, baumartige Säulen und kleine Teiche. Besonders mit den lebensvollen Gemälden von Tieren, Pflanzen und ganzen Landschaften wurde die Natur ins Haus gebracht, so dass auch diese Bilder nicht schöne „Dekoration" waren, sondern religiösen Inhalt hatten. Es gab in diesem Sinne für sie keine scharfe Trennung von Natur und kultureller Umgebung. Die Welt wurde von den minoischen Frauen und Männern als ein Ganzes erlebt, als ein Kontinuum von göttlicher Energie, die überall anwesend war und mit der überall kommuniziert werden konnte.[971] Es sind die typischen Eigenschaften von *matriarchaler Spiritualität,* die an der kretischen Kultur abgelesen werden können. Die tiefe Spiritualität der Minoerinnen durchdrang alles, was zu einer ständigen Feier des Lebens führte, die in ihren Händen lag. Dies war wohl der Grund, weshalb die altkretische Kultur einerseits lange unverstanden blieb, andererseits für ihren „unvergleichlichen Zauber" und ihre „vollkommenste Bejahung der Anmut des Lebens" gepriesen wurde.[972]

---

[971] Andreyev, S. 155, 157, 165–166, 173. – Andreyev gibt eine sehr schöne Präsentation minoischer Kunstwerke mit guten Interpretationen, ebenso eine treffende Beschreibung der minoischen Spiritualität. Aber er wertet diese Kultur beständig ab als „rückständig", „kollektivistisch", „irrational" und spricht von den „abergläubischen Minoern", die keine „Individualität" kennen und ein „primitives Volk" seien, das „Fetischismus", „Animismus" usw. praktiziere. Dies alles spiegelt sein tiefes Unverständnis für diese Kultur, die er völlig unzutreffend am Muster der griechisch-patriarchalen Gesellschaft misst.
[972] Zitat von Leonard Wooley (s.o.).

Die Sozialordnung auf Kreta: Konsenspolitik und matriarchale Sippen

Hier stellt sich als nächste Frage, wer die Tempelpaläste als Zentren der Religionsausübung, die ja monumentale Gebäudekomplexe waren, errichten ließ? Es ist zugleich die Frage nach der inneren Sozialordnung der minoischen Gesellschaft. Die gängige Theorie behauptet, dass die Alte Palastzeit den ersten Staat auf Kreta gebracht hat, weil von den zentralen Palästen aus nun zentrale Personen operierten und das umliegende Gebiet kontrollierten. Es ist die übliche Idee, dass große Bauwerke nur von „Eliten" geplant zustande kommen können, wobei die Ausbeutung des Volkes vorausgesetzt wird, was wiederum staatlichen Zwang nötig macht. In der Neuen Palastzeit soll Knossos in Nordkreta dann zum herrschenden Zentrum der Insel geworden sein, von einem Priesterkönig geführt und von Aristokraten unterstützt, welche die großen Villen besaßen. Zusätzlich zur einheimischen Bevölkerung sollen nun die Kolonien durch Tribut und Steuern ausgenutzt worden sein, so dass in den Palästen großer Reichtum gehortet werden konnte, den man bürokratisch kontrollierte.[973] – Es stellt sich allerdings die Frage, mit welchen militärischen Mitteln dieser Staatsapparat zustande gekommen und durchgesetzt worden sein soll? Die dazu nötigen Waffenarsenale wurden auf Kreta nicht gefunden, auch keine Abbildungen von Kriegern und siegenden Herrschern sind zu sehen, außerdem haben sämtliche Tempelpaläste und großen Landhäuser auf Kreta keinerlei Festungsanlagen. Zu sehen ist hier nur eine Projektion vom späten Mesopotamien auf die minoische Gesellschaft, ohne jegliche Begründung.

In den letzten zwei Jahrzehnten hat sich dieses Bild von Kreta in der Bronzezeit sehr verändert. So fanden die Archäologen keine großen Vorratsräume in den sog. „Königspalästen", wo Tribut gehortet werden konnte, die Speicher waren eher klein. Auch das Kunsthandwerk als sog. „Exportschlager", durch den man sich in Knossos bereichert hätte, war hier gar nicht zentralisiert, sondern die erlesene Keramik im Kamares-Stil wurde von Künstlerinnen in Südkreta hergestellt und fand sich über die ganze Insel verteilt.[974] Ebenso sind keine politischen Zentren zu erkennen, denn die Architektur, Siedlungsmuster und Administration im sog. „Hinterland" der Paläste zeigen, dass es jede Menge regionale Unabhängigkeit und Autonomie gab. Auch Konkurrenz der Paläste untereinander im Sinne von „Parteien", die um Ressourcen und Macht wetteiferten, kam nicht vor, denn es gibt keine Evidenz für Abgrenzungen wie Wälle und Mauern, mit denen sie sich voreinander geschützt hätten.[975] Die Paläste wa-

---

[973] Siehe zum Beispiel Andonis Vasilakis: *Minoan Crete from Myth to History*, Athen 2001, Adams Editions.

[974] Thomas F. Strasser: „Storage and States in Prehistoric Crete: The Function of the Koulouras in the First Minoan Palaces", in: *Journal of Mediterranean Archaeology*, Nr. 10 (1), 1997, S. 73–100; Ilse Schoep: „The State of Minoan Palaces or the Minoan Palace State?", in: Jan Driessen/Ilse Schoep/Robert Laffineur (Hg.): *Aegaeum 23: Monuments of Minos: Rethinking the Minoan Palaces*, S. 15–33, Proceedings of the *International Workshop ‚Crete of the Hundred Palaces?'*, Université Catholique de Louvain, Louvain-la-Neuve/Belgien, December 2001.

[975] Ilse Schoep: „Social and Political Organization on Crete in the Proto-Palatial Period: The Case of Middle Minoan II Malia", in: *Journal of Mediterranean Archaeology*, Nr. 15, 2002, 101–132. – Schoep bringt trotz ihrer hervorragenden Kritik an der Zentralismus-Hypothese solche „Parteien" ins Spiel als Gruppen, die untereinander konkurrierten, so dass „komplexe Machtverhältnisse" entstanden. Siehe dazu die Kritik von Cichon, S. 478, 481.

ren auch gegenüber den gewöhnlichen Siedlungen nicht abgegrenzt, nicht getrennt von den Gemeinschaften, weil sie ihnen als Versammlungsorte und Zeremonialplätze, eben als Tempel, dienten – genauso wie es bei den großen Versammlungsbauten im frühesten Neolithikum in Westasien üblich war. Ihre Offenheit nach allen Seiten und das Fehlen von Abgrenzungen ist ein Zeichen für gemeinschaftlichen Besitz der Tempelpaläste und des Landes, auf dem sie standen. Denn sie waren das Ergebnis kollektiver Anstrengungen von großen Gemeinschaften gewesen, um religiöse Bauten für ihre Volksmengen zu schaffen. Je nach wachsendem Bedarf konnten dann Räume in loser Gruppierung angefügt werden – was eine gewisse Unregelmäßigkeit der Bauwerke ergab. Charakteristisch für die religiöse Ortsgebundenheit ist, dass die Tempelpaläste an Orten entstanden, die schon im kretischen Neolithikum als rituelle Plätze gedient hatten.[976] Ein „König" war für ihren Bau ebenso wenig nötig wie eine aristokratische „Elite", welche die großen Landhäuser oder Villen errichtet haben soll. Diese Villen stellten hingegen kleinere Tempelpaläste für eine begrenzte Region dar, wie z.B. Hagia Triada, und wurden von jeweils kleineren Gemeinschaften für ihre Zusammenkünfte gebraucht.[977]

Die Gemeinschaften bestanden zudem nicht aus willkürlichen Gruppierungen, sondern aus Clans oder Sippen, die in den Dörfern und Stadtteilen wohnten. Die einzelnen Regionen wie die gesamte Gesellschaft waren von einem horizontalen Netzwerk von lokaler und regionaler Selbständigkeit durchzogen. Ihre Politik wurde durch Konsensfindung der jeweiligen Clans bei den Versammlungen gemacht, die mit dem Feiern der Zeremonien verknüpft war. Es handelte sich um eine *gut gegliederte, egalitäre Clan-Gesellschaft*.[978] Größere Clan-Allianzen organisierten dabei nicht nur den Bau der Tempelpaläste für ihre Region, sondern sie unternahmen auch den Seehandel, wobei sich Gruppierungen von Seefahrern und Kaufleuten mit ihrem speziellen Können gegenseitig dienten.[979] Denn auch beim Seehandel sind keine minoischen Konkurrenzkämpfe zu erkennen.

Zugleich waren die Tempelpaläste die Orte für ökonomischen Austausch der regionalen Clans während der Ratsversammlungen und Festlichkeiten. Denn die Archäologen haben enorme Mengen von Geschirr darin gefunden, die auf üppigen Konsum bei Ess- und Trink-Zeremonien hinweisen, bei denen der Tempelvorrat an Naturalien gemeinsam verbraucht wurde. Auch andere Güter der materiellen Kultur waren im Umlauf, denn man fand neben schönen kretischen Gegenständen auch solche aus dem Seehandel in allgemeiner Verbreitung vor. Das heißt, es gab keine Eliten, die solche exotischen Luxusgüter für sich behielten und horteten.[980] Diejenigen, die besondere Gegenstände produzierten, wie die Keramik-Künstlerinnen, oder sie in der Ferne erworben hatten, wie die Kaufleute, gaben sie als Geschenke weiter, so dass

---

[976] Ilse Schoep: „Bridging the Divide between the ‚Prepalatial' and the ‚Protopalatial' Periods?" in: *Back to the Beginning: Reassessing Social and Political Complexity on Crete during the Early and Middle Bronze Age*, Oxford 2012, Oxbow Books, S. 415.
[977] Cichon, S. 481–484.
[978] Große matriarchale Gesellschaften organisieren die Konsenspolitik durch ein differenziertes Räte-System. Siehe dazu die politische Ordnung der Irokesen-Liga, die aus fünf großen Stämmen bestand. Vgl. Barbara A. Mann: *Iroquoian Women*.
[979] Die Stadt und Region Knossos umfassten in ihrer Blütezeit ca. 18.000 Personen.
[980] Yannis Hamilakis: „Too Many Chiefs?", in: Driessen, Jan/Schoep, Ilse/Laffineur, Robert (Hg.): *Aegaeum 23: Monuments of Minos*, S. 179–199.

ein hohes Niveau an Wohlstand die materielle Kultur prägte. Dafür sprechen auch die stilistischen Themen, die sich in ganz Kreta gleichen, und die Ähnlichkeit der symbolischen Darstellungen. Das weist auf die typisch *matriarchale Ausgleichsökonomie* hin, deren Motor die gemeinsamen Feste sind, bei denen die verschiedenen Güter als Geschenke zirkulieren, wodurch wirtschaftliche Gefälle ausgeglichen und ein genereller Wohlstand herbeigeführt werden.[981]

Diese Ess- und Trink-Zeremonien waren keineswegs profan, denn sie wurden von Priesterinnen geleitet, wie an dem ziemlich trivial benannten „Klappstuhl-Fresko" („Campstool Fresco") zu sehen ist (Abb. 10). Man sieht hier sieben festlich gekleidete Ehrenpersonen auf leichten Stühlen sitzen, sie werden von je einem ebenso festlich gekleideten Begleiter bedient, der ihnen aus einem Krug einschenkt oder einen vollen Pokal reicht. Alle Personen sind von gleicher Größe, und alle sind Männer. Nur zwei Ehrenpersonen wurden mit weißer Haut und langen, schwarzen Locken als Frauen gekennzeichnet, und im Nacken hält ein Priesterin-Knoten ihre Haare zusammen: Sie sind die Priesterinnen, die das Essen und Trinken spenden und das Ritual leiten. Erstaunlich an der Szene ist, dass ausnahmslos alle Männer lange Frauengewänder tragen, was auf die besondere Heiligkeit der Handlung hinweist. Sie mag darin bestehen, dass man nach einer Beratung Einigkeit gefunden hatte – sei es für eine See-Expedition oder ein Bauvorhaben, beides Sache der Männer. Die gewonnene Einigkeit festigte die Gemeinschaft und zog den Segen der Göttin herbei, so dass auch diese Szene religiösen Gehalt hat.

Weitere archäologische Belege für Gemeinsamkeit sind die kretischen Bestattungssitten und die großen Gemeinschaftsgräber. Die rundgebauten Gräber, „Tho-

Abb. 10: Priesterinnen bei einer Trink-Zeremonie mit Ehrengästen, die von Begleitern bedient werden (sog. „Klappstuhl-Fresko"/"Campstool Fresco" aus Knossos) (aus: Andreyev: From Eurasia to Europe, S. 133, Nachzeichnung von Gudrun Frank-Wissmann)

---

[981] Vgl. dazu die von Frauen getragene Ausgleichsökonomie in Juchitán, in: Veronika Bennholdt-Thomsen: *Juchitán*. Eine solche Ökonomie wird auch „Schenke-Ökonomie" genannt und beruht auf mütterlichen Werten, im Gegensatz zu Theorien von Schenke-Ökonomie, in denen die Frauen und Mütter ausgelassen werden. Vgl. dazu Genevieve Vaughan in: *For-Giving. Schenken und Vergeben*. Joan Cichon hat sie für die minoische Kultur Kretas herausgearbeitet, siehe S. 493–494.

los" genannt, waren kollektive Grabstätten für je einen Clan, und die großen Plätze vor ihren prächtigen Eingängen weisen auch hier auf Ess- und Trinkzeremonien hin, die für die Ahnen abgehalten wurden. Sehr häufig waren Gruppen von zwei bis drei Tholos-Gräbern zusammengefügt, was ein Indiz für Clanverbände ist, auf deren dauerhaften Allianzen die größeren Initiativen der minoischen Gesellschaft beruhten.[982] Die in den Gräbern gefundenen Siegel wurden von den Clans einer solchen Gruppierung gemeinsam gebraucht, was deutlich macht, dass Siegel nicht für „Privatbesitz" stehen.[983]

Für die Matriarchats-Hypothese ist nun entscheidend, wie diese Sippen organisiert waren: in patriarchaler oder matriarchaler Form? Auch in den Küstenstädten Westasiens hatten Frauen ja eine hohe Stellung als Priesterinnen und als Verwalterinnen der agrarischen Ökonomie, und es entwickelte sich eine demokratische Form der Politik. Aber die Sippen waren patriarchal, der Reichtum aus dem Seehandel blieb in den Händen der Männer, und Frauen wurden aus der Politik ausgeschlossen – was trotz matriarchaler Elemente keine matriarchale Gesellschaft mehr ausmacht.[984]

Für Matrilokalität (Wohnsitz bei der mütterlichen Sippe) im minoischen Kreta sprechen zuerst die großen Häuser. Es wurde nachgewiesen, dass matrilokale Gesellschaften erheblich größere Gebäude haben als patrilokale, nämlich Sippenhäuser statt Familienhäuser.[985] Auf Kreta waren Häuser mit 60 m Länge üblich. Noch größere Häuser wurden in Palaikastro in Ostkreta während der Neuen Palastzeit errichtet; mit durchschnittlich 215 m Länge waren sie Sippenhaus-Blöcke, was auf die Clan-Allianzen hinweist. Das widerspricht der früheren Auffassung, dass es spätestens in dieser Epoche auf Kreta patriarchale Kleinfamilien gegeben hätte. Man fand in manchen dieser Gebäude große Mengen von Trinkgefäßen, so dass auch in den Wohnhäusern Trink-Zeremonien stattfanden, die wohl der Festigung der inneren Verhältnisse der einzelnen Clans dienten.[986]

Matrilokalität setzt logischerweise Matrilinearität voraus. Dafür gibt es zusätzliche, klare Belege durch antike Autoren: So stellte Herodot von den Lykiern an der kleinasiatischen Küste fest, dass sie aus Kreta stammten und durchgängige Mutterli-

---

[982] Keith Branigan: „Early Minoan Society – The evidence of the Mesara Tholoi reviewed", in: C. Nicolet (Hg.): *Aux Origines de l'Hellénisme*, Paris 1984, Centre Gustave Glotz, S. 29–37.

[983] Jan Driessen: „The Court Compounds of Minoan Crete: Royal Palaces or Ceremonial Centers?", in: *Athena Review* Nr. 3(3), 2003, S. 57–61; derselbe: „A Matrilocal House Society in Pre- and Protopalatial Crete?", Academia.edu. Accessed January 23, 2012, in: www.academia.edu/455197/A_Protopalatial_Matrilocal_Minoan_society

[984] Siehe Kapitel 6 in diesem Buch.

[985] Driessen: „A Matrilocal House Society", S. 372. – Ein gutes Beispiel ist das „Quartier Nu", ein großes Gebäude in Mallia (20 mal 32 m), das eine enge Verwandtschaft zwischen den Wohneinheiten zeigt, einen zentralen Ritualplatz und eine einzige Küche für den ganzen Clan besitzt. Vgl. J. Driessen/H. Fiasse: „'Burning down the House:' Defining the Household of Quartier Nu at Malia Using GIS", in: Kevin T. Glowacki/Natalia Vogelkoff-Brogan (Hg.): *Stega: the Archaeology of Houses and Households in Ancient Crete*, Hesperia Supplement 44, Princeton NJ 2011, American School of Classical Studies at Athens, S. 285–296.

[986] Carl Knappett: „Scaling Up: From Household to State in Bronze Age Crete", in: Sara Owen/Laura Preston (Hg.): *Inside the City in the Greek World: Studies in Urbanism from the Bronze Age to the Hellenistic Period*, Oxford 2009, Oxbow Books, S. 14–26.

nie hatten, der soziale Status wurde allein durch die Mutter vererbt.[987] Nicolaus Damascenus dokumentierte das alleinige Erbrecht der Töchter bei den Lykiern, und Heraclides Ponticus notierte, dass sie keine geschriebenen Gesetze hatten, sondern Gewohnheitsrecht, und dass sie „von alters her von den Weibern beherrscht werden".[988] Die letzte Bemerkung ist typisch für patriarchale Griechen – und andere Männer –, wenn sie auf matriarchale Völker stoßen! Die genannten Autoren sprechen von den „Lykiern", aber diese waren Kreter, die sich als eine Gemeinschaft von Kaufleuten und Seefahrern an der kleinasiatischen Küste niedergelassen hatten. Daraus kann man schließen, dass gleiche Sitten auch im Herkunftsland, dem minoischen Kreta, galten. Andere antike Autoren berichten, dass die Kreter ihre Insel nicht „patris", d.h. „Vaterland", sondern „mētris", d.h. „Mutterland", nannten, sogar betont: ihr „liebes Mutterland". Das bestätigt die matrilineare Abstammung, denn das Geburtsland der ersten Mutter, der Ahnfrau, ist logischerweise „Mutterland". In den auswärtigen kretischen Niederlassungen hießen ihre Städte „mētro-polis", d.h. „Mutterstadt", was man noch heute sagt, ohne den Sinn zu erkennen.[989] Aber nicht nur die Kreter, sondern viele Völker im ägäischen Raum der damaligen Zeit besaßen noch Matrilinearität und weitere matriarchale Elemente.[990] Ebenso weist der erst später aufgeschriebene Gesetzeskodex von Gortyn (Kreta) auf Matrilinearität hin, denn darin wird die große Wichtigkeit des Bruders der Frau beim Erziehen ihrer Kinder betont. Die enge Bindung des Mutterbruders zu den Schwesterkindern (Avunkulat) beruht stets auf Matrilinearität. Hinzu kommt die Leichtigkeit der Scheidung vonseiten der Frau, denn sie ist nicht für den Erhalt einer Vaterlinie verantwortlich: Ihre Kinder gehören stets zu ihrem Mutterclan.[991]

Aus diesem Gesetzeskodex geht auch hervor, dass Frauen überwiegend das Land besaßen, wo sie gemäß neolithischer Tradition die wichtigsten Tätigkeiten im Feldbau und in der Gartenkultur ausübten.[992] Dabei darf man „Besitz" nicht in unserem Sinne von „Eigentum" verstehen, denn es existierte weder Privat- noch Clan-Eigentum an Land, sondern nur Nutzungsrecht. Das erkennt man daran, dass es keine Feldergrenzen oder Umzäunungen gab, auch keine Verschiedenheit von materiellen Gütern, die mit natürlichen Grenzen wie Flüsse oder Gebirge übereinstimmen würde, was auf abgegrenzte Territorien hinweist.[993] Da keine territorialen Ansprüche erhoben wurden, war keine Verteidigung von Eigentum nötig. Frauen handelten als „Hüterinnen des Landes" – wie in matriarchalen Gesellschaften üblich –, und diese Aufgabe wurde von der Mutter an die Töchter vererbt. Daher waren es im häuslichen Bereich die Clanmütter, die hier die Nahrung spendeten und bei Festmählern wohl auch die Rituale leiteten, genauso wie es die Priesterinnen in den Tempelpalästen

---

[987] Herodot I, S. 173.
[988] Diese Quellen bei J.J. Bachofen: *Das Mutterrecht*, Stuttgart 1861, Neuausgabe in Auswahl durch H. J. Heinrichs, Frankfurt 1975, Suhrkamp Verlag, S. 61.
[989] Herodot, Strabo, Aelian, Platon; vgl. a.a.O., S. 111–112.
[990] Von den verschiedenen antiken Autoren werden die Leleger, Karer, Aetoler, Pelasger, Kaukoner, Arkader, Epeier, Minyer, Teleboer, Lokrer und weitere genannt.
[991] Cichon, S. 501.
[992] A.a.O., S. 458.
[993] Jusseret/Driessen/Letesson: „Minoan Lands? Some Remarks on Land Ownership on Bronze Age Crete", in: http://www.academia.edu/798982/Minoan_Lands_Some_Remarks_on_Land_Ownership_on_Bronze_Age_Crete, Sektion 3.4.

taten.⁹⁹⁴ Das galt in allen Epochen der minoischen Kultur und auch noch später unter mykenischer Herrschaft.

Damit sind Matrilinearität und Matrilokalität als die Struktur der Clans auf Kreta erwiesen. Sie garantieren – im Gegensatz zu Familien mit Patrilinearität und Patrilokalität, in denen Frauen unterdrückt werden – die Egalität der Geschlechter, was an der Konsenspolitik zu sehen ist, an der alle, Männer und Frauen, beteiligt sind. Außerdem zeigt sich die Egalität der Geschlechter in den je eigenen Aktionsbereichen: die Männer die Bautätigkeit, die Schifffahrt und den Seehandel, die Frauen die agrarische Ökonomie, das Sippenwesen und die Religion. In einer matriarchalen Gesellschaft sind der männliche und weibliche Aktionsbereich gleichwertig und komplementär aufeinander bezogen, und man respektiert diese Bereiche gegenseitig – was wir gemäß den archäologischen Befunden für Altkreta annehmen können.

Es ist deutlich geworden, dass eine solche Gesellschaftsform einzelnen Männern keine Arena bietet, um eine Machtbasis aufzubauen. Die politischen Strategien waren gemeinschaftlich und führten zu integrierten, kollektiven Aktionen. Ein „Herrscher" über die minoische Gesellschaft im Sinne eines mächtigen Gottkönigs, ähnlich wie im späten Westasien, wurde daher vergeblich gesucht. Es fehlen die Bildzeugnisse von „Großen Männern", man sieht keine Monarchen gefesselte Besiegte vorführen oder Priester von hohen Podesten die Zeremonien kontrollieren. Deshalb wurde auch das andere Extrem vertreten, dass es überhaupt keine repräsentative Funktion für Männer gab, weil man sich eine öffentliche männliche Rolle nicht anders als eine Machtposition vorstellen konnte. Beides lässt sich nicht aufrechterhalten. Es gab eine solche Funktion, nicht in der Politik, wo sie überflüssig war, aber in der Religion. Hier wurde die männliche Seite der minoischen Welt respektiert und in der Gestalt des Heiligen Königs oder „Heros", der ohne politische Macht war, repräsentiert. Er galt als Vertreter der Menschen gegenüber der Göttin als der ewigen Natur. Wie in den frühen Thea-kratien Westasiens waren auch hier seine Pflichten sakraler Art und bezogen sich insbesondere auf die Heilige Hochzeit. Ebenso verkörperte er in den Zeremonien den jungen Gott der Vegetation, der ein sterbender und wiederkehrender Jahresgott war, wie z.B. der sterbliche kretische „Zeus", der jedes Jahr in der Dikte-Höhle von Rhea wiedergeboren wurde,⁹⁹⁵ oder Iakchos-Dionysos als göttliches Kind der Demeter oder die kretischen Frühlingsblumen-Heroen Narkissos und Hyakinthos. In dieser religiösen Rolle war er der Vermittler zwischen der Stadtgöttin, die durch die Erste Priesterin repräsentiert wurde, und dem Volk.⁹⁹⁶ Vermutlich hatte

---

⁹⁹⁴ Paul Rehak: „Enthroned Figures in Aegean Art and the Function of the Mycenaean Megaron", in: P. Rehak (Hg.): *Aegaeum 11: The Role of the Ruler in the Prehistoric Aegean*,1995, S. 112. Proceedings of a Panel Discussion Presented at the *Annual Meeting of the Archaeological Institute of America*, New Orleans/Louisiana, 28.12.1992.

⁹⁹⁵ Es handelt sich um die minoische Variante der Rhea-Mythe, die später von den Griechen im patriarchalen Sinne entstellt wurde. Vgl. Ranke-Graves: *Griechische Mythologie*, S. 33, g; 46, b; 91, a und b; 261, 2. Vgl. zum Typus des Heros und Heiligen Königs auch: Frazer: *Der goldene Zweig*.

⁹⁹⁶ Vgl. dieselbe Konstellation auch bei Inanna und Dumuzi (Sumer), Kybele und Attis (Kleinasien), Ashera und der prä-israelitische El, Anat und Ba'al, Heba und Abdiheba (Palästina), Atargatis und Hadad (Syrien), Isis und Osiris, Hathor und der prä-dynastische Horus (Ägypten), Rhea und der kretische Zeus, Hera und der prä-hellenische Herakles, Demeter und Iakchos (Kreta), Aph-

jede minoische Stadt und jede Villa ihre eigene Erste Priesterin und ihren eigenen Heiligen König, das heißt, es gab sie in regionaler Mehrzahl.

Ein paar minoische Bildzeugnisse zeigen diese männlich-religiöse Funktion, die oft unterschätzt wird, weil die Gestalt des Heiligen Königs so schlicht aussieht: ein Jüngling, nur mit Lendenschurz bekleidet wie alle jungen Männer, ohne Machtinsignien und anderen Pomp, weshalb man ihn ratlos „Prinz" nannte. Auf einem Siegelring aus Knossos sieht man die Göttin auf einem Berg stehen, von zwei Löwinnen flankiert, mit einem Stab in der Hand, den sie dem ehrerbietig vor ihr stehenden jungen Mann mit ausdrücklicher Geste überreicht (Abb. 11 a). Man hat diesen Stab fälschlich als „Kommando-Stab" oder sogar „Szepter" bezeichnet in Anlehnung an das patriarchale Königtum. Solche Stäbe sind schon in der frühesten westasiatischen Jungsteinzeit gefunden worden, weshalb man sogleich „führende Männer" propagierte. Die Stäbe zeigen jedoch eigenartige Ritzungen, die auf Zählung hinweisen und vermutlich ein Kalendersystem von Mondzyklen darstellen. In der Hand eines Mannes, der es lesen konnte, besaß ein solcher Stab eher rituelle Funktion als politische Macht.[997] Wir nennen ihn deshalb „Mond-Stab", entsprechend der alten Wiedergeburtsreligion mit dem Mond als dem zentralen Symbol. Auch der Name „Mīnos" passt dazu, der kein Individualname, sondern ein Titel ist, den alle minoischen Heiligen Könige trugen. Er entspricht dem altägyptischen Königstitel „Menes" in der Bedeutung „Mond" (griechisch: „mēnē") oder „Mondphase", „Mond-Zeitmaß". Seit der Altsteinzeit kannten Frauen diese Mondperioden als „Menstruation", ihren inneren Fruchtbarkeitszyklus, der als heilig galt.[998] Sie vermittelten die von ihnen gefundene Zeitordnung den Männern im selben Sinne, wie auf dieser Abbildung die Göttin dem Heiligen König den Mond-Stab überreicht und ihn damit in das Wissen von der Wiedergeburtsreligion einführt. – Ein anderer Siegelring aus Mykene zeigt deutlich, wie sie ihn lehrt (Abb. 11 b). Man sieht die Göttin auf einem Berg sitzen, der durch Felsen hinter ihr angedeutet wird, sie ist in lebhaftem Gespräch mit dem Heiligen König. Er trägt nun den Mond-Stab in ihrem Namen und erfährt durch sie, wie er weise zu gebrauchen ist. – Ein drittes Abbild des jugendlichen Heiligen Königs ist auf einem schönen Steatit-Becher aus Hagia Triada zu sehen, dem sog. „Prinzen-Becher". Hier zeigt er den langen Mond-Stab und damit seinen religiösen Auftrag dem Volk, das durch einen vor ihm stehenden, jungen Mann vertreten wird (Abb. 11 c). Dieser trägt in beiden Händen religiöse Insignien, die er dem gewählten König überreichen will: ein Zeremonial-Schwert und eine rituelle Peitsche, wie Hirten sie gebrauchen.[999] Der König wird damit zum „Hirten des Volkes". Auf der Rückseite des Bechers sind Männer abgebildet, die drei Häute von Stieren herbeitragen, dem heiligen Opfertier, eine

---

rodite und Adonis (Zypern), Artemis und Aktaion, Athene und Erechtheus (Griechenland) und andere, in: Göttner-Abendroth: *Die Göttin und ihr Heros.*

[997] Alexander Marshack: *The Roots of Civilization,* New York 1972, McGraw-Hill, S. 90. Marshack zeigt, dass der Gebrauch solcher Stäbe bereits in der Altsteinzeit begann, als der Mondkalender erfunden wurde.

[998] Siehe Kap. 2 in diesem Buch.

[999] Diese beiden Königs-Insignien sieht man auch in der Hand einer Priesterin; siehe Zylinder-Siegel von Knossos, Abb. bei Andreyev, S. 148.

Spätmatriarchale Kulturen und Patriarchalisierung in Südeuropa 351

Abb. 11 a: Göttin auf einem Berg, von Löwinnen flankiert, einem Jüngling den Stab reichend (Siegelring aus Knossos). **11 b:** Göttin auf einem Thron, den Jüngling mit Stab belehrend (Siegelring aus Mykene). **11 c:** Der Jüngling mit Stab, vor ihm ein anderer, seine Symbole tragend (sog. „Prinzen-Becher" aus Hagia Triada). **11 d:** Herrscher mit Stab auf einer minoischen Stadt (Siegelabdruck aus Chania) (aus: Andreyev: From Eurasia to Europe, S. 147,152f.)

Gabe an den jungen König bei seiner Initiations-Zeremonie.[1000] – Die letzte Abbildung in dieser Serie (Abb. 11 d) ist nicht minoisch, sondern stammt aus einer späteren Zeit, wir kommen darauf zurück.

[1000] Diese Interpretation stammt von Andreyev (S. 151), die er auf dem Boden von A. Evans formuliert hat. Aber er hält den Jüngling auf diesem Becher noch immer für einen regierenden König. Ein anderes, außerordentlich schönes Bild des Heiligen Königs könnte der sog. „Lilienprinz" sein (Wandgemälde von Knossos), das wir aber nicht einbeziehen, weil etliche Zweifel an der Rekonstruktion dieses Gemäldes geäußert worden sind.

Die späteren Epochen der minoischen Kultur (Alte und Neue Palastzeit) stellen damit eine *spätmatriarchale* Gesellschaft dar. Sie ist gekennzeichnet durch Egalität der Geschlechter und durch eine noch immer herrschaftsfreie, weil auf kollektiven Konsens beruhenden Sozialordnung. Es kommen besondere Ränge darin vor, wie die Erste Priesterin und der Heilige König, sie ist damit eine Rang-Gesellschaft. Solche Ränge bedeuten weder Macht noch Herrschaft, sondern diese Personen sind gewählte, religiöse Repräsentanten. Auf diese Weise hat die minoische Gesellschaft ihre matriarchalen Wurzeln durch alle Epochen beibehalten und gezeigt, zu welch glänzender Kulturhöhe sich eine matriarchale Gesellschaft, wenn sie ungestört bleibt, entfalten kann. Sie war nach dem Untergang der großen Donauzivilisationen die letzte matriarchale Hochkultur Europas, die wegen ihrer geschützten Insellage die Patriarchalisierung großer Teile dieses Kontinents noch lange überdauern konnte.

Mykene und Sparta: Krieg als Maß aller Dinge

Der Untergang der minoischen Kultur ab dem Jahr 1.450 geschah auf außerordentliche Weise. Es war der Ausbruch des Vulkans auf der Insel Thera (Santorin), die nur 150 km nördlich von Kreta liegt, der ihre Zerstörung einleitete.[1001] Die erste, schwächere Ausbruchswelle veranlasste die Bewohner von Akrotiri (Thera) ihre Häuser zu verlassen, sie wollten übers Meer fliehen und drängten sich am Hafen zusammen. Die zweite, sehr heftige Ausbruchswelle von 71 Tagen begann mit einer vom Gipfel herabrasenden Glutwolke, dann folgte Ascheregen, der die Menschenmenge am Hafen erstickte und die ganze Insel unter sich begrub.[1002] Die letzte Ausbruchswelle war die dramatischste, der Vulkan sprengte die gesamte Insel in die Luft und sie versank im Meer, so dass heute nur noch die Reste des Kraterrandes übrig sind. Die menschlichen Siedlungen wurden ins Wasser gerissen, auch die ehemalige Stadt Akrotiri liegt heute bis auf ein paar restliche Häuser auf dem Meeresgrund.

Einige Vulkanologen haben die Thera-Eruption rekonstruiert und sie mit dem Ausbruch des Krakatau bei Sumatra verglichen, der schlimmsten in historischer Zeit (1883). Dabei wurde ebenfalls die Krakatau-Insel zerrissen, der Lärm wurde noch dreitausend Meilen weit gehört, ein Tsunami (extrem hohe Wasserwelle) erhob sich durch den Einsturz des Vulkans und kostete Zehntausenden von Menschen an den umliegenden Küsten das Leben. Den Thera-Ausbruch schätzen diese Vulkanologen als doppelt so stark ein wie die Eruption des Krakatau, denn nach dem Zusammenbruch des Vulkans blieb ein mit Meerwasser gefüllter, riesiger Kessel (Caldera) übrig, der viermal größer ist als der des Krakatau. Auch die Tsunamis mussten erheblich heftiger gewesen sein.

[1001] Spyridon Marinatos: „The Volcanic Destruction of Minoan Crete", in: *Antiquity*, 1939. Die Erkenntnis von Marinatos wurde bestätigt von Ninkovich Vitaliano/Yukoyama Heezen, in: Christos Doumas (Hg.): *Thera*, London 1983, Thames&Hudson. Vgl. auch Carey Sigurdsson: *Thera 2006 Expedition*, in: https://oceanexplorer.noaa.gov/explorations/06blacksea/logs/summary_thera/summary_thera.html

[1002] Diese Ausbruchswellen wurde von Vulkanologen ermittelt, und Archäologen machten den grausigen Fund der Skelette der unter Asche begrabenen Menschenmenge am Hafen.

Die benachbarte Insel Kreta wurde von dieser Katastrophe unmittelbar getroffen. Zuerst stürzten die minoischen Städte durch eine Serie starker Erdbeben ein, danach wurde die kretische Nordküste durch Tsunamis von geschätzten 60 m Höhe verwüstet und die minoische Flotte völlig zerschmettert. Knossos lag etwas weiter im Inland, so dass die Tsunamis es nicht erreicht hatten, aber ohne den Hafen und die Flotte waren die Überlebenden hilflos. Die Wirkung dieser gigantischen Katastrophe reichte weit über Kreta hinaus, der gesamte ägäische Raum wurde in Mitleidenschaft gezogen. Die Tsunamis erreichten mit ihrer Wucht auch die griechische und kleinasiatische Küste; die Levante und Nordafrika mit dem Nildelta wurden überschwemmt, die dortigen Häfen und Teile der Städte zerstört. Gewaltige Wolken aus Gas, Rauch und Staub verfinsterten Kreta, die Peloponnes und das westliche Kleinasien, schwere Regenfälle und Gewitterstürme folgten, zuletzt kam es zum „vulkanischen Winter" mit einem krassen Abfall der Temperatur durch die Verhüllung der Sonne.[1003] Aufzeichnungen in Ägypten während der 18. Dynastie berichten von „neun Tagen Dunkelheit, schrecklichem Lärm, den die Erde machte, zerstörten Städten und Verwüstungen in Nord-Ägypten, überall Blut und Seuchen im ganzen Land. Niemand kam mehr aus dem Lande Kreta, niemand konnte mehr nach Byblos segeln, um Holz zu holen."[1004] Das heißt, der Schiffsverkehr brach in der gesamten Ägäis zusammen.

Nach ein paar Jahrzehnten, als sich die schlimmsten Folgen der Katastrophe gelegt hatten, kam in der Ägäis die Stunde der fremden, indoeuropäischen Stämme, die ins griechische Festland bis zur Peloponnes eingedrungen waren. Sie hatten schon vorher die dortigen Kulturen zerstört, die einheimische Bevölkerung unterworfen und sich festgesetzt. Vor dem mächtigen Einfluss der minoischen Kultur hatten sie jedoch großen Respekt gehabt, so dass sie nicht wagten, deren Niederlassungen in Griechenland anzugreifen. Aber diese Kultur war auch ihre Lehrmeisterin gewesen: Sie kopierten deren Schiffstechnik und bauten Schiffe mit Kiel, womit sie nun selbst Seefahrer wurden, insbesondere Piraten. Schiffe galten bei ihnen als die „Pferde des Poseidon", ihres Meeresgottes, und mit ihnen setzten sie ihre langgewohnte Raubmentalität auf See fort. Als 1.450 die minoische Kultur zusammenbrach und sich nicht mehr erholte, eroberten diese frühen Griechen (Achäer) die Insel Kreta. Sie setzten dort einen König als Alleinherrscher ein, einen „Tyrannen", den man vorher dort vergeblich gesucht hat (Nach-Palastzeit, ab 1.400). Ein Siegelabdruck aus Chania zeigt diesen „Großen Mann", wie er stolz und völlig überdimensional auf den Dächern einer eroberten kretischen Stadt steht, den Stab nun in herrscherlicher Geste wie ein „Szepter" gebrauchend (vgl. Abb. 11 d von Kap 7, S. 351). Das Siegel wurde wohl auf seinen Befehl produziert, denn es stellt eine Imitation der früheren, eleganten Artefakte der minoischen Kultur dar und ist sowohl im Inhalt wie in seiner unbeholfenen Fertigung unminoisch. Die frühgriechischen Achäer konnten zwar erobern, aber sie

---

[1003] Vitaliano Ninkovich/Yukoyama Heezen, in: Doumas, Thera.
[1004] Bennet G. Galanopoulos Jr., in: Doumas, Thera. – Nicht nur diese ägyptischen Aufzeichnungen, auch Mythen sprechen von der Katastrophe (z.B. die Mythe von Bellerophon in Kleinasien und die Mythe vom Ungeheuer Typhon in Griechenland, vgl. Ranke-Graves). Zudem beschreibt die Bibel, die den Exodus der Israeliten aus Ägypten berichtet, mit den „ägyptischen Plagen" die Folgen des Vulkanausbruchs. Auch die Mythe von Atlantis, der im Meer versunkenen Hochkultur, die in Frieden und Wohlstand lebte, bezieht sich auf den Untergang der minoischen Kultur auf Thera und Kreta; vgl. dazu Platon, in: *Timaeus* und *Kritias*.

waren ohne Kultur und administrative Erfahrung, konnten nicht lesen und schreiben und mussten minoische Schreiber anstellen, obwohl diese eine andere Sprache besaßen.

In Griechenland entwickelten sie nun eine eigene Palastkultur, die auf der Verschleppung kretischer Baumeister, Metallschmiede und Kunsthandwerker von der Insel aufs Festland beruhte. So entstand in der Argolis die erste griechische Kultur, die mykenische, deren Herren die Achäer waren (vgl. Karte 2 von Kap. 7, S. 333). Aber die mykenische Kultur besaß nicht die schönen, offenen Tempelpaläste Kretas mit ihren prächtigen Portikus-Toren, sondern ersetzte sie durch Zwingburgen, umgeben von „zyklopischen" Mauern aus gewaltigen Steinblöcken – was den drastischen Wechsel der Mentalität spiegelt.[1005] Die Burgen hatten auch keine kultischen Tanzplätze mehr, dafür eine innere Herrenhalle (Megaron), die mit kretischer Kunst ausgestattet wurde. Aber nun lösten Darstellungen von Kriegern die Gemälde von anmutigen, priesterlichen Frauen ab, denn die Orientierung war grundsätzlich militärisch. Es herrschten patriarchale Sozialordnung und Religion, bis auf matrilokale Reste in der Oberschicht, die durch Heirat mit wichtigen, einheimischen Frauen erhalten blieben.[1006] Von den westasiatischen Kulturen übernahmen die Achäer die Waffe des Streitwagens, so waren sie von ihren massiv befestigten Burgen aus gut gerüstet für den Kampf um den Seehandel. Doch es ging ihnen weniger um Handel als um Beutemachen, denn eine Welle von fortgesetzten Kriegen im wahren Wortsinn brach nun in der Ägäis und dem östlichen Mittelmeerraum aus, deren treibende Kraft die Achäer waren. Zuerst fiel ihnen die berühmte, kleinasiatische Stadt Troja zum Opfer.[1007] Danach besetzten sie die Städte Milet, Iasos, Halikarnassos und Ephesus an der kleinasiatischen Westküste und errichteten einen losen Verband von Städten, deren Oberhaupt der König von Mykene war (hethitisch: Gebiet der „Ahhijawa") (vgl. Karte 2 vom Kap. 7, S. 333). Viele Achäer dienten auch als Söldner in den Heeren der Hethiter und der Ägypter, die sich damals um die Levante stritten, und machten einen großen Teil von deren Militärmacht aus. Sie wechselten jedoch die Kriegsbündnisse und die Seiten, wie sich gerade ein Vorteil für sie bot. Diese Söldnerheere, die aus verschiedenen indoeuropäischen Kriegerscharen bestanden, machten sich bald selbständig und griffen nun ihre einstigen Herren an, das Hethiterreich und ebenso Nordägypten, wo sie erhebliche Zerstörung anrichteten. Sie wurden der Schrecken des Mittelmeeres und gingen als sogenannte „Seevölker" in die Geschichte ein, denn als Seeräuber und Eroberer machten sie den gesamten östlichen Mittelmeerraum unsicher und bedrohten sogar die Balance zwischen den damaligen Großmächten.[1008] Auf diese Weise ersetzte die achäisch-mykenische Zivilisation im Verlauf der späten Bronzezeit (1.400–1.100) die kretisch-minoische Kultur in der gesamten Ägäis.

[1005] Die größten Burgen mit Stadt waren: Mykene, Tiryns, Pylos, Theben.
[1006] Z.B. repräsentierte Helena, nicht ihr Gatte Menelaos, die dynastische Linie der Lakedämonen in Sparta (Glassman, S. 773).
[1007] Die Eroberung der Stadt Troja, die noch viele matriarchale Elemente besaß, durch die mykenischen Achäer schildert Homers Epos: *Ilias*
[1008] Siehe zu diesen Vorgängen im östlichen Mittelmeerraum insgesamt: Margalit Finkelberg (Hg.): *The Sea People*, Tel Aviv-Cambridge UK 1992, Cambridge University Press, darin; Wolf Dietrich-Niemeir; ferner Emily T. Vermeule: *Greece in the Bronze Age*, Chicago 1968, Chicago University Press, S. 273–274.

Es dauerte nicht lange, bis die Eroberer ihrerseits erobert wurden. Nach gerade drei Jahrhunderten voller Raubzüge und Belagerungen fremder Städte quer übers Meer, zusammen mit dynastischen Fehden und Bürgerkriegen in Griechenland selbst, war die mykenische Zivilisation zerrüttet und geschwächt. Sie konnte neuen Angriffen von nördlichen Nomadenstämmen nicht mehr standhalten, und eine massive Invasion von indoeuropäischen Reiterkriegern, die Dorer, überrannte die bronzezeitlichen Städte in Griechenland. Obwohl sie kulturell primitiv waren, besaßen die Invasoren neue Waffen aus Eisen, womit die Eisenzeit in Südeuropa begann (1.100). Sie entvölkerten das Land durch massenhaftes Töten, zerstörten die mykenischen Palastburgen und brannten sie nieder, so dass nur noch der Schutt übrigblieb.[1009] Viele Mykener flohen und sammelten sich zunächst auf der Halbinsel Attika und auf der vorgelagerten, großen Insel Euböa, wo die Eroberer vorüberzogen (vgl. Karte 2 von Kap. 7, S. 333). In den übrigen Landesteilen herrschten katastrophale Verhältnisse, der Ackerbau ging zugrunde, die übriggebliebene, bäuerliche Bevölkerung verhungerte. Zuletzt überlebte weniger als ein Viertel von ihnen, und manche Gegenden waren völlig entvölkert. Dafür hielten die Dorer an der Viehzucht mit Rinderherden fest, wofür das trockene, hügelige Griechenland, zwischen Bergen und Meer eingezwängt, völlig ungeeignet war. Die grüne Pflanzendecke wurde bis auf den felsigen Grund zerstört, und ganze Landstriche veröden. Die Folge waren wieder heftige Kämpfe um die Reste von Weideland, so dass die dorische Invasion in sich untereinander bekriegende Stämme und Gruppen zerfiel. Das hatte ein drastisches Absinken jeglicher Kultur zur Folge, und das „Dunkle Zeitalter" brach im damaligen Griechenland herein.[1010] In seinen drei bis vier Jahrhunderten erlosch hier die Zivilisation: Die steinerne Architektur verschwand, die Leute lebten in primitiven Lehm- und Holzhütten. Ihre Gerätschaften waren statt aus Metallen nur noch aus Feuerstein, Knochen und Horn, denn sie hatten jegliche Schmiedekunst vergessen, welche die Dorer bei ihrem Einmarsch noch besaßen. Ihre Bekleidung bestand aus ungeschnittenen, ungenähten Tüchern und war damit simpler als die sorgfältig genähte Kleidung in der Altsteinzeit. Die Bestattungsform beschränkte sich auf flüchtig ausgehobene, winzige Kistengräber. Handel und Schrift existierten nicht mehr, die Leute waren und blieben Analphabeten. So gingen auch viele Nachkommen der einstigen Eroberer zugrunde, weil die matriarchalen Agrarkulturen, von denen sie hätten lernen können, hier ausgestorben waren.[1011] Es bedeutete den schlimmsten kulturellen Rückfall, der sich in der Geschichte Europas jemals ereignete.

Erst Jahrhunderte später kam es wieder zu Ackerbau, aber in anderer Form („Archaische Periode"). Die Spartaner als typische Dorer hatten sich in Lakonien, der südlichsten Ebene der Halbinsel Peloponnes, in dörflichen Gruppen angesiedelt (vgl. Karte 2 von Kap. 7, S. 333). Ihr kulturelles Niveau blieb niedrig, sie bauten keine Städte, konnten weder lesen noch schreiben und ihre Sprachkenntnisse waren begrenzt. Aber sie waren schlau genug gewesen, die unterworfene Bevölkerung („Heloten") nicht völlig zu vernichten, sondern sie versklavten die Übriggebliebenen und ließen sie den Ackerbau für sich tun. Grundsätzlich verachteten sie, wie alle Griechen, die

---

[1009] Die Hethiter besaßen Eisenwaffen schon um 1.400–1.200, in Griechenland tauchten sie ab 1.100 auf.
[1010] Glassman, S. 773–775, 764–769.
[1011] A. M. Snodgrass: *The Dark Age of Greece*, Edinburgh 1971, University Press.

Arbeit im Ackerbau und Handwerk. Ausgenommen war nur das Waffenschmieden, denn die Spartaner widmeten sich ausschließlich dem Kriegshandwerk, das sie bis zum Exzess betrieben. Dafür gab es eine Notwendigkeit, denn sie waren zahlenmäßig weit weniger als die Unterworfenen und daher ständig veranlasst, diese niederzuhalten und mit systematischer Gewalt zur Arbeit zu zwingen – nur so funktionierte der spartanische Staat.

Dieser Staat war in allen Bereichen dem Krieg untergeordnet. Um permanent dafür zu trainieren, wohnten die Männer in den Kasernen ihrer militärischen Regimenter und nicht in den Familien. Hier wurde auch die Politik gemacht, und zwar von reinen Kriegerversammlungen, wobei Zustimmung durch Füßestampfen und Gebrüll bekundet wurde und diejenigen gewannen, die am lautstärksten waren. Tatsächlich aber waren es die Kriegsherren, die „Spartiaken", die alles unter militärischer Kontrolle hielten und trotz propagiertem Gleichheitsideal eine dorische Kriegeraristokratie bildeten. Insbesondere galt das Gleichheitsideal nicht für die Frauen in Sparta. Die Art der Kriegführung der Spartaner unterschied sich jetzt von ihrer vorhergehenden Invasion in offenen Gruppen von Reiternomaden. So war es in der schmalen Ebene von Sparta zwischen schwer zugänglichen Bergen nicht sinnvoll, Pferde und Reiterei zu haben. Stattdessen entwickelten sie die berüchtigte, griechische Phalanx, eine menschliche Kriegsmaschine aus Reihen von schwerbewaffneten Männern zu Fuß. Mit dieser begannen sie nun eine systematische Art von Eroberungszügen gegen ihre Nachbarn auf der Peloponnes und brachten schließlich die gesamte Halbinsel mit der Argolis und Messenien unter ihre Herrschaft. Da sie gegen die geschwächten Stämme dort immer siegten, fuhren sie mit ihrer Sucht nach Siegen rücksichtslos fort, bis sie das gesamte griechische Festland bis zur Thessalischen Ebene im Norden erobert hatten. Die Küsten ließen sie als Landmacht jedoch aus.

Die spartanische Kriegsserie löste eine neue Fluchtwelle aus. Auch viele mykenische Leute, die an der östlichen Küste Griechenlands geblieben waren, zogen es vor, den Spartanern nicht zu begegnen und flohen über das Ägäische Meer zur kleinasiatischen Küste und den davor liegenden, großen Inseln. Diese Griechen, die sich dort niederließen, sprachen einen ionischen Dialekt. Sie hatten schon in mykenischer Zeit manche Elemente der minoischen Kultur übernommen und verbanden sich nun mit den übrigen Minoern in deren ehemaligen Handelskolonien in Kleinasien, von denen die größte die Stadt Milet war. Diese Mischung gab den kleinasiatischen Griechen, den „Ioniern", eine besondere kulturelle Prägung.[1012] Die Kriegsherren aus Sparta führten unterdessen in ganz Griechenland patriarchale Sippen und die patrilineare Thronfolge ein. Das hinderte sie aber nicht daran, sich mit den letzten Töchtern der alten, mykenischen Aristokratie, die nach minoisch-mykenischer Tradition Priesterinnen waren, zu vermählen, was den Eroberern Legitimität und Prestige brachte. Wie das geschah, davon berichten die Mythen ihres patriarchalen Gottes, des olympischen Zeus, der die Kultpriesterinnen in den alten Heiligtümern vergewaltigte und sie zwang, ihn als obersten Gott anzuerkennen. Deren jugendliche, männliche Assistenten entführte er für seine Lustbarkeiten, wie beispielsweise Ganymed, und wer sich ihm widersetzte, wurde von seinem „Blitz" zerschmettert.[1013]

[1012] Glassman, S. 1101.
[1013] Siehe die Zeus-Mythen und ihre Interpretation bei Ranke-Graves, Nr. 9, 12, 13, 14.

Es waren diese mykenischen Ausnahme-Frauen, die eine begrenzte Matrilinearität in ihren Clans aufrechterhielten.[1014] Die Spartanerinnen selbst, bekannt wegen ihrer „Freiheit", lebten aber keineswegs noch in matriarchalen Mustern. Sie waren sozusagen die „Reservearmee", welche die Männer für ihre fanatische Kriegsbesessenheit frei stellte – denn hier wie auch sonst beruhte die Freiheit der Männer auf der Dienstbarkeit der Frauen. Politisch hatten die Spartanerinnen nichts zu sagen, sondern ihre Aufgabe war es, in der simplen, dörflichen Subsistenz-Wirtschaft die agrarische Produktion der Heloten zu beaufsichtigen. Dabei gehörte das Land allein den spartanischen Männern und wurde in der Vaterlinie vererbt, was die Frauen auch in Sparta zu Dienerinnen am männlichen Eigentum machte. Sie arbeiteten gemäß dem griechischem Ideal aber nicht selbst, sondern führten nur die Aufsicht über die versklavten Heloten, die für die Herrenschicht arbeiteten. So handelte es sich bei den Spartanern um eine agrarische Sklaven-Ökonomie. Die Supervision über diese Ökonomie gab den Frauen jedoch eine gewisse Selbständigkeit, denn die Männer waren von den Frauen abhängig, um die tägliche Nahrung für ihre Gemeinschaftsessen in den Kasernen zu erhalten. Vielleicht war dies der Grund, weshalb sie die Frauen „respektierten", wie es so schön heißt. Auf diese Weise übten die Spartanerinnen in zivilen Angelegenheiten, von denen die Männer nichts verstanden, indirekt politischen Einfluss aus. Denn die klassisch-griechischen Autoren besonders von Athen, deren Frauen sehr unterdrückt waren, behaupteten, dass die Frauen in Sparta „die Männer beherrschten", und sie entrüsteten sich über deren „sexuelle Freiheit".[1015]

Diese „sexuelle Freiheit" beruhte jedoch darauf, dass viele Männer bei der dauernden Kriegstreiberei starben und die Frauen genügend Kinder gebären sollten, um die Regimenter wieder zu füllen. Die Kinder wurden schon früh für den Krieg erzogen, ab sieben Jahren kamen die Knaben in die Regimenter und die Mädchen in die Sportschulen. Denn auch für die Mädchen war Körperertüchtigung vorgeschrieben, damit sie später starke Nachkommen gebären würden. In diesen Einrichtungen galten Disziplin und absoluter Gehorsam, was mit Härte durchgesetzt wurde. Die Mütter sahen ihre Söhne nie wieder, und die Töchter kehrten nur bei Schwangerschaften zu ihnen zurück. Neugeborene Kinder, die nicht gesund oder kräftig aussahen, wurden ausgesetzt. Darüber entschied trotz geltender Vaterlinie aber nicht der Vater, sondern der Ältestenrat, denn Kinder waren nicht das Eigentum der Eltern, sondern des Staates.[1016]

Auch die Ehen hatten dem Staat zu dienen. Weil die Ehemänner aber bei den Regimentern wohnten, lebten die Eheleute die meiste Zeit getrennt. Die Männer besuchten ihre Ehefrauen nur kurz über Nacht, denn es ging nicht um Liebe, sondern um Begattung. So waren die Sexualkontakte nicht gerade lustvoll-erotisch, sondern eine Pflicht für Männer und Frauen wegen des Nachwuchses. Es war ebenfalls üblich, dass Männer ihre Ehefrauen anderen tüchtigen Männern für gute Nachkommen anboten oder Frauen dies auch selbst unternahmen, was eine bewusste Art von eugenischer Zuchtwahl darstellt. Die emotionalen Bindungen waren deshalb äußerst trocken, und Liebesgefühle wurden auf die Homoerotik verschoben, was bei den Männern in den

---

[1014] Glassman, S. 776–779, 787; Sarah Pomeroy: *The Spartan Women*, New Haven CT 2008, Yale University Press.
[1015] Pomeroy, ebd.
[1016] Glassman, a.a.O.; Pomeroy, ebd.

Kasernen allgemein üblich war. Sie hielten sich an männliche Geliebte und bedienten sich auch der jungen Knaben. Homoerotik war in Sparta eine Sitte, welche die Kriegsherren dazu nutzten, die männliche Kampfeslust zur Verteidigung des geliebten Partners anzustacheln, der Seite an Seite in der Phalanx focht. Diese Situation brachte es mit sich, dass auch die Frauen untereinander die gleichgeschlechtliche Liebe pflegten.[1017]

So war die „Freiheit" der spartanischen Frauen nur relativ und darin begründet, dass die Männer in den Kasernen oder im Krieg ständig abwesend waren. Letztlich wurde ihr Leben von Männern definiert und folgte ganz und gar deren Kriegslogik, der es untergeordnet war. In der spartanischen Gesellschaft gab es nämlich sehr klare Vorstellungen davon, was „männlich" und was „weibisch" war, das heißt, sie ruhte strikt auf patriarchalen Werten.

In dorisch-griechischen Zeiten wurde auch das patriarchale Pantheon der olympischen Götter geformt, deren oberster Herr Zeus war, ein alter Himmelsgott. Alle Gottheiten, die früher verehrt worden waren, ordnete man ihm in falschen Genealogien unter und zwängte damit die Vielfalt der vorher lokalen Gottheiten in ein hierarchisches System. So wurde Hera, die Große Göttin der matriarchalen, vor-griechischen Pelasger, die als Mutter der Götter und Menschen galt, zu seiner Gemahlin gemacht, die nichts mehr zu sagen hatte. Gemäß der Mythe lockte er sie in Gestalt eines Kuckucks, ihres Symboltieres, an und vergewaltigte sie, so dass sie ihn heiraten musste.[1018] Hier sehen wir den patriarchalen Missbrauch der Heiligen Hochzeit, bei dem sich die Kriegerkönige der matriarchalen Kultpriesterinnen mit Gewalt bedienen, um durch diese „Einheirat" beim Volk anerkannt zu werden. Wahrlich eine parasitäre „Kuckucks"-Handlung! Andere Gottheiten galten nun als „Söhne" und „Töchter" des Zeus, wie Ares, Hermes, Apoll, Artemis, Athene, die er in seinen zahllosen sexuellen Abenteuern gezeugt haben will, denn nun war er der oberste Vater, von dem alle Gottheiten abstammen sollten. Sie mussten ihm als Dienerinnen und Vasallen botmäßig sein, und jene, die sich weigerten, wurden vom Olymp herabgestürzt, wie Hephaistos, Sohn der Hera. Bei diesen Umformungen wurden die vielfältigen Tätigkeitsbereiche sehr alter Göttinnen wie Hera, Aphrodite und Athene auf einzelne Funktionen beschränkt, zum Beispiel war Hera nur noch Muttergöttin, Aphrodite ausschließlich Liebesgöttin und Athene nur noch keusche Kampfjungfrau. Gleichzeitig wurden sie herabgewürdigt, so dass Hera nun den Typus der zänkischen Ehefrau darstellte, Aphrodite die göttliche Hure, die mit beliebigen Göttern schlief, und die Kriegsgöttin Athene musste die patriarchalen Prinzipien des Zeus vertreten und seine Helden beschützen.[1019] Das bedeutete gründliche Zerstörung der matriarchalen Religiosität, was darauf hinauslief, dass die Gottheiten zuletzt nichts anderes mehr waren als die Spiegelung irdisch-patriarchaler Verhältnisse.

[1017] Siehe die Gesetzgebung des Lykurg; Glassman, S. 791–801, 1172–1173; Sue Blundell: *Women in Ancient Greece*, Cambridge MA 1955, Harvard University Press, 113–140; Pomeroy, insgesamt.
[1018] Ranke-Graves, S. 41–42.
[1019] Vgl. zu diesen patriarchalen Transformationen, die in verschiedenen Kulturregionen analog verliefen, Göttner-Abendroth: *Die Göttin und ihr Heros*.

Athen und Ionien: Seehandel, Geld und die ambivalente Situation von Frauen

Die Dorer von Sparta entwickelten in ihrem Militärstaat die eine Spielart patriarchalen Lebens für Frauen im antiken Griechenland, die andere erfanden die Griechen von Attika in ihren Stadtstaaten (ab 1.000 v.u.Z.). Diese östliche Küstenregion war von den Spartanern nicht erobert worden, deshalb war hier nicht der Krieg die männliche Betätigung und Quelle aller Tugenden, sondern der Seehandel. Das ging jedoch nicht schnell, denn die Zerstörung der achäisch-mykenischen Kultur hatte den ersten griechischen Seehandel für Jahrhunderte zum Erliegen gebracht. Wieder musste eine andere Kultur zu Hilfe kommen, damit die Griechen von Attika ihn wieder erlernten; diesmal waren es die semitischen Phönizier (Kanaanäer). Nachdem die achäischen Kriegshelden und Söldnerbanden als „Schrecken des Mittelmeeres" nicht mehr existierten, nutzen die Phönizier das Vakuum und schufen 200 Jahre lang ein neues Handelsnetz, das alles Vorhergegangene in den Schatten stellte. Die Grundlage war wiederum die Schiffstechnik der Minoer, welche die Phönizier übernahmen und nun auch gutgebaute Schiffe mit Kiel hatten, die Hochseefahrten erlaubten. Sie besaßen davon eine riesige Flotte, mit der sie Europa und Nordafrika für den damaligen Welthandel öffneten. Von ihrer Heimatstadt Tyros an der Levante aus durchquerten sie nicht nur das östliche Mittelmeer und die Ägäis und betrieben auf den großen Inseln Kreta und Euböa Niederlassungen, sondern sie errichteten Handelsstützpunkte auch in Sizilien und Italien. Mit Ägypten waren sie in Kontakt und gründeten an der ganzen nordafrikanischen Küste Handelsstädte, darunter das mächtige Karthago (814 v.u.Z.) (vgl. Karte 2 von Kap. 7, S. 333). Von da aus erreichten sie das westliche Mittelmeer mit Frankreich und Spanien und entdeckten die Atlantikküste. Im Auftrag von Pharao Necho II. (6. Jh.) umsegelten sie sogar den gesamten Kontinent Afrika. Sie waren die größten Seefahrer und Kaufleute ihrer Zeit, und sie erfanden das erste phonetische Alphabet.[1020]

Die Griechen und später die Römer pflegten diese Taten aus Neid und Konkurrenz zu verschweigen und die phönizische Kultur herabzusetzen. Dabei borgten die Griechen von Attika und Euböa alles von den Phöniziern: Sie lernten von ihnen, wie man Häfen anlegt, wie man hochseetüchtige Handelsschiffe baut, sie effizient belädt und entlädt, ebenso wie man Kriegsschiffe zum Schutz gegen Piraterie konstruiert. Sie kopierten die Organisation von Werkstätten, die für den Seehandel produzieren, und übernahmen das phönizische System von Maßen und Gewichten, ebenso das phonetische Alphabet. Sie folgten den Phöniziern auf ihren Routen ins östliche Mittelmeer zu den ihnen unbekannten Küstenstädten der Levante und ebenso nach Sizilien und Italien, wo sie wie jene Handelsstützpunkte einrichteten. Daraus entwickelten sich die westgriechischen Städte, die ihrerseits auch dazu dienten, den Bevölkerungsdruck im engen Heimatland zu verringern. Aber je weiter sie sich im Kielwasser der Phönizier vorwagten, desto mehr gerieten sie mit diesen in Konkurrenz.[1021]

[1020] Glassman, S. 429–430; Maria Eugenia Aubet: *The Phoenicians and the West*, Cambridge 2001, Cambridge University Press.
[1021] Glassman, S. 923–924.

Ab dem 8. Jh. intensivierte sich die griechische Handelsaktivität, insbesondere die Athener verstanden immer besser, worum es dabei ging: um die Jagd auf Reichtum, der jetzt bequemer durch Handel als durch Raub zu gewinnen war. Es entstand neben der alten, feudalen Ordnung aus Aristokraten und Bauern eine neue Klasse aus Händlern, Kaufleuten und Bankiers, die alle auf der Jagd nach Reichtum waren. Sie wussten, wie man ihn erlangt, nämlich durch individuelle Initiative und ehrgeizige Unternehmungen zur See, vor allem durch Handelsgüter, die man billig erwarb und danach teuer verkaufte – was zu einer Akkumulation von Gold und Silber in den Händen der Kaufleute führte. Denn anders als beim Seehandel im matriarchalen, minoischen Kreta, wo eine Ökonomie des Verteilens und Schenkens bestand, teilten sie ihren Gewinn nicht mehr mit der Gemeinschaft. Bald entstand das Münzwesen mit geprägtem Geld und damit eine Geld-Ökonomie, die auf den Märkten der griechischen Handelsstädte in der Ägäis und in Italien florierte. Alles wurde jetzt in Geldwert gemessen, damit konnte gezählt werden und betrogen werden, das heißt, im ungleichen Äquivalent zurückgegeben werden. Auf diese Weise entstand „Kapital" und mit ihm das Banken- und Zinswesen, das die Griechen ebenfalls von den Phöniziern abschauten. Die Reichen wurden immer reicher, indem sie ihr Geld durch Zinsen für sich „arbeiten" ließen, und so bildete sich in der oberen und mittleren Klasse ein Handels-Kapitalismus.

Allerdings kann man Geld nirgendwo arbeiten sehen, sondern Arbeit verrichten nur Menschen. Doch die Griechen von Attika, bei denen nun die Ethik der profitträchtigen Unternehmungen aufkam, kannten keine Arbeits-Ethik, denn auch bei ihnen galt die eingefleischte, griechische Verachtung für Arbeit. Arbeit nahm nur Zeit weg für Handelsexpeditionen und Handelskriege! Das Handwerk betrachteten sie als „ungesund" und die Landarbeit als „schmutzig und langweilig". Mit Geld konnte man andere, die unterdrückten Bauern und die schlecht entlohnten Handwerker, diese Arbeiten für sich machen lassen, oder man kaufte Sklaven. Sklavenhandel begann sehr früh bei den Griechen und hielt während ihrer ganzen Geschichte an. Viele Sklaven waren eigene Landsleute, die in die Schuldenfalle und die Armut getrieben worden waren, oder man kaufte Sklaven aus den Ländern der „Barbaren" ringsum. Gekaufte Frauen wurden zu Hausklavinnen, Männer zu Sklaven in den Werkstätten gemacht.[1022] Damit stellte die griechische Gesellschaft von Attika, insbesondere in der Stadt Athen, trotz ihrer viel gepriesenen Kunst und Kultur, auch eine Sklavenhalter-Gesellschaft dar – nicht eine mit totalitärer Administration wie im späten Mesopotamien, auch nicht eine mit Militärstaat wie in Sparta, sondern eine auf dem Boden einer handelskapitalistischen Ökonomie.

Wie erging es den attischen Frauen in dieser Spielart von patriarchaler Gesellschaft? Betrachten wir die Athenerinnen: Sie hatten ein schlechtes Los, denn als Gattinnen der wohlhabenden Männer besaßen sie, anders als die Spartanerinnen, keine ökonomische Funktion mehr. Ihr Tätigkeitsfeld wurde aufs Häusliche eingeschränkt: Die Ehefrau sollte den Haushalt führen, die Diener und Sklaven beaufsichtigen, die Kinder erziehen und ihrem Gatten, die sie mit „Herr" anzureden hatte, trotz seiner häufigen und langen Abwesenheiten die Treue halten. Sie besaß keinerlei Besitz, son-

---

[1022] A.a.O., S. 926–940.

dern lebte eingesperrt und verbrachte ihre freie Zeit mit textiler Handarbeit. Saß eine Frau bei dieser Arbeit am Fenster und erblickte einen Mann auf der Straße, so musste sie aufstehen und ins Innere des Hauses gehen. Besuch war nicht erlaubt, auch nicht von Freundinnen, denn Frauen untereinander galten als „Anstifterinnen zum Schlechten". Oft bewachten große Hunde das Haus und den Ausgang. Auch wurden die Frauengemächer, in denen sie bleiben mussten, mit Wachs versiegelt oder mit starken Schlüsseln verschlossen, so dass man sie nicht von innen öffnen konnte. Bei einem Hausbrand führte dies nicht selten zum Tod der Frau.[1023]

Ihre Kleidung verhüllte sie von Kopf bis Fuß – im Gegensatz zu den Spartanerinnen, die in den Sportschulen splitternackt trainierten. Aber dennoch durfte die Athenerin nicht in die Öffentlichkeit gehen, denn jeder Spaziergang wurde als Versuch gewertet, einen Liebhaber zu finden, jeder Einkauf als ein Erwerb von Gift, um den Ehemann umzubringen. Wenn ein Ausgang dennoch unerlässlich war, durfte sie es nur in Begleitung eines „Frauenbeaufsichtigers" tun, damit sie sich in der Stadt keinen „Ausschweifungen" hingab. Eine Ehefrau konnte keine Geschäfte abwickeln, auch nicht in eigener Angelegenheit vor Gericht gehen, dort musste ein männlicher Verwandter sie vertreten oder ein Vormund, dem sie zeitlebens unterstellt war. Sie erhielt keinerlei Ausbildung, denn Frauen hatten in den Augen ihrer Ehemänner ohnehin keinen Verstand und keine Tugend. Ihren Gatten sah die Ehefrau nur im Schlafzimmer, denn er speiste nicht einmal mit ihr, sondern in seinem Club nur mit Männern. Ihre einzige, reale Funktion für den Ehemann war, dass sie seine legitimen Söhne gebar, die das Bürgerrecht und den Reichtum des Vaters erben sollten. Das galt als ihre „biologische Bestimmung" – womit Mutterschaft hier wie auch sonst im Patriarchat ausgebeutet wurde. Eine Frau galt noch nicht einmal als richtiger Mensch, sondern als eine Art unvollkommener Organismus, was das griechische Wort „gyne" besagt, das „Gebärschoß" heißt. Mit dem Besitz einer Frau eignete sich ein Mann daher dieses Organ an, das ihm fehlte, um sein eigenes männliches Geschlecht fortzupflanzen.[1024]

Die aristokratischen und neureichen Ehemänner in Athen führten ein vollkommen anderes Leben: Sie beschäftigten sich unterdessen mit Trinkgelagen, Prostituierten und schönen Knaben. Besonders gern vergnügten sie sich mit Hetären, die keine gewöhnlichen Prostituierten, sondern selbst Aristokratinnen waren und hohe Bildung in allen geistigen Bereichen besaßen, dazu Poesie, Musik und Tanz beherrschten. Sie wurden zu den „Symposien", den griechischen Festgelagen, eingeladen, traten bei den Treffen redegewandt auf und gaben sich zusammen mit den Männern der Trunkenheit und wilden Sex-Orgien hin. Sie waren bei den Reichen sehr beliebt, die sie „Gefährtinnen" nannten und große Summen für ihre Dienste bezahlten. Aber auch sie wurden stigmatisiert, denn sie konnten auf keinen Fall Ehefrauen werden, sondern blieben auf sich allein gestellt.[1025] Für die vernachlässigten Ehefrauen gab es

---

[1023] Ernest Bornemann: *Das Patriarchat*, Frankfurt/Main 1975, Fischer Verlag, S. 204–205.
[1024] Diese Darstellung der Lebensweise der Ehefrau in Athen und die den Frauen zugeschriebenen, negativen Eigenschaften findet man bei den antiken Autoren: Hesiod, Alexandros von Aphrodisias, Aristoteles, Aristophanes, Euripides, Polemon, Menander u.a., was deren offene Frauenfeindlichkeit dokumentiert. Vgl. Bornemann, S. 200, 104–106; Glassman, S. 837–838, 1180–1184; Blundell, S. 113–140.
[1025] Glassman, ebd.

hingegen keine sexuelle Freiheit, daher blühten Neid, Eifersucht, bösartiger Klatsch, ebenso Intrigen unter ihnen, die sich über das Dienstpersonal einfädeln ließen. Es ist ein Verhalten, das sich in einer unterdrückerischen Situation bei Frauen leicht einstellen kann. So herrschten allgemeine Unehrlichkeit und Doppelmoral zwischen den Geschlechtern, ihre Beziehungen waren angespannt bis neurotisiert, und die Philosophen hielten auf dem Marktplatz Moralpredigten gegen die Frauen, wobei sie regelmäßig die „Freiheit" der Spartanerinnen verdammten.[1026]

In den ionischen Handelsstädten an der Küste Kleinasiens war die Situation für Frauen besser als für die Athenerinnen in Attika, denn hier wirkten noch Elemente aus der minoisch-mykenischen Tradition nach. Hinzu kam der Austausch der Gesellschaft mit anderen Hochkulturen Westasiens, so dass sich eine einzigartige, geistige Blüte entwickelte. Die meisten großen Philosophen und Gelehrte der damaligen Zeit stammten aus Ionien[1027] (vgl. Karte 2 von Kap. 7, S. 333). Die reichen Frauen der Oberschicht konnten an Bildung teilhaben, indem sie die Philosophenschulen besuchten und sogar selbst Gelehrte wurden. So kamen alle berühmten griechischen Frauen der Antike aus den ionischen Städten an der kleinasiatischen Küste und auf den vorgelagerten, großen Inseln; sie waren Literatinnen oder Dichterinnen wie Sappho, Intellektuelle wie Aspasia, Philosophinnen wie Theano, und als Priesterinnen leiteten sie noch immer religiöse Feste.[1028] Als sie später vor der persischen Eroberung Kleinasiens (Mitte 6. Jh.) aufs griechische Festland fliehen mussten, hieß man sie in Korinth und Syrakus willkommen, wo sie berühmte Göttinnen-Tempel einrichteten. Aber den athenischen Männern, Aristokraten wie Bürgern, waren sie ein Dorn im Auge. Denn ihre Ehefrauen waren begeistert von den gelehrten Frauen aus Ionien und verlangten nun philosophische Bildung für ihre Töchter, was bei ihren Gatten scharfes Missfallen auslöste. Die berühmten, ionischen Frauen hinterließen trotz der Widerstände ein großes Vermächtnis, das sich in der Hellenistischen Epoche auswirkte (ab Ende 4. Jt. v.u.Z.), nun traten Frauen als Gelehrte, Mathematikerinnen, Ärztinnen, Philosophinnen neben den Männern auf.[1029] Die damaligen Zentren des Hellenismus waren Alexandria in Ägypten, Pergamon in Kleinasien, die Insel Rhodos und Athen in Griechenland.

Diese Entwicklung hielt noch jahrhundertelang über die Zeitenwende (das Jahr 0) hinweg an. Denn im Ausgang des Hellenismus lebte Hypatia (355–415 n.u.Z.), die berühmteste Wissenschaftlerin ihrer Zeit. Sie war Universalgelehrte und Direktorin der Bibliothek von Alexandria an der ägyptischen Küste, dem größten Wissensarchiv

---

[1026] Fantham/Foley/Kampen/Pomeroy/Shapiro: *Women of the Classical World*, Oxford UK 1994, Oxford University Press, S. 163–182.

[1027] In einem äußerst interessanten Buch hat Ingrid Straube nachgewiesen, dass die ionischen Philosophen (z.B. Thales, Hesiod, Anaximenes) und später die klassischen Philosophen (Sokrates, Platon) aus der matriarchalen Kosmogonie und Philosophie geschöpft haben. Gleichzeitig haben sie deren Gehalt pervertiert und patriarchalen Denkmustern angepasst. Vgl. Ingrid Straube: *Die Quellen der Philosophie sind weiblich*, Aachen 2001, 2003, ein-Fach-verlag.

[1028] Mary Barnard: *Sappho*, New Haven CT 2003, Yale University Press; Bella Vivante: *Daughters of Gaia*, Westport CT 2007, Praeger Press.

[1029] Fantham, et al., a.a.O.; Barnard, a.a.O.; Vivante, a.a.O.; Glassman, S. 1175–1177, 1183–1184, 1195–1215.

der damaligen Epoche.¹⁰³⁰ Ihre Lehrtätigkeit wurde durch eine damals neu aufgekommene Macht brutal beendet, das Christentum. Denn fanatische Mönche, unter dem Schutz ihres Bischofs, ergriffen sie und ermordeten sie in der Kirche Kaisarion, wo sie Hypatia nackt auszogen und bei lebendigem Leib in Stücke schnitten. Danach ließen sie die Bibliothek von Alexandria in Flammen aufgehen.¹⁰³¹ Von der damaligen Politik unterstützt setzten sie damit ein Fanal für eine neue Epoche, in der das Christentum, das als egalitäre „Jesus-Bewegung" begonnen hatte und sich immer mehr patriarchalisierte, zum Feind von Wissenschaftlichkeit wurde und Frauen in Europa für fast zwei Jahrtausende zum Schweigen brachte. –

Die Etrusker: Lebensfreude im Diesseits und Jenseits

Wie die Minoer und später die Phönizier die Lehrmeister der Griechen waren, so waren die Etrusker diejenigen der Römer. Ihre Herkunft ist umstritten, doch viele Indizien weisen darauf hin, dass ihre Heimat im ägäischen Raum war, an der kleinasiatischen Küste. Die Ägäis mit ihren Küsten und Inseln stand lange unter dem prägenden Einfluss der minoischen Kultur Kretas, was man an der Kultur der Etrusker noch erkennen kann. So hatte die minoische Kulturepoche lange indirekte Nachwirkungen im Mittelmeerraum, eine Situation, die von der Forschung erheblich unterschätzt wird.

Sprachwissenschaftler haben eine Sprachverwandtschaft zwischen Etruskisch und Lemnisch von der Insel Lemnos (Ägäis) festgestellt, beides sind vor-indoeuropäische, altmediterrane Sprachen, die vor der Einwanderung der Indoeuropäer gesprochen wurden.¹⁰³² Ferner gibt es Lehnwörter aus dem Etruskischen im Altgriechischen, sie stammen aus einer Zeit, als weder die Griechen noch die frühen Etrusker in Italien siedelten. Beide Gruppen pflegten damals auf der griechischen Insel Euböa rege Handelsbeziehungen.¹⁰³³ Das legt nahe, dass die Vorfahren der italischen Etrusker aus dem ägäischen Kulturraum stammten. Wie auch der antike Autor Herodot berichtet, sollen die frühen Etrusker mit den Lydern an der Küste Kleinasiens in Siedlungsgemeinschaft gelebt haben, was bedeutet, dass sie enge Kontakte zu den benachbarten Lykiern hatten, die Minoer waren. Doch die Gemeinsamkeit mit den Lydern wurde angezweifelt, denn die Lyder waren Indoeuropäer und hatten mit den Etruskern weder Sprache noch Bräuche noch Gottheiten gemeinsam (Dionysios von Halikarnassos). Das heißt aber nicht, dass die Etrusker nicht von dort kamen, denn Herodot könnte die Lyder mit den Lykiern verwechselt haben. Sprachhinweise bestätigen nämlich die etruskisch-lykischen Kontakte, die problemlos zustande kamen, weil beide Völker eine ähnliche Sozialordnung hatten.¹⁰³⁴ Außer den sprachlichen Indizien gibt es auch einige Kulturgüter, die Minoer und Etrusker gemeinsam besaßen,

---

[1030] Blundell, *Women in Ancient Greece,* Kapitel: Hypatia von Alexandrien; Maria Dzielska: *Hypatia of Alexandria,* Cambridge MA 1995, Harvard University Press.
[1031] Bericht von Sokrates von Konstantinopel, KG 7, 15.
[1032] Das belegt ein wichtiger Text in lemnischer Sprache und alphabetischer Schrift auf einer Grabstele (6. Jh.).
[1033] Haarmann: *Geschichte der Sintflut,* S. 131, 132.
[1034] A.a.O., S. 133.

wie religiöse Prozessionen und der Gebrauch von Masken bei Zeremonien, auch die siebensaitige Leier (Lyra) und die Doppelflöte (Aulos) als Kult-Instrumente – Eigenheiten beider Kulturen, die später von den Griechen und noch später von den Römern übernommen wurden. Auch sind der lange, oben spiralig gedrehte Stab, den die etruskischen Priester trugen, und ihre Kunst, aus den Eingeweiden von Opfertieren Orakel zu lesen, ein Erbe aus den Kulturen Westasiens.[1035] Diese etruskischen Traditionen waren bei ihren italischen Nachbarvölkern, bei denen sie sich niederließen, gänzlich unbekannt.

Auch die Eisenverarbeitung, welche die Etrusker kannten, spricht für ihre ägäische Herkunft. Denn in Kleinasien war sie viel früher bekannt und viel höher entwickelt als in Italien, hier setzte sie erst ab dem 1. Jt. ein. In dem neuen Siedlungsgebiet der Etrusker befanden sich reiche Eisenerzlager, die sie sachkundig zu nutzen verstanden. Daraus schufen sie nicht in erster Linie Waffen, sondern innovative und kunstvolle Gegenstände, ebensolche aus Bronze und Gold. Damit trieben sie ab dem 8. Jh. einen schwunghaften Handel zunächst im Meer westlich von Italien, dem „Tyrrhenischen Meer", das nach ihnen heißt, denn sie nannten sich selbst „Tyrrhener" (vgl. Karte 2 von Kap. 7, S. 333). Doch bald befuhren sie auch den gesamten mittleren und östlichen Mittelmeerraum, was sie auf die Dauer in Konkurrenz zu den Phöniziern in Karthago brachte, ebenso zu den Westgriechen, die auf Sizilien und in Süditalien Handelsstädte besaßen.[1036]

Was hatte die etruskischen Männer und Frauen veranlasst, aus ihrer Heimat in der Ägäis wegzuziehen? Nach Herodot soll es eine Hungersnot gewesen sein, die Gruppen der dort ansässigen Völker zur Auswanderung zwang. Diese Hungersnot entstand höchstwahrscheinlich als eine Folge der ständigen kriegerischen Aggressionen durch die Achäer in Kleinasien, wenn der Krieg nicht sogar die direkte Ursache für die Auswanderung war.[1037] Jedenfalls kamen zu Beginn des 1. Jt. etruskische Gruppen sowohl auf die Insel Lemnos als auch an die Küste Mittelitaliens an, und damit begann hier eine Hochkultur sich schlagartig zu entfalten. Ihr Niveau ragte aus der ärmlichen Umgebung der ansässigen, italischen Stämme auffallend heraus.[1038] Dabei kamen die Etrusker nicht als Eroberer und führten keinen Krieg, sondern sie siedelten sich zuerst an der Küste an, die von den einheimischen Stämmen nicht bewohnt war. Diese lebten im bergigen, wasserreichen Landesinneren als Bauern in ihren strohgedeckten Hütten, auch Rom, die sogenannt „ewige Stadt", war damals nur ein Hüttendorf. Die ersten Römer waren mit anderen indoeuropäischen Einwanderern ein Jahrtausend früher nach Italien gekommen und hatten sich am Tiber niedergelassen. Dort begannen sie ihre Ruhmeslaufbahn damit, die Frauen ihrer Nachbarn zu rauben und

---

[1035] A.a.O., S. 134–135. – Den langen, oben spiraligen Stab tragen heute noch katholische Bischöfe als geistlichen Hirtenstab; seine Herkunft und die des Orakelwesens wird aus Babylon vermutet.
[1036] *Die Zeit*, Nr. 53, 20. Dez. 2017, S. 18, darin: Alexander Bätz.
[1037] Es ist keineswegs sicher, ob es sich um eine einzige Volksgruppe handelte, die auswanderte, oder ob nicht mehrere Volksgruppen die „Etrusker" ausmachten, die zusammen oder in zeitlichen Abständen in Mittelitalien ankamen. Sie sind jedoch alle aus dem ägäischen Raum gekommen und teilten eine gleichartige vor-indoeuropäische Kultur.
[1038] Diese Altansässigen besaßen die Villanova-Kultur, die fälschlich als Frühstufe der Etrusker betrachtet wird. Es ist die Hypothese von der autochthonen Entstehung der etruskischen Kultur, bei der so getan wird, als hätten die Etrusker die städtische Kultur erst von den Römern erhalten, was den geschichtlichen Ablauf auf den Kopf stellt.

zu vergewaltigen, um ihr Nachwuchsproblem zu lösen.[1039] Als die Etrusker ankamen, übte deren hohe Kultur auf die italischen Stämme eine derart starke Anziehungskraft aus, dass viele ihre Siedlungen auf den Hügelkuppen verließen und sich an der Küste mit den Neuankömmlingen und ihrem weiten Handelsnetz verbanden.[1040] Auch die Römer, die sich nicht von der Stelle rühren mussten, da sie ohnehin nahe am Meer wohnten, gerieten unter etruskischen Einfluss.

Die Etrusker gründeten nun zahlreiche Städte zusammen mit den einheimischen Stämmen, und so breitete sich ihre Kultur rasch aus. Ihr Wohngebiet umfasste anfangs die Toskana und Umbrien, später dehnte es sich weiter südlich nach Latium und Kampanien aus, weiter nördlich in die Po-Tiefebene und westlich nach Korsika (vgl. Karte 2 von Kap. 7, S. 333). Sie waren hervorragende Stadtplaner und Baumeister, ebenso Spezialisten in Be- und Entwässerung, so dass man etruskische Ingenieure gern als Hilfe hinzuzog. Ab dem 6. Jh. hatten sie Etrurien in eine blühende Kulturlandschaft verwandelt und Dutzende von Städten gebaut, von denen etliche am Meer und viele andere auf den Gipfeln von Hügeln mit weiten Sichtlinien in der Runde lagen. Auch das frühe Rom erhielt von den Etruskern seine urbane Struktur. Die Städte waren politisch unabhängige Stadtstaaten, von denen sich die zwölf wichtigsten in einem religiösen Bund zusammenschlossen, um den inneren Frieden zu wahren.[1041] Eine Zentralregierung haben die Etrusker nie gewollt und daher nie gebildet. Zwar existierte in einer bestimmten Phase ein Königtum, verbunden mit wichtigen Clanoberhäuptern und reichen Kaufleuten, wobei jede Stadt eine solche Gruppierung hatte. Ob dies zu einer strikt hierarchischen Gesellschaft mit „Eliten" und „Abhängigen" geführt hat, wird jedoch bezweifelt, denn es gab zugleich die sehr angesehenen Priester und Priesterinnen, Beamten, Baumeister, Ingenieure, die handwerklichen Spezialisten in der Schmiedekunst und die gleich geachteten Spezialistinnen in der Kunst der Keramik- und Textilherstellung.[1042] Vor allem horteten die Wohlhabenden ihren Reichtum nicht privat, sondern gaben ihn für die Gemeinschaft aus, indem sie in ihre Stadt investierten und Straßenpflaster, Kanalisation und Hafenanlagen bauen ließen.[1043]

Der Hintergrund für diese Haltung waren Werte des Teilens und Ausgleichs, eben matriarchale Werte, von denen die etruskische Kultur noch geprägt war. Man sieht es an den Grabbauten in den ausgedehnten Grabanlagen: Sie waren keine Einzelgräber, sondern wurden als Gemeinschaftsgräber für ganze Sippen angelegt, wobei diese mehr oder weniger wohlhabend sein konnten. Die Grabbauten spiegeln auch keine Hierarchie der Geschlechter, sondern zeigen Männer und Frauen zu gleichen Anteilen und mit gleicher Ausstattung. So bestand ein egalitäres Sippenwesen, in das

---

[1039] Das berichtet die Sage vom „Raub der Sabinerinnen".
[1040] Vgl. zu dieser These Giovanni Feo: *Die Hohlwege der Etrusker. Die zyklopischen heiligen Gänge von Sovano, Sorano und Pitigliano*, Pitigliano 2007, Editrice Laurum, S. 5-10.
[1041] Jörg Gebauer: „Etrurien – Land und Geschichte", in: Ausstellungskatalog *Die Etrusker von Villanova bis Rom*, J. Gebauer/F. S. Knauß (Hg.), München 2015, Staatliche Antikensammlungen und Glyptothek, S. 15-19.
[1042] Vgl. Leonie C. Koch: „Die Frauen von Veji – gegliederte Gesellschaft oder befreundete Gemeinschaft?" in: T. L. Kienlin/A. Zimmermann (Hg.): *Beyond Elites. Alternatives to Hierarchical Systems in Modelling Social Formations*, Bd. 2, Bonn 2012, Rudolf Habelt Verlag, S. 483-508.
[1043] Bätz, in: *Die Zeit*.

individuelle Ehen eingebettet waren, als die tragende Ordnung der Städte.[1044] Dabei pflegten die Etrusker eine hervorragende Grabarchitektur. Grabbauten bestanden aus künstlichen Hügeln mit mehreren Grabstätten in der Tiefe, zu denen man über Treppen hinunterstieg. Oder sie wurden als reich verzweigte Höhlen mit inneren Säulen in Felswände hineingehauen, wobei man sie manchmal zu unterirdischen Bauwerken ausarbeitete (Abb. 12). Gelegentlich schmückte man sie sogar mit tempelartigen Außenfassaden und Figuren-Friesen.[1045] Grabhöhlen kamen auch in den senkrechten Wänden der eindrücklichen, künstlichen Hohlwege vor. Diese schmalen, teils sehr tiefen Hohlwege verbanden etruskische Höhensiedlungen absteigend mit den Wasserläufen in den Schluchten und wieder aufsteigend mit den anderen Höhensiedlungen, sie galten als „heilige Wege".[1046] Zusätzlich wurden Grabbauten zu Nekropolen oder „Totenstädten" im buchstäblichen Sinne zusammengefügt, die beachtliche Areale einnehmen. Die Gräber imitieren dabei die Häuser der Lebenden,

Abb. 12: Inneres eines ausgebauten etruskischen Grabes (Banditaccia-Nekropole) (aus: Führer zu den Stätten der Etrusker, S. 11)

[1044] Leonie Koch, insgesamt.

[1045] Nekropolen aus Hügelgräbern sind z.B. Tarquinia (rekonstruiert), Cerveteri, Blera und San Cerbone. Im Tuff-Felsengebiet um den Bolsena-See (Terra del Tufo) finden sich in die Felsen eingehauene Nekropolen, z.B. Crocifisso del Tufo, Norchia, Tuscania, Sopraripa und San Rocco. Etliche dieser Stätten wurden von mir besucht, ebenso einige etruskische Hohlwege.

[1046] Diese Hohlwege (Vie Cave) sind sehr eng und 10 bis 25 Meter tief. Hohlwege mit Gräbern finden sich insbesondere um Sovana, Sorano und Pitigliano. Vgl. dazu G. Feo: *Die Hohlwege der Etrusker;* C. Rosati/C. Moroni: *The Etruscans and the Hollow Paths*, Grosseto/Italien 2013, Moroni Editore.

Spätmatriarchale Kulturen und Patriarchalisierung in Südeuropa 367

sie zeigen Wände und Dachsparren im Inneren, manchmal sogar in Stein gehauenes, prächtiges Wohnungsinventar. Das zeigt die große Liebe und Achtung der Etrusker für die Verstorbenen und einen reichen Kult für ihre Ahninnen und Ahnen.

Es war jedoch eine außerordentliche Lebensfreude, welche die etruskische Kultur auszeichnete und die auch vor den Gräbern nicht Halt machte. Denn im Inneren wurden die Grabkammern mit farbenprächtigen Wandmalereien geschmückt, es ging buchstäblich „bunt" darin zu. Man findet keine Bilder von Trauer und Klage, nicht eine düstere, feindliche Todesvorstellung wie bei den indoeuropäischen Griechen und Römern. Sondern die Fresken zeigen Szenen voller Schönheit und Lust, die eine heitere Jenseitswelt spiegeln und Einblick in den genussfrohen Lebensstil der etruskischen Frauen und Männer gewähren – es erinnert an die Lebensfreude der minoischen Kultur. Dabei spielten im Diesseits wie im Jenseits Ess- und Trinkgelage die Hauptrolle, sie treten als häufigstes Motiv in den Fresken auf. Wie auf Kreta dürfte es sich auch hier nicht um profane Vergnügungen gehandelt haben, sondern die Gelage waren zugleich religiöse Zeremonien zur Feier des Zusammenhalts der Sippen und Gemeinschaften. Dabei fällt auf, dass stets ein gleicher Anteil von Männern und Frauen abgebildet ist, wobei es sich bei den Frauen nicht um Hetären oder Prostituierte handelt, sondern um die Gemahlinnen der Männer. So sieht man auf dem zentralen Gemälde in einem Grab aus Tarquinia drei Ehepaare auf drei Speisesofas liegen, die ein Musikant mit Doppelflöte erfreut und ein nackter Knabe bedient, während in der Bildmitte eine Frau ein Gefäß mit feinem Salböl herbeibringt (Abb. 13). Die Gesten sind lebhaft und die Farben der Gewänder intensiv blau und rot, Frauen wie Männer

Abb. 13: Etruskisches Trinkgelage, Fresko von der Rückwand eines Grabes in Tarquinia („Tomba del Triclinio", nachgemalt von Klaus Staps) (aus: Die Etrusker von Villanova bis Rom, S. 323)

haben sich mit Lorbeerkränzen geschmückt. Auf dem Gemälde der Seitenwand desselben Grabes begleiten Musik und Tanz das Gelage, denn man sieht einen Musikanten mit Leier, einen anmutigen Tänzer und zwei Tänzerinnen in zarten, durchsichtigen Gewändern (Abb. 14). Frauen und Männer sind überall gleichgroß dargestellt, auch die Kleidung ist, bis auf ein feines Obergewand bei den Frauen, gleich: bunte Tunika, Sandalen und knöchelhohe Schuhe. Auffallend ist die Hautfarbe, denn die Männer sind rotbraun abgebildet und Frauen mit heller bis weißer Haut, ein Stilmerkmal, das von den minoischen Fresken Kretas bekannt ist. Auch die Motive sind den minoischen ähnlich, denn man erblickt allgemein friedliche Szenen; es gibt keine Bilder von Kriegern und Schlachten.[1047] Stattdessen dominieren die fröhlichen Bankette mit Tanz, und man sieht auch eine Priesterin in ausgesprochen bunter Tracht tanzen.[1048] Die Menschen sind verwoben mit Tieren und Pflanzenmotiven dargestellt, hinzu treten exquisite Landschaftsbilder mit Vögeln und Booten, die wie in Kreta nicht nur als Dekoration zu verstehen sind. Unter den Tieren kommen ganz un-italienische Exemplare vor, wie Löwen, Leoparden und Affen. Auch mythische Wesen erscheinen, zum Beispiel Sphingen, die den minoischen gleichen, und mächtige Sirenen als Frauen mit Fischschwanz und Flügeln, die göttliche Eigenschaften haben. Diese und andere sogenannt „orientalischen" Symbole weisen ihrerseits auf die ägäische Herkunft der Etrusker hin.

Die Gemälde zeigen das völlig freie Auftreten der Frau in der Öffentlichkeit und dokumentieren ihre hohe gesellschaftliche Stellung. Die Beziehung der Geschlechter war egalitär und partnerschaftlich.[1049] So zeigen auch die großen, steinernen Sarko-

Abb. 14: Musiker, Tänzerinnen und Tänzer, Fresko an der Seitenwand desselben Grabes in Tarquinia (nachgemalt von Klaus Staps) (aus: Die Etrusker von Villanova bis Rom, S. 324)

[1047] Erst durch griechischen Einfluss treten Motive von Kämpfen in der etruskischen Kunst auf, sie bilden jedoch mythologische und keine realen Szenen ab.
[1048] Auf einem Grabgemälde aus Tarquinia.
[1049] Vgl. L. Bonfante: „Etruscan", in: L. Bonfante: *Reading the Past,* London 1990, British Museum Press, S. 321–378.

phage, auf deren Deckel die Bestatteten als Skulpturen mit individuellen Gesichtszügen dargestellt sind, halbliegend wie beim Gelage, manchmal Ehepaare in liebevoller Zugewandtheit (Abb. 15). Die Bedeutung der Frauen lag in ihrer ökonomischen Unabhängigkeit, sie hatten Besitz und Reichtum, und prächtige Gräber gehörten nicht nur Männern, sondern auch Frauen.[1050] Darüber hinaus galt bei den Etruskern die Matrilinearität, was an zweisprachigen Grabinschriften abgelesen werden kann: Im Etruskischen kommt außer dem Eigennamen der verstorbenen Person immer der Muttername vor, während der Vatername nur bei den lateinischen Inschriften auftaucht – das weist auf den späteren, patriarchalen Einfluss der Römer hin. Auch die Erbfolge von Schwiegervater auf Schwiegersohn belegt Matrilinearität, es gab keine direkte Erblinie unter Männern. Die Namen, Titel und Güter wurden in weiblicher Linie weitergegeben, und ein Mann konnte nur als Gatte einer Tochter vom Schwiegervater erben, etwa wenn es um männliche Titel ging. Über diese matrilineare Vererbung verdankten die etruskischen Könige den Thron einer Frau.[1051]

Die Westgriechen in Süditalien und die Römer am Tiber waren darüber empört, die Römer nannten die Etrusker wegen ihrer Genussfreude eine „fette, feiste Bande", und die Griechen bescheinigten den Etruskerinnen „unmoralischer Lebenswandel".

Abb. 15: Etruskisches Ehepaar, Skulpturen auf einem Sarkophag (aus: Scarre: Weltatlas der Archäologie, S. 152)

[1050] Gimbutas/Dexter: *The Living Goddess*, S. 166.
[1051] Gimbutas: *Die Zivilisation der Göttin*, S. 347. – Die Vererbung männlicher Titel ging hier offenbar nicht mehr vom Mutterbruder über die Schwester auf den Schwestersohn über, wie in matriarchalen Clans üblich, weil die Etrusker in individuellen Ehen lebten, die jedoch mit dem matrilinearen Clangefüge noch zusammenhingen.

Denn Ehefrauen bei den Gelagen, die gern tranken und sogar Trinksprüche ausbrachten, waren bei ihnen eine Unmöglichkeit! Der griechische Geschichtsschreiber Theopompos (4. Jh.) beschrieb die Freiheit der etruskischen Frauen mit großem Erstaunen: Sie machten sorgfältige Köperpflege, betrieben gemeinsam mit den Männern Sport, und zwar nackt. Sie waren sehr schön, ebenfalls schriftkundig und gebildet. Sie konnten auch einen anderen Mann als ihren Ehemann für ein Liebesabenteuer wählen, was häufig nach einem Bankett geschah, und sie zogen alle ihre Kinder auf, unabhängig davon, wer der Vater war. – Das heißt, obwohl die Etrusker die Paarungsehe pflegten, hatten Frauen nicht nur sexuelle Freiheit, sondern ihr Erziehungsrecht war unabhängig vom Mann, was eine klare Folge der Mutterlinie und der Verfügung über eigenen Besitz ist. Denn die Kinder hießen ohnehin nach der Mutter und gehörten allein zur Muttersippe.[1052]

Die Griechen und Römer fürchteten jedoch den hohen Status der Frau. Nach ihrer Meinung führen starke Frauen zu Konflikten zwischen den Geschlechtern, weshalb sie als „Bedrohung für die Macht des Staates" angesehen wurden. Das ist durchaus richtig für ihren patriarchalen Staat, in welchem die Frauen sehr unterdrückt waren, wie wir schon für Athen gesehen haben. Den Römerinnen erging es nicht besser, eher war die patriarchale Familienordnung, der sie unterworfen wurden, noch schärfer. Denn im römischen Staatswesen galt es, nicht nur einen kleineren oder größeren Stadtstaat, sondern ein wachsendes, militärisches „Weltreich" durch absoluten Gehorsam in Inneren zu stützen. So besaßen die Römerinnen nichts und erbten nichts, sie waren nur dazu da, das Haus in Ordnung zu halten und Kinder zu gebären. Es war ihre Pflicht, drei bis vier Kinder auf die Welt zu bringen, möglichst Söhne, weil das Römische Imperium Soldaten brauchte. Eine römische Frau hatte nicht einmal einen eigenen Namen, denn zuerst hieß sie „Tochter des Vaters", dann „Frau des Ehemannes", und wenn dieser vor ihr starb, hatte sie einem Vormund zu gehorchen. Frauen standen grundsätzlich unter der Familiengewalt der Männer und waren niemals frei. Als ihre Tugenden wurden Gehorsam, Unterwürfigkeit und Treue gerühmt, daher musste die Ehefrau sich nicht nur seiner patrilinearen Sippe, sondern auch seinen Göttern unterwerfen. Der „pater familias", der römische Familienvater, hatte absolute Verfügungsgewalt über die Gattin und Kinder („patria potestas"). Was die Kinder betraf, so konnte er sie aussetzen, wenn sie ihm nicht gefielen, was meistens mit kleinen Töchtern geschah. Gegenüber der Ehefrau, die wie alle Frauen von Natur aus als „schlecht" galt, war er verpflichtet, sie streng zu führen, ihr bei Ungehorsam zu drohen, sie körperlich zu züchtigen und ehelich zu vergewaltigen. Er hatte auch über sie das Recht auf Leben und Tod, das heißt, er konnte sie straflos erschlagen. Denn sie galt nach römischem Recht als sein privates Eigentum, als bloße Sache. Von einem richtigen Mann wurde hingegen erwartet, dass er sich Liebeserfahrungen mit unverheirateten und verheirateten Frauen verschaffte, was natürlich nur den verführten Frauen zum Schaden gereichte. In allen Phasen des römischen Staatswesens waren die Römerinnen von der Öffentlichkeit und Politik ausgeschlossen, sie standen ihr ganzes Leben lang unter der Aufsicht von Männern, und man sorgte dafür, dass sie „ihrer Sklavenketten nicht ledig wurden" (römischer Volkstribun).[1053]

[1052] Ebd.; Gimbutas/Dexter, S. 166.
[1053] Bornemann, S. 385–386, 388–389, 394, 412.

Dies stand in krassem Gegensatz zur Kultur der etruskischen Frauen und Männer, denn nach allem hier Gesagten ist klar geworden, dass sie eine spätmatriarchale Gesellschaft aus dem ägäischen Raum mitgebracht hatten. Es war eine Rang-Gesellschaft mit schwachem Königtum und einer gewissen Umverteilung des Reichtums. Die Sozialordnung kannte die gleichwertige Aktionssphäre beider Geschlechter und besaß Matrilinearität im Clanwesen und Egalität der Eheleute. Die Gleichwertigkeit der Geschlechter galt auch in der ausgeprägten Ahnenverehrung; diese war verknüpft mit einer freundlichen Vorstellung von der Anderswelt, wo das Leben in Freuden weitergeht und woher es auch zurückkommt. Die meisten ihrer Gottheiten waren weiblich, ihre Große Göttin hieß „Uni" und galt als allumfassend.[1054] So waren die göttlichen Kräfte für die etruskischen Frauen und Männer immer anwesend, sie griffen ständig in das Geschehen ein, denn das Göttliche wurde als immanent aufgefasst wie in der minoischen Religion. Daher war die Erkundung des göttlichen Willens für die etruskischen Priesterinnen und Priester von höchster Bedeutung.[1055]

Selbst die Römer bescheinigten den Etruskern eine tiefe Frömmigkeit mit größter Gewissenhaftigkeit im Umgang mit dem Göttlichen. Dennoch hängten sie ihnen das Etikett „Väter des Aberglaubens" an, um sie herabzusetzen, obwohl sie von der etruskischen Kultur viele geistige Güter übernahmen: in der Architektur, der Stadtplanung, der Schrift, der Kunst, der Symbolik, im priesterlichen Orakelwesen und sogar bei den Gottheiten. So wurde aus der etruskischen Uni die römische Göttermutter Juno, allerdings nur als unterwürfige Gattin des obersten römischen Gottes Ju-piter („Gott-Vater"), und aus der etruskischen Menevra wurde Minerva, eine Kriegsgöttin, die mit der griechischen Athene vermischt wurde.[1056] Allgemein übernahmen die Römer das Pantheon der griechischen Gottheiten, das bereits die irdisch-patriarchale Welt spiegelt. Sie gaben ihnen nur römische Namen.

Aber nichts war den Römern wichtiger, als die etruskische Lebensweise, die ihnen in direkter Nachbarschaft gefährlich erschien, zu römisieren, das heißt, zu patriarchalisieren. Hinzu trat die Rivalität um die Eisenerzlager und den Seehandel. Um 500 rebellierten sie gegen die etruskischen Könige, nachdem sie lange unter deren Führung gestanden hatten, und 474 riefen sie die Römische Republik aus, die – wie stets in einem solchen Fall – eine Republik der Männer war. Als die Etrusker eine große Seeschlacht gegen die süditalienischen Griechen verloren, war ihr Niedergang besiegelt, denn sie hatten keine Kraft mehr gegen die aggressive Expansion von Rom. Die Römer hatten intensiv aufgerüstet und führten nun mit ihren schwerbewaffneten Kohorten, mit denen sie die griechische Phalanx kopierten, einen Dauerkrieg gegen ihre Nachbarn, so dass diese im 1. Jh. unter römische Herrschaft gerieten. Obwohl etruskische Elemente im politischen und religiösen Leben Roms fest verankert waren,

---

[1054] Von „Uni" leitet sich „Universum" ab.
[1055] Aus dieser Darstellung der etruskischen Gesellschaft geht hervor, dass die unpassenden Vergleichsmodelle, die von den Forschern meist herangezogen werden, wie die aristokratische Gesellschaft der patriarchalen Welt Homers oder gar der patriarchalen Römer, zu verzerrten Ergebnissen führen müssen. Solche falschen Analogien machen die etruskische Kultur erst so „geheimnisvoll", weil sie nicht verstanden wird. Es ist sicher angemessener, sie mit den Kulturen zu vergleichen, aus deren Umfeld sie stammt, nämlich den altägäischen, insbesondere der minoischen Kultur Kretas, wie es hier von mir unternommen wurde.
[1056] Gimbutas/Dexter, S. 167–170.

gingen die etruskische Sprache, Kultur und spätmatriarchale Gesellschaftsordnung zugrunde. Nach zähem Widerstand mussten sie schließlich Römer werden, und von da an stellten die Etruskerinnen keine „Bedrohung für den Staat" mehr dar.[1057]

In der Folgezeit waren römische Dichter und Philosophen, genauso wie ihre griechischen Kollegen, sehr bemüht, die Frauenfeindlichkeit auch geistig fest zu verankern. Mit der Ausdehnung des römischen Imperiums in den nächsten Jahrhunderten wurden dann nicht nur ihr Sklavenhalter-Staat, sondern auch die griechisch-römische Frauenfeindlichkeit in ganz Europa verbreitet.

Räter, Sarden, Basken: vergessene Völker bis heute

Die Geschichte der *Räter* hängt mit diesen Veränderungen in Mittelitalien eng zusammen. Ihr Wohngebiet: der südöstliche Alpenrand des Friaul und die südlichen Alpentäler wie das Etschtal, das Val Camonica (Italien), ebenso warme, mittlere Alpentäler wie der Vintschgau (Südtirol), das Unter- und Oberengadin, das Oberhalbstein und Domleschg (Schweiz), auch das nördlicher gelegene Rätikon (Österreich), war schon in der Jungsteinzeit von Bauern und Hirten besiedelt worden (vgl. Karte 2 von Kap. 7, S. 333). Diese wagten sich sogar in die hohen Zonen des Alpenhauptkammes vor, wie der Fund des berühmten „Mannes aus dem Eis", populär „Ötzi" genannt, beweist (3350–3100). Die Räter galten den antiken Schriftstellern als „Urvölker" mit nicht-indoeuropäischen Sprachen.[1058] Mit den späteren, bronzezeitlichen Kulturen der italischen Stämme hatten sie nichts gemeinsam.[1059]

Dabei sind die sog. „Räter" kein einheitliches Volk, sondern eine in den Alpen verstreute Gruppierung verschiedener kleiner Stämme; erst die Römer benannten sie summarisch als „Räter". Aber rätische Frauen und Männer hatten eine Eigenheit, denn es heißt von ihnen in den antiken Quellen, dass sie regelmäßig von den südlichen Alpentälern herabstiegen, um ihre Göttin Reitia, ihre Große Mutter, in deren Heiligtum von Este in der Po-Ebene nahe bei Padua zu verehren.[1060] Das zeigt, dass sie einst auch die Po-Ebene bewohnt haben, wohin sie über die Adria gelangten, denn diese Volksgruppen waren von altmediterraner Herkunft. Vor den eindringenden Indoeuropäern hatten sie sich aus der Ebene in die Alpentäler zurückgezogen.

Ihre Gesellschaftsordnung war, wie bei allen altmediterranen Völkern, matriarchal. Das änderte sich auch nicht, als sie ab dem 6. Jh. mit den Etruskern in Kontakt kamen, die ihre kultivierende und städtebauliche Tätigkeit bis in die Po-Ebene ausdehnten. Denn deren Sozialordnung war ähnlich, so pflegten sie friedlichen Aus-

---

[1057] Christian Gliwitzky: „Aus Etruskern werden Römer", in: Ausstellungskatalog *Die Etrusker von Villanova bis Rom*, S. 254–258, 263–265.

[1058] Unter „Urvölkern" verstehen wir hier Völker mit neolithischen Wurzeln und neolithischem Erbe.

[1059] Regula Frei-Stolba: „Die Räter in den antiken Quellen", in: *Das Räterproblem in geschichtlicher, sprachlicher und archäologischer Sicht*, Chur 1984, Schriftenreihe des Rätisches Museums Chur, S. 11.

[1060] O. Menghin: „Die Räter in Tirol", in: *Das Räterproblem*, S. 54–59. – Diese Göttin erscheint in späterer Gestalt noch im rätoromanischen Margaretha-Lied; vgl. Christian Caminada: „Das Rätoromanische St. Margaretha-Lied", in: Christian Caminada: *Graubünden. Die verzauberten Täler. Die urgeschichtlichen Kulte und Bräuche im alten Rätien*, Disentis 1992, Desertina Verlag.

tausch und übernahmen von ihnen die Schrift.[1061] Aber die Etrusker wurden im 5. Jh. nicht nur von den Römern, die mit systematischer Eroberung vorrückten, im Süden bedrängt, sondern ebenso im Norden von den wilden Kriegerscharen der Kelten. Keltische Stämme überzogen mit ihren Eisenwaffen große Teile Europas mit Krieg, gelangten nach Oberitalien und mordeten und plünderten auch hier. Sie setzten sich in der fruchtbaren Po-Ebene fest, zerstörten die etruskische Kultur in Norditalien und brandschatzten um 390 sogar die Stadt Rom. Wieder flohen verschiedene Volksgruppen in die Alpentäler, darunter viele Etrusker, aber auch Ligurer vom südwestlichen Alpenrand. Beide trugen zu der Volksmischung der Räter bei und hinterließen ihre sprachlichen Spuren im Rätischen.[1062]

Auf diese Weise wurden die Alpentäler erneut zu einem Rückzugsgebiet nichtindoeuropäischer Völker, das allerdings zunehmend enger wurde, denn auch die Kelten drangen von der Po-Ebene her in die fruchtbaren Bergtäler ein. So mussten sich die Räter und Räterinnen in noch verstecktere Täler, wie zum Beispiel jene zwischen den schroffen Bergstöcken der Dolomiten, zurückziehen, die sie eine Zeit lang schützten. Aber schließlich entgingen sie auch hier der Unterwerfung nicht, denn zuletzt eroberte die menschliche Kriegsmaschine der römischen Kohorten die Po-Ebene und drang in die Alpentäler vor. Im Jahr 15 v.u.Z. besetzten die Römer die gesamte Alpenregion und machten zwei römische Provinzen daraus, das südliche und das nördliche Rätien. Tapfer doch vergebens hatten sich die Räter gewehrt, sie wurden nun 500 Jahre lang kolonialisiert und mussten patriarchale Sitten und römische Sprache annehmen, woraus ihre neue Sprache, das Rätoromanische, hervorging. Danach wurden sie „Rätoromanen" genannt und leben bis heute als Friauler in Italien, als Ladiner im Osten Südtirols und im Trentino, als Rätoromanen im Schweizer Kanton Graubünden.

Doch trotz der Romanisierung und später Germanisierung bewahrten die Räter Elemente ihrer matriarchalen Traditionen bis in die Gegenwart. Das zeigt sich insbesondere an dem einzigartigen Sagenzyklus der Ladiner vom „Fanesreich" in den Dolomiten, der von Berggöttinnen und großen Königinnen handelt. Die Berggöttinnen der Sagen spiegeln die Landesnatur wider: Tanna, die Göttin der schroffen Felsentürme, die gütig und gefährlich zugleich ist, Samblana, die Wintergöttin mit dem Gletschermantel, Merisana, die Göttin des Sommers und der grünen Lärchen, Delba, die Sonnengöttin, welche die Seen versilbert. Von den Fanes-Königinnen heißt es, dass sie im Bündnis mit den Murmeltieren ein verborgenes Reich in den Bergen gegründet hatten und es lange gegen die Kelten behaupteten. Die letzte Fanes-Königin Dolasilla verteidigte als amazonische Kriegerin das Fanes-Reich, bis sie verraten wurde und zu Tode kam.[1063] – Diesen großartigen Sagenzyklus, der in mythischen Bildern von ihrer matriarchalen Vergangenheit erzählt, haben die Ladiner und Ladinerinnen durch

---

[1061] Ernst Risch: „Die Räter als sprachliches Problem", in: Das Räterproblem, S. 30.
[1062] A.a.O., S. 22–30.
[1063] Karl Felix Wolff: Dolomitensagen, Innsbruck-Wien-München 1957 (9. Auflage), Tyrolia-Verlag,- Wolff hat als erster die Sagen der Dolomiten einschließlich des Fanes-Zyklus niedergeschrieben. Allerdings hat er aus den Fanes-Sagen eine romantisierende Version gemacht, die obendrein durch seine Klischees von den Geschlechterrollen erheblich patriarchal verzerrt ist.

alle späteren Jahrhunderte bewahrt.[1064] Bis in die Zeit der Gegenreformation haben sie den gesamten Fanes-Zyklus trotz aller Repression jedes Jahr in einem Festspiel aufgeführt. Auf diese Weise konnten sie trotz des Verlustes ihrer politischen Autonomie wenigstens ihre kulturelle Identität bewahren. Erst in der Gegenreformation wurde dieses Festspiel von der Kirche wegen seiner „heidnischen" Inhalte verboten, wobei diesem Verbot wie auch anderswo in Europa durch physische Vernichtung von „Hexen" und „Ketzern" Nachdruck verschafft wurde. Dennoch erzählten sich die ladinischen Frauen und Männer im Geheimen ihre alte, glorreiche Geschichte bis an den Rand der Gegenwart weiter, bis dieser Sagenzyklus im letzten Jahrhundert, in der Zeit der wissenschaftlichen Sammeltätigkeit von sogenannten „Märchen und Sagen", aufgeschrieben und dadurch gerettet wurde.[1065]

Heute ist das ehemals zusammenhängende, alpine Wohngebiet der Rätoromanen und Ladiner durch Übersiedelung und Tourismus zerstückelt, und ihre landwirtschaftliche Basis existiert kaum noch. Die jungen Leute wandern in die Städte ab, und die rätoromanische Sprache ist trotz intensiver Bemühungen in Gefahr zu erlöschen. Außerdem sind die Rätoromanen heute über drei Nationalstaaten verstreut, wo sie sehr unterschiedlichen Bedingungen zum Erhalt ihrer Sprache und Kultur ausgesetzt sind.[1066]

Die *Sarden* von der großen Insel Sardinien westlich von Italien gehören, wie die Korsen von Korsika, auch zu den Urvölkern Europas (vgl. Karte 2 von Kap. 7, S. 333). Beide Inseln waren durch die Jahrtausende der Spielball der wechselnden Großmächte, die sich insbesondere Sardiniens wegen seiner verkehrsgünstigen Lage bedienten. Die Insel war begehrt als Sprungbrett für ihre Herrschaft im Seehandel und wegen der reichen Bodenschätze. In der mittleren Bronzezeit wanderten die vor-indoeuropäischen Ligurer aus den westlichen Mittelmeerländern in Sardinien ein und verbanden sich friedlich mit der ansässigen, jungsteinzeitlichen Bevölkerung; sie brachten dorthin ihre Megalithkultur mit.[1067] So war die frühe Sprache der sardischen Bevölkerung nicht-indoeuropäisch, sondern mit dem Baskischen verwandt, und ihre Lebensweise war matriarchal. Als Bäuerinnen und Bauern, Hirten und Hirtinnen wohnten sie in kleinen Gemeinschaften und ernährten sich bis in moderne Zeiten von ihrer Subsistenzwirtschaft mit kollektivem Grundbesitz. Von den Küsten, wo immer neue Eroberer anlandeten, hatten sie sich schon früh ins bergige Landesinnere Sardiniens zurückgezogen.[1068]

[1064] Der matriarchale Gehalt dieses Sagenzyklus wurde zuerst erkannt von Claire French-Wieser: „Das Reich der Fanes. Eine Tragödie des Mutterrechts", in: *Der Schlern*, Bozen 1975, Verlag Athesia; dann wissenschaftlich herausgearbeitet von Ulrike Kindl: *Kritische Lektüre der Dolomitensagen von Karl Felix Wolff*, 2 Bde., San Martin de Tor, 1983, 1997, Institut Cultural Ladin. Neu nacherzählt wurde er auf diesem Boden von Heide Göttner-Abendroth: *Frau Holle. Das Feenvolk der Dolomiten*, Königstein/Taunus 2005, Ulrike Helmer Verlag, 2. Teil; vgl. auch die Studie zur landschaftsmythologischen Umgebung der Fanes-Sagen in: Heide Göttner-Abendroth: *Berggöttinnen der Alpen*, Bozen 2016, Edition Raetia, S. 73–128.
[1065] Wolff: *Dolomitensagen*.
[1066] Klemens Ludwig: *Ethnische Minderheiten in Europa*, hier: „Die rätoromanischen Völker", München 1995, Beck Verlag, S. 75–80.
[1067] Siehe Kap. 4 in diesem Buch.
[1068] Klemens Ludwig: *Ethnische Minderheiten*, hier: „Die Sarden", S. 85, 87.

Spätmatriarchale Kulturen und Patriarchalisierung in Südeuropa 375

Doch bevor dies geschah, entwickelten sie eine ganz eigentümliche Architektur, und dafür ist Sardinien noch heute als „Insel der Türme" berühmt. In der sardischen Sprache heißen diese Türme „Nuraghen", und diese besondere megalithische Kultur reichte von der mittleren Bronzezeit bis in die frühe Eisenzeit (1.600–900). Nuraghen sind konische, mehrstöckige Rundtürme von mächtigen Ausmaßen, ihre meterdicken Mauern wurden aus großen Quadern gefügt, und hohe Steinkuppeln nach Art des „falschen Gewölbes" überdeckten sie. Das innere Rund diente als Wohnraum, und Wendeltreppen führen im Inneren der Wände zu jeder Etage, wo weitere Wohnräume eingebaut waren (Abb 16a/b). Sie kommen auf der ganzen Insel verstreut vor, in

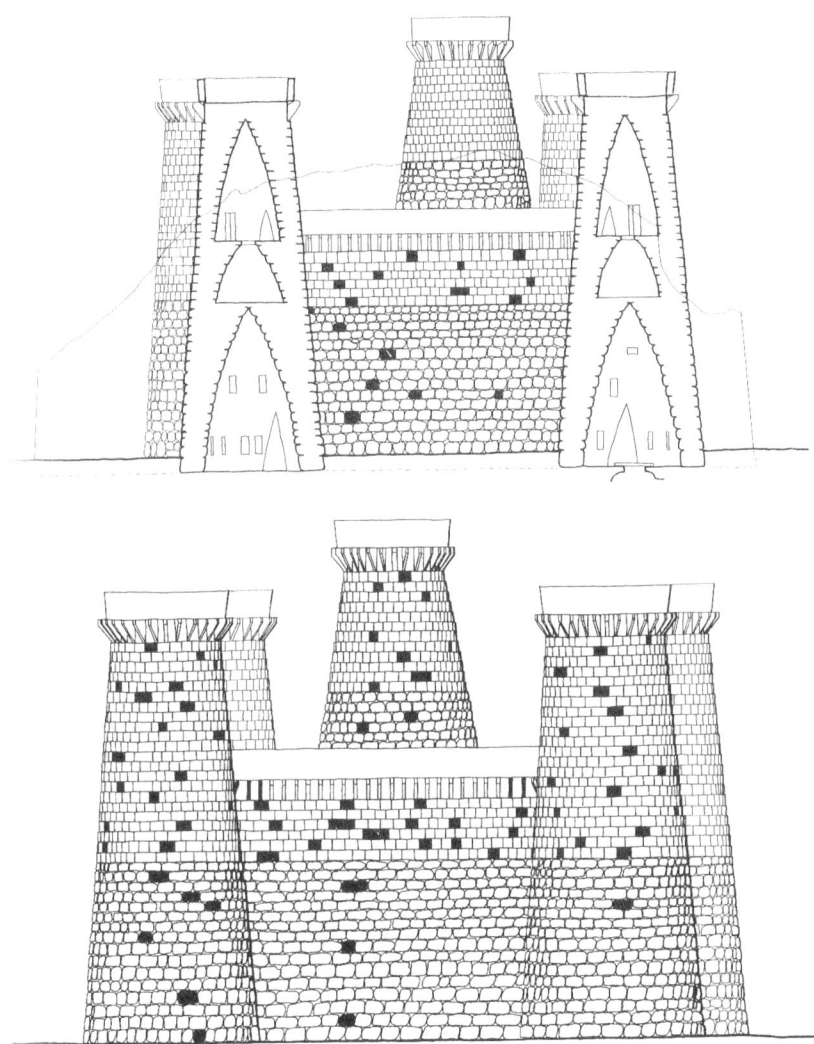

Abb. 16 a/b: Nuraghen-Turm mit komplexer Außenanlage mit vier zusätzlichen Türmen (Nuraghe von Barumini, Rekonstruktion mit Querschnitt und Gesamtansicht) (aus: G. Lilliu/ R. Zucca: Su Nuraxi di Barumini, S. 45)

großer Anzahl, man kennt noch heute siebentausend solcher Bauwerke, allerdings in Ruinen, und schätzt, dass es früher einige Hunderte mehr waren.[1069] Manche von ihnen erreichten eine Höhe von 20 Metern. Sie stehen nichts abseits, sondern mitten in den ehemaligen Siedlungen aus kreisrunden Häusern, entweder einzeln oder in Gruppen von zwei bis fünf Turmkomplexen.[1070]

Die herkömmliche Theorie hält sie für Wehrbauten der einheimischen Stämme, errichtet von aristokratischen „Eliten", die nichts Besseres zu tun hatten als sich untereinander zu bekriegen – das übliche Bild von der Bronzezeit. Aber etliche archäologische Indizien sprechen dagegen: Die Vorform der Nuraghen nennt man „Proto-Nuraghen", die keineswegs turmartig, sondern erhöhte Plattformen mit unregelmäßigem Grundriss sind, auf die eine schmale Treppe hinaufführt und die im Inneren kleine Kammern bergen (ab 1.600). Ein solches Bauwerk ist untauglich für militärische Zwecke, aber für religiöse Zeremonien auf der Plattform sehr gut geeignet. Außerdem hat man solche Proto-Nuraghen in Verbindung mit Heiligtümern gefunden.[1071] Bereits diese ersten Bauten aus großen Steinblöcken setzen einen starken Zusammenhalt der Gemeinschaften auf einer guten ökonomischen Grundlage voraus. Dieses gemeinschaftliche Leben ist auch aus den sog. „Gigantengräbern" ersichtlich, typischen Megalithgräbern mit prächtigen Fassaden und langgezogenen Grabhügeln (1.600–1.400) (vgl. Abb. 9 von Kap. 4, S. 169). Sie dokumentieren sowohl die hohe Baukunst wie den großen Gemeinschaftssinn der Menschen, denn sie waren Kollektivgräber mit manchmal Hunderten von Personen, bei gleichem Anteil von Männern und Frauen.[1072] Das weist unmissverständlich noch in der Bronzezeit auf eine egalitäre Gesellschaft hin, wie sie aus der Jungsteinzeit Sardiniens überliefert worden ist.

Zudem ist eine allgemeine Religiosität der bronzezeitlichen Bevölkerung Sardiniens zu erkennen, die sich besonders in ihrem sog. „Wasserkult" zeigt. Wasser ist auf einer heißen, trockenen Insel sehr kostbar, deshalb wurde jede Quelle und jeder künstlich gegrabene Brunnen mit einem kleinen Tempel überbaut. Diese schönen Brunnentempel bestehen aus einer Steinkuppel, welche die Quelle überwölbt, und einer breiten Treppe, die zum Wasser hinunter führt, zusätzlich aus Vorhöfen für religiöse Zeremonien (Abb. 17a/b).[1073] Auch in die Nuraghen wurden Brunnen eingebaut, die meisterhaft waren, wie ein perfekt ausgekleideter Brunnen von 40 m Tiefe zeigt, ganz abgesehen von gleichfalls vorhandenen Wasserleitungen und Kanalisation. Die Brunnen in den Türmen wurden genauso heilig gehalten und verehrt, wie Vasen und andere Opfergaben, die darin versenkt wurden, beweisen.[1074] Bemerkenswert ist, dass die Zeremonien der Wasserverehrung, die zentral waren, von Priesterinnen ausge-

---

[1069] Siehe zu der Anzahl von siebentausend Nuraghen: *Sardinien. Land der Türme*, Ausstellungskatalog der Universität Zürich, Hg.: Bürge/Minoja/Reusser/Salis/Usai, Zürich 2016, Universität Zürich, S. 4.

[1070] Beispiele sind: Nuraghe Santu Antine im „Tal der Nuraghen"; Nuraghe di Su Rei, Nurgahe Arrubiu, Nuraghe Losa, Nuraghen-Komplex Palmavera, Nuraghen-Komplex Serra Orrios; Nuraghe von Tamuli in einem Ensemble von Dorf, Gigantengrab und sechs Menhiren; Su Nuraxi von Barumini mit fünf mächtigen, untereinander verbundenen Türmen.

[1071] *Sardinien*, S. 20–22, 120–121.

[1072] A.a.O., S. 54–56, 58.

[1073] Beispiele von Brunnentempeln sind: Su Tempiesu, Funtana Coberta, ein besonders schöner ist Santa Cristina. Vgl. a.a.O., S. 42–43, 46–47, 76–77.

[1074] A.a.O., S. 70–72, 86–87. – Der 40 m tiefe, heilige Brunnen wurde im Nuraghe San Antine gefunden.

Abb. 17 a/b: Brunnentempel mit Kuppel (Fotos: Siegrun Claaßen)

führt wurden. Mehrere bronzene Figürchen stellen sie mit einem hohen, spitzen Hut, langen Zöpfen und einem Priesterinmantel dar, und man sieht sie in betender Geste, manchmal brennende Fackeln oder Opferschalen haltend (Abb. 18). Dagegen sind keine solchen Abbildungen von männlichen Priestern überliefert. Überhaupt schien das Leben der Menschen stark von der Religion geprägt zu sein. Denn viele bronzene Kleinfiguren zeigen sakrale Details, sogar bei Jagdszenen mit Männern und wilden Schafen, ebenso bei Votiv-Schiffchen, auf denen Vögelchen und die heiligen Tiere Widder und Stier sitzen, gelegentlich so dicht, dass es wie eine „Arche Noah" aussieht.[1075]

Auch die Nuraghen selbst waren sakrale Bauten und wurden für religiöse Versammlungen und Zeremonien gebraucht. Die Menschen errichteten sie als Gemeinschaftswerk, und die Türme wurden bewohnt, was die darin aufgefundenen Haushaltsutensilien wie Kochgeschirr und Spinnwirteln belegen. Es führten also auch Frauen, vielleicht als Priesterinnen, in diesen „Wehrbauten" ein ganz normales Leben, was dem gängigen, kriegerischen Weltbild widerspricht.[1076] Auch eine sardische

---

[1075] A.a.O., S. 100–101, 111, 112, 122.
[1076] A.a.O., S. 28.

Abb. 18: Bronzefigur einer sardischen Priesterin mit Spitzhut und Zöpfen (aus Katalog: Sardinien. Land der Türme, S. 97, Nachzeichnung von Gudrun Frank-Wissmann)

Sage bestätigt es, in der es heißt, dass die Nuraghen als Tempel für die Gottheiten dienten, worin es auch Grabstätten für vermutlich heilige Könige gab.[1077] Außerdem hat man in anderen religiösen Anlagen kleine Modelle von Nuraghen gefunden, die hier als Opfertische, als Altar und sogar als Räuchergefäß gestaltet waren, was den sakralen Charakter der Türme deutlich macht. Die Forscher erklären dazu, dass die Nuraghen am Ende der Bronzezeit (um 1.000), als man keine neuen mehr errichtete, generell sakralisiert wurden.[1078] Nun, vielleicht waren sie schon immer religiöse Bauten gewesen!

Das schließt jedoch nicht aus, dass sie in einer bestimmten Phase der Nuraghen-Kultur eine zusätzliche Funktion als Schutzbauten erhielten. In der späten Bronzezeit (1.300–1.100) siedelten sich Menschen in Dörfern aus kreisrunden Häusern um die Nuraghen an, was ihrem Schutzbedürfnis entsprach, sich bei Gefahr in die Türme zurückziehen zu können. Manche Nuraghen erhielten jetzt Zusatzbauten, wie beispielsweise eine sie umgebende, massive Bastion.[1079] Schießschartengalerien an der Mauerkrone der Türme waren für Bogenschützen zur Verteidigung wichtig; man hat etliche bronzene Statuetten von solchen Bogenschützen gefunden.[1080] Für diese Veränderung scheiden sich gegenseitig bekämpfende Häuptlinge von „herrschen-

---

[1077] Siehe „La leggenda di Norace" (auf Sardisch: „Sa fabula de Noraxi"), in: Francesco Enna: *Miti, Leggende e Fiabe della tradizione popolare della Sardegna*, Sassari 1994, Carlo Delfino editore, S. 84/85.
[1078] *Sardinien*, S. 32–33, 83.
[1079] Das berichtet auch die genannte sardische Sage, dass die Menschen Steinhäuser bauten und die Nuraghen befestigten, um sich gegen barbarische Überfälle von der See her zu schützen, die sehr dramatisch beschrieben werden. Vgl. Enna, S. 83, 85/82, 84.
[1080] G. Lilliu/R. Zucca: *Su Nuraxi di Barumini*, Reihe: *Das archäologische Sardinien*, Führer Nr. 9, Sassari/Sardinien 1994, Verlag Carlo Delfino, S. 53.

den Eliten" aus, denn es gibt keine Indizien für Angriffswaffen und Kriegertruppen. Die überlangen Bronzeschwerter, die Archäologen fanden, waren für den Kampf ungeeignet, es handelte sich ausschließlich um Weihegaben für die Gottheiten, wie Steinblöcke mit Löchern für die Schwerter in den Heiligtümern zeigen.[1081] Aber verdächtig ist, dass in manchen Siedlungen mykenische Keramik auftauchte, und zwar nicht nur an der Küste, sondern sogar im Landesinneren.[1082] Der Metallreichtum der Insel lockte Handelsschiffe aus dem östlichen Mittelmeerraum an, die über Sizilien als Zwischenstation hierher kamen. Die Gefahr für die Einheimischen kam also von außen, vom Meer her, denn die mykenischen Achäer waren nicht zimperlich, wenn es um ihre Interessen ging. Ihre Art des Handels ging leicht in Raubzüge über, was die Menschen der Nuraghen-Kultur erheblich beunruhigt haben dürfte, so dass sie jetzt die Nuraghen zu Verteidigungszwecken ausbauten.

Nachdem die mykenischen Herrschaftszentren zusammengebrochen waren, begannen die Phönizier das gesamte Mittelmeer zu befahren. Der sardische Metallhandel florierte, so dass manche Orte zu Städten anwuchsen (Ende der Bronzezeit bis frühe Eisenzeit, 1.100–900).[1083] Im Jahr 814 gründeten die Phönizier Karthago an der nordafrikanischen Küste, das Sardinien gegenüber lag, und sie errichteten im folgenden Jahrhundert militärische Kolonien an der Südwestküste der Insel. Ab 700 erlitt eine Reihe von nuraghischen Zentren massive Zerstörungen, denn mit den Karthagern war der Eroberungskrieg auf der Insel angekommen.[1084] Im 5. Jh. geriet Sardinien dann völlig unter karthagische Herrschaft, und sein Metallreichtum wurde den Einheimischen entrissen. Die Zeit der Freiheit für die Sarden war vorbei, auch ihre spätmatriarchale Kultur ging damit zu Ende. Die Bevölkerung, die hart für die neuen Herren arbeiten musste, wurde ins Elend gestoßen und schrumpfte, und die Nuraghen zerfielen. Das Ende besiegelten schließlich die Römer, die den Karthagern die Herrschaft übers Mittelmeer abjagten, Sardinien besetzten und Mauern in grober, unregelmäßiger Bauweise errichteten. Sprache und Sitten der Einheimischen mussten nun römisch und damit patriarchal werden. Doch restliche Gruppen des einheimischen Volkes zogen sich ins bergige Innere der Insel zurück, wo sie in der alten Weise gemeinschaftlich weiterlebten. Noch heute setzen sardische Männer und Frauen der Ausbeutung durch den italienischen Nationalstaat und durch die Baulöwen des modernen Tourismus passiven und aktiven Widerstand entgegen.[1085]

Die *Basken* gehören zur Urbevölkerung Spaniens, sie sind ein Teil der vor-indoeuropäischen Iberer. Doch im Gegensatz zu den anderen iberischen Stämmen haben sie sich in ihrem abgelegenen Wohngebiet an der westlichsten Ecke der Pyrenäen jeglicher Assimilation an spätere Mächte widersetzt (vgl. Karte 2 von Kap. 7, S. 333).

[1081] *Sardinien*, S. 115, 122–125.
[1082] Es gibt über 15 Fundorte mit Relikten aus Mykene, die meisten an der Südspitze Sardiniens (Nuraghe Antigori), doch ebenso im Landesinneren (Dorf und Nuraghe Barumini); vgl. a.a.O., S. 90; ebenso Lilliu/Zucca, S. 54.
[1083] Z.B. Tuppedili mit 10 ha, vgl. *Sardinien*, S. 40; zum ausgedehnten Handelsnetz vgl. Lilliu/Zucca, S. 90–95, 106.
[1084] Lilliu/Zucca, S. 99–100.
[1085] Ludwig, S. 86–89. – Das alte matriarchale Erbe merkt man den sardischen Männern heute noch an, denn sie haben eine große Achtung für die Familienmutter und keine italienischen Macho-Allüren gegenüber Frauen.

So sind sie nicht nur in Spanien das älteste Volk, sondern in ganz Europa. Vom Körpertypus gehören sie zu den Cro-Magnon-Menschen der Jüngeren Altsteinzeit: kleine Leute, nicht größer als 1,60 m, mit langem Rücken, kurzen Beinen und großem, rundem Kopf, außerdem ausgestattet mit der weltweit sehr seltenen Blutgruppe 0, so dass manche Forscher sie für die letzten Eiszeitmenschen halten. Sie haben eine Flutmythe, was durchaus auf das „Große Tauen" der einstigen Gletscher in den Pyrenäen hinweisen kann, jenem Grenzgebirge zwischen Spanien und Frankreich, wo sich reichlich altsteinzeitlichen Höhlenmalereien befinden.[1086] Allgemein anerkannt ist, dass ihre Sprache und ihre Traditionen mindestens bis zur Jungsteinzeit zurückgehen.[1087] Dabei nahmen die mesolithischen Einheimischen in Spanien schon früh einen eigenen Entwicklungsweg zum Neolithikum (8.-7. Jt.), und erst im 6. Jt. traten Einflüsse aus dem Mittelmeerraum hinzu.

Ihre Sprache ist vor-indoeuropäisch und einzigartig in Europa, denn ihr Werkzeug-Vokabular verweist direkt auf die Steinzeit, als man noch kein Metall kannte. Alle Namen für Arbeitsgegenstände enthalten die Silbe „aiz", was „Stein" heißt, zum Beispiel: „aizto" für „Messer", „aizkora" für „Beil", „aizkolari" für „Axt", „aiztur" für „Meißel", „aizkon" für „Wurfspieß", „orraitz" für „Nadel", „zilokaitz" für „Ahle", „aizhotz" für „Sichel" zum Getreideschneiden usw.[1088] Dabei ist diese Sprache immer konkret und kennt keine Abstraktionen, aber mit 12 Fällen bei der Deklination und 97 Zeiten bei der Konjugation ist sie außerordentlich ausdrucksreich, was ihr hohes Alter beweist. Bis in die Gegenwart haben die Basken und insbesondere die baskischen Mütter sie bewahrt, denn sie gilt in ihrer Bildhaftigkeit als eine „mütterliche Sprache".[1089]

Die Basken nennen ihr Land „Euskadi", und dieses Gebiet war einmal erheblich größer als heute. Die Kette der Pyrenäen ist wie eine Wirbelsäule im Zentrum, nördlich davon liegen drei kleinere, baskische Provinzen (Frankreich), südlich davon vier größere Provinzen am Golf von Biscaya (Spanien). Aber der Name „Gascogne" für Südwestfrankreich, mit dem alten Namen „Vasconie" zeigt, dass einst auch dort Baskisch gesprochen wurde („gascon"-„vascon"-„baskisch"). Das baskische Volk hat viele Eroberer vorüberziehen sehen: die frühen Indoeuropäer, die semitischen Phönizier, die Kelten, die Römer, die Westgoten, die Mauren, doch es hat sich nie angepasst oder unterworfen, sondern zog sich stattdessen in das schwer zugängliche Kalkgebirge der Pyrenäen zurück.

Die baskischen Frauen und Männer haben ein klares, unbeugsames Bewusstsein vom Wert ihrer Kultur und deren hohem Alter. Eine Anekdote berichtet: Als man ihnen sagte, dass man Kulturepochen nach Jahrtausenden zählt, antworteten sie: „Wir zählen sie gar nicht."[1090] Man erkennt es am besten an ihrer alten Göttin-Reli-

---

[1086] Siehe z.B. Michel Lamy: *Histoire Secrète du Pays Basque,* Paris 1980, Edition Albin Michel, S. 27, 29, 51-53.
[1087] Es gibt viele baskische Megalithbauten von kleineren Ausmaßen in den Pyrenäen, wie Dolmen, Menhire und Steinkreise, besonders schön auf dem Plateau de Bénou (in den Montagnes d'Ossau).
[1088] Isaure Gratacos: *Femmes Pyrénéennes,* Toulouse 1987, Editions Privat, S. 63, 64.
[1089] Lamy, S. 23-26. Die baskische Sprache ist nur im westlichen Teil der Pyrenäen erhalten, doch auch in den zentralen Pyrenäen sind baskische Traditionen noch gültig.
[1090] A.a.O., S. 22.

gion und ihrem Mondkalender, woran sie bis an den Rand der Gegenwart festhielten (frühes 20. Jh.). Ihre Große Göttin ist Mari, die viele lokale Namen nach den Höhlen hat, wo sie erscheint. Diese sind keine beliebigen Höhlen, sondern die altsteinzeitlichen Höhlenheiligtümer, an denen die Pyrenäen so reich sind, sie wurden als der geheimnisvolle Uterus der Erde betrachtet. Gemäß den Mythen wohnt Mari meist im Inneren der Erde, dort transformiert sie, was sie will, in Gold. Ihre Unterwelt ist wunderschön, sie bäckt dort Brot, und Ströme von Milch und Honig fließen. Auf die Oberwelt tritt sie als vornehme, rotgekleidete Dame mit einer goldenen Spindel, von Flammen umgeben, oder sie kämmt ihr Haar mit einem goldenen Kamm, auf einem Widder reitend. In der Nacht erscheint sie, das Haupt umleuchtet vom Vollmond, sie bringt das Mondlicht auch den Seelen in der Tiefe, und oft wird sie von einem roten Stier begleitet.[1091] – Man sieht, die Unterwelt der Göttin ist paradiesisch, und auf der Oberwelt trägt sie die Farbe des Lebens, das sie schenkt. In der Nacht tritt sie genau in der in altsteinzeitlichen Höhlen abgebildeten Symbolik von Frau-Mond-Stier auf, die Tod und Wiedergeburt bedeutet.

Abgesehen von ihrer menschlichen Gestalt sind die Metamorphosen dieser Göttin zahlreich. Sie hat nicht nur einen Gänse- oder Ziegenfuß, sondern erscheint selbst als Ziegenbock oder junge Kuh, als Rabe oder Geier, auch als Baum. In diesen Gestalten belebt sie die Erde. Aber auch der Himmel ist ihr Reich: Sie ist ebenso ein Windstoß, eine weiße Wolke, ein Regenbogen, Blitz und Donner, eine Feuerkugel oder Feuersichel am Himmel. Als Wettergöttin bringt sie Stürme, Regen und Dürre. Auch Sonne und Mond sind weiblich, da sie Erscheinungsformen der Göttin sind. Als ihre sieben Schwestern gelten die sieben Sterne der Großen Bärin (Ursa Major), denen die sieben baskischen Provinzen zugeordnet werden.[1092] – Diese Vielfalt zeigt Mari als Große Göttin der drei Zonen der Welt: des Himmels, der Erde und der Unterwelt, sie ist die gesamte irdisch-kosmische Natur. Es ist das uralte, matriarchale Weltbild, das hier nicht nur in Bruchstücken, sondern in Gestalt dieser Göttin vollständig bis in unsere jüngste Zeit überliefert worden ist.

Zugleich galt Mari als Mutter der Menschheit, die sie durch Orakel leitet. Sie gibt die göttlichen Gesetze und hütet das Ethos der Gemeinschaften, sie bestraft Lügen, Stehlen, Hochmut und Angeberei, den Bruch von Versprechen und mangelnden Respekt. Sie wurde überall verehrt, in den Höhlen, auf Bergesgipfeln, bei Quellen, Brunnen und bei den Megalithsteinen.[1093] Denn gemäß der matriarchalen Spiritualität war sie überall anwesend. Zu ihrer Verehrung gehört auch der baskische Stierkult. Auch er ist uralt und hatte bei den vor-indoeuropäischen Mittelmeerkulturen weiteste Verbreitung. Bei diesen stellte der Stier als Symbol nie – wie behauptet wird – die „männliche Fruchtbarkeit" dar, sondern er war das Mondtier der Göttin und ihr geweiht. So sieht man auf dem berühmten minoischen „Taureador"-Fresko (Knossos) einen großen, rotgefleckten Stier anrennen, über den hinweg zwei Frauen und ein

---

[1091] A.a.O., S. 80–82; Gimbutas/Dexter, S. 173–174.
[1092] Jose Miguel de Barandian: „Diccionario illustrado de mitologia vasca", in: *Obras completas, Eusko-Folklore*, Bd. I, *La Gran Enciclopedia Vasca*, Bilbao 1972; derselbe: „La religion des anciens basques", in: *Obras completas, Eusko-Folklore*, Bd. II, *La Gran Enciclopedia Vasca*, Bilbao 1973.
[1093] Gimbutas/Dexter, ebd. – Diese Eigenschaften Maris erinnern an die mitteleuropäische Göttin Frau Holle und lassen deren uralte, vor-indoeuropäische Wurzeln erkennen. Vgl. Göttner-Abendroth: *Frau Holle*.

Mann den akrobatischen „Stiersprung" ausführen. Bei diesem Sprung fassen sie die Hörner des Tieres und schwingen sich, wenn es den Kopf zurückwirft, mit einem Salto längs über seinen Rücken, um elegant hinter dem Stier auf den Boden zu kommen. Auch wenn dieser Stier zahm war und die jugendlichen Akrobaten bestes Training hatten, war dieser Sprung gefährlich. Es handelte sich jedoch nicht um Sport, sondern um eine rituelle Handlung zu Ehren der Großen Göttin, und falls es dabei zu einem tödlichen Unfall kam, waren die Minoer wohl der Auffassung, dass sich die Göttin in Gestalt ihres heiligen Tieres dieses Opfer geholt hatte.[1094] Im Baskenland gehen noch heute junge Männer ein solches Wagnis ein, nämlich wenn in Pamplona die Stiere in den Gassen losgelassen werden und sie vor ihnen einer rennen, möglichst nahe, um Mut zu beweisen. Auch wenn sie es nicht mehr so sehen, ist auch dies ein altes Stierkult-Ritual, dessen ursprüngliche Bedeutung dieselbe gewesen sein wird wie im minoischen Kreta. Denn auch in Pamplona gibt es dabei manchmal Opfer unter den Heroen. Im patriarchalen Spanien ist die Situation hingegen pervertiert worden, denn bei der „Corrida", dem Stierkampf, geht es immer darum, dass der Stier, nachdem man ihn lange genug gereizt, verletzt und gequält hat, unweigerlich besiegt wird und stirbt. In seiner Gestalt stellt auch dieser Kampf, wie schon bei Marduk und Tiamat, einen symbolischen Mord an der Muttergöttin dar.[1095]

Mit Mari haben auch die „Laminak" oder „Hadas/Fadas", die Feen, zu tun.[1096] Sie pflegten in denselben Höhlen wie die Göttin zu wohnen, sie waren klein, stets weiß gekleidet, sie spannen und woben und wuschen ihre weiße Wäsche in Flüssen, Quellen, auch im Wasser der Grotten und in megalithischen Becken. Das taten sie in Vollmondnächten und klopften die nassen Tücher hörbar aus, so dass man nicht schlafen konnte. Am Tag breiteten sie die Wäsche auf Wiesen zum Trocknen aus oder hängten sie auf Megalithsteine. Sie waren stets gütig und den Menschen wohltätig. Sie hatten kleine Kinder ohne Väter, und sie sprachen Baskisch. Alte Menschen behaupten, die Großmutter, der Urgroßvater, die Ururgroßtante usw. hätten sie noch gesehen, und sie seien wie sie selbst![1097] – Diese kleinen, weißen Frauen kommen in der Volksmythologie entlang der gesamten Atlantikküsten bis zur Nord- und Ostsee vor, es ist genau der Weg, auf dem sich die atlantische neolithische Kultur ausgebreitet hatte. Was sich überall hinter ihnen verbirgt, sind sehr wahrscheinlich die letzten Priesterinnen der Göttin, hier im Baskenland der Göttin Mari; sie hüteten noch die Höhlenheiligtümer, bis sie irgendwann verschwanden.[1098] Sie wurden von den Leuten auch „Damas blancas" („Weiße Frauen") genannt. Das nahm die Kirche bei der späten und mühsamen Christianisierung der Pyrenäen zum Anlass, über die Weißen Frauen und die Göttin Mari ihre „Jungfrau Maria" zu stülpen, die dienende Magd des Herrn,

---

[1094] Solche gefährlichen Rituale gab es auch in anderen alten Kulturen in derselben Bedeutung: als Opfer für die Gottheiten.
[1095] Darauf hat schon Robert von Ranke-Graves hingewiesen.
[1096] „Laminak" ist das baskische Wort, während „Hadas/Fadas" bereits eine Romanisierung ist, die auf „Fatas" zurückgeht (siehe „Fata Morgana" für „Fee Morgane"). Altenglisch heißt sie „Faye", germanisch „Fee".
[1097] Gratacos, S. 25–40, 42–48, 57–59.
[1098] Vgl. zu diesem Thema auch Heide Göttner-Abendroth: „Die ‚Witten Wiver' von Rügen", in: *Matriarchale Landschaftsmythologie*, Stuttgart 2014, Kohlhammer Verlag, S. 33–56.

und damit die alten heiligen Höhlen und Grotten zu christlichen Wallfahrtsstätten zu machen – wie es im berühmten Lourdes geschah.[1099]

Wie die sehr alten Glaubensinhalte der Basken wurde auch ihre alte Sozialordnung in den letzten Jahrhunderten beschädigt. Denn sie war die längste Zeit, nämlich über Jahrtausende matriarchal, worauf heute noch einige Muster hinweisen. So ist es bei ihnen Tradition, dass man nicht einen Vaternamen trägt, sondern den Namen des Hauses. Dieser wird vererbt und jeweils zum individuellen Vornamen hinzugefügt, z.B. „Loisa de Pequerin" heißt „Luisa vom Haus Pequerin", oder man nennt alle Hausbewohner zusammen „die vom Haus Pequerin". In jeder Generation erbt der oder die Erstgeborene das Haus mit seinem Namen, dem dazugehörigen Vieh und geringen Ackerland, so ist entweder der älteste Sohn Alleinerbe oder die älteste Tochter Alleinerbin. Sie gelten als „Haupt des Hauses" und vertreten die darin wohnende Großfamilie aus 8–10 Personen nach außen. Im Dorfrat kommen deshalb nur diese weiblichen und männlichen Hausvorstände zusammen, um über den kollektiven Besitz wie Wälder und Almen, wo die Tiere im Sommer weiden, zu entscheiden. Das ist im Hinblick auf die Hausvorstände egalitär, aber nicht für die Anderen, denn die Jüngeren erben nichts, besitzen nichts und haben im Dorfrat keine Stimme. Bei der Eheschließung heiratet eine solche Hauserbin oder ein Hauserbe stets eine jüngere Person aus einem anderen Haus. Diese eingeheirateten Männer oder Frauen können sich dann glücklich schätzen, haben aber nicht viel zu sagen. Zwei Hausvorstände heiraten nie, denn man wüsste dann ja nicht, zu welchem Haus sie gehören. Die meisten Jüngeren bleiben daher ehelos, genießen aber sexuelle Freiheit, trotz Verboten der Kirche. Dennoch hat ihre Situation viele von ihnen zur Auswanderung gezwungen, sei es nach Frankreich, Spanien oder Südamerika.[1100]

Diese Situation stellt keine egalitäre, matriarchale Sippenordnung mehr dar. Vielleicht hat hier eine Anpassung stattgefunden oder noch eher die zunehmende Armut der Bevölkerung eine Rolle gespielt, als sie sich im Lauf der Jahrhunderte immer mehr in die kargen Bergregionen zurückziehen musste. Dort ist es nicht möglich, den geringen Besitz unter mehrere Erben aufzuteilen, auch sind viele Kinder deshalb nicht erwünscht. Eine Familie mit vier oder fünf Kindern gilt als „sehr zahlreich", weniger Nachkommen waren die Regel.[1101] Vielleicht konnte man deshalb auch nicht lange wählen, ob nun Tochter oder Sohn erben sollten, weil man auf die wenigen Kinder angewiesen war. Dies stellt jedoch eine starke Veränderung der ursprünglichen Verhältnisse dar, die bis in neolithische Zeiten zurückreichen. Denn damals lebten

---

[1099] Gratacos, S. 53–54. – Die Hirtin Bernadette Soubirous (14) hatte in der Lourdes-Grotte die Vision von einer „Dama blanca" (Februar 1858), die sie stets als lächelnd, wohltätig und klein beschrieb und damit eine „Hada" meinte. Bernadette sprach einen baskischen Dialekt und verstand kein Französisch, so wurde ihr bei der kirchlichen Befragung die „Jungfrau Maria" (mit dem Dogma von der „Unbefleckten Empfängnis") in den Mund gelegt, obwohl sie diese Begriffe gar nicht kannte. Die Kirche benutzte jedoch diese Situation für ihre Missionierung, und Bernadette wurde bald darauf vorsorglich in ein Kloster gesperrt. Diese Methode einer späten Christianisierung kam mehrfach in den Pyrenäen und in den Alpen vor. Vgl. dazu Göttner-Abendroth: *Berggöttinnen der Alpen*, S. 153–155.

[1100] Gratacos, S. 78–85, 89–92, 99–104, 129–138. – Isaure Gratacos, selbst Baskin, hat alle diese Fakten zur Sozialordnung und anderem in hervorragender Feldforschung zusammengetragen.

[1101] A.a.O., S. 145–146.

diese Menschen in weiten Gebieten Südfrankreichs und Nordspaniens in fruchtbaren Ebenen an wasserreichen Flüssen. Es gibt keinen Grund anzunehmen, dass sie nicht auch in großen Clanhäusern in zahlenmäßig umfangreichen matriarchalen Sippen zusammenlebten. Denn das Prinzip, dass baskische Frauen Alleinerbinnen des Hauses und damit Hausvorstände sein können, geht nicht auf patriarchale Muster zurück. Der antike Autor Strabo nannte, als er das Volk in den Pyrenäen beschrieb, ihre Sozialordnung ein „wahres Matriarchat".[1102] Auch wenn er damit – wie bei antiken Autoren üblich – die notorisch falsche „Frauenherrschaft" meinte, weist dies dennoch darauf hin, dass in seiner Epoche dort wohl noch mehr weibliche „Häupter des Hauses" zu finden waren als später.

Die Praxis der Hausnamen für alle darin Wohnenden ist hier erhellend, denn es fragt sich, woher diese Hausnamen stammen. Das Haus wird in allen matriarchalen Kulturen mit der Frau identifiziert und nicht mit dem Mann. So könnte der Hausname bei den Basken der Name der Ahnfrau sein, die das Haus einst gegründet hat, und er wurde auf diese Weise zum Sippennamen. Hausnamen sind daher verdeckte weibliche Sippennamen, was es wahrscheinlich macht, dass das Haus früher in der Mutterlinie nur an Töchter vererbt wurde. Doch auch ein Mann, der es in späterer Zeit erben konnte, war mit dem Hausnamen noch immer ein „Sohn der Ahnfrau". Im Mittelalter zur Zeit der salischen Kaiser (12. Jh.) verbot das Salische Gesetz, dass Frauen erben konnten. Doch in den Pyrenäen kannte man dieses Gesetz nicht und so änderte sich nichts.[1103] Erst die Französische Revolution, die den Bürgern so fortschrittlich die Gleichheit brachte, enterbte mit ihrer Gesetzgebung (1791) die baskischen Frauen, denn für Bürgerinnen galt die Gleichheit nicht. Die Baskinnen revoltierten jahrelang dagegen, aber es war vergeblich. So mussten sie bis 1945 warten, bis ihnen die moderne Gesetzgebung die soziale Gleichheit zurückgab, die sie früher schon immer besessen hatten.[1104]

Heute kämpfen die städtischen Basken und Baskinnen um den Erhalt ihrer Sprache und Kultur, auch mit bewaffnetem Kampf in ihrer Organisation ETA. Die Bergdörfer der Pyrenäen leeren sich jedoch wegen des Abwanderung der jungen Leute, und viele Älteste, die Erben und Erbinnen eines Hauses sind, bleiben allein zurück. –

Die Ergebnisse dieses Kapitels seien hier zusammengefasst.

- *Allgemein*: Drei *Eroberungswellen von Indoeuropäern* aus den östlichen Steppen haben die kulturelle Landschaft Europas grundlegend verändert. Ihre *patriarchale Hirtenkrieger-Kultur* breitete sich von Südosteuropa, wo sie am zerstörerischsten wirkte, über den ganzen Kontinent aus (Indoeuropäisierung Europas), wobei sie nach Westen und Norden hin schwächer wurde. Die einfallenden indoeuropäischen Männer nahmen sich einheimische Frauen aus den vor-indoeuropäischen, matriarchalen Kulturen als Ehefrauen, woraus die gemischten Gesellschaften der Bronzezeit entstanden.

[1102] Zitiert bei Gratacos, S. 94.
[1103] A.a.O., S. 79.
[1104] A.a.O., S. 85–87.

- *Spätmatriarchale Kulturen in Südeuropa:* Gleichzeitig existierten noch *spätmatriarchale Kulturen in der Bronzezeit.*
  Beispiel *Minoisches Kreta:* Rings um die Ägäis und später im ganzen Mittelmeerraum entwickelte sich eine neue Dynamik von seefahrenden Völkern, die durch begrenzte Landareale (Küsten und Inseln) mit hoher Bevölkerungsdichte ausgelöst wurde. In diesem Zusammenhang stellt das bronzezeitliche Kreta eine matriarchale Hochkultur dar, die sich durch ihre geschützte Insellage ausnahmehaft lange entfalten konnte. Die *Ökonomie* beruhte auf kleinräumiger, spezialisierter Landwirtschaft der Frauen und weiträumigem Seehandel der Männer. Die Verteilung der Güter war allgemein, es war eine egalitäre Ausgleichsökonomie. Die *Sozialordnung* beruhte auf dem matrilinearen Clanwesen, wobei Männer und Frauen gleichwertige Aktionsbereiche hatten: die Männer Seefahrt und Seehandel, die Frauen das Clanwesen in den Häusern und die Religion in der Öffentlichkeit. Die minoischen Tempelpaläste dienten den Clans einer Stadt oder Region als Orte für Versammlungen und Religionsausübung. Die *Religion* war in dieser Kultur zentral, ihr waren nicht nur die Tempelpaläste gewidmet, sondern die gesamte Landschaft wurde sakralisiert. Als religiöse Repräsentanten jeder größeren Stadt traten eine Erste Priesterin als Vertreterin der Göttin und der ihr zugeordnete Heilige König (Heros) als Vertreter des Volkes auf, sie hatten keine politische Macht: Es ist die charakteristische Konstellation der *spätmatriarchalen Thea-kratie.*
- *Patriarchalisierung in Südeuropa: Griechenland:* Die matriarchale städtische Kultur Kretas wurde von den indoeuropäischen *Achäern der mykenischen Zivilisation* zerstört, ebenso viele andere Stadtstaaten mit matriarchalen Elementen an den kleinasiatischen Küsten. Auf die Achäer folgten die Hirtenkrieger der *Dorer,* die bereits Eisenwaffen besaßen und flächendeckende Vernichtung brachten. Damit begann die Eisenzeit als die kulturlosen „Dunklen Jahrhunderte" in Griechenland. Schließlich bildeten sich der *Militärstaat von Sparta* und der frühe *Handels-Kapitalismus der Athener* (Attika) und Ionier (kleinasiatische Küstenstädte). Die *Status der griechischen Frauen* in diesen patriarchalen Staaten war *abhängig bis niedrig,* er bestand in Unterdrückung und Ausnutzung, wenn auch auf verschiedene Weise und in verschiedenem Grad.
  Italien: Die *Etrusker* besaßen noch eine *spätmatriarchale Kultur,* die von den Römern zerstört wurde. Im Gegensatz zu der egalitären Lebensweise der Etruskerinnen waren die *römischen Frauen äußerst strenger Patriarchalisierung* unterworfen.
  Heutige Völker in Südeuropa: Einige südeuropäische Völker besaßen bis an den Rand der Gegenwart noch *restliche matriarchale Muster,* die auf einstiges Matriarchat hinweisen: die *Räter* in den Alpen, die *Sarden* auf Sardinien, die *Basken* in Spanien und Südfrankreich.

Definition: Die *spätmatriarchale Gesellschaftsform* ist gekennzeichnet durch *Ausgleichsökonomie* und *Egalität der Geschlechter.* Die Sozialordnung ist noch immer *herrschaftsfrei,* sie beruht auf matrilinearen Sippen und kollektivem Konsens mittels eines *Räte-Systems.* Es gibt *besondere Ränge,* wie die Hohe Priesterin und der Heilige König; diese Personen sind *gewählte, religiöse Repräsentanten* und haben keine politische Macht, wobei der Heilige König von der Hohen Priesterin abhängt (matriarchales Königtum). Es handelt sich um *Rang-Gesellschaften mit Ehrenpositionen,* aber nicht um Hierarchie von Herrschenden und Beherrschten. Die Gesellschaft bezieht sich auf Göttinnen und ist sakral im Sinne einer alles umfassenden Spiritualität: *Thea-kratie.*

Kapitel 8:
Bronzezeit und Eisenzeit im Europa nördlich der Alpen. Matriarchale Elemente in patriarchaler Umgebung

Zeittafel

Ende 3. Jt. bis Mitte 2. Jt. (2.200–1.600 v.u.Z.):	frühe Bronzezeit in Mitteleuropa
Mitte bis Ende 2. Jt. (1.600–1.300 v.u.Z.):	mittlere Bronzezeit in Mitteleuropa
Ende 2. Jt. bis 1. Jt. (1.300–800 v.u.Z.):	Spätbronzezeit in Mitteleuropa, Kelten
8. bis 6. Jh. (800–450 v.u.Z.):	frühe Eisenzeit in Mitteleuropa, keltische Hallstatt-Kultur
5. Jh. bis 0 (450–0 v.u.Z.):	vorrömische Eisenzeit in Mitteleuropa, keltische La-Tène-Kultur
Mitte 2. Jt. bis 1. Jt. (1.660–700 v.u.Z.):	Bronzezeit auf den Britischen Inseln
7. bis 1. Jh. (650–55 v.u.Z.):	Eisenzeit auf den Britischen Inseln, Inselkelten
Mitte bis Ende 2. Jt. (1.500–1.000 v.u.Z.):	Bronzezeit in Nordeuropa, Germanen
1. Jt. (ab 1.000 v.u.Z.):	Eisenzeit in Nordeuropa, Germanen
2. bis 1. Jh. (500–100 v.u.Z.):	Südwanderungen und Niederlassungen der Germanen in Mitteleuropa
Anfang 1. Jh. nach u.Z. (9 n.u.Z.):	Sieg der Germanen über die Römer (Varusschlacht)
3. Jh. nach u.Z. (ab 260 n.u.Z.):	Zerstörung des „Limes" und germanische Niederlassungen im Territorium des Römischen Reiches
4. Jh. bis 6. Jh. nach u.Z. (ab 375 n.u.Z.):	„Völkerwanderungszeit" und Untergang des Römischen Reiches

Unsichere Herrschaft in der Bronzezeit

Im Gegensatz zur Entwicklung in Südeuropa, die von seefahrenden Völkern geprägt wurde, waren es im Europa nördlich der Alpen die Reiternomaden mit Vieh, die den bronzezeitlichen Kulturen ihren Stempel aufdrückten. Ihre Invasionen Ende des 3. Jts. (frühe Bronzezeit) waren das einschneidende Ereignis, das die hier existierenden matriarchalen Kulturen beeinträchtigte, nachdem diese in den südosteuropäischen Gebieten zerstört worden waren. Zugleich kam es zu Ehen mit den vor-indoeuropäischen, einheimischen Frauen, da die einfallenden Männerverbände auf Nachwuchs angewiesen waren. In der ersten Generation kamen diese Ehen durch Vergewaltigung und Zwang zustande, was sich in den folgenden Generationen etwas abminderte, denn nun handelte es sich um die eigenen Töchter der Eroberer. Dennoch waren Frauen nun zu Objekten für die Tauschaktionen unter Männern geworden.

Der Einfluss der Frauen nahm jedoch trotz der frühpatriarchalen Sozialordnung zu, so dass eine Art „gemischte Kultur" entstand. Zunächst reduzierte sich die Viehhaltung, und der Ackerbau wurde aufgenommen, den die Indoeuropäer von den einheimischen Frauen lernten. Weil sie nun die „Männerarbeit" als Viehhirten immer weniger ausübten, übernahmen sie selbst den Ackerbau mit Ochsen und Pferden als Zug- und Pflugtieren und machten daraus eine neue „Männerarbeit" mit patriarchalem Anstrich.[1105] Denn jetzt wurde das alte Prinzip des Gemeinschaftsbesitzes aufgehoben und Land in individuellen Besitz umgewandelt, wie es vorher mit Vieh üblich gewesen war. Diesen Privatbesitz konnten aber nur die Söhne erben. Die Frauen wurden auf die Tätigkeiten im Haus eingeschränkt, wo man sie am besten kontrollieren konnte.[1106] Dort pflegten sie wie eh und je neben der Weberei auch die Töpferei, denn die Keramiken – nach deren Scherben die Archäologen die Kulturen bestimmen – stammen von ihnen. Sie stellten alle Varianten der Keramik her, auch wenn die hohe Keramikkunst der neolithischen Kulturen längst verloren gegangen war.

Entsprechend diesen kulturellen Wandlungen wandelte sich nun auch die indoeuropäische Sprache. Es wurden viele Vokabeln für den Ackerbau von den Einheimischen übernommen, ebenso für die weiblichen Künste, welche die neuen Ehefrauen ausübten. Aus diesen genetischen, kulturellen und sprachlichen Veränderungen entstanden im Laufe von Jahrhunderten die typischen „Mischgesellschaften" der Bogenschützen-Leute und Streitaxt-Leute mit ihren besonderen Dialekten. Daraus gingen später die Kulturen und Sprachen der Kelten, Germanen und Slawen hervor.[1107]

Manche Forscher sehen es so, dass durch diese langanhaltenden Vorgänge die marodierenden, indoeuropäischen Männerhorden von den einheimischen Frauen „pazifiziert" wurden.[1108] Das mag durchaus stimmen, denn Frauen pflegen persönlich und kulturell eher für eine ruhige Lebensweise zu sorgen, da sie als Mütter für die kleinen Kinder verantwortlich sind. Aber die neue Einsperrung in den patriarchalen Familien schien nicht allen von ihnen zu gefallen, denn mit Erstaunen haben andere Forscher für die frühe Bronzezeit (2.200–1.600) eine starke Mobilität von Frauen festgestellt, die sie sich nicht erklären können. Frauen reisten Hunderte von Kilometern weit, um angeblich in der Ferne „Ehemänner" zu finden. Doch vielleicht flohen sie gerade vor ihren Ehemännern aus den Zwangsehen? Es waren auch nicht nur einzelne Frauen, die fortzogen, denn in manchen Siedlungen stellte man fest, dass zwei Drittel der Frauen von auswärts kamen.[1109] Sie ließen sich an bestimmten Orten nieder und heirateten wohl nicht mehr, denn man konnte keine Kinder von ihnen identifizieren. Aber sie waren voll integriert in die Gemeinschaften ihrer Wahl, denn ihre

---

[1105] In manchen Felsbildern haben sich die Männer stolz mit Pflügen und Ochsengespannen verewigt, zu sehen z.B. im archäologischen Nationalpark von Val Camonica, Norditalien.
[1106] Aus dieser Situation stammt die irrige Vorstellung, dass durch die Pflügerei der Männer das Patriarchat entstand. Tatsächlich haben es die Indoeuropäer aber schon Jahrtausende früher besessen und aus den Steppen mitgebracht.
[1107] Siehe dazu insgesamt die interessante Studie mit Ergebnissen aus Archäologie, Paläolinguistik, Paläogenetik und Isotopen-Untersuchungen von: K. Kristiansen/E. Willerslev, et al.: „Re-theorizing mobility", S. 334–347.
[1108] Ebd.
[1109] Zum Beispiel im Lechtal in Bayern (Deutschland).

Bestattungen unterscheiden sich nicht von den anderen.[1110] – Das weist auf egalitäre Muster dieser gesellschaftlichen Gruppen hin, welche den Invasionen entkommen oder noch nicht von ihnen berührt waren und vor-indoeuropäische Züge besaßen, denn Frauen wurden als gleichwertig geachtet. So verwundert es nicht, dass es den Frauen hier besser gefiel. Diese Suche nach Regionen mit einem für sie annehmbaren Leben war wohl die primäre Motivation für die Wanderungen von vielen Frauen quer durch Mitteleuropa. Dabei beschleunigte ihre Mobilität den kulturellen Austausch in der frühen Bronzezeit erheblich, denn sie brachten neue Güter und Wissen mit. Über die Zeit von mehreren Jahrhunderten entwickelte sich daraus die Institution von reisenden Händlerinnen, da Frauen in den patriarchalen Gesellschaften ohnehin keinen Besitz hatten und nichts erben konnten. Die Männer blieben hingegen mit ihrer neuen Sesshaftigkeit an den Ort gebunden, da Ackerland und Vieh nun ihnen allein gehörten.

Solche Regionen mit vor-indoeuropäischen, matriarchalen Mustern existierten im westlichen und nördlichen Europa noch lange, denn der Einfluss der Viehnomaden war hier nur flüchtig gewesen. In der frühen Bronzezeit waren weder die sogenannten „Herrensitze" mit den zugehörigen Bauernhöfen noch Bronze flächendeckend vertreten, sondern sie beschränkten sich auf einzelne Zentren.[1111] Viele Gebiete hatten nicht an der Patriarchalisierung teilgehabt, das heißt, es bestand eine kulturell sehr offene Situation. Die Herrensitze oder Zwingburgen als gedrängte Höhensiedlungen auf Bergkuppen, umgeben von mächtigen Mauern und gewaltigen Toranlagen, waren keineswegs überall zu finden, sie breiteten sich nur langsam von Südosteuropa nach Mitteleuropa aus.[1112] Ihr Zweck war die Vertreibung der Einheimischen und die fortgesetzte Landnahme in noch nicht besetzten Regionen. Die einzelnen Höhensiedlungen unter den lokalen Kriegerhäuptlingen hatten aber nur kurze Dauer, das heißt, die Ansätze von territorialer Kontrolle und Hierarchie waren kurzfristig und die Herrschaftsverhältnisse sehr instabil. Man lebte allgemein in unruhigen Zeiten. Ein dauerhaftes Wirken von diesen neuen „Eliten" ist nicht zu erkennen, denn es kam zu keiner Festigung von komplexen Herrschaftsmustern.

Ebenso wenig entstand schon eine streng geschichtete Gesellschaft aus Kriegern, Handwerkern und Bauern – wie oft angenommen wird. Das Handwerk blieb, bis aufs Waffenschmieden, eher Nebenerwerb der Bauern, und eine Kriegergesellschaft mit militärisch organisierten, feststehenden Kampfverbänden war noch nicht vorhanden. Man fand Dolche als Waffen auch in Frauengräbern, denn offensichtlich wussten Frauen sich zu wehren – was zumindest bei den reisenden Händlerinnen Sinn hatte. Grundsätzlich dienten bronzene Waffen nur teilweise zum Kämpfen, teilweise stellten sie, auf Hochglanz poliert, reine Prestigeobjekte dar. Dafür sprechen die häufigen,

---

[1110] Forschungen auf der Grundlage von DNA-Analysen und Isotopen-Untersuchungen von P.W. Stockhammer/C. Knipper/A. Mittnik, et al.: „Female exogamy and gene pool diversification at the transition from the Final Neolithic to the Early Bronze Age in Central Europe", T. Douglas Price (Hg.): *PNAS. Proceedings of the National Academy of Sciences,* Madison WI 2017, University of Wisconsin-Madison, S. 10083–10088, in: http://www.telegraph.co.uk/news/2017/09/04/forget-wandering-warrior-bronze-age-women-travelled-world-men/
[1111] Schnurbein: *Atlas der Vorgeschichte,* S.115.
[1112] Christoph Hut, Joachim Köninger: „Bauern – Handwerker – Krieger?", in: *4.000 Jahre Pfahlbauten,* S. 257.

in die Erde vergrabenen Horte von solchen „Waffen". So fand man beispielsweise an der bayerischen Donau ein solches Depot aus fünf Bronze-Stabdolchen, die äußerst seltene Prunkwaffen waren, nebst einem langen Bronzeschwert und Dolch, einer Nadel und Pinzette (um 1.800 v.u.Z.).[1113] Sie sind keine „Grabbeigaben eines Kriegers", denn es handelt sich bei diesen oft umfangreichen Horten nicht um Gräber. Auch versenkt man keine „Waffen" in der Erde, die man doch für seinen Machterhalt dringend benötigt. Als Prunk- und Prestigeobjekte hatten sie eine andere Funktion, wie schon in der Bronzekultur Sardiniens zu sehen war: Dort wurden lange Bronzeschwerter als Weihegaben an die Gottheiten in Heiligtümern deponiert.[1114] In Europa nördlich der Alpen geschah dies aus Mangel an Tempeln stattdessen an heiligen Plätzen in der Landschaft. Das Prestige, das diese Gegenstände verliehen, wurde der Gottheit geschenkt oder der Erde zurückgegeben, wohl mit der Bitte um Segen an die höhere Macht. So war diese Epoche kein Zeitalter kriegerischer Helden gewesen, die mit ihren Heerscharen um Ansehen, Macht und Reichtum konkurrierten – dazu waren die organisatorischen Strukturen zu einfach und zu wenig dauerhaft.[1115]

In der mittleren Bronzezeit (1.600–1.300) wurden die Höhensiedlungen fast alle aufgegeben, stattdessen dominierten nun die Streusiedlungen aus Bauernhöfen mit Subsistenzwirtschaft, ohne Produktion von Überschüssen für irgendwelche Häuptlingszentren. Das weist auf erneuerte egalitäre Muster hin – allerdings nur unter Männern, denen die Höfe gehörten. Denn gleichzeitig hatten sich nach innen die frühpatriarchalen Familienverhältnisse konsolidiert. Jede Region ging nun kulturell ihren eigenen Weg, die Einheitlichkeit zerfiel, es gab kaum Bindungen an die nähere oder fernere Nachbarschaft. Das zeigt, dass es in der frühen Bronzezeit einfacher für die Kriegerhäuptlinge gewesen war, fremde, wehrlose Völker niederzumachen als jetzt die eigenen Leute zu beherrschen. Sie pflegten stattdessen die Fernverbindungen und widmeten sich dem Metallhandel.[1116] Insgesamt war es eine ruhigere Periode. Die Landnahme war so weit fortgeschritten, dass man sich sicher fühlte und nicht mehr hinter Mauern wohnen wollte. Wegen des Bevölkerungswachstums war es darin ohnehin zu eng geworden.

Das Bild änderte sich in der Spätbronzezeit, und zwar in allen gesellschaftlichen Bereichen (1.300–800). Nicht nur war Bronze jetzt überall vorhanden und fand in vielen Formen von Gegenständen Verwendung im Alltag, sondern es kam mehr denn je wieder zum Bau von stark befestigten Höhensiedlungen. Während der Spätbronzezeit waren sie dann allgemein verbreitet. Es handelte sich jetzt nicht mehr um enge Burgen, sondern um große, gut organisierte Ortschaften auf Hügeln, Bergen und an Gewässern, denn es wohnte eine erheblich größere Zahl an Menschen als zuvor in den Siedlungen. Für diese Konzentration gab es zwei Gründe: Eine erneute Klimaveränderung suchte weite Teile Europas heim, es wurde trockener und wärmer, so dass es zur Verlegung von Siedlungen an Flussläufe und zur Zusammenballung zu großen

---

[1113] Hortfund von Unterschöllnach, archäologische Ausstellung in der Hilgartsburg bei Vilshofen, Ostbayern.
[1114] Siehe Kapitel 7 in diesem Buch.
[1115] Dieses Heldenideal wurde von Homers Epos abgeleitet und ist eine pure Männer-Phantasie; vgl. die Kritik daran bei Hut/Köninger, S. 257–261.
[1116] Schnurbein, S. 122, 127.

Ortschaften kam.[1117] Um dieses Gedränge zu organisieren und zu führen, wurden die Herrschaftstechniken weiterentwickelt, das heißt, das Kriegertum als Erzwingungsstab wurde stark gepflegt.

Jene Stämme in Mitteleuropa, welche ab 1.300 solche befestigten Höhensiedlungen bauten, waren die frühen *Kelten,* denn diese Bauweise ist charakteristisch für sie. Ihre Vorfahren waren schon seit der letzten indoeuropäischen Einwanderungswelle hier. Als Kelten traten sie aber erst jetzt kulturell eigenständig in Erscheinung, um noch später, in der frühen Eisenzeit, durch die Überlieferung antiker Autoren aktenkundig zu werden. Diese schilderten sie als große, oft rothaarige Leute mit bunter Kleidung und guten Waffen, auch galten sie als streit- und trunksüchtig und arrogant, weil sie es im Zweikampf stets mit Mehreren aufnehmen wollten. Aber untereinander gehorchten die Krieger jetzt einer strengen, hierarchischen Ordnung, die ihre Häuptlinge ihnen vorschrieben.

Mit der Formierung der keltischen Kultur in der Spätbronzezeit war ein Wandel der Bestattungssitten verbunden. Die Kriegerhäuptlinge bestattete man noch immer in Körpergräbern unter Hügeln. Aber die gewöhnlichen Verstorbenen verbrannte man und setzte sie ohne Grabbeigaben in Urnen auf großen Friedhöfen bei, weshalb man diese Epoche die „Urnenfelderzeit" nennt.[1118] Damit zeichnete sich jetzt eine scharfe Trennung der Gesellschaft in zwei Schichten ab, die herrschende und die bäuerliche Schicht. Auch eine einschneidende Veränderung der religiösen Vorstellungen war damit verbunden. Denn die Diesseitserscheinung der Menschen wurde mit dem Verbrennen aufgelöst, weil man nicht mehr an ein leibliches Weiterleben in einem schönen Jenseits glaubte, sondern nur noch an eine Unterwelt der gesichtslosen Schatten. Es ist die charakteristisch indoeuropäische Vorstellung vom Tod.

Grundsätzlich sei hier aber festgestellt, dass die archäologische Fundsituation in der Bronzezeit keine sehr kriegerischen Zustände mit häufigen Massakern zeigt. Man hatte ja auch alteingesessene Völker, die nicht kriegerisch und meist waffenlos waren, verdrängt, so dass die glänzenden Helme, Schilde und Lanzen eher Demonstrationsobjekte und Schutzbewaffnung darstellten. Erst in der Eisenzeit, als Kriegerstämme gegen andere Kriegerstämme kämpften, änderte sich das Bild dramatisch.

Die Kelten und die Matriarchatsfrage

Die eisenzeitlichen Reiche der Kelten

Die neue Periode der Austrocknung wirkte sich nicht nur in Mitteleuropa aus, sondern noch stärker in den Steppen und brachte wieder Unruhe aus dem Osten. Erneut

---

[1117] Man sieht die zunehmende Trockenheit in Europa daran, dass Dörfer oft verlegt wurden. Sie folgten den Bächen von den oberen Hängen immer weiter abwärts, weil diese versiegten, bis sie sich an einem Fluss im Tal zusammendrängten (Beispiel aus Südbrandenburg, Deutschland). Vgl. a.a.O., S. 139, 148.
[1118] A.a.O., S. 140.

gelangten kriegerische Reiternomaden nach Europa und setzten sich in der ungarischen Tiefebene fest. Es waren diesmal germanische Kimmerier, die von den Skythen aus der Schwarzmeersteppe vertrieben wurden, so dass sie als Folge in Südosteuropa einfielen. Von ihnen bedroht verlegten die Bauern im Karpatenbecken (Ungarn) ihre Siedlungen in höhere Lagen in den Bergen, um Schutz vor den Nomaden zu finden.[1119] Aber jetzt besaßen die eindringenden Reiterkrieger Eisenwaffen und stellten damit eine Bedrohung für alle angrenzenden mitteleuropäischen Gebiete dar. Nun begann die Eisenzeit, eine ruhelose Epoche mit steter Zunahme an Gewalt. Eisenwaffen verbreiteten sich rasch durch Import, Nachahmung und zuletzt eigene Fertigung, ab dem 8. Jh. fand man sie in weiten Teilen Europas als Angriffswaffen vor (frühe Eisenzeit 8.-6. Jh.). Lanzen und zweischneidige Hiebschwerter wurden nun vom Pferd aus eingesetzt und rücksichtslos gebraucht. In der archäologischen Fundsituation zeigt sich dies an einer dramatischen Zunahme von schweren Schwerthiebverletzungen an Skeletten von Männern.

Zudem drangen im 7.-6. Jh. die Reiternomaden der Skythen ihrerseits in Ungarn ein und führten ihre gut organisierten Angriffe bis Mitteleuropa aus (südöstlicher Alpenraum, Westpolen).[1120] Die Kelten konnten sie zurückschlagen, denn sie hatten unterdessen die eisenzeitliche Hallstattkultur mit strenger sozialer Gliederung und einer schlagkräftigen Krieger-Kaste mit Streitwagen in sehr mobilen Gruppen entwickelt, geführt von Kriegsherren, die diesen Namen verdienen. Die Macht dieser Kriegsherren wuchs außerordentlich, doch wegen der ständigen Bedrohung aus dem Osten dachten die eigenen Leute nicht mehr an Widerstand dagegen und gegen die damit verbundene Zentralisierung. Die Hallstatt-Zentren (800–450) lagen in Böhmen, Österreich, Süddeutschland und Ostfrankreich mit weiter Ausstrahlung nach Westen (Karte 1 von Kap. 8). Die befestigten Höhensiedlungen wuchsen zu „Oppida" heran, zu Städten, die später auch in die Ebene verlegt wurden (Urbanisierung). Nun herrschten die regionalen Kriegsherren über ihre Stammesmitglieder und errichteten eine begrenzte Staatsorganisation. Die meisten dieser Oppida lagen an den Handelsrouten, auf denen Metalle und Salz gehandelt wurden, ebenso exotische Luxusgüter, welche die herrschende Schicht für sich behielt.[1121] Insbesondere das Salz machte sie reich, denn durch die Verwendung in der Metallurgie gab es einen erhöhten Bedarf daran, so dass Salz ein Wertmesser wurde.[1122] Ihr Reichtum manifestiert sich an der kostbaren Ausstattung der Gräber für die Fürsten und für einzelne hochgestellte Frauen, die man „Prunkgräber" nennt.

In der mittleren Eisenzeit breitete sich die La-Tène-Kultur (450–0), die zweite große keltische Kultur, in ganz Europa aus. Ihr Zentrum lag weiter westlich zwischen Marne und Rhein, denn inzwischen waren Germanen von Nordosten mit kriegerischer Gewalt in das Gebiet der Kelten eingedrungen und hatten sie nach Westen verdrängt. Auch die Rhône als sehr wichtiger Handelsweg, der die Kelten mit der grie-

---

[1119] Das ist an den veränderten Siedlungsmustern zu erkennen; vgl. a.a.O., S. 148, 162.
[1120] A.a.O., S. 163.
[1121] John Haywood: *Die Zeit der Kelten. Ein Atlas,* Frankfurt/Main 2005 (3. Auflage), Zweitausendeins Verlag, S. 32–33 (original in Englisch: *The Historical Atlas of the Celtic World,* London 2001, Thames&Hudson).
[1122] Schnurbein, S. 156. – Ein bedeutendes Zentrum der Hallstatt-Kultur war Hallein bei Salzburg im Salzkammergut, Österreich, wobei schon diese Namen den großen Reichtum an Salz anzeigen.

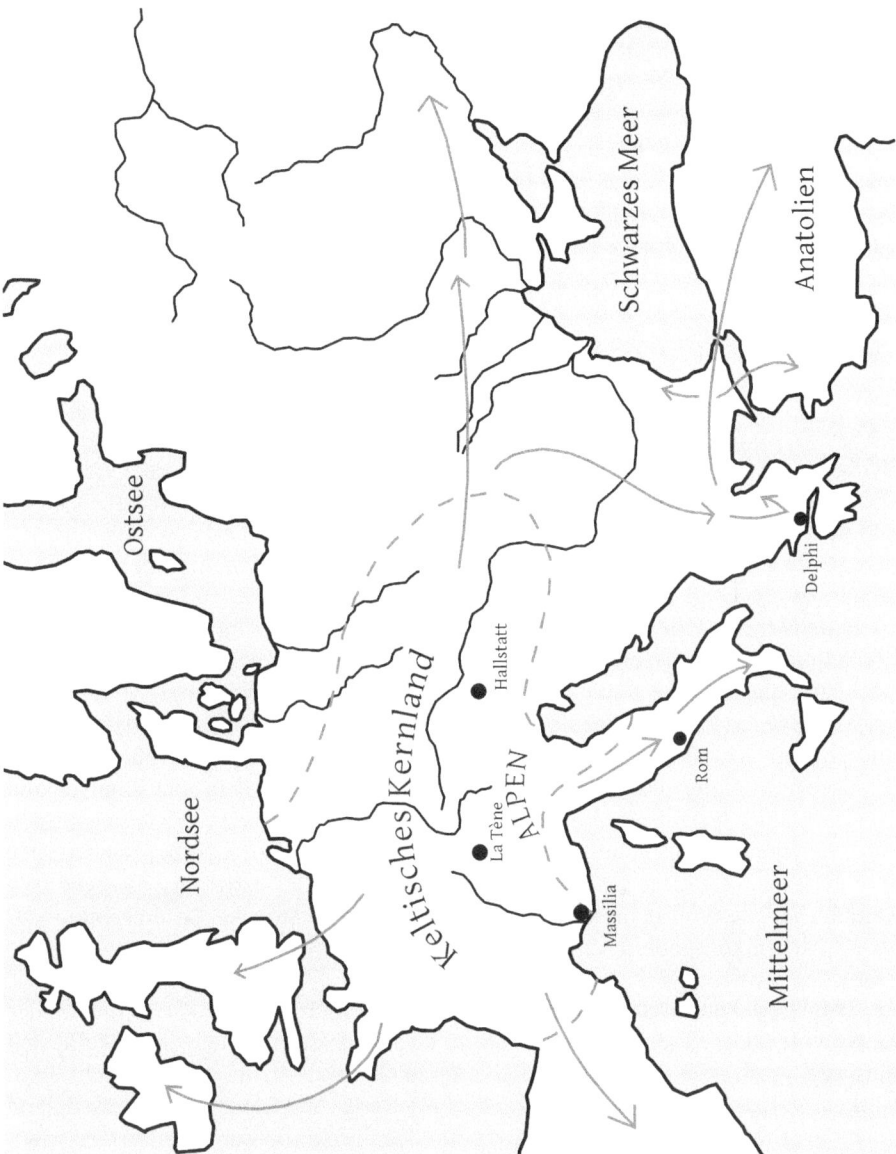

Karte 1: Die Ausbreitung der Kelten in Europa.

chischen Kolonie Massilia (Marseille) verband, spielte eine große Rolle für ihre Verlagerung nach Westen. Aber die Kelten ließen es nicht darauf beruhen verschoben zu werden, die Kriegsherren dehnten ihren Herrschaftsbereich jetzt aktiv weiter aus. Die Gründe dafür waren nicht nur Landmangel der ständig wachsenden Bevölkerung – die Kelten waren damals die größte Völkerschaft in Europa –, sondern noch mehr die ausgeprägte Konkurrenz der Herrschenden untereinander und ihr Machthunger. So überzogen sie das mittlere und nordwestliche Europa mit permanentem Krieg und

Eroberungen. Auf diese Weise reichte die La-Tène-Kultur zuletzt von Ungarn über gesamt Mitteleuropa bis Nordspanien, ebenso nach Britannien und Irland (vgl. Karte 1 von Kap. 8, S. 393).[1123] Überall vermischten sich die Kelten mit den Altansässigen, das heißt, sie heirateten deren Frauen auf die bekannte, gewaltsame Weise.

Doch auch das südliche Europa war nicht vor ihnen sicher. Beutehungrige Keltenheere zogen über die Alpen nach Italien, wo sie die Po-Ebene überrannten und die Etrusker vertrieben. Überall, wo sie auftauchten, lösten sie den „Tumultus Gallicus" aus, die panikartige Mobilmachung aller Stadtbewohner. Im Jahr 390 v.u.Z. plünderten sie Rom, womit sie endgültig in das Licht der Geschichtsschreibung eintraten. Sie gelangten bis zu den Griechen in Süditalien, ebenso nach Osten zu den Thrakern und Dakern, wo sie als Söldner dienten. Für diese fremden Kulturen waren sie unbequeme Gäste, und man wollte sie loswerden. So zogen diese Keltenheere marodierend allein weiter, ostwärts bis zum Don in Südrussland und südwärts bis nach Griechenland, wo sie 279 v.u.Z. einfielen und Angst und Schrecken verbreiteten. Bei Delphi, dessen Heiligtum sie ausraubten, wurden sie aber von den Griechen vernichtend geschlagen. Die überlebenden Krieger gründeten nun einen Räuberstaat am Schwarzen Meer, von dem aus sie die dortigen griechischen Küstenstädte zu überfallen pflegten. Andere verdingten sich als Söldner in Kleinasien und ließen sich in Anatolien dauerhaft nieder (Galater) (vgl. Karte 1 von Kap. 8, S. 393).[1124]

In den letzten Jahrzehnten vor 0 (Zeitenwende) kam die bisherige Entwicklung der Kelten zu Urbanisierung und staatlichen Formen zu einem plötzlichen Ende. Ihre Nachbarn, die sie lange genug terrorisiert hatten, rückten unabhängig voneinander aus verschiedenen Richtungen gegen sie vor: die Germanen von Osten, die Daker und Thraker von Südosten und die Römer von Süden. Julius Cäsar eroberte Gallien (Frankreich), die Germanen besetzten die andere Hälfte Mitteleuropas (Deutschland und die Länder bis zur Nordsee, Südpolen, Österreich, Schweiz). Die Römer hatten eine überlegene Kriegstechnik und erheblich mehr Herrschaftswissen als die Kelten, so unterwarfen sie diese schließlich ihrer Oberhoheit. Das hatte zur Folge, dass die Kelten – wie alle Völker im Römischen Reich – in ihrer Sprache, Gesetzgebung und Sozialstruktur konsequent romanisiert wurden.[1125]

Auf den Britischen Inseln im atlantischen Nordwesteuropa nahm das Schicksal der Kelten eine andere Wendung. Bevor sie zu diesen Ländern kamen, entwickelte sich dort eine großartige, jungsteinzeitliche Geschichte mit einzigartigen Megalithbauwerken, wie zum Beispiel Stonehenge, Avebury Henge und Silbury Hill in Südengland oder New Grange in Irland. Die atlantische Megalithkultur war von der Iberischen Halbinsel ausgegangen (Spanien, Portugal) und entfaltete sich mit einem außerordentlichen Formenreichtum über die Bretagne (Frankreich) bis zu den nördlichen schottischen Inseln (5.-3. Jt.).[1126] Die matriarchalen Menschen dieser Kultur waren mit dem Schiff gekommen, dem schnellsten und bequemsten Transportmittel der damaligen Zeit. Sie brachten nicht nur die Kunst der Megalithbauweise überall hin, sondern auch ihren Glauben an Göttinnen und Feen. Denn gleichartige Mythen sind

---

[1123] Haywood, S. 34–35.
[1124] A.a.O., S. 36–39.
[1125] A.a.O., S. 13.
[1126] Siehe Kap. 4 in diesem Buch.

entlang ihrer gesamten atlantischen Route zu finden, von Südwest- bis Nordwesteuropa, aber auch in Nordeuropa von den Nordsee-Küsten über Jütland (Dänemark), Südschweden bis zu den Küsten der Ostsee. Überall findet man hier in Mythen, Symbolen und Bildern das Schiff, das nicht nur praktische, sondern auch symbolische und religiöse Bedeutung für sie hatte.

Die Wichtigkeit des Schiffes liegt bei diesen Küstenregionen und Inselländern auf der Hand, was ebenso für die später nachfolgende, indoeuropäische Kultur gilt. Die Indoeuropäer übernahmen hier die Schifffahrt, und obwohl sie keine maritimen Kulturen entwickelten wie jene des Mittelmeerraumes und der atlantischen Küsten, gab das Schiff ihrer Kultur hier eine eigene Prägung, die sie von den indoeuropäischen Kulturen auf dem Kontinent unterschied. Als in der Spätbronzezeit die frühen Kelten auf den Britischen Inseln ankamen (ab 1.300), die nun die ersten *Inselkelten* wurden und die Sitte der Brandbestattung mitbrachten (Urnenfelderkultur), umgaben sie zum Beispiel jedes Urnengrab mit flachen Steinen in Schiffsform, was die Jenseitsreise der Toten symbolisierte. Solche Schiffsgräber wurden dann auch in Nordeuropa übernommen, man findet sie von Schweden bis Lettland an der Ostsee.[1127] Es dauerte aber noch bis 700, bis sich Bronze und Brandbestattung auf den Britischen Inseln durchgesetzt hatten.

Aber bald darauf kündigten Eisenschwerter, die in England auftauchten und sich sehr schnell verbreiteten, die plötzliche Ankunft der eisenzeitlichen, kriegerischen Hallstatt-Kelten an (ab 650). Für die einheimische Bronzeindustrie bedeutete dies einen dramatischen Absturz und ein rasches Ende.[1128] Nun entstanden in Süd- und Mittelengland zahlreiche Festungsbauten: Herrensitze als Zwingburgen und mit Wällen umgebene Oppida. Diese starken Befestigungen schienen den Hallstatt-Herren nötig, denn Krieg, den sie selbst mitgebracht hatten, war nun allgegenwärtig in der keltischen Welt. Aber es nützte ihnen wenig, denn im 4. Jh. drängten weitere Kelten nach, und ab dem 3. Jh. übernahmen die Kriegsherren der La-Tène-Kultur die inselkeltische Zivilisation.[1129] Alle diese Einwandernden waren stets nur Gruppen aus der keltischen Oberschicht des Kontinents, sie wohnten bevorzugt an den Küsten, während die vorindoeuropäischen Stämme im Inneren von Britannien und Irland noch lange ihre traditionelle, matriarchale Gesellschaftsordnung beibehielten.

Dennoch blieb in der Eisenzeit den Inselkelten die Eroberung durch die römische Militärmaschine nicht erspart, denn mit den Römern wurde der Krieg in ganz Europa zum Dauerzustand. Nach der Unterwerfung Galliens durch Julius Cäsar stand ihnen der Weg nach Britannien offen. Die Britannier sollten „bestraft" werden, weil sie die Gallier unterstützt hatten, aber natürlich gab es noch ganz andere Gründe für das Römische Militärreich, das von der Ausbeutung der unterworfenen Länder lebte. Die keltischen Kriegskönige leisteten tapferen, aber vergeblichen Widerstand. Selbst der keltischen Königin Boadicea/Boudicca nützte es nichts, die Römer mit dem ungewohnten Anblick einer die britannischen Stämme anführenden Kriegsherrin zu überraschen. Sie entfesselte einen gewaltigen Aufstand gegen die Römer, der

---

[1127] Schnurbein, S. 147.
[1128] I. H. Longworth: *Prehistoric Britain*, London 1985, British Museum, S. 55–58.
[1129] Haywood, S. 78–81.

jedoch katastrophal endete (61 n.u.Z.).[1130] Schließlich gelang es den römischen Armeen, Britannien zu zwei Dritteln zu erobern. Gegen die schottischen „Barbaren" aus dem Norden bauten sie den Hadrianswall quer durch die Insel von Ost nach West, da Mauern in der patriarchalen Geschichte ein erprobtes Mittel zur Machtsicherung sind. Schottland und Irland gerieten niemals unter die römische Besatzungsmacht und bewahrten ihre vor-keltischen und keltischen Traditionen am stärksten.[1131]

Matriarchale Pikten und patriarchale Kelten: die problematische Stellung der Frau

Die vor-indoeuropäische Urbevölkerung Britanniens und Irlands waren die Pikten. Von den Römern der Eisenzeit erhielten sie den Namen „Pikten", weil sie sich bemalten, aber wie sie sich selbst nannten, ist nicht bekannt.[1132] Lange vor der Ankunft der ersten Indoeuropäer und später der Kelten waren diese großen Inseln die Länder der Pikten. Sie sollen von den legendären „Túatha Dé Danann", dem „Volk der (Göttin) Dana", abstammen, in dem wir die seefahrenden Träger der atlantischen Megalithkultur mit matriarchaler Gesellschaftsordnung auf den Britischen Inseln sehen (Abb. 1a/b). Die Pikten als die Nachfahren der Túatha Dé Danann hatten dieselbe Gesellschaftsordnung, und ihre uranfängliche Göttin war ebenfalls Dana, die in Irland Danu und in Wales Dôn hieß.[1133] Sie konnten im Landesinneren, wohin sie sich vor den ersten anlandenden Kelten zurückgezogen hatten, mit ihrer eigenen Kultur noch sehr lange von diesen unbehelligt leben.

Aber die nachströmenden, zunehmend kriegerischen Kelten verdrängten sie immer mehr nach Westen und Norden. Das veranlasste die Pikten, sich die militärische Ausrüstung der Eroberer zuzulegen, nämlich Pferde und Waffen, so dass sie zu ihrer eigenen Verteidigung schließlich glänzende Kämpfer wurden. Erst Ende des 1. Jh. n.u.Z wurden sie trotz heroischem Widerstand in England unterworfen und keltisiert, noch später im 4. Jh. n.u.Z. geschah dasselbe in Irland. An dem langdauernden Widerstand hatten auch die Piktinnen teil, denn es ist in Sagen von kultischen Frauenbünden mit amazonischem Charakter die Rede, die mit Waffen und Magie gegen die Kelten kämpften.[1134] Als Folge der Unterwerfungen wanderten viele Pikten nach

---

[1130] Jean Markale: *Die keltische Frau*, München 1984, Trikont-Verlag, S. 22, (original in Französisch: *La femme celte*, Paris 1972, Editions Payot). – Bei den Kelten war es möglich, dass Königinnen, wenn ihre Gatten in der Schlacht gefallen waren, nicht nur die Herrschaft ergriffen, sondern auch das Heer führten. Sie sind jedoch seltene Ausnahmen.

[1131] Haywood, S. 82–85.

[1132] Entgegen den Fabeln über sie waren die Pikten keine Zwerge, wie archäologische Ausgrabungen zeigen, sondern sie gehörten zum grazilen, mediterranen Menschentyp.

[1133] Miriam Robbins Dexter: „Reflections on the Goddess Donu", in: *The Mankind Quarterly*, Washington DC, 30/1–2, 1990, Council for Social & Economic Studies, S. 45–58; dieselbe: *Whence the Goddess*, S. 42–46.

[1134] Es gibt Sagenfragmente von „Maydenland", „Maydeninsel" und „Maiden Castle", was „Land/Insel/Schloss der Jungfrauen" im Sinne von unabhängigen, kämpferischen Amazonen bedeutet; sie stehen mit der vor-keltischen Fee Morgane als Schenkerin von Pferd und Waffen in Zusammenhang. Realität daran ist, dass z.B. „Maiden Castle" (Südengland) eine Wallburg-Kultstätte aus vor-keltischer Zeit ist, die später keltisiert, dann christianisiert wurde. Vgl. Heide Göttner-

Abb. 1 a/b: Piktischer Menhir mit Symbolen, daneben piktischer Silberschmuck mit den gleichen Symbolen: Zickzack-Linie mit Doppelscheibe (aus: Haywood: Die Zeit der Kelten, S. 86)

Schottland aus, wo sie als „Maiaten", die südlichen Pikten, und als „Kaledonier", die nördlichen Pikten, Königreiche gründeten. Ihre letzten „kaledonischen" Reiche in Ostschottland, wo sie zahlreiche Schutztürme erbauten, verteidigten sie noch lange Zeit. Diese kreisrunden Schutztürme, „Brochs" genannt, errichteten sie bei ihren Siedlungen, die aus ebenso kreisrunden Häusern bestanden, so dass sich die Einwohner im Notfall in die Türme zurückziehen konnten (Abb. 2). Die Brochs hatten damit dieselbe Funktion wie die Nuraghen auf Sardinien in ihrer späten Bauphase. Reste von ihnen findet man noch heute recht häufig in Nordost-Schottland und auf den Orkney- und Shetland-Inseln, den entlegensten Rückzugsgebieten der Pikten. Erst im 9. Jh. n.u.Z. ging das letzte Piktenreich durch die einwandernden keltischen Schotten unter.[1135]

Bei den Pikten bestand die Matrilinearität in voller Geltung, und zwar sogar nach ihrer Christianisierung durch das frühe irische Christentum. Die Matrilinearität zeigte sich nicht nur bei den Königen, wo die Thronfolge vom Mutterbruder auf den Schwestersohn überging, sondern in der ganzen Gesellschaft. Hinweise darauf sind,

---

Abendroth: *Fee Morgane. Der Heilige Gral,* Königstein 2005, Ulrike Helmer Verlag, S. 128–129, 133 (Quellen dort).

[1135] Die Brochs waren aus sorgfältig behauenen, flachen Steinen gebaut, und wie in den Nuraghen konnte man darin wohnen (von der Autorin besucht). – Anna Ritchie: *Picts,* Edinburgh 1997, (7. Aufl.), The Stationery Office, S. 5–7, 45–51.

Abb. 2: Der Schutzturm (Broch) von Mousa, Shetland Inseln (aus: Haywood: Die Zeit der Kelten, S. 12)

dass es keine festen Ehen gab und die Sexualität frei war – Verhältnisse, die in den lateinischen Quellen mit sehr abfälligen Urteilen belegt werden. Da jede patriarchale Gesellschaft wegen der unsicheren Vaterlinie auf Vatermacht und fester Ehe für die Frau beruht, wurde es als eine Provokation betrachtet, dass dies bei den Pikten nicht galt. Man klagte darüber, dass nicht einmal die piktischen Könige die „Hoffnung auf eigene Kinder" hatten – womit die Kinder in der Vaterlinie gemeint sind. Bei den Pikten war dies überflüssig, denn die Kinder gehörten ohnehin zum Clan der Mutter. Dort wurden sie gemeinschaftlich großgezogen, denn die Pikten sollen, bevor sie Könige hatten, ohnehin alles gemeinschaftlich besessen und in einer Art „Demokratie" gelebt haben.[1136] Die piktische Matrilinearität spiegelt sich noch in der altirischen Sagenliteratur. Dort werden göttliche Gestalten und Helden nach ihrer Mutter und nicht nach dem Vater benannt, z.B. heißen Gwyddyon und Arianrhod „Sohn und Tochter der Dôn", der Held Cuchulainn heißt „Sohn der Deichtire" und König Conchobor „Sohn der Ness".[1137] Das setzt sich fort bis zu den britannischen Sagenkreisen: Zum Beispiel ist der Nachfolger für den Thron des Königs Marke von Cornwall sein Schwestersohn Tristan, von einem „eigenen Sohn" König Markes ist nie die Rede. Ähnlich verhält es sich bei der mythischen Gestalt des Königs Arthur/Artus, dessen Sagenkreis viel älteren Ursprungs ist, als die späte christlich-historisierende Umdeutung behauptet. Er ist von seinen Schwestersöhnen umgeben, die ihm dienen und von denen sein „Neffe" Gawain der Nachfolger für den Thron werden soll.[1138]

[1136] Nach den römischen Autoren Cäsar, Strabo, Dio Cassius. Vgl. Heinrich Zimmer: *Das Mutterrecht der Pikten*, Zeitschrift der Savigny-Stiftung für Rechtsgeschichte, Romanische Abteilung, Bd. 15, Weimar 1894, Böhlau Verlag, (wiederabgedruckt in: K. Derungs, Hg.: *Keltische Frauen und Göttinnen*).

[1137] Markale, S. 40.

[1138] Besonders die altirischen „Aitheda" („Fluchtgeschichten") zeigen das Aufeinanderprallen von matriarchalen und patriarchalen Mustern: Gemäß matriarchaler Sitte wählen darin die Köni-

Dies alles hat mit der Kultur der Pikten, aber nicht jener der Kelten zu tun. Deshalb ist die häufig erhobene Behauptung vom „keltischen Matriarchat" hinfällig, das es nie gegeben hat. Aber in der langen Geschichte der Unterwerfung der piktischen Stämme stieß das keltische Patriarchat unvermittelt auf ein altes Matriarchat neolithischer Herkunft. Für die Gruppen von keltischen Kriegern war es außerdem notwendig, sich mit einheimischen Frauen zu verbinden, auch wenn dies von weiblicher Seite selten freiwillig geschah.[1139] Auf diese Weise gelangten vereinzelte, matriarchale Elemente in die keltische Gesellschaft, und zwar je mehr desto weiter die Kelten vom Kontinent entfernt waren und je mehr piktische Muster Einfluss hatten, wie in Irland und Schottland als den äußersten Randgebieten. So genossen die Gallierinnen in Frankreich, das erheblich stärker indoeuropäisiert worden war, nicht so viele Rechte wie die Keltinnen auf den Britischen Inseln, und dort waren die Irinnen und Schottinnen am besten gestellt. Von diesen Inselkeltinnen werden großartige Dinge erzählt, wie das Auftreten von mächtigen Königinmüttern, welche die Thronfolge bestimmten, von regierenden Königinnen, die nach dem Tod ihres Gatten sogar das Heer führten wie beispielsweise Boadicea, und von Frauen als einflussreichen Schiedsrichterinnen und Priesterinnen. Diese Erscheinungen bleiben jedoch auf die Britischen Inseln beschränkt und dort auf wenige Ausnahmen in der herrschenden Schicht.[1140] Problematisch wird es bereits, wenn Priesterinnen, die Orakel über Krieg und Frieden gaben, auf die man sehr achtete, sich mit ihren Voraussagen irrten, oder wenn eine Hungersnot oder Seuche ausbrach. Dann machte man sie dafür verantwortlich, betrachtete sie als schadenbringende „Hexen", schnitt ihnen die Köpfe ab und warf diese aus dem Stammesland hinaus[1141]– ein ganz und gar nicht matriarchaler Zug!

Auch war das Los der gewöhnlichen keltischen Frauen keineswegs großartig. Man schloss sie von jeder Politik aus, denn die Entscheidungen fielen in der Versammlung der Krieger, zu denen die Frauen nicht gehörten. Für sie galten Ehe, Kinder und Haushaltung, denn auch bei den Kelten mussten sie die Vaterlinie sichern. Dabei hing die Stellung der Ehefrau davon ab, ob und wie viel Besitz sie in die Ehe einbrachte, wobei „Besitz" meistens Vieh meint. Die beste Situation für sie war, wenn sie mehr Besitz in die Ehe mitbrachte als der Ehemann, der nun als „dienender Mann" galt, weil sie zum Oberhaupt der Familie wurde. Denn die Keltin hatte das Recht, auch in der Ehe allein über ihren Besitz zu verfügen, der nie dem Gatten zufiel (strikte Gütertrennung), was ihr durchaus eine starke Stellung geben konnte. Der Haken war allerdings, dass diese Ehen sehr selten vorkamen und auf die Oberschicht beschränkt blieben. Bei

---

ginnen ihren Liebhaber selbst, kommen damit aber in Konflikt mit ihrem Gatten, einem patriarchalen König, der sie als seinen Besitz betrachtet. Daraus resultieren stets große Staatstragödien und der Tod des Liebespaares, wie z.B. bei Deirdre und Naisi. Spätere Epen folgen noch immer diesem Muster, so sehen wir es auch bei Isolde und Tristan, ebenso bei Ginevra und Lanzelot. Vgl. Göttner-Abendroth: *Die Göttin und ihr Heros,* Teil 3 (Quellen dort).

[1139] Vgl. für die Konflikte, die bei diesem Zusammenstoß einer patriarchalen mit einer matriarchalen Kultur und beim langen Widerstand der einheimischen Männer und Frauen auftraten, die Nacherzählung großer keltischer Sagenkreise in: Göttner-Abendroth: *Fee Morgane. Der Heilige Gral.*

[1140] Josef Weisweiler: *Die Stellung der Frau bei den Kelten und das Problem des „Keltischen Mutterrechts",* Zeitschrift für keltische Philologie, Bd. 21, Halle 1939, Niemeyer Verlag, S. 205–279.

[1141] Ebd.

der normalen Ehe sollten beide Partner das gleiche Maß an Besitz einbringen. Auch hier besaß die Ehefrau für ihren eigenen Teil das volle Besitzrecht und eine gewisse Geschäftsfähigkeit – was die römischen Geschichtsschreiber unerhört fanden und die Sitten der Kelten in ihren Texten maßlos übertrieben. Aber auch bei dieser „Gleichstellung" der Ehefrau gab es einen Haken, weil Töchter niemals Land von ihrem Vater erben durften und auch sonst im Erbrecht benachteiligt waren; sie erbten nur die Hälfte von dem, was die Söhne erhielten. Das hatte zur Folge, dass Ehefrauen stets weniger Besitz einbringen konnten als die Männer, und das bedeutete für sie eine gewisse Abhängigkeit, auch wenn sie ihre Aussteuer behalten durften.[1142] Diese Situation war der Normalfall – trotz der häufig zu hörenden Schwärmerei von der „hohen Stellung der keltischen Frau".

Auch aus anderen Gründen war die Situation der gewöhnlichen Ehefrau, obwohl sie als gesetzliche „Hausvorsteherin" galt, nicht besonders glücklich. Denn der Ehemann konnte sich rechtlich anerkannte „Nebenfrauen" als Konkubinen wählen, die er durch einen Vertrag erwarb. Ein solcher Vertrag galt allerdings nur für ein Jahr, um die Nebenfrau nicht zum Besitz des Ehemannes werden zu lassen. Aber er konnte sich völlig legal jedes Jahr eine andere Konkubine leisten, was auf eine Art von Polygynie hinauslief.[1143] Der Ehefrau war dasselbe mit „Nebenmännern" auf keinen Fall erlaubt, stattdessen sollte sie die Konkubine des Ehemannes willig als Hilfe im Haushalt annehmen. Wenn die Situation aber zu weit ging oder die Nebenfrau sie beleidigte, war es ihr gestattet, diese aus „rechtmäßiger Eifersucht" zu erschlagen ohne bestraft zu werden. Jedoch konnte sich der Ehemann im nächsten Jahr mit vollem Recht eine neue nehmen – was das Los der Ehefrau nicht verbesserte. So besagt ein altes, keltisches Sprichwort: „Drei Tropfen einer Hausvorsteherin: ein Blutstropfen, ein Tränentropfen, ein Schweißtropfen."[1144]

Scheidung war aus solchen Gründen häufig, und zwar von beiden Seiten, obwohl die Frauen wirtschaftlich in der schlechteren Position waren. Noch leichter war es für den Ehemann, seine Frau ohne Grund zu verstoßen, was umgekehrt für sie nicht galt. Die Verstoßene durfte erst wieder heiraten, wenn der Mann eine zweite Ehe eingegangen war, denn vorher konnte er sie jederzeit „zurücknehmen". Dies dokumentiert das alte Besitzdenken des indoeuropäischen Mannes an der Frau, was die „Freiheit" der Keltin doch sehr relativiert.[1145] Damit zeigt sich die Stellung der keltischen Ehefrau als sehr widersprüchlich und als eine weitere patriarchale Spielart. Doch verglichen mit den frühen indoeuropäischen Zuständen in Europa, von denen ein irisches Sprichwort sagt: „Sklavin ist der Name für die Frauen gewesen", stellen diese späteren gesetzlichen Regelungen eine Verbesserung dar.[1146] Sie dürften auf den Einfluss von Ehefrauen aus dem Pikten-Volk und anderen vor-indoeuropäischen Völkern zurückgehen, auf welche die Kelten bei ihren Eroberungen unweigerlich stießen.

[1142] Ebd.
[1143] Markale, S. 38.
[1144] Weisweiler, S. 205–279.
[1145] Ebd.
[1146] Ebd.

Keltische Götter und Göttinnen: zweigespaltene Religion

Matriarchale Elemente in den keltischen Kulturen lassen sich am ehesten im religiösen Bereich auffinden. Dabei muss jedoch die typische Spaltung der Religiosität in patriarchalen Gesellschaften berücksichtigt werden, die eine herrschende Kultur und eine Kultur der Unterdrückten hervorbringt. In der Oberschicht der Herren und Krieger huldigte man den indoeuropäischen Himmels- und Kriegsgöttern und verehrte statt der Ahninnen allein die Ahnen in männlicher Linie. Die alte Wiedergeburtsreligion, in der die Frau bedeutend ist, verschwand und wurde durch die schaurige Unterwelt ohne Wiederkehr ersetzt. Schöne Anderweltvorstellungen von Paradiesen auf Inseln oder am Meeresgrund, in denen gütige Feen residieren, sind vor-indoeuropäischen Ursprungs, drangen aber allmählich von der Unterschicht her in die keltische Glaubenswelt ein und prägten sie.[1147]

Die Kelten besaßen kein hierarchisches Pantheon wie die Griechen, sondern jeder Stamm hatte seine eigenen Götter, so dass diese sehr zahlreich waren. So kennt man über dreihundert keltische Götternamen, von denen nur wenige öfter vorkommen. Unter diesen treten als indoeuropäische Götter hervor: Teutates, der Gott des Stammes unter vielen Namen, Taranis, der Donnergott, Esus, der Kriegsgott, und vielleicht noch Belenus/Beli, der Sonnengott. Vor-indoeuropäische Götter, welche die Kelten vereinnahmten, sind Cernunnos, der Hirschgott als „Herr der Tiere", und Lug, der künstereiche Gott und Magier; diese haben einen matriarchalen Hintergrund. So ist Lug ein vergöttlichter Heiliger König der Túatha Dé Danann, und neben Cernunnos steht die weiße Hirschgöttin Liban, die ursprüngliche „Herrin der Tiere", die mit der vor-indoeuropäischen Artemis/Diana verwandt ist. Auch der Sonnengott Beli ist nicht unbedingt original, denn vor ihm gab es die Sonnengöttin Belena/Belisama.[1148]

Die keltischen Götter wurden den älteren Göttinnen übergeordnet, die jedoch nicht verloren gingen. Sogar die Urgöttin der Pikten, Dana, blieb in Landschaftsnamen erhalten. Beispielsweise sah man die Göttin in Zwillingshügeln als ihren Brüsten verkörpert, wie die „Paps of Danu" (Killarney, Irland) und die „Paps of Jura" (Cnoc Seannda, Schottland) zeigen (Abb. 3). Das heißt, sie war als Erdmutter das Land selbst – eine uralte matriarchale Vorstellung. Diese Vorstellung setzte sich in der altirischen Mythologie in der Doppelgestalt der hässlichen Alten und der wunderschönen, jungen Frau fort. Wenn ein junger Mann von der Alten aufgefordert wurde, sie zu küssen, verwandelte sie sich in die schöne, junge Frau, und er wurde König des Landes. Denn die Doppelgestalt ist die Verkörperung Irlands selbst in der hässlichen Winterszeit und in der lieblichen Frühlingsblüte, und wer König des Landes werden will, muss es in seinen beiden Erscheinungen lieben können. Ebenso deutlich tritt dieses matriarchale Element bei der Göttin Erin/Eire hervor, die bei ihrem Heiligtum Tara in der Mitte Irlands auch „Sovereignty of Erin" heißt, die Souveränität oder Freiheit des Landes Irland. Sie erwählt ihren Heiligen König, indem sie ihm ihren gol-

---

[1147] Das gilt allgemein für den reichen, altirischen Feenglauben, wobei man in den Feen Menschen aus einer älteren Zeit sah, die bei oder in den Megalithgräbern weilten und Zaubermacht besaßen. Das mögen tatsächliche Begegnungen oder Reminiszenzen an Priesterinnen der alten, matriarchalen Kultur gewesen sein, jedenfalls verhielt man sich ihnen und ihren Stätten gegenüber respektvoll und wagte nicht, sie zu stören.
[1148] Markale, S. 129, 131, 143.

Abb. 3: Die Brüste der Dana in Schottland, genannt „Paps of Jura" (Foto von unbekannt)

denen Kelch, gefüllt mit einem roten Getränk, überreicht.[1149] Eine Variante der Dana ist die alte Göttin Cerridwen mit ihrem „Zauberkessel", der unerschöpflich Leben, Heilung und Wiedergeburt schenkt – worin die matriarchale Wiedergeburtsreligion sichtbar wird. Ihre Tochter ist die Göttin Brighde/Brigid, die „Hohe", ebenfalls mit dem Zauberkessel als „Kessel der Inspiration", womit auch die geistig schöpferische Seite der Göttin symbolisiert wird.[1150]

Ebenso wurden sehr alte Muttergöttinnen hoch verehrt, wie Modron in Wales, und auf dem Kontinent im keltischen Rheinland waren es die Matres/Matronen, Muttergöttinnen in dreifacher Gestalt. Sie sind sanfte, nährende Göttinnen und wurden mit Fruchtschalen und Ähren auf zahllosen Weihesteinen abgebildet (Abb. 4).[1151] Diese anhaltende Verehrung von Göttinnen war keineswegs die Angelegenheit der aristokratischen Männer. In erster Linie behielten die Frauen den alten Glauben an Göttinnen und die Wiedergeburt bei, sei es, dass sie selbst Alteingesessene waren oder dass sie ihn von diesen übernahmen. Während die aristokratischen Männer ihre Kriegsgötter anriefen, baten die unterdrückten Frauen die Muttergöttinnen um Beistand bei ihren Sorgen. Ebenso wandten sich die einfachen Leute der bäuerlichen Unterschicht, Männer und Frauen, an die göttlichen Mütter mit der Bitte um Erleichterung ihrer Last des täglichen Lebens. Diese matriarchalen Elemente in der Religio-

---

[1149] Diese Mythen finden sich bei Markale, S. 71; ebenso bei Jan de Vries: *Keltische Religion*, Stuttgart 1961, Nachdruck Grenchen 2005, Edition Amalia, S. 53–55, 127–129, 242; eine nähere Interpretation bei Göttner-Abendroth: *Die Göttin und ihr Heros*, S. 142–143.

[1150] Göttner-Abendroth, a.a.O., S. 132–145.

[1151] Die Weihesteine der drei Matronen stammen von den Römern, die im keltischen Rheinland ihre Garnisonen hatten; sie gaben dieser Göttin-Triade den Namen „Matrones", d.h. die „Mütter". Römische Soldaten stammten nicht nur aus Rom, sondern aus vielen verschiedenen Kulturen des Mittelmeerraumes, wo die Verehrung von Muttergöttinnen noch üblich war. Sie übertrugen ihre Verehrung in römischen Provinzen auf die dortigen Muttergöttinnen.

Die Kelten und die Matriarchatsfrage 403

Abb. 4: Ein Altarstein der drei Matronen, Rheinland (aus: Haywood: Die Zeit der Kelten, S. 58)

sität sind daher keineswegs „keltisch" und nicht in der gesamten Gesellschaft gültig, sondern sie spiegeln die zweigespaltene, patriarchale Kultur.

Gleichzeitig fand eine Patriarchalisierung von Göttinnen statt, die sie ihres ursprünglich mächtigen Charakters beraubte und in Rollenbilder presste, die dem Status der keltischen Frau entsprachen. Nicht nur, dass einzelne Göttinnen direkt vermännlicht wurden, wie Dana/Dôn zu Donnus, sondern Göttinnen wurden zu Ehefrauen gemacht, wie Dana als Gattin von Beli, oder zu Töchtern von Vätern statt von Müttern, wie Brigid als Dagdas Tochter. Die Muttergöttinnen erhielten Sonnensöhne beigesellt, die sie bald überstrahlten, wie der junge Gott Mabon die alte Göttin Modron.[1152] Auch die sukzessive Herabwürdigung und Demütigung von Göttinnen fanden statt, wie bei Rhiannon, die zwischen Männern hin und hergeschoben wurde, bis sie ihres göttlichen Charakters entkleidet war. Ebenso wurde das Weiblich-Göttliche demontiert und schließlich zu einer künstlichen Figur aus der Hand eines männlichen Zauberers gemacht, wie das Blumenmädchen Blodeuedd.[1153]

Solche Veränderungen und Verzerrungen von matriarchalen Glaubensinhalten besorgten die patriarchalen Priester, die nun bei den Indoeuropäern aufgekommen

---

[1152] Vgl. zu den typischen, patriarchalen Transformationen von Göttinnen: Göttner-Abendroth, a.a.O., S. 166–167.
[1153] Claire French-Wieser hat dies hervorragend mit ihrer kritischen Analyse der „Vier Zweige des Mabinogi" herausgearbeitet, in: *Als die Göttin keltisch wurde. Ursprung und Verfall einer alteuropäischen Mythologie,* Bern 2001, Edition Amalia.

waren. Ihre Aufgabe bestand darin, ihren Kriegsherren ideologisch zu dienen, und sie wurden zu einer berühmten und zugleich gefürchteten Stütze ihrer Macht.[1154] Bei den keltischen Aristokraten war es die Priesterschaft der Druiden, die – nachdem sie das Wissen und die Religion der Einheimischen an sich gerissen hatten – diese pervertierten und nun ihrerseits ein religiöses System entwickelten. Sie erfanden eine esoterische Lehre von der Seelenwanderung, die den Kriegern jede Angst vor dem Tod nehmen und sie tollkühn machen sollte. Darüber hinaus beschäftigten sie sich mit Astronomie, Mathematik und Physik, wissenschaftlichen Tätigkeiten, für welche sogar die Römer sie bewunderten, die aber bereits von den einheimischen Erbauern der großartigen Megalitharchitektur vor ihnen entwickelt worden waren. Jedoch die Druiden behaupteten, die Megalithbauten würden von ihnen stammen – was teilweise bis heute geglaubt wird. Insbesondere missbrauchten sie ihre Theologie von der Unsterblichkeit der Seele für massenhafte Menschenopfer. Die den Göttern Geopferten waren zuerst Verbrecher, aber wenn von diesen nicht genug vorhanden waren, hielt man sich an unschuldige Leute. Damit terrorisierten diese Priester die Bevölkerung und hielten sie in Angst, was bei den gewöhnlichen Kelten ein serviles Verhalten gegenüber den Herrschenden bewirkte. Auch vor Witwenverbrennung schreckten die Druiden nicht zurück. Wenn ein hoher Kriegsherr starb, warfen sie dessen Frauen und Diener in die Flammen des Bestattungsfeuers, falls diese nicht von selbst hineinsprangen. Diesen Horror der Menschenopfer bezeugen römische Schriftsteller, was schließlich zu einem Verbot des Druidentums durch den römischen Kaiser führte.[1155]

Die Germanen und die Matriarchatsfrage

Die Wanderungszüge der Germanen

Hatte sich mit den keltischen Kriegszügen in der Eisenzeit die Gewalt in Europa bereits beträchtlich erhöht, so fand sie noch eine Steigerung mit der frühen Geschichte der Germanen. Dabei fing dies zunächst keineswegs heroisch an.

Die Vorfahren der Germanen, die aus der Verbindung von viehzüchtenden Streitaxt-Kriegern mit älteren, einheimischen Völkern hervorgegangen waren, hatten ihr Wohngebiet lange in Nordeuropa. Die Einheimischen dort gehörten zu einem großen Gebiet der atlantischen Megalithkultur, deren steinerne Monumente sich in denselben Ländern befinden, welche die Indoeuropäer besetzten: Norddeutschland, Nordpolen, Dänemark und Südschweden. Ein anderer Zweig der indoeuropäischen Einwanderer ließ sich an der nordöstlichen Ostseeküste nieder, in Lettland, Litauen, Estland, Südfinnland, wo sie sich ihrerseits mit den Menschen der matriarchalen Nar-

---

[1154] Ein mythisches Beispiel ist der Zauberer Merlin, der seinem Keltenkönig Arthur dient, indem er mit List dem Alten Volk die matriarchale Magie entwendet und die Verteidiger der matriarchalen Kultur durch Heimtücke unschädlich macht. Vgl. Göttner-Abendroth: *Fee Morgane* (Quellen dort).

[1155] Glassman: *The Origins*, S. 1242–1244.

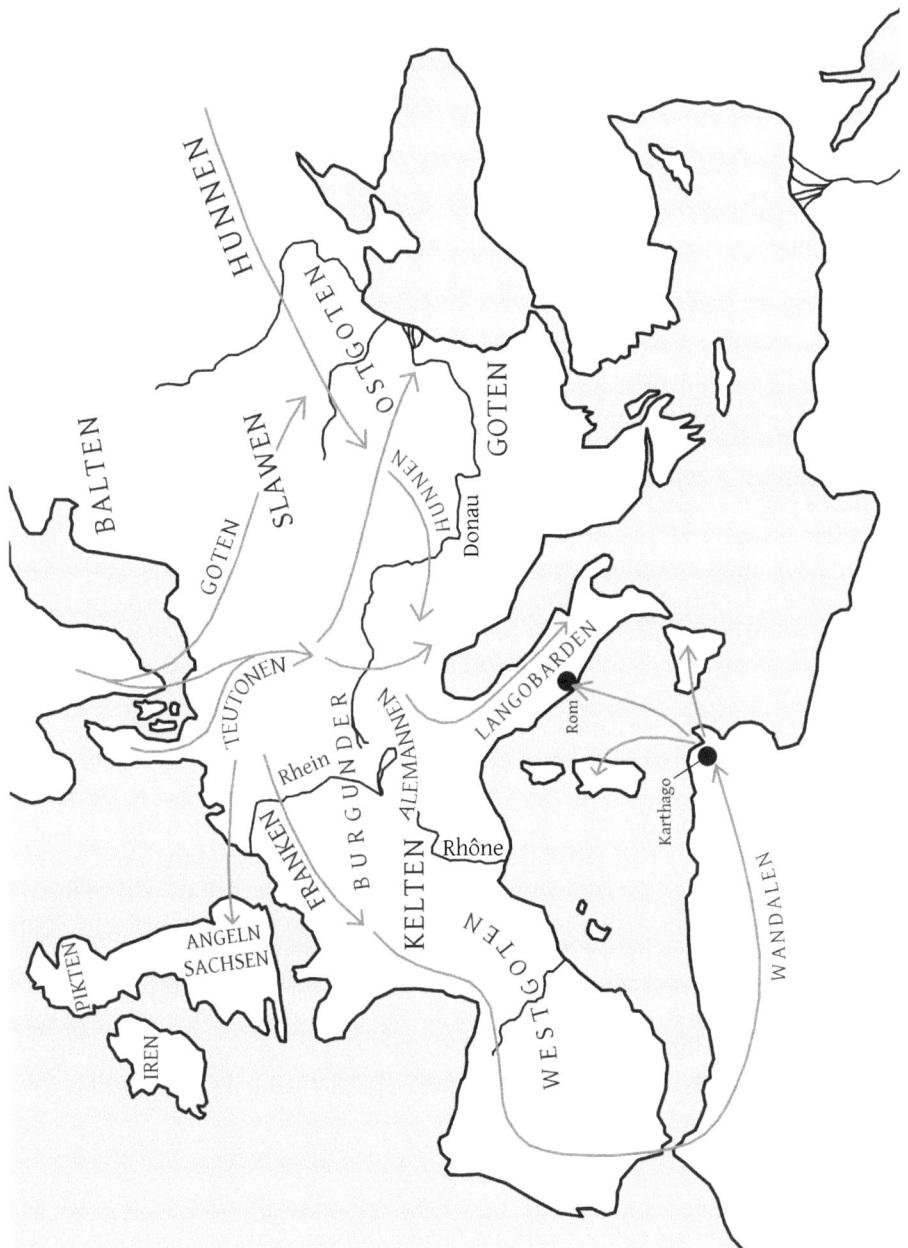

Karte 2: Die Wanderungszüge der Germanen in Europa.

va-Kultur verbanden und zu den Vorfahren der Balten wurden. Gelegentlich dehnte sich das Gebiet der Balten bis nach Zentralrussland aus.[1156] Südlich davon lebten die indoeuropäischen Slawen, deren Heimat zwischen dem Oberlauf von Bug, Dnjepr und Don angenommen wird, wo sie sehr lange verweilten (Karte 2 von Kap. 8).[1157]

Die Bronzezeit-Leute in Nordeuropa sind die frühen *Germanen*. Von den einheimischen Frauen und Männern hatten sie Ackerbau und Schiffsbau gelernt, was aus Felszeichnungen hervorgeht, wo man sie mit erhobenen Äxten auf Schiffen sieht.[1158] Außerdem missbrauchten sie die Megalithkultur der Einheimischen für den Bau von Einzelgräbern für ihre Häuptlinge.[1159] Ab 1.500 importierten sie Bronzewaffen und Bronzegegenstände aus Mitteldeutschland, denn ihr Standard war anfangs so primitiv, dass sie Schilde und Speere nur aus Holz besaßen und mit steinernen Streitäxten kämpften.[1160] Damit waren sie den anderen Völkern Europas, besonders den Kelten, weit unterlegen, denn diese hatten metallene Speere und Schwerter, Reiterkavallerie und Streitwagen, ganz zu schweigen von ihrer zahlenmäßiger Überlegenheit.[1161] Am Ende des 2. Jts. beherrschten die Germanen den Bronzeguss dann selbst, und ein Vorteil war, dass ihre Anführer das Handwerk nicht verachteten. Sie waren gute Metallschmiede und Bootsbauer und taten sich bei diesen Arbeiten mit den gewöhnlichen Männern zusammen.[1162] Jedoch mussten sie die Metalle für die Bronzeherstellung von weither importieren. Als Zahlungsmittel gebrauchten sie, wie die Balten, den Bernstein aus der Ostsee. Bernstein war ein äußerst begehrtes Gut, so dass Bernstein-Handelsrouten durch ganz Europa bis nach Italien und Griechenland und sogar weit nach Osten bis zum Kaukasus und Ural führten. Bernstein galt damals als so kostbar wie Gold.[1163]

Die Eisenzeit kam mit dem 1. Jt. recht spät in Nordeuropa an, und für die Germanen verlief sie zunächst nicht glücklich. Die Klimaveränderung mit starker Austrocknung gegen Ende dieses Jahrtausends, die in Nordeuropa mit einer Kälteperiode einherging, raubte ihnen Acker- und Weideland. Außerdem schnitten die Kelten mit ihrer expandierenden Hallstatt-Kultur ihnen die Handelsverbindung nach Mitteldeutschland ab, so dass die germanischen Stämme in Dänemark und Südskandinavien rapide verarmten (6.-5. Jh.). Sie halfen sich mit räuberischen Überfällen und Plünderungen in keltischen Gebieten, bis sie schließlich in massiven Wanderungszügen in den reichen Süden vordrangen. Von der norddeutschen Ostseeküste bis nach Böhmen unterwarfen und germanisierten sie die ansässigen Volksstämme, die vorher unter keltischem Einfluss gestanden hatten. Dort ließen sie sich in Bauerndörfern nieder. Auch zwischen Oder und Weichsel eroberten germanische Stämme auf ihren

---

[1156] Marija Gimbutas: *Die Balten. Urgeschichte eines Volkes im Ostseeraum*, Frankfurt-Berlin 1991, Ullstein Verlag, 3. Kapitel (original in Englisch: *The Balts*, 1963, Praeger).
[1157] A.a.O., S. 77.
[1158] Z.B. auf den Felsbildern von Tanum (Südschweden).
[1159] Z.B. das Grab von Kivik (Südschweden), vgl. Mohen: *Megalithkultur in Europa*, S. 254, 276–277.
[1160] Diese bronzezeitlichen Lieferanten in Mitteldeutschland waren die Aunjetitzer und Lausitzer Kulturen.
[1161] Glassman, S. 1226.
[1162] A.a.O., S. 1228.
[1163] Gimbutas: *Die Balten*, S. 70, 73.

Südwanderungen Land und siedelten sich an (2.-1. Jh.).[1164] Das ging in keiner Hinsicht friedlich vor sich, denn die Kelten traten ihren östlichen Machtbereich, diesmal der La-Tène-Kultur, nicht freiwillig ab, so dass es zu permanenten Kämpfen kam. Nachdem die Germanen die Situation für sich entschieden hatten, übernahmen sie von den Unterworfenen keltische Kulturgüter, denn die Kelten waren zivilisatorisch erheblich weiter fortgeschritten.

Ausgedehnte kriegerische Wanderungszüge, um neues Land für ihre wachsenden Stämme zu finden, waren von nun an das Schicksal der Germanen. So verließen die germanischen Stämme der Kimbern und Teutonen um 120 v.u.Z. in einem gewaltigen Heereszug ihre Heimat in Jütland (Dänemark), weil eine extreme Springflut ihre Landwirtschaft zerstört hatte. Andere Germanen von der Nordseeküste, ebenso hart von der Flut getroffen, schlossen sich ihnen an. Etwa 300.000 Menschen zogen nun in zwei riesigen Wagentrecks mit Vieh durch Deutschland und Böhmen nach Südosten und gelangten bis zur mittleren Donau am Rand der Ostalpen (vgl. Karte 2 von Kap. 8, S. 405). Dort machten sie neue Bekanntschaft mit den Römern, die sich ihnen mit drei Legionen entgegenstellten; aber sie besiegten diese in der ersten Schlacht und zerstreuten sie. Danach trennten sich die Kimbern von den anderen und drangen einige Zeit später in die Po-Ebene in Italien ein. Der größere Teil des Heeres, die Teutonen, zog nun weit nach Westen über den Rhein bis nach Gallien, sie plünderten die Ortschaften entlang ihres Weges und ließen die Landwirtschaft zerstört zurück. In Gallien trafen sie wieder auf vier römische Legionen, welche die Eindringlinge in ihre Provinz aufhalten wollten. Aber weil ihrer Bitte um Ackerland für ein friedliches Leben von der Hauptstadt Rom aus nicht stattgegeben wurde, vernichteten die Germanen auch diese römischen Kampfverbände (105 v.u.Z.). Nun begannen sich die Römer vor dem „Furor Teutonicus", der „teutonischen Wut", dieser großen Wilden aus dem Norden zu fürchten, denn diese zerschlugen abermals drei römische Legionen, die ihnen an der Rhône entgegentraten. Sie zitterten davor, dass diese Barbaren sich gegen Rom wenden könnten, aber der Germanenzug irrte ziellos durch Nordspanien und kehrte wieder nach Gallien zurück. Dort konnten die Römer mit verstärkter Armee die germanische Invasion in ihr Reich zwei Jahre später schließlich doch mit einem Sieg beenden (Aix-en-Provence, 103 v.u.Z.).[1165]

Aber es bot sich ihnen ein grausiger Anblick: Die germanischen Frauen hatten durchaus am „Furor Teutonicus" teil, denn sie duldeten nicht, dass ihre Männer die Schlacht verloren und zu den Wagen, die ihnen den Fluchtweg versperrten, zurückliefen. Sie erhoben ein zorniges Geschrei und erschlugen sie als „Verräter" mit Beilen, egal ob es Vater, Bruder oder Sohn war. Auch gegen die römischen Soldaten gingen sie vor und rissen ihnen mit bloßen Händen Schilde und Schwerter weg, ohne auf die eigenen Wunden zu achten, bis sie selbst getötet wurden. Als die Römer abermals zwei Jahre später auch die Kimbern in einer gewaltigen Schlacht in der Po-Ebene besiegten (Vercella, 101 v.u.Z.), erschlugen auch hier die Frauen, in schwarzen Gewändern auf den Wagen stehend, ihre flüchtenden Männer, erwürgten die Kinder oder warfen sie unter die Räder der Wagen und Hufe der Zugtiere und töteten zuletzt sich

---

[1164] *Brockhaus Enzyklopädie,* 21. völlig neu bearbeitete Auflage, Leipzig 2006, F.A. Brockhaus, 30 Bände, hier: Bd. 10, S. 563–567; Bd. 20, S. 6–7.

[1165] Nach dem griechisch-römischen Historiker Plutarch; vgl. Jakob Amstadt: *Die Frau bei den Germanen,* Stuttgart 1994, Kohlhammer Verlag, S. 17–18.

selbst. Denn sie wollten auf keinen Fall in römische Gefangenschaft und Sklaverei geraten.[1166] – Das waren die ersten Eindrücke, welche die Römer von germanischen Stämmen, die sie vorher nicht gekannt hatten, bekamen, insbesondere bewunderten sie die Tapferkeit der germanischen Frauen. Doch bei den Germanen wie auch bei den Kelten war es üblich, dass die Frauen und Kinder die Kriegszüge der Männer begleiteten, im Gegensatz zu den frühen indoeuropäischen Männerhorden, die ohne Frauen auszogen. Die keltischen und germanischen Frauen verteidigten aktiv die Wagenburg mit den Kindern und griffen nicht selten in die Schlacht ein. Dabei zeigten sie eine den Männern durchaus gleiche Körperkraft.[1167] Aber im Fall der Niederlage ihrer Männer ging es für sie tragisch aus, wie diese und andere Verzweiflungstaten der Frauen zeigen. Dabei durften sie nicht selbst zu den Waffen greifen, denn diese waren ein Monopol der Männer und Frauen nicht erlaubt.

Man fragt sich hier, wie es den Germanen gelang, das kriegserfahrene, disziplinierte römische Militär auf Anhieb mehrfach zu besiegen. Denn sie kämpften, bevor sie die römische Reiterei kennen lernten, zu Fuß nur mit Lanze und Schild. Aber mit der Wucht des ersten Ansturmes verwirrten sie die römischen Schlachtreihen und waren beim Kampf Mann gegen Mann überlegen. Zudem praktizierten die Krieger intensives „doping" mit Rauschmitteln, was sie zu Besessenen im Blutbad der Schlacht werden ließ. Das Phänomen der Besessenheit im Töten ist vom Kriegerbund der „Berserker" bekannt, doch war das Gewaltpotential bei germanischen Männern allgemein hoch. Auch in Friedenszeiten zückten sie schnell die Schwerter, es gab oft sinnlose Duelle, Morde waren an der Tagesordnung, worauf langdauernde Blutrache-Fehden der Clans untereinander folgten. Nicht selten endeten Versammlungen, wenn man sich nicht einigen konnte, damit, dass man sich gegenseitig erschlug, sogar nach Wettspielen kam es häufig zu Totschlag. Gewalt galt als „heldenhaft" und wurde von den germanischen Kriegsherren ermutigt, welche die Krieger nach ihrer „Kühnheit" aussuchten, das heißt, nach ihrer Bereitschaft, jeden zu jeder Zeit zu töten, der in ihrem Weg stand oder sie beleidigte oder sie hinderte zu tun, was sie tun wollten.[1168] Da die Germanen überall, wohin sie zogen, entweder auf kriegsgewohnte Kelten oder militärisch hochgerüstete Römer stießen, war es für ihre Anführer wohl nötig, die Männer zum Äußersten zu treiben um sich durchzusetzen. Schließlich waren die Germanen, nachdem die Römer sie auf so dramatische Weise entdeckt hatten, bei diesen berüchtigt und bei anderen Völkern gefürchtet. Es zeigt sich darin vor allem eine gesteigerte Brutalität während der Eisenzeit, die nicht mehr aufhören sollte. Besonders für die römische Militärherrschaft in Europa stellten diese ersten Begegnungen mit den Germanen ein böses Omen dar.

Die germanischen Eroberungszüge nach Süden hielten an, bis sie sich in weiten Gebieten Mitteleuropas vom Rhein bis zur Weichsel niedergelassen und die Kelten daraus vertrieben hatten (vgl. Karte 2 von Kap. 8, S. 405). Sie blieben bei ihrer Siedlungsweise in Bauerndörfern mit angegliederter Weidewirtschaft, sie brachten es damals nicht zur Urbanisierung. Die Römer unterwarfen einige Germanenstämme links des Rheins ihrer Kontrolle, so dass nun auch Germanen als Söldner in ihren Legionen

---

[1166] A.a.O., S. 18–19.
[1167] Weisweiler: *Die Stellung der Frau*.
[1168] Glassman, S. 1230.

dienen mussten. Das war nicht von Vorteil für das Römische Reich: Auch Arminius (germanisch: „Hermann"), ein Häuptling der Cherusker, brachte es im römischen Dienst bis zum Truppenführer und war nun mit der römischen Kriegstaktik vertraut. Als es in Norddeutschland zu einer Truppenrevolte kam, schürte er den Widerstand und schmiedete mehrere germanische Stämme in einer Allianz gegen die Römer zusammen. Die Römer wollten die Rebellen strafen und die widerspenstigen Stämme unterwerfen, also zogen sie unter dem Feldherrn Varus mit einer riesigen Armee, die mehr als 25 km Länge gehabt hatte, nach Norddeutschland. Doch es kam für sie zur Katastrophe. Arminius führte die germanische Allianz zum Entscheidungskampf, lockte die Römer am Teutoburger Wald in unübersichtliches, sumpfiges Gelände und vernichtete in dreitägiger Schlacht das römische Heer vollständig (9 n.u.Z.).[1169] Das Römische Imperium wurde durch diese Niederlage hart getroffen, so dass man weitere Offensiven gegen die unabhängigen Stämme in Norddeutschland aufgab. Stattdessen verschanzte man sich nach dem Mauer-Prinzip hinter dem „Limes", einem mit Wachttürmen und steinernen Kastellen stark befestigten Grenzwall. Er verlief entlang des Rheins und der Donau durch ganz Mitteleuropa und teilte es in eine römische und eine romfreie Hälfte.[1170]

Schließlich nützte sogar der Limes den Römern nichts mehr, denn im 3. Jh. n.u.Z. kam es zu einem Zusammenschluss von germanischen Großstämmen, die ihr Siedlungsgebiet nach Süden, Westen und Osten ausdehnten. Um 260 durchbrachen die Alemannen diesen Grenzwall und machten ihn damit nutzlos, dann siedelten sie sich im vorher römischen Helvetien an (Schweiz).[1171] Die Franken wohnten nun beiderseits des Rheins und dehnten sich immer mehr nach Gallien im Westen aus (Frankreich). Die Goten zogen weit nach Osten bis nach Südrussland und siedelten sich dort an (vgl. Karte 2 von Kap. 8, S. 405).

Im 4. Jh. n.u.Z. löste ein neuer Einbruch von Reiterkriegern aus der Steppe, diesmal der mongolischen Hunnen, in Europa wieder langanhaltende Wanderungszüge germanischer Völkerschaften aus, die erneut entwurzelt worden waren. In dieser sogenannten „Völkerwanderungszeit" veränderte sich die gesamte kulturelle Landschaft Europas: Die Ostgoten mussten ihre Wohngebiete in Südrussland verlassen, fielen nach unsteten Wanderungen in Ungarn und, zusammen mit den Langobarden, in Italien ein. Die Westgoten drängten noch weiter nach Westen bis Südfrankreich und Spanien. Die Wandalen zogen durch Nordafrika bis Karthago, das kurzzeitig ihre Residenz wurde, von dort aus schifften sie sich nach Italien ein und plünderten Rom (455 n.u.Z.) (vgl. Karte 2 von Kap. 8, S. 405).[1172] Große Stammesteile der Sachsen, Angeln und Jütländer brachen unterdessen nach Britannien auf und eroberten es, wobei sie die Inselkelten bis an den Rand Europas verdrängten (Wales, Irland, Schottland). Viele von diesen flohen damals in die Bretagne (keltisch: „Armorika"). Zuletzt waren es die Slawen, die aus Zentralrussland vertrieben wurden und nun ihrerseits nach Mitteleuropa drängten, sie siedelten sich an seinen östlichen Rändern an (Slowenien, Slowakei, Polen, an der Elbe, auf Rügen). Überall gründeten die Kriegsherren dieser

---

[1169] *Brockhaus Enzyklopädie*, Band 2, S. 433; Band 28, S. 561.
[1170] A.a.O., Band 16, S. 803–805.
[1171] Ebd.
[1172] A.a.O., Band 29, S. 196–197.

Völker eigene Reiche, die jedoch nicht lange bestanden. Aber die gewaltigen Völkerverschiebungen jener Zeit bedeuteten das Ende des Römischen Imperiums.[1173]

Zur Sozialordnung der Germanen: tapfere, doch rechtlose Frauen

Die Germanen stießen bei ihren Wanderungszügen über Jahrhunderte entweder auf patriarchale Kelten oder auf patriarchale Römer und hatten in erster Linie kriegerisch mit ihnen zu tun. Obwohl sie in ihrem Herkunftsgebiet Dänemark und Südschweden lange in Nachbarschaft mit matriarchalen Völkern lebten, hat sich deren Einfluss in der germanischen Sozialordnung auf die Dauer nur gering ausgewirkt.

So gab es zu keinem Zeitpunkt regierende Königinnen bei den Germanen, denn nach dem Tod eines Königs trat stets ein anderer Kriegsherr an dessen Stelle.[1174] Germanische Frauen der Oberschicht konnten jedoch Priesterinnen werden, die hochgeachtet waren und den Kultgemeinschaften vorstanden. Man sprach ihnen auch eine seherische Gabe zu und folgte ihrem Rat für Krieg oder Frieden, als Beispiel sei die berühmte Seherin Veleda genannt.[1175] Die Priesterinnen blieben allerdings wie bei den Kelten Ausnahmefrauen, und etliche von ihnen führten die Praktik von Menschenopfern aus, die es auch in der germanischen Religion gab, wenn auch nicht massenhaft. Diese Priesterinnen begleiteten die Kriegszüge, trommelten während der Schlacht auf gespannten Fellen und machten einen fürchterlichen Lärm. Nach der Schlacht nahmen sie sich der Kriegsgefangenen an – doch nicht zu deren Wohl –, führten sie, die sie zuvor bekränzt hatten, zu einem großen Kessel und schnitten ihnen die Kehle durch. Sie weissagten aus dem Blut, das in den Kessel floss, oder durchsuchten die Eingeweide der Geopferten, um daraus die Zukunft zu verkünden.[1176] Abgesehen von dieser problematischen Handlungsweise erwies sich auch der Status von Priesterinnen als problematisch. Denn die Grenze zu gefürchteten Zauberinnen und „Hexen", die ihre Zauberkraft missbrauchten, war oftmals fließend.[1177]

Die gewöhnliche Germanin blieb wie die keltische Frau von der Politik ausgeschlossen, da die Entscheidungen in der Versammlung der Krieger fielen. Im persönlichen Leben konnte sie weit weniger als die Keltin ihren Gatten selbst wählen. Die Keltin hatte das Recht dazu, indem sie dem gewählten Mann in Gegenwart der Verwandten eine Schale Wasser reichte, in Königshäusern war es ein Pokal mit Wein. Ihre Wahl war dann maßgebend für den Erwählten wie für die beiden Sippen, die nachträglich den Kontrakt schlossen.[1178] Diese Sitte galt nicht für die Germanin: Der Schutzraum, in dem sie lebte, war die patriarchale Sippe, die zugleich eine Rechts- und Kultgemeinschaft darstellte. Innerhalb der Sippe herrschte Frieden, während nach außen jeder mit Waffengewalt für sein Recht kämpfen musste. So hatten die

---

[1173] Außer diesen Völkerwanderungen waren weitere Gründe für den Zusammenbruch des Römischen Reiches seine überdehnte Größe, verbunden mit seiner inneren Dekadenz. Vgl. Walter Pohl: *Die Völkerwanderung. Eroberung und Integration*, Stuttgart 2005, Kohlhammer Verlag.
[1174] Glassman, S. 1245.
[1175] Nach dem römischen Autor Tacitus, in: *Historien*, IV, Kap. 61; zitiert von Amstadt, S. 19–21.
[1176] Strabo zu den Praktiken der Kimbern, in: *Geographie*, VII, 1; zitiert a.a.O., S. 17.
[1177] A.a.O., S. 79–81.
[1178] Markale, S. 34.

Sippen ein Eigenleben und verzichteten nicht auf ihr Recht zu Fehde und Rache, um verletzte Sippenehre wiederherzustellen. Sowohl Mann wie Frau verloren jeglichen Schutz, wenn sie von der Sippe verstoßen wurden, was für die waffenlose Frau äußerst schwer wog. Dies prägte die Form der Ehe bei den Germanen, die wesentlich ein Bündnis zwischen zwei Sippen war, wobei der Frau oft die Freiheit der eigenen Partnerwahl genommen wurde. Sie unterstand der Sippengewalt, die vom Familienvater ausgeübt wurde, allerdings hatten die Mitglieder der Sippe eine beratende Funktion. Ausschließlich die Söhne erbten den Familienbesitz, denn Töchter wurden in die Ehe weggegeben. Nur in Ausnahmefällen, wenn kein männlicher Erbe in der Sippe geboren wurde, konnte eine Tochter erben.[1179]

Die übliche Form war die „Muntehe", die zwischen dem Bräutigam und dem Vormund der Braut, in der Regel ihrem Vater, geschlossen wurde. Der Bräutigam oder seine Sippe entrichtete eine Geldgabe an den Vater und erhielt als Gegengabe die Frau. Da sie keineswegs immer um ihr Einverständnis gefragt wurde, sieht das sehr nach „Kaufehe" aus, bei der die Frau zum Objekt des Ehevertrags gemacht wurde, und es erinnert an die früh-indoeuropäische Viehgabe für eine Frau. Sie konnte nicht für sich selbst sprechen, sondern hatte immer einen Vormund, entweder Vater oder Bruder, und mit der Heirat ging die Vormundschaft auf den Ehemann über, so dass sie nun in seiner Sippe in rechtliche Abhängigkeit von ihm geriet. Das bedeutet der Name „Munt-Ehe" im Sinne von „Vormund-Ehe", denn für ihr ganzes Leben galt die Frau zu keiner Zeit als mündig. Eine Ehescheidung war für sie nicht möglich, Scheidung stand nur dem Ehemann zu.[1180] Diese Eheform erweist sich als streng patriarchal, stärker noch als bei den Kelten, sie machte die Frau zum Spielball für die Interessen der Männer.

Außer der Muntehe gab es noch die „Raubehe", ebenfalls ein Relikt aus früh-indoeuropäischen Zeiten, wo Frauenraub üblich war. Bei der germanischen Raubehe konnte ein abgewiesener Bewerber, falls er als ebenbürtig galt, die begehrte Frau mit Gewalt rauben und zu sich nehmen, wobei sie auch hier im Objektstatus verblieb und der ehelichen Vergewaltigung ausgesetzt war. In der Regel folgte darauf die kriegerische Auseinandersetzung zwischen beiden Sippen, die stets der Oberschicht angehörten, wobei die Fehde nur durch das Thing, die Volksversammlung, beigelegt werden konnte. Manche mutige germanische Frau wendete die Sache jedoch so, dass sie sich von dem Mann, den sie liebte, rauben ließ und mit ihm die „Friedelehe" oder „Liebesehe" schloss. Diese Form war ihr einziges Schlupfloch im sonst unausweichlichen, patriarchalen Sippenzwang. Auch das zog meist eine Fehde nach sich, die nur mit Mühe beigelegt werden konnte, jedoch war die „Friedel", die geliebte Frau, auch nach dem Friedensschluss schlecht gestellt. Denn sie hatte die eigene Sippe unrechtmäßig verlassen, und in die Rechtsgemeinschaft der Sippe des Mannes war sie nicht ordnungsgemäß eingetreten. So besaß sie keinen Rechtsschutz mehr und hatte auch am Besitz des Ehemannes keinen Anteil. Er war daher verpflichtet, ihr nach der Brautnacht eine „Morgengabe" zu überreichen, die sie sowohl von ihm als auch von seiner Sippe unabhängig machen sollte. Es ging dabei um Haus und Hof, Land und Vieh und die zugehörigen Knechte und Mägde. Die Frau erhielt bei dieser Güterüber-

---
[1179] Amstadt, S. 91–92, 101.
[1180] A.a.O., S. 96–97, 99.

tragung die Schlüsselgewalt und war nun ihre eigene Hausherrin. Jedoch konnte nur ein reicher Mann sich diese Eheform leisten und außerdem den Streit mit der Sippe der Frau auf sich nehmen; deshalb war diese Eheform selten und ein Vorrecht des Adels.[1181]

Letztlich schwelte der Unmut über die „freche Freiheit" noch lange, die sich eine Frau bei der Friedelehe mit dem geliebten Mann herausgenommen hatte, wie das Schicksal der adeligen Germanin Thusnelda zeigt. Sie liebte ihren Vetter, den Helden Arminius, der in der Varusschlacht die Römer besiegt hatte, und sie ließ sich von ihm entführen. Aber ihr Vater verzieh es ihr nie, denn eine Tochter hatte die Pflicht zu gehorchen. Bei einer späteren Gelegenheit, als Arminius wegen Kriegsangelegenheiten abwesend war, nahm er Thusnelda, die nun ohne jeglichen persönlichen Schutz oder Sippenschutz war, gefangen und lieferte sie den Römern aus. Sie diente als seine Geisel, durch die er seinen Friedensvertrag mit dem ehemaligen Feind bekräftigte. Thusnelda, die schwanger war und in der Fremde einen Knaben gebar, ertrug ihr Schicksal ohne Tränen und ohne Klage – was die Römer bewunderten und sie in römischer Gefangenschaft sehr respektvoll behandelten (Abb. 5). Arminius raste vor Zorn und suchte einen zweiten Krieg mit den Römern, um Thusnelda zu befreien, aber er verlor die Schlacht.[1182]

Abb. 5: Trauernden Thusnelda (restaurierte Marmorstatue, 2. Jh. Rom) (aus: http://upload.wikimedia.org/wikipedia/commons/9/98/Thusnelda Marie-Lan Nguyen/Jostrow)

[1181] A.a.O., S. 98–102.
[1182] Tacitus: *Annalen. Germania*, Kapitel 40; Strabo: *Geographie*, VII, 1; zitiert a.a.O., S. 72–73.

Bei dieser Lebensweise der germanischen Frauen sind keinerlei Rechte, die sie als Einzelperson schützten, zu finden, wie die Keltinnen sie noch besaßen. Trotz dieser ehelichen Verhältnisse gab es offenbar einen Ehrenkodex bei den Germanen, der ihnen verbot, die Ehefrauen schlecht zu behandeln. Denn es galt als unehrenhaft, gegen eine Frau gewalttätig zu sein. Besonders den Müttern brachte man Achtung und eine gewisse Ehrerbietung entgegen, was sich im gelegentlichen Befolgen des Rates weissagender Mütter sowie in den Resten von Matrilinearität bei den Adelssippen mancher Stämme ausdrückt.[1183]

Matriarchale „Nerthus-Kultur" und germanische Götter

Matriarchale Elemente lassen sich daher bei den Germanen kaum noch in der Sozialordnung finden, man muss sie wie bei den Kelten im religiösen Bereich suchen. Hier ist der Einfluss der matriarchalen Megalithkultur, in deren Gebiet die frühen Germanen lange wohnten, deutlich zu sehen. Diese Kultur hinterließ Dolmen, Menhire und Steinkreise (Südschweden), zahlreiche megalithische Grabhügel, die bis heute die Landschaft prägen (Dänemark), und mächtige Langgräber und Wallanlagen (Norddeutschland, Insel Rügen). Sie hatte ihren Ausgang von den Britischen Inseln und der Bretagne genommen.[1184] Da wir den Namen der Völker dieser Kultur nicht mehr kennen, ihre Göttin Nerthus aber die älteste und bedeutendste ist, nennen wir sie hier „Nerthus-Kultur".

Wie in patriarchalen Gesellschaften üblich, war der religiöse Bereich auch bei den Germanen zweigespalten in eine Religion der Herrschenden und eine der unterdrückten Frauen und der bäuerlichen Unterschicht. Zur frühpatriarchalen Schicht, die schon mit den Streitaxtleuten nach Südskandinavien gelangte, gehört der Himmels- und Kriegsgott Tyr/Ziu, wobei der Name „Ziu" mit „Zeus" verwandt ist und den allgemein indoeuropäischen Gott-Vater meint. Er verblasste jedoch hinter den späteren germanischen Kriegsgöttern Odin/Wodan und Thor/Donar, die von den Kriegsherren und ihrer Gefolgschaft verehrt wurden. Odin und Thor sind hier die nordgermanische Variante dieser Götter, Wodan und Donar die südgermanische. „Wodan/Wotan" heißt der „Wütende", der mit seinen Reiterhorden heranstürmt und wie ein Besessener alles niedermacht, was ihm in den Weg kommt. Er war der Gott der Schlacht und wurde im südgermanischen Raum während der kriegerischen Völkerwanderungszeit immer bedeutender, wobei sich auch das Gebiet seiner Verehrung ausweitete.[1185] Der nordgermanische Odin, der „Allvater" und Chef der germanischen Asen-Götter, hatte andere Methoden, an sein Ziel zu kommen: Durch List und Tücke erpresste er altes, magisches Wissen von den vor-indoeuropäischen Priesterinnen, in anderen Fällen erlangte er es durch Betrug und Meineid und pries sich zuletzt selbst für seine Schläue.[1186] Daraufhin galt er als großer „Zauberer" und „Weiser".

[1183] Amstadt, S. 75; Robert Briffault: *The Mothers*, Bd. 1, S. 414–417.
[1184] Darauf weist die Ähnlichkeit der Grabbauten hin. Vgl. Mohen, S. 110.
[1185] Amstadt, S. 24. – Besonders markant ist Wodans Verhalten diesbezüglich auf der einst heiligen Insel Rügen; vgl. Göttner-Abendroth: „Die ‚Witten Wiwer' von Rügen", in: *Matriarchale Landschaftsmythologie*, S. 51–54 (Quellen der Sagen dort angegeben).
[1186] Göttner-Abendroth: *Die Göttin und ihr Heros*, S. 147, 155–156.

Es spiegelt die Methoden der Übernahme von praktischem und kulturellem Wissen von den matriarchalen Einheimischen in Südschweden durch die Germanen. Denn es heißt in den Mythen ausdrücklich, dass zuerst die Göttin Freyja/Frigg die Kunst der Magie besaß, die sie Odin lehrte – ob freiwillig, sei dahingestellt.[1187] Thor oder Donar, dessen Name „Donner" heißt, liebt stattdessen die direkte Gewalt und schmettert mit seinem Hammer jeden Widerstand nieder; der „Hammer" meint hier die steinerne Streitaxt und zugleich den Blitzstrahl. Auf diese Weise erschlägt er mehrmals die „Riesen" – was eine Umschreibung für die ältere Bevölkerung ist.[1188]

Die unteren Schichten, die germanische Bauernbevölkerung und insbesondere die Frauen, hielten demgegenüber die Religion der Göttin in hohen Ehren, die in Südschweden und Dänemark durch die einheimischen Frauen in die germanische Glaubenswelt gelangt war. Darin gibt es sehr alte Gestalten, wie zum Beispiel die drei Nornen, Schicksalsgöttinnen, die auch als „Riesinnen" geschildert werden. Sie bestimmten nicht nur den Menschen, sondern auch den Göttern das Schicksal. Immer wenn von diesen riesenhaften Leuten die Rede ist, meint man die matriarchale Urbevölkerung, die offenbar die gewaltige Kraft hatte, Megalithbauten aus „riesenhaften" Steinen zu errichten. Anders konnten sich die später angekommenen Indoeuropäer die Technik der Megalitharchitektur nicht erklären. Die patriarchalen Asengötter benutzten die Baukunst dieser sogenannten „Riesen" für ihre Burgen, um danach die künstereichen Baumeister um ihren Lohn zu prellen und zu töten. Genauso handelt auch der Gott Thor, als er den magischen „Kessel", der die Göttin symbolisiert, erlangen will und damit ihre Macht. Typischerweise weilt die vor-indoeuropäische Göttin mit ihrem Kessel der Wiedergeburt auch bei den „Riesen". Thor gewinnt durch heuchlerische Verstellung das Vertrauen der „Riesen", nur um sie zu erschlagen und den „Kessel" zu rauben.[1189]

Noch mächtiger als die Nornen ist ihre Mutter, die Erdgöttin namens „Jörd" (nordgermanisch) oder „Erda/Hertha" (südgermanisch), die von den Römern zu „Nerthus" latinisiert wurde. Der römische Geschichtsschreiber Tacitus berichtet, dass sie in ganz Germanien in Ehren gehalten wurde. Sie wohnt auf einer heiligen Insel im Meer und kommt von dort mit einem Schiff zu den Völkern gefahren; als „Schiff der Erneuerung" bringt es im Frühling die Sonne zurück. So sieht man es in Felszeichnungen auf Granitplatten in Südschweden und auf Ostsee-Inseln (Abb. 6a/b). Auch mit dem Lebensbaum kehrt es von dort wieder (Abb. 6c). Im Herbst führt das Schiff die Toten zur Jenseitswelt im Westen.[1190] Nerthus besaß jedoch nicht nur eine, sondern viele Kultstätten auf Inseln und an den Küsten in jenem nördlichen Gebiet, das die matriarchale Bevölkerung einst mit ihrer Schiffskultur besiedelt hatte. Deshalb kommt die Göttin gemäß ihrer Mythe auf einem Schiff gefahren. Sobald sie an Land gegangen ist, zieht sie auf einem geweihten Wagen, vor den Kühe gespannt sind, von Ort zu Ort. Die Menschen begrüßten sie überall voll Freude, Waffen und Gegenstände aus Eisen wurden in ihrer Gegenwart nicht geduldet, sondern weggeschlossen, es herrschte bei ihrer Prozession allgemeiner Frieden.[1191] – Dieser Kult der Mutter Erde ist sehr alt

---

[1187] A.a.O., S. 155.
[1188] Ebd.
[1189] Siehe diese Mythe in der *Edda*; neu interpretiert a.a.O., S. 155–156.
[1190] A.a.O., S. 147–148, 157–158.
[1191] Ebd.; Tacitus: *Annalen. Germania*, Kapitel 40.

Die Germanen und die Matriarchatsfrage 415

Abb. 6 a/b: Das „Schiff der Erneuerung" mit Sonne (Felszeichnung bei Bottna, Bohuslän, Südschweden) (aus H. Göttner-Abendroth: Die Göttin und ihr Heros, S. 158)

und klassisch matriarchal, er erlosch bei der germanischen Bauernbevölkerung bis ins Mittelalter hinein nicht.

Weiter heißt es, dass die Göttin als nordgermanische Jörd, die keinen Partner braucht um zu gebären, zwei Kinder hat, die Tochter Freyja und den Sohn Freyr. Diese drei Gottheiten bilden zusammen das typisch matriarchale Familienmuster von

Abb. 6 c: Das „Schiff der Erneuerung" mit Lebensbaum (Felszeichnung bei Lökerberget, Foss, Südschweden) (aus H. Göttner-Abendroth: Die Göttin und ihr Heros, S. 148)

Mutter-Tochter-Sohn, sie sind die vor-indoeuropäische Wanen-Gruppe. Sie galten als friedfertige Gottheiten, die Liebe und Schönheit schenken (Freyja), Fruchtbarkeit, Reichtum und Glück (Freyr) und damit den Menschen ein gutes Leben. Freyja ist dabei eine Große Göttin der drei Sphären: Sie fliegt mit ihrem Federkleid im Himmel, wirkt als Göttin der Liebe und des Lebens auf der Erde und besitzt in der Unterwelt einen wunderbaren Saal voll Kunst und Musik. Freyr ist ihr Geliebter und Heroskönig – was das spätmatriarchale Muster zeigt. Es heißt, dass sie an der Meeresküste leben, auf Inseln oder in Sälen in der Meerestiefe, und Freyr ein Zauberschiff besitzt, welches als das erste Schiff seit der Urzeit galt – abermals Hinweise auf ihre maritime Herkunft über die Atlantik-Route. In Südschweden standen ihre heiligen Kultstätten. Bei Uppsala wurden die Reste eines großen, hölzernen Tempels gefunden, der einst glänzend und prächtig gewesen sein soll, wo die Göttin in Gestalt der Priesterin die Heilige Hochzeit mit ihrem Heros-König feierte. So findet sich auch hier die Konstellation, die noch lange in der Bronzezeit Gültigkeit hatte.[1192]

Den Widerstand der Menschen der matriarchalen Nerthus-Kultur gegen die eindringenden indoeuropäischen Krieger spiegelt die Mythe vom Krieg der Wanen-Gottheiten gegen die Asen-Götter, wobei die Asen beinahe besiegt worden wären. Denn die Wanen waren ihnen nicht nur an Reichtum und Kulturhöhe überlegen, sondern auch durch ihre Zauberkunst und Magie. Die Friedfertigkeit der Wanen bewog sie zuletzt zu einem Kompromiss mit den Asen, und man tauschte zur Bekräftigung der guten Absicht Geiseln aus. Doch dies brachte den Wanen-Gottheiten religionsgeschichtlich kein Glück, denn nach patriarchaler Methode betrog man sie und verbog ihre Religion: Die Göttin Jörd vermännlichte man zu „Njörd", womit Freyja und Freyr nun ein Vater als Oberhaupt vorgeschaltet wurde. Die Heilige Hochzeit zwischen Freyja und Freyr wurde als „Inzest" verpönt und Freyja zur Geliebten Odins gemacht.

[1192] Göttner-Abendroth, a.a.O., S. 154–159 (die mythologischen Quellen dort).

Hier durfte sie nur noch die abgespaltene Liebesgöttin sein und wurde bei Gelegenheit als „Hure" beschimpft.[1193]

Die Gattin Odins musste Frigga sein, deren mythologische Gestalt zwischen Freyja und Jörd schwankt. Denn einerseits hütet sie den heiligen Kessel der Freyja und braut darin Met, das als Zaubertrank galt (Abb. 7). Andererseits kann sie den Elementen, den Tieren, sogar den Krankheiten gebieten, was die Macht der Erdmutter Jörd spiegelt. Neben Odin wurde sie allerdings in den Hintergrund gedrängt und galt nur noch als Stifterin der (patriarchalen) Ehe. Aber trotz dieser Verzerrung der Inhalte der matriarchalen Mythen erlosch der volkstümliche Erdmutterglaube nicht. In der südgermanischen Religion erscheint Frigga noch als unabhängige Göttin namens Fricka oder Frau Fricke in Norddeutschland, Hel oder Frau Holle in Mitteldeutschland, Percht oder Frau Berchta in Süddeutschland und dem Alpengebiet. Sie ist hier absolut unabhängig und vaterlos und gattenlos.

Abb. 7: Der Kessel von Gundestrup mit dem Bildnis einer Muttergöttin (Kultgefäß aus Silber, Jütland, Dänemark) (aus H. Göttner-Abendroth: Die Göttin und ihr Heros)

Zur Gestalt der Frau Holle unter ihren verschiedenen Namen gibt es eine reiche Mythologie, in Märchenform verkleidet, was ihre einstige Bedeutung als Große Göttin Mitteleuropas zeigt. Darin ist sie einerseits identisch mit der Erdmutter, denn sie wandelt ihr Gesicht wie die Erde durch alle Jahreszeiten; andererseits hat sie ihren Wohnort gleichzeitig im Himmel wie in ihrem immergrünen Paradies in der Unterwelt. Vor allem zeigen ihre Eigenschaften deutlich die vor-indoeuropäische Herkunft, da sie Ähnlichkeit mit der uralten baskischen Göttin Mari hat: Wie diese bäckt sie Brot in ihrem Unterwelt-Paradies und verwandelt, was sie will, in Gold; so gebraucht sie nur goldene Dinge, wie ihre Spindel und ihren Kamm, mit dem sie die

---

[1193] A.a.O., S. 159–160. – Dieses Buch von mir habe ich hier öfter erwähnt, weil es, außer inhaltlich, auch methodisch von Interesse ist: Es wird nicht nur die Dreifaltigkeit der Großen Göttinnen mit ihren Heroen/Heiligen Königen in den Kulturregionen von Indien bis Europa systematisch herausgearbeitet (Bronzezeit), sondern ebenso systematisch werden die typischen Transformationen, die sie bei der Patriarchalisierung dieser Kulturen erlitten, analysiert.

Haare kämmt.[1194] Aber wie andere Göttinnen wurde auch sie im patriarchalen Verständnis zu den „niederen Gottheiten" gezählt, denn sie gehörte zu den „niederen" Schichten und Frauen. Noch später machte man eine Vegetationsdämonin aus ihr, und in ihrer Gestalt als Frau Percht wurde sie zu einer nachtfahrenden Spukgestalt und einem Kinderschreck herabgewürdigt. Das hinderte die einfachen Leute in den Rückzugsgebieten in Mitteldeutschland und in Bayern jedoch nicht daran, bis ins 18. Jh. an sie zu glauben und sie zu verehren.[1195]

Diese matriarchalen Elemente und noch weitere sind in der germanischen Religion enthalten, wenn auch in einer patriarchalen Kriegergesellschaft in prekärer Situation. Denn sie waren abgespalten von den Herrschenden und nur bei den Frauen und der Unterschicht beheimatet. Ähnlich verhält es sich bei anderen patriarchalen Völkern Europas wie den Slawen, Balten und Finnen. Auch hier gab es, außer den üblichen herrschenden Himmels-, Donner- und Kriegsgöttern der Oberschicht, mehr oder weniger verdeckt noch Göttinnen als „niedere Gottheiten" und Reste von Bräuchen, die zu ihnen gehörten. Am stärksten und dauerhaftesten war in der bäuerlichen Unterschicht die Liebe zur Mutter Erde und ihren Erscheinungen ausgeprägt. So heißt sie im Slawischen „Matj Syraja Zemlja" und wurde überall zärtlich angesprochen, was z.B. die Namen „Matj Rossija" (Mutter Russland), „Matuschka Wolga" (Mütterchen Wolga), „Matuschka dubrawuschka" (Mütterchen Eichenwald) zeigen.[1196] Im Baltischen heißt die Erdmutter „Žemyna", und die baltische Bevölkerung hielt sie bis an den Rand der Gegenwart in der Landschaft in Ehren.[1197] Im Finnischen sind ihre Namen „Maa Emo" oder „Rauni", die man bis in die Gegenwart kennt.[1198]

Durch das hereinbrechende Christentum wurde die Situation für Göttinnen und Frauen noch weitaus prekärer. Einige west- und südgermanische Stämme waren schon durch die Römer unterworfen worden und mussten strenge Hierarchie und römisches Recht annehmen, was den Status der germanischen Frau deutlich sinken ließ. Danach kam, gestützt durch die römische Militärmacht, das Christentum zu den Germanen, das noch später, im frühen Mittelalter, von Frankreich aus in der gesamten germanischen Welt mit dem Schwert gewaltsam durchgesetzt wurde. Ein Beispiel dafür ist die sog. „Sachsentaufe", wo durch Karl den Großen 4.500 Menschen, die das Christentum verweigerten, mit dem Schwert hingerichtet wurden.[1199] Die Missionierung gelang umso leichter, weil die Germanen keine organisierte Religion – wie die Kelten mit dem Druidentum – besaßen. Die weiter östlich und nördlich wohnenden Völker: Slawen, Balten, Finnen, erreichte das Christentum noch viel später, aber es

---

[1194] Vgl. Göttner-Abendroth: *Frau Holle*.
[1195] Ebd. – Abgesehen von den Göttinnen gibt es, wie in der keltischen Mythologie, zauberkundige Feen und Weiße Frauen, mächtige Elfen oder Alben auch in germanischen Mythen und Sagen. Sie verweisen hier wie dort auf Reste einer Urbevölkerung in Rückzugsgebieten wie Wäldern, Mooren, Gebirgen, Inseln, die sporadisch in Kontakt zu den späteren Menschen traten. Vgl. dazu für Mitteleuropa Göttner-Abendroth: *Matriarchale Landschaftsmythologie. Von der Ostsee bis Süddeutschland;* dieselbe für die Alpen: *Berggöttinnen der Alpen*.
[1196] Hans Eisma: *Das alt-slawische Matriarchat*, Rotterdam/Holland 2000, Barinya Special, S. 4, 5; Dexter: *Whence the Goddess*, S. 65.
[1197] Gimbutas/Dexter: *The Living Goddess*, S. 208–209.
[1198] Information von Kaarina Kailo.
[1199] Es handelt sich um das „Verdener Blutgericht" im Jahr 782; vgl. *Brockhaus Enzyklopädie*, Band 28, S. 667.

wurde auch hier mit zerstörerischer Gewalt aufgezwungen. Als Beispiel sei die Eroberung des slawischen Rügen durch den christlichen Dänenkönig und die erzwungene Konversion genannt, nachdem die slawischen Tempel niedergebrannt worden waren.[1200]

Nun verteufelte man die Göttinnen, an welche die Frauen sich um Trost und Hilfe noch hatten wenden können, und schaffte die Priesterinnen ab, die ihnen Unterstützung gaben. So gingen die letzten, tragenden matriarchalen Elemente unter. Das Priestertum wurde mönchisch und rein männlich, so männlich wie der Vater-Gott mit seinem einzigen Sohn, und die Frauenfeindlichkeit, die in der Frau alles Böse sah, wurde fester Bestandteil der christlichen Theologie. In der Unterschicht pflegten Frauen an ihrem Göttinglauben und den alten Bräuchen im Verborgenen noch lange festzuhalten. Dafür mussten sie, insbesondere in West- und Mitteleuropa, während der sogenannten „Hexen-Verfolgungen" mit dem Leben büßen. In der Neuzeit gehörte das, was als Hexenwahn begonnen hatte, schließlich zum allgemeinen Weltbild und uferte in ein jahrhundertelanges Pogrom gegen Frauen allgemein aus, das Tausenden auf grässliche Weise den Tod brachte.[1201] Damit war ein absoluter Tiefpunkt der Patriarchatsentwicklung in Europa erreicht. –

Die Ergebnisse des Kapitels seien hier zusammengefasst:

- *Allgemein*: Die Verhältnisse der *Bronzezeit* in Europa nördlich der Alpen zeigen, dass die Etablierung von Hierarchie und *Herrschaft noch unsicher und kurzfristig* war. Es ist eine gesellschaftliche Instabilität zu sehen zwischen den lokalen Gründungen patriarchaler Kriegsherren und den Kulturen der noch immer weit verbreiteten, *matriarchalen Völker im Westen und Norden* Europas und in verschiedenen abgelegenen Randgebieten. Insgesamt war diese Epoche weniger kriegerisch als bisher angenommen. Allgemeiner Krieg kam erst in der *Eisenzeit* auf mit der aggressiven Ausbreitung eisenzeitlicher Völker in Mitteleuropa.
- *Patriarchalisierung in Europa nördlich der Alpen: Die Kelten:* Die zwei aufeinander folgenden eisenzeitlichen Kulturen der Kelten, Hallstatt und La-Tène, und ihre Ausdehnung im gesamten Europa nördlich der Alpen, einschließlich der Britischen Inseln, außerdem keltische Kriegszüge im südlichen Europa machten *Krieg in der Eisenzeit* flächendeckend. Damit ging starke Patriarchalisierung einher, was die *ambivalente Situation der keltischen Frauen* zeigt. *Matriarchale Elemente* hielten sich noch in der *keltischen Religion,* die jedoch in eine der Herrschenden (Himmels- und Kriegsgötter) und eine der Unterschicht und der Frauen (Muttergöttinnen) gespalten war. *Die Germanen:* Die ersten wie die späteren Wanderungszüge der Germanen nach Süden, durch die sie erobernd weite Teile Mittel- und Westeuropas einnahmen, *verschärften die Kriegssituation,* da nun eisenzeitliche Stämme und Völker überall

---

[1200] Siehe Saxo Grammaticus: *Gesta Danorum. The history of the Danes,* Hg.: Karsten Friis-Jensen, Übers.: Peter Fisher, Oxford 2015, Clarendon Press.
[1201] Becker, Bovenschen, Brackert u.a.: *Aus der Zeit der Verzweiflung. Zur Genese und Aktualität des Hexenbildes,* Frankfurt 1977, Suhrkamp Verlag; Claudia Honegger (Hg.): *Die Hexen der Neuzeit. Studie zur Sozialgeschichte eines kulturellen Deutungsmusters,* Frankfurt 1978, Suhrkamp Verlag; Erika Wisselinck: *Hexen. Warum wir so wenig von ihrer Geschichte erfahren und was davon auch noch falsch ist,* München 1986, Frauenoffensive Verlag.

gegeneinander kämpften. Gleichzeitig dehnte sich das *Militärreich der Römer* in die Länder nördlich der Alpen aus, was Unterwerfung und Aufstände epidemisch machte und ein erheblicher Schritt zur weiteren Patriarchalisierung Europas war. Die *Situation der germanischen Frauen* war noch schlechter als die der Keltinnen, da sie vollständig *recht- und besitzlos* waren und nur im Inneren der Sippen existieren konnten. Wie bei den Kelten erhielten sich *matriarchale Elemente* nur in der *germanischen Religion*, die sich auf herabgestufte, teils dämonisierte Göttinnen und vereinzelte Bräuche beschränkten. Auch hier war die Religion zwischen Oberschicht und Frauen/Unterschicht gespalten.

Eine abschließende Begriffskritik

Die in diesem Kapitel durchgeführte Analyse der patriarchalen Verfasstheit der Kelten und Germanen mit einigen matriarchalen Resten macht es äußerst problematisch, schlichtweg von einem „keltischen Matriarchat" oder „germanischen Matriarchat" zu reden, wie es gelegentlich geschieht. Einige zufällige Königinnen oder weissagende Oberpriesterinnen als Ausnahmeerscheinungen machen keineswegs ein Matriarchat aus, weder in Europa noch in anderen Gegenden. Mit dieser Suche nach Kandidatinnen an der Spitze einer Hierarchie kommt wieder das alte Vorurteil von der „Frauenherrschaft" ins Spiel, das grundsätzlich auf den falschen Weg führt. Herrschende Königinnen sind völlig irrelevant für eine matriarchale Gesellschaft, denn sonst wären England unter Elizabeth I. und Österreich unter Maria Theresia Matriarchate gewesen – was niemand behaupten würde.

Die matriarchalen Elemente in der keltischen und germanischen Religion und ebenso in der griechischen und römischen Religion, wie auch die gelegentlichen, spärlichen Reste von Matrilinearität beim Adel, weisen ebenfalls nicht auf einen wie immer verstandenen, diffusen „matriarchalen Urzustand" bei diesen Völkern hin. Leider erhalten wir keine Information von den betreffenden Theoretikern, wann und wo er stattgefunden haben soll und warum diese Völker sich davon entfernten. Es verschleiert lediglich die Tatsache, dass Griechen und Römer, Kelten und Germanen bei ihren kriegerischen Eroberungszügen auf matriarchale Vorgänger-Kulturen von hohem Niveau stießen, was weitreichende Konflikte auslöste, die sowohl durch archäologische Funde wie in historischen Quellen zu fassen sind und sich ebenso in den betreffenden Mythologien spiegeln. Diese nicht-indoeuropäischen Vorgänger-Kulturen sind deutlich als die neolithischen und bronzezeitlichen Megalithkulturen zu erkennen, ebenso als die ersten Hochkulturen in der Ägäis. Insofern stellen die matriarchalen Elemente bei den späteren indoeuropäischen Völkern kein „Rätsel" dar, sondern sind Übernahmen aus diesen matriarchalen Kulturen. Solche Rätsel entstehen nur, wenn die Kulturgeschichte als ein eindimensionaler Fluss vom Immergleichen, nämlich patriarchalen Mustern und Werten, verstanden wird. Erst das Wissen, dass vor den diversen patriarchalen Gesellschaften eine ganz andere Gesellschaftsordnung allgemein war, öffnet die Augen für eine differenzierte Betrachtung der menschlichen Kulturentwicklung und ebenso für die kulturbegründende Rolle der Frauen.

Nicht besser steht es mit Behauptungen vom „baskischen Matriarchat", „bretonischen Matriarchat", „slawischen Matriarchat" und so weiter, worin zwar kaum Königinnen vorkommen, aber eine besondere Stellung der Frau in der Gegenwart ethnologisch erfasst worden ist.[1202] Wir fragen jedoch, was der inflationär verwendete Begriff hier noch besagen soll? Ein Autor formuliert es mit verblüffender Naivität, dass er den Begriff Matriarchat „als Sammelbegriff für Erscheinungen von bedeutender Weiblichkeit benutzt".[1203] Das dehnt die Reichweite des Begriffs grenzenlos aus und macht ihn damit als Analyse-Instrument unbrauchbar. Danach wäre auch die blutige Französische Revolution ein matriarchaler Vorgang gewesen, weil sie von den Pariser Marktfrauen mit dem Sturm auf die Bastille begonnen worden ist, was durchaus „bedeutende Weiblichkeit" zeigt.

Diese unklare Begrifflichkeit ist der Grund für häufige Fehleinschätzungen des wahren Zustands historischer und gegenwärtiger Gesellschaften. Verstreute matriarchale Elemente sind schließlich mehr oder weniger in jeder patriarchalen Gesellschaft noch vorhanden, sie ließen sich nicht restlos abschaffen. Solche zusammenhanglosen Elemente machen aber keine matriarchale Gesellschaft mehr aus, sondern dazu ist die vollständige Struktur der matriarchalen Gesellschaft auf allen Ebenen nötig. Das Festhalten an einzelnen matriarchalen Elementen in patriarchalen Gesellschaften spiegelt eher die Sehnsucht der Unterprivilegierten, insbesondere der Frauen, nach besseren Lebensbedingungen – auch wenn sie die kulturhistorische Wurzel dieser Elemente aus einstigen Matriarchaten nicht mehr kennen. Würden wir diese Reste überall zu einem „Matriarchat" aufblasen, dann hätten matriarchale Gesellschaften niemals zu existieren aufgehört!

Es wird übersehen, dass der Begriff „Matriarchat" Gesellschaften mit ganz bestimmten Mustern meint, was ich auf dem Boden meiner empirischen Forschung an heute noch lebenden Gesellschaften dieses Typs herausgefunden und in vorhergehenden Bänden veröffentlicht habe. In der Einleitung zu diesem Band wurden diese Muster kurz vorgestellt. Nur dann, wenn die Muster der matriarchalen Gesellschaft auf allen Ebenen: der ökonomischen, der sozialen, der politischen und der kulturellen, genau definiert und verstanden worden sind, können sie ein ganz neues Licht auf die Kulturgeschichte werfen.

Im Verlauf meiner kulturgeschichtlichen Darstellung habe ich diese Muster in Westasien und Europa verfolgt und aufgezeigt. Damit wurde die lange Epoche der matriarchalen Gesellschaften in beiden Kontinenten wieder sichtbar. Zugleich machte die Kenntnis der matriarchalen Muster es möglich, die erste Entstehung und weitere Entwicklung von patriarchalen Gesellschaften in Westasien und Europa zu erfassen

---

[1202] Zum Beispiel bei: A. Ortiz-Osés: *El matriarcalismo vasco*, Bilbao 1988, Universidad de Deusto; Hans Eisma: *Das alt-slawische Matriarchat*; Agnès Audibert: *Le Matriarcat Breton*, Paris 1984, Presses Universitaires de France. – Das Buch von A. Audibert ist eine sehr sorgfältige Studie vor Ort und zeigt Verhältnisse in der traditionellen Gesellschaft der Bretagne, die an die traditionellen Basken erinnern: Jeweils das erstgeborene Kind erbt den Hof, Sohn oder Tochter, was der Hoferbin eine wichtige, soziale und politische Rolle gibt. Dennoch handelt es sich auch hier nicht mehr um ein „Matriarchat" (siehe Kapitel 7 in diesem Buch).
[1203] Eisma, S. 12.

und zu durchschauen. Diese Entwicklung mit ihren Folgen für die Frauen und für die jeweilige Gesellschaft insgesamt wurde hier nachgezeichnet, wobei klar hervortrat, dass sie in beiden Kontinenten sehr verschieden verlief. Das wiederum ist für heutige politische Belange äußerst wichtig, um die diversen patriarchalen Formen in den gegenwärtigen Gesellschaften wahrzunehmen und ihre unterdrückerischen Muster von innen her zu verändern.

Der erste Schritt dahin ist Erkenntnis. –

Literatur

Einleitung

Bachofen, Johann Jakob: *Das Mutterrecht,* Stuttgart 1861, Neuausgabe in Auswahl durch H. J. Heinrichs, Frankfurt 1975, Suhrkamp Verlag.

Göttner-Abendroth, Heide: „Zur Methodologie der Frauenforschung am Beispiel einer Theorie des Matriarchats", in: *Dokumentation der Tagung „Frauenforschung in den Sozialwissenschaften",* München 1978, Deutsches Jugendinstitut (DJI).

Göttner-Abendroth, Heide: *Das Matriarchat I. Geschichte seiner Erforschung,* Stuttgart 1988–2010 (4 Auflagen), Kohlhammer Verlag.

Göttner-Abendroth, Heide: *Das Matriarchat II,1. Stammesgesellschaften in Ostasien, Indonesien, Ozeanien,* Stuttgart 1999, (2. Auflage), Kohlhammer Verlag.

Göttner-Abendroth, Heide: *Das Matriarchat II,2. Stammesgesellschaften in Amerika, Indien, Afrika,* Stuttgart 2000, Kohlhammer Verlag.

Göttner-Abendroth, Heide: *Matriarchat in Südchina. Eine Forschungsreise zu den Mosuo,* Stuttgart 1998, Kohlhammer Verlag.

Göttner-Abendroth, Heide (Hg.): *Gesellschaft in Balance. Dokumentation des Weltkongresses für Matriarchatsforschung 2003 in Luxemburg,* Stuttgart-Winzer 2006, Kohlhammer Verlag und Edition HAGIA.

Goettner-Abendroth, Heide (Hg): *Societies of Peace. Matriarchies Past, Present and Future (Selected papers of the First and Second World Congresses on Matriarchal Studies 2003 and 2005),* Toronto 2009, Inanna Press, York Universität, darin: Barbara Mann, Peeggy Reeves Sanday, Lamu Gatusa.

Goettner-Abendroth, Heide: „Matriarchal Society: Definition and Theory", in: Vaughan, Genevieve (Hg.): *The Gift,* Rome, 2004, Meltemi (Athanor Books).

Goettner-Abendroth, Heide: „Matriarchy", in: O'Reilly, Andrea (Hg.): *Encyclopedia on Motherhood,* Toronto/Kanada 2008, Demeter Press, York Universität.

Göttner-Abendroth, Heide „Die philosophischen Grundlagen der Modernen Matriarchatsforschung", in: Behmann, Mathias et al. (Hg.): *Verantwortung, Anteilnahme, Dissidenz: Patriarchatskritik als Verteidigung des Lebendigen. Festschrift zum 70. Geburtstag von Claudia von Werlhof,* Frankfurt/Main 2013, Peter Lang Edition.

Goettner-Abendroth, Heide: *Matriarchal Societies. Studies on Indigenous Cultures across the Globe,* New York 2012, 2013, Peter Lang Publications.

Menge, Hermann: *Langenscheidts Taschenwörterbuch Griechisch – Deutsch,* Berlin-Schöneberg 1961 (28. Auflage), Langenscheidt KG.

Morgan, Lewis Henry/Fenton, William N.: *League of the Iroquois: a classic study of an American Indian tribe with the original illutsrations* (original 1851, 1871, 1877), Neuausgabe: Secaucus/New York 1996, Carol Publishing.

Sanday, Peggy Reeves: *Female Power and Male Dominance,* New York 1981, Cambridge University Press.

Skogstrand, Lisbeth: „Is Androcentric Archaeology Really About Men?", in: *Archaeologies: Journal of the World Archaeological Congress 2010,* Bd. 7, Nr. 1, April 2011, Museum of Cultural History, Universität Oslo/Norwegen.

Vaughan, Genevieve: *For-Giving. Schenken und Vergeben,* Königstein/Taunus 2008, Ulrike Helmer Verlag.

Vaughan, Genevieve (Hg.): *Women and the Gift Economy*, Toronto/Kanada 2007, Inanna Publications, York Universität.

Kapitel 1

Biermann, Eric: „Krieg in der Vorgeschichte", in: Gleser, Ralf/Becker, Valeska (Hg.): *Mitteleuropa im 5. Jahrtausend vor Christus,* Berlin 2012, LIT Verlag.
„Die Sage von den kopflosen Jungfrauen", Zeitungsnotiz aus den *Nürnberger Nachrichten* vom 16. Januar 2015.
Gimbutas, Marija: *Die Sprache der Göttin. Das verschüttete Symbolsystem der westlichen Zivilisation,* Frankfurt 1995, Zweitausendeins Verlag.
Gingrich, A.: „Fremder Friede? Wie anderswo mit kriegerischer Gewalt oder deren friedlicher Beilegung umgegangen wird, nebst Randbemerkungen zu dem, was man hierzulande darüber erfährt oder auch nicht.", in: Daim, F./Kühtreiber, T. (Hg.): *Sinn und Sein/Burg und Mensch,* St. Pölten 2001, Katalog Niederösterreichisches Landesmuseum, Nr. 434.
Göttner-Abendroth, Heide: *Matriarchat in Südchina. Eine Forschungsreise zu den Mosuo,* Stuttgart 1998, Kohlhammer Verlag.
Gregor, Thomas: „Uneasy Peace. Intertribal relations in Brazil's Upper Xingu", in: Haas, J.: *The Anthropology of War,* New York 1990, Cambridge University Press.
Haarmann, Harald: *Geschichte der Schrift. Von den Hieroglyphen bis heute,* München 2002, 2009, Beck Verlag.
Heraklit, Fragmente, B 53.
Keeley, Lawrence H.: *War before Civilization. The Myth of the Peaceful Savage,* Oxford-New York 1996, Oxford University Press.
König, Marie E. P.: *Am Anfang der Kultur. Die Zeichensprache des frühen Menschen,* Berlin 1973, Gebr. Mann Verlag.
Mead, Margret: „Warfare is only an Invention – Not a biological Necessity", in: Bramson, L./Goethals. G. W.: *War. Studies from Psychology, Sociology, Anthropology,* New York-London 1964 (Nachdruck aus: Asia XL, 1940).
Meller, Harald/Schefzik, Michael (Hg.): *Krieg. Eine archäologische Spurensuche,* Ausstellungskatalog im Landesmuseum für Vorgeschichte, Halle/Salle 2015.
Muhl, A./Meller, H./Heckenhahn, K.: *Tatort Eulau. Ein 4500 Jahre altes Verbrechen wird aufgeklärt,* Stuttgart 2010, Konrad Theiss Verlag.
Peter-Röcher, Heidi: *Gewalt und Krieg im prähistorischen Europa. Beiträge zur Konfliktforschung auf der Grundlage archäologischer, anthropologischer und ethnologischer Quellen,* Reihe: Universitätsforschungen zur Prähistorischen Archäologie, Band 143, Bonn 2007, Rudolf Habelt Verlag.
Peter-Röcher, Heidi: Interview vom 14. August 2014, Universität Würzburg.
Schnurbein, Siegmar von (Hg.): *Atlas der Vorgeschichte. Europa von den ersten Menschen bis Christi Geburt,* Stuttgart 2009, Konrad Theiss Verlag, darin: Bernhard Hänsel, Carola Metzner-Nebelsick, Rosemarie Müller, Johannes Müller, Thomas Terberger, Susanne Sievers.
Steward, J. P./ Strathern, A.: *Violence: Theory and Ethnography,* London-New York 2002, A&C Black.

Turney-High, Harry Holbert: *Primitive War: Its Practice and Concepts,* Columbia 1949, University of South Carolina Press.
Vivelo, Frank Robert, in: *Handbuch der Kulturanthropologie. Eine grundlegende Einführung,* München 1988, Klett-Cotta, DTV.
Wahl, J./König, H. G.: *Anthropologisch-traumatologische Untersuchung der menschlichen Skelettreste aus dem bandkeramischen Massengrab bei Talheim, Kreis Heilbronn,* Fundbericht Baden-Württemberg 12, Stuttgart 1987, Theiss Verlag.
Wells, Spencer: *Pandora's Seed. Why the Hunter-Gatherers Hold the Key to Our Survival,* New York 2011, Random House Trade Paperbacks.

Kapitel 2

Bahn, Paul G.: *Atlas of World Archaeology,* New York 2000, Checkmark Books.
Barnard, Alan: *Anthropolgy and the Bushman,* Oxford 2007, Berg; in: https://nbn-resolving.org/urn:nbn:de:0168-ssoar-270777
Bataille, Georges: *Die Höhlenbilder von Lascaux,* Stuttgart 1983, Skira-Klett-Cotta (original in Französisch, Genf 1955, Éditions d'Art Albert Skira).
Briffault, Robert: *The Mothers. A Study of the Origins of Sentiments and Institutions,* 3 Bde., New York 1996, Johnson Reprint Corporation (Erstauflage: New York-London 1927).
Brumbach, Hettie Jo/Jarvenpa, Robert: „Gender Dynamics in Hunter-Gatherer Society: Archaeological Methods and Perspectives", in: Milledge Nelson, Sarah (Hg.): *Handbook of Gender in Archaeology,* Lanham 2006, MD: Alta Mira.
Chollot-Varagnac, Marthe: *Les Origines du Graphisme Symbolique,* Paris 1980, Édition de la Fondation Singer-Polignac.
Dexter, Miriam Robbins/Mair, Victor H.: *Sacred Display,* Amherst N.Y. 2010, Cambria Press.
Draper, Patricia: „Kung Women", in: Reiter, Rayna R. (Hg.): *Toward an Anthropology of Women,* New York-London 1975, Monthly Review Press.
Eisler, Riane: *Kelch und Schwert,* München 1993, Bertelsmann Verlag.
Eiszeit. Kunst und Kultur, Archäologisches Landesmuseum Baden-Württemberg und Universität Tübingen (Hg.), Stuttgart-Ostfildern 2009, Thorbecke Verlag, darin: Gerhard Bosinski, Nicholas J. Conard, Harald Floss, Claus-Joachim Kind, Hannes Napierala, Linda R. Owen, Simone Riehl, Friedemann Schrenk, Jordi Serangeli, Ulrich Stodiek, Hans-Peter Uerpmann, Rudolf Walter, Kurt Wehrberger.
Fester, Richard: „Das Protokoll der Sprache", in: Fester, R./König, M. E. P./Jonas, D. F./Jonas, A. D.: *Weib und Macht,* Frankfurt/Main 1979, Fischer Verlag.
Goode, Starr: *Sheela na gig: the dark goddess of sacred power,* Rochester, Vermont/USA 2016, Inner Traditions.
Göttner-Abendroth, Heide: *Matriarchat in Südchina. Eine Forschungsreise zu den Mosuo,* Stuttgart, 1998, Kohlhammer Verlag.
Göttner-Abendroth, Heide: *Matriarchale Landschaftsmythologie,* Stuttgart 2014, Kohlhammer Verlag.
Haarhoff, J. P.: „Die Buschmänner im südlichen Afrika", in: *Bild der Völker,* Band 2, Wiesbaden 1974, Europa Verlag.
Haarmann, Harald: *Geschichte der Schrift. Von den Hieroglyphen bis heute,* München 2009, Beck Verlag.

Hrdy, Sarah Blaffer: *Mütter und Andere. Wie die Evolution uns zu sozialen Wesen gemacht hat*, Berlin 2010, Berlin Verlag (original in Englisch 2009).
Jonas, Doris F.: *Das erste Wort. Wie die Menschen sprechen lernten*, Berlin-Wien 1982, Ullstein Verlag.
Kästner, Sibylle: *Jagende Sammlerinnen und sammelnde Jägerinnen. Wie australische Aborigines-Frauen Tiere erbeuten*, Berlin-Münster 2012, LIT Verlag.
König, Marie E. P.: *Am Anfang der Kultur. Die Zeichensprache des frühen Menschen*, Berlin 1973, Gebr. Mann Verlag.
König, Marie E. P.: *Unsere Vergangenheit ist älter. Höhlenkult Alteuropas*, Zürich 1980, Buchclub Ex Libris.
Knight, Chris: „Early Human Kinship was Matrilineal", in: Allen, Nicholas/Callan, Hilary/Dunbar, Robin/ James, Wendy: *Early Human Kinship*, Malden MA/USA und Oxford/U.K. 2011, Wiley-Blackwell.
Lamphere, L.: „Gender models in the Southwest: a sociocultural perspective", in: Crown, Patricia L. (Hg.): *Women and Men in the Prespanic Southwest*, Santa Fe 2000, School of American Research Press.
Lewin, Roger/Leakey, Richard E.: *Origins: What New Discoveries Reveal About The Emergence Of Our Species And Its Possible Future*, London 1977, McDonald.
Leroi-Gourhan, André: *Die Religionen der Vorgeschichte*, Frankfurt/Main 1981, Suhrkamp Verlag.
Lloyd, Seton: *Die Archäologie Mesopotamiens*, München 1981, Beck Verlag.
Maisch, Herbert: *Inzest*, Hamburg 1968, Rowohlt Verlag.
Makilam: *Die Magie kabylischer Frauen und die Einheit einer traditionellen Berbergesellschaft*, Bremen 2007, Kleio Humanities.
Malinowksi, Bronislaw: *Argonauten des westlichen Pazifik*, Frankfurt 1979, Syndikat Verlag.
Malinowski, Bronislaw: *Das Geschlechtsleben der Wilden in Nordwest-Melanesien*, Frankfurt 1979, Syndikat Verlag.
Marshack, Alexander: *The Roots of Civilization*, New York 1972, McGraw-Hill.
Meillassoux, Claude: *Die wilden Früchte der Frau*, Frankfurt/Main 1976, Syndikat Verlag.
Müller-Karpe, Hermann: *Grundzüge früher Menschheitsgeschichte*, Darmstadt 1998, Wissenschaftliche Buchgesellschaft.
Murdock, G. P.: *Our Primitive Contemporaries*, New York 1934, The Macmillan Co.
Murdock, G. P.: *Ethnographic Atlas: A Summary*. New York 1967, The Macmillan Co.
Nelson, Sarah Milledge (Hg.): *Handbook of Gender in Archaeology*, Lanham MD 2006, Rowen/Alta Mira.
O'Connell, J.F./Hawkes, K./Blurton-Jones, N.G.: „Grandmothering and the Evolution of Homo erectus", in: *Journal of Human Evolution*, Nr. 36, 1999.
Parzinger, Hermann: *Die Kinder des Prometheus. Eine Geschichte der Menschheit vor der Erfindung der Schrift*, München 2015 (2. Auflage), Beck Verlag.
Poie, Kit/Power, Camilla: „Grandmothering and Female Coalitions. A Basis for Matrilineal Priority?", in: Allen, Nicholas/Callan, Hilary/Dunbar, Robin/James, Wendy: *Early Human Kinship*, Malden MA/USA und Oxford/U.K. 2011, Wiley-Blackwell.
Rak, Yoel: „Konnte der Neandertaler sprechen?", in: *Bild der Wissenschaft*, Nr. 3, 1990 (Verlag?).
Ranke-Graves, Robert von: *Griechische Mythologie. Quellen und Deutung*, Reinbek bei Hamburg 1994, Rowohlt Verlag.
Rock, J. F.: *The Ancient Na-khi Kingdom of Southwest China*, 2 Bde., Cambridge (Mass.) 1947, Harvard University Press.
Scarre, Chris (Hg.): *Weltatlas der Archäologie*, München 1990, Südwest-Verlag.
Schnurbein, Siegmar von (Hg.): *Atlas der Vorgeschichte. Europa von den ersten Menschen bis Christi Geburt*, Stuttgart 2009, Konrad Theiss Verlag.

Slocum, Sally: „Woman the Gatherer", in: Reiter, Rayna R. (Hg.): *Toward an Anthropology of Women,* New York-London 1975, Monthly Review Press.

Tanner, Nancy/Zihlmann, Adrienne: „Women in Evolution. Part I: Innovation and Selection in Human Origins", in: *Signs* 1 (3).

Tanner, Nancy M.: *Wie wir Menschen wurden. Der Anteil der Frauen an der Entstehung des Menschen,* Frankfurt 1994, Campus Verlag.

Turnbull, Colin: „Die Pygmäen im Kongobecken", in: *Bild der Völker,* Band 2, Wiesbaden 1974, Europa Verlag.

Ucko, Peter/ Rosenfeld, André: *Palaeolithic Cave Art,* New York 1967, McGraw-Hill Book Company.

Vertés, L.: *Eine mittelpaläolithische Travertin-Sieldung,* Budapest 1964, Akadémiai Kiadó.

Vgl. in: www.visual-arts-cork.com

Vgl. in: www.utexas.edu/courses/classicalarch/readings/Berekhat_Ram.pdf

Kapitel 3

Alt, K. W./Benz, M./Vach, W./Simmons, T. L./Goring-Morris, A. N.: *Insights into the social structure of the PPNB site of Kfar HaHoresch, Israel, based on dental remains,* Projekt SIGN, PLOS/One, 16. 9. 2015, Online-Veröffentlichung der Universität Freiburg vom 18. 9. 2015.

Bar-Yosef, O.: „The Walls of Jericho: An Alternative Interpretation", in: *Current Anthropology* 27, Nr. 2, 1986.

Bennholdt-Thomsen, Veronika: „Gegenseitigkeit statt sozialer Gerechtigkeit. Zur Kritik der kulturellen Ahnungslosigkeit im modernen Patriarchat", in: Hauser-Schäublin, Brigitta (Hg.): *Ethnologische Frauenforschung,* Berlin 1991, Reimer Verlag.

Bennholdt-Thomsen, Veronika: *Juchitán, Stadt der Frauen. Vom Leben im Matriarchat,* Reinbek bei Hamburg 1994, Rowohlt Verlag.

Bolger, Diane: „The Dynamics of Gender in Early Agricultural Societies of the Near East", in: *Signs,* Bd. 32, Nr. 2, Winter 2010.

Claudot-Hawad, Hélène: „Die Frau als ‚Schützende' und der Mann als ‚Reisender'. Die Darstellung der Geschlechter bei den Tuareg", in: Göttner-Abendroth, Heide (Hg.): *Gesellschaft in Balance,* Winzer-Stuttgart, Edition HAGIA und Kohlhammer Verlag.

Die ältesten Monumente der Menschheit. Vor 12.000 Jahren in Anatolien, Hg. Badisches Landesmuseum Karlsruhe-Stuttgart 2007, Konrad Theiss Verlag, darin: Songül Alpaslan-Roodenberg, Olivier Aurenche, Başak Boz, Altan Çilingiroğlu, Marion Cutting, Refik Duru, Ufuk Esin, Jean Guilaine, Svend Hansen, Harald Hauptmann, Ian Hodder, Çiğdem Köksal-Schmidt, Clemens Lichter, Jens Lüning, Mihriban Özbaşaran, Aslı Özdoğan, Mehmet Özdoğan, Jacob Roodenberg, Michael Rosenberg, Klaus Schmidt, Laurence C. Thissen, Gülsün Umurtak, Trevor Watkins.

Dexter, Miriam Robbins: *Whence the Goddess. A Source Book,* New York and London 1990, Teachers College Press, Columbia Universität.

Dexter, Miriam Robbins: „Ancient Felines and the Great Goddess in Anatolia: Kubaba and Cybele", in: *Proceedings of the 20th Annual UCLA Indo-European Conference,* Los Angeles 2008, veröffentlicht Bremen 2009, Hempen Verlag.

Dittert, Alfred E. Jr./Plog, Fred: *Generations in Clay. Pueblo Pottery of the American Southwest,* Flagstaff/Arizona 1980, Northland Press.

Eiszeit. Kunst und Kultur, Archäologisches Landesmuseum Baden-Württemberg und Universität Tübingen (Hg.), Stuttgart-Ostfildern 2009, Thorbecke Verlag, darin: Nicholas J. Conard, Petra Kieselbach.
Forest, J. D.: «Çatal Höyük et son decor: Pour le déchiffrement d'un code symbolique», in: *Anatolia Antiqua II,* 1993, Institut français d'études anatoliennes.
Gebel, H. K./Kafafi, Z./Rollefson, G. O. (Hg.): *The Prehistory of Jordan II,* Berlin 1997, Ex oriente e.V., c/o Seminar für Vorderasiatische Altertumskunde.
Gimbutas, Marija: *Die Zivilisation der Göttin. Die Welt des Alten Europa,* Frankfurt 1996, Zweitausendeins Verlag.
Godwin-Austen, H. H.: „On the Stone Monuments of the Khasi-Hills", in: *Journal of the Royal Anthropological Institute,* London 1872, 1876.
Goisan, Liviu/Filip, Florin/Konstantinescu, Stefan: „Was the Black Sea catastrophically flooded in the early Holocene?", in: *Quaternary Science Reviews,* Band 28, Heft 1–2, 2009.
Göttner-Abendroth, Heide: „Gab es eine matriarchale Gesellschaftsordnung in Chatal Hüyük? Eine kritische Analyse der jüngsten Argumentation zu diesem Thema", in: Göttner-Abendroth, Heide: *Am Anfang die Mütter. Matriarchale Gesellschaft und Politik als Alternative,* Stuttgart 2011, Kohlhammer Verlag.
Göttner-Abendroth, Heide: *Frau Holle. Das Feenvolk der Dolomiten,* Königstein 2005, Ulrike Helmer Verlag.
Göttner-Abendroth, Heide: *Die Göttin und ihr Heros. Die matriarchalen Religionen in Mythen, Märchen, Dichtung,* Stuttgart 2011, (Neuauflage), Kohlhammer Verlag (zuerst: München 1980).
Göttner-Abendroth, Heide: *Matriarchale Landschaftsmythologie. Von der Ostsee bis Süddeutschland,* Stuttgart 2014, Kohlhammer Verlag.
Göttner-Abendroth, Heide: *Berggöttinnen der Alpen,* Bozen 2016, Raetia Verlag.
Hodder, Ian: „Çatal Hüyük – Stadt der Frauen?" in: *Spektrum der Wissenschaft,* Heidelberg, September 2004.
Hodder, Ian: „Women and Men at Çatalhöyük", in: *Scientific American,* January 2004.
James, Edwin O.: *Der Kult der Großen Göttin,* Bern 2003, Edition Amalia.
Kongress *25. internationales Treffen vorderasiatischer Altertumswissenschaftler,* Berlin 1978.
Kuijt, Ian/Goring-Morris, Nigel: „Foraging, Farming, and Social Complexity in the Pre-Pottery Neolithic of the Southern Levant: A Review and Synthesis", in: *Journal of World Prehistory,* Bd. 16, Nr. 4, Dezember 2002.
Makilam: *Die Magie kabylischer Frauen und die Einheit einer traditionellen Berbergesellschaft,* Bremen 2007, Kleio Humanities.
Mann, Barbara A.: *Iroquoian Women: The Gantowisas,* New York 2002, 2004, Peter Lang Publishing.
Mann, Barbara A.: *Spirits of Blood, Spirits of Breath. The Twinned Cosmos of Indigenous America,* New York 2016, Oxford University Press.
Mellaart, James: *Çatal Hüyük. Stadt aus der Steinzeit,* Bergisch Gladbach 1967, Gustav Lübbe Verlag.
Mellaart, James: *The Neolithic of the Near East,* New York 1975, Charles Scribner's Sons.
Molleson, Theya I.: „Bones of Work at the Origins of Labour", in: Hamilton/Whitehouse/Wright (Hg.): *Archaeology of Women: Ancient and Modern Issues,* Walnut Creek 2007, CA: Left Coast.
Nissen, Hans J.: *Geschichte Alt-Vorderasiens,* München 2012, (2. Auflage), Oldenbourg Verlag.
Noble, Vicki: *The Double Goddess,* Rochester, Vermont 2003, Bear & Company.
Özdoğan, Mehmet/Başgelen, Nezih (Hg.): *Neolithic in Turkey. The Cradle of Civilization,* Istanbul 1999, Arkeoloîĵ ve Sanat Yayinlari.

Parzinger, Hermann: *Die Kinder des Prometheus. Eine Geschichte der Menschheit vor der Erfindung der Schrift,* München 2015 (2. Auflage), Beck Verlag.
Peterson, Jane: „Domesticating Gender: Neolithic patterns from the southern Levant", in: *Journal of Anthropological Archaeology,* Bd. 29,1, September 2010, Elsevier.
Ranke-Graves, Robert von: *Griechische Mythologie. Quellen und Deutung,* Reinbek bei Hamburg 1994, Rowohlt Verlag.
Ryan, William/Pitman, Walter: *Noah's Flood,* New York 1998, 2000, Simon&Schuster Inc.
Servier, Jaques: *Tradition et Civilisation Bèrbères. Les Portes de l'Année,* Monaco 1985, Du Rocher.
Sigrist, Christian: *Regulierte Anarchie. Untersuchungen zum Fehlen und zur Entstehung politischer Herrschaft in segmentären Gesellschaften Afrikas,* Frankfurt/Main 1979, Syndikat Verlag.
Souvatzi, Stella: „Social complexity is not the same as hierarchy", in: Kohring, S. E./Wynne-Jones, S. (Hg.): *Socialising Complexity. Structure, Interaction, and Power in Archaeological Discourse,* Oxford 2007, Oxbow Books.
Souvatzi, Stella: „Land Tenure, Social Relations and Social Landscapes", in: Relaki, Maria/Catapoti, Despina (Hg.): *An Archaeology of Land Ownership,* New York-London 2013, Routledge, Taylor&Francis.
Tamasese, Taimalieutu Kiwi: „Restoring Liberative Elements of our Cultural Gender Arrangements", in: Goettner-Abendroth, Heide (Hg): *Societies of Peace. Matriarchies Past, Present and Future,* Toronto 2009, Inanna Press, York Universität.

Kapitel 4

Ashmore, Patrick: *Calanais. The standing Stones,* Stornoway, Isle of Lewis/Schottland 1995, Urras nan Tursachan.
Bánffy, Eszter: „Die Kupferzeit im Karpatenbecken", in: *Jungsteinzeit im Umbruch. Die „Michelsberger Kultur" und Mitteleuropa vor 6.000 Jahren,* Karlsruhe 2010, Badisches Landesmuseum.
Becker, Helmut: „Die Kreisgrabenanlage auf den Aschelbachäckern bei Meisternthal – ein Kalenderbau aus der mittleren Jungsteinzeit", in: *Das archäologische Jahr in Bayern,* Stuttgart 1989, Konrad Theiss Verlag.
Biaggi, Cristina: „Temple-Tombs and Sculptures in the Shape of the Body of the Great Goddess", in: Marler, Joan (Hg.): *From the Realm of the Ancestors. An Anthology in Honor of Marija Gimbutas,* Manchester 1997, Knowledge, Ideas & Trends, Inc.
Biermann, Eric: *Überlegungen zur Bevölkerungsgröße in Siedlungen der Bandkeramik,* Köln-Düren 2001, in: http://www.rheinland-archäologie.de/biermann2000c.pdf
Burl, Aubrey: *Prehistoric Avebury,* London 1979, Yale University Press.
Cameron, Dorothy: *Symbols of Birth and Death in the Neolithic Era,* London 1981, Kenyon-Deane.
Christlein, Rainer/Braasch, Otto: *Das unterirdische Bayern. 7000 Jahre Geschichte und Archäologie im Luftbild,* Stuttgart 1990, Konrad Theiss Verlag.
Dames, Michael: *The Silbury Treasure,* London 1976, Thames and Hudson.
Dames, Michael: *The Avebury Cycle,* London 1977, 1996, Thames and Hudson.
Dashu, Max: „Grandmother Stones of Megalithic Europe", II und III, *Suppressed Histories Archives,* in: http://www.suppressedhistories.net

Derungs, Kurt: *Landschaften der Göttin,* Bern 2000, Edition Amalia.
Die ältesten Monumente, Vor 12.000 Jahren in Anatolien, Hg.: Badisches Landesmuseum Karlsruhe, Stuttgart 2007, Konrad Theiss Verlag, darin: Jean Guilaine, Jens Lüning, Mehmet Özdoğan.
Enna, Francesco: *Miti, Leggende e Fiabe della tradizione popolare della Sardegna,* Sassari 1994, Carlo Delfino editore.
Fraser, David: *Land and Society in Neolithic Orkney 2,* British Archaeological Reports, British Series 356, Oxford 1983.
Gimbutas, Marija: *Die Sprache der Göttin. Das verschüttete Symbolsystem der westlichen Zivilisation,* Frankfurt 1995, Zweitausendeins Verlag.
Gimbutas, Marija: *Die Zivilisation der Göttin. Die Welt des Alten Europa,* Frankfurt 1996, Zweitausendeins Verlag.
Giot, Pierre-Rolland: *Menhire und Dolmen,* Châteaulin 1996, Édition d'Art Jos le Doaré.
Groht, Johannes: *Tempel der Ahnen,* Baden-München 2005, AT Verlag.
Haarmann, Harald: *Das Rätsel der Donauzivilisation,* München 2011, Beck Verlag.
Ions, Veronica: *Ägyptische Mythologie,* Wiesbaden 1968, Emil Vollmer Verlag.
Ivanow, S. Ivan : „Der kupferzeitliche Friedhof von Varna", in: Biegel, Gerd (Hg.): *Das erste Gold der Menschheit. Die älteste Zivilisation in Europa,* Freiburg 1986 (2. Auflage), Museum für Urund Frühgeschichte und Komitee für Kultur der Volksrepublik Bulgarien.
Lüning, Jens (Hg.): *Die Bandkeramiker. Erste Steinzeitbauern in Deutschland,* Rahden/Westfalen 2012, Verlag Marie Leidorf.
Lüning, Jens: *Steinzeitliche Bauern in Deutschland. Die Landwirtschaft im Neolithikum,* Universitätsforschungen zur prähistorischen Archäologie, Band 58, Bonn 2000, Rudolf Habelt Verlag.
Marazov, Ivan: „The Blacksmith as ‚King' in the Necropolis of Varna", in: Marler, Joan (Hg.): *From the Realm of the Ancestors. An Anthology in Honor of Marija Gimbutas,* Manchester CT/USA 1997, Knowledge, Ideas & Trends, Inc.
Marler, Joan (Hg.): *The Danube Script. Neo-Eneolithic Writing in Southeastern Europe,* Sibiu/Rumänien und Sebastopol/USA 2008, Brukenthal National Museum und Institute of Archaeomythology.
Marler, Joan/Dexter, Miriam Robbins (Hg.): *Signs of Civilization. Neolithic Symbol System of Southeast Europe,* Novi Sad Branch/Serbien 2009, Serbian Academy of Sciences and Arts und Institute of Archaeomythology/USA.
MatriaVal, Nr. 6, Frankfurt 2010, darin: Göttner-Abendroth.
Matuschik, Irenäus: „Totenhäuser und Ahnenkult", in: *Steinzeit in Baden-Württemberg,* Stuttgart 2008, Staatsanzeiger Verlag.
Melis, Alberto: *Fiabe delle Sardegna,* Firenze 1999, Giunti Gruppo Editoriale.
Mohen, Jean-Pierre: *Megalithkultur in Europa,* Stuttgart-Zürich 1989, Belser Verlag (original in Französisch: *Le Monde des Mégalithes,* Paris 1989).
Naumov, Goce: „Housing the Dead: Burials inside the Houses and Vessels in the Neolithic Balkans", in: Barrowclough, David A./Malone, Caroline (Hg.): *Cult in Context: Resonsidering Ritual in Archaeology,* Oxford 2007, Oxbow Books.
Pfahlbauten. Verborgene Schätze in Seen und Mooren, Stuttgart 2011, Staatsanzeiger Verlag, darin: Jutta Hoffstadt, Helmut Schlichtherle.
Phillips, Patricia: *The Middle Neolithic in Southern France: Chasséen Farming and Culture Process,* British Archaeological Reports, International Series 142, Oxford 1982.
Ritchie, Anna: *Prehistoric Orkney,* London 1995, 1997, B.T. Batsford.
Sanday, Peggy Reeves: *Women at the Center. Life in a Modern Matriarchy,* Ithaca-New York 2002, Cornell University Press.

Schlichtherle, Helmut: „Kulturerbe unter Wasser", in: *Steinzeit in Baden-Württemberg*, Stuttgart 2008, Staatsanzeiger Verlag.
Schlichtherle, Helmut: „Kultbilder in den Pfahlbauten des Bodensees", in: *Jungsteinzeit im Umbruch. Die „Michelsberger Kultur" und Mitteleuropa vor 6.000 Jahren,* Karlsruhe 2010, Badisches Landesmuseum.
Schlichtherle, Helmut: „Weibliche Symbolik auf Hauswänden und Keramikgefäßen: Spuren frauenzentrierter Kulte in der Jungsteinzeit?", in: Röder, Brigitte (Hg.): *Ich Mann. Du Frau. Feste Rollen seit Urzeiten?* Freiburg-Berlin 2014, Rombach Verlag.
Schmidt, Michael: *Die alten Steine,* Rostock 1998, Hinstorff Verlag.
Sébillot, Paul: *Le Folklore de France. Les Monuments,* Paris 1985, Edition IMAGO.
Süddeutsche Zeitung, 9. September 2015, Nr. 207.
Süddeutsche Zeitung online, 17. August 2015 und 22. Januar 2016.
Terberger, Thomas/Gronenborn, Detlef (Hg.): *Vom Jäger und Sammler zum Bauern. Die Neolithische Revolution,* Zeitschrift Archäologie in Deutschland, Sonderheft 05/2014, Wissenschaftliche Buchgesellschaft Darmstadt, Konrad Theiss Verlag, darin: Valeska Becker, Thomas Doppler/Renate Ebersbach, Detlef Gronenborn, Detlef Gronenborn/Hans-Christoph Strien, Detlef Gronenborn/Thomas Terberger, Wolfram Schier.
Ucko, Peter J.: „The Interpretation of Prehistoric Anthropomorphic Figurines", in: *The Journal of the Royal Institute of Great Britain and Ireland,* Bd. 92, 1962.
Uhlmann, Gabriele: *Archäologie und Macht,* Norderstedt 2012, Books on Demand.
Van der Meer, Annine: *The Language of MA, the Primal Mother,* gedruckt in Holland 2015, Eigenverlag,
Van de Velde, Pieter: „On Bandkeramik Social Structure", in: *Analecta Praehistorica Leidensia,* Nr. 12, Leiden/Holland 1979, University Press.
4.000 Jahre Pfahlbauten, Hg.: Archäologisches Landesmuseum Baden-Württemberg und Landesamt für Denkmalpflege, Ostfildern 2016, Jan Thorbecke Verlag, darin: Christoph Huth, I. Matuschik/M. Merkl/Ch. Strahm, Brigitte Röder, Helmut Schlichtherle.
Waters, Frank: *Das Buch der Hopi,* Köln 1980, Diederichs-Verlag.

Kapitel 5

5.1.

Anthony, David W.: *The Horse, the Wheel, and Language. How Bronze Age Riders from the Eurasian Steppes shaped the Modern World,* Princeton & Oxford 2007, Princeton University Press.
Archäologie und Naturschutz im Federseemoor, Schlichtherle/Strobel (Hg.), Landesdenkmalamt Baden-Württemberg, Stuttgart 1999, DB-Verlag.
Brentjes, Burchard: *Die Ahnen Dschingis-Chans,* Berlin 1988, VEB Deutscher Verlag der Wissenschaften.
Davis-Kimball, Jeannine: „Nomads and Patriarchy", in: Biaggi, Cristina (Hg.): *The Rule of Mars. Readings on the Origins, History and Impact of Patriarchy,* Manchester CT/USA 2005, Knowledge, Ideas & Trends.
DeMeo, James: *Saharasia: The 4000 BCE Origins of Child Abuse, Sex-Rpression, Warfare and Social Violence in the Deserts of the Old World,* Greensprings/Oregon 1998, Orgone Biophysical Research Lab.

Die Edda, Genzmer, Felix (Übersetzg.), Düsseldorf-Köln, 1960, Eugen Diederichs Verlag.
Haarmann, Harald: *Auf den Spuren der Indoeuropäer,* München 2016, Beck Verlag.
Jettmar, Karl: *Die Religionen des Hindukusch,* Stuttgart 1975, Kohlhammer Verlag.
Loude, Jean-Yves/Lièvre, Viviane: *Kalash Solstice,* Islamabad/Pakistan 1985, Lok Virsa Publishing.
Mallory, J. P.: *In Search of the Indoeuropeans. Language, Archaeology and Myth,* London 1989, Thames and Hudson.
Morris, Ian: *Wer regiert die Welt? Warum Zivilisationen herrschen oder beherrscht werden,* Frankfurt-New York 2011, Campus Verlag (original in Englisch, New York 2010).
Palwal, A. Raziq: *The Mother Goddess in Kafiristan. The Place of the Mother Goddess in the Religious Dualism of the Kafir Aryans, Afghanistan,* Dissertation Kabul Universität/Afghanistan 1992, und Louisiana State Universität/USA 1972.
Parzinger, Hermann: *Die frühen Völker Eurasiens,* München 2006, Beck Verlag.
Parzinger, Hermann: „Die Reiternomaden der eurasischen Steppe während der Skythenzeit", in: Katalog der Ausstellung: *Im Zeichen des goldenen Greifen. Königsgräber der Skythen,* Hg.: Deutsches Archäologisches Institut, München und Berlin 2007, 2008, Prestel Verlag.
Sigrist, Christian: *Regulierte Anarchie. Untersuchungen zum Fehlen und zur Entstehung politischer Herrschaft in segmentären Gesellschaften Afrikas,* Frankfurt/Main 1979, Syndikat Verlag.
4.000 Jahre Pfahlbauten, Hg.: Archäologisches Landesmuseum Baden-Württemberg und Landesamt für Denkmalpflege, Ostfildern 2016, Jan Thorbecke Verlag, darin: Stefan Burmeister, Anton Velušček.

5.2.

Amazonen. Geheimnisvolle Kriegerinnen, Ausstellungskatalog, Hg.: Historisches Museum der Pfalz, Speyer – München 2010, Edition Minerva; darin Lars Börner, Jochen Fornasier, u.a.
Apollonius von Rhodos: *Argonautica. Die Sendung der Argonauten,* (lateinisch/deutsch), Flaccus, C. Valerius, Hg. und Übers.: Dräger, Paul, Frankfurt/Main 2003, Peter Lang Verlag.
Bernabò-Brea, L.: *Poliochni. Città preistorica nell'isola di Lemnos,* 2 Bde., Rom 1964–1976, „L'Erma" di Bretschneider.
Berseneva, Natalia: „Women and Children in the Sagat Culture", in Linduff/Robinson (Hg.): *Are all Warriors Male? Gender Roles on the Eurasian Steppe,* Lanham 2008, Altamora Press.
Bin-Nun, S. R.: *The Tawananna in the Hittite Kingdom,* Heidelberg 1975, Winter Verlag.
Cornelius, Friedrich: *Geschichte der Hethiter,* Darmstadt 1979 (3. Auflage), Wissenschaftliche Buchgesellschaft.
Davis-Kimball, Jeannine: *Warrior women. An archaeologist's search for history's hidden heroines,* New York 2002, Warner Books.
Der Klassiker der Berge und Meere, Sammlung chinesischer Mythologie aus dem 3. Jh., Shiji Chobanshe, 2010.
Dovgalo, G. I.: „On the transition to succession to kingship by patrilineal law", in: *Sovetskaya Ethnografiya 6,* 1963.
Fialko, Elena: „Skythische ‚Amazonen' in den Nordschwarzmeersteppen", in: *Amazonen. Geheimnisvolle Kriegerinnen,* Hg.: Historisches Museum der Pfalz, Speyer-München 2010, Edition Minerva.
Griechische Quellen: Pausanias, Apollodor, Diodor, Strabo, Pseudo-Hippokrates, Justin.

Haarmann, Harald: *Geschichte der Sintflut. Auf den Spuren der frühen Zivilisationen,* München 2005, Beck Verlag.
Herodot, Buch IV, Passus 71–72 und Passus 110–116.
Kökten, K./Özgüç, T./Özgüç, N.: „1940–1941 yilinda Türk Tarih Kurumu adina yapilan Samsun Bölgesi kazilari hakkinda ilk kisa rapor", in: *Belleten* IX, 1945.
Mayor, Adrienne: *The Amazons. Lives and Legends of Warrior Women across the Ancient World,* Princeton & Oxford 2014, Princeton University Press.
Özgüç, T.: „Samsun hafriyatinin 1941–1942 neticeleri", in: *3. Türk Tarih Kongresi 1943,* Ankara 1948.
Özgüç, T.: *Excavations at Masat Höyük and Investigations in its vicinity,* Ankara 1978, Türk Tarih Kurumu Basımevi.
Pöllauer, Gerhard: *Die verlorene Geschichte der Amazonen,* Klagenfurt 2002, Ebooks, AT Verlag.
Pöllauer, Gerhard: *Auf den Spuren der Amazonen,* Klagenfurt, Mai 1994 (unveröffentlichtes Manuskript).
Polos'mak, Natalia V.: „Die ‚Amazone' von Pazyryk", in: *Amazonen. Geheimnisvolle Kriegerinnen,* Hg.: Historisches Museum der Pfalz, Speyer-München 2010, Edition Minerva.
Rolle, Renate: „Tod und Begräbnis – Nekropolen und die bisher erkennbare Stellung von Frauen mit Waffen", in: *Amazonen. Geheimnisvolle Kriegerinnen,* Hg.: Historisches Museum der Pfalz, Speyer-München 2010, Edition Minerva.
Rolle, Renate: „Bewaffnung und mögliche Kampfesweise skythischer Kriegerinnen", in: *Amazonen. Geheimnisvolle Kriegerinnen,* Hg.: Historisches Museum der Pfalz, Speyer-München 2010, Edition Minerva.
Rolle, Renate: „Umwelt und Wohnverhältnisse. Frauenleben zwischen Wagen, Jurten und Zelten", in: *Amazonen. Geheimnisvolle Kriegerinnen,* Hg.: Historisches Museum der Pfalz, Speyer-München 2010, Edition Minerva.
Rolle, Renate: „Zur skythischen Geschichte und Kultur", in: *Amazonen. Geheimnisvolle Kriegerinnen,* Hg.: Historisches Museum der Pfalz, Speyer-München 2010, Edition Minerva.
Samuel, Pierre: *Amazonen, Kriegerinnen und Kraftfrauen,* München 1979, Trikont Verlag (original in Französisch, Grenoble 1975).
Starke Frauen, Ausstellungskatalog, München 2006, Staatliche Antikensammlungen und Glyptothek München.

Kapitel 6

Das babylonische Weltschöpfungsepos Enūma elîs, Hg.: Thomas R. Kämmerer/Kai A. Metzler, Münster 2012, Ugarit Verlag.
Dexter, Miriam Robbins: *Whence the Goddess. A Source Book,* New York-London 1990, Teachers College Press, Columbia Universität.
Diakanoff, I.M.: *Early Antiquity,* Chicago 1991, University of Chicago Press.
Frankfort, Henri: *Kingships and the Gods: A Study of Ancient Near Eastern Religion as the Integration of Society and Nature,* Chicago 1978, Oriental Institute of the University of Chicago.
Frazer, James George: *Der goldene Zweig,* 2 Bde., Frankfurt 1977, Ullstein Buch Nr. 3373 und 3374 (original in Englisch, London 1890).
Frymer-Kensky, Tivka: *In the Wake of the Goddess: Women, Culture and the Biblical Transformation of Pagan Myth,* New York 1992, Fawcett Columbine.

Gilgamesch. Eine Erzählung aus dem Alten Orient, Burckhardt, Georg (Hg.), Frankfurt 1958, Insel Verlag.

Glassman, Ronald M.: *The Origins of Democracy in Tribes, City-States and Nation-States,* Band I, Cham/Schweiz 2017, Springer International Publishing AG.

Göttner-Abendroth, Heide: *Die Göttin und ihr Heros. Die matriarchalen Religionen in Mythen, Märchen, Dichtung,* Stuttgart 2011 (Neuauflage), Kohlhammer Verlag (zuerst: München 1980).

Göttner-Abendroth, Heide: *Das Matriarchat II,1. Stammesgesellschaften in Ostasien, Indonesien, Ozeanien,* Stuttgart 1999 (2. Auflage), Kohlhammer Verlag.

Göttner-Abendroth, Heide: *Inanna, Gilgamesch, Isis, Rhea. Die großen Göttinnenmythen Sumers, Ägypten und Griechenlands,* Königstein 2004, Ulrike Helmer Verlag.

Grainger, John D.: *Hellenistic Phoenicia,* Oxford 1991, Clarendon Press.

Jacobsen, T.: „Early political development in Mesopotamia", in: *Zeitschrift für Assyriologie, Neue Folge* 18/52, 1957.

James, Edwin O.: *Myth and Ritual in the Ancient Near East,* New York 1958, Praeger.

James, Edwin O.: *Der Kult der Großen Göttin,* Bern 2003, Edition Amalia.

Kongress *25. internationales Treffen vorderasiatischer Altertumswissenschaftler,* Berlin 1978.

Koschaker, Paul: *Rechtsvergleichende Studien zur Gesetzgebung Hammurabis, König von Babylon,* Leipzig 1917.

Kramer, Samuel Noah: *History begins at Sumer,* Philadelphia 1988, University of Pennsylvania Press.

Lerner, Gerda: *Die Entstehung des Patriarchats,* Frankfurt 1991, Campus Verlag.

Lloyd, Seton: *Die Archäologie Mesopotamiens,* München 1981, Beck Verlag.

Maisels, Charles Keith: *Early Civilizations of the Old World. The Formative Histories of Egypt, The Levant, Mesopotamia, India and China,* London-New York 1999, Routledge.

Matthews, R. J.: „Jemdet Nasr: The site and the period", in: *Biblical Archaeologist,* December 1992.

Matthews, R. J.: *Cities, Seals and Writing: Archaic Seal Impressions from Jemdet Nasr and Ur.* Reihe: *Materialien zu den Frühen Schriftzeugnissen des Vorderen Orients,* Bd. 2, Berlin 1993, Gebr. Mann Verlag.

Nissen, Hans J.: *Geschichte Alt-Vorderasiens,* München 2012, (2. Auflage), Oldenbourg Verlag.

Parzinger, Hermann: *Die Kinder des Prometheus. Eine Geschichte der Menschheit vor der Erfindung der Schrift,* München 2015 (2. Auflage), Beck Verlag.

Pettinato, Giovanni: *Ebla: A New Look at History,* Baltimore MD 1991, John Hopkins University Press.

Pollock, Susan/Bernbeck, Reinhard: „And They Said, Let Us Make Gods in Our Image. Gendered Ideologies in Ancient Mesopotamia", in: Rautman, Alison E. (Hg.): *Reading the Body. Representations and Remains in the Archaeological Record,* Philadelphia 2000, University of Pennsylvania Press.

Postgate, J. N.: *Early Mesopotamia,* London-New York 1992, Routledge.

Ranke-Graves, Robert von: *Griechische Mythologie. Quellen und Deutung,* Reinbek bei Hamburg 1994, Rowohlt Verlag.

Scarre, Chris (Hg.): *Weltatlas der Archäologie,* München 1990, Südwest-Verlag.

Walker, Barbara: *Das geheime Wissen der Frauen,* Frankfurt/Main 1993, Zweitausendeins Verlag.

Weiler, Gerda: *Das Matriarchat im Alten Israel,* Stuttgart 1989, Kohlhammer Verlag.

Wolkstein, Diane/Kramer, Samuel Noah: *Inanna. Queen of Heaven and Earth,* New York 1983, Harper&Row.

Kapitel 7

Andreyev, Y. V.: *From Eurasia to Europe: Crete and the Aegean World in the Bronze and early Iron Ages (3rd - early 1st millennia BC)*, Louvain-Walpole/Belgien 2013, Peeters.

Aubet, Maria Eugenia: *The Phoenicians and the West,* Cambridge 2001, Cambridge University Press.

Bachofen, Johann Jakob: *Das Mutterrecht,* Stuttgart 1861, Neuausgabe in Auswahl durch H. J. Heinrichs, Frankfurt 1975, Suhrkamp Verlag.

Barandiaran, Jose Miguel de: „Diccionario illustrado de mitologia vasca", in: *Obras completas, Eusko-Folklore,* Bd. I, *La Gran Enciclopedia Vasca,* Bilbao 1972.

Barandiaran, Jose Miguel de: „La religion des anciens basques", in : *Obras completas, Eusko-Folklore,* Bd. II, *La Gran Enciclopedia Vasca*, Bilbao 1973.

Barnard, Mary: *Sappho,* New Haven CT 2003, Yale University Press.

Bennholdt-Thomsen, Veronika: *Juchitán, Stadt der Frauen. Vom Leben im Matriarchat*, Reinbek bei Hamburg 1994, Rowohlt Verlag.

Blundell, Sue: *Women in Ancient Greece,* Cambridge MA 1955, Harvard University Press.

Bonfante, L.: „Etruscan", in: Bonfante, L.: *Reading the Past,* London 1990, British Museum Press.

Bornemann, Ernest: *Das Patriarchat,* Frankfurt/Main 1975, Fischer Verlag.

Branigan, Keith: „Minoan Community Colonies in the Aegean?", in: Hägg, R./Marinatos, N. (Hg.): *The Minoan Thalassocracy. Myth and Reality,* Stockholm 1984, Åström Verlag.

Branigan, Keith: „Early Minoan Society – The evidence of the Mesara Tholoi reviewed", in: Nicolet, C. (Hg.): *Aux Origines de l'Hellénisme,* Paris 1984, Centre Gustave Glotz.

Cameron, Dorothy: „The Minoan Horns of Consecration", in: Marler, Joan (Hg.): *From the Realm of the Ancestors. An Anthology in Honor of Marija Gimbutas,* Manchester CT/USA 1997, Knowledge, Ideas & Trends, Inc.

Caminada, Christian: „Das Rätoromanische St. Margaretha-Lied", in: Caminada, Christian: *Graubünden. Die verzauberten Täler. Die urgeschichtlichen Kulte und Bräuche im alten Rätien,* Disentis 1992, Desertina Verlag.

Cichon, Joan Marie: *Matriarchy in Minoan Crete: A Perspective from Archaeomythology and Modern Matriarchal Studies,* San Francisco 2013, unveröffentlichte Dissertation des CIIS (California Institute of Integral Studies).

Cotterell, Arthur: *The Minoan World,* New York 1979, Charles Scibner&Sons.

Die ältesten Monumente der Menschheit. Vor 12.000 Jahren in Anatolien, Badisches Landesmuseum Karlsruhe (Hg.), Stuttgart 2007, darin: Jean Guilaine.

Die Zeit, Nr. 53, 20. Dez. 2017, darin: Alexander Bätz.

Doumas, Christos (Hg.): *Thera,* London 1983, Thames&Hudson, darin: Bennet G. Galanopoulos Jr., Vitaliano Ninkovich/Yukoyama Heezen.

Driessen, Jan: „The Court Compounds of Minoan Crete: Royal Palaces or Ceremonial Centers?", in: *Athena Review* Nr. 3(3), 2003.

Driessen, Jan: „A Matrilocal House Society in Pre- and Protopalatial Crete?", *Academia.edu.* Accessed January 23, 2012, in: www.academia.edu/455197/A_Protopalatial_Matrilocal_Minoan_society

Driessen, J./Fiasse, H.: „,Burning down the House:' Defining the Household of Quartier Nu at Malia Using GIS", in: Glowacki, Kevin T./Vogelkoff-Brogan, Natalia (Hg.): *Stega: the Archaeology of Houses and Households in Ancient Crete,* Hesperia Supplement 44, Princeton NJ 2011, American School of Classical Studies at Athens.

Dzielska, Maria: *Hypatia of Alexandria,* Cambridge MA 1995, Harvard University Press.

Enna, Francesco: *Miti, Leggende e Fiabe della tradizione popolare della Sardegna,* Sassari 1994, Carlo Delfino editore.
Evans, Arthur: *The Palace of Minos,* 4 Bde., London 1921–1935, Macmillan & Co.
Fantham/Foley/Kampen/Pomeroy/Shapiro: *Women of the Classical World,* Oxford UK 1994, Oxford University Press.
Feo, Giovanni: *Die Hohlwege der Etrusker. Die zyklopischen heiligen Gänge von Sovano, Sorano und Pitigliano,* Pitigliano 2007, Editrice Laurum.
Finkelberg, Margalit (Hg.) *The Sea People,* Tel Aviv-Cambridge UK 1992, Cambridge University Press, darin: Wolf Dietrich-Niemeir.
Frei-Stolba, Regula: „Die Räter in den antiken Quellen", in: *Das Räterproblem in geschichtlicher, sprachlicher und archäologischer Sicht,* Chur 1984, Schriftenreihe des Rätisches Museums Chur.
French-Wieser, Claire: „Das Reich der Fanes. Eine Tragödie des Mutterrechts", in: *Der Schlern,* Bozen 1975, Athesia Verlag.
Gebauer, Jörg: „Etrurien – Land und Geschichte", in: Ausstellungskatalog *Die Etrusker von Villanova bis Rom,* Gebauer, J./Knauß, F. S. (Hg.), München 2015, Staatliche Antikensammlungen und Glyptothek.
Gimbutas, Marija: *Die Zivilisation der Göttin. Die Welt des Alten Europa,* Frankfurt 1996, Zweitausendeins Verlag.
Gimbutas, Marija/Dexter, Miriam Robbins: *The Living Goddess,* Berkeley-Los Angeles 1999, University of California Press.
Glassman, R. M.: *The Origins of Democracy in Tribes, City-States and Nation-States,* Cham/Schweiz 2017, Springer International Publishing AG.
Gliwitzky, Christian: „Aus Etruskern werden Römer", in: Ausstellungskatalog *Die Etrusker von Villanova bis Rom,* Gebauer, J./Knauß, F. S. (Hg.), München 2015, Staatliche Antikensammlungen und Glyptothek.
Göttner-Abendroth, Heide: *Frau Holle. Das Feenvolk der Dolomiten,* Königstein/Taunus 2005, Ulrike Helmer Verlag.
Göttner-Abendroth, Heide: *Die Göttin und ihr Heros. Die matriarchalen Religionen in Mythen, Märchen, Dichtung,* Stuttgart 2011 (Neuauflage), Kohlhammer Verlag (zuerst: München 1980).
Göttner-Abendroth, Heide: „Die ‚Witten Wiver' von Rügen", in: *Matriarchale Landschaftsmythologie,* Stuttgart 2014, Kohlhammer Verlag.
Göttner-Abendroth, Heide: *Berggöttinnen der Alpen,* Bozen 2016, Raetia Verlag.
Goldberg, A./Günther, T./Rosenberg, N.A./Jakobsson, M.: „Ancient X chromosomes reveal contrasting sex bias in Neolithic and Bronze Age Eurasian migrations", Haak, W. (Hg.), Max Planck Institute for the Science of Human History, Jena/Deutschland, 12. Januar 2017, in: https://www.nature.com/articles/nature14317
Gratacos, Isaure: *Femmes Pyrénéennes,* Toulouse 1987, Editions Privat.
Haak, W., et al.: „Massive migration from the steppe was a source for Indo-European languages in Europe", in: *Nature,* Bd. 522, 11. Juni 2015.
Haak, W./Kristiansen, K./Stockhammer, P.W., et al.: „The Beaker Phenomenon and the Genomic Transformation of Northwest Europe", 9. Mai 2017, in: https://www.biorxiv.org/content/early/2017/05/09/135962.full.pdf+html
Haarmann, Harald: *Geschichte der Sintflut,* München 2003, 2005, Beck Verlag.
Haarmann, Harald: *Die Indoeuropäer,* München 2010, Beck Verlag.
Hamilakis, Yannis: „Too Many Chiefs?", in: Driessen, Jan/Schoep, Ilse/Laffineur, Robert (Hg.): *Aegaeum 23: Monuments of Minos: Rethinking the Minoan Palaces.* Proceedings of the International Workshop ‚Crete of the Hundred Palaces?', Université Catholique de Louvain, Louvain-la-Neuve, December 2001.

Homer: *Ilias.*

Jusseret/Driessen/Letesson: „MinoanLands? Some Remarks on Land Ownership on Bronze Age Crete", in: http://www.academia.edu/798982/Minoan_Lands_Some_Remarks_on_Land_Ownership_on_Bronze_Age_Crete, Sektion 3.4.

Kindl, Ulrike: *Kritische Lektüre der Dolomitensagen von Karl Felix Wolff,* 2 Bde., San Martin de Tor 1983, 1997, Institut Cultural Ladin.

Knappett, Carl: „Scaling Up: From Household to State in Bronze Age Crete", in: Owen, Sarah/Preston, Laura (Hg.): *Inside the City in the Greek World: Studies in Urbanism from the Bronze Age to the Hellenistic Period,* Oxford 2009, Oxbow Books.

Koch, Leonie C.: „Die Frauen von Veji – gegliederte Gesellschaft oder befreundete Gemeinschaft?" in: Kienlin, T.L./Zimmermann, A. (Hg.): *Beyond Elites. Alternatives to Hierarchical Systems in Modelling Social Formations,* Bd. 2, Bonn 2012, Rudolf Habelt Verlag.

Kristiansen, K.: „Eurasian transformations: mobility, ecological change and the transmission of social institutions in the third millenium and early second millenium BCE", in: *The world system and the Earth system: global socioenvironmental change and sustainability since the Neolithic,* Walnut Creek/California 2007, Left Coast Press.

Kristiansen, K./Willerslev, E., et al.: „Re-theorizing mobility and the formation of culture and language among the Corded Ware Culture in Europe", Cambridge, *Antiquity Publications,* Bd. 91, Ausgabe 356, April 2017, S. 342, in: https://www.cambridge.org/core/terms

Lamy, Michel: *Histoire Secrète du Pays Basque,* Paris 1980, Edition Albin Michel.

Lazaridis, I./Mittnik, A., et al.: „Genetic origins of the Minoans and Mycenaeans", *Nature* Nr. 548, 10. April 2017, in: https://www.nature.com/articles/nature23310

Lilliu, G./Zucca, R.: *Su Nuraxi di Barumini,* Reihe: *Das archäologische Sardinien,* Führer Nr. 9, Sassari/Sardinien 1994, Verlag Carlo Delfino.

Ludwig, Klemens: *Ethnische Minderheiten in Europa,* München 1995, Beck Verlag.

Mallory, J.P.: *In Search of the Indo-Europeans; Language, Archaeology and Myth,* London 1991, Thames & Hudson.

Mallory, J.P./Adams, D.Q.: *The Oxford Introduction to Proto-Indo-European and the Proto-Indo-European World,* Oxford-New York 2006, Oxford University Press.

Mann, Barbara A.: *Iroquoian Women. The Gantowisas,* New York 2002, 2004, Peter Lang Publishing.

Marinatos, Nanno: *Minoan Religion: Ritual, Image and Symbol,* Columbia 1989, Univeristy of South Carolina Press.

Marinatos, Spyridon: „The Volcanic Destruction of Minoan Crete", in: *Antiquity,* 1939.

Marshack, Alexander: *The Roots of Civilization,* New York 1972, McGraw-Hill.

Menghin, O.: „Die Räter in Tirol", in: *Das Räterproblem in geschichtlicher, sprachlicher und archäologischer Sicht,* Chur 1984, Schriftenreihe des Rätisches Museums Chur.

Merpert, Nicolai: „The Earliest Indo-Europeanization of the North Balkan Area in Light of a New Investigation in the Upper Thracian Valley", in: Marler, Joan (Hg.): *From the Realm of the Ancestors. An Anthology in Honor of Marija Gimbutas,* Manchester CT/USA 1997, Knowledge, Ideas & Trends, Inc.

Platon: *Timaeus* und *Kritias.*

Pomeroy, Sarah: *The Spartan Women,* New Haven CT 2008, Yale University Press.

Ranke-Graves, Robert von: *Griechische Mythologie,* Reinbek bei Hamburg 1994, Rowohlt Verlag.

Rehak, Paul: „Enthroned Figures in Aegean Art and the Function of the Mycenaean Megaron", in: Rehak, Paul (Hg.): *Aegaeum 11: The Role of the Ruler in the Prehistoric Aegean,* 1995, S. 112. Proceedings of a Panel Discussion Presented at the *Annual Meeting of the Archaeological Institute of America,* New Orleans/Louisiana, 28.12.1992.

Renfrew, Colin: *Archaeology and Language. The Puzzle of Indo-European Origins,* London 1987, Pimlico.

Renfrew, Colin: „Marija Rediviva DNA and Indo-European Origins", Oriental Institute, Chicago, 8. November 2017.

Risch, Ernst: „Die Räter als sprachliches Problem", in: *Das Räterproblem in geschichtlicher, sprachlicher und archäologischer Sicht,* Chur 1984, Schriftenreihe des Rätisches Museums Chur.

Rosati, C./Moroni, C.: *The Etruscans and the Hollow Paths,* Grosseto/Italien 2013, Moroni Editore.

Sardinien. Land der Türme, Ausstellungskatalog der Universität Zürich, Hg.: Bürge/Minoja/ Reusser/ Salis/Usai, Zürich 2016, Universität Zürich.

Schoep, Ilse: „The State of Minoan Palaces or the Minoan Palace State?", in: Driessen, Jan/ Schoep, Ilse/ Laffineur, Robert (Hg.): *Aegaeum 23: Monuments of Minos: Rethinking the Minoan Palaces,* S. 15–33, Proceedings of the *International Workshop ‚Crete of the Hundred Palaces?',* Université Catholique de Louvain, Louvain-la-Neuve/Belgien, December 2001.

Schoep, Ilse: „Social and Political Organization on Crete in the Proto-Palatial Period: The Case of Middle Minoan II Malia", in: *Journal of Mediterranean Archaeology,* Nr. 15, 2002.

Schoep, Ilse: „Bridging the Divide between the ‚Prepalatial' and the ‚Protopalatial' Periods?" in: *Back to the Beginning: Reassessing Social and Political Complexity on Crete during the Early and Middle Bronze Age,* Oxford 2012, Oxbow Books.

Sigurdsson, Carey: *Thera 2006 Expedition,* in: https://oceanexplorer.noaa.gov/explorations/ 06blacksea/logs/summary_thera/summary_thera.html

Snodgrass, A. M.: *The Dark Age of Greece,* Edinburgh 1971, University Press.

Sokrates von Konstantinopel, KG 7, 15.

Strasser, Thomas F.: „Storage and States in Prehistoric Crete: The Function of the Koulouras in the First Minoan Palaces", in: *Journal of Mediterranean Archaeology,* Nr. 10 (1), 1997.

Straube, Ingrid: *Die Quellen der Philosophie sind weiblich,* Aachen 2001, 2003, ein-Fach-verlag.

Vasilakis, Andonis: *Minoan Crete from Myth to History,* Athen 2001, Adams Editions.

Vaughan, Genevieve: *For-Giving. Schenken und Vergeben,* Königstein/Taunus 2008, Ulrike Helmer Verlag.

Vermeule, Emily T.: *Greece in the Bronze Age,* Chicago 1968, Chicago University Press.

Vivante, Bella: *Daughters of Gaia,* Westport CT 2007, Praeger Press.

Warren, Peter M.: *Myrtos: An Early Bronze Age Settlement in Crete,* London 1972, Thames&Hudson.

Wolff, Karl Felix: *Dolomitensagen,* Innsbruck-Wien-München 1957 (9. Auflage), Tyrolia-Verlag.

Kapitel 8

Amstadt, Jakob: *Die Frau bei den Germanen,* Stuttgart 1994, Kohlhammer Verlag.

Audibert, Agnès: *Le Matriarcat Breton,* Paris 1984, Presses Universitaires de France.

Becker/Bovenschen/Brackert u.a.: *Aus der Zeit der Verzweiflung. Zur Genese und Aktualität des Hexenbildes,* Frankfurt 1977, Suhrkamp Verlag.

Briffault, Robert: *The Mothers,* New York 1969, Bd. 1, Johnson Reprint Corporation (Erstauflage London 1927, George Allen&Unwin).

Brockhaus Enzyklopädie, 21. völlig neu bearbeitete Auflage, Leipzig 2006, F.A. Brockhaus, 30 Bände.

Dexter, Miriam Robbins: „Reflections on the Goddess Donu", in: *The Mankind Quarterly,* Washington DC, 30/1–2 1990, Council for Social & Economic Studies.

Dexter, Miriam Robbins: *Whence the Goddess. A Source Book,* New York-London 1990, Teachers College Press, Columbia University.

Eisma, Hans: *Das alt-slawische Matriarchat,* Rotterdam/Holland 2000, Barinya Special.

French-Wieser, Claire: *Als die Göttin keltisch wurde. Ursprung und Verfall einer alteuropäischen Mythologie,* Bern 2001, Edition Amalia.

Gimbutas, Marija: *Die Balten. Urgeschichte eines Volkes im Ostseeraum,* Frankfurt-Berlin 1991, Ullstein Verlag (original in Englisch: *The Balts,* 1963, Praeger).

Gimbutas, Marija/Dexter, Miriam Robbins: *The Living Goddess,* Berkeley-Los Angeles 1999, University of California Press.

Glassman, R. M.: *The Origins of Democracy in Tribes, City-States and Nation-States,* Cham/Schweiz 2017, Springer International Publishing AG.

Göttner-Abendroth, Heide: *Die Göttin und ihr Heros,* Stuttgart 2011 (überarbeitete Neuerscheinung), Kohlhammer Verlag.

Göttner-Abendroth, Heide: *Fee Morgane. Der Heilige Gral,* Königstein 2005, Ulrike Helmer Verlag.

Göttner-Abendroth, Heide: *Frau Holle. Das Feenvolk der Dolomiten,* Königstein/Taunus 2005, Ulrike Helmer Verlag.

Göttner-Abendroth, Heide: *Matriarchale Landschaftsmythologie. Von der Ostsee bis Süddeutschland,* Stuttgart 2014, Kohlhammer Verlag.

Göttner-Abendroth, Heide: „Die ‚Witten Wiwer' von Rügen", in: *Matriarchale Landschaftsmythologie,* Stuttgart 2014, Kohlhammer Verlag.

Göttner-Abendroth, Heide: *Berggöttinnen der Alpen,* Bozen 2016, Raetia Verlag.

Haywood, John: *Die Zeit der Kelten. Ein Atlas,* Frankfurt/Main 2005 (3. Auflage), Zweitausendeins Verlag (original in Englisch: *The Historical Atlas of the Celtic World,* London 2001, Thames&Hudson).

Honegger, Claudia (Hg.): *Die Hexen der Neuzeit. Studie zur Sozialgeschichte eines kulturellen Deutungsmusters,* Frankfurt 1978, Suhrkamp Verlag.

Hut, Christoph/Köninger, Joachim: „Bauern – Handwerker – Krieger?", in: *4.000 Jahre Pfahlbauten,* Hg.: Archäologisches Landesmuseum Baden-Württemberg und Landesamt für Denkmalpflege, Ostfildern 2016, Jan Thorbecke Verlag.

Kristiansen, K./Willerslev, E., et al.: „Re-theorizing mobility and the formation of culture and language among the Corded Ware Culture in Europe", *Antiquity Publications,* Bd. 91, Ausgabe 356, Cambridge April 2017, in: https://www.cambridge.org/core/terms

Longworth, I. H.: *Prehistoric Britain,* London 1985, British Museum.

Markale, Jean: *Die keltische Frau,* München 1984, Trikont Verlag, (original in Französisch: *La femme celte,* Paris 1972, Editions Payot).

Mohen, Jean-Pierre: *Megalithkultur in Europa,* Stuttgart-Zürich 1989, Belser Verlag (original in Französisch: *Le Monde des Mégalithes,* 1989).

Ortiz-Osés, A.: *El matriarcalismo vasco,* Bilbao 1988, Universidad de Deusto.

Pohl, Walter: *Die Völkerwanderung. Eroberung und Integration,* Stuttgart 2005, Kohlhammer Verlag.

Ritchie, Anna: *Picts,* Edinburgh 1997, (7. Auflage), The Stationery Office.

Saxo Grammaticus: *Gesta Danorum. The history of the Danes,* Hg.: Friis-Jensen, Karsten, Übers.: Fisher, Peter, Oxford 2015, Clarendon Press.

Schnurbein, Siegmar von (Hg.): *Atlas der Vorgeschichte. Europa von den ersten Menschen bis Christi Geburt,* Stuttgart 2009, Konrad Theiss Verlag.

Stockhammer, P.W./Knipper, C./Mittnik, A., et al.: „Female exogamy and gene pool diversification at the transition from the Final Neolithic to the Early Bronze Age in Central Europe", Price, T. Douglas (Hg.): *PNAS. Proceedings of the National Academy of Sciences,* Madison WI 2017, University of Wisconsin-Madison, in: http://www.telegraph.co.uk/news/2017/09/04/forget-wandering-warrior-bronze-age-women-travelled-world-men/

Strabo: *Geographie,* VII, 1.

Tacitus: *Annalen. Germania,* Kapitel 40; derselbe: *Historien,* IV, Kapitel 61.

Vries, Jan de: *Keltische Religion,* Stuttgart 1961, Nachdruck Grenchen 2005, Edition Amalia.

Weisweiler, Josef: *Die Stellung der Frau bei den Kelten und das Problem des „Keltischen Mutterrechts",* Zeitschrift für keltische Philologie, Bd. 21, Halle 1939, Niemeyer Verlag.

Wisselinck, Erika: *Hexen. Warum wir so wenig von ihrer Geschichte erfahren und was davon auch noch falsch ist,* München 1986, Frauenoffensive Verlag.

Zimmer, Heinrich: *Das Mutterrecht der Pikten,* Zeitschrift der Savigny-Stiftung für Rechtsgeschichte, Romanische Abteilung, Band 15, Weimar 1894, Böhlau Verlag.

Abbildungsverzeichnis

Umschlag: Göttin auf einem Berg, von Löwen flankiert, einem Jüngling einen Stab reichend (Siegelring aus Knossos, Rechte unbekannt).

Sämtliche Karten nach Entwürfen der Autorin erstellt von Lea Schober.

Kapitel 2

Karte 1:	Plätze der Jüngeren Altsteinzeit in Europa (35.000 v.u.Z.)
Abb. 1:	Das Linienkreuz, auf einem schwach geschliffenen Stein, Mittlere Altsteinzeit (aus: Marie König: Unsere Vergangenheit ist älter, S. 41)
Abb. 2:	Löwen in dynamischer Bewegung, Grotte Chauvet, Jüngere Altsteinzeit, Aurignacien (aus Katalog: Eiszeit, S. 255)
Abb. 3:	Frauenfigur vom Hohle Fels, Jüngere Altsteinzeit, Aurignacien (aus Katalog: Eiszeit, S. 270)
Abb. 4:	Dreiecke als Vulva, Höhle im Felsmassiv „Dame Jouante" bei Larchant, Mittlere Altsteinzeit (aus Marie König: Am Anfang der Kultur, S. 158)
Abb. 5:	Frau von Laussel, Jüngere Altsteinzeit, Gravettien (aus Katalog: Eiszeit, S. 276)
Abb. 6:	Drei Frauenkörper über einem Stierbild, Jüngere Altsteinzeit, Magdalénien (aus: Marie König: Unsere Vergangenheit ist älter, S. 206)
Abb. 7 a:	Frauenfiguren, auf Schieferplatten graviert, Jüngere Altsteinzeit, Magdalénien
Abb. 7 b:	Der Abstraktionsvorgang, der von der schematischen Gestalt zur Chiffre führt (beide aus Katalog: Eiszeit, S. 300)
Abb. 8:	Kieselsteine mit Zeichen, Jüngere Altsteinzeit, Azilien (aus: Marie König: Unsere Vergangenheit ist älter, S. 114)
Abb. 9 a/b:	Bilder im Großen Saal der Höhle von Lascaux, Jüngere Altsteinzeit, Magdalénien (aus: Georges Bataille: Die Höhlenbilder von Lascaux, S. 46/47)
Abb. 10 a:	Felszeichnung, Oase Tiout, Algerien/Sahara (Zeichnung von Gudrun Frank-Wissmann, nach Leo Frobenius)
Abb. 10 b:	Felszeichnung, Ignatievka Höhle, Süd-Ural (Zeichnung von Gudrun Frank-Wissmann, nach Ščelinskij/Širokov)
Abb. 11:	Kopf des ersten Stieres aus der Höhle von Lascaux mit abstraktem Zeichen (aus: Georges Bataille: Die Höhlenbilder von Lascaux, S. 54)
Abb. 12:	Stier mit „gedrehten" Hörnern in der Form von Mondsicheln, Jüngere Altsteinzeit, Magdalénien (aus: Marie König: Unsere Vergangenheit ist älter, S. 55)
Abb. 13:	Drei Vierecke mit neun Feldern unter und hinter den Beinen der schwangeren Kuh, Höhle von Lascaux (Zeichnung von Gudrun Frank-Wissmann, nach Georges Bataille)
Abb. 14:	Drei der fünf Vulven mit dem Pflanzenmotiv, Höhle „El Castillo" (aus: Marie König: Unsere Vergangenheit ist älter, S. 203)

442 Abbildungsverzeichnis

Abb. 15: Auf- und absteigende Pflanzenmotive, Höhle im Felsmassiv von Nanteau (aus: Marie König: Unsere Vergangenheit ist älter, S. 242)

Kapitel 3

Karte 1: Jungsteinzeitliche Siedlungen im „Fruchtbaren Halbmond" (ab 10.000 v.u.Z.)
Abb. 1: Tempelanlage D vom Göbekli Tepe (aus: Die ältesten Monumente der Menschheit, S. 82)
Serie A,
Abb. a: Große und kleine Exemplare doppelköpfiger Frauenfiguren ('Ain Ghazal)
Abb. b: Doppelköpfige Frauenfigur mit zwei Brüstepaaren (Çatal Höyük)
Abb. c: Doppelköpfige weibliche Scheibenfigur (Kültepe)
Abb. d: Doppelköpfige Frauenfigur mit nur einem Brüstepaar (Vinča-Kultur)
Abb. e: Miniatur von zwei gleichen Frauen (Alaca Höyük)
Abb. f: Fresko mit drei Doppelfiguren von Frauen in Gebärhaltung (Çatal Höyük)
Abb. g: Fresko mit großer Frau, zwei Töchtern und zwei Leoparden (Çatal Höyük)
Abb. h: Drei Augen-Figurinen (Tell Brak)
Abb. i: Frauenfigur mit kleiner weiblicher Figur, Seitenansicht und Vorderansicht (Kykladen-Inseln)
Abb. j: Gravuren auf Megalithstein aus Grab von Gavrinis (Bretagne/Frankreich)
Abb. k: Gravuren auf Megalithstein aus Grab von New Grange (Irland)
(Serie A, Abb. a, b, c, f, g, h, i, Zeichnungen von Gudrun Frank-Wissmann, nach Vicki Noble/Eve Kimberley; Abb. d, Zeichnung von Gudrun Frank-Wissmann, nach Gimbutas; Abb. e, Zeichnung von der Autorin, nach Gimbutas, Abb. j, k aus: Marija Gimbutas: Die Sprache der Göttin, S. 225, 238)
Abb. 2: Kultraum mit Geierdarstellungen aus Çatal Höyük (Nord- und Ostwand, Haus VII, 8) (aus: James Mellaart: Çatal Hüyük, S. 198)
Serie B,
Abb. a: Sitzende Frauenfigur mit zwei Leopardenjungen (Çatal Höyük)
Abb. b: Frauenfigur auf einem Leopardenthron (Çatal Höyük)
Abb. c: Meditierende Frauenfigur in Leopardenfell (Çatal Höyük)
Abb. d: Frauenfigur mit Kind (Hacılar)
Abb. e: Sitzende Frauenfigur mit Kind (Hacılar)
Abb. f: Frauenfigur auf zwei Leoparden, ihre Brüste präsentierend (Hacılar)
Abb. g: Frauenfigur auf einem Leoparden, mit Leopardenjungem
(Serie B, Abb. a, b, c aus: James Mellaart: Çatal Hüyük, S. 216, 234, 233; Abb. d-g aus James Mellaart, The Neolithic of the Near East, S. 115)
Abb. 3: Vollplastik mit Geier und zwei Frauen, sog. „Totempfahl", aus Nevalı Çori, Seitenansicht und Vorderansicht (aus: Die ältesten Monumente, S. 68)
Abb. 4: Männliche Skulptur aus Urfa (aus: Die ältesten Monumente, S. 288)
Abb. 5: Ritual der Heiligen Hochzeit als Regenmagie (Deckenbild von Izikada, Latmos-Gebirge, West-Türkei) (aus: Die ältesten Monumente, S. 164)
Abb. 6: Symbole auf dem Pfeilerpaar des Tempels D vom Göbekli Tepe (Zeichnung von Gudrun Frank-Wissmann)
Abb. 7 a: T-Pfeiler aus Kultgebäude von Nevalı Çori, Seitenansicht und Vorderansicht (aus: Die ältesten Monumente, S. 80)

Abbildungsverzeichnis 443

Abb. 7 b: Menschengestaltige Skulptur aus Kilisik (Südost-Türkei), Seitenansicht und Vorderansicht (aus: Die ältesten Monumente, S. 81)
Abb. 8: Relief eine Stieres mit gedrehtem Kopf (östlicher Zentralpfeiler der Anlage A, Göbekli Tepe) (Zeichnung von Gudrun Frank-Wissmann)
Abb. 9: Ritzzeichnung einer Frau in Gebärhaltung, auf einem Pfeiler vom Göbekli Tepe (Zeichnung von Gudrun Frank-Wissmann)
Serie C,
Abb. a: Zwei Reliefs in Gebärhaltung, das eine mit weiblichen Brüsten (Kultraum in Çatal Höyük)
Abb. b: Figur mit wehendem Haar (Kultraum in Çatal Höyük)
Abb. c: Große Figur, einen Widderkopf gebärend über drei Stierköpfen (Kultraum in Çatal Höyük)
(Serie C, Abb. a, b, c aus: James Mellaart: Çatal Hüyük, S. 115, 140, 152)
Abb. 10: Fresko von zwei weiblichen Figuren, Stiere und Hirsche gebärend (Ausschnitt) (Kultraum, Schrein EV 3 in Çatal Höyük) (Zeichnung von Gudrun Frank-Wissmann, nach James Mellaart)
Abb. 11 a/b: Sog. Jagdszenen mit Hirschen und Stier (Kulträume in Çatal Höyük) (aus: James Mellaart: Çatal Hüyük, S. 166–168)
Abb. 12: Göttin Kybele zwischen zwei Löwen thronend (Museo Archeologico Nazionale, Neapel) (aus: Göttner-Abendroth: Die Göttin und ihr Heros, S. 105)
Abb. 13: Göttin Lilith als Todesbringerin, bemalte Terrakottaplatte (Sumer, 2. Jt.) (aus: Seton Lloyd: Die Archäologie Mesopotamiens, S. 217)

Kapitel 4

Karte 1: Die Ausbreitung der Jungsteinzeit in Westasien und Europa
Abb. 1: Tonmodell eines Tempels als Körper der Göttin (Makedonien um 6.000 v.u.Z.) (aus: Marija Gimbutas: Die Zivilisation der Göttin, S. 257)
Abb. 2 a/b: Städte der neolithischen Cucuteni-Tripolje-Kultur (aus: Marija Gimbutas: Die Zivilisation der Göttin, S. 104)
Abb. 3 a: Pfostenreihen von Langhäusern
3 b: Schematische Darstellung eines Langhauses (LBK-Kultur)
(aus: Marija Gimbutas: Die Zivilisation der Göttin, S. 40)
Abb. 4: Langhaus mit Kreisgrabenanlage, die einen Grabhügel in der Mitte besitzt (LBK-Kultur) (aus: Jens Lüning: Die Bandkeramiker, S. 284)
Abb. 5: Die Kreisgrabenanlage von Künzing-Unternberg in Bayern (Rekonstruktion) (aus: Ernst Probst: Deutschland in der Steinzeit, S. 280)
Abb. 6: Pfahlbau-Häuser in Unteruhldingen am Bodensee (Deutschland) (Foto von der Autorin)
Abb. 7 a: Grundrisse der Tempel Ġgantija auf Gozo
Abb. 7 b: Grundrisse der Tempel Mnajdra auf Malta (aus: Marija Gimbutas: Die Zivilisation der Göttin, S. 177 und 179)
Abb. 8: Tempel Mnajdra auf Malta: Eingang zu einer heiligen Kammer (Foto: Ine Guckert)
Abb. 9: „Gigantengrab" auf Sardinien, Mittelstele mit Scheintür und Durchschlupfloch (Foto: Eva-Maria Farin)

444   Abbildungsverzeichnis

Abb. 10:   Frauen beim Feldbau (Felsmalerei, spanische Ostküste, 6. Jt. v.u.Z.) (aus: Die ältesten Monumente der Menschheit, S. 174)
Abb. 11 a/b: Luftaufnahme und Grundriss des Langhügels von Barnenez mit Ganggräbern (aus: Pierre-Rolland Giot: Barnenez, S. 9 und 8)
Abb. 12 a: Rekonstruiertes Rundhügelgrab von New Grange in Irland (aus: Marija Gimbutas: Die Zivilisation der Göttin, S. 212)
Abb. 12 b: Innerer Raum des Grabes mit Felsritzung (aus: Jean-Pierre Mohen: Megalithkultur in Europa, S. 95)
Abb. 13:   Gravierte Steine im Ganggrab von Gavrinis (Golf von Morbihan, Bretagne) (aus: Jean-Pierre Mohen: Megalithkultur in Europa, S. 117)
Abb. 14 a: Menhire vor dem Langhügelgrab „Wayland's Smithy" (Südengland) (aus: Jean-Pierre Mohen: Megalithkultur in Europa, S. 113)
Abb. 14 b: Am Menhir von Kerloas, 10 m Höhe (Bretagne) (Foto von unbekannt)
Abb. 15 a: Steinreihen von Carnac (Bretagne) (Ausschnitt) (aus: John Green: Carnac et les monuments mégalithic du Morbihan, S. 17)
Abb.15 b: Grundriss der Steinallee „Le Menec" mit Steinkreisen (Carnac, Bretagne) (aus: Jean-Pierre Mohen: Megalithkultur in Europa, S. 38)
Abb. 16:   Steinkreis von Callanish auf den Hebriden-Inseln (Schottland) (aus: Jean-Pierre Mohen: Megalithkultur in Europa, S. 136)
Abb. 17 a: Ein Teil des äußeren Steinkreises des Avebury Henge in Südengland (aus: Aubrey Burl: Prehistoric Avebury, S. 245)
Abb. 17 b: Rekonstruktion der Anlage des Avebury Henge von William Stukeley
Abb. 18 a: Eins der Trilithen-Tore im Inneren von Stonehenge (Südengland)
Abb. 18 b: Rekonstruktion des Tempels von Stonehenge (aus: Jean-Pierre Mohen: Megalithkultur in Europa, S. 128 und 130)
Abb. 19 a: Weibliche Gestalt von einer neolithischen Hausinnenwand, Pfyner Kultur (Ludwigshafen am Bodensee, Deutschland)
Abb. 19 b: Fries mit weiblichen Gestalten der Pfyner Kultur (Ausschnitt). Zwischen den Figuren befinden sich abstrakte Formen. (aus: Helmut Schlichtherle, in: 4.000 Jahre Pfahlbauten, S. 178–180)
Abb. 20 a: Symbol des schwangeren Bauches der Erdmutter (Ganggrab, Bretagne) (aus: Marija Gimbutas: Die Zivilisation der Göttin, S. 297)
Abb. 20 b: Brüstepaare im Grab von Kergüntuil (Bretagne) (aus: Vorgeschichte der Bretagne, S. 49)
Abb. 21 a: Die fünf Kammern des Langhügelgrabes West Kennet (Südengland) (aus: Marija Gimbutas: Die Zivilisation der Göttin, S. 217)
Abb. 21 b: Das Kulthaus von Skara Brae auf den Orkney-Inseln (Schottland)
Abb. 21 c: Schematische Aufsicht von Silbury Hill in seiner mit Wasser gefüllten, flachen Mulde (Südengland) (aus: Michael Dames: The Silbury Treasure, S. 63 und 42)
Abb. 22:   Ahninnensteine „Pédras Marmúradas" auf Sardinien (Foto: Karin Kastner)
Abb. 23:   Weibliche Figurenstelen (1–5) und männliche Figurenstelen (6–9) (aus: Helmut Schlichtherle, in: Brigitte Röder (Hg.): Ich Mann. Du Frau, S. 131)
Abb. 24 a: Rauten- oder „Diamant"-Form der weiblichen Steine von Avebury Henge (Südengland)
Abb. 24 b: Die inneren Steinkreise von Avebury Henge mit ihren Steinsetzungen in der Mitte
Abb. 24 c: Weiblicher und männlicher Stein im Zentrum des nördlichen, inneren Ringes von Avebury Henge („The Cove")

Abbildungsverzeichnis   445

Abb. 24 d: „Die Erdgöttin" als weiträumiges Landschaftsbild aus 27 neolithischen Kultstätten (26 a und c aus: Aubrey Burl: Prehistoric Avebury, S. 21 und 157) (26 b und d aus: Michael Dames: The Avebury Cycle, S. 115 und 190)
Abb. 25 a: Thronende Statuette mit Maske aus der Vinča-Kultur (Serbien) (aus: Marija Gimbutas: Die Sprache der Göttin, S. 27)
Abb. 25 b: Thronende Statuette mit Gefäß aus der LBK-Kultur (West-Ungarn) (aus: Jens Lüning, in: Die ältesten Monumente, S. 186)
Abb. 26: Symbol der kretischen Doppelaxt zwischen den Hörnern eines Stierkopfes. Diese Doppelaxt stellt zugleich einen stilisierten Schmetterling dar. (Minoische Kultur, Kreta) (aus: Marija Gimbutas: Die Zivilisation der Göttin, S. 247)

Kapitel 5

Karte 1: Der Steppengürtel Eurasiens
Karte 2: Die Ausbreitung der Indoeuropäer nach Süden und Südwesten
Karte 3: Kleinasien mit von Amazonen gegründeten antiken Städten (Zeichnung nach Gerhard Pöllauer)
Karte 4: Das Gebiet von Themiskyra mit Städten der Amazonen (Zeichnung nach Gerhard Pöllauer)
Abb. 1: Pferdeköpfe als Endstücke von Keulen, sog. „Pferdekopf-Szepter" (aus D. W. Anthony: The Horse, the Wheel, and Language, S. 235)
Abb. 2: Rekonstruktion des Kopfes eines Häuptlings von Sredny Stog (Typ des frühen Indoeuropäers) (aus: Marija Gimbutas: Die Zivilisation der Göttin, S. 360)
Abb. 3: Die befestigten Steppensiedlungen Sintašta und Arkaim (aus D. W. Anthony: The Horse, the Wheel, and Language, S. 372 uns 378)
Abb. 4: Grab eines Kriegers mit seinem Streitwagen und zwei Pferdeköpfen (aus D. W. Anthony: The Horse, the Wheel, and Language, S. 398)
Abb. 5: Bestattung mit Menschenopfern, Beispiel 1: Der älteste Mann lag in der Mitte, Frauen und Kinder wurden am Rand kreisförmig darum gruppiert. (aus: Marija Gimbutas: Die Zivilisation der Göttin, S. 375)
Abb. 6: Bestattung mit Menschenopfern, Beispiel 2: In der Mitte oben das Skelett eines älteren Mannes, flankiert von zwei Frauen mit je zwei Kindern (1–8 Jahre), zu seinen Füßen zwei Jugendliche (Jüngling 15 und Jungfrau 17 Jahre), im Vorhof ein jüngerer Mann. (aus: Marija Gimbutas: Die Zivilisation der Göttin, S. 382)
Abb. 7: Amazonen als Städtegründerinnen auf kleinasiatischen Münzen, hier die Amazone Kyme und ihr Pferd auf einer Münze der Stadt Kyme (2.Jh.v.u.Z.) (aus Katalog: Amazonen, S. 77)
Abb. 8: Reitende Amazonen mit Waffen und dem typischen halbmondförmigen „Pelta"-Schild (attische Vasenmalerei, um 540–500 v.u.Z.) (aus Katalog: Starke Frauen, S. 83)
Abb. 9: Drei Amazonen (links) gegen drei Krieger (rechts). Die Amazonen tragen als ihre älteste Tracht den langen, geschlitzten Rock, der Beinfreiheit lässt und reiche Verzierungen zeigt. (korinthische Zeichnung auf einem Gefäß, um 600 v.u.Z.) (aus Katalog: Starke Frauen, S. 53)

Abb. 10: Amazonen werden als schöne Frauen dargestellt, hier mit Bogen und der typischen Amazonen-Streitaxt. (attische Vasenmalerei, um 460 v.u.Z.) (aus Katalog: Starke Frauen, S. 159)
Abb. 11: Amazonen in griechischer Tracht und Bewaffnung bei der Vorbereitung zum Kampf (attische Vasenmalerei, um 540–500 v.u.Z.) (aus Katalog: Starke Frauen, S. 120)
Abb. 12: Bogenschießende Amazone in skythischer Tracht (attische Vasenmalerei, um 430 v.u.Z.) (aus Katalog: Starke Frauen, S. 100)

Kapitel 6

Karte 1: Mesopotamien mit den alten Kulturen
Abb. 1: Augenfigurinen von Tell Brak mit der Symbolik der Mutterlinie (aus: Seton Lloyd: Die Archäologie Mesopotamiens, S. 106)
Abb. 2: Das Kanalsystem von Sumer (aus: Ch. K. Maisels: Early Civilizations of the Old World, S. 86)
Abb. 3: Figuren von Betern und Beterinnen aus Sumer (Tempel vom Tell Asmar) (aus: Seton Lloyd: Die Archäologie Mesopotamiens, S. 141)
Abb. 4: Bronzekopf eines akkadischen Herrschers, vermutlich Sargon von Akkad (Ischtar-Tempel in Ninive) (aus: Seton Lloyd: Die Archäologie Mesopotamiens, S. 174)
Abb. 5: Die Zikkurat, Stufenpyramide mit Tempel, von Ur (Rekonstruktion) (aus: Seton Lloyd: Die Archäologie Mesopotamiens, S. 194)
Abb. 6: Assyrischer König auf einem dreispännigen Streitwagen (Zeichnung von Gudrun Frank-Wissmann, nach einem Steinrelief aus Nimrud)
Abb. 7: Aus Schilf errichtetes Gästehaus von heutigen Marschenbewohnern; der früheste Tempel der Inanna hatte die gleiche traditionelle Schilfarchitektur. (aus: Seton Lloyd: Die Archäologie Mesopotamiens, S. 48)
Abb. 8: Ein König weiht seine Tochter dem Mondgott. Der Gott sitzt auf einem Thron, über ihm die Venus als Achtzackstern, die Mondsichel und die Sonne. (Zeichnung von Gudrun Frank-Wissmann, nach einem Steinrelief aus Susa)
Abb. 9: Die Göttin Inanna mit dreifacher Hörnerkrone und Flügeln, sie trägt ein siebenfach gestuftes Kleid und hat einen Fuß auf ihr heiliges Tier, den Löwen, gesetzt. Am Himmel steht die Venus als Achtzackstern, der Planet der Göttin. (Zeichnung von Gudrun Frank-Wissmann, nach einem Rollsiegel aus Sumer)

Kapitel 7

Karte 1: Die drei Invasionswellen der Indoeuropäer von ca. 4.400 bis 3.000 v.u.Z. (Zeichnung nach Marija Gimbutas)
Karte 2: Südeuropa und der Mittelmeerraum zur Bronzezeit und frühen Eisenzeit

Abbildungsverzeichnis

Abb. 1: Bestattung eines Mannes mit seiner Witwe und seinem Ochsengespann (aus: Marija Gimbutas: Die Zivilisation der Göttin, S. 374)

Abb. 2: Krieger der Bogenschützen-Kultur mit gespanntem Bogen und Pfeilen im Köcher (sog. „Glockenbecher-Kultur") (aus: Jens Lüning: Steinzeitliche Bauern in Deutschland, S. 408)

Abb. 3: Krieger der Streitaxt-Kultur mit Streitaxt und Feuersteindolch im Gürtel (sog. „Schnurkeramik-Kultur") (aus: Jens Lüning: Steinzeitliche Bauern in Deutschland, S. 401)

Abb. 4 a: Der Tempelpalast von Knossos, Südeingang

Abb. 4 b: Grundriss des Tempelpalastes von Knossos (aus: Knossos, Christos Mathioulakis & N. Gouvoussis, S. 42 und 39)

Abb. 5: Steinerner Sitz im Heiligtum von Knossos (aus: Knossos, Christos Mathioulakis & N. Gouvoussis, Farbtafel 7)

Abb. 6 a: Priesterinnen bei einem Heiligtum, von einer Menschenmenge umgeben (sog. „Tribünen-Fresko"/„Grandstand Fresco" aus Knossos) (aus: Andreyev: From Eurasia to Europe, S. 131)

Abb. 6 b: Detail aus dem „Tribünen-Fresko" (aus: Knossos, Christos Mathioulakis & N. Gouvoussis, S. 57)

Abb. 7: Priesterinnen tanzen vor einer Menschenmenge in einem heiligen Hain (sog. „Tanz-Fresko"/„Sacred Grove or Dance Fresco" aus Knossos) (aus: Andreyev: From Eurasia to Europe, S. 132)

Abb. 8 a: Priesterinnen bei einer Zeremonie mit Opferstier

Abb. 8 b: Priesterinnen gießen das Blut des Opferstieres in einen Kessel (Malereien auf den beiden Breitseiten des Sarkophages von Hagia Triada)

Abb. 8 c: Göttinnen auf Wagen mit Greifengespann (links) und Bergziegengespann (rechts) (Malereien auf den beiden Schmalseiten des Sarkophages von Hagia Triada) (aus: Andreyev: From Eurasia to Europe, S. 267f., 170)

Abb. 9: Priesterin auf erhöhtem Sitz, flankiert von Affe und Sphinx, mit Krokus-Sammlerinnen (Wandgemälde von Akrotiri, Thera, Xeste 3) (aus: Andreyev: From Eurasia to Europe, S. 223)

Abb. 10: Priesterinnen bei einer Trink-Zeremonie mit Ehrengästen, die von Begleitern bedient werden (sog. „Klappstuhl-Fresko"/"Campstool Fresco" aus Knossos) (aus: Andreyev: From Eurasia to Europe, S. 133)

Abb. 11 a: Göttin auf einem Berg, von Löwinnen flankiert, einem Jüngling den Stab reichend (Siegelring aus Knossos)

Abb. 11 b: Göttin auf einem Thron, den Jüngling mit Stab belehrend (Siegelring aus Mykene)

Abb. 11 c: Der Jüngling mit Stab, vor ihm ein anderer, seine Symbole tragend (sog. „Prinzen-Becher" aus Hagia Triada)

Abb. 11 d: Herrscher mit Stab auf einer minoischen Stadt (Siegelabdruck aus Chania) (Abb. 11 a–d aus: Andreyev: From Eurasia to Europe, S. 147, 152f.)

Abb. 12: Inneres eines ausgebauten etruskischen Grabes (Banditaccia-Nekropole) (aus: Führer zu den Stätten der Etrusker, S. 11)

Abb. 13: Etruskisches Trinkgelage, Fresko von der Rückwand eines Grabes in Tarquinia („Tomba del Triclinio", nachgemalt von Klaus Staps) (aus: Die Etrusker von Villanova bis Rom, S. 323)

Abb. 14: Musiker, Tänzerinnen und Tänzer, Fresko an der Seitenwand desselben Grabes in Tarquinia (nachgemalt von Klaus Staps) (aus: Die Etrusker von Villanova bis Rom, S. 324)

Abb. 15: Etruskisches Ehepaar, Skulpturen auf einem Sarkophag (aus: Scarre: Weltatlas der Archäologie, S. 152)
Abb. 16 a/b: Nuraghen-Turm mit komplexer Außenanlage mit vier zusätzlichen Türmen (Nuraghe von Barumini, Rekonstruktion mit Gesamtansicht und Querschnitt) (aus: G. Lilliu/ R. Zucca: Su Nuraxi di Barumini, S. 45)
Abb. 17 a/b: Brunnentempel mit Kuppel (Fotos: Siegrun Claaßen)
Abb. 18: Bronzefigur einer sardischen Priesterin mit Spitzhut und Zöpfen (aus: Sardinien. Land der Türme, S. 97)

Kapitel 8

Karte 1: Die Ausbreitung der Kelten in Europa
Karte 2: Die Wanderungszüge der Germanen in Europa
Abb. 1 a/b: Piktischer Menhir mit Symbolen, daneben piktischer Silberschmuck mit den gleichen Symbolen: Zickzack-Linie mit Doppelscheibe (aus: Haywood: Die Zeit der Kelten, S. 86)
Abb. 2: Der Schutzturm (Broch) von Mousa, Shetland Inseln (aus: Haywood: Die Zeit der Kelten, S. 12)
Abb. 3: Die Brüste der Dana in Schottland, genannt „Paps of Jura" (Foto von unbekannt)
Abb. 4: Ein Altarstein der drei Matronen, Rheinland (aus: Haywood: Die Zeit der Kelten, S. 58)
Abb. 5: Trauernden Thusnelda (restaurierte Marmorstatue, 2. Jh. Rom) (aus: http://upload.wikimedia.org/wikipedia/commons/9/98/Thusnelda Marie-Lan Nguyen/ Jostrow)
Abb. 6 a/b: Das „Schiff der Erneuerung" mit Sonne (Felszeichnung bei Bottna, Bohuslän, Südschweden)
Abb. 6 c: Das „Schiff der Erneuerung" mit Lebensbaum (Felszeichnung bei Lökerberget, Foss, Südschweden) (aus H. Göttner-Abendroth: Die Göttin und ihr Heros, S. 148, 158)
Abb. 7: Der Kessel von Gundestrup mit dem Bildnis einer Muttergöttin (Kultgefäß aus Silber, Jütland, Dänemark) (aus H. Göttner-Abendroth: Die Göttin und ihr Heros)